铜仁年鉴

（2022）

铜仁市地方志编纂委员会办公室　编

方志出版社
Publishing House of Local Records

图书在版编目（CIP）数据

铜仁年鉴. 2022 / 铜仁市地方志编纂委员会办公室编. —北京 ： 方志出版社，2022.12
ISBN 978-7-5144-5388-1

Ⅰ. ①铜… Ⅱ. ①铜… Ⅲ. ①铜仁－2022－年鉴 Ⅳ. ①Z527.33

中国国家版本馆 CIP 数据核字(2023)第 135002 号

责任编辑：高孟君
责任校对：刘玉霞
责任印制：梅中英
出 版 者：方志出版社
地　　址：北京市朝阳区潘家园东里 9 号（国家方志馆 4 层）
邮　　编：100021
网　　址：http://www.zgfzcb.cn
发　　行：方志出版社图书营销中心（010-67110500）
印　　刷：四川科德彩色数码科技有限公司
开　　本：889 毫米×1194 毫米　1/16
印　　张：35
字　　数：1000 千字
版　　次：2022 年 12 月第 1 版
印　　次：2022 年 12 月第 1 次印刷
定　　价：380.00 元

编辑说明

一、《铜仁年鉴》是由铜仁市地方志编纂委员会办公室编纂的年度资料性文献，逐年记载铜仁政治、经济、文化、社会、生态文明等方面的基本情况，是各级党政机关、研究机构以及社会各界人士了解、研究铜仁的权威性工具书。《铜仁年鉴》首次编纂于1998年，每年出版一卷，本卷为第25卷。

二、本卷年鉴坚持以马克思列宁主义、毛泽东思想、邓小平理论、“三个代表”重要思想、科学发展观、习近平新时代中国特色社会主义思想为指导，坚持辩证唯物主义和历史唯物主义的立场、观点和方法，系统记述2021年铜仁市经济建设、政治建设、文化建设、社会建设、生态文明建设等方面的年度情况，旨在为社会各界和海外人士了解铜仁提供基本信息、为宣传铜仁提供基本资料、为研究铜仁提供基本素材。

三、本卷年鉴记述起讫时间原则上为2021年1月1日至2021年12月31日。为充分体现年度特点和年鉴的时效性，特载、附录、统计资料中的有关内容选用了2022年发布的资料。

四、本年鉴采用分类编辑法，设类目、分目、条目3个层次。

五、本卷年鉴与2021卷年鉴相比，类目设置、排列顺序、所辖分目上有所调整和补充。如新增“应急管理”“房地产业”“经贸合作”类目；将原“旅游业”类目中“梵净山”升格为“梵净山保护”类目；将“文化体育”类目析为“文化”“体育”两个类目；将“城乡建设与管理”类目改为“城市建设”，“信息技术服务业”类目改为“数字经济”，“社会民生”类目改为“社会生活”；将“农业农村”类目调整为“农业”类目，农村内容调整到“乡村振兴”类目；在“工业”类目增加“建筑业”分目，类目名称调整为“工业·建筑业”；将“交通 物流”类目调整为“交通 水利”，物流、邮政内容调整到“商贸服务业”类目；补充增设“历史人文”“仲裁”“金融监管”“信用体系建设”“种业”“农业产业化”“证券期货业”“其他非银行金融机构”“旅游业态”“文艺创作”“社会教育”“老年卫生”“职业卫生”等分目；将“铜仁日报社”分目降为条目，调整到“新闻出版”分目下，“党史研究”“档案工作”“地方志工作”分目调整到“文化”类目，将“巡察工作”调整到“纪检监察”类目，将“消防救援”分目调整到“应急管理”

类目，将“气象监测与预报”“公共卫生应急”分目进行拆分，并调整到相关分目，将“公共资源交易”“自然资源管理”分目调整到“经济管理”类目。本卷年鉴共设36个类目，即特载、大事记、铜仁概览、中共铜仁市委、铜仁市人民代表大会、铜仁市人民政府、政协铜仁市委员会、中共铜仁市纪律检查委员会·铜仁节监察委员会、民主党派·工商联、群众团体、法治、军事、经济管理、数字经济、农业、工业·建筑业、商贸服务业、金融业、旅游业、房地产业、经贸合作、交通 水利、城市建设、乡村振兴、梵净山保护、生态建设、科学技术、教育、文化、卫生健康、体育、民族事务、社会生活、应急管理、区县概况、人物·荣誉。卷前编有彩页，卷后设附录。

六、本卷年鉴稿件资料，均由市直各部门、单位和区县专人撰写，并经单位领导审核。年鉴编辑部编辑人员加工整理后再反馈到原单位核对。全书除按原文登载的报告、文件及个别行业记述外，均使用国家法定计量单位。统计资料由市统计局提供，文稿中有些地区性、部门性数据由于统计口径不同等原因，与统计资料不尽一致，请读者使用时注意。“组织机构和负责人名录”收录2021年市直各部门、单位和区县主要负责人名单，名单由市委组织部负责审定。

数字铜仁

综　合

区域面积18014平方千米

地区生产总值1462.65亿元

第一产业增加值316.03亿元

第二产业增加值367.54亿元

第三产业增加值779.08亿元

人　口

户籍人口449.3万人

常住人口328.26万人

人民生活

城镇常住居民人均可支配收入36684元

农村常住居民人均可支配收入12291元

居民消费价格总指数100.4%

商品零售价格指数101.3%

农、林、牧、渔业

农业产值335.44亿元

林业产值47.23亿元

畜牧业产值114.84亿元

渔业产值13.11亿元

农林牧渔服务业产值32.96亿元

工　业

规模以上工业增加值同比增长9.9%

规模以上工业企业资产总额619.21亿元

精制茶8303.11吨

卷烟72.7亿支

新型功能材料产业完成规模工业同比增长40.5%

电子信息制造业同比增长66.5%

生态特色食品加工业同比增长11.2%

现代能源产业同比增长7%

旅游业

国内旅游人数5405.67万人次

过夜游客1590.74万人次

旅游总收入474.96亿元

环境保护

污水处理厂115座

设计污水日处理能力31.94万立方米

环境空气质量综合指数为2.57

石漠化治理0.83万公顷

水土流失治理0.6万公顷

森林覆盖率66.2%

教 育

普通小学1164所，在校生34.02万人

初中学校210所，在校生16.74万人

普通高中45所，在校生11.63万人

中等职业学校18所（含附设班），在校学生3.74万人

高等学校5所，在校生6.36万人

文化、卫生

剧团14个

文化馆（艺术馆）11个

图书馆11个

广播电视台（融媒体中心）11个

卫生机构（含私营和村卫生室）3441个

专业公共卫生机构37个

卫生机构床位28066张

卫生技术人员26598人

铜仁市以悠久的种茶、制茶、饮茶历史，优良的自然生态环境，纯净的淡水资源，优质的茶树品种成为“中国抹茶之都”“中国高品质抹茶基地”。2021年，铜仁市高品质抹茶种植面积为0.69万公顷，抹茶发展规模居全国前列。

铜仁市正大镇生态茶场（龙元彬　摄影）

铜仁市推动高品质抹茶产业发展，拓展抹茶产业链，现已创新开发抹茶饮料、抹茶化妆品、抹茶食品等衍生品20余款，产品畅销美国、德国等12个国家和地区（崔　卿　摄影）

2021年，铜仁市形成年产4000吨抹茶生产规模，首批50条碾茶生产线和2条抹茶生产线已建成投产。图为江口抹茶加工车间（市委政研室　供图）

铜仁市积极打造“梵净抹茶·香溢天下”品牌，2021年全市抹茶产量占全国总产量的25%（市农业农村局　供图）

在2021年梵净山抹茶大会新闻发布会现场，展演的抹茶技艺和商品（刘　雅　摄影）

铜仁市通过“抹茶+旅游”“抹茶+康养”“抹茶+文化”等模式，不断延伸和丰富“抹茶+N”产业链条。图为坐落在中南门历史文化旅游区的抹茶文化体验中心——抹香集（彭　俊　摄影）

铜仁
中国抹茶之都
TONGREN YEARBOOK

抹香集内展示的抹茶用具，供市民体验（邓宇志　摄影）

抹香集内展示和体验抹茶文化（彭　俊　摄影）

铜仁
铜仁市承办省旅游“两会”
TONGREN YEARBOOK

9月26日至28日，2021国际山地旅游暨户外运动大会和第十六届贵州旅游产业发展大会在铜仁举行。大会由开幕式、全省旅游产业化工作会议、贵州省文化旅游产业招商推介会、2021世界名山（梵净山）对话等多项活动组成，涉及文旅、康旅、商旅、体旅、夜经济等省内各类文旅资源和业态。

世界自然遗产——梵净山红云金顶（林祖贤　摄影）

9月26日，2021国际山地旅游暨户外运动大会和第十六届贵州旅游产业发展大会在铜仁召开。图为开幕式现场（市委宣传部　供图）

9月27日，2021国际山地旅游暨户外运动大会和第十六届贵州旅游产业发展大会系列活动——全省旅游产业化工作会议在铜仁召开（代旭东　摄影）

①2021国际山地旅游暨户外运动大会和第十六届贵州旅游产业发展大会2021贵州省文化旅游产业招商推介会在铜仁召开。现场集中签约28个项目，合同投资总金额363.5亿元（市委政研室　供图）

②2021国际山地旅游暨户外运动大会和第十六届贵州旅游产业发展大会系列活动——2021世界名山（梵净山）对话（市委宣传部　供图）

③2021国际山地旅游暨户外运动大会和第十六届贵州旅游产业发展大会系列活动——梵净山下康养旅游之夜（张丹妮　摄影）

④2021国际山地旅游暨户外运动大会和第十六届贵州旅游产业发展大会系列活动——“私家定制·风口上的多彩贵州”主题论坛（孙　刚　摄影）

①图为在碧江区八官溪马拉松智慧赛道举行的2021国际山地旅游暨户外运动大会和第十六届贵州旅游产业发展大会徒步活动现场（市委宣传部　供图）

②2021国际山地旅游暨户外运动大会和第十六届贵州旅游产业发展大会汉服巡游表演（彭　俊　摄影）

③2021国际山地旅游暨户外运动大会和第十六届贵州旅游产业发展大会期间在苏铜文化交流中心上演的苏州评弹表演（邓宇志　摄影）

④2021国际山地旅游暨户外运动大会和第十六届贵州旅游产业发展大会“苗绣+锦绣计划”展演活动现场（市委宣传部　供图）

茶馆
茶

20世纪50年代，万山汞矿汞储量和产量居全国第一，亚洲第二，世界第三，被誉为“中国汞都”。随着汞矿资源枯竭，2002年5月，万山汞矿政策性永久关闭破产，万山开始绿色转型发展新路。

铜仁

绿色转型发展的中国汞都

TONGREN YEARBOOK

万山区九丰农业博览园（市文联　供图）

①万山汞矿采冶记载长达630多年。20世纪50年代，万山汞矿汞储量和产量均居全国第一，亚洲第二，世界第三，被誉为“中国汞都”（万山区地方志办　供图）

②曾经万山生产的汞占全国产量的60%以上。1966年2月，万山成为全国第一个县级行政特区。图为20世纪80年代使用的浮选螺旋机（万山区地方志办　供图）

③20世纪90年代以后，随着资源枯竭，曾给万山带来荣光的重金属汞，再也支撑不起这个工业特区。2002年5月，万山汞矿政策性永久关闭破产。图为万山汞矿废旧生活区（铜仁日报社　供图）

④在资源枯竭后，万山区开始了绿色转型发展的新路。2021年，万山地区生产总值完成86.46亿元，同比增长8.6%。图为万山朱砂古镇（铜仁日报社　供图）

万山提出“产业原地转型、城市异地转型”的发展思路，探索以怀旧旅游、生态农业、新能源汽车等产业的发展新路。图为万山汞矿公园（铜仁日报社　供图）

通过转型发展，2021年万山接待游客466.1万人次，实现旅游总收入27.18亿元。图为朱砂古镇（万山区地方志办　供图）

九丰农业海洋馆（铜仁日报社　供图）

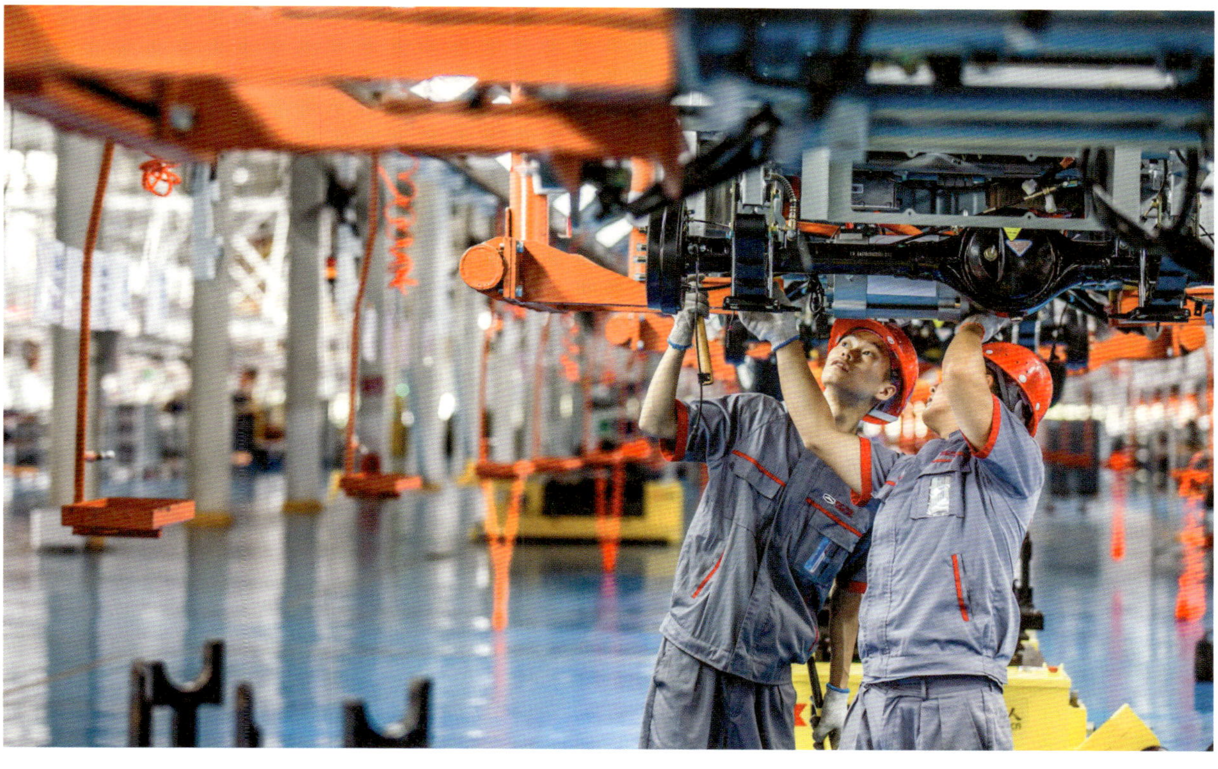

万仁汽车制造项目为2016年万山区引进项目，在2021年该企业生产新能源汽车1.5万辆，实现产值7亿元以上。图为万仁汽车生产车间工人对新能源汽车进行调试（彭　俊　摄影）

万山区抓住“丹砂王国”品牌，建成4万平方米的朱砂工艺品产业园，成为全国最大的朱砂工艺品交易中心。2021年，完成朱砂工艺品62万件，产值5.6亿元（市委宣传部　供图）

万山区的绿色转型发展是铜仁市坚守发展与生态两条底线的具体实践。图为万山彩虹海主题乐园夜景（伍卫东　摄影）

在经历了与汞告别的阵痛后，“中国汞都”正在资源枯竭型城市绿色转型道路上行稳致远。图为万山朱砂古镇悬崖酒店（铜仁日报社　供图）

铜仁

绿色转型发展的中国汞都

TONGREN YEARBOOK

铜仁市依托优良的自然生态环境和丰富的医药资源，融合文化、民族、红色等元素，形成以“旅游+体育”“旅游+康养”的生态康养新业态。

铜仁市石阡县楼上古寨（市文联　供图）

①铜仁市围绕“中国最美生态康养旅游名城”名片，积极打造国内一流生态康养目的地。2021年，全市森林覆盖率为66.2%，全年空气质量优良率在97%以上。图为松桃苗王城景区（黄兆钧　摄影）

②梵净山有地球同纬度保存最完好的原始森林，负氧离子浓度高，森林覆盖率在95%以上，是“世界独生子”黔金丝猴唯一栖息地，是全球不可复制的生态王国。（贵州梵净山管理局　供图）

铜仁

生态康养名城

TONGREN YEARBOOK

①2021年，铜仁市湿地保护面积1.13万公顷，湿地保护率50.82%。图为太平河湿地公园（李　鹤　摄影）

②铜仁市融合体育健身项目，形成“体育+康养”旅游新业态。图为2021年投入使用的马拉松智慧赛道，成为市民体育健身和康养娱乐的新打卡点（杨　雄　摄影）

③铜仁市良好的自然生态环境推动了森林康养、森林休闲等生态康养项目发展。图为碧江区水晶阁景区（吴绪平　摄影）

铜仁

生态康养名城

TONGREN YEARBOOK

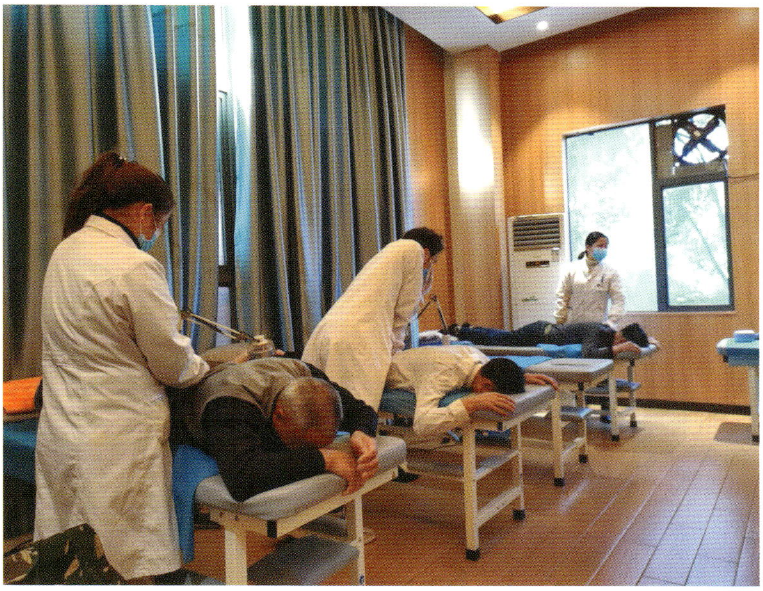

①利用丰富的地热温泉，铜仁市共开发利用8个温泉康养旅游项目。图为贵州石阡佛顶山温泉小镇（贵州石阡佛顶山温泉小镇　供图）

②铜仁热矿泉储量丰富，富含40多种矿物质，是世界级温泉富矿，有康养保健、延年益寿功效。图为思南九天温泉（市委政研室　供图）

③铜仁石阡县古温泉内做康养护理的老人（石阡古温泉公司　供图）

铜仁
生态康养名城
TONGREN YEARBOOK

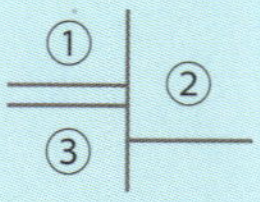

①铜仁市医药产业资源丰富，是全省中药材主产区之一。图为市民在梵净中医馆进行中医康养咨询（邓宇志　摄影）

②田坪康养小镇包括湿地公园、悦侗民宿、生态餐厅、侗乡医院等康养项目，是一个既涵传统文化又具现代气息的康养旅居综合体（阿　银　摄影）

③健康养生成为市民的新生活方式。图为老年人在中南门古城晨练（市委宣传部　供图）

铜仁市在保护中南门已有古建筑群基础上，精心打造中南门历史文化旅游区，构建集“购物休闲、特色餐饮、文体演艺、健身康养、观光旅游”于一体的国家级文旅消费集聚区。

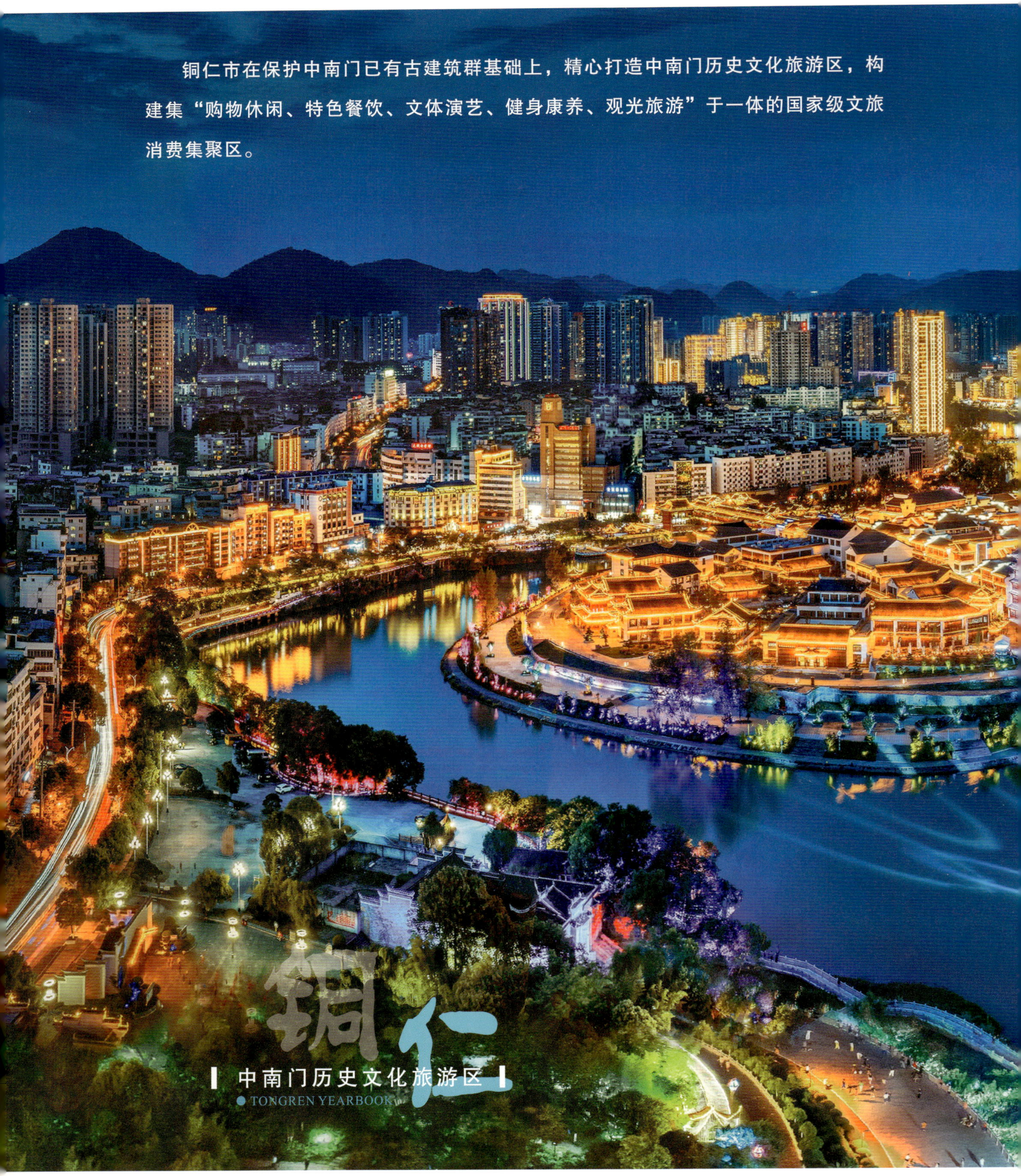

中南门历史文化旅游区

中南门历史文化旅游区夜景（彭　俊　摄影）

①
② ③ ④

①中南门古城是铜仁保存最好、规模最大、历史遗存最丰富的历史文化瑰宝。图为中南门历史文化旅游区全景（伍卫东　摄影）

②中南门历史文化旅游区主要以茶文化、府城文化、市井文化、儒家文化、红色文化及科普文化六大文化体验为特色，打造铜仁全域旅游新发展。图为跨鳌亭光影秀（彭　俊　摄影）

③铜仁地区书院，肇始于宋，兴盛于清，至清光绪二十七年(1901)废止。銮塘书院、铜江书院、中和书院是铜仁历史上最具代表性的三个书院。梵净书院以铜江书院为原型复建，图为梵净书院（彭　俊　摄影）

④周逸群（1896—1931），贵州铜仁人，无产阶级革命家，早期中国共产党军队的缔造者之一。2009年，周逸群被评为100位为新中国成立作出突出贡献的英雄模范人物之一。图为周逸群烈士陈列馆（彭　俊　摄影）

陈公馆
Chen' s Mansion

①陈公馆又称陈建华烈士故居，始建于清末民国初，总面积约为3100平方米，中西结合的砖木结构风格，是铜仁目前保存较好的民国早期建筑（邓宇志 摄影）

②2021年，中南门历史文化旅游区成为全省夜间文旅消费聚集区。图为乐队表演（邓宇志 摄影）

③国际天文学联合会小行星命名委员会将编号为215021的小行星永久命名为“梵净山星”。图为利用“梵净山星”IP品牌建设的梵净星空艺术馆，馆内设有天文科普展陈、梵高星空艺术、航天太空体验，裸眼3D剧场等项目，实现“旅游+天文+科普”的产业融合（彭 俊 摄影）

铜仁

中南门历史文化旅游区

TONGREN YEARBOOK

推进“流光溢彩夜贵州”品牌打造，中南门历史文化旅游街区现有200余户家商家入驻，组织苗绣等非遗项目、文体项目展演展示，夜间消费业态得到丰富。图为汉服表演（邓宇志　摄影）

为庆祝中国共产党成立100周年，中南门历史文化旅游区上演“向党献礼”无人机表演（彭俊　摄影）

目　录

特　载

大事记

铜仁概览

中共铜仁市委

铜仁市人民代表大会

铜仁市人民政府

政协铜仁市委员会

中共铜仁市纪律检查委员会·铜仁市监察委员会

民主党派·工商联

群众团体

经济管理

数字经济

农　业

工业·建筑业

商贸服务业

金融业

旅游业

房地产业

经贸合作

交通 水利

城市建设

乡村振兴

梵净山保护

生态建设

科学技术

教 育

文　化

卫生健康

体 育

民族事务

社会生活

应急管理

区县概况

人物·荣誉

附　录

索 引

特　载

十年奋进铸辉煌　赶超跨越谱新篇

铜仁撤地设市十年经济社会发展成就综述

2011年10月22日，国务院批复同意贵州省撤销铜仁地区和县级铜仁市、万山特区，设立地级铜仁市和碧江区、万山区，铜仁市正式成立，进入地级市时代。

十年，牢记嘱托感恩奋进；十年，步履铿锵春华秋实。铜仁市坚持以习近平新时代中国特色社会主义思想为指导，全面贯彻落实党的十八大、十九大及历届全会精神，深入贯彻落实习近平总书记视察贵州重要讲话精神和对贵州、对铜仁工作重要指示批示精神，在省委、省政府的坚强领导下，牢记嘱托、感恩奋进，坚持稳中求进工作总基调，坚持以高质量发展统揽全局，全市经济社会发展取得新的历史性成就。

一、经济实现跨越发展，综合实力不断增强

十年来，铜仁立足新发展阶段、贯彻新发展理念、融入新发展格局，深化改革创新，厚植发展优势，经济发展不断加力，实现了总量、质量"双提升"。

经济总量不断攀升。2012年全市地区生产总值437.37亿元，2013年突破500亿元，2016年突破800亿元，2018年突破千亿元大关，正式迈入经济总量"千亿俱乐部"。2021年，地区生产总值达到1462.65亿元，是2012年的3.3倍。从全省第八位提升到第七位，从武陵山片区主要市州第三位提升到第二位，实现历史性跨越发展。

经济增长赶超跨越。2012—2021年，铜仁市生产总值按可比价计算年均增长9.7%，高于全国2.8个百分点，高于武陵山片区主要市州，比第二位的恩施州高1.7个百分点，与全省持平，铜仁"后发赶超"优势明显。

人均总量不断突破。2021年，铜仁市实现人均地区生产总值44440元，是2012年的3.0倍，居全省第六位，较2012年提升1位，从武陵山片区主要市州末位跃升至第二位，比2012年提升4位。

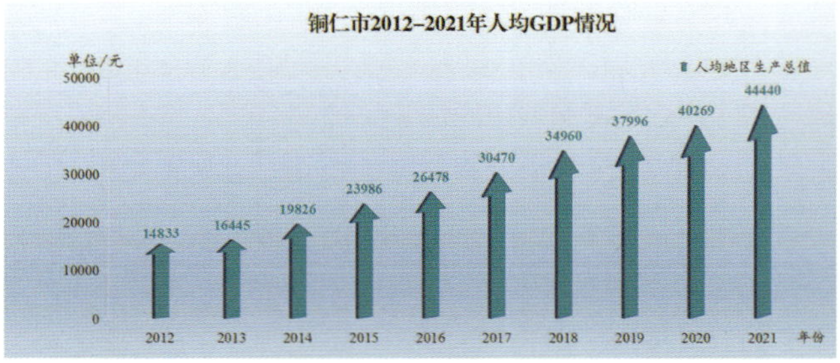

发展质效显著提升。市场主体不断壮大。2021年，市场主体达到31.8万户，是2012年的3倍。其中：企业、个体工商户和农民专业合作社分别达到6.1万户、24.5万户、1.2万户。2021年年末，"四上"企业1332家，是2012年年末的2.2倍。财政实力稳步提升。2021年一般公共预算收入67.06亿元，比2012年增加30.49亿元，是2012年的1.83倍。存贷款余额持续增长。2021年末，金融机构人民币各项存款、贷款余额为1540.56亿元和2061.27亿元，分别比2012年末增

加1004.34亿元和1679.91亿元，分别是2012年末的2.9倍和5.4倍。

二、脱贫攻坚夺取全胜，彻底摆脱千年来绝对贫困

十年来，举全市之力决战决胜脱贫攻坚，啃下了最难啃的“硬骨头”，历史性地解决了绝对贫困问题，如期同全国一道全面建成小康社会。

脱贫攻坚圆满收官。始终把脱贫攻坚作为头等大事和第一民生工程，探索形成脱贫攻坚“76554”铜仁做法。2020年全市贫困发生率从2012年的38.45%降为零。10个贫困区县全部摘帽、1553个贫困村全部出列、94.29万贫困人口全部脱贫，29.36万人搬出大山，12.55万人跨区县易地搬迁、规模全省第一，连续五年脱贫攻坚成效考核综合评价为“好”，书写了中国减贫奇迹的铜仁壮丽篇章。

乡村振兴成效明显。巩固拓展脱贫攻坚成果同乡村振兴有效衔接，制定出台分类分级推进乡村振兴实施方案，全面推进乡村振兴“五大行动”“六个专项行动”。深化东西部协作，截至2021年底，莞铜双方协作共建产业园区13个。全力推进乡村振兴示范创建，打造碧江区八官溪至江口县城乡村振兴产业示范带、30个示范乡镇和500个示范村。

三、结构调整不断深化，发展基础逐步夯实

十年来，铜仁各族人民苦干实干、顽强拼搏，大力发展特色优势农业，高质量推进新型工业化，加快构建现代服务业产业体系，可持续、高质量发展的基础逐步夯实。

农业特色产业加快发展。2012—2021年，铜仁第一产业增加值按可比价计算年均增长6.87%，2021年种植业总产值达到335.44亿元，是2012年的2.7倍。粮食产量由2012年的121.41万吨增加到2021年的252.22万吨。茶叶、园林水果产量分别达到5.26万吨、66.28万吨，分别是2012年的3.53倍、3.39倍。肉类总产量、禽蛋产量、水产品产量分别达到28.88万吨、3.12万吨、6.26万吨，分别是2012年的3.39倍、1.50倍和2.04倍。畜牧业和渔业产值达到114.83亿元和13.11亿元，分别是2012年的1.54倍和2.75倍。形成了生态茶、中药材、生态畜牧业、蔬果、食用菌、油茶六大主导产业，建成茶叶、生猪两个百亿级产业集群，“梵净山珍·健康养生”“梵净抹茶·香溢天下”等品牌影响力越来越大。

工业发展基础不断夯实。2021年，全部工业增加值达248.94亿元，按可比价计算年均增长8.7%。2012—2021年，规模以上工业增加值年均增长9.7%。2021年，规模以上工业企业实现主营业务收入532.77亿元，是2012年的2.67倍。新兴产业迅猛发展，铜仁市新型功能材料产业集群入列国家战略性新兴产业集群，中伟新材料股份有限公司成为注册制改革后全省首家上市企业。园区工业迅速壮大，建成8个省级经开区、2个省级高新区、2个特色工业园区。

服务业引领经济发展凸显。第三产业增加值占GDP的比重逐年攀升，从2012年的49.2%上升至2021年的53.3%，成为经济增长的“引擎”。2021年，第三产业增加值达到779.08亿元，是2012年的3倍，按可比价计算年均增长10.4%，位居武陵山片区主要市州第一位、全省第二位，对经济增长的拉动贡献突出。大数据产业从无到有，2021年与大数据相关的互联网和相关服务、软件和信息技术服务业营业收入达到40.99亿元。旅游业基础更趋完善，建成国家湿地公园8个、AAAA级以上景区13家，梵净山列入世界自然遗产名录、国家AAAAA级景区，国际编号“215021”小行星永久命名为“梵净山星”，中南门历史文化旅游区列入省级夜间文旅消费集聚区。

四、有效需求持续扩大，基础设施显著改善

十年来，铜仁着力扩大有效投资规模，加快释放消费潜力，推动基础设施提档升级，经济发展的内生动力不断增强。

投资保持快速增长。2013—2021年，固定资产投资年均增长14.6%，增速高于全国4.9个百分点，高于全省0.1个百分点。投资结构不断优化，2021年第二产业投资增长48.9%，投资对实体经济的带动增强。民间投资活力不断增强，民间投资占全部投资的比重提升到33.4%。高新技术投资占比达到4.1%，为经济发展注入新动力。

消费市场持续繁荣。2012—2021年，社会消费品零售总额年均增长11.2%。居民消费水平不断提升，2021年城镇人均生活消费支出23700元、农村人均生活消费支出11948元，分别比2012年提升12458元和7299元。消费结构逐步升级，2021年限额以上单位商品零售额中，体育娱乐用品类、建筑及装潢材料类、烟酒类、汽车类年均分别比2012年增长106.7%、33.5%、35.4%、15.7%。

交通运输日趋完善。2021年末，公路通车里程达到33986千米，是2012年末的1.5倍，其中，高速公路

通车里程937千米，是2012年末的10.8倍，实现县县通高速、乡乡通水泥(沥青)路、村村通硬化路。2021年中断了近20年的乌江水运全线复航，500吨级航船可经长江直达东海。铜玉高铁、渝怀铁路复线建成通车，铜仁凤凰机场开通临时航空口岸，黔北(德江)机场开工建设，铜仁将迈步入"双高铁+双机场"时代。

邮政电信高速发展。2021年，全市邮政行业业务总量5.68亿元；电信业务总量35.2亿元，年均增长11.2%。固定互联网宽带用户108.73万户，是2012年末的7.6倍，年均增长25.3%。移动电话用户从2012年末的171.04万户增加到2021年末的391.5万户。全市广播综合人口覆盖率99.36%，2012—2021年规模以上工业增加值年均增长9.7%电视综合人口覆盖率98.01%。信息基础设施提档升级，全面实现5G网络县县通、4G网络村村通。

五、社会事业蓬勃发展，民生保障扎实有力

十年来，铜仁坚持经济增长与民生保障协调发展，就业形势总体平稳，城乡教育均衡发展，社会事业全面进步，人民群众的获得感更足、幸福感更强、安全感更高。

就业形势总体平稳。2012年，全市城镇单位从业人员(不含私营和个体工商户从业人员)15.41万人，城镇登记失业率2.98%。2021年，失业人员实现再就业人数1.03万人，完成职业技能培训13.62万人，同比增长10.1%，转移农村劳动力9.14万人。

居民生活持续改善。城乡居民人均可支配收入持续较快增长，城乡差距持续缩小。全市城镇常住居民人均可支配收入由2014年的20224元提高到2021年的36684元，2015—2021年年均增长8.8%；农村常住居民人均可支配收入由2014年的6233元提高到2021年的12291元，2015—2021年年均增长10.2%。城乡居民收入比由2014年的3.24缩小到2021年的2.98。

社会保障全面加强。2021年年末，城乡居民基本医疗保险、城乡居民基本养老保险、工伤保险、失业保险人数分别达到388.03万人、201.56万人、41.85万人和14.73万人，分别是2012的8.58倍、15倍、3.12倍、1.75倍。城市、农村低保平均保障标准由2012年的286.5元/月、1499元/年分别提高到2021年的645元/月、4560元/年，分别提高了2.25倍和3.04倍。公共卫生体系不断健全，截至2021年年末，全市拥有卫生机构3441个，是2012年的14.04倍，其中，医院、卫生院269个；卫生技术人员26598人，是2012年的3.47倍。

教育事业蒸蒸日上。2021年，全市拥有各类学校2279所；各类学校专任教师人数达到5.75万人，比2012年增加1.28万人；各类学校在校学生数达到87万人，比2012年增加0.5万人。2021年，全市九年义务教育巩固率为96%，高中阶段毛入学率为95.5%。

文化事业稳健发展。2021年末，全市有艺术表演团体3个、文化馆(艺术馆)11个、公共图书馆11个、博物馆(纪念馆、陈列馆)13个、广播电视台(融媒体中心)11个。全市拥有世界文化遗产保护名录1个，拥有国家级、省级非物质文化遗产保护名录12个、73个，分别比2012年末增加5个、27个。全市依托玉屏箫笛、苗族银饰、苗绣等非物质文化资源，加快发展民族工艺商品，文化产业快速发展。

六、绿色发展步伐坚实，生态优势更加彰显

十年来，铜仁坚守发展和生态两条底线，牢固树立"绿水青山就是金山银山"理念，推动生态环境"高颜值"与经济发展"高质量"协同并进，生态环境保护取得新成效。

生态环境明显改善。坚决打好蓝天、碧水、净土保卫战。2021年，全市10个区县环境空气质量平均优良天数比例达98%。有序推进碳达峰、碳中和，2021年，单位GDP能耗下降2.98%。全面落实河长制，主要河流监测断面水质达标率100%，县城以上集中式饮用水水源地水质达标率100%。2021年，全市城市污水处理率达到97.01%，较2012年提升32.84个百分点；城市生活垃圾无害化处理率达到96%。积极创建国家森林城市，2019年全市森林面积达到119万公顷，森林覆盖率达到66.2%，排名全省第二，比2013年提高11.26个百分点。

生态保护成效显著。出台实施《铜仁市锦江流域保护条例》《铜仁市梵净山保护条例》《铜仁市农村饮用水管理条例》等7部地方性法规。连续五年发布中国·梵净山生态养生指数，万山资源枯竭型城市绿色转型等3项生态文明改革经验在全国推广。人民群众生态环境获得感不断增强，2021年，铜仁生态环境满意度达到96.36%，比2020年提高1.26个百分点。铜仁荣获"中国最具生态竞争力城市"，绿色生态名片越擦越亮，优良生态环境成为铜仁竞争力的最强"硬核"。

新时代催人奋进，新使命勇毅担当。展望未来，铜仁将坚持以习近平新时代中国特色社会主义思想为指导，在党中央、国务院和省委、省政府的坚强领导下，以更加崭新的姿态、更加饱满的热情、更加昂扬的斗志，在高质量发展中展现新作为，开创新业绩，奋力谱写绿色发展先行示范区新篇章。

(年编根据《铜仁统计年鉴》整理)

苏铜扶贫协作综述(2017年以来)

2013年2月，国务院办公厅印发《关于开展对口帮扶贵州工作的指导意见》，明确了东部6个省(直辖市)的8个城市与贵州省8个市(州)的结对帮扶关系，其中苏州市对口帮扶铜仁市。2015年初，苏州市选派了由路军同志为负责人，共5名同志组成的苏州对口帮扶铜仁前方工作队赴铜挂职，取得了积极成效。2016年7月，习近平总书记在银川主持召开东西部扶贫协作座谈会后，苏州市对口帮扶铜仁市工作上升到全国东西部扶贫协作范畴，省委、省政府明确，江苏省对口帮扶贵州省铜仁市工作由苏州市具体负责，并由苏州市选派干部组建江苏省对口帮扶贵州省铜仁市工作队(以下简称“工作队”)赴铜仁市开展扶贫协作工作。2017年4月和10月，工作队23名队员分批抵达铜仁，开启了苏铜两地扶贫协作工作的新征程。

2017年以来，苏铜扶贫协作工作始终坚持以习近平新时代中国特色社会主义思想为引领，深入贯彻党中央和苏黔两省关于东西部扶贫协作工作的决策部署，坚持“输血”与“造血”相结合，当前与长远相结合，扶贫与扶志、扶智相结合，发挥好政府作用与充分激发社会各方力量参与相结合，对口帮扶与双向协作相结合，全力推动苏铜两地开展了全方位、多层次、宽领域的扶贫协作工作，取得了显著成效。四年来，铜仁市累计有43.8万名建档立卡贫困人口成功脱贫，市辖10个国家级贫困县(区)从2017年起分四批顺利摘帽。在国务院扶贫开发领导小组组织的全国东西部扶贫协作成效考核中，苏州市与铜仁市均多次被评为“好”的等次。2020年8月，江苏省委书记娄勤俭在报送中办信息《江苏省及苏州市深入贯彻落实习近平总书记重要讲话精神倾力帮助贵州铜仁实现蜕变摆脱绝对贫困》上做出肯定性批示，要求各市县参阅借鉴。全国各类省级以上新闻媒体对苏铜扶贫协作工作进行宣传报道近1500次。

一、政治站位有高度，组织领导不断强化。苏黔两省、苏铜两市党委政府高度重视，把东西部扶贫协作工作作为一项重要政治任务抓紧、抓实、抓好。2017年以来，苏黔两省主要领导互访5次，苏铜两市主要领导互访17次，召开高层联席会议13次，协商明确目标和思路，部署推动重点工作。江苏省委组织部，省发改委、教育厅、工信厅、财政厅、科技厅、人社厅、农业农村厅、商务厅、文化和旅游厅、卫健委、工商联等部门也先后到铜仁考察交流，体现了省级层面支持苏铜扶贫协作的鲜明态度。根据中央和苏黔两省有关东西部扶贫协作会议精神和双方实际，苏铜两市先后出台了一系列中、长期东西部扶贫协作政策和工作规划、计划，并逐年制定实施年度扶贫协作工作要点，有力、有序、有效地推动了苏铜扶贫协作工作的落地落实。

二、资金支持有力度，帮扶项目高效实施。2017年以来，江苏省和苏州市财政帮扶资金逐年递增，年均增幅达58.2%。四年累计支持铜仁财政帮扶资金17.1亿元。按照精准扶贫、精准脱贫要求，帮扶资金聚焦铜仁“两不愁三保障”，抓产业就业重点，补住房饮水短板，强教育医疗弱项，重点向深度贫困县、极贫乡镇和深度贫困村倾斜，向易地扶贫搬迁安置点学校、医院、扶贫车间等配套设施建设倾斜。共实施美丽乡村、农业产业化、教育医疗、人才培养、劳务协作等方面帮扶项目1243个，铜仁72.8万名贫困人口受益。此外，江苏省和苏州市社会各界向铜仁捐赠扶贫物款超过2.7亿元，惠及铜仁694个贫困村，困难群众超12万人(次)。

三、人才交流有热度，扶贫扶智(志)紧密结合。2017年以来，苏州市累计选派420名党政干部到铜仁挂职帮扶(含短期，其中，工作队先后有33名队员为长期挂职)。1564名专业技术人才到铜仁开展支教、支医、支农等专项帮扶，在铜仁联手打造教育、医疗“组团式”帮扶试点26个。发挥苏州培训资源优势，帮助铜仁培训党政干部8424人次，专业技术人才35914人次。铜仁市累计选派291名党政干部到苏州挂职交流，3151名医生、教师等专业技术人才到苏州结对医院、学校跟岗锻炼。此外，从2018年起，依托国务院扶贫办全国贫困村创业致富带头人培训基地——张家港市善港村农村干部学院，苏铜两市合作举办了32期3427人参加的铜仁贫困村创业致富带头人培训班，已成功创业

1489人，带动贫困户就业10748人。强化文化交流，组织大型音乐剧《桃花笺》、苏剧现代戏《国鼎魂》、滑稽戏《顾家姆妈》、管弦乐《华乐苏韵》等优秀戏曲赴铜仁演出，整合社会帮扶资金在铜仁市各区（县）建设移动图书馆（文化方舱）、"土家书屋"、新时代文明实践驿站等文化设施，进一步提升铜仁贫困人口的文明素质，坚定脱贫摘帽的信心和决心。

四、产业协作有强度，消费扶贫亮点频出。苏铜两市各结对县级市（区、县）合作共建10个工业园区、9个现代农业园区，着力提高铜仁各类省级产业园区建设水平和产业承载能力。苏铜产业园加快装备制造产业园建设，先后获评"产城融合示范区"和国家级、省级"双创"示范基地，2020年实现工业总产值190亿元、税收13亿元，较2019年分别增长13.4%和13%。积极引导江苏省苏州市等东部地区向外转移产业向铜仁集聚。2017年以来，通过苏铜扶贫协作平台累计招引锦超服饰、矽美仕新能源、铁近机电等311家东部企业到铜仁投资，实际完成投资额275.7亿元，带动4.7万贫困人口增收。加强产学研合作，协调江南大学与铜仁贵茶集团合作设立江南大学国家技术转移中心江口分中心、江南大学贵茶集团抹茶联合研究中心，加大抹茶食品研发应用和推广力度。全力推动消费扶贫。苏铜两市分别从生产、销售、物流、消费等层面制定消费扶贫优惠政策，共建农产品直供基地4.98万亩，重点农业企业33家，为江苏等东部地区提供优质茶叶、大米、蔬菜、水果、食用菌、中药材等铜仁特色农产品。在苏州设立铜仁"梵净山珍"（苏州）展示中心、铜仁"梵净山茶"苏州推广中心、铜仁优质农产品（苏州）推广中心等线上线下农产品展销中心（旗舰店、专柜）37个。苏州市科协组织苏州餐饮企业和烹饪大师编撰《梵净山遇见太湖水》"铜仁食材·苏州味道"一书，提高了铜仁优质农产品在苏州的知名度和美誉度。2017年以来，累计实现"黔货入苏"销售额29.9亿元，惠及建档立卡贫困人口超13万。2019年，国家发改委在苏州举办的消费扶贫"市长论坛"上，《苏州市深化东西协作助推消费扶贫》《精准破解生产、流通、消费瓶颈制约江苏太仓助推贵州玉屏主导产业由弱变强》《"黔货进苏"助力铜仁市万山区消费扶贫》成功入选全国19个典型案例。2020年，国家发改委在延安举办的全国消费扶贫论坛上，《昆山·碧江探索消费扶贫"四个+"模式助力决战决胜脱贫攻坚》入选优秀典型案例。大力开展旅游合作，发挥苏州资源优势，助力梵净山景区成功申报世界非物质文化遗产和"AAAAA"级景区；帮助铜仁市在苏举办旅游推介活动近40次，广泛宣传铜仁精品旅游线路和产品。2017年以来，到铜仁旅游的江苏游客数量逐年递增，年均增幅在30%左右。2019年11月，经苏州市科协和铜仁市文广旅游局、江口县联合申报，国际天文学联合会小行星命名委员会将中科院南京紫金山天文台发现的一颗国际编号为"215210"的小行星，永久命名为"梵净山星"，成为苏铜两地真情帮扶的永恒见证。

五、劳务协作有精度，就业扶贫凸显成效。苏铜两地将劳务协作作为建档立卡贫困户增收脱贫的重要措施，分别从职业中介补贴、免费技能培训、就业保障服务等各方面制定出台了一系列扶持政策，鼓励铜仁务工人员尤其是贫困劳动力到苏就业。双方互设劳务协作工作站11个，"铜仁之家"16个，对在苏就业的铜仁籍贫困劳动力提供"一人一档"服务。帮助铜仁建成首个人力资源市场，启用"苏州·铜仁就业创业培训远程课堂""苏州·铜仁远程视频招聘平台"和"苏州·铜仁人才科技培训远程课堂"三个网络招聘就业、职业培训平台。实施职业技能人才"千人培养计划"，引导苏州技师学院等中高职技校和35家重点用人企业与铜仁贵州健康职业学院、铜仁交通职校等中高职院校开展校校合作、校企合作，开设"1+2""2+1""1.5+1.5"等学制"订单班"28个，1292名铜仁籍学生到江苏（苏州）就读职业学校。在苏州技师学院成功打造"1+1+1"读书助贫帮扶品牌（1名建档立卡贫困学生来苏就读+1名学生家长来苏就业+1户贫困家庭实现长期脱贫）。张家港沙洲工学院从2018年起，每年在沿河县定向投放招生指标，先后招收沿河籍学生796人（其中贫困学生398人），并给予其5000～10000元/年的生活补助金。强化市场导向，支持苏州人力资源公司到铜仁开展人力资源中介服务。2017年以来，苏铜双方合作举办贫困劳动力职业技能免费培训班508期，培训贫困劳动力17677人；累计帮助47493名贫困劳动力实现就业，其中5799人在苏就业，33886人就地就近就业。

六、携手小康有深度，结对帮扶纵深推进。苏铜两市在各县级市（区、县）"一对一"结对帮扶的基础上，推动"携手奔小康"行动不断往深里走、往实里走。2017年以来，苏铜两地各结对县级市（区、县）、有关市级机关和区（县）部门、国有企业、镇（乡、街道、开发区）、村（社区）间累计互访考察2468批28174人次。苏州102个镇（街道、开发区）、379个村（社区、协会、商会、企业）、469所学校、136所医院与铜仁市119个贫困乡镇、417个贫困村、579所学校、208所医院（卫生院、疾控中心、妇幼保健院等医疗机构）结对帮扶，实现对铜仁319个深度贫困村和乡镇以上中小学校、医院的结对帮扶全覆盖。整合苏州各市（区）总工会、妇联、团委帮扶资金及社会资金，在铜仁各结对区（县）

易地扶贫搬迁移民安置点新建“职工之家”“青年之家”“妇女之家”“儿童之家”、春晖社、社区组织培育服务共建站34个，在安置点建设了一批人力资源市场（服务点），引进东部劳动密集型企业在安置点设立扶贫微工厂、扶贫车间42个，有效解决了部分搬迁移民的文化、就业服务需求。昆山市和碧江区“七结对”助力两地携手奔小康、“六化联动”助推乡村振兴助力脱贫攻坚，常熟市与思南县“铸强产业造血主轴、打造产业脱贫硬核”先后入选国扶办、人民日报社主办的第二、第三届中国优秀扶贫案例。在铜仁挂职期间，工作队始终坚持以习近平新时代中国特色社会主义思想为引领，认真学习领会并深入贯彻落实中央和苏黔两省、苏铜两市关于东西部扶贫协作工作的有关会议和重要指示精神，切实加强思想、组织、作风、制度建设，不忘初心、牢记使命，牢固树立做好东西部扶贫协作工作的光荣感、责任感和紧迫感，充分发挥好自身信息员、联络员、服务员的作用和党员干部的先锋模范作用，在“精准”上下苦功，在“创新”上花大力，在“融合”上做文章，在“落实”上见实效，尽职履责抓好苏铜扶贫协作的各项工作，得到了贵州省委、省政府，铜仁市委、市政府和广大干部群众的高度认可。一是树立争先目标。紧紧围绕助力铜仁市到2020年建成全面小康目标，对标对表国务院扶贫办东西部扶贫协作考核指标要求，发扬苏州干部“有精气神、干精细活”的优良传统，奋力走在全国东西部扶贫协作工作的前列。二是强化协作意识。充分发挥工作队桥梁纽带作用，当好苏州与铜仁两地间的“双面绣”“双面胶”，统筹协调“后方”江苏苏州和“前方”贵州铜仁的资源和力量，形成了全社会广泛参与、积极推动苏铜扶贫协作工作的强大合力。三是弘扬奉献精神。全体队员自觉“把他乡当故乡、把挂职当任职、把口碑当奖杯”。2019年，工作队首批23名队员两年挂职期满。考虑到苏铜扶贫协作工作的延续性、稳定性，工作队领队、10个区（县）工作组组长及2名科级干部克服自身困难，舍小家、为大家，继续延长一个任期留在铜仁工作。四是坚持务实作风。全体工作队员矢志担当作为，深入基层，脚踏实地，以“绣花”功夫做好苏铜扶贫协作各项工作。工作队组织在铜仁挂职帮扶的党政干部、专业技术人才等成立临时行动支部，定期到扶贫一线为贫困人口解决生产生活困难，并先后开展了“三个一”计划（每名工作队员联系一个帮扶项目、挂钩一个贫困村、帮扶一户贫困户）、“三学三比”活动（学理论、比党性，学先进、比作风，学本领、比贡献），努力打造一支政治强、业务精、作风实、纪律严的工作队伍。五是强化创新意识。结合苏铜两地实际，在把握东部所能、西部所需的基础上，探索形成了张家港市善港村与沿河县高峰村“整村推进全面提升”结对帮扶新模式、共建园区培育产业经济增长极、完善农产品供应链深化消费扶贫、苏铜合作贫困村创业致富带头人“千人培养计划”、党建引领扶贫协作、健全联动机制深化劳务协作、精准帮扶特殊群体贫困人口、加强对易地扶贫搬迁安置群众后续扶持等可复制、可推广的东西部扶贫协作典型经验和工作亮点，多次入选《中国优秀扶贫案例》和国务院扶贫办组织的全国“携手奔小康”培训班典型案例。2020年9月，工作队研究课题“东西部扶贫协作机制研究——以江苏省对口帮扶贵州省铜仁市为例”获国务院扶贫办中国扶贫发展中心、全国扶贫宣传教育中心联合评审表彰的习近平总书记关于扶贫工作重要论述学习研究优秀成果奖。六是营造廉洁形象。严格执行工作队政治思想建设、议事决策、项目资金管理、干部人才队伍管理、日常运转及服务保障等方面管理制度，认真贯彻执行苏黔两省、苏铜两市关于作风建设的相关规定和要求，主动接受派出地和挂职地双方监督，将作风建设持续抓、扎实抓、盯住抓。在铜仁四年，工作队员未出现违规违纪行为。2017年以来，工作队连续两次被评为贵州省脱贫攻坚先进集体；所有工作队员在铜仁市年度考核均为“优秀”，现有23名工作队员全部获得省级以上荣誉称号，15名工作队员被铜仁市政府荣记二等功；工作队员和支教、支医、支农专家获得贵州省级以上荣誉称号47人（次），工作队沿河县工作组组长陈世海在第三届中国优秀扶贫案例报告会上入选“最美人物”案例。2021年2月，在全国脱贫攻坚总结表彰大会上，工作队和碧江区工作组，领队查颖冬和队员张皋分别被授予全国脱贫攻坚先进集体和先进个人荣誉。

（原载《苏铜扶贫协作简报》2021年第1期）

大事记

1月

1日 0时起，锦江、舞阳河、乌江、松桃河等河流干流和支流，以及其他天然水域，实施为期10年的全面禁捕。

5—7日 市长陈少荣率队到湖南省长沙市考察数字经济、教育合作等工作。

6日 全国爱国卫生运动委员会发布《全国爱卫会关于命名2018—2020周期国家卫生城市(区)的决定》，命名铜仁市为国家卫生城市。

8日 贵州省抗击新冠肺炎疫情表彰大会在贵阳召开，铜仁市24个先进集体和35名先进个人获表彰。

13日 省委、政法委书记时光辉到石阡县、思南县开展“入村寨、进社区、走企业、访群众”大走访调研活动并召开座谈会。

13—14日 副省长李睿到铜调研交通运输、商贸物流、外贸企业等工作。

15日 由贵州省社会组织管理局、贵州省慈善总会、贵州省社会组织服务中心主办，铜仁市源创社会工作服务中心承办的“善行贵州·1768”公益项目启动仪式在铜仁沿河自治县举行。

21日 市委警示教育大会在铜仁人民会堂召开。省纪委常委、省监委委员、省委巡视办主任梁伟出席并作指导讲话，市委书记陈昌旭主持并作表态讲话，市委常委、市人大常委会、市政府、市政协在铜班子成员和党组成员出席会议。

22日 贵州省文物考古研究所铜仁锦江考古队在碧江区坝黄镇方田坝遗址H12灰坑遗迹，发掘出土一件牙璋，此次牙璋的发掘为贵州省首次。

2月

2日 市委农村工作会议暨全市巩固拓展脱贫攻坚成果同乡村振兴有效衔接工作会议在铜仁人民会堂召开。市委书记陈昌旭出席会议并讲话，市委常委，市人大常委会、市政府、市政协领导班子成员和党组成员出席会议。铜仁军分区、市中级人民法院、市人民检察院，各高校，市直有关部门，中央、省驻铜单位，市属企业负责人在主会场参加会议。

3日 广东省扶贫开发领导小组印发《关于明确新阶段东西部协作结对关系的通知》，明确由广东省东莞市对口帮扶贵州省铜仁市。

8日 湖南、湖北、贵州、重庆四省市七地以“云签约”形式举行武陵山片区政务服务“跨省通办”签约仪式。

10日 省长李炳军到铜仁市宣讲习近平总书记视察贵州重要讲话精神，看望慰问基层干部群众，调研春节民生保障、疫情防控、企业生产等工作。

20日 全市抓党建促国有企业高质量发展大会在碧江区召开。常务副市长、市委国企工委副书记张明主持会议并传达批示，市委组织部部长、市委国企工委书记赵继红出席会议并讲话。

23日 第六批全国学雷锋活动示范点和岗位学雷锋标兵名单公布，铜仁市火车站疫情防控志愿服务站入选第六批全国学雷锋活动示范点，系贵州省唯一。

25日 全国脱贫攻坚总结表彰大会在北京人民大会堂召开，铜仁市9个集体、12名个人获全国脱贫攻坚先进集体、先进个人表彰。

28日 铜仁市政协第二届委员会第五次会议在碧江区召开。会议补选肖洪为政协第二届铜仁市委员会主席，补选张吉刚、杨德振为政协第二届铜仁市委员会副主席，补选丁廷坤、朱喜林、杨云超、何志天、张林华、徐联为政协第二届铜仁市委员会常务委员。

3月

1—4日 铜仁市第二届人民代表大会第五次会议在铜仁人民会堂召开。陈康当选为铜仁市人大常委会主任，杨彪、任廷浬当选为铜仁市人大常委会副主任，钟汰甬当选为铜仁市监察委员会主任，杨秀明当选为铜仁市人大常委会秘书长，陈晓磊、龙海成、徐敏、邓元法当选为铜仁市人大常委会委员。

5日 中国共产党铜仁市第二届纪律检查委员会第六次全体会议在铜仁人民会堂召开，市委书记陈昌旭出席会议并讲话。市人大常委会主任陈康，市政协主席肖洪，市委副书记孙含欣，市委常委，市人大常委会、市政府、市政协领导班子成员和党组成员出席会议。市纪委书记、市监委主任钟汰甬主持会议并作工作报告。

△市委政法工作会议暨市委平安铜仁建设大会在市公安局大会堂召开，市委书记、市委平安铜仁建设领导小组组长陈昌旭出席会议并讲话。市委副书记孙含欣，市领导张明、赵继红、熊光奎、任廷浬、潘攀、田艳、张吉刚、杨德振参加会议。市委政法委书记、市委平安铜仁建设领导小组副组长黄爱民作工作部署。

6日 全市党史学习教育动员大会在碧江区召开。市委书记陈昌旭出席会议并讲话，市人大常委会主任陈康，市政协主席肖洪，市委副书记孙含欣，市委常委，市人大常委会、市政府、市政协班子成员和党组成员出席会议。

9—10日 甘肃省临夏回族自治州委书记郭鹤立率党政代表团到铜仁考察。市委书记陈昌旭,市委副书记孙含欣,市领导龙海、叶栋樑、张吉刚分别陪同考察。代表团一行先后考察大龙开发区贵州中伟正源新材料,玉屏侗族自治县田坪侗乡风情园,万山区万仁新能源汽车集团、新时代爱国主义教育基地、朱砂古镇、旺家易地扶贫搬迁安置点、铜仁市大数据产业园,江口县冷水鱼基地、贵茶集团等。

16—17日 省委书记、省人大常委会主任谌贻琴到铜仁调研,宣讲习近平总书记视察贵州重要讲话精神和全国"两会"精神,到困牛山战斗遗址开展党史学习教育。谌贻琴强调,要不断提高政治判断力、政治领悟力、政治执行力,从光荣革命传统中感悟初心使命汲取奋进力量,激发更加昂扬的精神状态和一往无前的奋斗姿态,坚持以高质量发展统揽全局,坚决巩固拓展脱贫攻坚成果、扎实推进乡村振兴,确保"十四五"开好局起好步。省委常委、省委秘书长吴强参加调研。

22日 全省春耕生产现场推进会在铜仁市碧江区召开。省长李炳军作批示。省委副书记蓝绍敏出席会议并讲话,副省长谭炯主持会议。铜仁市、黔南州、黔西县、天柱县和贵州印之谷农业公司、贵州佳里佳农业公司作交流发言,省气象局通报农业生产气象情况,省农业农村厅对春季农业生产具体工作进行部署。组织到农业坝区、种植加工基地等进行现场观摩。省有关部门和单位负责人,各市(州)及县(市、区)分管负责人和农业农村部门主要负责人等参加会议。

26日 贵州省第十三届人民代表大会常务委员会第二十四次会议批准通过《铜仁市电动摩托车管理条例》,自2021年7月1日起施行。

29日 《铜仁市国民经济和社会发展第十四个五年规划和二〇三五年远景目标纲要》公布。

30日 中共中央办公厅、国务院办公厅印发《关于坚持和完善东西部协作机制的意见》,明确由广东省对口帮扶贵州省,随后铜仁市成立铜仁市人民政府驻深圳(东莞)办事处。

△铜仁市启动新冠病毒疫苗接种工作,全市设置191个点位,年龄在18周岁及以上且未进行过新冠病毒疫苗接种的人群均可免费接种。

4月

6日 农业农村部官网对拟予登记保护的186个农产品地理标志登记内容予以公示。石阡土鸡作为铜仁农产品代表之一,被登记保护。

△铜仁供电局采用"无人机+全景图"模式,完成10千伏瓦甘线全景可视化场景模型的建设工作,铜仁供电局配网数字化转型迈上新台阶。

7日 全市新型工业化暨开发区高质量发展大会在铜仁人民会堂召开。市委书记陈昌旭出席会议并讲话。会议以电视电话会议形式召开,市中级人民法院、市人民检察院,各高校,各区(县、铜仁高新区、大龙开发区)党委(党工委)书记,市直有关部门,中央驻铜单位,部分金融机构、科研院所及企业有关负责人在主会场参加会议。

△在希望的田野上——苏铜缘·山水情公益活动在碧江区会议中心举行。中华慈善总会荣誉副会长徐镱轩,工信部工业文化发展中心党委书记、华盛绿色工业基金会执行会长李洪彦,市人大常委会主任陈康,市政协主席肖洪出席活动。市委副书记孙含欣出席并致辞。苏州市委统战部副部长、市工商联党组书记王益冰,安顺市委组织部部长刘彤,铜仁市副市长查颖冬,市纪委书记、市监委主任钟汰甬出席活动。

10日 铜仁与昆明将开行直达高速动车,列车经由铜玉铁路、沪昆高铁运行,全程运行里程790千米。

11日 电视剧《看万山红遍》杀青仪式在万山区朱砂古镇举行。1月13日《看万山红遍》在万山朱砂古镇开机拍摄。该剧以万山转型发展为背景,讲述万山干部群众坚持以习近平新时代中国特色社会主义思想为指导,感恩奋进、艰苦奋斗、浴火重生的生动故事。

15日 由市作家协会和逸群小学联合举办的"童眼看世界·真心书未来"征文大赛颁奖典礼举行,这是市作协挂牌成立儿童文学创作基地以来举办的第一次创作大赛。市作协将进入前20名的优秀作品积极向省内外有关报刊进行推荐,活动为12位获奖学生及指导老师颁发证书,赠送社会爱心人士根据获奖作者意愿购买的课外读物。

15—16日 广东省东莞市党政代表团到铜仁考察,并召开东莞·铜仁东西部协作联席会议。两市深入学习贯彻习近平总书记对深化东西部协作的重要指示精神,进一步落实全国东西部协作和中央单位定点帮扶工作推进会、粤黔协作联席会议部署,研究"十四五"时期东莞·铜仁东西部协作工作,签订《"十四五"时期莞铜东西部协作协议》。东莞市委书记梁维东、铜仁市委书记陈昌旭出席会议并讲话。铜仁市委副书记孙含欣主持会议,东莞市领导喻丽君、方灿芬,铜仁市领导张明、陈代文、王飚、田艳参加有关活动。

16日 由市人社局、东莞市人社局主办,铜仁日报传媒集团劳务派遣有限公司承办的“铜往东莞·就在春天”东莞名企铜仁专场招聘会在万山区旺家花园安置点举行。来自东莞的55家知名企业提供1.1万个工作岗位，为铜仁群众外出务工就业搭建平台。

17日 省委统战部部长胡忠雄在铜仁市调研，到周逸群烈士陈列馆开展党史学习教育。

△铜仁市跑步运动协会成立，选举产生理事会理事和常务理事。铜仁市跑步运动协会创始会员12家，以“全面健身、科学锻炼”为理念，旨在推广跑步运动、扩大跑步群体、规范跑团管理、提倡健康锻炼、提高训练水平，实现全面健康。

22日 交通运输部召开脱贫攻坚总结暨巩固拓展脱贫攻坚成果全面推进乡村振兴电视电话会议，铜仁市公路处获“全国交通运输脱贫攻坚集体”表彰。

△在万山区仁山街道出土5件器物，其中3件为青铜器，2件为铁器，经贵州省文物考古研究所初步判定，5件出土器物均出自汉代。

24日 由市卫生健康局、市总工会主办，市医学会承办，铜仁职业技术学院协办的2021年铜仁市护士岗位技能竞赛在铜仁职业技术学院举行，全市52家医疗机构215名选手参加比赛。竞赛分为临床护理、妇产科护理、重症护理、老年护理、儿科护理5个专业组，采取技能操作模拟演练的方式进行。比赛产生个人竞赛一等奖22名、二等奖和三等奖各42名，团体一等奖5家，二等奖、三等奖和优秀组织奖各10家。

△由贵州师范学院音乐舞蹈学院客座教授、石阡籍艺术家李凌飞偕同贵州师范学院音乐舞蹈学院石阡籍歌手、青年教师雷芳（雨田）共同创作、共同录唱缅怀困牛山英雄壮举的主题歌曲《丰碑》在石阡县龙塘镇困牛山举行发布仪式。

5月

5日 江苏苏州—贵州铜仁东西部协作工作座谈会在苏州召开，苏州与铜仁签订缔结友好城市协议。

11日 全市2021年高质量发展大会在碧江区召开。市委书记陈昌旭作批示，出席会议并讲话，市人大常委会副主任杨彪、副市长王飚、市政协副主席张洁出席会议，会议由王飚主持。

11—12日 江苏省委统战部部长杨岳一行到铜仁考察。

13日 第六届贵州省见义勇为英雄模范表彰大会在贵阳召开。铜仁市余江（牺牲前系铜仁市原铜仁化肥厂职工）获评“第六届贵州省见义勇为英雄”称号、杨胜（铜仁市碧江区中等职业学校数字媒体专业学生）获评“第六届贵州省见义勇为模范”称号。

14日 铜仁市评标专家劳务报酬线上支付平台上线运行，并完成万山区苏高新文化旅游有限公司“牙溪生态农场20、21、24、25号房屋装修”项目评标专家劳务报酬电子化线上支付工作。铜仁市公共资源交易项目评标（审）专家劳务报酬至此实现线上支付。

△中国电力建设企业协会公布2021年度中国电力优质工程评选结果，铜仁供电局石阡国荣（泉都）220千伏变电站新建工程获评2021年度中国电力优质工程，这也是铜仁供电局继500千伏碧江变电站工程获奖后又一省部级质量奖项。

16日 铜仁市与安顺市签订《安顺市铜仁市战略合作框架协议》，双方确定在交流互动、大数据、养殖产业、文化旅游等方面深化交流合作。

△《听红色故事·学百年党史》铜仁市新时代文明实践“我的声音你的眼”无障碍电影公益活动在碧江区锦江广场举行。无障碍电影是经过加工、专门方便视听残障人士欣赏的电影节目，它在保留原版电影对白的同时，通过配上手语、增补剧情旁白、提供字幕等方式，使视听残障人士能够凭借“听觉”或“手语、文字”了解整部电影的内容，享受电影艺术的乐趣。

20日 中国共产党铜仁市第二届委员会第十一次全体会议在碧江举行，全会审议通过《中共铜仁市委关于深入学习贯彻落实习近平总书记视察贵州重要讲话精神坚持以高质量发展统揽全局奋力谱写百姓富生态美多彩贵州新未来铜仁篇章的决定》。

△市直单位2021年第一批公务用车政府采购项目作为铜仁市首个政府采购“不见面”开标项目完成，实现政府采购项目系统全流程电子化。

21日 由铜仁市总工会、中国人民银行铜仁市中心支行、铜仁银保监分局主办的“初心永不忘、奋进新时代”银行业劳动技能竞赛在铜仁国宾馆举行。竞赛设立多指多张手工点钞、点钞机点钞、蒙眼识假币、计算机汉字录入、服务礼仪5个项目。评选出团队奖项6项，个人奖项18项。

24日 中共铜仁市委党的建设工作领导小组2021年第二次会议暨全市基层党建工作重点任务推进会召开。

25日 铜仁市公交公司4月新采购的36辆宇通牌新能源纯电动车投入城市主干线路运营，其中4路公交9辆、7路公交3辆、12路公交8辆、15路公交8辆、20路公交8辆。

26日 由铜仁市人民政府主办的2021数博会场景大数据专场发布会在贵阳举行。会议发布《场景大数据白皮书(2.0)》、铜仁市网络货运线上数字产业园、中国蜂产业大数据平台、零障碍免密民生“虚拟一卡通”,书面发布“大数据+城市综合执法”云平台、数智交通综合管理平台、农村劳动力就业场景大数据平台、互联网医院8项大数据实践成果。

27日 苏铜扶贫协作工作总结座谈会在铜仁召开。市委书记陈昌旭为江苏省对口帮扶贵州省铜仁市工作队和专业技术人才代表颁发省级纪念章。江苏省政府副秘书长王志忠、苏州市政府副市长蒋来清出席会议并讲话,铜仁市政府副市长、江苏省对口帮扶贵州省铜仁市工作队领队查颖冬作发言,市委组织部部长赵继红宣读通报表扬文件,决定对在2015—2020年东西部扶贫协作工作中表现优秀的369名援铜帮扶干部人才予以通报表扬。

△第十一届中华廉洁文化论坛暨第五届中国基层廉政研究论坛在长沙举行。铜仁市纪委监委提交的《运用大数据一体推进“三不腐”的痛点难点及应对策略》论文获全国二等奖。

28日 铜仁市朱砂古镇获中国侨联批准的第一家中国华侨国际文化交流基地。

△铜仁学院附中被中国当代文学研究会语文教学专业委员会“希望杯”全国写作研学实践活动组委会授予“希望杯”全国写作研学实践基地。

31日 铜仁市第三人民医院揭牌。

△全市首台大型音乐舞蹈史诗《永恒的丰碑——木黄·木黄》在印江土家族苗族自治县木黄镇会师广场首演。该剧以黔东革命根据地历史为题材,用“奉命西征”“建立革命根据地”“血染困牛山”“会师木黄”“重走长征路”5个部分,展现中国工农红军第六军团历时77天,经历大战47次,跨越湘、赣、粤、桂、黔5个省,与红二军团在木黄会师的革命历程。

△铜仁市“争做新时代好队员——百校庆百年·逐梦新征程”红领巾火炬接力跑启动仪式暨分批入队示范活动在碧江区正光小学举行,用少先队的独特礼仪和方式,庆祝“六一”儿童节,迎接中国共产党成立100周年。

6月

3日 铜仁市公安特(巡)警实战大练兵西部区域应急拉动演练在印江土家族苗族自治县举行。铜仁市公安局特(巡)警支队飞豹突击队及思南、印江、石阡、德江、沿河特(巡)警大队6支演练队伍300余人参加演练。

4日 铜仁市科协第二次代表大会在碧江区召开。市委书记陈昌旭,省科协党组成员、副主席陶文亮出席开幕式并讲话,市人大常委会主任陈康、市政协主席肖洪出席会议。市委宣传部部长、市委统战部部长商友江主持会议。

△铜仁市召开2020年生态环境状况新闻发布会,公开发布《2020年铜仁市生态环境状况公报》,通报2020年全市大气环境质量、水环境质量、声环境质量、农村环境质量等情况。

10日 全市新型城镇化高质量发展大会在铜仁人民会堂召开。市委书记陈昌旭出席会议并讲话,市长主持第一阶段会议并在第二阶段工作推进会上作讲话,省住建厅二级巡视员朱世英到会指导。

△铜仁市乡村振兴局挂牌成立。

△国务院公布第五批国家级非物质文化遗产代表性项目名录(185项)和国家级非物质文化遗产代表性项目名录扩展项目名录(140项)。其中铜仁市石阡县“仡佬族民歌”入选代表性项目传统音乐类项目。

11日 全市市、县、乡人大换届选举工作部署会在碧江区召开。市人大常委会主任陈康,市委常委、市委组织部部长赵继红出席并讲话,市人大常委会副主任陈代文出席会议,市人大常委会副主任刘艳阳主持会议。

16日 杭瑞高速铜仁西互通开通运营。至此,铜仁主城区分别有铜仁南、铜仁北、铜仁东、铜仁西4个高速进出站口,铜仁进出主城区的交通压力得到缓解。

17日 集公共文化、科技普及、数字体验全智能化管理于一体的许韵兰公共阅读空间建成,并向市民免费开放。阅读空间总建筑面积489平方米,设阅读席位86个,有图书1.5万册,可满足不同阅读需求。

23日 铜仁市供销合作社联社第一次代表大会在碧江区召开。市委书记陈昌旭作批示。省供销社党组成员、理事会副主任严爱中,市领导陈代文、王飚、冉晓东出席会议。

25日 铜仁市获评由中国贸促会、全国政协人口资源环境委员会、国家林业和草原局、江西省人民政府联合颁布的“2021年中国最具生态竞争力城市”称号。

△铜仁市新党员代表入党宣誓活动在周逸群烈士陈列馆举行。

27日 由贵州省人民政府主办,省民族宗教事务委员会、省文化和旅游厅、省广播电视局、贵阳市人民政府等承办的贵州省第七届少数民族文艺汇演闭幕,铜仁市代表团山歌风情剧《这山就比那山高》获得剧目银奖。

28日 农业农村部、国家发展改革委、财政部、水利部、税务总局、市场监管总局、国家林草局、供销合作总社公布2020年国家农民合作社示范社和全国农民用水合作示范组织的名单，铜仁市椽子树食用菌农民专业合作社、德江县万进花椒种植专业合作社、德江县勇进花椒专业合作社在列。

7月

1日 市人大常委会主任陈康，市政协主席肖洪，省委第二十二巡回指导组副组长、省机关事务管理局二级巡视员余文，铜仁市委常委，市人大常委会、市政府、市政协班子成员在铜仁人民会堂集中收看庆祝中国共产党成立100周年大会直播，共庆中国共产党百年华诞。

2日 铜仁市“两优一先”表彰大会在铜仁人民会堂召开。市委书记陈昌旭出席会议并讲话，市人大常委会主任陈康，市政协主席肖洪，市委副书记、碧江区委书记孙含欣，铜仁市委常委，市人大常委会、市政府、市政协班子成员和党组成员出席会议。会议宣布《中共铜仁市委关于表彰全市优秀共产党员、优秀党务工作者、先进基层党组织的决定》，授予张骊等150名个人“全市优秀共产党员”称号，授予罗青松等100名个人“全市优秀党务工作者”称号，授予“碧江区滑石乡党委”等150个基层党组织“全市先进基层党组织”称号。

△市委书记陈昌旭、市人大常委会主任陈康、市政协主席肖洪在铜仁人民会堂会见铜仁市获评“全国优秀共产党员”称号的杨宗麟、冷朝刚和获评“全国优秀县委书记”称号的田艳。

3日 全市旅游产业化推进大会召开。

5日 铜仁首部大型革命历史题材舞台剧《困牛山红军壮举》在碧江区会议中心上演。该剧讲述红六军团西征进入贵州时，在石阡困牛山与敌激战，百余名红军为了不误伤被敌人当作人盾进攻的群众，不做俘虏，悲壮跳崖捐躯的故事。该剧以现代情景再现手段，尽力还原史实，以荡气回肠的戏剧情节，演绎出“绝对忠诚、信念坚定、勇于牺牲、赤诚为民”的革命精神。现场座无虚席，观看演出的群众无不为红军壮举感动。

△中国科学院武汉植物园与湖南师范大学生命科学学院合作，命名了在铜仁梵净山发现的凤仙花属植物新种：泡萼凤仙花。该新种描述和命名相关文章在国际期刊《植物分类群》上发表。

7—8日 省长李炳军到铜仁市江口县、碧江区，宣讲习近平总书记“七一”重要讲话精神，调研旅游产业化和高质量发展。

8日 铜仁凤凰机场通航20周年。铜仁凤凰机场可通达北上广深等20余个城市，先后开通泰国、越南等国际航班，成为全省第三个、武陵山区第二个开通航空口岸的“百万级”支线机场。

14日 铜仁市应对新冠病毒感染的肺炎疫情工作领导小组办公室印发《关于全面开展“三码联查”的通告》。

13日 中央电视台《焦点访谈》播出贵州广播电视台、铜仁广播电视台、碧江融媒体中心协助采制的新闻《解码全面小康之路》，碧江区正光社区居民陈双全一家通过易地扶贫搬迁从大山深处搬出后，陈双全及妻子靠自己的努力在城市过上小康生活的内容被采用，时长约2分钟。

15日 2021年铜仁市校园足球三级联赛总决赛在江口县开赛。总决赛为期15天，分为小学、初中、高中三个组别，全市各学校的103支足球队参赛。

△市聋人协会主席周伟光被国务院残工委表彰为“全国残疾人工作先进个人”。

16日 贵州傩文化博物馆联合市书法家协会组织开展以“墨韵颂党恩·启航新征程”为主题的百首红色诗词现场书法创作活动。活动中所有经作者盖章认定的作品，均作为贵州傩文化博物馆永久馆藏，择机展出。

21日 铜仁市规划勘测设计院取得建筑行业（建筑工程）设计甲级资质，成为铜仁市规划勘测设计行业第1个取得甲级资质的机构，铜仁市成为贵州省第5个拥有本地建筑甲级设计院的地州市。

27日 铜仁供电局首次开展35千伏变电站无人机自主巡检，也是贵州电网公司系统内首次采用无人机自主巡检技术对35千伏变电站进行巡视。

28—29日 省委宣传部部长卢雍政到铜仁调研2021年国际山地旅游暨户外运动大会和第十六届贵州旅游产业发展大会筹备工作。

8月

4日 省委常委、省委政法委书记时光辉到铜仁市调研督导疫情防控工作。

5日 铜仁市智慧旅游平台在中南门历史文化旅游区梵净星空艺术馆上线试运行。平台通过整合各方资源，围绕基于政府智能管理和游客智能服务两条主线进行规划建设，利用“大数据＋旅游”力量，为文旅管理部门指导全市旅游行业智慧化发展提供参考。

10日 副省长蔡朝林到铜仁调研开发区建设、招商引资、营商环境等工作。

13日 副省长王世杰到铜仁调研指导疫情防控工作，并出席民革铜仁市第三次代表大会。市委宣传部部长、市委统战部部长商友江代表中共铜仁市委致贺词，民革贵州省委副主委黄东兵，铜仁市政协原一级巡视员、民革铜仁市第二届委员会主委杨晓敏，铜仁市政协副主席张洁出席会议。

△市公共资源交易中心与湖南省湘西州公共资源交易中心完成首个跨省远程异地评标项目，两地跨省专家资源共享的远程异地评标常态化机制至此建立。

15日 秀山(黔渝界)至印江高速公路(贵州段)通车。

19日 铜仁市无介质数字证书“新点标证通”启动仪式暨运用培训会在市公共资源交易中心举行。“标证通”可通过人脸识别、短信验证等方式进行认证，扫码进行签章、加密等业务操作，同时支持异地经办人的远程授权和管理，可提高全市公共资源交易平台服务效能。

25日 铜仁市推进东西部协作工作领导小组会议在碧江区召开。

△全市大数据战略行动暨数字经济战略抢新机推进大会召开。

9月

2日 铜仁市首家“家居建材行业消费维权工作站”在万山区棕颐国际居然之家成立，市市场监管局、市消费者协会、棕颐国际居然之家有关负责人共同为工作站揭牌。

3日 中国野生动物保护协会从全国筛选出88人，作为全国“保护鸟类优秀个人”进行表扬，贵州入选3人，铜仁贵州佛顶山国家级自然保护区管理局方洋入选。

9日 石玉高速公路(石阡县至玉屏自治县)通车运营。

10日 2021年全市教师节表彰大会在铜仁人民会堂召开，市委书记陈昌旭出席会议并讲话。对铜仁学院研究生院等60个单位，龙春芬等12名校(园)长，黄倩等70名教师，肖莉蓉等12名班主任，张秀平等12名教育工作者，汤桂华等14名山村教师，万小月等15名特岗教师，陈琪等15名师德模范予以表彰。

13日 全市锰产业高质量发展及锰污染治理工作攻坚推进大会在铜仁召开。

14日 由市民政局与市人社局联合举办的养老护理职业技能培训暨选拔赛在贵州健康职业学院闭幕。全市各区县民政系统11支队伍44人在“生活照护”“基础照护”“康复照护”3个模块进行角逐，评选出个人一等奖1名、二等奖2名、三等奖3名、优胜奖7名，以及3家优秀组织单位奖。

15日 第一届贵州技能大赛铜仁市选拔赛在铜仁职业技术学院开赛，全市80名参赛选手在“健康照护”“室内装修设计”“花艺”3个项目展开比赛。

16日 中国共产党铜仁市第二届委员会第十二次全体会议在碧江区召开。市委委员35人出席会议。全会由市委常委会主持。市委书记陈昌旭代表市委常委会作总结讲话。全会审议通过《中国共产党铜仁市第二届委员会第十二次全体会议关于召开中国共产党铜仁市第三次代表大会的决议》。

23日 全省市域社会治理现代化试点工作现场观摩会在铜仁召开。省委、政法委书记时光辉出席并讲话，副省长、省公安厅厅长郭瑞民主持。省高级人民法院院长韩德洋、省人民检察院检察长傅信平参加。市委书记陈昌旭参加现场观摩，市委副书记、碧江区委书记孙含欣，市领导黄爱民、沈明军、潘攀参加。

23—25日 以“设计引领·数字赋能”为主题的第十届中国苏州文化创意设计产业交易博览会召开，铜仁市组织20家文化和农特企业参加。参展期间，铜仁市销售额6.19万元，收获意向订单23个，金额约72万元。

26—28日 2021国际山地旅游暨户外运动大会和第十六届贵州旅游产业发展大会在铜仁召开。

27—29日 东莞市委书记、市人大常委会主任肖亚非率东莞市党政代表团一行到铜考察，并召开东莞·铜仁东西部协作联席会议。

27日 全省旅游产业化工作会议在铜仁召开。省委书记、省人大常委会主任谌贻琴作批示，省委副书记、省长李炳军出席会议并讲话。省委副书记蓝绍敏主持会议，省领导于杰、王世杰、蔡朝林、左定超、陈晏出席会议。

△省委副书记蓝绍敏到铜仁市玉屏侗族自治县调研督导特色田园乡村·乡村振兴集成示范试点建设工作。

30日 全市“四化”产业项目现场观摩总结会召开。

△铜仁市举行向烈士敬献花篮仪式。

10月

9日 铜仁市第五届老年人运动会在玉屏侗族自治县文化艺术中心开幕。运动会设门球、网球、台球、气排球、象棋、围棋、太极拳(剑)、柔力球、手杖操、健身球操等运动项目。全市10个区县及大龙经济开发区、市老年健康活动协会代表团的运动员、裁判员、教练员及领队1000余人参加。

12日 省政协主席刘晓凯到大龙开发区、碧江区调研。

12—14日 省人大常委会副主任王忠率队到铜仁调研国有自然资源资产管理情况。

14日 全市扫黑除恶专项斗争总结表彰大会和第一次扫黑除恶常态化暨四大行业领域整治推进会在铜仁人民会堂召开。

19—21日 全国政法队伍教育整顿中央第十三督导组组长于广洲率队调研督导铜仁政法队伍教育整顿工作。

20日 2021梵净山抹茶大会“干净黔茶·全球共享 梵净抹茶·香溢天下”新闻发布会在广东省东莞市召开。中央驻粤新闻单位、广东省和东莞市属新闻媒体以及铜仁市属新闻媒体参加发布会。

24日 铜仁市援遵医疗队出征仪式在铜仁市人民医院举行。市委书记陈昌旭宣布医疗队出征，市委政法委书记黄爱民主持出征仪式，副市长杨云为医疗队授旗。

25日 第十一届全国残运会暨第八届特奥会在陕西西安举行。在游泳赛场上，贵州代表团取得单日2金、3银、1铜的成绩。其中铜仁市运动员伍洪良以1分2秒21取得男子S8级100米蝶泳金牌。

27日 市委常委会会议暨财经委员会会议在铜仁召开。会议分析全市前三季度经济形势，安排部署下一步经济工作。市委书记陈昌旭主持会议并讲话，市人大常委会主任陈康，市政协主席肖洪，市委副书记、碧江区委书记孙含欣，铜仁市委常委，市人大常委会、市政府、市政协的班子成员参加会议。

28日 铜仁职业技术学院梵净山食用菌菌种资源工程技术中心主任顾昌华，获首届“贵州杰出人才奖”提名奖。

11月

1日 副省长郭锡文到松桃苗族自治县、大龙开发区调研矿产资源综合利用工作。

△市政务服务中心和碧江区政务服务中心召开市区政务服务“2+2+2”一窗通办新模式启动运行会，铜仁“2+2+2”一窗通办政务服务为全省第一家。

2日 万仁汽车生产的新能源纯电动商用车获出口许可证，万仁汽车可从2022年开始将进入海外市场。

△由竞争力智库、中国经济导报社和北京中新城市规划设计研究院等机构在北京联合发布《中国县域旅游竞争力报告2021》，揭晓“2021中国县域旅游综合竞争力百强县市”和“2021中国县域旅游发展潜力百强县市”。其中铜仁市石阡县入围“2021中国县域旅游发展潜力百强县市”榜。

3日 遵义湄潭县至铜仁石阡县高速公路通车运营。通车后，湄潭县至石阡县的车程从2小时缩短至1小时。该高速公路在铜仁市境内设有4处互通(枢纽)立交，4个收费站，可直接连接杭瑞高速、银百高速、思剑高速、玉石高速等线路。

△由中共中央宣传部党建杂志社举办的全国“我的入党故事”征文活动评选结果揭晓。思南县大坝场镇征文作品《越是艰难 越要向前》获全国一等奖，作品由有69年党龄的杨胜华讲述，庹秀财整理，是贵州省唯一获得全国一等奖的作品。

6日 人力资源和社会保障部、应急管理部发布《关于表彰全国应急管理系统一级英雄模范、先进集体和先进工作者、中国消防忠诚卫士的决定》。铜仁市印江土家族苗族自治县梅芝凌获评“全国应急管理系统先进工作者”称号。

10日 总投资约800万元的莞铜篮球公园建设项目动工。莞铜篮球公园作为碧江区·东莞市南城组团(南城、莞城、望牛墩、松山湖)2021年东西部协作重点支持建设项目之一。

11日 2021年全国老年人健步走大联动暨铜仁市健步走活动在沿河土家族自治县启动。全市200余名老年健步走选手参与了本次活动。

18日 全市中医药大会在碧江区召开。市委书记陈昌旭，省卫健委副主任、省中医药管理局党组书记、局长安仕海出席会议并讲话，市领导赵继红、刘艳阳、杨云、张吉刚出席会议。大会为20名“铜仁市民间名中医”，10名中医药“无偿献方献技”代表颁发荣誉证书。

△文化和旅游部公共服务司印发《文化和旅游部公共服务司关于第五次全国文化馆评估定级拟命名一、二、三级文化馆名单的公示》，铜仁德江文化馆确定为第五次全国文化馆评估定级一级馆。

19—20日 “贵州省土家学研究会成立30周年座谈会”在沿河土家族自治县举行。

24日 由广东省东莞市文化广电旅游体育局和铜仁市文体广电旅游局联合举办的莞铜非遗文化交流展演在中南门历史文化旅游区飞山宫举行。

26日 经贵州省第十三届人民代表大会常务委员会第二十九次会议批准，《铜仁古城保护条例》公布，自2022年1月10日起施行。

△“黔货出山”铜仁农产品东莞推销会暨招商引资推介活动在东莞虎门“铜仁市大湾区(东莞)销地前置仓”举行。

△由松桃苗族自治县报送的“寨英滚龙”在中国体育文化博览会和中国体育旅游博览会上入选“2021中华体育文化优秀节庆项目”。

29日 2021年度铜仁市委议军会暨国动委全会在碧江召开。市委书记、铜仁军分区党委第一书记陈昌旭主持会议并讲话，市人大常委会主任陈康，市政协主席肖洪，市委副书记、碧江区委书记孙含欣，市委常委，市政府、铜仁军分区有关负责人出席会议。

△中老建交 60 周年纪念活动暨 2021 年中国—东盟教育交流周职业教育论坛在铜仁举行。

12 月

7—8 日 省委常委、省委统战部部长赵德明到铜仁宣讲党的十九届六中全会精神，调研基层统战工作、民族工作、宗教工作及食用菌产业发展情况。

8 日 民政部网站发布《民政部办公厅关于同意将北京市海淀区上庄镇李家坟村等单位确认为全国村级议事协商创新实验试点单位的通知》，同意 497 个单位为全国村级议事协商创新实验试点单位，贵州省有 15 个村镇入选，铜仁市石阡大沙坝乡任家寨村被纳入试点单位。

11 日 中国共产党铜仁市第二届纪律检查委员会第七次全体会议召开。

△经市交通运输局批准，自 12 月 13 日起，铜仁主城区新增 22 路公交线路，路线为清水湾至铜仁火车货运东站。

14 日 中国共产党铜仁市第二届委员会第十三次全体会议在碧江举行。

15 日 贵州黔北（德江）民用机场项目建设启动仪式在德江县堰塘乡露青村举行，启动仪式与贵阳龙洞堡国际机场三期扩建工程竣工·3 号航站楼启用仪式通过视频连线同步进行。市委书记陈昌旭在铜仁分会场致辞，省机场集团党委委员、副总经理杜康节作发言，省综合交通和区域经济发展中心副主任卓毓淼，市人大常委会主任陈康，市政协主席肖洪，市领导李俊宏、冉晓东参加启动仪式。

16 日 “感谢有你·聚力前行”2021 三特梵净山旅业感恩答谢会暨梵净山旅游文创产品设计大赛评审发布会在贵阳举行，“亿万年铸就·海内外荣创——2021 年梵净山旅游文化创意产品设计大赛”获奖名单揭晓。大赛吸引 25 个省、自治区、直辖市的 281 组（个人 / 企业 / 团队）695 件作品参赛。经评审，铜仁市的“梵山灵猴银饰套件”“云阶月地系列文具盒”“梵净山星辉系列丝巾”等 21 件作品获奖。

21 日 中国共产党铜仁市第三次代表大会在铜仁人民会堂召开。陈昌旭代表中国共产党铜仁市第二届委员会向大会做题为《阔步新征程、勇担新使命、建功新时代，高质量谱写绿色发展先行示范区新篇章》的报告。大会选举产生中国共产党铜仁市第三届委员会常务委员会委员和书记、副书记。陈昌旭、孙含欣、钟汰甬、赵继红、黄爱民、沈明军、罗雁冰、田艳、商友江、杨华祥等当选中国共产党铜仁市第三届委员会常务委员会委员。陈昌旭当选中国共产党铜仁市第三届委员会书记，孙含欣等当选中国共产党铜仁市第三届委员会副书记。

△铜仁市进口冷链食品集中监管仓项目和临时仓挂牌成立。监管仓是铜仁市进口冷链食品首站管控（中转）点，凡进入铜仁市的进口冷链食品必须入仓采取集中管控措施后，方可出仓存放、转运或销售，可使进口冷链食品“全受控、无遗漏”，防范新冠肺炎疫情通过进口冷链食品输入风险。

24 日 市委经济工作会议在碧江区召开。会议总结 2021 年经济工作，分析当前经济形势，研究部署全市 2022 年经济工作。

25—27 日 铜仁市的东部、西北部出现暴雪，市西南部出现中到大雪，各县城区最大积雪深度 1 厘米（印江自治县）~ 17 厘米（万山镇、江口县）；各区县城区最低气温降至 -6.3℃（万山镇）~ -1.2℃（石阡县），梵净山最低气温 -12.2℃，降温幅度在 12 ~ 13℃，市大部地方出现道路结冰。

27 日 接铜仁市妇幼保健院报告，1 名从外省回铜人员其核酸检测结果为初筛阳性，立即闭环转运至集中隔离点，复核检测核酸结果为阳性，专家组诊断为新冠病毒无症状感染者，后送至省将军山医院隔离治疗。

△省委常委、省委政法委书记、省应对新冠肺炎疫情防控领导小组副组长时光辉，副省长、省应对新冠肺炎疫情防控领导小组副组长王世杰到铜仁指导疫情防控工作，并召开全市疫情防控工作会议。

△中国贵州省铜仁市与老挝沙耶武里省沙耶武里县以视频会议形式举行建立友好城市关系备忘录签署仪式。贵州省外事办党组成员、省对外友好协会专职副会长蒋红，铜仁市常务副市长钟汰甬，市政府秘书长胡志勇及相关部门负责人出席会议。沙耶武里省委委员、沙耶武里县委书记、县长本田·提桥，沙耶武里省委委员、省外事厅厅长坎朋·达萨瓦，沙耶武里县委常委、副县长坎普·银塔翁，沙耶武里县委常委、副县长皮拉婉·恩桥及相关部门负责人出席会议。

29 日 铜仁市启动中心城区区域核酸检测，完成中心城区区域核酸检测采样 516650 人，检测结果均为阴性。

铜仁概览

地理环境

【位置与面积】 铜仁市地处贵州省东北部，西、南境与贵州省遵义、黔东南两市(州)交界，东、北境与湖南、重庆两省(市)接壤，位于北纬27°07′～29°05′、东经107°46′～109°25′，东西长171千米，南北宽219千米，行政区域总面积18013.52平方千米。

【地貌形态】 铜仁市处于云贵高原向湘西丘陵过渡的斜坡地带，海拔500～1000米。最高海拔为武陵山脉主峰梵净山巅东南面的凤凰山2572米，最低海拔为东部碧江区境的下施滩205米。武陵山脉横陈市境中部，形成东西境域两种不同的地貌特征。武陵山脉以东呈低山丘陵地貌，地势连绵起伏，相对高差较小，高差在200米左右。武陵山脉以西是岩溶山原地貌，多为深切峡谷，悬崖陡壁，最大切割深500～700米，远离河谷的山原，地面高差在300米左右。全境以低中山丘陵为主，其次为高中山和河谷盆地。根据地貌类型及组合在空间上的差异，全市地貌划分为3个一级区、10个二级区。由于岩溶化的碳酸盐岩地层出露面积大，各区县都有不同面积和不同规模的岩溶地貌发育；石林、峰丛、峡谷、洼地、溶洞、漏斗、暗河等普遍存在。

（市自然资源局　安星宇）

【气候特征】 铜仁市属中亚热带季风湿润气候区，基本气候特征为春温多变，绵雨较多；夏季炎热，光照充足；秋温速降，多阴多雨；冬少严寒，无霜期长。

冬季(2020年12月—2021年2月)平均气温7.1℃，比常年同期偏高0.3℃；平均降水量为102.4毫米，与常年同期基本持平；日照时数平均168.3小时，比常年同期偏多35.8%。前冬冷空气活动频繁，低温雨雪凝冻天气偏重；后冬冷空气势力弱，气候以暖湿为主。整个冬季气候呈现前冬干冷、后冬暖湿的弱暖冬特征。冬季出现5次低温雪凝天气，给群众生活和工农业生产带来一定影响。

春季(2021年3—5月)，平均气温16.0℃，比常年同期偏低0.5℃；平均降水量为465.6毫米，比常年同期偏多27.2%；日照时数平均171.6小时，比常年同期偏少30.3%。春季冷暖空气交汇频繁，冰雹、大风、暴雨灾害偏重，给群众财产和农业生产造成一定影响。

夏季(2021年6—8月)，平均气温为26.5℃，比常年同期偏高0.6℃；平均降水量538.2毫米，与常年持平；日照时数平均516.4小时，比常年同期偏多19.6%。初夏暴雨洪涝灾害偏重，盛夏晴热高温天气偏多，市中部以北出现轻到中级气象干旱。其中，6月至7月初、8月中旬暴雨洪涝天气多发，部分地方的农业、群众生活遭受影响。

秋季(2021年9—11月)，平均气温18.3℃，比常年同期偏高0.7℃；平均降水量236.9毫米，比常年同期偏少2.9%；日照时数平均372小时，比常年同期偏多37.8%。9月出现2次区域性暴雨天气，江口县部分乡镇受灾严重。

2021年12月，平均气温7.9℃，比常年同期偏高0.4℃；平均降雨量29.4毫米，比常年同期偏多4.1%；平均日照时数77.2小时，比常年同期偏多59.3%。下旬中后期出现1次大范围寒潮大风、大到暴雪天气，市东部、北部出现暴雪，市西南部出现中到大雪，大部分路段出现道路结冰，对交通、设施农业、畜牧业等造成不利影响。

（市气象局　曹威伍）

【水文条件】 铜仁市境内河流分属长江流域的沅江水系和乌江水系，为山区雨源型，由降雨补给径流。除过境的舞水(舞阳河)和乌江干流外，其余河流主要发源于梵净山，其次是佛顶山等。境域东部属沅江水系，地处锦江、舞水(舞阳河)中下游、松桃河流域。沅江水系流域面积6879平方千米，占行政区域总面积的38.2%。流域内有碧江区、万山区、江口县、玉屏自治县，松桃自治县大部分、石阡县东部边缘小部分、印江自治县东部边缘小部分。境域西部属乌江水系，地处乌江流域的中下游。乌江水系流域面积11124平方千米，占行政区域总面积的61.8%。流域内有思南县、德江县、沿河自治县，石阡县大部分、印江自治县大部分、松桃自治县西北角小部分。全市河流流域面积50平方千米及以上的有121条，其中，50～99平方千米的有49条，100～999平方千米的有59条，1000～9999平方千米的有11条，10000平方千米以上的有2条。主要河流均沿地势向东、北东和北呈放射状迂回流入湖南省和重庆市。

（市水文局　张　玲）

【土壤状况】 铜仁市土壤主要特征为类型多，结构复杂，地域差异较明显。土壤类型有红壤、黄壤、黄棕壤、紫色土、潮土、水稻土、石灰土7大类、21个小类、48个土属、92种。其东部低山丘陵地带，地层古老，土壤有养分缺乏的特征，中部中山峡谷地带，地形破碎，切割强烈，植被密茂，土壤具有土层薄，质地较粗，有机质含量高、结构好等特征；西部低山山原峡谷地带，岩溶发育强烈，山高坡陡，植被稀少，水土流失严重，土壤具有土质瘦薄、岩层土多、幼年土多、抗旱保肥弱等特征。

（市自然资源局　安星宇）

【植被类型】 铜仁市地带性植被为常绿阔叶林，多为次生性和人工植被。除梵净山、佛顶山等地外，全市植被无明显垂直分布现象，但局部仍保存有团状分布的较好林分。高海拔处多为灌丛，以杜鹃属为主；低海拔山麓处多为人工林，以马尾松林为主，其次有柏木林、杉木林、柳杉林、竹林等，人工经济林以油茶为主。2021年，全市的森林植被类型主要有常绿阔叶林、常绿落叶阔叶混交林、落叶阔叶林、针阔混交林、针叶林、竹林、灌丛7个类型。

（市林业局　贺　彬）

自然资源

【土地资源】 2021年，铜仁市有土地总面积1.8万平方千米，耕地357718.90公顷。其中，水田126216.80公顷，占35.29%；水浇地154.94公顷，占0.04%；旱地231347.15公顷，占64.67%。在全市10个区（县、自治县）中，沿河自治县、思南县、松桃自治县、德江县耕地面积较大，占全市耕地的63.27%。全市有林地1157871.47公顷，松桃自治县、沿河自治县、江口县林地面积较大，占全市林地的42.58%；草地8279.87公顷，草地主要分布在沿河自治县、松桃自治县，占全市草地的40.37%；湿地562.55公顷，主要分布在碧江区、江口县、松桃自治县，占全市湿地的77.95%；城镇村及工矿用地78448.19公顷；交通运输用地35947.21公顷；水域及水利设施用地28751.54公顷。全市有石漠化耕地30050.76公顷，沿河自治县石漠化耕地面积较大，占全市石漠化耕地的58.27%。

【矿产资源】 2021年，铜仁市发现矿种总数有40余种，主要优势矿产资源且进行工业产出的主要为锰、汞、饰面石材、重晶石、萤石、含钾页岩、页岩气等，含钾页岩预测储量50亿吨，页岩气预测储量1.2万亿立方米。铜仁市锰矿类型主要为碳酸锰矿，矿石品位11%～22%，平均品位16%，主要分布在松桃自治县，碧江区、万山区和印江自治县有少量分布，全市累计探明的锰矿储量7.4亿吨，其中，松桃自治县约7.26亿吨，碧江区约0.07亿吨，万山区约0.07亿吨，是全国三大锰矿富集区之一。

【水资源】 2021年属偏丰水年份，铜仁市年降水量1380.7毫米，折合水量248.57亿立方米，比多年均值增加12.4%；年水资源总量141.60亿立方米，比多年均值增加13.1%，年径流系数0.57，产水模数为每平方千米78.65万立方米。

（市水文局　张　玲）

【草地资源】 2021年，铜仁市有草地8279.87公顷，主要分布在沿河自治县、松桃自治县，占全市草地的40.37%。在全市草地中，有天然牧草地19.01公顷，占0.23%；人工牧草地60.19公顷，占0.73%；其他草地8200.67公顷，占99.04%。

（市自然资源局　安星宇）

【植物资源】 2021年，铜仁市有种子植物3493种，隶属于214科、1047属，森林资源以防护林、用材林和经济林为主，薪炭林、特用林所占比重较小。在森林树种中列为国家一级保护的有珙桐、伯乐树、红豆杉、梵净山冷杉等，列为二级保护的有连香树、鹅掌楸、楠木、榉木、香果树、花榈木、黄杉等。珍稀树种多集中在自然保护地，特别是各级自然保护区内。有药用植物2000余种，已考察准确的高等药用植物有156科、842属、1952种。可食野生大型真菌有香菇、木耳、红汁乳菇等186种。

（市林业局　贺　彬）

【动物资源】 铜仁市水生动物以鱼类最广，有79种（亚种），为4目、13科、52属，以鲤形目鱼类为最多，共53种，占总数的67%。其次为鲇形目鱼类15种，占19%；鲈形目鱼类10种，占12.7%；合鳃目鱼类1种，占1.3%。除鱼类外，还有两栖动物大鲵、青蛙等，有爬行动物鳖、龟等，有软体动物蚌、螺等。大鲵属国家二类保护动物，各县区均有分布，以梵净山及其周边最多。2021年，全市有各类陆生野生动物193种，其中兽类动物45余种，有被列为国家一类保护动物的黔金丝猴、林麝、黑叶猴、穿山甲等，有被列为国家二类保护动物的熊猴、红面猴、猕猴等。黔金丝猴又叫灰金丝猴、白肩仰鼻猴，在世界上仅分布于梵净山；黑叶猴主要分布于麻阳河国家级自然保护区。有两栖动物7科、16属、25种。爬行动物有5科、20属、24种。鸟类有14目、40科、124种，被列为国家保护的珍稀鸟类有红腹锦鸡、白冠长尾雉等20余种。

（市林业局　贺　彬　市农业农村局　杜毅智）

建置区划

【建置沿革】 商周时期，铜仁境内已形成氏族部落，属巴人、濮人势力范围。春秋时期，西部和北部属巴国南境，东部和南部大部分范围属濮人的势力范围，称荆州西南裔，泛称南蛮或荆蛮。春秋后期至战国初期，境内大部属楚，并置黔中郡辖之。战国后期，黔中郡为秦所控制。西南地区夜郎王国和鳖国兴起后，今境南部属夜郎，西北部属鳖国。

秦统一六国后，今境大部属黔中郡，西南局部属象郡，今石阡境始有建置夜郎县。

汉朝时期，东北大部属武陵郡，隶属荆州；西南局部分属巴郡和牂牁郡。三国时今思南、德江境曾设万宁县，今沿河境设汉复县；东边境仍属武陵郡。两晋至南朝齐建置未见大变化。南朝梁至隋朝，东南部属夜郎郡，并于今玉屏、石阡境置夜郎县，今碧江境置静人县，后撤静人县改属辰溪县，隶属沅陵郡；中部置南阳郡；西部属涪郡。

盛唐时期改郡设州，今境分置或归属为黔、思、锦、叙、奖、费、夷7个经制州，亦称正州，为中央王朝直接管辖，随后又降为羁縻州。两宋时，东属沅州，西属思州，西北角属绍庆府。元时，继唐宋“羁縻州制”实行“土司制”，先为思州土司，置新军万户府，旋改思州军民安抚司，再改军民宣抚司，今境东西两部统一。

元顺帝时期，思州军民宣抚司所属镇远州归顺大夏政权，建思南道都元帅府，旋改思南宣慰司，由此今境分思州地为思州宣慰司、思南宣慰司。至明永乐初，思南宣慰司辖17个长官司，思州宣慰司辖22个长官司。

明永乐十一年(1413)撤两宣慰司设铜仁、思南、石阡、乌罗府，共辖5县、10个长官司。明正统三年(1438)废乌罗府，其大部并入铜仁府，局部并入思南府。是时，铜仁府辖铜仁县和省溪、乌罗、提溪、大万山、平头著可5个长官司；思南府辖安化(驻府郭)、印江、务川3县和沿河祐溪、郎溪蛮夷2个长官司；石阡府辖石阡、葛彰葛商、西北苗民3个长官司和龙泉县(今凤冈县)。今玉屏自治县、万山区南部属思州府(治所今岑巩县)所辖。

清雍正五年(1727)割湖广平溪卫建玉屏县，隶属思州府。雍正八年(1730)置松桃厅。嘉庆二年(1797)升为直隶厅，领1卫、1吏目、14汛。道光十二年(1832)今境内设有3府、1直隶厅、6县，另有1县丞、1吏目。分别为：铜仁府，领铜仁县、正大营县丞、省溪吏目；石阡府，领龙泉县；思南府，领安化、印江、务川县；松桃直隶厅；玉屏县(隶于思州府)。光绪六年(1880)，铜仁县移驻大江口省溪吏目驻地，并将省溪吏目改驻大万山。光绪八年(1882)，安化县署由思南府城移驻大堡(今德江县城)。

民国元年(1912)撤铜仁县(治所今江口县)并入铜仁府(治所今碧江区)。民国2年(1913)改铜仁府为铜仁县(治所今碧江区)，改思南府为思南县，改石阡府为石阡县，改松桃直隶厅为松桃县。另恢复原铜仁县(治所今江口县)改名江口县，安化县改名德江县，以原思南府沿河祐溪吏目驻地设沿河县，以原铜仁府省溪吏目设省溪县(今万山镇)。玉屏县、印江县建置不变。民国3年(1914)，以铜仁县正大营县丞驻地设正大营分县，隶属松桃县；以原四十八溪主簿驻地设四十八溪(今甘龙口)分县，隶属松桃县。民国24年(1935)6月，经国民政府军事委员会委员长行营核准，在贵州省建立11个行政督察区。其中，第六行政督察区专员公署驻思南，辖思南、德江、印江、沿河、石阡等县；第九行政督察区专员公署驻铜仁，辖铜仁、江口、松桃、玉屏、省溪等县。民国25年(1936)1月，正大营分县并入铜仁县，甘龙口分县并入松桃县。是年3月，全省缩编为8个督察区，原第六、第九行政督察区合并为第六督察区，专员公署驻铜仁，辖铜仁、江口、松桃、玉屏、石阡、省溪、思南、德江、印江、沿河、后坪(治所今沿河县后坪乡)11县。民国26年(1937)11月，督察区重新设置，德江、后坪2县划属第五督察区(治所今遵义市)，其余9县隶属第一督察区(治所今镇远县)。民国30年(1941)，撤省溪县，辖地分别并入铜仁、玉屏2县；撤后坪县，辖地分别并入沿河、务川2县。民国32年(1943)2月，全省改设6个行政督察区。第六督察区专员公署驻铜仁，辖铜仁、江口、玉屏、松桃、印江、石阡、思南、德江、沿河9县。至此，境内行政区域基本固定，建置相对稳定。

1949年11月至12月，境内各县相继解放，其行政建置仍沿袭民国时期行政区划设置，铜仁区辖铜仁、玉屏、松桃、江口、印江、石阡、思南、德江、沿河9县，专员公署为省人民政府行政派出机关，驻铜仁县。

1956年9月，撤销松桃县，设立松桃苗族自治县。1958年12月，撤销玉屏、江口2县，并入铜仁县。1961年8月，恢复玉屏、江口2县。1966年12月，为强化汞矿区管理，分玉屏高楼坪、黄道、新庄和铜仁敖寨4个公社设立万山特区。其间，万山特区曾经历1968年9月一次撤销，于1970年8月按原行政区域和建置恢复。

1967年2月7日后，铜仁先后建立过几种形式的“铜仁地区革命委员会”，“地区革委”和“地区革委核心小组”分别取代专署和地委。是时“专区”行政建制“法定”称谓未变，但同级“革命委员会”使用“地区”这一行政建制称谓；1970年，全国统一改“专区”为“地区”，这是铜仁行政区域在法定意义上正式改用“地区”建置称谓之始。

中共十一届三中全会以后，通过拨乱反正，于1979年取消各级革命委员会，建立各级人民政府。是年1月，根据省革委黔发〔1978〕157号文件，铜仁地区建制基础上的“革命委员会”改称行政公署。行政公署驻铜仁县，下辖铜仁县、江口县、印江县、石阡县、思南县、德江县、沿河县、玉屏县、松桃苗族自治县、万山特区，共8个县、1个自治县、1个特区。1983年9月，撤销玉屏县，建立玉屏侗族自治县；1986年10月，撤销沿河县，设立沿河土家族自治县；1986年12月，撤销印江县，设立印江土家族苗族自治县；1987年8月，撤销铜仁县，设立铜仁市。以上各自治县、市等仍辖原行政区域。2011年10月22日，国务院印发国函〔2011〕131号文件，批复同意撤销铜仁地区和县级铜仁市、万山特区，设立地级铜仁市，同时以原县级铜仁市（不含茶店镇、鱼塘乡、大坪乡）的行政区域设立碧江区，以原万山特区和原县级铜仁市的茶店镇、鱼塘乡、大坪乡的行政区域设立万山区；是年底，新建铜仁市中共代表大会和人民代表大会选举产生铜仁市首届党政领导机构，完成"撤地设市"任务。是时，铜仁市人民政府驻碧江区，下辖碧江区、万山区、江口县、玉屏侗族自治县、石阡县、思南县、印江土家族苗族自治县、德江县、沿河土家族自治县、松桃苗族自治县。

（市文体广电旅游局　罗　靖）

【区划设置】 截至2021年12月，铜仁市县乡区划设置均无变动，辖10个县区，分别为碧江区、万山区、江口县、玉屏侗族自治县、石阡县、思南县、印江土家族苗族自治县、德江县、沿河土家族自治县、松桃苗族自治县。共181个乡级建制单位，其中11个乡、38个民族乡、94个镇、38个街道。

表1　2021年铜仁市行政区划一览表

县、区	所辖乡、镇、办事处及政府驻地
碧江区（辖5个民族乡、3个镇、7个街道，区人民政府驻川硐）	锦江街道（驻东门社区）、河西街道（驻文笔峰社区）、环北街道（驻北门社区）、灯塔街道（驻灯塔）、川硐街道（驻川硐）、铜兴街道（驻铜江社区）、正光街道（驻正光社区）、坝黄镇（驻龙井）、云场坪镇（驻云场坪）、漾头镇（驻漾头）、瓦屋侗族乡（驻瓦屋）、和平土家族侗族乡（驻和平）、六龙山侗族土家族乡（驻瓮慢）、桐木坪侗族乡（驻桐木坪）、滑石侗族苗族土家族乡（驻滑石）
万山区（辖6个民族乡、1个镇、4个街道，区人民政府驻谢桥）	谢桥街道（驻谢桥）、茶店街道（驻茶店）、仁山街道（驻唐家寨）、丹都街道（驻楚溪）、万山镇（驻老街）、高楼坪侗族乡（驻高楼坪）、黄道侗族乡（驻黄道）、敖寨侗族乡（驻敖寨）、下溪侗族乡（驻下溪）、鱼塘侗族苗族乡（驻鱼塘）、大坪侗族土家族苗族乡（驻大坪）
江口县（辖2个民族乡、6个镇、2个街道，县政府驻双江）	双江街道（驻磨湾村）、凯德街道（驻金钟村）、闵孝镇（驻哨上）、太平镇（驻太平）、民和镇（驻民和）、坝盘镇（驻坝盘）、桃映镇（驻桃映）、怒溪镇（驻怒溪）、德旺土家族苗族乡（驻德旺）、官和侗族土家族苗族乡（驻官和）
玉屏侗族自治县（辖1个乡、3个镇、4个街道，县人民政府驻平溪）	平溪街道（驻康华社区）、皂角坪街道（驻皂角坪）、大龙街道（驻大龙堡）、麻音塘街道（驻草坪村）、田坪镇（驻田坪）、朱家场镇（驻朱家场）、新店镇（驻新店）、亚鱼乡（驻亚鱼）
石阡县（辖1个乡、9个民族乡、6个镇、3个街道，县人民政府驻汤山）	汤山街道（驻万寿）、泉都街道（驻大关）、中坝街道（驻中魁）、龙塘镇（驻龙塘）、花桥镇（驻花桥）、五德镇（驻五德）、白沙镇（驻白沙）、本庄镇（驻本庄）、河坝镇（驻河坝场）、龙井仡佬族侗族乡（驻龙井）、石固仡佬族侗族乡（驻石固）、青阳苗族仡佬族侗族乡（驻青阳）、枫香仡佬族乡（驻枫香）、坪山仡佬族侗族乡（驻坪山）、甘溪仡佬族侗族乡（驻甘溪）、国荣乡（驻国荣）、大沙坝仡佬族侗族乡（驻大沙坝）、坪地场仡佬族乡（驻坪地场）、聚凤仡佬族侗族乡（驻聚凤）
思南县（辖8个民族乡、17个镇、3个街道，县人民政府驻思唐）	思唐街道（驻文化社区）、关中坝街道（驻沙洲社区）、双塘街道（驻双塘社区）、鹦鹉溪镇（驻鹦鹉溪）、凉水井镇（驻凉水井）、张家寨镇（驻张家寨）、许家坝镇（驻许家坝）、塘头镇（驻塘头）、合朋溪镇（驻合朋溪）、大坝场镇（驻大坝）、孙家坝镇（驻孙家坝）、邵家桥镇（驻邵家桥）、瓮溪镇（驻瓮溪）、文家店镇（驻文家店）、青杠坡镇（驻青杠坡）、大河坝镇（驻大河坝）、亭子坝镇（驻亭子坝）、香坝镇（驻香坝）、长坝镇（驻长坝）、板桥镇（驻板桥）、思林土家族苗族乡（驻思林）、胡家湾苗族土家族乡（驻胡家湾）、三道水土家族苗族乡（驻洋恩坝）、杨家坳苗族土家族乡（驻杨家坳）、宽坪苗族土家族乡（驻宽坪）、枫芸土家族苗族乡（驻枫芸社区）、天桥土家族苗族乡（驻天桥）、兴隆土家族苗族乡（驻兴隆场）

续表 1

县、区	所辖乡、镇、办事处及政府驻地
印江土家族苗族自治县（辖1个乡、13个镇、3个街道，自治县人民政府驻峨岭）	峨岭街道（驻峨岭村）、龙津街道（驻红光村）、中兴街道（驻中坝）、板溪镇（驻板溪）、天堂镇（驻天堂）、木黄镇（驻木黄）、合水镇（驻合水）、朗溪镇（驻朗溪）、缠溪镇（驻缠溪）、洋溪镇（驻洋溪）、沙子坡镇（驻沙子坝）、新寨镇（驻新寨）、刀坝镇（驻刀坝）、紫薇镇（驻永义）、杨柳镇（驻杨柳）、杉树镇（驻杉树）、罗场乡（驻罗场）
德江县（辖8个民族乡、11个镇、3个街道，县人民政府驻青龙）	青龙街道（驻桥头社区）、玉水街道（驻新寨社区）、安化街道（驻团结社区）、煎茶镇（驻煎茶）、潮砥镇（驻青龙嘴）、稳坪镇（驻宛坪）、枫香溪镇（驻袁家湾）、合兴镇（驻铺子湾）、复兴镇（驻七星场）、高山镇（驻铁水坝）、泉口镇（驻泉口）、长堡镇（驻长堡）、共和镇（驻牛渡滩）、平原镇（驻杉园）、堰塘土家族乡（驻梅子坝）、龙泉土家族乡（驻龙兴场）、沙溪土家族乡（驻万坝）、钱家土家族乡（驻挖断渠）、长丰土家族乡（驻黄家堡）、荆角土家族乡（驻青草坝）、楠杆土家族乡（驻新街）、桶井土家族乡（驻十字路）
沿河土家族自治县（辖2个乡、17个镇、4个街道，自治县人民政府驻和平）	和平街道（驻丁字口社区）、沙子街道（驻新沙）、团结街道（驻田坝社区）、祐溪街道（驻坝坨社区）、谯家镇（驻谯家铺）、夹石镇（驻夹石）、淇滩镇（驻淇滩）、官舟镇（驻官舟）、客田镇（驻客田）、洪渡镇（驻洪渡）、土地坳镇（驻竹花）、思渠镇（驻思渠）、黑水镇（驻垄堡）、中界镇（驻中界）、甘溪镇（驻甘溪）、板场镇（驻板场）、泉坝镇（驻泉坝）、中寨镇（驻中寨）、黄土镇（驻黄土坎）、新景镇（驻新仲）、塘坝镇（驻塘坝）、后坪乡（驻河心）、晓景乡（驻晓景）
松桃苗族自治县（辖6个乡、17个镇、5个街道，自治县人民政府驻蓼皋）	蓼皋街道（驻坪块社区）、大兴街道（驻大兴）、九江街道（驻炮里）、世昌街道（驻道水）、太平营街道（驻太平）、盘石镇（驻臭脑）、盘信镇（驻盘信）、大坪场镇（驻大坪场）、普觉镇（驻普觉）、寨英镇（驻寨英）、孟溪镇（驻孟溪）、乌罗镇（驻乌罗）、甘龙镇（驻甘龙）、迓驾镇（驻迓驾）、长兴堡镇（驻长兴堡）、牛郎镇（驻牛郎）、正大镇（驻正大营）、平头镇（驻平头司）、大路镇（驻大路）、冷水溪镇（驻冷水溪）、木树镇（驻木树）、黄板镇（驻黄板）、长坪乡（驻务旮）、妙隘乡（驻妙隘）、石梁乡（驻石梁）、永安乡（驻永安）、瓦溪乡（驻大坳）、沙坝河乡（驻沙坝）

（市民政局　冯小亚）

历史人文

【历史沿革】 铜仁之名，源于元代渔人潜入城西南大小江汇流处江底得铜人3尊之说。明代郭子章《黔记·山水志》“西南有铜崖，当大小两江合流，其崖居中竦立，高数十仞，渔人没其底，见三足如鼎，得铜范儒、释、老三像，故名”为最早且距传说最近的记载。元至元二十九年（1292）五月，改思州军民安抚司为军民宣抚司，领“铜人”大小江长官司等1府、14州、1县、52长官司。明洪武五年（1372）改“铜人”大小江长官司为“铜仁长官司”，“铜人”易名“铜仁”，由此相沿至今。

商周时期，今铜仁境内已形成若干氏族部落。西晋孔晁注《逸周书·王会解》“卜（濮）人，西南之蛮；丹砂所出”，既说明这一带民族系濮人，也说明这里的“丹砂”在公元前11世纪即已闻名。进入春秋时期，居住在洞庭湖畔的“三苗”之祖——蚩尤部族“溯沅水”也来到武陵腹地。这些濮人、蚩尤部族在与原住人的融合中生息繁衍，构成武陵地区的早期民族，后来统称为“廪君蛮”“槃瓠蛮”“板循蛮”，秦汉时期则按地域称之为“黔中蛮”“武陵蛮”“五溪蛮”。随着族群之间的长期隔离独处与历史演变，逐步形成各有活动地域、语言及记事符号（甚至自己的文字）、风俗习惯及互不相同的心理特征的土家族、苗族、侗族、仡佬族等民族，即为铜仁地区最早的世居民族。在此过程中，因长期战争或灾害逃荒避难、军政派遣、经商流动、通婚等因素，另有诸如汉族、回族、羌族、布依族、蒙古族、瑶族、壮族、彝族、满族、傣族、藏族等各族不断迁入。

秦统一六国后，铜仁随楚地“纳入职方”，归属黔中郡，为中国西南地区归属中原王朝较早的一块版图，也为后来贵州建省称“黔”结下历史渊源。秦始皇二十八年（前219）今石阡县西置夜郎县，为境内第一个地方行政建置。盛唐时期今贵州境内分置或归属的50余个州中，有经制州（正州）黔、思、锦、充、奖、费、夷、播、溱、南10个，其余为羁縻州（边州）。今铜仁境域为黔、思、锦、充、奖、费、夷7个州分辖，即全境为经制州地，说明铜仁的发展接近于中原发达地区，封建制相对于西南其他地区更加成熟。

宋元时期，思州“拓地环两千里”，其疆域除今铜仁地区全境外，还辖及黔东南州大部和黔南州、遵义市境局部，当时传有“思播田杨，两广岑黄”谚语，说明思州田氏土司，不仅是显赫江南的四大土司之一，而且位居四大土司之首。元末田氏思州分置思州、思南宣慰司，领今铜仁境内16个长官司。明永乐十一年（1413），“两思”田氏土司与生俱来的矛盾推向白热化，朝廷屡禁不止，导致撤司设府，“设贵州等处承宣布政司以总八府”，其中今境建铜仁、思南、石阡、乌罗4府，共辖5县、10长官司。此即在西南地区率先改土归流，为贵州省的建立与发展、为国家政治制度的进一步统一演绎了极其重要的一幕历史。

清雍正五年（1727）割湖广省平溪卫建玉屏县，改隶贵州省思州府，黔东行政区划渐趋明朗。民国初年，撤府、直隶厅、吏目，均并列设置县，而后归属黔东道。民国24年（1935），贵州省施行《行政督察专员条例》，分设11个行政督察区，今境为第六、第九两个行政督察区分辖。民国25年（1936），全省改设8个行政督察区，新设第六行政督察区辖铜仁、江口、松桃、玉屏、石阡、省溪、思南、德江、印江、沿河、后坪11县，全境首次形成一块独立、完整、统一的行政区域。随后几年因政治动荡，境内建置又几经撤并失去区域统一。民国32年（1943），全省设6个行政督察区、1个直辖区，恢复第六行政督察区设置，辖铜仁、江口、玉屏、松桃、印江、石阡、思南、德江、沿河9县（原省溪县分别并入玉屏、铜仁两县，后坪县分别并入沿河、务川两县），至此铜仁地区行政建置及其所辖行政区域最终形成并基本稳定。民国37年（1948），第六行政督察区改称铜仁行政督察区，正式按地域命名。

中华人民共和国成立之初，铜仁行政督察区改建置称为铜仁专区，各县沿袭民国建置，行政区域未变。1967年3月建立“铜仁地区革命委员会”，始称铜仁地区。1970年，全国统一改专区为地区，作为行政区划正式定名。铜仁地区贯彻中国共产党的民族政策、产业政策和改革开放政策，先后撤松桃、玉屏、印江、沿河4县，分别在原行政区域设立各自主体民族自治县，万山作为中国汞业之“都”设立特区，铜仁县作为区域政治、经济、文化中心而撤县设市。2011年，根据国务院批复，撤销铜仁地区，设立（地级）铜仁市，以2011年底至2012年初召开的党代会、人代会、产生新的党政机构、更改建制称谓、开启新的工作机制为标志，“铜仁地区”的历史使命结束，“铜仁市”开启了铜仁历史的新纪元。

【文化遗存】 铜仁的地域文化，可追溯至先民在其原始生活中为征服自然而祈求神灵相助的傩祭活动。后来，随着人们社会生活的不断丰富，以及对外部世界各种事物的感知与思维的拓展，相继形成地域特有的一些文化元素。

2021年，铜仁市有文化遗存538处/项，其中，物质文化遗存有碧江区的东山古建筑群、石阡县的万寿宫古建筑群、思南县的思唐古建筑群、松桃自治县的寨英古建筑群等国家级文物保护单位8处；有碧江区的克兰寨古建筑群、江口县的梵净山金顶摩崖石刻、印江自治县的重建梵净山金顶序碑（敕赐碑）、松桃自治县的云落屯悬棺葬等省级文物保护单位96处；有玉屏自治县的钟鼓楼、思南县的郝家湾清代民居群、德江县的扶阳古城遗址等市级文物保护单位105处；有碧江区的茶园山古建筑群、江口县的省溪司土司衙门遗址、德江县的费州遗址、松桃自治县的梵净山承恩寺遗址等县级文物保护单位329处。有松桃苗绣、石阡木偶戏等国家级非物质文化遗产项目12项，碧江文琴戏、江口金钱竿等省级非物质文化遗产项目73项，苗族医药、印江书法等市级非物质文化遗产项目101项，有县级非物质文化遗产项目420项。

【风俗方言】 铜仁市地处武陵山区，位于湘、黔、渝、鄂边境，自古为多民族杂居，族群之间生活习俗各不相同，即使在族群内部，或因山区地理的长期隔绝，也有其不同差异。明嘉靖铜仁知府魏文相曾对此记述：“郡属各司汉夷杂居，有土犵苗仲种类不一，习俗各殊”“犵狫勇谲、洞人性狡无常、苗人刚狠轻生，出入佩刀”，自明永乐改土归流以后，大量汉人涌入，“士人知礼义，质直简讼，渔樵耕牧，岁租易入，风土人物骎骎乎可观，盖夷而华者”“迄今渐被华风，洒然变易”。尤其历经明清民国的演绎，特别在中华人民共和国时期，旧时的繁文缛节多有从简，现代的城市风俗日渐融入传统风俗，除边远偏僻乡村仍保留着各自部分传统习俗外，大部分生活、生产习俗日趋划一，形成相近的地域文化及其习俗特征。

铜仁市汉语方言属北方方言区的西南官话。历史上，境内的乌江、锦江、江舞阳河3条水道是铜仁与境外交流的主要通道。铜仁西部片区乌江沿岸的石阡、思南、印江、德江、沿河等县受巴蜀文化的影响，说话带有较重的四川方言成分。东片区的铜仁、玉屏、松桃、江口、万山等县受楚文化的影响，说话含有较重的湘赣方言成分。尤其是在明清时期，大批四川、湖南、江西等地汉民迁到铜仁定居，各民族之间互相交往，互相影响，使铜仁市的语言形成多种地方特色的地方语言。

铜仁市的语音大体可分为3个片区。铜仁、江口、松桃为一个片区，以铜仁市语音为代表，简称“铜仁话”；玉屏、万山为一个片区，以玉屏语音为代表，简称“玉屏话”；思南、印江、德江、沿河、石阡为一个片区，以思南县语音为代表，简称“思南话”。从总体上来区分，境内东片区铜仁话和东南片区玉屏话、西北片区思南话之间的语音差异，主要体现在韵母的发音方面。但3个片区的方言声调基本一致，只是玉屏话声调略有差别。古入声字大部分归入阳平。

［市档案馆（市地方志办） 周唯伟］

人口、民族与宗教

【人口】 2021年，铜仁市户籍1351583户，户籍人口4493045人，其中，城镇户籍人口1768133人，占总人口的39.35%；乡村户籍人口2724912人，占总人口的60.65%。全市流动人口222743人，其中，180273人来自省内其他市州，42470人来自省外。

（市公安局 黄 旭）

【民族宗教】 截至2021年12月，铜仁市有民族自治县4个，民族乡38个。全市主要有汉族、土家族、苗族、侗族、仡佬族等民族。铜仁市是一个多种宗教信仰并存的地区，全市佛教、道教、伊斯兰教、天主教、基督教并存。共有依法登记对外开放的宗教活动场所108处、宗教团体14个。

（市民宗局 杨国林）

国民经济与社会发展

【经济发展】 2021年，铜仁市实现地区生产总值1462.65亿元，经济总量从全省第八位提升至第七位；地区生产总值增长8.6%，增速从全省第三方阵跃升至第二方阵。全市社会消费品零售总额年均增长8.3%，财政收入年均增长2.3%，金融机构存贷款余额年均增长分别为3.7%、20.2%。城镇、农村居民人均可支配收入年均增长分别为8.5%、10.1%，经济保持健康快速发展态势。

推进“双一十百千”工程和“八个现代化”建设，推动生态茶、生猪、家禽、蔬果、食用菌、薯类、中药材、蜂蜜、特色林业等特色优势百亿级产业集群建设，农业特色产业到位资金138.16亿元，完成率135.5%，在市直部门产业招商测评中排名第一。引进中化集团、正邦集团、湖北森源等优强企业，截至12月，有市级以上农业龙头企业450家，其中，国家级5家、省级156家、市级289家。铜仁市全年农林牧渔业总产值543.58亿元，同比增长9.6%，排名全省第二；农村居民人均可支配收入12291元，同比增长10.7%，排名全省第三。

构建“1+3+N”工业产业体系，工业增加值增长11.5%，其中新型功能材料产业增长40.5%。完成规模以上工业总产值663.93亿元，占规模以上工业总产值的94.8%，规模以上工业增加值年均增长6.9%，固定资产投资年均增长8.4%。大龙开发区被列入国家新型工业化示范基地；碧江经开区被评为贵州省绿色试点园区；梵净山国际天然饮用水博览会永久落户铜仁，7家企业技术中心被认定为省级企业技术中心；4户企业获批国家级“专精特新”小巨人企业，8户企业获批省级“专精特新”小巨人企业；贵州碧江高新技术开发区获批“国家级绿色园区”，贵州倍易通科技有限公司、农夫山泉2家企业获批“国家级绿色工厂”。

批发业完成销售额2066980.7万元，同比增长9.5%；零售业完成销售额6283024.9万元，同比增长15.1%。社会消费品零售总额完成772.9亿元，居全省第四位；同比增长14.1%，居全省第五位。

（市农业农村局 杜毅智 市工信局 杨月明 市商务局 杨天明）

【社会事业】 2021年，铜仁市有公共图书馆11个，博物馆5个，纪念馆6个，公共文化馆（站）180个，村（社区）综合性文化服务中心2876个。全市广播综合覆盖人口420.97万人，覆盖率93.96%，较2020年增长0.19个百分点；电视综合覆盖人口439.14万人，覆盖率98.01%，较2020年增长率0.05个百分点。

有各级各类学校2279所。其中，幼儿园828所、小学1164所（完全小学719所，教学点445个）、初级中学210所、特殊教育学校7所、高（完）中45所、专门学校2所、中等职业学校18所（中等职业技术学校14所，附设中职班4所）、普通高校5所。

交通行业完成投资230.82亿元，同比增长6%。其中，高速公路179.15亿元、国省干线15.17亿元、农村公路19.46亿元、客运站场及其他项目17.04亿元。全年新增高速公路通车里程296千米，全市高速公路通车总里程937千米，高速公路密度每百平方千米5.2千米，位居全省第一。

新开工棚户区改造4012户，建成棚户区改造8212户；开工老旧小区改造31个22060户，建成老旧小区28个20953户；完成背街小巷改造134条。启动实施城市道路12条和海绵城市项目16个，建成地下管网327.22千米。

社会研究与试验发展经费投入9.55亿元，投入强度0.58%；争取省级以上科技项目资金5874万元；完成技术合同交易23.27亿元，同比增长13%；实现科技服务业营业收入15796.8万元，科技服务业劳动工资4903.3万元；实现高新技术产业产值222.69亿元，增速全省第一。

有医疗机构3414家（含民营医疗机构1859家），其中，医院124家（公立医院24家，民营医院100家），妇幼保健院11家，乡镇卫生院（社区卫生服务中心）179家，诊所（门诊部）256家，村卫生室（社区卫生服务站）2844家。

（市文体广电旅游局　罗　靖　市教育局　孙启洪　市交通局　熊梓涵　市住建局　黄海迪　市科技局　罗　凯　市卫健局　张　军）

【人民生活】 2021年，铜仁市十件民生实事基本完成，民生重点支出占一般公共预算支出75.95%。消除4.32万人易返贫致贫风险，41个省市特色田园乡村·乡村振兴集成示范试点启动建设。争取到县中央及省级财政衔接推进乡村振兴补助资金（财政专项扶贫资金）158974.58万元，其中中央资金138091万元，省级资金20883.58万元。截至12月31日，到账资金158974.58万元，资金到账率100%；资金备案安排158974.58万元，资金安排率100%；资金支出158974.58万元，资金支出率100%。安排项目1973个，开工项目1973个，开工率100%；完工项目1973个，项目完工率为100%。在项目安排上，安排产业类项目792个，安排资金95996.07万元，占比63.73%；安排基础设施类项目476个，安排资金28919.69万元，占比19.20%；安排生产生活条件改善类项目313个，安排资金15247.08万元，占比10.12%；安排公益性岗位类项目39个，安排资金4595.22万元，占比3.05%；安排就业培训类项目28个，安排资金4135.85万元，占比2.75%；安排其他项目325个，安排资金10080.67万元，占比6.34%。

累计新增城乡低保对象1.15万户3.85万人，累计退出城乡低保对象2.89万户8.41万人。截至2021年12月，有城乡低保对象30.81万人。纳入孤儿和事实无人抚养儿童保障3032人，发放保障金3236.86万元；发放残疾人两项补贴6812.07万元。

企业职工基本养老保险参保202243万人，机关事业单位养老保险参保147953万人，城乡居民养老保险参保2015613万人，失业保险参保14734万人，工伤保险参保418481万人。

参加城镇职工基本医疗保险25.08万人，同比增长5.0%，参保职工综合报销比例从71%提升到90%；参保生育保险19.13万人，同比增长5.0%；参加城乡居民基本医疗保险388.03万人，同比下降0.5%，报销973.65万人次，同比增加75.63万人次，增幅8.42%，医保报销资金31.07亿元。大病保险政策范围内支付比例提高到60%。城乡居民大病保险报销40851人次，总费用83351万元，基本医保报销42703.99万元，大病保险报销11898万元，意外伤害符合医保报销34322人次，产生医疗总费用35408万元，基本医保报销18789万元。

（市乡村振兴局　王福政　市民政局　冯小亚　市人社局　张森鑫　市医保局　卢继龙）

中共铜仁市委

综　述

【概况】 2021年，中共铜仁市委以习近平新时代中国特色社会主义思想为指导，贯彻落实党的十九大和十九届历次全会精神和习近平总书记视察贵州重要讲话精神，以及省委十二届历次全会精神，召开市委二届十一次、十二次、十三次全体会议。12月21日，召开中国共产党铜仁市第三次代表大会，对第二次党代会以来取得的成就和经验进行总结，提出今后五年全市经济社会发展的总体要求、奋斗目标和重点工作，选举产生新一届市委、市纪委班子。同步推进党史学习教育和“牢记殷切嘱托、忠诚干净担当、喜迎建党百年”专题教育，建立“我为群众办实事”台账6101件，县处级及以上领导干部开展领题调研1003次，办结“我为群众办实事”4819件。利用红色资源开展党史学习教育2000余场次，20万余名党员、干部等到红色革命遗址遗迹、纪念场馆等地开展党史学习教育。开展建党百年庆祝系列活动，举办“学党史·颂党恩·跟党走·践初心”歌咏比赛和文艺巡演等系列活动376场次，创作《困牛山红军壮举》等舞台剧目，出版《星火燎原——黔东革命根据地史》等党史书籍。表彰150名优秀共产党员、100名优秀党务工作者、150个先进基层党组织。完成市、县、乡党委换届工作，完成10个区县、143个乡镇领导班子和2907个村（社区）党组织换届选举工作，党支部标准化规范化建设达标率100%。推进“市级巡察机构在上下联动中更好发挥作用”等57项制度机制成果（试行）试点市建设，出台《铜仁市党委巡察机构领导干部任免职管理办法（试行）》。二届市委对125个单位党组织开展巡察、覆盖率100%，中央巡视办采编推广试点制度成果15项，在全国7个试点市中位居第二，获中央巡视办肯定。全市完成地区生产总值1462.65亿元、增长8.6%，增速高于全国、全省平均水平。

【全力推动经济发展】 2021年，铜仁市以新型功能材料、大数据电子信息制造、生态特色食品、现代能源、优质烟酒等为重点发展产业，引进山河智能、嘉尚等工业产业项目195个，建成投产中伟西部基地等项目179个，实施“千企改造”项目126个。组建“四化＋大数据”产业链招商专班，引进优强企业187家，新增市场主体3.6万户，累计31.49万户。以“强中心”城区为重点，新引进新型城镇化项目103个、到位资金84.97亿元。实施城市更新行动，开工改造棚户区37476户、老旧小区项目31个22060户、背街小巷130条，建成保障性安居工程8212套。推进11大特色优势产业发展，建成生态茶、生猪2个百亿级产业，贵茶集团荣获第三届省长质量奖提名奖。新增农产品加工转化入规企业31户，市级以上农业龙头企业450家，农民专业合作社11016家，市级家庭农场2703家。建成“一带双核”文化旅游龙头项目，承办全省“旅游两会”。新增国家AAAA级旅游景区2个，AAA级旅游景区3个，国家级乡村旅游重点镇1个。累计接待国内游客5405.67万人次，过夜游客1590.74万人次，实现旅游总收入474.96亿元。

9月16日，市委二届十二次全体会议召开（代旭东　摄影）

【“三大战略”行动】 2021年，铜仁市推进乡村振兴基础县、重点推进县和引领示范县工作，完成市、县两级乡村振兴局挂牌工作，选派驻村第一书记和驻村干部5169人。新建和改扩建配套学校68所，配置医疗机构133个，实现搬迁群众教育、医疗服务全覆盖，有劳动力搬迁家庭户均就业2.18人。获评“全国脱贫攻坚先进集体”9个、“全国脱贫攻坚先进个人”12名。争取东莞对口援助资金5亿元，启动省、市特色田园乡村·乡村振兴集成示范试点建设，开展农村人居环境综合整治工作。推进“六绿”攻坚，新增营造林2.67万公顷，森林覆盖率66.2%，武陵山区生物多样性保护工程列入“十四五”全国区域性山水林田湖草沙系统治理项目。铜仁市被授予“2021年中国最具生态竞争力城市”，江口太平镇成为全国“绿水青山就是金山银山”实践基地。新增注册大数据企业 120 家，75 个大数据研发团队和 6000 余名大数据专业人才入驻铜仁，“场景大数据”调度平台获“2021 数字政府方案案例创新奖”。铜仁互联网平台经济产业集群被列为全省第一批特色优势产业集群，平台经济规模达 218.58 亿元。

2021 年建设的碧江区沿江休闲步道（彭　俊　摄影）

【加快交通等基础设施建设】 2021 年，黔北（德江）机场开工建设，石玉、江玉、印秀、沿印松、德务、湄石高速和杭瑞高速西互通建成通车，建成“一带”快、慢行系统（锦江旅游公路、乡村振兴产业带），新增高速公路通车里程 296 千米、建成国省干线 165 千米，完成公路水路固定资产投资 230.8 亿元，占全省公路水路固定资产投资 1/4。创建全国“四好农村路”示范县 2 个（江口、德江），累计完成创建 4 个。德江县观音滩、玉屏自治县白岩河等 5 个水库竣工验收。获批省级以上科技项目 81 项 5874 万元，新增高新技术企业 11 家，科技特派员到基层指导服务 1.4 万人次，实现高新技术产业产值 200 亿元。设立 2021 年人才发展专项资金 3000 万元，引进各类产业人才 1012 人。推进 110 项重点改革，《贵州改革情况交流》刊登改革经验 22 期，《贵州改革动态》采用 78 条。

【民生福祉】 2021 年，铜仁市城镇新增就业 4.38 万人，城镇登记失业率 4.13%，农村劳动力转移就业 9.14 万人，养老、失业、工伤参保人数 291.43 万人次。九项民生重点支出完成 334.86 亿元，占一般公共预算支出比重的 75.95%。开展重要民生商品价格监督检查，巡查检查经营户 14120 户次，抽检大米 793 批次，检查各类学校 4027 所次，日常监督检查医疗器械生产企业 10 家次、批发经营企业 102 家次、零售企业 1359 家次、医疗机构 414 家次，责令整改 57 家次，立案查处 13 起，保障群众民生领域安全。累计投入资金 23.63 亿元，累计完成 66 个农村敬老院提质改造工作。铜仁学院获批硕士学位授予单位，铜仁职业技术学院获批全国乡村振兴人才培养优质校，铜仁幼儿师范高等专科学校为省级高水平专业群立项建设单位，贵州健康职业学院申报中医学专业上报教育部。推进市人民医院省级区域医疗中心建设，挂牌成立市第三人民医院，划转升格市中医医院，铜仁市被授予“国家卫生城市”。

（市委办公室　杨晓芳）

12 月 15 日，黔北（德江）机场开工（代旭东　摄影）

【党史学习教育】 2021 年，铜仁市推进党史学习教育，开展“牢记殷切嘱托、忠诚干净担当、喜迎建党百年”专题教育，把握“党的盛典、人民的节日”主基调，开展庆祝中国共产党成立 100 周年歌咏赛、唱支山歌给党听等群众性主题宣传教育活动。开展“四史”“七进”宣传宣讲 9472 场次。推动“100 个红军故事”进校园、进村寨，在农村地区放映党史革命题材电影 3.3 万场次。围绕学习贯彻习近平总书记“七一”重要讲话精神，组织高校学生参与“请党放心、强国有我”主题活动，征集感言感想优秀作品719件。组织中小学生上好以“从小学党史、永远跟党走”为主题的“开学第一课”1.3万余课时，覆盖1504所中小学69万余名师生。统筹新闻媒体围绕庆祝中国共产党成立100周年，开设《沿着习近平总书记指引的方向前行》《奋斗百年路·启航新征程》等专题专栏，推出主题宣传报道8.3万余篇，新媒体累计阅读量超5亿人次，点赞量突破1亿人次，中央主要新闻媒体报道铜仁“我为群众办实事”活动1031篇。把“我为群众办实事”贯穿党史学习教育全过程，各级各部门建立实事台账6597件，并实现全部完成办结。各级党组织按照就近原则，组织党员干部等到周逸群故居（陈列馆）、石阡困牛山革命战斗遗址等38家党性教育基地开展党史学习教育。利用红色资源开展党史学习教育2000余场次，20万余名党员、干部等到红色革命遗址遗迹、纪念场馆等地开展党史学习教育。

【庆祝中国共产党成立100周年系列活动】 2021年，铜仁市将庆祝中国共产党成立100周年作为重要政治任务，开展系列庆祝活动。组织开展“永远跟党走”群众主题宣传教育活动、“我为群众办实事”实践活动，推行党史教育“七进七化”活动，开展“牢记殷切嘱托、忠诚干净担当、喜迎建党百年”专题教育，统筹各级各部门就近就便利用红色文化资源开展主题教育活动。创作编排大型革命历史题材舞台剧《困牛山红军壮举》。组织开展铜仁市庆祝中国共产党成立100周年歌咏比赛、舞台剧《永恒的丰碑——木黄·木黄》、红色音乐史诗《长征组歌》巡演和展演、中国音协“金钟之星”艺术团庆祝中国共产党成立100周年送欢乐下基层慰问演出、“学党史·颂党恩·跟党走·践初心”文化三下乡暨乡村振兴文艺巡演等系列活动，在农村展播优秀电影3万余场次。编辑出版《星火燎原——黔东革命根据地史》《旌旗飘扬——黔东红色记忆》《历史回响——铜仁长征文化资源研究、开发和利用》等一批重点红色出版物。铜仁日报社以“奋斗百年路　启航新征程”专题专栏为统揽，通过开设“红色记忆”“峥嵘岁月”“沿着高速看铜仁”等子栏目，在“梵净云天”客户端刊发稿件、短视频、海报、长图等500余条，在《铜仁日报》刊发88个专版，综述、评论等稿件470余条，并于建党百年当日推出28个版的“七一特刊”。

（市委宣传部、铜仁日报社　申逸恺）

铜仁市开展庆祝中国共产党成立100周年歌咏比赛（代旭东　摄影）

决策部署

【市委全委会】 中国共产党铜仁市第二届委员会第十一次全体会议于2021年5月20日举行。市委委员40人出席会议。全会由市委常委会主持。市委书记陈昌旭代表市委常委会向大会作报告。全会审议通过《中共铜仁市委关于深入学习贯彻落实习近平总书记视察贵州重要讲话精神坚持以高质量发展统揽全局奋力谱写百姓富生态美多彩贵州新未来铜仁篇章的决定》。

中国共产党铜仁市第二届委员会第十二次全体会议于2021年9月16日举行。全会对高质量筹备中国共产党铜仁市第三次代表大会进行安排部署。市委委员35人出席会议。全会由市委常委会主持。市委书记陈昌旭代表市委常委会作总结讲话。全会审议通过《中国共产党铜仁市第二届委员会第十二次全体会议关于召开中国共产党铜仁市第三次代表大会的决议》。

中国共产党铜仁市第二届委员会第十三次全体会议于2021年12月14日举行。市委委员34人出席会议。全会由市委常委会主持。全会听取和讨论市委书记陈昌旭关于市委常委会工作的报告和讲话。会议审议通过《中共铜仁市委关于认真学习宣传贯彻党的十九届六中全会精神的决定》，讨论并通过《中国共产党铜仁市第二届委员会向中国共产党铜仁市第三次代表大会的报告》《中国共产党铜仁市第二届纪律检查委员会向中国共产党铜仁市第三次代表大会的工作报告》《关于全市党费收缴、使用和管理情况的报告》，决定将3份报告提请中国共产党铜仁市第三次代表大会审查和审议。市委常委、市纪委书记、市监委代理主任罗雁冰就《二届市纪委工作报告(讨论稿)》作说明,市委常委、市委组织部部长赵继红就《三届市委委员、候补委员、市纪委委员有关情况》作说明。

【中国共产党铜仁市第三次代表大会】 2021年12月21日,中国共产党铜仁市第三次代表大会在铜仁人民会堂开幕。大会应到代表410名,实到代表405名。陈昌旭代表中国共产党铜仁市第二届委员会向大会作题为《阔步新征程、勇担新使命、建功新时代,高质量谱写绿色发展先行示范区新篇章》的报告,大会听取并批准报告。《中国共产党铜仁市第二届纪律检查委员会的工作报告》《关于全市党费收缴、使用和管理情况的报告》,以书面形式提请大会审议。12月24日,中国共产党铜仁市第三次代表大会在铜仁人民会堂闭幕,大会应到代表410名,实到代表400名。大会审议通过《关于中国共产党铜仁市第二届委员会报告的决议》《关于中国共产党铜仁市第二届纪律检查委员会工作报告的决议》。

【市委经济工作会议】 12月24日,市委经济工作会议在碧江举行,会议以习近平新时代中国特色社会主义思想为指导,贯彻习近平总书记"七一"重要讲话、视察贵州重要讲话和对贵州对铜仁工作重要指示精神,全面贯彻党的十九届六中全会、中央经济工作会议精神,省委十二届九次全会、省委十二届十次全会和省委经济工作会议精神,全面总结2021年经济工作,分析当前经济形势,研究部署全市2022年经济工作。

【市委常委会会议】 2021年1月7日,市委常委会传达学习中央办公厅、国务院办公厅《关于做好2021年元旦春节期间有关工作的通知》精神,贯彻省委书记谌贻琴就做好当前新冠肺炎疫情防控工作的批示精神和省委、省政府部署要求,系统安排全市疫情防控工作。

1月19日,市委常委会传达学习习近平总书记在省部级主要领导干部学习贯彻党的十九届五中全会精神专题研讨班开班式上的重要讲话、习近平总书记《正确认识和把握中长期经济社会发展重大问题》重要文章、1月7日中共中央政治局常委会会议、习近平总书记对政法工作的重要指示和中央政法工作会议精神,研究贯彻落实工作。

2月1日,市委常委会传达学习习近平总书记在十九届中央纪委五次全会上的重要讲话,1月28日中共中央政治局会议、中央农村工作会议精神,《中共中央　国务院关于全面推进乡村振兴加快农业农村现代化的意见》精神,研究贯彻落实工作。

2月3日,市委常委会传达学习习近平总书记同党外人士共迎新春时的重要讲话,习近平总书记《全面加强知识产权保护工作激发创新活力推动构建新发展格局》重要文章精神,学习贯彻全国、全省宣传部长会议和省委、政法委工作会议暨平安贵州建设大会精神,听取安全生产情况汇报,研究部署相关工作。

2月9日,市委常委会传达学习习近平总书记视察贵州重要讲话精神,贯彻全省领导干部会议精神,安排部署细化落实工作,强调要把学习好、宣传好、贯彻好、落实好习近平总书记重要讲话精神作为当前和今后一个时期首要政治任务和长期战略任务,不忘初心、牢记使命,坚定不移沿着习近平总书记指引的方向奋勇前进,努力在新时代西部大开发上闯新路,在乡村振兴上开新局,在实施数字经济战略上抢新机,在生态文明建设上出新绩,加快建设"一区五地",谱写百

12月21日,中国共产党铜仁市第三次代表大会在铜仁人民会堂开幕。大会提出今后五年全市经济社会发展的总体要求、奋斗目标,选举产生新一届市委、市纪委班子(铜仁网站　供图)

姓富、生态美多彩贵州新未来的铜仁篇章。

2月27日，市委常委会传达学习贯彻习近平总书记在党史学习教育动员大会、全国脱贫攻坚总结表彰大会上的重要讲话精神，学习贯彻中央政治局第二十七次集体学习会议和中央政治局会议精神，贯彻全省县以上党政主要领导干部研讨班精神，研究细化落实工作。

2月18日，市委常委会传达学习习近平总书记在2021年春节团拜会上的重要讲话，《求是》杂志刊发习近平总书记《在河北省阜平县考察扶贫开发工作时的讲话》重要文章精神，研究部署贯彻落实工作。

3月5日，市委常委会传达学习习近平总书记在中央党校（国家行政学院）中青年干部培训班开班式上的重要讲话，习近平总书记在中共中央政治局第二十八次集体学习会议上的重要讲话精神，研究部署贯彻落实工作。

3月14日，市委常委会传达学习习近平总书记关于中国共产党历史的重要论述摘编，学习贯彻习近平总书记在全国两会期间的重要讲话精神和十三届全国人大四次会议、全国政协十三届四次会议精神，贯彻3月14日全省领导干部会议精神，研究部署细化落实工作。

3月18日，市委常委会召开会议，传达学习中央财经委员会第九次会议精神，认真贯彻省委常委会会议精神，研究部署细化落实工作。

3月31日，市委常委会召开会议，传达学习习近平总书记在福建考察调研时的重要讲话精神，认真贯彻省委常委会会议精神，研究部署细化落实工作。

4月23日，市委常委会召开会议，传达学习中共中央政治局会议精神，学习贯彻习近平总书记在清华大学考察、参加首都义务植树活动重要讲话精神，习近平总书记对革命文物工作、职业教育工作、深化东西部协作的重要指示精神，贯彻省委常委会会议精神和全省脱贫攻坚总结表彰大会精神，研究部署有关工作。

4月29日，市委常委会召开会议，传达学习中国共产党贵州省第十二届委员会第九次全体会议精神，研究部署贯彻落实工作。

5月10日，市委召开常委会会议暨财经委员会会议，学习4月30日中共中央政治局会议、中共中央政治局第二十九次集体学习，《求是》杂志发表习近平总书记《把握新发展阶段，贯彻新发展理念，构建新发展格局》重要文章精神，贯彻省委、省政府部署要求，听取全市一季度经济运行情况汇报，研究部署下步工作。

5月18日，市委常委会传达学习习近平总书记在推进南水北调后续工程高质量发展座谈会上的重要讲话，《求是》杂志发表习近平总书记重要文章《用好红色资源，传承好红色基因，把红色江山世世代代传下去》精神，贯彻省委常委会会议精神，研究部署相关工作。

5月24日，市委常委会举行党史学习教育第四次专题研讨会，市委书记陈昌旭主持研讨会并作总结讲话，省委第二十二巡回指导组和市委常委，市人大常委会、市政府、市政协在铜班子成员和党组成员参加参观学习或研讨会。研讨会上，陈康、肖洪、孙含欣，市委常委结合集体参观学习，围绕习近平总书记视察贵州时关于“四新”的指示精神作了研讨发言。万山区、大龙开发区，市委有关部门负责人，市委党史学习教育领导小组及办公室有关负责同志参加参观学习或研讨会。

5月27日，市委常委会传达学习习近平总书记在全球健康峰会上的重要讲话精神，认真贯彻中共中央办公厅印发《关于在全社会开展党史、新中国史、改革开放史、社会主义发展史宣传教育的通知》精神，全面落实近期省委常委会会议精神。

6月3日，市委常委会传达学习习近平总书记在中国科学院第二十次院士大会、中国工程院第十五次院士大会、中国科协第十次全国代表大会上的重要讲话精神，5月31日中央政治局会议精神，中央政治局第三十次集体学习会议精神，《求是》杂志发表习近平总书记《学好“四史”，永葆初心、永担使命》重要文章精神，贯彻6月1日省委专题会议部署要求。

6月16日，市委常委会学习贯彻习近平总书记对湖北十堰市张湾区艳湖社区集贸市场燃气爆炸事故的重要指示精神、习近平总书记对革命文物工作的重要指示精神，学习贯彻《中国共产党组织工作条例》，贯彻6月11日省委常委会会议精神和省委书记、省人大常委会主任谌贻琴关于安全生产有关批示精神，研究部署铜仁市近期安全稳定工作。

7月3日，市委常委会传达学习习近平总书记在庆祝中国共产党成立100周年大会、“七一勋章”颁授仪式、中共中央政治局第三十一次集体学习时的重要讲话精神，学习贯彻贵州省庆祝中国共产党成立100周年大会、贵州省级党员领导干部开展重走长征路活动精神，认真落实6月25日省委常委会会议精神，研究部署相关工作。

7月11日，市委常委会传达学习贯彻习近平总书记在中国共产党与世界政党领导人峰会上的主旨讲话精神，学习贯彻中共中央办公厅关于认真学习贯彻习近平总书记在庆祝中国共产党成立100周年大会上的重要讲话的通知要求，贯彻落实7月5日省委常委会会议精神，党史学习教育中央第八指导组到铜仁调研指导精神，省委副书记、省长李炳军在铜仁宣讲调研讲话精神，审定《习近平总书记“七一”重要讲话精神铜仁市宣传工作方案》。研究部署基层党建、综合考核等相关工作。

7月15日，市委常委会传达学习中国共产党成立100周年庆祝活动总结会和2021年生态文明贵阳国际论坛精神，研究部署贯彻落实工作。

7月22日，市委常委会传达学习习近平总书记对防汛救灾工作的重要指示精神，学习中共中央政治局常委、全国人大常委会委员长栗战书在2021年生态文明贵阳国际论坛开幕式上的主旨演讲和在贵州视察时的重要讲话精神，贯彻7月19日省委常委会会议精神，研究部署细化落实工作。

8月3日，市委常委会传达学习习近平总书记在西藏考察、中共中央政治局会议、中共中央党外人士座谈会上的重要讲话精神和关于深入推进农村“厕所革命”的重要指示精神，贯彻全省2021年半年经济工作会议、7月30日省委常委会议暨省新冠肺炎疫情防控工作领导小组会议精神，研究部署相关工作。

8月19日，市委常委会学习贯彻习近平总书记在中央财经委员会第十次会议、中共中央政治局第三十二次集体学习时的重要讲话精神，习近平总书记关于档案工作的重要批示精神，研究部署相关工作；市委常委会传达学习中央巡视办关于市级巡察机构在上下联动中更好发挥作用试点工作动员部署会议精神和省委巡视工作领导小组会议精神，学习贯彻《关于加强巡视巡察上下联动的工作措施》，审议试点工作方案，研究部署相关工作。

9月1日，市委常委会传达学习习近平总书记在中央民族工作会议上的重要讲话精神，落实8月29日省委常委会会议精神。听取铜仁市法治政府工作情况汇报，研究部署铜仁市相关工作。

9月5日，市委常委会传达学习习近平总书记在8月31日中共中央政治局会议、中央党校（国家行政学院）中青年干部培训班开班式上重要讲话精神，《求是》杂志发表习近平总书记《党的伟大精神永远是党和国家的宝贵精神财富》《加强党史军史和光荣传统教育，确保官兵永远听党话、跟党走》重要文章精神，研究贯彻落实工作。

9月13日，市委常委会传达学习习近平总书记给全国高校黄大年式教师团队代表的回信精神，落实9月10日省委常委会会议精神，研究贯彻落实工作。

9月30日，市委常委会传达学习习近平总书记在中央人才工作会议上的重要讲话和陕西榆林考察时的重要讲话精神，贯彻省委常委会会议精神，研究部署相关工作。

10月9日，市委常委会召开学习研讨会，第三次专题学习习近平总书记“七一”重要讲话精神，传达学习习近平总书记“七一”重要讲话中“九个必须”的根本要求，以及习近平总书记代表党中央发出的伟大号召。

10月18日，市委常委会传达学习习近平总书记在中央人大工作会议、中央政治局第三十三次集体学习时的重要讲话精神和在《生物多样性公约》第十五次缔约方大会领导人峰会上的主旨讲话精神，学习贯彻习近平总书记对老龄工作的重要指示精神，落实省委常委会会议精神，研究贯彻落实工作。

10月27日，市委常委会传达学习10月19日省委常委会暨财经委员会会议精神，分析全市前三季度经济形势，安排部署下步经济工作；市委常委会传达学习习近平总书记在深入推动黄河流域生态保护和高质量发展座谈会上的重要讲话精神，传达学习省委书记谌贻琴在视频调度遵义市疫情防控工作时的讲话和省应对新冠肺炎疫情防控领导小组会议精神，研究部署铜仁市贯彻落实工作。

11月7日，市委常委会学习贯彻习近平总书记在参观国家“十三五”科技创新成就展时的重要讲话精神和国家科学技术奖励大会精神，研究部署加强换届风气监督和全面推进乡村振兴等工作。

11月12日，市委常委会传达学习中国共产党第十九届中央委员会第六次全体会议精神，研究部署铜仁市贯彻落实工作。

11月18日，市委常委会学习习近平总书记关于《中共中央关于党的百年奋斗重大成就和历史经验的决议（讨论稿）》的说明和《决议》精神，贯彻省委常委会会议精神，研究部署贯彻落实工作。

11月26日，市委常委会传达学习11月18日中央政治局会议精神，习近平总书记在第三次“一带一路”建设座谈会上重要讲话、在第四届中国国际进口博览会开幕式上的主旨演讲精神，《求是》杂志发表习近平总书记《坚定理想信念补足精神之钙》《坚持用马克思主义及其中国化创新理论武装全党》重要文章精神，学习贯彻省委常委会会议精神，研究部署相关工作。

12月5日，市委常委会传达学习习近平总书记在全国宗教工作会议上的重要讲话精神，贯彻中央第二生态环境保护督察组督察贵州省动员会和省委常委会会议、省委人才工作会议精神，研究部署贯彻落实工作。

12月5日，市委常委会学习贯彻中国共产党贵州省第十二届委员会第十次全体会议精神，研究部署贯彻落实工作。

12月10日，市委常委会传达学

习12月6日中共中央政治局会议精神，研究部署铜仁市贯彻落实工作。

12月18日，市委常委会传达学习中央经济工作会议精神、习近平总书记在中央政治局第三十五次集体学习会议、中国文联第十一次全国代表大会、中国作协第十次全国代表大会开幕式上的重要讲话精神，落实省委常委会、省委民族工作会议精神，研究部署贯彻落实工作。

12月27日，市委常委会召开会议，学习贯彻习近平总书记关于党内法规、全国老干部工作重要指示精神，贯彻中央生态环保督察部署要求，研究相关工作；中共铜仁市第三届委员会常务委员会召开第一次会议，学习《中国共产党章程》、《关于新形势下党内政治生活的若干准则》、《关于加强党的政治建设的意见》、中央八项规定及其实施细则精神和省委《关于改进工作作风密切联系群众的十项规定》精神，研究部署自身建设工作；研究《中共铜仁市第三届委员会工作规则》《中共铜仁市第三届委员会常务委员会议事决策规则》《市委常委同志工作分工》，安排部署市第三次党代会学习宣传贯彻工作。

【乡村振兴】 2月2日，市委农村工作会议暨全市巩固拓展脱贫攻坚成果同乡村振兴有效衔接工作会议召开，会议贯彻习近平总书记在中央农村工作会议上的重要讲话精神，按照中央、省委决策部署，落实“四个不摘”工作要求，健全防止返贫动态监测和帮扶机制，做好产业帮扶、东西部扶贫协作衔接工作。建立完善资产管理制度，明确产权关系，增强持续发展动力，巩固拓展脱贫攻坚成果，全面实施乡村振兴。3月14日，召开全市巩固拓展脱贫攻坚成果防止返贫工作推进会，下发《关于进一步加强防贫预警监测巩固拓展脱贫攻坚成果的实施意见的通知》文件，保持帮扶政策、资金支持、帮扶力量总体稳定，对扶贫资金、项目及资产加强监督管理。巩固“两不愁三保障”，健全防贫预警监测机制，建立完善易返贫致贫人口快速发现和响应机制，实行动态管理。对做好“两保持三加强”对口帮扶工作，推动“东部企业＋贵州资源”“东部市场＋贵州产品”“东部总部＋贵州基地”“东部研发＋贵州制造”做出工作部署。11月12日，市委乡村振兴工作领导小组会议暨巩固拓展脱贫攻坚成果工作推进会召开。会议对聚焦关键环节、关键任务、关键节点，对做好政策衔接落实、资金管理使用、东西部协作、易地扶贫搬迁后续扶持、农村人居环境整治等工作重点做出部署，完善乡村治理体系，推进特色田园乡村·乡村振兴集成示范试点工作，推动巩固拓展脱贫攻坚成果同乡村振兴有效衔接。

【疫情防控】 2月3日，市委常委会会议召开，会议传达学习省应对新冠肺炎疫情防控领导小组办公室《关于我省春节期间不同人群疫情防控措施的通告》精神，部署全市疫情防控工作。会议要求严格落实“外防输入、内防反弹”总体防控策略，坚持党政主要领导亲自抓，压实“四方责任”，把好“三个关口”，落实“五有三严”要求，严格领导包保工作责任制，完善网格化管理。要利用大数据技术手段，对境外、省外来铜人员进行摸排，确保早预防、早发现、早报告、早隔离、早救治。做好重点场所排查管控，细化公共场所防控措施、工作流程。完善全员核酸检测方案，储备好必要的采样、检测人员和设备试剂等，确保一旦发生疫情能迅速开展大范围核酸检测。做好春节期间生活物资保供稳价，加强粮食、肉类、蔬菜等生活物资和口罩、酒精、消毒液等防疫物资储备、供应，做好留守老人、留守儿童、困难群众的生活保障工作。8月4日，召开全市疫情防控工作电视电话会议，贯彻落实全国疫情防控工作电视电话会议精神，对全市疫情防控工作进行再安排、再部署。要把控“一场三站”、高速公路、国省干道、县乡公路等重要关口，对中高风险地区及关联地区入铜、返铜人员、物品加强排查管理。落实医疗机构“院内零感染”，加强集中隔离场所管理，减少大型公共活动，防止聚集性疫情发生。10月22日，

铜仁市落实新冠肺炎疫情防控“外防输入、内防反弹”总策略，在松桃高速北站开展疫情防控工作（代旭东　摄影）

召开疫情防控工作电视电话会议，对全市重点场所、景区景点等各类人员聚集场所要做好防控排查和环境消杀工作，坚持“人”“物”同防。要严格审批大型会议、各类培训、节庆活动，引导群众“红事缓办、白事简办”，减少人群聚集，有效降低疫情发生风险。统筹抓好疫情防控和经济社会发展，围绕“四新”主攻“四化”推进生态环保、脱贫成果巩固、债务风险化解、安全生产、村(社区)两委换届等工作。

【重大风险防范和化解】 2021年6月21日，铜仁市禁毒工作会议召开，对全市禁毒工作进行安排部署。围绕推动禁毒工作高质量发展目标，开展“净边2021”专项行动、禁毒重点整治、示范城市创建、农村毒品问题专项治理四项重点工作。强化缉毒执法，依法严打毒品违法犯罪，打击外流贩毒活动，防止毒情蔓延。强化示范创建，打造一批禁毒示范点，推进农村毒品问题整治工作。10月14日，全市扫黑除恶专项斗争总结表彰大会和第一次扫黑除恶常态化暨四大行业领域整治推进会召开。对全市常态化开展扫黑除恶斗争和推进信息网络、自然资源、交通运输、工程建设四大行业领域整治工作做出安排部署。开展发动群众、强化源头治理、完善斗争策略、健全制度机制，推动常态化扫黑除恶斗争工作。9月22日，全市信访维稳、安全生产和疫情防控工作会议召开，对相关工作进行安排部署。会议要求持续深化社会领域突出问题治理，强化命案防控专项治理、网络综合治理，开展好平安家庭、平安村寨、平安社区等创建工作。开展“我为群众办实事”实践活动，强化领导干部带头接访下访、矛盾纠纷排查化解。持续深化安全生产领域突出问题治理，按照安全生产专项整治三年行动要求，开展道路交通、建筑施工、消防安全、非煤矿山、水上交通等安全隐患大排查、大整治。落实“外防输入、内防反弹”疫情防控各项措施，做好重点人员健康监测管理、重点场所防控工作，筑牢疫情防控屏障。

（市委办公室　杨晓芳）

全面深化改革

【概况】 2021年，市委深改委召开5次会议，听取和审议19个改革文件。印发《中共铜仁市委全面深化改革委员会2021年工作要点》，梳理完成110项重点改革任务，截至12月，完成107项，剩余3项任务跨年度持续实施。推进88项国家试点、74项省级试点的承接工作，88项国家试点工作，完成销账58项；74项省级试点工作，完成销账57项。审议通过《新型功能材料产业集群发展规划》《劳动力和人才社会性流动体制机制改革》《乡镇和街道整合审批服务执法力量改革》等系列改革文件。22个改革经验获《贵州改革情况交流》单独采用，7个改革案例入选贵州改革优秀案例，2个省委全面深化改革重大课题均获三等奖，获省领导在省委改革办刊物上肯定批示铜仁经验6次。

【改革规划】 铜仁市开展2021年度服务高质量发展和全面深化改革创新项目评选工作，把发展实效和人民群众获得实惠作为改革成效评价标准纳入考核内容。发挥改革试点示范作用，江口县开展生态产品价值实现机制试点、石阡县深化“六共”机制助推村级集体经济发展试点和乌江流域开展基层党建联建试点等工作。研究制定《市委巡察机构在上下联动中更好发挥作用》《整市推进县域共青团改革试点工作实施方案》，树立纵深推进改革新典型。

【经济发展领域改革】 2021年，铜仁市成立铜仁梵净山科技创业投资有限公司，探索科创投贷与知识产权质押融资改革，开通商标窗口质押登记业务。设立技术交易平台和科技成果转化引导基金，采取“先建后补”的方式对经省级以上认定的新设立研发机构给予市级科研平台项目扶持，综合科技进步水平提高至58%。金融系统向300家民营企业选派金融顾问207人，累计授信金额28.35亿元。发展“贵人服务·一视铜仁”品牌，集中调整部门权责清单事项3784项、行政许可194项，发布高频事项“跨省通”可办事项182项，企业开办时间压缩至1天以内。将国家层面523项涉企许可全部纳入“证照分离”改革。健全公共资源交易电子化监管机制，交易项目质疑同比减少61%。

【生态文明建设领域改革】 2021年，铜仁市系统实施生态文明建设12项重点改革，推进乌江流域基层党建联建、生态产品价值实现机制等5项改革试点，建立“三线一单”制度生态环境分区管控制度，划定160个生态环境分区管控单元。推进“河长制”“林长制”改革，完成国储林建设任务2万公顷，森林覆盖率66.2%。连续5年发布中国·梵净山生态养生指数，为梵净山生态养生产业发展提供可量化的标准体系。与贵州省遵义市，重庆市酉阳县等建立“信息互通、数据共享、联防联治”的跨区域污染防治联动机制。开展河湖健康评价，完成414个乌江干流入河排污口排查溯源及“一口一档”，乌江领域4个国家“水十条”考核断面水质优良率100%。整合省市县24个部门党建资源，选取思南、德江、沿河乌江沿岸15个村（社区），开展乌江流域基层党建联建共创试点，推动形成"一江联建、一呼百应、一水共治"乌江流域治理新形态。

【民生事业和社会治理领域改革】2021年，铜仁市出台"留雁行动""送雁行动"等系列就业促进政策，建立农民工工资垂直支付制度，健全城市社区工作者职业"选育管退"体系。开展新时代教育督导体制机制改革，普惠性学前教育高质量发展改革，落实义务教育控辍保学周报告、进城务工人员子女随迁就学制度。完善联防联控、群防群治疫情防控体系，落实人均新增5元基本公共卫生服务经费全部用于基层疫情防控。推进直接关系民生的中医药传承创新发展改革，改革特色中医药医保支付方式。发展全科医生和乡村医生队伍，将村医实施基本药物补助由每月417元提高到每月667元。统筹推进市域社会治理现代化试点，建立矛盾纠纷多元预防化解机制，设立268个村居法官工作站。出台扶贫项目资金资产监督管理办法，建立涉农资金效益分析、利益联结7项机制，完成涉农资产清查确权532.8亿元。推进特色田园乡村·乡村振兴集成示范试点、涉农资金效益分析和利益联结等机制，启动农村人居环境整治提升五年行动，持续推动农村"厕所革命"，农村生活垃圾收运覆盖率100%。

【文化旅游领域改革】2021年，铜仁市健全城乡公共文化服务体系，完善公共文化基础设施，建成新时代文明实践中心12个、乡镇实践所182个、村级实践站2929个，形成覆盖市、县、乡、村四级的普惠公共文化服务网络。打造完成省级旅游休闲示范街区2个，中南门历史文化旅游区成为全省夜间文旅消费聚集区。实施"一带双核"战略，建成以乡村振兴产业带为连接线、梵净山AAAAA级景区和中南门历史文化旅游区为重点的"一带双核"项目，完成全省旅游"两会"的承办工作。

【干部监督和社会治理改革】2021年，铜仁市开展党史学习教育"七进七化"活动，建立"我为群众办实事"台账6597件，办结6487件，办结率98.33%。针对年轻干部违纪违法腐败低龄化现象，前移"监督、制度、教育"3道关口，建立遏制腐败低龄化体系。铜仁市党建引领易地搬迁"四安家园"经验获第九届中国民生发展论坛"我为群众办实事"2021民生示范工程。探索驻村干部服务乡村振兴全链条闭环管理机制，从20个方面加大驻村干部关怀管理。铜仁市列入首批全国市域社会治理现代化试点市，获评全国社会治安综合治理优秀市。建立市人大常委会执法检查等系列制度，完善政协专委会联系指导界别机制。推动乡镇和街道整合审批服务执法力量改革试点，按照依法下放、宜放则放原则，单独设置综合行政执法办公室和党务政务综合服务中心，统一受理群众便民服务事项。

（市委改革办　冉爱民）

组织工作

【概况】2021年，铜仁市有基层党组织8000余个，基层党委400余个，党总支部300余个，党支部7000余个。有党员15万余人，其中预备党员6000余人。完成市、县、乡、村四级换届工作，选举产生新一届市县党委、人大、政府、政协、纪委领导班子及其成员、法检"两长"，乡镇党政领导班子和村（社区）"两委"成员。开展庆祝建党百年活动，完成全国、全省、全市"两优一先"推荐表彰任务，杨宗麟、冷朝刚2人被表彰为"全国优秀共产党员"，田艳被表彰为"全国优秀县委书记"，42名优秀个人和26个先进基层党组织获全省"两优一先"表彰，评选表彰全市先进基层党组织100个、优秀个人250名，颁发"光荣在党50年"纪念章9072枚。新发展党员5143名，完成7726个党支部标准化规范化达标建设，明确376个"六共"机制集体经济发展示范点，新选派乡村振兴驻村第一书记和驻村干部5169人，完成4个红色美丽村庄试点一期工程主体建设。加强党代表联络服务，发挥党代表直通车作用，收集社情民意、建言献策，收集意见建议522条，处理522条，答复率100%。印发《"十四五"时期铜仁市党员干部教育培训实施方案》，培训各级干部3.26万人次，组织参加"新时代学习大讲堂"知识讲座57期、培训14.6万余人次。完成5962名干部个人信息录入、档案核查、信息校对工作。成立市委人才工作领导小组，召开市委人才工作会议，明确3000万元人才发展专项资金，建成700平方米市级"人才之家"，开通"96567"人才服务热线，投入5400万元打造100套市级人才公寓，人才总量为45.98万人，较"十三五"末的31.13万人增长47.7%。

表2　2021年铜仁市颁发"光荣在党50年"纪念章情况统计表

序号	区县、各工委	颁发数量（枚）
1	碧江区	1102
2	万山区	675
3	江口县	428

续表 2

序号	区县、各工委	颁发数量(枚)
4	玉屏自治县	349
5	石阡县	993
6	印江自治县	895
7	思南县	1417
8	德江县	701
9	沿河自治县	904
10	松桃自治县	1203
11	大龙经济开发区	78
12	铜仁高新区	15
13	市直机关工委	271
14	市委国企工委	11
15	市委教育工委	30
	合计	9072

【市县乡村换届】 2021年，铜仁市把严肃换届纪律贯穿换届全过程，建立健全快查快处机制，以零容忍态度查处违反换届纪律行为。完成市本级、10个区(县)、143个乡镇、2738个村和169个社区换届，选举产生市级党代表410名、人大代表405名、政协委员394名，县级党代表2448名、人大代表2295名、政协委员1842名，乡镇党代表12858名、人大代表8646名。换届后县级党政领导班子中配备“80后”干部54名、占35.06%，乡镇领导班子成员中配备35岁以下干部675名、占52.57%，乡镇领导班子成员中全日制大学以上学历694名、占54.05%，比上届提升27个百分点。2738个村、169个社区党组织书记中，高中及以上学历分别占96.71%、98.22%，分别超出上届44.13、19.61个百分点，平均年龄分别为39.58岁、39.41岁，比上届下降9.18岁、7.49岁，“一肩挑”农村占比99.4%、社区占比100%，实现“一升一降”目标。

【党组织管理】 2021年，铜仁市印发《铜仁市巩固提升党支部标准化规范化建设预警办法(试行)》，推进党支部标准化规范化建设，7700余个党支部全部达标。建立市委常委联系点12个，区(县)党委常委联系点132个，市直单位党组(党委)班子成员联系点217个，县直单位党组(党委)班子成员联系点636个，乡镇(街道)党委(党工委)班子成员联系点1344个。建立城市基层党建联席会议制度，明确市级领导城市基层党建工作联系点，推行街道“大工委”、社区“大党委”建设，200余个机关企事业单位、新兴组织领域党组织融入街道社区，1000余个市县直单位，4万余名在职党员到社区报到参与社区治理和服务群众。

【党员队伍建设】 2021年，铜仁市按照“控制总量、优化结构、提高质量、发挥作用”的总要求，严把发展党员政治关、质量关、程序关，保障新发展党员质量，发展党员工作完成计划的109.43%。落实“四个不摘”要求，按照“定人、定村、定责、定标”四定原则，开展新一轮驻村第一书记和驻村干部轮换工作，向1690个“五类村”新选派乡村振兴驻村第一书记和驻村干部5169名。建立党员先锋岗、责任区4704个，组建党员志愿服务队伍4466个，各级党员办实事3.88万件，开展岗位学雷锋活动，市本级完成4362项，市本级在职党员到社区报到并主动参加疫情防控等相关服务4792人次。集中走访慰问老党员、生活困难党员1.92万余人、发放慰问金1036.49万元，划拨102.1万元党内关怀基金慰问因公牺牲党员家庭及患重大疾病困难党员。开展“党课开讲啦”活动，推动讲专题党课6561场次，覆盖党员13.61万余人次。印发《“十四五”时期铜仁市党员干部教育培训实施方案》，举办党员教育培训班418期，培训12.54万人，其中，市级培训班34期，培训4687人；县级培训班130期，培训1.84万人；乡镇培训班254期，培训4.5万人；通过网络学习、“三会一课”等形式参加学习5.73万人，实现党员教育培训全覆盖。组织各级党员领导干部参加“新时代学习大讲堂”知识讲座57期，培训14.6万余人次。开展铜仁市“民心党建+‘三社’融合促‘三变’+春晖社”农村综合改革人才培训21期3620人。承办全省中小学基层党组织书记网络培训班，各市州120名中小学基层党组织书记参加培训。

【党内作风整顿】 2021年，铜仁市对党组织和党员开展作风整顿。常态化进行软弱涣散村党组织排查整顿工作，发现软弱涣散村党组织问题235个，建立“一对一”帮扶指导制度，完成软弱涣散村党组织问题整改。推进农村发展党员违规违纪问题排查整顿工作，成立市、县、乡三级领导小组，研究制定《铜仁市全面推开排查整顿农村发展党员违规违纪问题实施方案》，统筹排查整顿工作的领导指导和整体推进，发现“带病入党”、弄虚作假、徇私舞弊、严重违反入党程序“四类问题”1087人。

【机关党建】 2021年，铜仁市以政治建设引领机关党建工作，创办《铜仁机关党建》杂志，印发《铜仁市直机关党组织书记抓党建工作责任清单（试行）》，铜仁模范机关创建经验被中央和国家机关工委刊物《机关党建研究》刊载推广。研究制定《"梵净山星"机关党建总品牌创建方案》，初步形成"1+N"的铜仁机关党建品牌系。开展"三带六提升"工程（强化医院党委带领、党支部带动、党员带头作用，引领提升临床重点专科建设成效、"互联网+医疗健康"运行成效、医联体建设服务成效、全面深化医药卫生体制改革成效、人才队伍建设成效、现代医院管理成效）推动卫生健康党建改革发展。落实党委领导下的院长负责制，21家二级以上公立医院全部配齐党组织书记，建立党支部138个，党的工作覆盖率100%。在原有4家省级试点医院的基础上，新增印江自治县人民医院为省级试点。公立医院培育和引进博士研究生16人，培育和引进硕士研究生227人。正高级申报人数138人，副高级申报人数332人。

【城市基层党建】 2021年，铜仁市先后召开党建引领"四安家园"建设推进会、全市城市基层党建暨先行先试示范区建设工作推进会等会议5次，印发《关于加强先行先试示范区建设引领带动城市基层党建工作全域提升的实施方案》《关于加强小区党建工作推进城市基层治理全域提升的指导意见（试行）》《铜仁市城市基层党建工作联席会议制度》《铜仁市"红色物业"工程实施意见》，完善城市基层党建工作措施办法，推动城市基层党建工作各项任务的落实。《新形势下发展壮大城市社区集体经济问题研究——以铜仁市城市社区集体经济发展为例》被贵州省委非公工委、党建研究会评为二等奖。

【农村党建】 2021年，铜仁市用"12386"换法完成村"两委"换届。截至12月，2907个村（社区）党组织完成换届选举，一次选举成功率均100%。其中"四不一保"推进村（社区）支书、主任"一肩挑"的做法被《贵州省基层组织建设工作简报》2021年十三期编发。推进红色美丽村庄试点建设。成立以市委组织部主要领导任组长的红色美丽村庄试点建设工作领导小组，下设8个工作指导组，形成"1+8"组织领导体系。建立"四级包联责任制度"，制定"联席会议、联系包保、督查指导、信息直报"四项制度，制定《试点建设工作横道图》《工作预警三色图》跟进督促施工进度。在省委组织部明确的5人小分队基础上，再选派1名专业对口人员到村任职，构建"5+1"人才体系。其中，红色美丽村庄试点建设工作在全省红色美丽村庄试点建设工作推进会上作经验交流发言，主要做法被《贵州省基层组织建设工作简报》2021年第十一期编发。强化驻村工作力量，向1692个"五类村"［原建档立卡贫困村、易地扶贫搬迁安置社区（村）、乡村振兴示范村、党组织软弱涣散村、全国红色美丽村庄建设试点村］，选派乡村振兴驻村第一书记1692人、驻村干部3424人。新选派驻村第一书记和驻村干部按照"市级示范、县区轮训"原则，市级示范培训185人，各区县轮训5116人，完成培训全覆盖。坚持"四个划转"，将驻村干部党组织关系、工资、管理、考核划转到帮扶村或帮扶村所在乡镇（街道）。出台《铜仁市乡村振兴驻村第一书记和工作队管理办法（暂行）》，创新探索驻村管理保障二十条，坚持严管和厚爱结合、激励和约束并重。其中，"一单四签"经验做法，在《共产党员先锋文汇》刊载。推动发展壮大村级集体经济。印发《关于发展壮大农村集体经济的指导意见》，创新提出强组织、富集体、富群众、创标准、创品牌、创示范的"一强二富三创"目标任务。印发《关于学习借鉴石阡县任家寨村"六共"机制推进"村社合一"的通知》《关于做好抓"村社合一"示范点建设的通知》，确定2021年376个"六共"机制示范点，推动村级集体经济发展。全市实现集体经济收入5万元至10万元的村210个，集体经济收入10万元至20万元的村920个，集体经济收入20万元至50万元的村1095个；集体经济收入50万元至100万元的村335个；集体经济收入100万元以上的村178个。实施农村基层强基固本工作。提高村级组织运转经费保障标准，印发《关于进一步完善村级组织运转经费保障机制促进村级组织建设的通知》，建立"基本报酬+绩效奖金+任期补贴+养老保险+集体经济发展创收奖励"相结合的村干部报酬可持续增长机制，全市村党组织书记的基本报酬平均水平为每月3974.75元，最高和最低分别为每月5202.54元、每月3650元，"一肩挑"的村党组织书记月收入最低每月4485元，所有区县（含大龙开发区、铜仁高新区）均将符合条件的村干部纳入城镇企业职工养老保险范围。整顿软弱涣散村级党组织，印发《关于进一步做好2021年度软弱涣散村党组织整顿工作的通知》，针对2020年排查的84个软弱涣散村进行"回头看"，对其中19个纳入2021年"回炉"整顿。同时，要求各地按照"村级自查、乡镇初审、县级验收、市级复核"的程序开展排查整顿，排查出软弱涣散村党组织235个。落实"四个一"整顿要求的同时，督促各地做到明确责任人、整顿任务、时限要求、方法步骤、工作措施"五明确"，7月完成235个软弱涣散村党组织的整顿验收工作。推行村干部学历技能提升“双百计划”。印发《铜仁市村干部学历全员提升行动实施方案》，市级依托铜仁职业技术学院开设“乡村振兴专干班”每年定制培养100名乡村振兴综合型、实用型人才；县级依托市内各中等职业学校开设“学历技能提升班”对高中及以下学历的现有村干部进行定制培养，每年定制培育100名以上低学历村干部，逐步实现全员提升学历。市、县两级组织开展培训2201人次。

【非公组织党建】 2021年，铜仁市完成党支部标准化规范化建设，成立市级互联网行业和物业行业党委，健全行业党建工作体系，促进党的工作与行业企业发展深度融合。印发《铜仁市龙头民营企业党建示范引领行动计划（2021—2025年）实施方案》，建立市委非公工委统筹、职能部门指导、区县具体推进的责任体系，将59家龙头民营企业纳入台账管理。开展“四个集中”专项行动，摸排新增非公企业和社会组织63家，注销42家，同步调整优化党组织37个，党组织覆盖率上升至97.95%。出台《关于实施“一引领三服务”深化“三量”管理改革的实施意见》，打造“一引领三服务”非公党建品牌，工作经验被《非公企业党建》和《省委非公党建简报》刊载，《铜仁市实施“一引领三服务”行动助推民营企业高质量发展调研报告》被贵州省委非公工委、党建研究会评为三等奖。

【国企党建】 2021年，铜仁市印发《铜仁市国有企业“十四五”人才发展规划》《铜仁市国有企业领军人才和优秀人才培养计划实施方案》，引进和招聘投融资、项目管理、市场运营、财务审计等紧缺专业人才116人，推荐经济金融领域市管专家2人，申报“优才卡”发放对象48人。制定《铜仁市国有企业党委前置研究讨论重大事项清单及党委会、董事会、总经理办公会议事规则（示范文本）》“1+3”制度体，明确党委29项前置研究事项和14项研究决定事项，厘清各治理主体权责边界，确保党委“把方向、管大局、促落实”，董事会“定战略、做决策、防风险”和经理层“谋经营、抓落实、强管理”的有机统一。在制定《铜仁市深化国企改革三年行动实施方案》的基础上，配套出台《铜仁市全民所有制企业公司制改革工作方案》《铜仁市属国有企业混合所有制改革操作指引细则》《铜仁市市属国企推行经理层成员任期制和契约化管理操作指引》等文件，构建“1+X”制度体系。

【高校党建】 2021年，铜仁市打造“1+1+N”模式（1个党史学习教育总方案、1个庆祝中国共产党成立100周年活动总安排、开展N个系列活动），推动党史学习教育走深、走心、走实，推动高校党建。创建标准化规范化党支部（党总支）178个，其中铜仁职业技术学院经济与管理学院第二党支部成为首批全国党建工作示范高校、标杆院系、样板支部。将学科带头人、高学历高职称人员和青年骨干发展为党员，培养成为“双带头人”，健全把骨干教师培养成党员、把党员教师培养成教学管理骨干的“双培养”机制，发展党员395名；铜仁学院农林工程与规划学院党委等12个党委（支部），旷光彩等17人、刘泽坤等9人被中共铜仁市委授予先进基层党组织和优秀共产党员、优秀党务工作者称号。

【公务员招录和培训】 2021年，铜仁市定向“985工程”等高校选调毕业生47名（含垂管单位3名），市、县、乡三级机关统一面向社会公开招录公务员175名，公开选调45名高校毕业生到基层工作，面向公安院校公安专业毕业生招录公务员（人民警察）42名。对299名新录用公务员进行初任培训，提高政治业务素质和适应职位能力。完成50名选调生代表的综合能力和素质水平培训。

【干部管理监督】 2021年，铜仁市开展市管干部档案信息化规范建设，完成5962名干部个人信息录入、档案核查、信息校对工作。完成1254名市管干部个人有关事项集中填报录入，抽查核实领导干部个人有关事项1211人次，查核一致率99.2%，在全省市（州）中排名第一位。对填报不一致的给予限制提拔使用一年1人，诫勉4人，书面检查3人，批评教育1人。开展违规兼职清理整治、“裸官”治理评估、“行贿买官”排查处理和“近亲繁殖”专项整治，办理信访举报116件。以铜仁市作为全国市级巡察机构在上下联动中更好发挥作用试点单位为契机，出台和建立市、县两级巡察机构“三定”规定及5个制度机制，统筹解决市县巡察机构编制290个，举办巡察业务培训班3期。

【年轻干部培养】 2021年，铜仁市实施优秀年轻干部“培苗、育苗、墩苗、助苗、扶苗”五项行动，开展千名优秀年轻干部培养计划，选拔任用100名“85后”副县级领导干部，择优储备200名“80后”正县级领导干部比较人选，重点培养300名“85后”副县级领导干部比较人选，跟踪培养400名选调生和具有专业背景的年轻干部。按照县、乡换届政策要求，选拔优秀年轻干部进入县乡两级党政班子，县级党政领导班子中配备“80后”干部54名，占35.06%，乡镇领导班子成员中配备35岁以下干部675名，占52.57%，乡镇党政正职中配备 35 岁以下干部 74 名，占 26%。选派 16 名年轻干部到东莞挂职，21 名政法干部到区（县）挂职，5 名干部到大龙新材料企业驻点服务。

【人才体制机制建设】 2021 年，铜仁市调整充实市委人才工作领导小组，明确 34 家成员单位的职责，配优配强市县党委人才工作机构力量。召开 5 次人才工作领导小组会议，落实领导小组工作会议、调查研究、督查通报等制度。印发《人才工作领导小组 2021 年重点工作计划》《铜仁市重点人才五年倍增行动计划》，对 2021 年人才工作进行细化分解。在全省率先召开全市人才工作述职会，各区县人才工作领导小组和市直相关单位负责人上台述职。发挥考核激励和导向作用，将人才工作纳入全市绩效目标考核的重要内容并单列 100 分，以绩效考核倒逼工作落实，压实各区（县）和市直相关单位责任。

【人才发展环境优化】 2021 年，铜仁市在市级媒体发布市委书记、市长致全市广大人才的一封信，组织专人“一对一”全程引导 100 名优秀人才健康体检，召开铜仁市人才工作领导小组会议、企业家沙龙、青年精英圆桌会、行业系统人才座谈会等系列活动。开通“96567”人才服务热线，明确 2 名座席 24 小时接线。建成 700 平方米市级“人才之家”，建设 100 套市级人才公寓。先后评选 200 名市级优秀人才并颁发“优才卡”，配套提供子女入学、旅游服务等 11 项优惠政策。制定《铜仁市“人才贷”及相关金融服务实施方案》，给予符合条件人才 60 万元至 500 万元金融服务额度。明确 3000 万元人才发展专项资金专项用于人才工作。12 名市委常委春节走访慰问 24 名专家人才。《贵州省首个“人才日”铜仁市活动综述》《铜仁市 2021 年新型功能材料产业集群“双招双引”活动启动》等 20 余篇人才信息被新华社、《中国组织人事报》、中国人才等国家级主流媒体关注、刊发。

【“新市民·追梦桥”工程】 2021 年，铜仁市围绕易地扶贫搬迁后续扶持“五个体系”建设和高质量推进易地扶贫搬迁后续扶持工作要求，健全组织体系，突出政治功能，坚持党建引领抓治理、抓就业、抓服务、抓文化，创建居安、业安、身安、心安“四安家园”。组织召开铜仁市党建引领易地扶贫搬迁群众创“四安家园”推进会，印发《铜仁市党建引领“四安家园”建设实施方案》《关于在易地扶贫搬迁安置社区实施“红色物业”工程的意见》。铜仁市党建引领“四安家园”建设经验做法被《中国发展观察》作为中央一号文件解读案例，被中央组织部《党建研究》刊发，被中国民生发展论坛评为“我为群众办实事——2021 民生示范工程”，《铜仁市党建引领“四安家园”建设调研报告——党建引领易地扶贫搬迁后续扶持工作高质量推进》被贵州省委非公工委、党建研究会评为一等奖。

【红色美丽村庄建设】 2021 年，铜仁市印发《铜仁市红色美丽村庄试点建设工作实施方案》，明确各试点县和 14 家成员单位具体分工和主要职责，形成“1+N”责任落实体系。采取“八个一”举措（建立一套组织体系、成立一个工作专班、绘制一张规划蓝图、布好一盘资源活棋、组建一支人才队伍、挖掘一批红色文化、建立一项推进机制、打造一片红色产业），推进红色美丽村庄试点建设。市、县两级分别为石阡县困牛山村，印江自治县木黄村，沿河自治县白石溪村、长征村整合到位资金 1836.51 万元、2465.09 万元、5540 万元，共计 9841.59 万元。实施红色美丽村庄试点建设项目 68 个，完成项目 68 个，完工率 100%。

（市委组织部　何建成）

宣传工作

【理论武装】 2021 年，中共铜仁市委理论学习中心组通过专题研讨、辅导报告、考察学习等方式集中学

铜仁市开展“新市民·追梦桥”工程，实施“四安家园”建设。图为碧江区矮屯村易地扶贫搬迁点设置的“乡愁馆”（市委组织部　供图）

习41次。印发《关于做好习近平总书记在贵州视察重要讲话精神及全省“两会”精神宣讲的提示》《关于做好省委十二届九次全会精神及市委二届十一次全会精神宣讲的提示》《铜仁市党史学习教育专题宣讲工作方案》《学习贯彻习近平总书记“七一”重要讲话精神铜仁宣讲工作方案》，组织社科理论专家、各级领导干部、第一书记（驻村干部）等宣讲党的政策理论。全市各级各部门征订《习近平新时代中国特色社会主义思想问答》《论中国共产党历史》5.3万册，在“学习强国”学习平台、中央强国号推出稿件2600余篇，发放《学习活页文选》《党建》等学习辅助资料1700余册。各级党委（党组）中心组开展专题学习研讨6000余场次。围绕习近平总书记“七一”重要讲话精神、党的十九届六中全会、省委十二届十次全会、市委二届十三次全会和市第三次党代会精神，开展“党的声音进万家”“社科理论下基层”宣讲活动，专题宣讲1.5万场次，覆盖100万人次。征集论文100余篇、人文社科研究课题148个。邀约省市社科专家开展抓铜仁市党建引领“四安家园”建设理论研究，《促进“四安家园”建设》理论文章在《贵州日报》（理论版）刊发，向省级媒体刊物推送并刊发理论文章8篇。组织市内社科专家召开学习习近平总书记“七一”重要讲话精神座谈会；主办铜仁市学习贯彻习近平总书记“七一”重要讲话精神理论研讨会，评选优秀理论文章60余篇，编印理论文章书籍300册。

【舆论引导】 2021年，铜仁市推进网络文明建设，印发《网络文明管理办法（试行）》《铜仁市关于推进网络文明建设的实施方案》《关于加强推进乡村网络文明建设的通知》，发出“网络文明·你我铜行”倡议书，开展网络文明宣传活动，发放宣传资料9000余份，开展各类文艺演出1000余场次，制作网络文明宣传海报、宣传展板200余块，开展“网络文明·你我铜行”倡议网上签名活动，20630人参与网上接力，传递网上正能量。策划全市“春节·网上见”网络文化传播活动，抖音平台、微博平台传播量1303.5万次；组织邀请105家中央媒体、境外媒体和省级重点媒体参加全省“旅游两会”宣传报道，全网播发相关报道突破2.9万条，总曝光超13.5亿次。策划开展以“游在梵净山·乐在中南门”为主题的网络平台打卡活动和“DOU创贵州·桃源铜仁”网宣视频原创大赛，设置“DOU创贵州桃源铜仁”网络热点话题，累计观看和播放量突破5000万人次。

【新时代文明实践】 2021年，铜仁市推进新时代文明实践“新农民·逐梦路”工程，举办新时代文明实践工作业务能力提升专题培训班，在新媒体平台开设“新时代文明实践怎么干”专栏，刊发新时代文明实践中心建设业务知识13期。建立市级观摩调度机制，建成新时代文明实践中心12个，实践所182个，其中示范所27个，实践站2929个（含示范站99个），实现县级新时代文明实践中心、乡（镇、街道）新时代文明实践所、村（社区）新时代文明实践站建设全覆盖。建立新时代文明实践点71个，新时代文明实践队伍962支，打造新时代文明实践志愿服务项目1104个，开展文明实践志愿服务活动1.8万余场次，募集志愿服务保障基金32万余元，为志愿服务提供保障。全市志愿者注册人数44万余人，志愿服务团队2087支，铜仁市火车站疫情防控志愿服务站入选第六批全国学雷锋活动示范点。

【精神文明创建】 2021年，铜仁市印发《铜仁市深化新时代文明城市、文明乡（镇）、文明村、文明单位、文明校园、文明家庭建设工作规划（2021—2023）》文件，建立文明乡镇、文明村、文明单位、文明校园、文明家庭测评体系。截至12月，评选出市级文明单位273个，文明村镇510个，文明家庭268个，文明校园130所；36家企业，12家个体工商户，3个街区，8人被评选为第一届铜仁市“诚信示范”企业、个体工商户、街区和个人。开展主城区精神文明创建网格化包保工作，28名市级领导包保指导主城区29个小

万山社会主义核心价值观主题公园（铜仁日报社　供图）

区文明创建工作。开展"推进移风易俗、树立文明乡风"活动，实施早婚早育社会问题专项治理"新风工程"。印发《铜仁市贯彻落实〈新时代公民道德建设实施纲要〉实施方案》，开展社会主义核心价值观"五进五促五树立"主题活动、"文明健康有你有我"主题宣传活动，开展垃圾分类、"光盘接力·爱的谷粒"等公益宣传，实施"争做新时代铜仁好网民"工程。1人获第八届全国道德模范提名奖，6人入选"中国好人榜"，25人入选"贵州好人榜"，选出"铜仁好人榜"83人。

铜仁市开展"颂百年风华·传红色基因——童心向党·党的故事我来讲"小桔灯故事大赛（市妇联　供图）

【主题宣传】 2021年，铜仁市印发《关于促进铜仁市文学艺术繁荣发展的意见》及配套文件，《红色黔东组歌》入选2021年度贵州省文艺精品创作扶持重点项目。制作完成电视剧《看万山红遍》、电影《对决无声》；拍摄电影《攻坚队长》，网络剧《在希望的田野上》。编辑《梵净山之歌——新时代铜仁原创歌曲精选集》等一批文艺集，展播"喜迎建党百周年·抒写铜仁新华章"优秀文艺作品。在《民族文学》《诗刊》《解放军文艺》《散文选刊》《青年文摘》等期刊发表文学作品100余篇（首），8件作品入选中国作协创研部、人民文学出版社等选编的权威年度选本。作词歌曲《听北京说你好》《向世界微笑》入选北京2022第二届冬奥会和冬残奥会优秀音乐作品，《环保在行动》获中国环保摄影大赛三等奖，《苗族赶集日》《占里侗寨》进入第14届中国西南六省区市摄影联展。市文联主办的文学双月刊《梵净山》被列为全国文学报刊联盟内刊委员会19家理事单位之一。

【未成年人思想道德建设】 2021年，铜仁市印发《铜仁市2021年未成年人思想道德建设暨"扣好人生第一粒扣子"主题教育实践活动实施方案》，开展"童心向党"、"新时代好少年"学习宣传、"祖国好·家乡美"书法绘画创作等系列活动。评选出市级"新时代好少年"20名，其中铜仁市逸群小学吴若菡被授予省级"新时代好少年"称号。开展"建党100周年，我来晒祝福"活动，评选出图片、照片、视频作品21个，以及"祖国好·家乡美"书法绘画作品200件。启动3所乡村学校少年宫项目建设，江口县思源实验小学获评贵州省"十佳乡村学校少年宫"。

【红色文化阵地建设】 2021年，铜仁市建成"红星耀黔东·齐心绘红云"红色文化地理信息大数据场景应用暨铜仁市红色文化空间地理信息资源云平台，举办全市红色美丽村庄及爱国主义教育基地讲解员培训班。利用重大节日和纪念日开展清明缅怀、烈士祭扫、主题宣讲、经典诵读、红歌合唱以及快闪等爱国主义教育活动。以铜仁重要党史事件为主线，在各标志性地点现场拍摄《黔东史话》之党史专题14集。开展全民国防教育日"三个一"主题教育活动，举办"赓续中国共产党精神血脉　汇聚力量共筑强国强军梦——爱国防　建国防　强国防"宣讲。

（市委宣传部）

【党的理论宣讲辅导及研究】 2021年，铜仁市组织市级宣讲专家开展主题宣讲120场次，受众1.3万余人次，为市直部门和部分区县开展党委中心组学习辅导30余场次。与省委党校（省行政学院、省委讲师团）、县级党委宣传部、县委党校进行省、市、县（区）三级联动，在思南县、石阡县开展党的十九届六中全会精神主题宣讲30场次。与市党史学习教育办、市委宣传部联合开展党史学习教育主题征文，将48篇获奖文章集成《中共铜仁市委党史学习教育优秀征文汇编》，印制1800册。编印理论学习辅导资料《干部职工形势政策辅导读本》《2021年度铜仁市在职干部理论学习读本》8000册，供全市在职党员干部学习参考。与市委宣传部、市委组织部共同组织开展2021年度在职干部职工理论考试，各级党政机关、企事业单位在职干部职工参考率98%。组织黔东南州社科院及市域社科专家以"巩固拓展脱贫攻坚成果同乡村振兴有效衔接"、党建引领“四安家园”建设为主题开展工作调研和座谈交流，总结提炼铜仁“四安家园”建设经验，在《当代贵州》、《贵州日报》理论版、《贵州调研》、《民政工作文选》、天眼新闻网络客户端等省级以上媒体公开发表《铜仁：打造搬迁群众“四安家园”》《促进“四安家园”建设》《铜仁“民心党建＋四安家园”助新市民安居乐业》《铜仁市“四抓四促”铸造“四安家园”》《铜仁：党建引领助推“四安家园”提质升级》等理论文章8篇。

［市社科联（讲师团）　杨婉琪］

统战工作

【党外代表人士思想政治引领】 2021年，铜仁市各级社会主义学院（校）累计举办统一战线人才教育培训班次13次，培训学员648人。开展“不忘合作初心、继续携手前进”主题教育、非公经济人士理想信念教育、全市企业家沙龙、民营企业家“学党史·感党恩·跟党走”学习教育等系列活动，举办全市统一战线“五老讲党史”专题讲座、党史学习教育暨《中国共产党统一战线工作条例》知识竞赛、庆祝中国共产党成立100周年“在党的旗帜下”讲述活动，组织党外代表人士参加全市党史学习教育知识竞赛和党史学习教育网络答题活动。

【统一战线服务乡村振兴及经济社会发展】 2021年，铜仁市统筹全市统一战线力量助力巩固拓展脱贫攻坚成果、推动乡村振兴建设和疫情防控、招商引资等中心工作，发挥铜仁市知识分子联谊会、新的社会阶层人士联谊会作用，组织统一战线代表人士开展社会服务活动、法制进校园活动、警示教育活动等。推动红色美丽村庄试点建设，动员民营企业、商（协）会等社会力量向石阡县困牛山村、沿河自治县长征村等4个红色美丽村庄投入资金79.5万元。推动莞铜统一战线东西部协作，争取东莞市统一战线到铜捐赠资金物资合计800余万元，签订农产品采购协议400余万元，推动东莞工商联、铜仁工商联缔结友好工商联，落实18家广东籍企业与铜仁21个村签订帮扶协议。实施“万企兴万村”行动，推进“万企帮万家”稳岗就业行动，与东莞市工商联、东莞市贵州商会签订“万企帮万家”用工协议，帮助易地扶贫搬迁转移劳动力8000余人实现就业。争取苏州工业园区台协会继续在铜仁市开展公益助学活动，松桃自治县普觉中学等5所中学获捐赠50万元。以“农业产业引领、东西协作助力、惠台政策保障”为主题，开展“2021年铜台经济合作高质量发展推进年”活动，引导在铜台资企业服务“三农”，巩固拓展脱贫攻坚成果，助推乡村振兴。深化涉侨品牌建设，开展“海外侨商铜仁行”“亲情中华，为您讲故事”网上夏令营等活动，万山朱砂古镇挂牌“中国华侨国际文化交流基地”。

【非公有制经济领域统战工作】 2021年，铜仁市落实《中共中央关于加强新时代民营经济统战工作的意见》《中共贵州省委统一战线工作领导小组关于贯彻落实〈中共中央关于加强新时代民营经济统战工作的意见〉的实施方案》，印发《铜仁市关于加强新时代民营经济统战工作的实施方案》，完成市、区（县、自治县）民营经济代表人士综合评价工作。推进商会规范化建设，指导市浙江商会、市广东商会换届，市福建商会被认定为全国“四好”商会，市广东商会等6家商会被认定为全省“四好”商会。印发《铜仁市委统战部关于市区（县、自治县）工商联（民间商会）换届工作的意见》，完成市、区（县、自治县）工商联换届工作。

【民主党派工作】 2021年，铜仁市为民主党派参政议政搭建平台，协助市委、市政府召开党外人士座谈会4次，联合市纪委监委召开党外人士通报会1次，就全市经济社会发展和党风廉政建设工作征求各民主党派、无党派人士和市工商联意见建议。协助各民主党派市级组织换届工作，完成民革、农工党、九三

10月9日，铜仁市民主党派机关在周逸群烈士陈列馆开展廉政教育暨爱国主义活动（民革铜仁市委　供图）

学社铜仁市委换届工作和民建铜仁市工委领导班子调整工作，优化各民主党派领导班子结构，增强班子整体功能。调整后全市民主党派有女干部8名，少数民族15名，博士研究生2名，硕士研究生1名，中、高级职称3名。

（市委统战部　覃万里）

【宗教事务管理】2021年，铜仁市有依法登记对外开放的宗教活动场所108处，宗教团体14个。以“学习贯彻《宗教事务条例》”为主题开展宗教政策法规学习月活动，组织宗教界开展政策法规学习宣传和座谈会10余场次，指导市级宗教团体先后举办政策法规学习培训班3次。开展国旗、宪法、社会主义核心价值观、中华优秀传统文化进宗教活动场所“四进”活动和宗教关系和谐示范建设。建立健全县、乡（镇）、村三级宗教工作网络和乡（镇）、村两级责任制，完善宗教工作“四员”宗教工作网络体系建设。

（市民宗局　杨国林）

【对外交流合作】2021年9月25—27日，外交部领事司司长崔爱民带领泰国、韩国、乌拉圭、柬埔寨、新加坡等11个国家的16位外国驻华外交领事官员到铜仁市出席2021国际山地旅游暨户外运动大会和第十六届贵州旅游产业发展大会。11月29日，中老建交60周年纪念活动暨2021年中国—东盟教育交流周职业教育论坛在铜仁举行，活动由贵州省外事办、老挝驻长沙总领事馆、中国—东盟教育交流周组委会秘书处共同主办，老挝驻华大使坎葆·恩塔万、老挝教育与体育部副司长赛康·潘塔翁等中外多国百名领导、专家、学者线上线下出席活动。12月27日，铜仁市与老挝沙耶武里省沙耶武里县以视频会议形式举行建立友好城市关系备忘录签署仪式，签署《中国贵州省铜仁市与老挝沙耶武里省沙耶武里县建立友好城市合作关系备忘录》。

（市商务局　杨天明）

机构编制

【开发区管理机构改革】2021年，铜仁市印发《铜仁市规范开发区管理机构实施方案》，对11个省级开发区的管理机构进行清理和规范。清理和规范后，省级开发区统一由省级开发区集中管理，区县开发区管理机构由原来的5个整合为2个。重新制定开发区“三定”规定，剥离开发区管理机构的社会事务管理职能。解决铜仁高新区、大龙经济开发区行政编制18名，在全省率先下放机构编制管理权限，铜仁高新区、大龙经济开发区可在规定权限内自主确定管理范围内使用人员编制、领导职数和所属科级事业单位。

【乡镇和街道整合审批服务执法力量试点】2021年，铜仁市印发《铜仁市乡镇和街道整合审批服务执法力量试点工作方案》，选取玉屏自治县作为改革试点县。设立乡镇和街道党政综合（便民）服务机构，统一受理和集中办理行政审批与公共服务等党务政务服务工作，实行“一枚印章管审批（服务）”。行政执法权限向乡镇和街道延伸和下沉，组建统一的综合行政执法机构，按照有关法律规定相对集中行使行政处罚权。控制乡镇机构限额管理，原则上党政机构设置不超过6个，事业机构设置不超过6个。下放审批服务执法权限，按照依法下放、宜放则放原则，将点多面广、基层管理迫切需要且能有效承接的审批服务执法权限赋予乡镇和街道，并依法明确乡镇和街道执法主体地位。截至12月，玉屏自治县梳理形成需赋权清单并上报省人民政府，待批准后完成管理权限下放赋权工作。

【经济发达镇行政管理体制改革】2021年，铜仁市遴选思南县塘头镇作为改革试点，思南县统筹调剂7名编制下沉到塘头镇，印发《思南县塘头经济发达镇行政管理体制改革实施方案》。整合职能职责，综合设置6个乡镇党政机构和6个事业单位，单独设置塘头镇综合行政执法办公室（塘头镇综合行政执法大队），不计入党政机构和事业单位机构限额。整合审批服务事项，设立塘头镇党务政务服务中心，发挥综合便民服务中心作用。

【服务乡村振兴】2021年，铜仁市完成市乡村振兴局组建工作，将原市扶贫办公室重组为市乡村振兴局，为政府工作部门，归口农业农村局统一领导和管理。会同市委组织部、市人社局、市生态移民局制定《易地扶贫搬迁后续服务编制调剂和人员调配的方案》，跨区县统筹划转事业编制134名到搬迁安置点所在街道。各区县易地扶贫搬迁点新增设置街道8个，核定行政编制147名，事业编制427名。各安置点新设立教育机构31个，核定事业编制2817名，开展搬迁点基础教育保障工作。碧江、万山、玉屏、德江、沿河等区县在安置点新设医疗卫生机构8个，核定事业编制220名，部分区县通过调增编制到就近医疗服务机构，保障易地扶贫搬迁点群众就医。

【重点领域机构编制服务】2021年，铜仁市设立铜仁市人民政府驻深圳（东莞）办事处，推进长征国家文化公园铜仁建设区工作，设立红二、红六军团长征贵州纪念馆（黔东革命历史纪念馆、周逸群烈士陈列馆）。完成碧江区中医医院整体划转工作，更名为铜仁市中医医院，机构规格由正科级升格为正县级，并核增事业编制。设置工业、城镇、农业、文化旅游、大数据、生态产业6个产业招商服务中心，修订各招商服务中心机构编制方案，10个区（县）相应设置产业招商服务机构。优化部门内设机构设置，完成建设工程消防设计审查验收职能和铁路民航属地安全监管职能调整工作，完成市、县两级人大、政协机关机构设置规范工作。

【事业单位编制管理】 2021年，铜仁市印发《关于规范科级事业单位领导职数管理的意见（试行）》，对区县科级事业单位领导职数的配备及调整进行明确。完成市农业科技园区管理中心等近20家事业单位机构编制方案的修订、审核、印发工作；完成市本级双重事业单位存在的双重法人清理及相关佐证资料的搜集、汇编，督促各区县推进双重法人清理工作；完成“双随机、一公开”抽查工作，按照《事业单位登记管理暂行条例》，从2020年法人年度报告公示工作的173个事业单位中，随机抽取市政府驻贵阳办事处、市机关事务中心、市农业资源区划研究中心等8个事业单位法人年度报告公示信息，开展“双随机、一公开”抽查工作。

【统一社会信用代码赋码】 2021年，铜仁市完成2020年度事业单位法人年度报告公示工作。完成3396个事业单位（市直172个，区县3224个）法人年度报告公示工作，公示率100%。办理事业单位法人设立登记3家、注销登记2家、登记管理权限下放1家、变更登记57家，机关、群团等统一社会信用代码证书信息变更或办理延期35家。

【机构编制资源管理】 2021年，市委编办会同市委组织部、市人社局、市财政局联合印发《关于下达2021年市直事业单位年度用编计划的通知》，建立用编情况及超编情况日常台账。制定《铜仁市“编制池”人才管理办法（试行）》，从市级编制总量中调剂100名事业编制建立“人才编制池”，实行动态管理、循环使用，为市直重点领域暂无空编或空缺岗位的事业单位引进高层次急需和紧缺专业人才提供用人空间。市直单位引进高层次人才急需46名，其中市现代农业产业发展招商服务中心、市场景大数据服务中心等12个单位使用周转编制引进高层次急需人才14名。从市级总量中调剂事业编制200名、从存量较多的区县调剂教职工编制100名，调剂补充到碧江区中小学。完成3名转业军官、18名退役士兵（退出消防员）的安置用编工作，完成53名退役士兵（退出消防员）的转岗用编工作。

【机构编制监督检查】 2021年，铜仁市开展机构编制条条干预问题自查自纠工作，完成4项违规干预下级机构编制事项问题的整改工作。收集上报上级干预市、区（县）机构编制事项的问题6个。开展《中国共产党机构编制工作条例》落实情况专项督查“回头看”工作，梳理完成11个方面的执行情况和问题整改工作。开展部分市直单位“三定”规定执行情况自查工作，督促2个存在问题的市直单位制定整改措施，废止违规明确机构编制事项的文件、撤销擅自设置的机构和职数，完成整改落实。印发《关于贯彻落实机构编制事项“三个必查”制度的通知》，明确“三个必查”制度的主要内容、基本流程和有关要求，将机构编制实名制管理和事业单位登记管理数据信息、机构编制问题整改消化情况、机构编制条条干预问题3个内容纳入机构编制审批前置条件，实现督查工作常态化。

（市委编办　潘忠飞）

政策研究

【调查研究】 2021年，铜仁市推进2020年市委重大课题成果转化运用，多篇研究成果入选国家级、省级权威刊物，纳入市委、市政府决策部署，其中，《铜仁市巡察监督的实践与探索》研究成果在《中国城市基本公共服务力评价（2020）公共服务蓝皮书》刊载，《构建脱贫攻坚与乡村振兴有机衔接组织保障体系研究》研究成果在人民网贵州频道刊登。完成“铜仁市全力推进人才大汇聚策略研究”等15个2021年度市委重大课题的征集、公开招投标、立项、研究、结题评审等工作。“铜仁市高质量推进新型功能材料产业集群发展研究”入选2021年度省委重大问题调研课题。开展调研工作，各区县、市直各单位开展调研1400余个、形成调研报告1400余篇。完成市委和省委政研室安排调研任务20余次、撰写调研报告20余篇，撰写编辑完成《决策与调研》22期，获厅级及以上领导肯定性批示13次，其中，《关于铜仁市野猪致害造成致贫返贫风险情况的调研报告》获市委书记批示，《关于培养引进人才推进科技创新的调研报告》多篇研究成果在《贵州调研》等媒体期刊刊登。

【课题研究成果】 2021年，铜仁市建立市委深改委成员领衔推进重大改革项目制度。全市改革案例获《贵州改革情况交流》采用22篇，获厅级以上领导肯定性批示12件次、获厅级以上领导肯定性批示26件次。

《碧江区“四个引领”集成推进乡村振兴开新局》《江口县积极推进生态产品价值实现机制试点》获省委副书记肯定性批示，《思南县积极推进废弃露天矿山修复治理》获副省长肯定性批示，《思南县创新物流配送“三体系”提升农村电商服务水平》《铜仁市推进场景大数据发展调研报告》获副省长肯定性批示，《铜仁市探索“三前移”机制预防腐败低龄化》获市委书记肯定性批示。石阡县深化拓展“六共”机制助推村级集体经济发展、碧江区农村供水企业化运营管理体制改革获批复为省级改革试点。“铜仁市运‘六防六化’防范化解重大风险研究”“腐败低龄化问题预防路径研究”获省委改革重大课题三等奖。

【党刊编辑】 2021年，市委党刊《今日铜仁》围绕“启航‘十四五’奋进新征程”“聚焦2021年全市经济工作”“决胜2021——聚焦两会”“聚焦数智活市工程”“建党100周年”“聚焦农业现代化”“聚焦旅游产业化”“聚焦改革试点”“喜迎市第三次党代会”等主题出刊12期。《铜仁视窗》围绕“安居乐业福地”“书写铜仁脱贫攻坚答卷”“庆祝中国共产党成立100周年”“省旅游两会”主题出刊4期。

【文稿服务】 2021年，市委政研室参与并完成市委、市政府重大文稿起草任务，重点完成2021年市委1号文件、市委二届十一次全会决定、市委二届十三次全会决定、省旅游两会解说词、《今朝更好看》、《贵州在理》千年之变栏目的市长采访提纲、市第三次党代会工作报告等重要文稿以及市委、省委政研室交办的其他相关文稿13篇。围绕省、市领导关注热点和全市中心工作，发挥决策服务信息作用，参与党办系统信息报送工作。全年向省委政研室报送信息26条，向市委报送信息64条。

（市委政研室　冯　伦）

督查督办

【概况】 2021年，市督查督办局向市委、市政府报送《督办专报》167期（含疫情防控督查专报32期），印发《督促检查通报》4期，编印《市委常委重要批示快报》31期，获市委、市政府领导肯定性批示15件次，报送督查工作信息153条。印发《全市“四化”重要任务督查督办工作办法》，对招商营商、铜仁高新区申创国家级高新技术产业开发区、大龙开发区申创国家级开发区、市级领导联系服务重大项目和企业、大数据与新型工业化深度融合、“四安”家园建设、粮食安全、省旅游两会筹备及重点项目、长征国家文化公园项目、红色旅游公路项目等重点内容开展督查调研25次。先后被评为“全省抗击新冠肺炎疫情先进集体”“全市先进基层党组织”。《贵州省铜仁市改进考核方式，帮基层发现问题、解决问题——督查考核“瘦身”干部轻装上阵》《铜仁市创新考核机制为基层减负》分别在《人民日报》《贵州省改革情况交流》刊发。

【会议决策督查督办】 2021年，市督查督办局对省委经济工作会、省委十二届九次全会、市委经济工作会、市委二届十一次全会、市政府工作报告明确的重点工作进行责任分解，按季度跟踪督查各责任单位工作落实情况。按月跟踪督办市委常委会、市委常委专题办公会、市政府常务会、市长专题办公会议定事项。督办市委常委会813项，办结796项，办结率97.9%；督办市委常委专题办公会45项，办结40项，办结率88.9%；督办市政府常务会345项，办结336项，办结率97.39%；督办市长专题办公会议定事项36项，办结32项，办结率88.88%。

【疫情防控督查督办】 2021年，市督查督办局开展疫情防控常态化督查，在铜仁市出现输入性新冠肺炎无症状感染者后，疫情防控督查督办工作转入“战时”状态，对督查重点进行动态调整，推动疫情防控工作整改落实。全年向市疫情防控工作领导小组报送督查专报32期，下发问题交办单8份，督促问题整改700余个。

【乡村振兴督查督办】 2021年，市督查督办局会同乡村振兴局、卫生健康局、水务局、住建局、农业农村局等部门，对脱贫攻坚成果巩固“3+1”短板保障、沿河自治县官舟镇饮水安全、德江县农村人饮安全、石阡县和沿河自治县获中央彩票公益金资助农村幼儿园项目建设、易地扶贫搬迁安置点不动产登记、涉农资金拨付、思南县塘头镇农村改厕、民生十件实事、民生领域“两欠”清理等重点工作开展督查督办，全年累计开展督查20余次。

【生态环境督查督办】 2021年，铜仁市按照“减存量、遏增量”原则，对中央和省委环保督察反馈问题先后开展4次整改“回头看”，对松桃锰污染治理、梵净山保护管理、长江中上游十年禁渔开展督查。开展中央第二轮生态环境保护督察保障工作，组建四个面上报督查组，统筹市驻区县督导组力量，开展环境保护督查，累计向市委、市政府报送工作动态11期，建账跟踪督办信访件87件，办结65件，阶段性办结22件。

市督查督办局在沿河自治县光荣村开展乡村振兴督查督办工作（市督查督办局 供图）

【防范化解重大风险督查督办】 2021年，铜仁市将庆祝中国共产党成立100周年安全稳定工作作为防范化解重大风险重点，聚焦防汛抗灾、地质灾害防范、老旧危房、道路交通、危险化学品及易燃易爆物品安全防范等重点内容开展督查9次。围绕全国“两会”和省旅游“两会”暨国庆期间安全生产、信访维稳，对各区县和市直部门进行暗访督查，维护全市社会和谐稳定。转办复核国务院“互联网+督查”平台交办问题线索76件。

【专项查办】 2021年，铜仁市督查督办局累计督办落实习近平总书记关于万山转型发展、梵净山保护管理、“白叶一号”茶产业发展、松桃锰污染治理和锰产业高质量发展等重要指示批示以及视察贵州重要讲话精神贯彻落实情况14次。开展李克强总理到铜仁考察调研指示要求落实情况督查，实地督查倍易通项目建设、江口县坝盘镇挂扣新村安居工程。对省领导到铜仁调研指示要求落实情况跟踪督办，全年督办省委书记对铜仁工作批示件5件。督办落实市委书记、市长批示352件、726件，分别办结344件、714件，办结率为97.7%、98.35%。

【基层减负】 2021年，铜仁市督查督办局印发《2021年市级重要督查检查考核计划》，按季度对市本级督查检查考核工作开展情况进行调度。新增印江自治县为整治形式主义为基层减负市级观测点，开展为基层减负调研督导3次和公务类移动互联网应用程序专项整治，对市县两级“某长制”进行摸排和评估清理，承办为基层减负专项机制工作会2次，对违规开展督查检查考核工作情况进行通报。

【高质量发展绩效考核】 2021年，铜仁市督查督办局会同市直有关部门，对各区（县、高新区、开发区）和市直各部门2021年重点承诺工作、绩效考核指标进行集中评审。探索建立绩效目标考核激励机制，以铜仁高新区、大龙开发区为试点，对绩效目标考核指标进行精简，减少共性工作考核。建立市直部门考核员信息库。组织召开市直单位服务高质量发展绩效考核工作培训会，完成对133个市直单位绩效目标考核指标内容、考核方式和结果运用的工作培训。

（市督查督办局 舒胜毛）

对台事务

【对台交流合作】 2021年3月30日，台湾亚太金融集团董事长、台湾杨氏文教基金会主席杨懋慈到江口县闵孝镇考察生态康养、高科技农业产业等项目，拟规划建设康养基地。9月14日，西部产融中心牛樟芝项目部董事长林美玲（台商）一行到铜考察。11月26日，实施国台办重点交流项目，闽台总商会会长、黑龙江省政协常委、澳门天一国际贸易有限公司董事长许龙川，澳门中联办台务部副处长余爰文等一行14人到铜仁考察文化旅游产业。苏州工业园区台协会到铜开展公益助学活动，向松桃自治县5所中学捐赠50万元。

【对台经济工作】 2021年，铜仁市开展“2021年铜台经济合作高质量发展推进年”活动，围绕“农业产业引领、东西协作助力、惠台政策保障”主题，向台商台资企业宣传涉农优惠政策，引导铜仁台资企业为“三农”服务，助推乡村振兴。全年调研台企发展现状活动4次，帮助台商台企解决困难和问题2件。

【涉台宣传联络服务】 2021年，铜仁市台办上报省委台办信息稿件30余篇，采用12篇。向台胞台属宣讲党的十九届五中、六中全会精神和中央对台工作“31条措施”、“26条措施”、助力台企“11条措施”、农林“22条”以及贵州省“64条措施”等，听取台胞台属意见建议。开展走访慰问活动。在春节、中秋、国庆等节假日期间，到全市各地开展对台胞台属“送温暖”慰问活动，慰问30人次，送去慰问金15000余元。

【服务台胞台属】 2021年，铜仁市台办向台商宣传新冠肺炎疫情防控有关知识，协调卫健部门帮助返铜回乡台胞接种新冠疫苗，实现在铜常住台胞全员接种新冠疫苗。帮助台胞台属办实事3件，分类落实惠台政策措施。8月，协调相关部门帮助1名台胞回乡探亲。9月，帮助台商向有关部门咨询住院报销办理手续，提供法律咨询服务。11月，为1名台属提供政策咨询服务。9至12月，在全市范围内建立完善涉台工作台账。

（市台办　黄邵红）

市直机关党建

【概况】 2021年，铜仁市直机关工委管辖党员6500余名，基层党组织400余个。直接管理的基层党组织60余个，其中，直属基层党委40余个，直属党总支4个，直属党支部20余个。召开市直机关"两优一先"表彰大会，表彰86名优秀共产党员、49名优秀党务工作者和48个先进基层党组织，推荐获得全省、全市表彰优秀党务工作者分别为2名和6名。为市直机关271名"光荣在党50年"老党员颁发纪念章。市直机关获全国脱贫攻坚先进集体表彰3个、全国脱贫攻坚先进个人表彰2人、全国优秀共产党员表彰1人、全国抗击新冠肺炎疫情先进个人表彰1人。市直机关工委被表彰为全省脱贫攻坚先进集体。开展文明创建活动，评选文明单位19个、文明科室57个、文明窗口1个、文明标兵94名，评选2021年市直机关理论学习标兵12人。创办《铜仁机关党建》刊物，在《铜仁机关党建》微信公众平台刊发党史学习资料374条，编发市直部门党史学习教育动态信息600余条。

【机关党的理论建设】 2021年，铜仁市直机关工委完善"党组（党委）带头学、机关党委专题学、机关支部研讨学"的机关层级学习机制，指导开展集中学习500余次，专题研讨200余次、支部学习800余次、青年理论学习小组学习300余次。同市委宣传部等部门对22个市直单位党组（党委）落实"第一议题"制度进行监督检查发现并通报突出问题12个。成立铜仁市直机关党史学习教育领导小组，印发《关于进一步推进市直、区（县）机关单位党史学习教育的工作方案》，开展"牢记殷切嘱托、忠诚干净担当、喜迎建党百年"专题教育，联合组织125家市直机关企事业单位12600余名党员干部参加党史学习教育知识竞赛，开展"我为群众办实事"实践活动1000余次。指导市直机关开展庆祝建党百年系列活动500余次，开展"建党百年我该怎么干"主题征文活动，评选一等奖2名、二等奖4名、三等奖7名。举办市直机关庆祝中国共产党成立100周年歌咏比赛。返还留存党费32.6万元，用于基层党组织开展庆祝建党百年活动。召开2次工委会议专题研究意识形态工作，完善《中共铜仁市直机关工委意识形态重大事项报告制度》，将意识形态工作纳入市直机关党务干部培训课程，把意识形态工作责任制履行情况纳入支部书记述职内容。

【基层组织建设】 2021年，铜仁市贯彻落实《中国共产党支部工作条例（试行）》，按照铜仁市"基层党建巩固年"工作和"五标五有"工作法要求，对直属基层党组织实行动态管理，对64个未达标党支部进行验收复核，达标率100%。对3个党支部下发"黄色"预警提示单。结合部门工作需要和超大党支部整治，新建机关党委1个、党支部16个、建立临时党支部3个，撤销党支部6个，调整隶属关系3个。落实换届选举书面提醒机制，调整直属基层党组织书记或副书记40名，督促指导42个直属基层党组织按时进行换届或增补，选举产生市直机关出席市第三次党代会代表44名。开展"追寻红色基因，重走革命之路"等主题党日活动，组织市直机关广大党员干部到革命遗址、纪念场馆、烈士陵园开展教育、缅怀活动112次。

【党员管理】 2021年，铜仁市直机关工委新发展党员200余名，超额完成年度发展党员指导性计划，对市直机关各级党组织200余名党员身份进行审查认定，开展市直机关各级党组织集中预防提醒谈话17300余人次。印发《中共铜仁市直机关工委2021年度党员教育培训方案》，举办培训班6期、培训650人，开展分级分层党员教育普遍培训4500人次。走访慰问市直机关134名生活困难党员、老党员和因公牺牲党员家属遗属，发放慰问金13万元。印发《中共铜仁市直属机关纪检监察工作委员会审理市纪委市监委派驻纪检监察组移送案件工作流程和文书规范》，指导机关纪委查处科级及以下党员违纪违法案件10件12人，审理（审核）市直机关科级及以下干部违纪违法案件18件24人，给予党纪（政务）处分22人，免予党纪（政务）处分2人。提出开展"一案一整改"工作建议10件10人，宣布处分决定同步开展警示教育9件13人，受教育党员干部2500余人次。查处科级以下人员违反组织纪律案件2件2人。

【作风建设】 2021年，铜仁市直机关工委按照市委"五个一律"要求控制发文和开会，坚持从严管理、从实审核、从细把关。全年发文38份，实现同比发文数量减少。按照能发文就不开会的原则，精简会议1次，整合召开会议5次。开展节前、节中、节后现场查访25次，发出节日期间监督检查《工作提示》4次。开展违规收送名贵特产和礼品礼金问题专项整治"回头看"工作。查处科级及以下人员违反中央八项规定精神问题2起8人。深化市直机关科（室）负责人开展"三述"评议，对2020年度1003名科室负责人评定优秀784人、较好219人；公开廉政承诺982人，推动机关作风持续向好。精准运用"四种形态"，市直机关开展集中预防提醒谈话17300余人次；个别约谈280人，其中，预防提醒约谈198人、询问示警约谈44人、纠错诫勉约谈14人、问责处分约谈24人。

铜仁市老年大学到龙生社区送文化送温暖（市老年大学 供图）

【党建帮扶】 2021年，铜仁市印发《关于市直机关（事业）单位党组织开展"双联双促"联建工作的通知》，完成市直机关250名第一书记和驻村干部党员组织关系划转；围绕易地扶贫搬迁安置点社区治理，督促指导市直单位解决帮扶经费33.07万元、物资8.21万元；推动相关部门开展科技文化"三下乡"活动42次，惠及群众1万余人。按照《铜仁市、区（县）两级机关企事业单位党组织联建社区、在职党员到社区报到工作方案》要求，市直机关5200名在职党员干部到所在社区报到。组织376个市直基层党组织和4000余名党员干部以多种形式参与疫情防控。

（市直机关工委 秦 黎）

老干部工作

【概况】 2021年，铜仁市有离休干部149人，其中，享受副省部长级医疗待遇1人，按副省部长级报销医疗费待遇11人；有退休干部27189人，其中，地厅级退休干部69人（正厅级10人，副厅级59人），县处级退休干部928人。共有13141名离退休干部党员，建立离退休干部党组织218个。

铜仁市退休干部职工参加庆祝中国共产党成立100周年合唱展演（代旭东 摄影）

【"先锋黔老"党建品牌】 2021年，铜仁市组建离退休干部党总支1个，党支部215个、临时党支部2个，218个离退休干部党组织完成标准化规范化建设。在开展党史学习教育期间，各级老干部组建志愿服务队伍129支2654人，开展党史宣讲770余场次，受众19.26万人次。江口县创新打造"三比三合"工作品牌。

【"奉献黔老"机关】 2021年，铜仁市各级老干部工作部门和老干部工作者中，1人获"全国先进老干部工作者"表彰，5个区县、部门及8人获"全省老干部工作先进集体"和"全省先进老干部工作者"表彰。市委老干部局获"全省岗位练兵大比武"集体二等奖，2人获二等奖，2人获三等奖。市委老干部局获全省宣传工作集体二等奖，江口县关工委赵玉德获老干部优秀宣传员称号，5人获全省老干部工作者优秀宣传员称号。思南县《“点单式”服务，开启老干部服务新模式》获“第七届全省老干部工作创新大赛”三等奖。

【“幸福黔老”服务】 2021年，市委老干局为符合条件的13名离休干部办理提高享受医疗待遇，协调医保局等有关部门落实120名建初干部门诊医疗费补助，落实175名离休干部在中国共产党成立100周年之际提高生活补贴。开展“我看建党百年新成就”“离休干部无工作遗孀生活、医疗补助情况”“离退休干部职工党建工作”等专题调研，召开调研座谈会12场次，参与老干部130余人次，8位老干部撰写“我看建党百年新成就”心得体会。组织参观考察5场次，参与老干部100余人次。

【“添能黔老”活动】 2021年，铜仁市举办“喜庆百年华诞·桑榆红心向党”铜仁市老同志喜迎建党百年华诞书画诗词摄影展和经典红歌大合唱。6月2日，在锦江广场举办书画诗词摄影展活动，展出书画、诗词、摄影作品618幅。6月21日，在铜仁人民会堂举办经典红歌大合唱演出，11个参演队展演，市委主要领导及离退休老领导观看。组织编排的《永恒的丰碑——木貴·木黄》开展报告演出、义演、巡演11场。

（市委老干局　石　宕）

【老年大学】 2021年，铜仁市老年大学开设书法、绘画、京剧、音乐、合唱、舞蹈等8个专业14个教学班，报名注册学员517人。全市10所县级老年大学开设班级142个、涉及专业30余个，报名注册学员6455人。新建基层老年学校228所，全市有老年大学（学校）898所、线上线下学员100579人，市、县、乡三级老年大学（学校）实现全覆盖，村（社区、易地搬迁安置点）老年学校覆盖率24.63%，老年教育参与率17.37%。各级老年大学（学校）组建老年学员志愿服务队，累计开展送文化送温暖进村（社区、安置点）、进敬老院活动50余次。建成市、县“贵州空中老年大学”示范收视点11个、易地搬迁安置点集中收视点20个，完成学员注册使用4681人，学员注册使用人数位居全省第一。

（市老年大学　龚　玥）

信　访

【概况】 2021年，铜仁市信访总量为3042件次、4578人次，较2020年分别下降3.21%、11%，赴省访人次同比下降14.54%，信访上行趋势放缓。网上信访、来访、来信数量占比分别为62.66%、23.64%、13.71%。200余名信访干部通过政法信访系统“入村寨进社区走企业访群众”大走访活动，发挥督导组长、第一书记、帮扶干部等职能职责作用，整合各类资源，推动巩固拓展脱贫攻坚成果同乡村振兴有效衔接。

【领导干部接访】 2021年，铜仁市市、县两级领导公开接访群众466批961人次，其中，42名市领导到市群众工作中心坐班接访，接访群众19批72人，批示交办17件，现场调处2件，化解率100%。各区县300余名县级领导接访群众447批889人次，批示交办169件、现场调处307件，累计化解421件。

【信访基础业务提升】 2021年，铜仁市健全完善初信初访事项办理、信访事项复查复核等工作制度，印发《信访文书线下前置审核工作方案》，开展信访基础业务培训指导工作，信访事项登记录入、受理办理、督查督办、复查复核更加规范，信访事项及时受理率、按期办结率、按期复查率、按期复核率均保持100%。

【信访联席会议机制】 2021年，铜仁市信访局发挥信访联席会议机制及其办公室作用，在重要节点和重大活动期间，整体实现“五个好”工作目标。指导全市181个乡（镇、街道）建立信访工作联席会议机制，实现乡（镇、街道）人民调解委员会（工作室）全覆盖，统筹和整合基层社会治理资源，推动信访工作重心下移、关口前移。出台《铜仁市信访工作联席会议挂牌督办挂牌整治制度》，压实各地各部门及相关责任人信访工作职责，化解矛盾纠纷和信访问题，提升基层信访工作质效。

【信访办理落实】 2021年，铜仁市受理办理、跟踪督促网上信访事项1906件次，占全渠道信访总量的62.66%，网上信访一次性化解率88.08%。实行“收件、分件、办结审核、回访”全流程跟踪机制，办理群众来信781件次，按期上报办结来信转交件197件，市领导批转群众来信件5件，市、县两级办理人民建议征集83件，推动市区公交车站台名称变更、公交车站台设置、市城区二次供水加压设备、市区道路标线等多个群众建议得到转化。通过下发督办函、电话、短信和实地督查等方式，对各区县和部门重复信访专项治理、领导包案化解、信访事项及时受理和按期办结等进行督查督办。

【信访积案化解】 2021年，铜仁市化解信访问题3425件，群众对信访部门满意率93.47%、对责任单位满意率91.91%。化解上级交办积案641件。

（市信访局　任海龙）

党校（行政学院）工作

【概况】 2021年，市委党校把学习贯彻习近平新时代中国特色社会主义思想作为首要教学任务，分20余个教学专题纳入课堂，提高马列主义原著导读、党的基本理论解读等课程占比。通过课堂教学、基地教学、党规考试、党性分析、演讲比赛、知识竞赛等形式开展党性教育。根据不同班次和对象设计培训课程，规范举办主体班、专题班、部门班、对外培训班、研究生班，全年举办培训班46期，培训干部4026人次。其中，举办主体班7期培训350人，举办学习贯彻中央和省市全会精神、市域社会治理现代化等专题班和部门班29期培训3175人，举办对外培训班7期培训328人，培训省委党校2019级至2021级研究生173人。全年出版《知行铜仁》期刊6期，策划设置“四安家园”建设、黔东红色文化、社会经济研究等专栏。

【教育教学】 2021年，市委党校邀请市委、市政府主要领导和其他市委常委作辅导报告15人次，邀请省市有关部门领导专家授课50余次，提升教学质量。围绕党的理论创新、十九届六中全会、党史学习教育、乡村振兴、“四新”、“四化”等内容，开展新专题试讲活动5次，开发教学专题44个。加大案例式、互动式、体验式教学力度，开展经典晨读、军事素能训练、异地培训、现场考察、分组讨论等教学活动。在全省好课程评选中，获得好课程1门、达标课程9门；在全省党校系统精品课评选中，获得精品课1门；在全市好课程评选中，获得精品课程1门、好课程8门；在湘鄂渝黔四省边区党性教育课程竞赛中，1门课程获三等奖、1门课程获优秀奖。

【科研工作】 2021年，市委党校以习近平新时代中国特色社会主义思想、党史学习教育、乡村振兴建设等理论和现实问题为科研主导方向，投入科研经费30余万元，完成各类课题25项。其中，申报和结题省社会主义学院课题1项获得优秀奖、贵州省理论创新联合课题4项、全省党校系统校级课题1项、铜仁市人文社科课题2项，发布并结题全市党校系统公开招标课题、专项特色课题17项。围绕红色文化、文旅融合等问题开展调研，编印《党校参考》6期。教师在市级以上刊物发表文章36篇，组织召开“习近平法治思想与平安铜仁建设学术交流座谈会”，邀请市外多名领导专家为平安铜仁建设建言献策。

【宣传宣讲】 2021年，市委党校发挥党校师资人才优势，围绕习近平总书记“七一”重要讲话和视察贵州重要讲话精神、党史知识、党的十九届六中全会、省委十二届十次全会、市委二届十三次全会、市第三次党代会精神等内容，到市直部门、区县党校、乡镇、帮扶村开展宣传宣讲活动，累计开展宣传宣讲活动80余场次，受众1万人次。

【梵净山生态文明研究院成立】 2021年5月27日，梵净山生态文明研究院在铜仁成立。梵净山生态文明研究院由贵州省社科院铜仁分院与铜仁市委党校合作办学，是贯彻落实习近平新时代中国特色社会主义思想特别是习近平生态文明思想，贯彻落实习近平总书记对贵州生态文明建设的系列重要指示精神和对梵净山保护的重要批示精神，推动铜仁建设绿色发展示范区的重大实践。双方在人才交流培养、重大调研课题、理论研讨会、精品教材等方面进行战略合作。

［市委党校（行政学院） 张书铭］

铜仁市召开习近平法治思想与平安铜仁建设学术交流座谈会（市委党校 供图）

铜仁市人民代表大会

综 述

铜仁市部分人大代表集中学习(市人大办　供图)

【概况】 2021年,铜仁市人大常委会坚持党的领导、人民当家作主、依法治国有机统一,把党的领导贯穿人大工作各方面全过程,落实请示报告制度,向市委请示报告工作28次,依法做出“八五”普法等决议决定。坚持党管干部和人大依法任免有机统一,召开市二届人大五次会议。召开市人大常委会会议9次,《铜仁市电动摩托车管理条例》施行,制定《铜仁古城保护条例》并发布。任免国家机关工作人员84人次。加强对县乡人大工作联系指导。贯彻落实市委工作安排,参与乡村振兴、河长制落实等重点工作。

【常委会自身建设】 2021年,铜仁市人大常委会召开常委会组织组成人员开展集体学习8次,党组理论学习中心组开展集体学习7次,举办辅导讲座8场。制定《市人大常委会执法检查办法》。完成省人大制度理论研究会课题“加强党对地方立法工作的全面领导研究”,获2021年度省人大制度理论研究会课题三等奖,得到省人大常委会副主任的肯定性批示,并专报全国人大法工委。利用《铜仁人大》刊物、铜仁人大网站、铜仁人大微信公众平台等宣传载体,宣传全市各级人大工作和人大代表履职典型。争取上级人大工作指导,服务保障省人大代表履职。

【重要人事任免】 2021年2月8日,铜仁市第二届人大常委会第三十二次会议决定免去陈少荣铜仁市人民政府市长职务。

2月20日,铜仁市第二届人大常委会第三十三次会议决定免去邱祯国的铜仁市人民政府副市长职务。

5月8日,铜仁市第二届人大常委会第三十五次会议决定任命钟汰甬为铜仁市人民政府副市长,李茂才为铜仁市监察委员会副主任。决定免去张明、刘岚的铜仁市人民政府副市长职务。

6月25日,铜仁市第二届人大常委会第三十六次会议决定任命黄进、李俊宏为铜仁市人民政府副市长。任命罗雁冰为铜仁市监察委员会副主任。决定罗雁冰为铜仁市监察委员会代理主任。

8月5日,铜仁市第二届人大常委会第三十七次会议决定任命杨云为铜仁市人民政府副市长。决定免去王开禄的铜仁市人民政府副市长职务。决定任命胡志勇为铜仁市人民政府秘书长。

10月29日,铜仁市第二届人大常委会第三十九次会议接受范建军辞去铜仁市人民检察院检察长职务。任命吴柯为铜仁市人民检察院副检察长、检察委员会委员、检察员,决定为铜仁市人民检察院代理检察长。

表3　2021年铜仁市人大常委会任免职一览表

序号	时间	会议名称	任免职情况
1	2021年2月8日	市二届人大常委会第三十二次会议	接受陈少荣辞去铜仁市人民政府市长职务,报铜仁市第二届人民代表大会第五次会议备案
2	2021年2月20日	市二届人大常委会第三十三次会议	任命:冉华佳为铜仁市人民代表大会法制委员会专职副主任委员
3			决定任命:冉俊华为铜仁市教育局局长
4			决定免去:邱祯国的铜仁市人民政府副市长职务
5			决定免去:汪漻的铜仁市教育局局长职务
6			任命:刘世江为铜仁市中级人民法院审判监督第二庭庭长
7			任命:张天宝为铜仁市中级人民法院审判员

续表 3

序号	时间	会议名称	任免职情况
8	2021年3月30日	市二届人大常委会第三十四次会议	决定免去：任廷跃的铜仁市审计局局长职务
9			免去：田亚勇的铜仁市中级人民法院刑事审判第二庭庭长、审判员职务
10			免去：罗静的铜仁市中级人民法院民事审判第一庭庭长、审判员职务
11			免去：张红芳的铜仁市中级人民法院民事审判第二庭庭长职务
12			免去：柳文辉的铜仁市中级人民法院立案第二庭庭长职务
13			任命：张红芳为铜仁市中级人民法院刑事审判第二庭庭长
14			任命：柳文辉为铜仁市中级人民法院民事审判第一庭庭长
15			免去：陈鱼飞的铜仁市人民检察院检察委员会委员、检察员职务
16			免去：邱桢的铜仁市人民检察院检察员职务
17			批准免去：李德慧的沿河自治县人民检察院检察长职务
18			批准任命：邱桢为沿河自治县人民检察院检察长
19	2021年5月8日	市二届人大常委会第三十五次会议	接受田玉军同志辞去铜仁市人民代表大会常务委员会副主任职务，报铜仁市人民代表大会下一次会议备案
20			接受钟汰甬同志辞去铜仁市监察委员会主任职务，报铜仁市人民代表大会下一次会议备案
21			决定免去：张明的铜仁市人民政府副市长职务
22			决定免去：刘岚的铜仁市人民政府副市长职务
23			决定任命：钟汰甬为铜仁市人民政府副市长
24			决定免去：杨彪的铜仁市财政局局长职务
25			决定免去：杨雪峰的铜仁市交通运输局局长职务
26			决定免去：秦会刚的铜仁市商务局局长职务
27			决定免去：曾奕辉的铜仁市住房和城乡建设局局长职务
28			决定任命：何支刚为铜仁市商务局局长
29			任命：李茂才为铜仁市监察委员会副主任
30			免去：樊通会的铜仁市人民检察院检察员职务
31	2021年6月25日	市二届人大常委会第三十六次会议	任命：罗雁冰为铜仁市监察委员会副主任；决定罗雁冰为铜仁市监察委员会代理主任
32			决定任命：黄进为铜仁市人民政府副市长
33			决定任命：李俊宏为铜仁市人民政府副市长
34			决定免去：冉敏的铜仁市人力资源和社会保障局局长职务
35			决定免去：何支刚的铜仁市商务局局长职务
36			决定免去：杨维权的铜仁市卫生健康局局长职务
37			决定免去：付君的铜仁市医疗保障局局长职务
38			决定免去：曹勇的铜仁市生态移民局局长职务
39			决定任命：杨维权为铜仁市财政局局长
40			决定任命：李亚为铜仁市人力资源和社会保障局局长
41			决定任命：蔡江为铜仁市住房和城乡建设局局长
42			决定任命：徐再高为铜仁市交通运输局局长
43			决定任命：熊明为铜仁市卫生健康局局长
44			决定任命：田仁华为铜仁市审计局局长
45			决定任命：王英为铜仁市医疗保障局局长
46			决定任命：龙晓成为铜仁市生态移民局局长
47			免去：何伟的铜仁市中级人民法院审判委员会委员、刑事审判第一庭庭长、审判员职务
48			任命：田芳为铜仁市中级人民法院审判委员会委员
49			任命：张红芳为铜仁市中级人民法院审判委员会委员

续表 3

序号	时间	会议名称	任免职情况
50	2021 年 8 月 5 日	市二届人大常委会第三十七次会议	决定免去:王开禄的铜仁市人民政府副市长职务
51			决定任命:杨云为铜仁市人民政府副市长
52			决定免去:罗洪祥的铜仁市人民政府秘书长职务
53			决定免去:周文捷的铜仁市大数据发展管理局局长职务
54			因机构撤销,黄继荣的铜仁市扶贫开发办公室主任职务自然免除
55			决定任命:胡志勇为铜仁市人民政府秘书长
56			决定任命:黄继荣为铜仁市乡村振兴局局长
57			决定任命:雷宏为铜仁市大数据发展管理局局长
58	2021 年 8 月 31 日	市二届人大常委会第三十八次会议	任命:张前飞为铜仁市人民代表大会环境与资源保护委员会专职副主任委员
59			决定免去:安孝荣的铜仁市农业农村局局长职务
60			决定免去:安波的铜仁市市场监督管理局局长职务
61			决定任命:张勇为铜仁市农业农村局局长
62			决定任命:杨芳权为铜仁市市场监督管理局局长
63			决定任命:宋喜成为铜仁市商务局局长
64	2021 年 10 月 29 日	市二届人大常委会第三十九次会议	接受范建军辞去铜仁市人民检察院检察长职务,报贵州省人民检察院批准,报铜仁市第三届人民代表大会第一次会议备案
65			任命:吴柯为铜仁市人民检察院副检察长、检察委员会委员、检察员,决定为铜仁市人民检察院代理检察长
66			免去:张浪的铜仁市人民代表大会常务委员会法制工作委员会主任职务
67			决定免去:辜应强的铜仁市自然资源局局长职务
68			决定免去:陆序的铜仁市工业和信息化局局长职务
69			决定任命:肖宁为铜仁市工业和信息化局局长
70			免去:黄道成的铜仁市监察委员会副主任职务
71			任命:麻文玖为铜仁市监察委员会副主任
72			免去:马正清的铜仁市中级人民法院刑事审判第一庭副庭长职务
73			免去:张金勇的铜仁市中级人民法院民事审判第二庭副庭长职务
74			免去:谢稼祥的铜仁市中级人民法院行政审判庭副庭长职务
75			免去:王电赏的铜仁市中级人民法院审判监督第一庭副庭长职务
76			任命:马正清为铜仁市中级人民法院刑事审判第一庭庭长
77			任命:张金勇为铜仁市中级人民法院民事审判第二庭庭长
78			任命:任镜积为铜仁市中级人民法院立案第二庭副庭长
79			任命:罗依婷为铜仁市中级人民法院民事审判第一庭副庭长
80	2021 年 12 月 17 日	市二届人大常委会第四十次会议	任命:马芝新为铜仁市人民代表大会农业与农村委员会副主任委员
81			任命:高鸿为铜仁市人民代表大会社会建设委员会副主任委员
82			任命:杨大进为铜仁市人民代表大会常务委员会法制工作委员会主任
83			免去:张红芳的铜仁市中级人民法院审判委员会委员、刑事审判第二庭庭长职务
84			免去:吴晓慧的铜仁市中级人民法院审判委员会委员、审判监督第一庭庭长职务
85			免去:刘世江的铜仁市中级人民法院审判监督第二庭庭长职务
86			免去:杨军的铜仁市中级人民法院环境资源审判庭庭长职务
87			免去:陈天华的铜仁市中级人民法院立案第一庭副庭长职务
88			任命:陈天华为铜仁市中级人民法院审判监督第一庭副庭长

续表 3

序号	时间	会议名称	任免职情况
89	2021 年 12 月 17 日	市二届人大常委会第四十次会议	免去：陈洁的铜仁市人民检察院检察员职务
90			免去：陈仕铭的铜仁市人民检察院检察员职务
91			免去：杨杰的铜仁市人民检察院检察员职务
92			免去：黄卡铁的铜仁市人民检察院检察员职务
93			批准免去：罗勇的万山区人民检察院检察长职务
94			批准免去：李世昌的松桃自治县人民检察院检察长职务
95			批准免去：姚华权的江口县人民检察院检察长职务
96			批准免去：苏维的玉屏自治县人民检察院检察长职务
97			批准免去：杨胜龙的石阡县人民检察院检察长职务
98			批准免去：陈毓瑞的德江县人民检察院检察长职务

（市人大办公室　田　磊）

【人大换届选举】 2021 年，中共铜仁市人大常委会党组印发《关于做好市县乡人民代表大会换届选举工作的意见》《关于铜仁市第三届人民代表大会代表选举及常务委员会和专门委员会组成方案的请示》等文件。召开全市县乡领导班子换届工作电视电话会议和业务培训会、全市人大换届选举培训会、观摩会。联合市委组织部召开 3 次专题会议，研究全市换届选举工作。区（县）选出人大常委会主任 10 名，副主任 60 名，委员 260 名；选出人民政府区长、县长 10 名，副区长、副县长 64 名；选出监察委员会主任 10 名；选出区、县人民法院院长 10 名、人民检察院检察长 10 名。各乡镇选出人大主席 143 名、副主席 149 名（专职 144 名，兼职 5 名）；选出乡镇人民政府乡镇长 143 名、副乡镇长 415 名。

（市人大办公室　罗舰贤　田　磊）

重要会议

【市二届人大五次会议】 2021 年 3 月 1—4 日，铜仁市二届人大五次会议在碧江区召开。会议听取和审议市人民政府工作报告、市人大常委会工作报告、市中级人民法院工作报告和市人民检察院工作报告；审查和批准《铜仁市国民经济和社会发展第十四个五年规划和二〇三五年远景目标纲要草案》《铜仁市 2020 年国民经济和社会发展计划执行情况与 2021 年国民经济和社会发展计划草案的报告》，批准铜仁市 2021 年国民经济和社会发展计划；审查和批准《铜仁市 2020 年全市和市本级预算执行情况与 2021 年全市和市本级预算草案的报告》，批准 2020 年市本级预算。会议表决通过《关于接受陈达新辞去铜仁市人民

3 月 1 日，铜仁市第二届人民代表大会第五次会议在铜仁人民会堂开幕（市人大办　供图）

代表大会常务委员会主任职务的决定》,表决通过《关于接受叶德恩辞去铜仁市人民代表大会常务委员会副主任职务的决定》。大会以无记名投票的方式进行选举,通过选举,陈康当选为市人大常委会主任,杨彪、任廷浬当选为市人大常委会副主任,钟汰甬当选为市监察委员会主任,杨秀明当选为市人大常委会秘书长,陈晓磊、龙海成、徐敏、邓元法当选为市人大常委会委员。经会议表决通过,陈晓磊当选为市人民代表大会法制委员会主任委员。

【市二届人大常委会】 2021年2月8日,市二届人大常委会第三十二次会议召开。会议审议并表决通过有关人事任免议案。

2月20日,市二届人大常委会第三十三次会议召开。会议传达学习习近平总书记视察贵州重要讲话精神、省"两会"精神,听取市人大常委会代表资格审查委员会关于部分代表的代表资格审查报告,审议关于铜仁市第二届人民代表大会第五次会议议程(草案)、日程(草案)以及关于铜仁市第二届人民代表大会第五次会议主席团和秘书长名单(草案)、列席人员和单位名单(草案),审议《铜仁市人大常委会工作报告(送审稿)》《铜仁市人民政府工作报告(送审稿)》《铜仁市中级人民法院工作报告(送审稿)》《铜仁市人民检察院工作报告(送审稿)》。会议表决通过有关人事议案。

3月30日,市二届人大常委会第三十四次会议召开。会议传达学习十三届全国人大四次会议精神和省委书记、省人大常委会主任谌贻琴到铜仁调研讲话精神以及省十三届人大常委会第二十四次会议精神,审议通过《市人大常委会2021年工作要点和议题计划》,听取市人民政府《关于2020年全市环境状况和环境保护目标完成情况报告》和《市人大常委会法工委关于2020年度规范性文件备案审查工作情况的报告》,表决通过市人大常委会对市人民政府农村饮用水管理工作情况开展专题询问的决定、对市应急管理局主要负责人开展履职评议的决定。

5月8日,市二届人大常委会第三十五次会议召开。会议听取和审议市人民政府《关于全市学前教育发展情况的报告》,听取市人民检察院《关于办理市人大常委会对市人民检察院民事行政检察工作审议意见的报告》并开展满意度票决,听取市应急管理局主要负责人履职情况报告并开展满意度测评,听取市人大常委会代表资格审查委员会《关于部分代表资格的审查报告》,举办《中华人民共和国全国人民代表大会和地方各级人民代表大会选举法》专题讲座。

6月25日,市二届人大常委会第三十六次会议召开。会议传达学习省十三届人大常委会第二十六次会议精神,审议《铜仁市物业管理条例(草案)》,听取和审议市人民政府关于2020年全市和市本级财政决算草案报告,审查批准2020年市本级财政决算,听取和审议市人民政府关于2020年度市本级财政预算执行情况和其他财政收支的审计工作报告以及关于少数民族特色村寨保护与发展情况的报告,听取市人民政府关于"七五"普法决议执行情况的报告和市人大常委会代表资格审查委员会关于个别代表资格的审查报告,表决通过关于补选贵州省第十三届人大代表的议案。会议表决通过有关人事议案。

8月5日,市二届人大常委会第三十七次会议召开。会议表决通过有关人事议案,通过市人大常委会代表资格审查委员会关于个别代表的代表资格审查报告。

8月30—31日,市二届人大常委会第三十八次会议召开。会议传达学习省十三届人大常委会第二十七次会议精神,审议《铜仁古城保护条例(草案)》,听取和审议市人民政府关于2021年上半年经济运行情况和下半年经济工作安排、关于全市城镇老旧小区改造情况、关于全市养老服务工作情况以及市监察委员会关于开展廉政教育工作情况的报告,审议市人民政府2021年上半年国民经济和社会发展计划执行情况的报告以及全市和市本级财政预算执行情况的报告,表决通过《市人大常委会关于开展第八个五年法治宣传教育的决议(草案)》、关于个别代表的代表资格审查报告,听取市人民政府关于农村饮用水管理工作情况的报告,对市人民政府农村饮用水管理工作情况开展专题询问。会议表决通过有关人事议案。

10月28—29日,市二届人大常委会第三十九次会议召开。会议传达学习中央人大工作会议和省十三届人大常委会第二十八次会议精神,表决通过《铜仁古城保护条例》《铜仁市人大常委会执法检查办法》,听取和审议市人民政府关于梵净山保护情况的报告、关于2021年全市及市本级预算调整方案(草案)的报告、市中级人民法院关于立案工作情况的报告、市人民检察院关于未成年人检察工作情况的报告,听取和审议市住房和城乡建设局、乡村振兴局关于市二届人大五次会议代表建议办理情况的报告并进行满意度测评,举办《中华人民共和国全国人民代表大会组织法》《中华人民共和国地方各级人民代表大会和地方各级人民政府组织法》专题讲座。会议表决通过有关人事议案。

12月17日,市二届人大常委会第四十次会议召开。会议传达学习中共十九届六中全会精神、省十三届人大常委会第二十九次会议精神；继续审议《铜仁市住宅物业管理条例(草案)》；听取和审议市人民政府关于市二届人大五次会议代表建议办理情况的报告，表决通过铜仁市人民代表大会常务委员会关于召开铜仁市第三届人民代表大会第一次会议的决定、关于个别代表的代表资格审查报告；审议市人民政府关于2020年市本级财政预算执行和其他财政收支审计查出问题整改情况报告，听取审计查出突出问题整改单位关于2020年审计查出突出问题整改落实情况的报告并进行满意度表决；听取市人民政府关于乡村振兴促进情况的报告、市人民政府关于国有资产管理情况的综合报告。会议表决通过有关人事议案。

（市人大办公室　田　磊）

人大监督

【专题询问】 2021年，铜仁市人大常委会开展全市高质量发展主题活动和专项调研，市人大9个专门委员会制定工作方案，形成专项调研报告24份。针对财政预决算、梵净山保护、养老服务、老旧小区改造等工作，听取和审议市人民政府专项工作报告23个，对全市农村饮用水管理工作情况开展专题询问，组织代表对全市油茶产业发展、德余高速和湄石高速公路铜仁路段建设情况等开展集中视察。

（市人大办公室　田　磊）

【集中视察】 2021年，铜仁市开展省人大代表、市人大代表集中视察各1次。11月8—9日，省十三届人大铜仁代表团代表到贵州省油茶工程技术研究中心、油茶高接换冠示范基地、油茶育苗基地、梵净山茶油加工厂、盘信镇油茶种植基地、正大镇长征村油茶种植基地等地开展铜仁油茶产业集中视察活动，对碧江区、玉屏自治县、松桃自治县油茶产能产量、种苗繁育、产品精深加工、品牌建设及销售等情况进行了解。12月7日，市人大常委会组织部分市人大代表到铜仁市第五中学、铜仁市第十一小学、和苑老年公寓、万山区社会养老服务中心和万山区城市中心敬老院，对碧江区化解主城区大班额学校难题情况和全市推进养老服务事业发展情况进行集中视察。

（市人大办公室　罗舰贤）

8月31日，市人大常委会围绕全市农村饮用水管理情况召开专题询问会(市人大办　供图)

【执法检查】 2021年，铜仁市人大常委会听取和审议市监察委员会廉政教育工作、市中级人民法院立案工作、市人民检察院未成年人检察工作情况的报告，组织执法检查组对《中华人民共和国乡村振兴促进法》《中华人民共和国森林法》《中华人民共和国固体废物污染环境防治法》等5部法律法规贯彻实施情况开展执法检查，对市应急管理局主要负责人履职情况开展满意度测评。开展规范性文件备案审查工作，向省人大常委会报备市人大常委会决议、决定7件，审查市人民政府报备规范性文件和各区县(自治县)人大常委会报送规范性文件74件。

【《铜仁市人民代表大会常务委员会执法检查办法》出台】 2021年10月29日，市二届人大常委会第三十九次会议审议通过由市人大常委会制定的《铜仁市人民代表大会常务委员会执法检查办法》(以下简称《办法》)并实施。《办法》采用条款式框架，共二十三条，明确开展执法检查的目的、法律依据、概念和原则，规范执法检查的范围和内容、程序和要求、检查结果运用。

（市人大办公室　田　磊）

人大立法

参见“法治·人大立法”

代表履职

【人大代表构成】 2021年，铜仁市通过换届选举出市、县、乡三级人

人大代表带头发展产业（市人大办　供图）

大代表11255名。其中，市级人大代表405名，市级人大代表中工人占代表总数的4.69%，农民占代表总数的7.16%，专业技术人员占代表总数的6.17%。妇女代表108名，占代表总数的26.67%；少数民族代表329人，占代表总数的81.23%。

选举出县级人大代表2296名，县级人大代表中基层一线工人、农民、专业技术人员1089名，占代表总数的47.4%；妇女687名，占代表总数的29.9%。

选举出乡镇人大代表8554名，乡镇人大代表中基层一线工人、农民、专业技术人员5862名，占代表总数的68.53%；妇女2271名，占代表总数的27.8%。中共党员代表5195名，占代表总数的63.61%；民主党派代表25名，占代表总数的0.3%；群众代表2945名，占代表总数的36.06%。

（市人大办公室　罗舰贤）

【履职引导】2021年，铜仁市人大常委会强化人大代表为主体地位，把全国人大常委会委员长栗战书调研贵州、调研铜仁重要讲话精神贯彻落实到推进“乡村振兴，代表在行动”主题活动全过程，探索建立以“活动在一线开展、建议在一线收集、监督在一线推动、作用在一线发挥”为内容的“四个一线”机制，组织引领人大代表9000余名、人大干部800余名投身乡村振兴工作。推动解决一批群众身边的实事，其经验做法被《贵州改革工作动态》刊载推广，获得全国人大办公厅的肯定和推广。

【履职能力】2021年，铜仁市人大常委会组织各级人大代表参加专题询问、执法检查等活动210余人次，提升代表履职素质和能力水平，组织200名人大代表和部分人大干部到江西瑞金、陕西延安参加履职培训班。

【履职保障】2021年，铜仁市人大常委会开展代表履职服务保障工作，推进线上线下人大代表联络站建设，建成“代表履职云服务系统”3个，建成代表联络站（室）345个，开展代表联络站的“建、管、用”工作，把代表联络站建成各级人大代表学习培训课堂、联系选民的桥梁、履行职责的平台、服务群众的窗口和民主法治建设的阵地、社会治理创新的抓手。

（市人大办公室　田　磊）

【代表建议督办】2021年，铜仁市二届人大常委会督办代表建议107件。其中，听取和审议市人民政府《关于市二届人大五次会议代表建议办理情况的报告》。听取和审议市住建局、乡村振兴局办理代表建议情况的报告并进行满意度测评。视察部分代表建议落实情况。在107件建议中，办结58件（A类），占建议总数的54.21%；列入计划办理或正在办理39件（B类），占建议总数的36.45%；因政策因素，或因条件不成熟暂时无法办理件10件（C类），占建议总数的9.34%。

表4　铜仁市二届人大五次会议代表部分建议一览表

序号	建议编号	领衔代表	建议标题
1	2号	张辉兵	关于加强全市传统村落保护发展的建议
2	42号	龚大义	关于出台易地扶贫搬迁后续扶持相关政策的建议
3	60号	商友江	关于加快黔北（德江）机场实质性开工建设的建议
4	86号	李　林	关于推进我市养老服务事业发展的建议
5	106号	李朝亮	关于推进我市特殊教育发展与服务质量提升的建议

（市人大办公室　罗舰贤　田　磊）

【铜仁代表出席省十三届人大四次会议】 2021年1月25—29日，贵州省第十三届人民代表大会第四次会议在贵阳召开，铜仁市应出席会议代表56名，实际到会56名。驻铜十三届全国人大代表，铜仁市“法检”两长和不是省十三届人大代表的区县长、人大常委会主任列席会议。会议期间，铜仁代表团在团长陈昌旭的领导下按照大会要求履行职责。审议过程中代表发言140人次，编辑简报4期，提出代表建议82件。

表5　2021年贵州省十三届人大四次会议铜仁代表团代表部分建议一览表

序号	建议代表	建议标题	建议单位
1	陈昌旭	关于支持铜仁市抹茶产业提质增效促进乡村振兴发展的建议	市政府办
2	陈昌旭	关于加快推进油茶产业发展的建议	市政府办
3	陈昌旭	关于强化易地扶贫搬迁后续扶持力度的建议	市政府办
4	杨雪峰	关于支持川渝天然气管道入铜工程建设的建议	市政府办
5	田秀珍	关于支持推进铜仁市农业机械化的建议	市政府办
6	冷朝刚	关于加大乡村振兴力度，推动美丽乡村建设的建议	市政府办
7	文　静	关于加强铜仁市传统村落整体保护利用示范工作的建议	市政府办
8	张吉刚	关于加快推进铜仁万山新能源汽车产业发展的建议	万山区
9	张吉刚	关于支持万山汞矿遗址申报世界文化遗产的建议	万山区
10	杨素华	关于修建铜仁万山至湖南芷江高速公路的建议	万山区
11	姚元清	关于成立未成年人专门的监督教育管理和司法保护机构的建议	松桃自治县
12	陈建群	关于实行医疗救助异地直补的建议	松桃自治县
13	姚敦发	关于支持玉屏清洁能源项目建设的建议	玉屏自治县
14	姚敦发	关于加大贵州省油茶产业发展的建议	玉屏自治县
15	杨　云	关于加大梵净山保护与管理工作的建议	江口县
16	田运栋	关于启动涪陵至柳州铁路(凯里经石阡至德江段)前期工作并开工建设的建议	石阡县
17	郜　芬	关于加大支持石阡长征国家文化公园建设力度的建议	石阡县
18	黄秀金	关于快速推进佛顶山旅游扶贫环线公路建设项目的建议	石阡县
19	席龙海	关于加快推进乌江航运发展的建议	思南县
20	席龙海	关于加快养老保障机制建立加大养老项目投入的建议	思南县
21	席龙海	关于扩大普通高中国家免学费资助范围的建议	思南县
22	席龙海	关于推进农村村级公益性公墓建设的建议	思南县
23	陈　琴	关于建设印江至德江高速公路的建议	德江县
24	王红梅	关于立项修建德江平原至楠杆二级公路的建议	德江县
25	席　宁	关于黔东北贵阳至黔江至湖北巴东高速铁路的建议	沿河自治县

（市人大办公室　罗舰贤　田　磊）

【省十三届人大代表铜仁团视察铜仁市食用菌产业发展情况】 2021年11月8—9日，省十三届人大铜仁代表团代表开展集中视察活动。代表团先后到贵州省油茶工程技术研究中心、油茶高接换冠示范基地、油茶育苗基地、梵净山茶油加工厂、盘信镇油茶种植基地、正大镇长征村油茶种植基地等地，通过现场查看、听取汇报、询问情况等方式，了解碧江区、玉屏自治县、松桃自治县油茶产能产量、种苗繁育、产品精深加工、品牌建设及销售等情况。

（市人大办公室　田　磊）

铜仁市人民政府

综　述

【概况】2021年，铜仁市政府深入学习贯彻习近平总书记视察贵州重要讲话精神，以高质量发展统揽全局，围绕"四新"主攻"四化"，实施"五大工程"，统筹疫情防控和经济社会发展，完成主要目标任务。全市实现生产总值1462.65亿元，增长8.6%，高于全省0.5个百分点，居全省第四位；完成农业总产值543.58亿元，增长9.5%，高于全省0.4个百分点，居全省第二位；规模以上工业增加值增长9.9%，低于全省3个百分点，居全省第七位；社会消费品零售总额增长14.1%，高于全省0.4个百分点，居全省第五位；一般公共预算收入67.06亿元，增长3.7%，低于全省8.5个百分点，居全省第四位；一般公共预算支出440.93亿元，下降3.9%，增速低于全省1.3个百分点，居全省第六位；税收收入106.49亿元，增长9.1%，低于全省1.1个百分点，居全省第四位。构建"1+3+N"工业产业体系，工业增加值增长11.5%，其中新型功能材料产业增长40.5%。构建"两带一圈"城镇空间体系，实施城市更新和强中心城区两大行动，新增城镇人口20万人。围绕"两大提升"目标，实施"四大行动"，旅游及相关产业增加值82.4亿元。新增省级大数据融合标杆项目11个、示范项目70个、带动融合企业249家。市、县党政"一把手"带头外出招商，引进山河智能、广东嘉尚、东莞凯金等优强企业222家，签约项目649个、总投资789亿元，新增产业到位资金577亿元，工业投资、民间投资占比分别为16%、33.5%。推进生态环保督察反馈问题整改，采取"四个一策"措施，推动锰污染治理和锰产业高质量发展，中心城区环境空气质量优良率97.5%，县城以上集中式饮用水水源地水质达标率100%。启动实施山水林田湖草沙一体化保护和修复工程，完成石漠化治理0.83万公顷、水土流失治理0.6万公顷，新增营造林2.67万公顷。十件民生实事基本完成，民生重点支出占一般公共预算支出75.95%。持续巩固脱贫成果，消除4.32万人易返贫致贫风险，启动建设省市特色田园乡村·乡村振兴集成示范试点41个。到位东莞援助资金5亿元、实施项目235个，引进落地企业40家、到位资金21.4亿元。在全省率先实施"民生一卡通"工程，城乡居民参保率99.1%，城乡居民基本养老保险基础养老金人均每月增加12元。防范化解金融债务风险，债务率下降5个百分点，其中，市本级下降50个百分点。推进安全生产专项整治，安全生产事故起数和死亡人数分别下降35.4%、27.5%。

表6　2021年铜仁市人民政府、铜仁市人民政府办公室部分文件题录

序号	文号	标题
		铜仁市人民政府部分文件题录
1	铜府发〔2021〕1号	铜仁市人民政府关于印发加强政务诚信建设的实施意见的通知
2	铜府发〔2021〕3号	铜仁市人民政府关于印发铜仁市支持和规范社会力量兴办教育促进民办教育健康发展实施方案的通知
3	铜府发〔2021〕6号	铜仁市人民政府关于印发2021年立法计划的通知
4	铜府发〔2021〕7号	铜仁市人民政府关于通报表扬全市征兵工作先进单位和先进个人的决定
5	铜府发〔2021〕10号	铜仁市人民政府关于印发铜仁市人民政府建立民主党派市委市工商联和无党派人士知情明政办法的通知
6	铜府发〔2021〕11号	铜仁市人民政府关于下放大龙经济开发区一批行政审批事项的决定
7	铜府发〔2021〕12号	铜仁市人民政府关于印发铜仁市深化"证照分离"改革激发市场主体活力实施方案的通知
8	铜府发〔2021〕14号	铜仁市人民政府关于公布第二批市级文物保护单位(增补)的通知
9	铜府发〔2021〕16号	铜仁市人民政府关于印发铜仁市重大行政决策程序规定的通知
		铜仁市人民政府办公室部分文件题录
1	铜府办发〔2021〕2号	铜仁市人民政府办公室关于废止铜仁市中心城区户外广告设置管理办法的通知
2	铜府办发〔2021〕4号	铜仁市人民政府办公室关于做好全面推行证明事项告知承诺制工作的通知
3	铜府办发〔2021〕6号	铜仁市人民政府办公室关于进一步支持返乡下乡人员创业创新促进农村一、二、三产业融合发展的实施意见
4	铜府办发〔2021〕7号	铜仁市人民政府办公室关于开展行政规范性文件清理工作的通知

续表 6

序号	文号	标题
5	铜府办发〔2021〕8 号	铜仁市人民政府办公室关于印发铜仁市 2021 年深化“放管服”改革优化营商环境工作要点的通知
6	铜府办发〔2021〕9 号	铜仁市人民政府办公室关于印发赋予科研机构和科研人员更大自主权实现高质量发展有关支持措施的通知
7	铜府办发〔2021〕10 号	铜仁市人民政府办公室关于印发铜仁市 2021 年政务公开工作要点的通知
8	铜府办发〔2021〕13 号	铜仁市人民政府办公室关于印发铜仁市农村饮用水管理工作考核办法的通知
9	铜府办发〔2021〕14 号	铜仁市人民政府办公室关于印发铜仁市 12345 政务服务便民热线归并优化实施方案的通知
10	铜府办发〔2021〕17 号	铜仁市人民政府办公室关于印发铜仁市电动摩托车管理条例配套实施办法的通知
11	铜府办发〔2021〕22 号	铜仁市人民政府办公室关于市人民政府领导同志工作分工的通知
12	铜府办发〔2021〕23 号	铜仁市人民政府办公室关于进一步做好全市规模以上新型农业经营主体统计调查工作的通知
13	铜府办发〔2021〕24 号	铜仁市人民政府办公室关于印发铜仁市 2021 年十大行业治污减排全面达标排放专项行动方案的通知
14	铜府办发〔2021〕27 号	铜仁市人民政府办公室关于印发市政府及市政府部门重大政策文件解读办法的通知
15	铜府办发〔2021〕28 号	铜仁市人民政府办公室关于印发铜仁市 2021 年法治政府建设工作要点的通知
16	铜府办发〔2021〕29 号	铜仁市人民政府办公室关于印发铜仁市深入挖掘民族文化助推旅游产业发展工作方案的通知
17	铜府办发〔2021〕34 号	铜仁市人民政府办公室关于印发铜仁市突发事件总体应急预案的通知
18	铜府办发〔2021〕39 号	铜仁市人民政府办公室关于做好 2022 年全国、全省“两会”议案、建议和提案素材准备工作的通知
19	铜府办发〔2021〕40 号	铜仁市人民政府办公室关于印发铜仁市深化“一窗通办”改革推行市、区政务服务“2+2+2”模式工作方案的通知
20	铜府办发〔2021〕41 号	铜仁市人民政府办公室关于印发铜仁市服务“六稳”“六保”进一步做好“放管服”改革有关工作实施方案的通知
21	铜府办发〔2021〕43 号	铜仁市人民政府办公室关于进一步加强城镇老旧小区改造工作的通知
22	铜府办发〔2021〕45 号	铜仁市人民政府办公室关于印发铜仁市传统村落高质量发展五年行动方案（2021—2025 年）的通知

【巩固拓展脱贫攻坚成果同乡村振兴有效衔接】 2021 年，铜仁市落实“四个不摘”要求，完善防贫返贫预警监测和帮扶机制，实现脱贫户、边缘易致贫户、突发严重困难户结对帮扶全覆盖。脱贫人口教育资助应助尽助、就医报销应报尽报，完成农村房屋安全隐患排查并对存在安全隐患的危房进行整治，农村安全用水实现全覆盖。累计开展各类技能培训 8.1 万人次，有劳动力搬迁家庭户均就业 2.18 人，就业率 92.56%；新建和改扩建配套学校（幼儿园）68 所，15120 名易地搬迁随迁子女入园入学，新建和改扩建社区综合服务中心（站）48 个，配置医疗机构 133 个，完成迁户办证 28.26 万人；启动 6 个省级、35 个市级特色田园乡村·乡村振兴集成示范试点建设。完成卫生厕所建设改造 25522 户，卫生厕所建设改造普及率 82.03%，农村生活垃圾收运设施行政村覆盖率 100%，完成新改建农村公路 1006 千米，完成农村电网投资 4.87 亿元，新建 5G 基站 1622 个。培育生态茶、生猪、家禽、牛羊、蔬果、食用菌等 10 大百亿级特色优势产业集群建设，新增规上农产品加工企业 31 家，获批国家现代农业产业园项目 1 个、产业集群项目 2 个、产业强镇项目 2 个。广东省东莞市、贵州省铜仁市互访交流 2580 人次，互派党政干部和专业技术人才 353 人；打造联合示范性学校 10 所、示范性医院 10 家；东莞财政援助到位资金 5 亿元，实施项目 253 个；莞铜双方协作共建产业园区 13 个，新增引进落地企业 40 家、到位投资 21.39 亿元。推动 10 大百亿级特色优势产业集群建设，茶园总面积排全省第二，抹茶发展规模居全国前列，黄精、百合、玉竹等中药材种植面积居全省第一，林下经济综合产值排名全省第一，特色冷水鱼产量位列全省第一。有涉农平台公司 33 家，完成国有平台公司转型 14 家，正在推进实体化转型 19 家；2824 个涉农村社全部成立集体经济组织；实现“三变”改革行政村全覆盖，获批省级试点村项目 1 个（沿河自治县淇滩镇白果村）；铜仁碧江区农村供水企业化管理入选省委改革办 2021 年 20 项改革任务。

【疫情防控】 2021 年，铜仁市印发《关于印发铜仁市重点人群新型冠状病毒疫苗紧急接种工作方案的通知》《关于印发铜仁市新冠肺炎全员核酸大规模检测实施方案的通知》《关于调整铜仁市2021年6月底前新冠病毒疫苗接种任务的通知》《铜仁市2021冬春季新冠疫情防控应急预案》等系列文件，落实“外防输入、内防反弹”各项措施，推进新冠疫苗接种工作。第一时间处置大连3名旅客途经铜仁凤凰机场被确诊无症状感染者事件、山东奶枣和涉疫风险地区的邮递快件、“12·27”疫情等事件。印发《铜仁市2021年春节期间应对新冠肺炎疫情应急预案》《铜仁市应对全省2021年度夏秋季疫情防控实战演练工作手册》《2021年铜仁市新冠肺炎聚集性疫情处置应急演练工作方案》。全市具备新冠肺炎病毒核酸检测能力的医疗卫生机构27家，可一次单检约5800人，按8个循环计算单日单检4.64万人。按8个循环1∶10混检，全市2日检测能力92.8万人(两城区检测能力37.44万人)。

【防范化解重大风险】 2021年，铜仁市开展安全隐患整治“清零”“打非治违”专项行动，安全生产事故发生起数、死亡人数实现“双下降”。开展安全生产大检查，排查整治安全隐患5334个。开展建筑施工企业“三类人员”安全生产知识培训2080人次。化解中心城区消防历史遗留问题25个和房屋征收遗留问题35个。完成68323套易地扶贫搬迁安置房登记颁证，累计颁发不动产权证书56681本，出具不动产登记证明12940份，办理抵押登记4425件，办理二手房转移登记891件；完成宅基地“两权”确权登记236679宗，集体建设用地登记129宗；清理中心城区房地产行业突出问题项目38个。开展城镇燃气专项督促检查4次，发现安全隐患96个，除玉屏自治县燃气充装站正在实施新建燃气充装站场外(原站场安全距离不能满足新的规范标准)，其余95个隐患均整改完毕，隐患整改率98.96%。

【产业转型发展】 2021年，铜仁市推动传统产业生态化、特色产业规模化、新兴产业高端化，出台《关于推进新型工业化高质量发展的实施意见》，提出黔东工业聚集区聚焦新兴产业、梵净山文化旅游创新区聚焦特色生态产业、乌江生态经济融合区聚焦传统产业空间规划布局及“1+3+N”产业发展体系。新型功能材料规模以上企业完成工业总产值244.86亿元。大数据电子信息、生态特色食品、现代能源三大支柱产业完成产值256亿元。新型建材、先进装备、健康医药、优质烟酒、新能源汽车等优势产业完成产值199.3亿元。建立“十四五”新型城镇化项目储备库，在库项目2847个、总投资8849.13亿元。以梵净山文化旅游创新区为龙头，于9月26—28日举办2021国际山地旅游暨户外运动大会和第十六届贵州旅游产业发展大会，完成中南门历史文化旅游区和乡村振兴产业带的建设工作。江口县太平镇创建为国家级乡村旅游重点镇，玉屏侗乡风情园、沿河南庄创建为AAAA级旅游景区。获批文化旅游产业股权投资基金放款项目5个，累计放款7.09亿元，引导社会资本28.36亿元。

【城乡融合发展】 2021年，铜仁市2584个行政村设置生活垃圾收集点13609个，其中，新增农村生活垃圾收集点586个，优化收集点3300个，更换损坏设施2200个，农村生活垃圾收运体系行政村实现全覆盖，收运体系正常运行率95%。建立“十四五”新型城镇化项目储备库，在库项目2847个、总投资8849.13亿元。有新型城镇化重大项目168个，总投资226.82亿元，完成年度投资215.5亿元，占年度目标任务的95.01%；争取新型城镇化中央和省预算内资金、省新型城镇化专项补贴资金、省新型城镇化产业发展基金等各类资金11.3亿元，争资争项位居全省前列。

【改革创新】 2021年，铜仁市推进33家国有涉农平台公司改革，完成转型14家，正在推进实体化转型19家；所有涉农行政村实现“村社合一”，2824个涉农村社全部成立集体经济组织。实现“三变”改革行政村全覆盖，获批省级试点村项目1个(沿河自治县淇滩镇白果村)；碧江区农村供水企业化管理入选省委改革办2021年二十项改革任务。编制《铜仁市工程建设项目审批事项清单及流程图(2.0版)》，工程项目审批事项由84项压缩到68项。推动乡村全域土地综合整治试点工作，碧江区坝黄镇、河西街道和江口县坝盘镇、双江街道4个乡镇(街道)申报为全国首批全域土地综合整治试点；推进贵州省武陵山区山水林田湖草沙一体化保护和修复工程。优化科技创新创业环境，完善科技服务体系，打造科技创新创业平台，通过高新技术企业评审12家，获批省级科技项目64项，技术合同登记237件，涉及金额18.49亿元，获得贵州省科学技术奖8项，位列全省第三。

【保障和改善民生】 2021年，铜仁市城镇新增就业43878人，城镇登记失业率4.13%，养老、失业、工伤参保人数291.43万人次。在全省率先启动第三代社会保障申领换发和“一卡通”应用，累计持卡人数168万人，超额完成50万张目标任务。完成5个智慧社区试点工作和平台试点应用，完成村(居)换届工作。累计投入资金23.63亿元，建成一批民政福利园区，累计完成66

个农村敬老院提质改造。九项民生重点支出完成334.86亿元，占一般公共预算支出的比重为75.95%。启动12条城市道路和16个海绵城市项目建设；建成地下管网327.22千米；打通桐梓巷路、大江坪路等4条断头路；完成花果山桥头至兴市桥沿江步道提级改造工程和滨江大道、铜兴大道改造工程；完成动态新增农村危房改造101户。建成社会公共停车场15个，新增公共停车位2764个，任务完成率110.56%；中心城区维修路灯1.2万余盏，修补城市道路1.48万余平方米，改造升级人行道板3200平方米，中心城区主次干道路灯安装率100%、亮灯率98%以上，中心城区路面完好率95%以上。开展以防疫用品、民生商品市场价格秩序稳定为重点的巡查，检查经营户14120户次，抽检大米793批次，检查各类学校4027所次，日常监督检查医疗器械生产企业10家次、批发经营企业102家次、零售企业1359家次、医疗机构414家次，责令整改57家次，立案查处13起，保障群众民生领域安全。资助学生128.45万人次，减免和发放资金约12.47亿元。落实教育“双减”政策，乡镇中心小学以上的义务教育阶段学校（不含村小、教学点）均开展课后延时服务。

【“放管服”改革】 2021年，铜仁市围绕“简政放权、放管结合、优化服务”总目标，推进行政审批“三减一降”，实现开办企业时间压缩到1个工作日以内，30分钟内可完成注册登记，惠及企业14178家。不动产登记压减到受理、缴税、缴费领证3个环节以内，1个工作日内可办结企业财产登记。工程建设项目审批事项由84项事项压缩到68项，建立审批事项清单动态管理机制。推行部门联合“双随机、一公开”监管，探索建立“双随机、一公开”监管+信用分类分级监管+事后包容审慎监管全链条信用闭环模式，在食品药品生产、餐饮服务等方面根据信用登记分类监管。推出“铜仁市+碧江区、自然人+法人（含非法人组织）、咨询+投诉”“2+2+2”改革。市区同一大厅同一标准，实现“只进一扇门”“最多跑一次”。2月，与武陵山片区黔、渝、湘、鄂签订“四省七地”政务服务“跨省通办”合作协议，是月加入10省153地“云上办”政务服务“跨省通办”合作联盟。6月，与粤、赣、湘、桂、黔签订“五省十三市”政务服务“跨省通办”合作协议。打造“贵人服务、一视铜仁”政务服务品牌，开展“好差评”工作，实现市、县、乡、村四级政务服务大厅的政务服务事项和公共服务事项评价全覆盖、数据全融通、政务服务评价渠道全覆盖。整合“12345”热线，按照“一号对外、诉求汇总、分类处置、统一协调、多方联动、限时办结”的原则，完成中央、省在铜设立的27条部门热线的归并优化整合。

（市政府办公室）

重要会议

【政府常务会议】 2021年1月14日下午，市长陈少荣在铜仁人民会堂二楼5号会议室主持召开市人民政府本年度第一次常务会议，研究全市新冠肺炎疫情防控工作，审议《关于加强政务诚信建设的实施意见》《关于高质量推进易地扶贫搬迁后续扶持工作的实施意见》《铜仁市关于全面加强危险化学品安全生产工作的实施方案》《铜仁市人民政府2021年立法计划（草案）》《铜仁市实施职业教育改革促进扩容提质创新发展工作方案》《铜仁市关于支持和规范社会力量兴办教育促进民办教育健康发展的通知》《铜仁市党政机关国内公务接待管理实施办法》《铜仁市党政机关办公用房管理实施细则》。

1月22日上午，市长陈少荣在铜仁人民会堂二楼5号会议室主持召开市人民政府本年度第二次常务会议，传达学习全省春节期间疫情防控工作视频调度会议精神，审定《铜仁武陵山高新技术产业发展集团有限公司组建方案》《关于支持铜仁高新技术产业开发区高质量发展创建国家高新技术产业开发区的若干政策措施》，审议《铜仁市黔开产业投资发展集团有限责任公司组建工作方案》《关于支持大龙开发区改革创新推进高质量发展加快申创国家级经济技术开发区的若干政策措施》，研究有关人员记二等功事宜。

2月18日下午，市人民政府本年度第三次常务会议在铜仁人民会堂二楼5号会议室主持召开，审议《2021年政府工作报告（送审稿）》《铜仁市国民经济和社会发展第十四个五年规划和二〇三五年远景目标纲要（草案）》《铜仁市2020年国民经济和社会发展计划执行情况与2021年国民经济和社会发展计划（草案）的报告》《铜仁市2020年全市和市本级财政预算执行情况与2021年全市和市本级财政预算（草案）的报告》《2021年市本级财政预算方案》。

3月14日，市人民政府本年度第四次常务会议在铜仁人民会堂二楼5号会议室主持召开，听取铜仁市生态环境保护工作情况汇报，审议《铜仁市生态环境保护责任清单》《铜仁市深化国企改革三年行动实施方案》《铜仁市人民政府与中国工业互联网研究院战略合作框架协议》《铜仁市城市开发投资集团有限公司与贵阳银行定增项目的请示》《关于请求公布梵净山世界自然遗产地勘界定界成果的请示》。

3月28日下午，市人民政府本年度第五次常务会议在铜仁人民会堂二楼5号会议室主持召开，研究部署全市经济运行、债务化解、生态环保、脱贫攻坚、安全生产、信访维稳、依法行政等相关工作，审议《中共铜仁市委铜仁市人民政府关于推进新型工业化高质量发展的实施意见（送审稿）》《铜仁市产业大招商三年倍增行动工作方案》《打造“贵人服务·一视铜仁”品牌建设高质量营商环境三年行动计划》《铜仁市2021年招商营商工作考核办法》《铜仁市2020—2030年新型功能材料产业集群发展规划》《铜仁市推进新型功能材料产业集群建设行动计划（2020—2022年）》《关于新时代推进西部大开发形成新格局的实施意见》及任务分工细化方案，审议《铜仁市关于积极应对人口老龄化的实施方案》《贯彻落实关于构建更加完善的要素市场化配置体制机制的若干措施实施方案的请示》《关于铜吉铁路铜仁北站站房规模有关事宜的请示》《铜仁市核查认定不实储备补充耕地整改工作方案》。

5月6日，市人民政府本年度第六次常务会议在铜仁人民会堂二楼5号会议室主持召开，审议《铜仁市锰污染治理工作实施方案》《松桃县渗滤液处理站“一站一策”及锰渣无害化处理方案》《松桃县电解锰企业“一厂一策”资源化利用方案》《松桃县锰渣库“一库一策”方案》《松桃县锰矿山“一矿一策”方案》《锰行业项目编制方案》《铜仁市推进贸易高质量发展实施方案》《关于大力推动农业现代化促进农业高质高效发展的实施意见》《铜仁市图书馆（市住建局城建档案馆）工程项目复工方案》《G354碧江至江口县城公路改扩建工程（市政段）建设项目及碧江区茅溪片区安置区建设项目投资平衡实施方案》。

5月21日，市人民政府本年度第七次常务会议在铜仁人民会堂二楼5号会议室主持召开，审议《全面巩固提升全国民族团结进步示范市创建成果铸牢中华民族共同体意识实施方案》，听取全市土地例行督察问题整改、卫片执法工作及农村乱占耕地建房情况汇报，审定《铜仁市农村饮用水管理工作考核办法（试行）》《铜仁市轨道交通及新型建材生产基地项目合作框架协议》《铜仁市抹茶产业高质量发展规划编制与重点项目实施协同服务计划书和合作协议》《铜仁市扩大主城区公办学前教育资源工作方案（2021—2023年）》《铜仁市化解主城区义务教育大班额工作实施方案》《梵净山旅游景区经营管理方案》《梵净山景区门票及资源补偿费收入管理方案》《铜仁市梵净山景区资源有偿使用费征收使用管理办法（试行）》《铜仁市梵净山景区门票收入成本费用支出核定实施细则（试行）》《数博会签约项目合作框架协议》《铜仁市国有资本运营有限责任公司与上实融资租赁有限公司开展投融资组合业务有关事项》《中共贵州省委办公厅贵州省人民政府办公厅关于支持铜仁市推动旅游业高质量发展加快旅游产业化进程的意见（代拟稿）》。

6月3日，市人民政府本年度第八次常务会议在铜仁人民会堂二楼5号会议室主持召开，审议《铜仁市人民政府2021年重大行政决策事项目录（第一批）》《关于加强农业种质资源保护与利用的实施意见》《铜仁市人民政府与中国广核集团核电投资开发中心玉屏低温供热堆商业示范项目开发合作协议》《铜仁市机关事业单位参保职工“先诊疗后付费”服务实施方案》《铜仁市机关事业单位人员补充医疗保险管理办法（试行）》《贵州武陵山景区管理有限公司法人治理结构工作方案》，研究经济运行工作。

6月23日，市人民政府本年度第九次常务会议在铜仁人民会堂二楼5号会议室主持召开，审议《铜仁市人民政府关于公布废止宣布失效修改部分行政规范性文件和现行有效行政规范性文件的公告》《生态环境部环境发展中心铜仁市人民政府生态环境保护战略合作框架协议》《铜仁市人民政府与喜童（广东）智慧出行有限公司战略合作框架协议》《长沙市人民政府铜仁市人民政府战略合作协议》《铜仁市物业管理条例》《关于协调解决重点项目推进资金的请示》《铜仁市中等职业学校生均财政拨款制度》《关于提高六十年代精简退职老职工定期定量救济标准的请示》。

7月9日，市人民政府本年度第十次常务会议在铜仁人民会堂二楼5号会议室主持召开，审议《关于审定铜仁市年度综合考核“1+1+7”系列文件的请示》《关于审定协鑫集团有限公司在铜投资合同的请示》《关于审定铜仁凤凰机场2021年航班航线运营方案的请示》《关于审定G354碧江至江口县城公路改扩建工程（市政段）建设项目及碧江区茅溪片区安置区建设项目投资平衡测算方案的请示》《关于审定铜仁市人民政府中化现代农业有限公司共同推进农业农村现代化战略合作协议的请示》《关于审定大连民族大学铜仁市人民政府“十四五”全面深化战略合作协议的请示》《关于聘请孙林同志为市人民政府经济顾问的请示》。

7月24日，市人民政府本年度第十一次常务会议在铜仁人民会堂二楼5号会议室主持召开，分析研究全市上半年经济形势，安排部署下半年工作。审议《铜仁市分类分级推进乡村振兴实施方案》《关于推动旅游产业化高质量发展的实施意见》《铜仁市民族文化助推旅游产业发展工作方案》《铜仁市人民政府贵州电网有限责任公司战略合作框架协议》。

8月6日，市人民政府本年度第十二次常务会议在铜仁人民会堂二楼5号会议室主持召开，审议《铜仁市国民经济和社会发展第十四个五年规划和二〇三五年远景目标纲要重点工作责任分解方案》《铜仁市强化知识产权保护实施方案》《铜仁市大数据（信息化）项目建设管理办法》《铜仁市发展数字经济十条举措》《铜仁市中心城区水资源配置方案》《铜仁市统筹优化教育资源布局规划（2020—2025年）》。

8月18日，市人民政府本年度第十三次常务会议在铜仁人民会堂二楼5号会议室主持召开，审议《铜仁市2021年供给侧结构性改革工作实施方案》《铜仁市现代能源产业高质量发展行动实施方案（2021—2025年）》《铜仁市生态特色食品产业高质量发展行动实施方案（2021—2025年）》《铜仁市大数据电子信息产业高质量发展实施方案（2021—2025年）》《铜仁市推进城镇老旧小区改造十条措施》《关于组建铜仁市城市交通开发投资集团股份有限公司工作方案》《铜仁市整合文化旅游资源资本助推国有文旅企业实体化转型工作方案》《铜仁市人民政府北大荒集团农业现代化示范引领项目投资合作框架协议》。

10月21日，市人民政府本年度第十五次常务会议在铜仁人民会堂二楼5号会议室主持召开，审议《关于审定广东凯金新能源科技股份有限公司在铜投资合同的请示》《铜仁市人民政府与湖南五八农服信息技术有限公司战略合作框架协议》《铜仁市“十四五”民政事业发展规划》《关于请求同意远信大道及十五中连接线道路工程整改措施的请示》《关于请求同意铜仁市综合管廊一期工程整改措施的请示》《关于给予陆明浩同志记二等功的请示》《关于给予郝强、龚涛同志记二等功的请示》《关于给予罗刚同志记二等功的请示》。

10月25日，市人民政府本年度第十六次常务会议在铜仁人民会堂二楼5号会议室主持召开，深入贯彻党中央、国务院和省委、省政府关于经济工作的决策部署，分析研究全市前三季度经济形势，安排部署第四季度重点工作。听取黔北（德江）机场推进情况汇报，审议《关于新建铜仁至吉首铁路（贵州段）征拆包干框架协议》事宜和《铜仁市水资源保护规划》。

11月12日，市人民政府本年度第十七次常务会议在市政府三楼会议室主持召开，深入学习习近平生态文明思想，审议《铜仁市锰产业高质量发展规划（2021—2030年）》。

11月22日，市人民政府本年度第十八次常务会议在铜仁人民会堂二楼5号会议室主持召开，审议《关于进一步加快城镇老旧小区改造的通知》《关于审定提高2021年全市城乡居民基本养老保险基础养老金有关事项的请示》《G352松桃县太平营至孟溪公路改扩建工程项目决策评估报告的请示》。

12月7日，市政府常务副市长钟汰甬在铜仁人民会堂二楼5号会议室主持召开市人民政府本年度第二十次常务会议，审议《梵净山保护规划（2020—2035年）》《铜仁市武陵山区山水林田湖草沙一体化保护和修复工程实施工作方案》《关于审定市中医医院相关事宜的请示》。

12月13日，市人民政府本年度第二十一次常务会议在铜仁人民会堂二楼5号会议室主持召开，审议《铜仁市祥安物业管理服务有限公司股权转让有关事宜》《铜仁市“十四五”科技创新发展规划》《铜仁市“十四五”气象事业发展规划》《关于化解中心城区历史遗留问题项目不动产登记办证工作的通知》《关于严格规范村庄撤并工作的实施意见》《铜仁市传统村落高质量发展五年行动方案（2021—2025年）》《铜仁市城市更新实施方案》。

12月31日，市人民政府本年度第二十三次常务会议在人民会堂二楼5号会议室主持召开，审议《2022年政府工作报告》《铜仁市2021年国民经济和社会发展计划执行情况与2022年国民经济和社会发展计划草案的报告》《铜仁市2021年全市和市本级财政预算执行情况与2022年全市和市本级财政预算草案的报告》《市本级2022年财政预算方案》《关于实施“强中心城区”五年行动的意见》《铜仁市民政局关于解决市老年公寓养护楼相关事项的请示》《关于解决铜仁机场改扩建工程及200亩土地历史遗留问题的请示》《铜仁市“十四五”社会保障事业发展专项规划》《铜仁市“十四五”促进城乡就业创业规划》《铜仁市“十四五”城乡人居环境建设规划》《铜仁市“十四五”文体广电旅游发展规划》《铜仁市“十四五”教育事业发展规划》《铜仁市“十四五”林业草原保护发展规划》《铜仁市“十四五”商务发展规划》《铜仁市“十四五”工业发展规划》《铜仁市汞产业高质量发展规划（2022—2025年）》及《铜仁市加快推进乡村人才振兴五年行动计划》《关于深化教育教学改革提高义务教育质量的实施意见》《关于进一步加强农业科技创新促进农业高质量发展的实施意见》《关于增强油料供给保障能力促进产业高质量发展的实施方案》。

【市长办公会议】 4月19日，召开市长办公会，研究部署经济运行、债务风险防范等工作。会议强调，2021年是“十四五”规划的开局之年，做好今年经济工作至关重要。各级各部门要加强对主要经济指标的研究分析，找准突出矛盾和薄弱环节，采取行之有效措施，有针对性地推动各项目标任务落到实处，提升经济发展的质量和效益。要坚持统筹发展和安全，平衡好稳增长与防风险的关系，防范化解各类风险，为经济高质量发展营造良好环境。要着眼新的经济增长点，围绕补短板强弱项等事关民生、事关长远发展的项目，积极做好项目谋划和申报，同时规范使用专项债，厚植高质量发展根基。要超前谋划下一步经济工作，增强经济工作前瞻性、科学性、针对性，确保实现"十四五"良好开局，以优异成绩庆祝中国共产党成立100周年。

【全市新型城镇化高质量发展大会】 2021年6月10日，铜仁市新型城镇化高质量发展大会召开。会议要求深入贯彻落实习近平总书记视察贵州重要讲话精神，全面落实全省推进新型城镇化暨"强省会"工作大会要求，实施"强中心城区"行动，坚持以城聚产、以产兴城、产城融合，推动中心城区承载能力、经济水平、功能品质、服务能力实现大提升，全面提升中心城区首位度。提升城镇承载能力，发展城镇经济，提升城镇品质，提高城镇建设水平，推动城乡融合发展。会议对《中共铜仁市委铜仁市人民政府关于推进新型城镇化高质量发展的实施意见》进行了说明。

【全市"强中心城区"推进大会】 2021年11月28日，铜仁市"强中心城区"推进大会在铜仁人民会堂召开。会议要求坚持"生态、人文、智慧、开放、宜居"的要求，坚持产城融合、产城互动、产城一体的发展路径，提升中心城区首位度和主板功能。构建"核心圈""拓展圈""环城辐射圈"三个城市发展圈层，推进"三改"建设，完善城市基础设施、公共服务、管理体制，满足人民群众对美好生活的需要。要全力做优做强中心城区工业经济、旅游经济、消费经济，发挥"一带双核"文化旅游项目辐射带动作用，加快发展"夜间经济""步行街经济""云经济"等新业态，增强中心城区承载力、带动力、竞争力。加快中心城区人口聚集，推动重点人群转化为中心城区常住人口，做旺中心城区的人气、商气。会议就《中共铜仁市委、铜仁市人民政府关于实施"强中心城区"五年行动的意见》进行说明。

（市政府办公室）

政务服务

【概况】 2021年，铜仁市政府政务中心打造"贵人服务、一视铜仁"政务服务品牌，全市政务大厅办理行政审批和公众服务事项4182133件，其中，市级政务大厅各进驻窗口受理办件311775件，办结311775件，按期办结率100%；县（区）级以下政务大厅受理行政审批和公众服务事项3870358件，办结3870358件，按期办结率100%。市政务服务中心被评为贵州省普法工作先进单位；《铜仁推出"一件事一次办"不动产继承权公证转移登记便民举措》被评为贵州省走好网上群众路线工作优秀案例；《铜仁市稳步推进政务服务"好差评"标准试点》被2021年第八十二期《贵州改革工作动态》刊登。

【窗口设置和管理】 2021年，铜仁市政府政务中心根据市、区实体大厅同址的实际情况，与进驻中心所有部门签订授权委托书，整合市、区窗口，在大厅统一设置个人服务区、法人服务区，设跨省通办、全省通办窗口，创新推出"2+2+2"［"铜仁市+碧江区、自然人+法人（含非法人组织）、咨询+投诉"］一窗通办政务服务新模式，除涉密和特别复杂事项外，进驻市、区政务大厅依申请办理的3383项服务事项均列入"2+2+2"综合服务范围，在全省首家实现"进一个门、取一个号、到一个窗、办所有事"的"大一窗"政务服务。对31个常驻部门窗口131名工作人员的行政效能进行监督管理和考核；印发《2021年进驻部门窗口及人员服务评价实施细则》，将"2+2+2"一窗通办窗口及窗口工作

11月1日，市区政务大厅一窗通"2+2+2"改革启动运行会召开，全市政务服务开启新模式（市政务服务中心　供图）

人员的办理程序、平台运用等业务能力纳入所有进驻部门窗口及人员考评内容，等次由中心统一评定。

【“全省通办、一次办成”改革】 2021年，铜仁市设置“全省通办”窗口，各级政务大厅均可办理2241项“全省通办”事项。在“全省通办”事项清单基础上，梳理出企业和群众反映最强烈、最渴望解决、办事频率高、办件量大的“区域通办”事项清单794项。全市办理“全省通办”“区域通办”件265920余件（市级办理65305件）。

【跨省通办】 2021年，铜仁市扩大“跨省通办”协作地区，与武陵山片区4省市7地签订政务服务“跨省通办”协议，与粤、赣、湘、桂、黔5省13市签订政务服务“跨省通办”合作协议，加入10省153地“云上办”政务服务“跨省通办”合作联盟，推动贵州省德江县与浙江省玉环市、贵州省玉屏自治县与湖南省新晃县、贵州省铜仁市碧江区与江苏省昆山市等区县点对点“跨省通办”。在全省通办事项的基础上，梳理出“跨省通办”政务服务事项182项，并在大厅公布，通过出租车、公交车电子显示屏，以及网厅公布、制作通办事项清单二维码、通办事项宣传册等多形式宣传“跨省通办”改革，提升“跨省通办”的知晓率和参与率，通过异地代收代办、全程网办等模式，办理“跨省通办”6000余件次，实现政务服务事项“异地办”。《铜仁日报》、动静新闻、省人民政府网、中国新闻网、搜狐网、“学习强国”铜仁学习平台等媒体、网络客户端刊载改革情况。

【服务质效监管】 2021年，铜仁市启动月度服务评标132个次，评选出月度服务文明窗口66个次、月度优秀首席代表66个次。完成31个

2月8日，武陵山片区政务服务“跨省通办”联盟举办“云签约”仪式（市政务服务中心　供图）

常驻部门的办件抽查工作，各进驻部门完成办事指南不精准、未打印受理通知书、档案不规范等全部问题整改工作。开展“办事难”专项整治工作，设置企业群众“办事难”反映兜底台，并在各区县推广。接待企业群众咨询1000余次，收到群众反映的问题13个，解决问题13个。接到网上投诉25件、咨询80件，线下投诉1件，均完成回复，群众满意率达100%。运用电子监察平台监察管控进驻部门窗口办件，实现无超期件情况。每月汇总各区县及市直各进驻窗口办件量、网办率、跑腿次数、好差评评价、邮政速递量等内容，进行数据分析，形成政务服务情况通报，分别报送市委、市人大、市政府、市政协和市纪委监委，发市直各进驻部门和各区县政府，印发政务服务情况通报12期。

【服务方式优化】 2021年，铜仁市政府政务中心开展办件陪同服务400余次，帮办代办439次，为老年人代办95次，全年免费寄件4120件，群众满意度回访350人次，满意率达100%。探索“不动产+公证+税务”一站式模式，联合市司法局、市自然资源局、市税务局印发《铜仁市“一件事一次办”提升不动产继承权公证转移登记便利度的实施方案》，实现不动产继承公证转移登记“一件事一次办”，申请材料由14份精简到7份，办理环节由6个缩减到2个，办理时间由20个工作日缩短到12个工作日。产权评估报告实现共享，申请人不再支付第三方评估费用，群众办事成本得到降低。《铜仁推出“一件事一次办”不动产继承权公证转移登记便民举措》被评为贵州省走好网上群众路线工作优秀案例。

【服务网点建设】 2021年，铜仁市政府政务中心在省政务服务中心的统一调度下，依托移动互联网、电子政务外网，利用大数据、云计算等现代信息技术完善贵州政务服务网铜仁站点建设，升级完善“办事指南快捷查看”“智能问答”“在线办理”“办件状态查询”“盯事在线”等模块，迭代升级电子证照库，推出“一窗通办”业务系统，实现市、县、乡、村政务服务站点全覆盖。推进3558个政务服务单位6类19480项依申请政务服务事项办事指南在贵州政务服务网发布办理，各进驻单位依托贵州政务服务网铜仁站点，为群众办理政务服务事项6227384件次。

【标准化建设】 2021年，铜仁市政

府政务中心印发《关于继续开展乡镇（街道）政务服务标准化建设工作的通知》，通过实地核查、随机抽查、网上数据抓取等方式对2021年申报的标准化示范乡镇（街道）进行评估验收，63个乡镇验收达标。截至12月，181个乡镇（街道）验收达标161个，达标率88.3%。

【行政审批事项办理和管理】 2021年，铜仁市政府政务中心在第一批“信用承诺+审批服务”容缺受理事项的基础上，推行“容缺受理信用承诺制”，再次组织进驻部门窗口梳理可容缺受理事项清单。将政务服务信用承诺录入信用中国（铜仁）平台，接受社会监督，并作为事中事后监管的重要内容。截至12月，基层法律服务工作者执业核准、社会团体变更名称等167个事项可容缺受理，申请人可在申请材料有欠缺的情况下做出相应承诺，先行受理预审办理。

【政务服务红色审批链】 2021年，铜仁市印发《红色审批链建设工作方案》《红色审批链评选办法》，将红色审批链作为政务大厅最高荣誉，按照一个服务窗口一套服务流程为一条审批链的原则，围绕“政治强、思想好、作风正、服务优、业务精、效率高”6个方面进行打造和评选，评选出社保等4条红色审批链，做法得到省政务服务中心肯定，《四个举措打造“红色审批链”党建品牌》在铜仁机关党建媒体上刊载。

【“互联网+政务服务”】 2021年，铜仁市运用贵州政务服务网推进政务服务一网申请、一网受理、一网审批、一网查询。推进政务信息资源共享和业务协同，拓展网上办事功能，畅通政务服务渠道，提升利用信息网络技术服务群众的“互联网+政务服务”能力。在省政务服务中心的统筹建设下，运用“互联网+”数据跑路，推动各进驻部门窗口在行政审批中数据资源的校核、共享、互认、统一标示等工作，打破行业系统数据“信息孤岛”，梳理进驻部门各类不涉及国家秘密的证照，搜集历史数据，推进证照数据汇聚，支撑“互联网+政务服务”。截至12月，证照入库种类为179类证照模板，入库量20256826个，数据共享调用累计2167021件次。

【政务服务“好差评”】 2021年，铜仁市政府政务中心从“构建评价体系、抓实评价工作、处理评价意见、运用评价结果、提升社会影响”5个方面，抓住政务服务“好差评”国家标准试点机遇，将政务服务“好差评”工作纳入对市直部门和区县政府的负面清单管理，纳入对窗口及工作人员月度服务评价，推进市、县、乡三级政务服务“好差评”线上评价、线下服务窗口评价和服务大厅离台评价，18740个政务服务事项、1228名窗口服务人员全部接受企业和群众线上、线下“评价”，实现市、县、乡、村政务服务大厅所有政务服务事项和公共服务事项评价全覆盖、数据全融通、政务服务评价渠道全覆盖。企业和群众通过贵州政务服务网、政务实体大厅、移动端、服务热线等评价渠道发布评价意见4297680条次，其中不满意520条次（含误评、恶意差评），“差评”整改率和整改满意率100%。

（市政务服务中心　吴小兵）

人事管理

【事业单位公开招聘】 2021年，铜仁市招聘引进事业单位工作人员2102人，其中，人才引进755人，博士8人、硕士143人，紧缺专业624人，公开招聘1347人，开展事业单位新进人员初聘培训460人。

【事业单位岗位管理】 2021年，铜仁市有事业单位人员9.39万人，其中，管理岗位1.81万人，专业技术岗位7.2万人，工勤技能岗位3800人。

【机关事业单位工勤人员管理】 2021年，铜仁市机关事业单位工勤人员获得技能等级晋升756人，其中有技师702人、高级工32人、中级工22人。

【专业技术人员职称评审培育】 2021年，铜仁市专业技术人员通过省、市、县三级评审获得相应专业技术职务任职资格5766人，其中有正高级192人、副高级2268人（基层副高203人）、中级3108人、初级198人。

（市人社局　张森鑫）

机关事务管理

【办公用房管理】 2021年，铜仁市出台《铜仁市党政机关办公用房管理实施细则》，梳理市直行政事业单位闲置资产，配合开展审计反馈问题整改工作，协助开展资产移交管理工作，盘活资源资产，确保国有资产保值增值。坚持办公用房集中统一管理原则，开展办公用房清理检查和安全隐患排查工作，规范开展办公用房调配、租赁使用和维修改造审核工作。为11家市直单位调配办公用房1950平方米，审核拨付14家市直单位办公房租赁经费518万元，9家市直单位办公用房维修改造经费210.75万元。

【公务用车管理】 2021年，铜仁市按照公务用车统一管理原则，规范公务用车编制管理和采购、划转、处置程序，保障市直单位公务出行。加强市级机关车辆综合保障平台管理，检测车辆安全性能，合理安排调度车辆，保障市四大班子公务出行。运用公务用车信息化管理平台加强日常监管，通过线上、线下“双线”监管，制止违规使用公务用车。完成市四大班子交办的1010批次公务活动1567车次车辆保障任务，为55家市直单位配备更新公务用车71辆，处置公务用车66辆，其中拍卖处置公务用车36辆，获拍卖收益115.77万元，实地开展公务用车停驶备案情况督查工作6次。

【机关后勤保障】 2021年，铜仁市机关事务中心开展市级机关食堂、物业服务管理指导工作，统筹推进市级机关后勤规范管理。持续开展农产品进机关工作，指导市直机关食堂采购农产品453吨，其中有市内农产品426吨。完成市政府会议中心托管工作，督促市政府会议中心理顺管理体制并开展花果山片区1800余名职工就餐服务工作。完成人民会堂设施设备提质改造工作，加强会务服务管理，监督完成1100余场次会务服务工作。加强文印安全保密管理，完成市直单位399.52万余页文件资料印制任务。

【节约机关建设】 2021年，铜仁市机关事务中心控制公务活动接待范围和餐费标准，开展公务接待用餐“光盘行动”。开展机关食堂制止餐饮浪费抽查工作，督促机关食堂改进供餐方式，实行机关食堂食品采购、储存、加工动态管理。加强粮食节约宣传，培养职工的节约粮食习惯，制止用餐浪费行为。推进公共机构生活垃圾分类工作和塑料污染治理行动，督促201个市级公共机构做好生活垃圾分类宣传和投放管理工作。

（市机关事务服务中心　侯添水）

莞铜协作

【协作机制建立】 2021年3月30日，中共中央办公厅、国务院办公厅印发《关于坚持和完善东西部协作机制的意见》，明确由广东省对口帮扶贵州省，广东省明确由东莞市对口帮扶贵州省铜仁市，随后铜仁市成立铜仁市人民政府驻深圳（东莞）办事处。莞铜双方签订《“十四五”时期莞铜东西部协作协议》《东莞·铜仁商务协作框架协议》，制定资金、劳务、消费、产业等方面政策性文件，铜仁市10个区（县）、32个乡镇、47所学校、33家医院、299个村与东莞市32个镇（街道）、4个园区、47所学校、35家医院、91个经济强村、154家企业、18个社会组织完成结对并挂牌。铜仁市各级党政领导干部考察对接2580人次，召开联席会议3次、专题会议16次。

【人才资金协作】 2021年，莞铜两地互派党政干部41名、互派专业技术人才353人，其中，东莞市累计向铜仁市选派党政干部25人、专业技术人才111人，铜仁市向东莞市选派党政干部16人、专业技术人才98人。举办乡村振兴干部培训班31期，专业技术人才培训班91期、获广东省财政帮扶资金5亿元，东莞市社会捐赠资金及物资7328.44万元。

【劳务培训与消费协作】 2021年，铜仁市举办劳动力培训班67期，举办东莞远程招聘活动17场，帮助34739名农村劳动力就业（脱贫劳动力26696人）。铜仁市在广东设立销售窗口14个，在铜仁中南门历史文化旅游区设立“莞铜消费协作馆”，广东省采购、消费铜仁市农畜牧产品及特色手工艺产品计22.91亿元。

【区域协作】 2021年，铜仁市与各领域签订合作协议，引进凯金、嘉尚、乐嘉等40家广东企业，到位资金21.39亿元，协作共建产业园区13个（其中农业园区5个），引导东部企业入驻园区13家，到位金额4.87亿元，新建东西部协作扶贫车间（基地）52个，吸纳农村劳动力就业2339人（脱贫劳动力849人）。在省级以上各类主流媒体宣传报道铜仁东西部协作工作经验做法、典型案例105篇（国家级41篇、省级64篇）。

（市乡村振兴局　王福政）

4月16日，东莞·铜仁东西协作联席会议召开，“十四五”期间，由东莞市结对帮扶铜仁市10个县区（代旭东　摄影）

政协铜仁市委员会

综　述

【概况】 2021年，政协铜仁市委员会坚持党对政协工作的全面领导，定期向市委汇报工作，建立季度听取机关党组工作汇报和专题研究机关党建工作制度。开展“两个责任”分级约谈60人次，开展节假日前集体廉政提醒谈话6次。在党史学习教育中，围绕党在四个时期的历史和习近平总书记“七一”重要讲话精神开展专题学习研讨8次，创办《学习推荐》内刊；开展“我为群众办实事”实践活动，为群众办实事72件，经验做法被《贵州政协报》报道2次。与市级民主党派和工商联联合举办专题协商座谈会议1次，联合开展调研活动1次，联合开展民主监督1项。建立市政协同各民主党派联动协作机制，围绕易地扶贫搬迁后续扶持、主城区老旧小区改造等工作，开展联合调研、联办协商、联动监督。与江苏省苏州市政协、广东省东莞市政协加强联系协作，开展互动考察交流15批次，推动扶贫协作、产业发展、文旅合作、委员培训等领域合作。参加“大美黔菜”展示品鉴推广活动，推荐80余个菜品获“最受欢迎菜品”。落实湘、鄂、渝、黔四省市政协助推武陵山片区合作联席会铜仁共识和恩施共识，对铜吉铁路开工建设、乌江航运发展等重大问题提出建议。围绕新型工业化、新型城镇化、农业现代化、旅游产业化以及新能源汽车产业发展等开展专题调研，组织住铜省政协委员对长江十年禁渔生态保护情况进行视察，形成调研视察报告37份。围绕社会治理、教育、就业、医疗卫生、社会保障、易地扶贫搬迁后续扶持、社区养老服务、疾控人才体系建设等问题开展专题调研，形成调研报告8份。印发《铜仁市解决市县政协“两个薄弱”问题实施方案》，组建3个专题调研组到10个区县调研。7月，全省政协文化文史与学习工作座谈会在铜仁召开。

【人事任免】 2021年2月28日至3月3日，中国人民政治协商会议第二届铜仁市委员会第五次会议在铜仁市碧江区召开。会议补选肖洪为市政协主席，张吉刚、杨德振为市政协副主席，丁廷坤、朱喜林、杨云超、何志天、张林华、徐联为市政协常务委员。

【政协委员构成】 2021年，二届铜仁市政协有市级委员394名，其中中共党员156名，非中共党员238名。由中共、民革、农工党、九三学社、无党派、共青团和青年联合会、总工会、妇联、工商联、科协、侨联、文艺界、科技界、社科界、经济界、农业界、教育界、体育界、新闻出版界、宗教界、特别邀请人士等24个界别组成。10个区县有政协委员1865名，设置乡镇政协联络委员会155个。

【智力支边工作】 2021年，铜仁市智力支边工作以推进农村建设为重点，争取到东西部协作产业发展资金60万元，用于支持农业产业基地完善基础设施。与区县智力支边办共建碧江区和平乡油茶基地，万山区丹都街道挞扒洞社区香柚基地、茶店街道梅花村车厘子基地，印江自治县峨岭镇上槽村农旅综合开发农场，德江县高山乡、长堡乡天麻基地6个市、县智力支边联系点，引导企业规模化、标准、产业化发展，巩固智力支边联系点示范带动作用。分别解决省、市共建智力支边联系点石阡县龙塘镇大屯小学学生寝室维修、设备采购等经费5万元，德江第九小学电脑购置经费5万元。对农产品深加工和新型城镇化工作进行调研，形成《铜仁市农产品深加调研报告》《铜仁市新型城镇化调研报告》。在碧江区第三幼儿园、书香名苑幼儿园开展幼儿教育专题调研，完成《全市幼儿教育专题调研报告》。

（市政协办公室　邹志勇）

重要会议

【铜仁市政协二届五次会议】 2021年2月28日至3月3日，中国人民政治协商会议第二届铜仁市委员会第五次会议在铜仁市碧江区召开。会议审议通过陈康代表政协第二届铜仁市委员会常务委员会作出的工作报告和谢卫受政协第二届铜仁市委员会常务委员会委托作出的提案工作情况报告。会议补选市政协主席，市政协副主席和市政协常务委员。参会委员听取讨论市政府工作报告，讨论《铜仁市国民经济和社会发展第十四个五年规划和二〇三五年远景目标纲要（草案）》，听取讨论市中级人民法院、市人民检察院工作报告和其他报告，对上述报告和文件表示赞同，并提出意见建议。

【铜仁市政协二届常委会会议】 2021年2月27日，铜仁市政协二届二十二次常委会会议召开。与会人员对《政府工作报告（征求意见稿）》《铜仁市国民经济和社会发展第十四个五年规划和二〇三五年远景目标纲要（草案）》及其他报告（草案）进行协商讨论。会议审议政协第二届铜仁市委员会第五次会议议程（草案），审议《政协铜仁市委员会常务委员会工作报告》《市政协二届四次会议以来提案工作情况的报告》并推选报告人。审议通过政协第二届铜仁市委员会第五次会议日程、秘书长名单、副秘书长名单、小组划分办法及召集人建议名单，审议通过有关人事事项。

2月28日，铜仁市政协二届二十三次常委会会议召开。会议审议有关人事事项，市政协二届五次会议选举办法（草案），市政协二届五次会议选举总监票人、监票人名单（草案），同意按程序提交市政协二届五次会议各小组进行讨论。

3月3日，铜仁市政协二届二十四次常委会会议召开。会议审议通过政协第二届铜仁市委员会第五次会议决议（草案）和提案审查情况的报告（草案），同意提交市政协二届五次会议全体会议审议表决。会议听取各小组讨论有关人事事项、选举办法（草案）、总监票人和监票人名单（草案）的情况汇报，同意将有关人事事项提请市政协二届五次会议全体会议进行表决或选举，同意将选举办法（草案）和总监票人、监票人名单（草案）提请市政协二届五次会议全体会议审议表决。

3月29日，铜仁市政协二届二十五次常委会会议召开。会议传达学习习近平总书记视察贵州重要讲话精神和在全国两会期间重要讲话精神，全国“两会”、省“两会”精神，省委书记谌贻琴到铜仁调研讲话精神；传达学习中央、省、市纪委全会精神，听取市纪委市监委通报全市2020年党风廉政建设和反腐败工作情况；安排部署市政协常委会2021年工作。

7月9日，铜仁市政协二届二十六次常委会会议召开。会议传达学习习近平总书记“七一”重要讲话精神，听取全市2021年上半年经济社会发展情况通报，紧扣围绕“四新”主攻“四化”和改善民生开展专题协商，专题研究市政协常委履职工作，总结市政协上半年工作并安排下半年任务。会议集中观看严肃换届纪律警示教育片并开展集体约谈，审议通过有关人事事项。会前，与会人员分组到碧江、万山、江口、玉屏、沿河、松桃等地围绕“四化”和民生社会事业发展开展实地视察。

（市政协办公室　邹志勇）

协商议政

【**概况**】 铜仁市政协二届五次会议期间，政协委员提交政协提案207件，大会发言101篇，以政协委员重要建议“直通车”形式向市委、市政府报送委员意见建议97条。围绕铜仁“老字号”民族文化品牌建设、全市中小学校园体育现状、提升全市白酒产业整体质量等工作，开展界别协商、对口协商、提案办理协商6次，提出意见建议80余条。

【**铜仁老字号民族文化品牌建设界别协商**】 2021年，铜仁市政协组织专题调研组到石阡县、印江自治县、思南县、德江县，对全市老字号工作情况开展前期调研，到浙江省湖州市、江西省赣州市进行延伸调研。6月22日，组织11个界别的市政协委员会同市发改委、市工信局、市商务局等10个市直单位，围绕老字号工作开展界别协商。市政府副市长闫晓青出席会议并讲话，市政协副主席王能军主持会议。市商务局通报全市老字号民族文化品牌建设情况，3个部门进行补充发言，6位市政协委员开展交流发言。形成《铜仁老字号民族文化品牌建设界别协商报告》，并就保护和推进铜仁老字号品牌建设工作提出建立老字号联席会议机制、建立老字号认证体系、

2月28日，中国人民政治协商会议第二届铜仁市委员会第五次会议在碧江区开幕（代旭东、孙刚、曾睿　摄影）

建立老字号资源库等方面的意见、建议。

【全市中小学校园体育现状协商】 2021年，铜仁市政协组织部分委员和市直部门到碧江区、石阡县、思南县等地开展中小学校园体育现状调研，到贵阳市进行考察学习，并召开专题协商会。市政协副主席杨德振主持会议，市政协教科卫体委及其他相关委员参加会议，市教育局局长冉俊华参加会议并向委员会通报全市中小学校园体育工作情况，5位市政协委员和参会部门发言。形成《全市中小学校园体育现状协商报告》，提出规划城市学校布局、提高师资队伍水平、足额保障体育经费等8个方面的建议。

（市政协办公室　邹志勇）

视察调研

【推进新能源汽车产业发展】 2021年，铜仁市初步建立起上游、中游、下游均有一定产能布局的新能源汽车产业体系，主要包括动力电池产业（部分基础原料、正负极材料、电芯制造等细分领域）、整车制造产业（万山万仁新能源汽车）、下游服务产业（充电运营商和动力电池回收企业）。4月，市政协组织调研组到碧江区、万山区、大龙开发区等地，专题调研全市新能源汽车产业发展情况，专题研究推进全市新能源汽车产业化发展。调研组形成《铜仁市新能源汽车产业发展调研报告》，对布局动力电池全产业链、建设汽车零部件产业园等5个方面提出意见建议。

【铜仁市疾控体系人才建设调研】 2021年，市政协组织部分委员对铜仁市、县疾控中心和基层预防保健组织人才建设进行调研。调研发现，全市疾控机构中有硕士10人，占在编总人数的1.65%，疾控系统存在人才队伍编制匹配比例不足、人才队伍结构不优、高端人才短缺等问题。调研组根据调研结果，形成《铜仁市疾控体系人才建设调研报告》，提出合理规划疾控体系人才队伍、科学核定编制建立动态调整机制等意见建议。

【铜仁市农产品深加工专题调研】 2021年，铜仁市政协组织市农业农村局、市工信局、市统计局、市智力支边办等单位有关负责人，到碧江区、江口县、松桃自治县，遵义市湄潭县及湖南省长沙市部分加工企业、生产车间、种养基地，调研考察农产品深加工产业发展。调研组围绕全市农产品深加工存在的产业结构有待优化、科技创新有待加强、营销方式有待拓展、融资难题有待破解4个方面问题，形成《铜仁市农产品深加工专题调研报告》。

【落实长江十年禁渔生态保护情况视察】 7月下旬，铜仁市政协组织住铜省政协委员开展落实长江禁渔生态保护情况视察。8月12日在市政协召开专题会议，听取市政府通报全市落实长江十年禁渔生态保护情况和住铜省政协委员反馈视察情况意见建议。形成《住铜省政协委员视察落实长江十年禁渔生态保护情况报告》，对全市落实长江十年禁渔生态保护工作提出加大宣传力度、加强执法能力建设、建立共管水域联合执法机制等5个方面的意见建议。

【大数据场景应用与平台经济发展视察】 2021年，铜仁市政协组建调研组对全市大数据场景应用与平台经济发展进行调研，与市大数据局、梵云大数据集团有关负责人座谈，了解部分大数据企业发展情况。10月25日，对碧江区、万山区、铜仁高新区大数据场景应用与平台经济发展进行视察。形成《大数据场景应用与平台经济发展视察报告》，提出打通“数据壁垒”，推进数字产业化和产业数字化等意见建议。

【主城区天然气建设视察】 11月24日，铜仁市政协组成常委视察组到市民生天然气（集团）有限公司旋水湾LNG输配站、市天然气能源投资有限公司LNG输配站，专项视察主城区天然气建设情况，并召开视察座谈会，听取市政府通报主城区天然气建设情况，形成《市政协常委视察主城区天然气建设情况的报告》，提出加快推进天然气基础设施建设、提升天然气普及率、促进天然气行业有序发展的10条意见建议。

（市政协办公室　邹志勇）

【专项监督】 2021年，铜仁市政协成立专项民主监督工作组，于5—11月对主城区老旧小区改造情况开展专项民主监督，监督工作组向社会发布监督公告后，征集到市民意见13条。其间，监督工作组到碧江区、万山区实地调研花果山片区、韩家懂、北门片区、城南驿（老农贸市场）4个老旧小区改造项目推进情况，听取相关情况介绍和群众代表的意见建议，发现政策机制不够完善、资金筹措保障较难等4个大类问题和3个大类9条意见建议与市住建局进行沟通反馈。

表7　2021年铜仁市政协二届五次会议部分提案一览表

提案号	类别	案由	第一提案人	联名	主办单位	会办单位
4	经济建设	关于加快我市农特产品加工产业发展的提案	敖芝秀		市农业农村局	市商务局、市财政局、市金融和国有资产发展中心、市市场监管局、市大数据局
6	经济建设	关于将印思德融合发展列入重要支点城市组群建设(乌江特色城市群)创新区的提案	喻　莉	饶继勇、陈　琪、杨孝华、杨劲松、任平波、杨　敖、汪定强、张韵刚、王　毅、谭恩贵、杨胜堂、杨　丹、邹　旭	市发展改革委	市交通运输局、市商务局、市科技局、市教育局、市卫生健康局、市医疗保障局、市文体广电旅游局、市人力资源和社会保障局、市农业农村局,印江县政府、思南县政府、德江县政府
10	社会建设	关于加强住宅小区物业管理的提案	杨　徯		市住房和城乡建设局	市公安局、市发展改革委、市市场监管局、市自然资源局、市城市综合执法局
12	文化建设	关于加强基础科学研究的提案	黄　啸		市科技局	
14	社会建设	关于做好我市大学毕业生就业创业工作的提案	刘泽松		市人力资源和社会保障局	市教育局、铜仁学院、铜仁职院、铜仁幼专、贵州健康学院
16	经济建设	关于金融助推全市农村产业发展的提案	成　军		市金融和国有资产发展中心	市农业农村局
18	文化建设	关于将"武陵山(黔东)土家族苗族文化生态保护区"申报为国家级文化生态保护实验区的提案	杨劲松	龙云清、陈志刚	市文体广电旅游局	
20	社会建设	关于规范我市中药饮片管理的提案	张琪凤		市卫生健康局	市市场监管局、市农业农村局、市商务局、市发展改革委
23	社会建设	关于优化铜仁城区中小学师资配置的提案	何天佳		市教育局	碧江区政府、万山区政府
25	生态文明建设	关于把梵净山建设成为国家公园的提案	九三学社铜仁市委	李胜君	贵州梵净山国家级自然保护区管理局	市林业局,江口县政府、松桃县政府、印江县政府
27	社会建设	关于推动我市大健康产业高质量发展的提案	九三学社铜仁市委		市卫生健康局	市疾控中心、市市场监管局、市民政局、市发展改革委
30	经济建设	关于支持石阡"温泉+"全域旅游强县的提案	杨　玲	杨劲松	市文体广电旅游局	市委宣传部,石阡县政府
33	文化建设	关于以石阡为重点加强夜郎文化资源保护的提案	夏宽忠	杨劲松	市文体广电旅游局	市发展改革委、石阡县政府
43	经济建设	关于提高自然保护地补偿标准的提案	刘德军		市林业局	市财政局、市自然资源局,各区(县)政府
44	经济建设	关于加大石阡茶产业扶持力度的提案	姜　星	毛名超	市农业农村局	市委宣传部、市委编办、市人力资源和社会保障局、市投资促进局
48	文化建设	关于支持万山汞矿遗址申报世界文化遗产的提案	刘　静		市文体广电旅游局	万山区政府
49	经济建设	关于推进建设节水型灌溉网的提案	陈　华	赵　捷	市水务局	市发改委、市农业农村局

续表 7

提案号	类别	案由	第一提案人	联名	主办单位	会办单位
50	社会建设	关于加快全市养老事业健康发展的提案	张林华	吴泽军	市民政局	市卫生健康局、市人力资源和社会保障局、市自然资源局、贵州健康职业学院
51	经济建设	关于加快发展铜仁市农业产业化集群的提案	陆晓文		市农业农村局	市商务局、市市场监管局、市科技局
68	文化建设	关于加快发展红色旅游的提案	邹　旭	杨　丹	市文体广电旅游局	市交通运输局
72	社会建设	关于加强我市职业院校产教融合校企合作的提案	市政协教科卫体委		市教育局	市工业和信息化局、铜仁职业技术学院
74	经济建设	关于推进全市水果产业发展的提案	市政协社法委	张　涛	市农业农村局	市文体广电旅游局、市科技局、市委编办、市发改委、市商务局
75	经济建设	关于我市竹产业发展的提案	市政协经济委	陈　敏	市林业局	市文体广电旅游局、市发展改革委
78	社会建设	关于加强我市中小学生近视综合防控的提案	农工党铜仁市委郭瑞华	廖云丽	市教育局	市卫生健康局
79	社会建设	关于加强我市老年代步车规范管理的提案	农工党铜仁市委	王荣海	市公安交管局	市城市综合执法局、市市场监管局
81	社会建设	关于优化“便民门诊”服务群众的提案	农工党铜仁市委		市卫生健康局	
90	社会建设	关于加大立体停车场建设力度的提案	市工商联	俞丽梅	市城市综合执法局	市住房和城乡建设局
100	社会建设	关于加快全市天然气“县县通”建设的提案	黄道成	刘嘉赋	市发展改革委	市农业农村局、市生态环境局、市水务局、市林业局、市自然资源局、市金融和国有资产发展中心，市城投集团，各区（县）政府
104	社会建设	关于在市区县主城区公共场所配置母婴设施的提案	妇女联合会界别	张炜青	市卫生健康局	市城市综合执法局、市住房和城乡建设局、市自然资源局，各区（县）政府
108	社会建设	关于在铜仁主城区增设人行天桥的提案	庹　颖		市住房和城乡建设局	碧江区政府、万山区政府
116	经济建设	关于提升我市白酒产业整体质量的提案	罗兵华		市工业和信息化局	市商务局、市市场监管局、市财政局、市金融和国有资产发展中心、市文体广电旅游局
127	社会建设	关于进一步完善无障碍公厕建设的提案	民革铜仁市委		市住房和城乡建设局	各区（县）政府
137	社会建设	关于加快推动养老事业发展的提案	张永江		市民政局	市卫生健康局、市自然资源局、市金融和国有资产发展中心、市财政局、市税务局、市医疗保障局，各区县政府，铜仁高新区、大龙开发区管委会
138	社会建设	关于加快我市老旧小区改造的提案	张永江		市住房和城乡建设局	市民政局、市公安局、市卫生健康局、市大数据局，各区县政府，铜仁高新区、大龙开发区管委会

续表 7

提案号	类别	案由	第一提案人	联名	主办单位	会办单位
139	经济建设	关于提升抹茶基地标准建设的提案	郑晓锋		市农业农村局	市发展改革委、市文体广电旅游局、市金融和国有资产发展中心、市财政局、市商务局、市卫生健康局、市住房和城乡建设局,各区县政府
141	社会建设	关于更好发挥全科规培医生作用提升基层卫生服务能力提案	舒振林	田怡筠	市卫生健康局	
143	社会建设	关于建设全市儿童剧院的提案	金夏琳	杨劲松、李　蓉、钟俊平、王　波	市文体广电旅游局	团市委、市自然资源局
150	社会建设	关于在中医药适宜技术门诊推行日间病房按病种支付医保费用的提案	余长洋		市医疗保障局	
153	社会建设	关于城区公共体育场地建设的提案	张　伶		市文体广电旅游局	市住房和城乡建设局、市自然资源局
170	经济建设	关于大力推进全市肉牛产业发展工作的提案	张正平		市农业农村局	市财政局、市扶贫办、思南县政府
173	经济建设	关于加大思南县乌江综合港区建设项目支持力度的提案	张永江	刘全和、余泠君、张羽琴	市交通运输局	思南县政府
181	文化建设	关于少数民族特色村寨保护与发展的提案	张羽琴	余泠君	市民宗委	市文体广电旅游局、市财政局,各区县政府
202	政治建设	关于进一步推进法治政府建设的提案	陈燕林		市委政法委	市司法局、市委编办、市市场监管局
205	政治建设	关于加快推动铜仁(碧江)高新区申创国家级高新区的提案	杨鸿雁		市科技局	市财政局、市税务局、市委组织部、市投资促进局、市自然资源局、市商务局、市工业和信息化局,铜仁高新区管委会,碧江区政府

(市政协办公室　邹志勇)

委员履职

【委员建言资政】 2021 年,铜仁市政协出台《铜仁市政协常务委员会组成人员联系委员工作制度》《政协铜仁市委员会专门委员会联系界别工作制度》,加强和规范同界别、委员的沟通联系。推荐 82 名市政协委员参加市委常委会 2020 年民主生活会征求意见座谈会、2021 年政府工作报告及市经济社会发展“十四五”规划纲要草案征求意见座谈会、全国脱贫攻坚总结表彰省级考察座谈会、2020 年度市直机关党组织书记抓党建工作述职评议会、主城区文明创建工作现场观摩推进会、市政法系统教育整顿征求意见座谈会、旁听有关案件庭审、参与投票评选贵州省第八届全国道德模范评选表彰活动、担任贵州省营商环境义务监督员等,为市政协委员参政议政和民主监督提供平台。

【提案交办】 2021 年,铜仁市政协组织住铜全国政协委员向全国政协提交开工建设铜吉铁路等方面提案 8 件,组织住铜省政协委员向省政协提交大力发展红色旅游、推进石阡困牛山战斗遗址挖掘保护和开发利用等方面提案 53 件、大会发言 19 篇。在市政协二届五次会议期间,收到提案 229 件,立案 213 件,不符合立案条件 15 件,经与提案者沟通协商撤案 2 件。在立案提案中,委员个人或联名提出提案 163 件,各民主党派、工商联、人民团体、政协各专门委员会和界别提出提案 49 件,其中界别 8 件,经并案处理,实际交办 207 件。涉及经济建设 75 件,政治建设 19 件,文化建设 22 件,社会建设 80 件,生态文明建设 11 件。截至 12 月 31 日,政协所有交办提案全部办复。

(市政协办公室　邹志勇)

中共铜仁市纪律检查委员会·
铜仁市监察委员会

综　述

【概况】 2021年，铜仁市纪委监委接受信访举报3005件次，处置问题线索3784件，立案1409件，给予党纪政务处分1307人次，采取“留置”措施52人，移送司法机关35人。运用“四种形态”批评教育帮助和处理党员干部4041人次，第一、第二、第三、第四种形态分别占比67.10%、25.90%、3.80%、3.20%。2021年，铜仁市党风廉政建设社会民意抽样调查综合得分位列全省第一，市纪委监委机关党委被授予“全国脱贫攻坚先进集体”荣誉称号。

【规范化法治化建设】 2021年，铜仁市纪委监委开展纪检监察机关“规范化法治化建设年”活动，强化纪检监察机关纪法意识、纪法思维、纪法素养。推进政治业务能力提升、人才“双千工程”、信息化建设、监督执纪执法保障强化“四大工程”。推进“六个同步”做法，开展案件回访教育305人次。累计组织15000余名党员干部到铜仁市党风廉政教育基地接受党性教育和警示教育，强化全市党员干部保持对“腐蚀”“围猎”的警觉。完成《铜仁纪检监察志》编纂工作，挖掘、整理、记述铜仁纪检监察工作历史。持续完善内部监督工作体系，坚持刀刃向内，以纪律作风锻造纪检监察队伍。铜仁市纪委监委获中国纪检监察杂志社2021年度《中国纪检监察》学刊用刊工作“组织奖”。

【廉政教育】 2021年，铜仁市制定实施《铜仁市年轻干部和新入职公职人员接受党风廉政警示教育工作制度》，实行年轻干部廉洁自律问题“三个一律”责任追究制[一律倒查党委(党组)主体责任、一律倒查主要领导第一责任、一律倒查分管干部人事领导直接责任]；督促被监督单位梳理建立“问题清单”1051个，整章建制1556个；开展新入职人员党风廉政“六必”教育(必须组织一次岗前廉政教育、必须开展一次岗前提醒谈话、必须观看一部警示教育片、必须参观一次警示教育基地、必须开展一次党纪法规知识测试、必须撰写一篇心得体会)3388人次。开展“一案一整改”，召开全市党风廉政警示教育大会，通报全市腐败低龄化典型案例，500余人接受警示教育。分批组织76个单位4800余名党员干部到铜仁市党风廉政教育基地接受党性教育和警示教育，分层分类开展警示教育134场次，2.7万余名党员干部接受教育。

【能力建设】 2021年，铜仁市纪委监委选派干部参加中央、省、市各类培训341人次。抽调75名干部“上挂”锻炼，从纪委机关选派3名“985”选调生到沿河自治县、思南县开展驻村工作。深化全员培训，多途径、多渠道提升纪检监察干部能力素质，全市纪检监察系统举办各类专题培训班17期，参训3200余人次。推荐提拔县处级干部9名，县级干部转任重要领导岗位职务10名，提拔科级干部25名。分级开展“政治家访”，把党内关怀和廉政教育的触角延伸到干部职工家

3月5日，二届市纪委六次全会期间套开全市党风廉政警示教育大会(市纪委　供图)

庭。防治“灯下黑”，全市受理纪检监察干部问题线索88件，运用“四种形态”处理22人，给予党纪政务处分9人。

【重大课题调研成果】 2021年，铜仁市《腐败低龄化问题预防路径研究》获中国社科院第十四届中国廉政研究论坛课题论文三等奖、全省纪检监察系统党风廉政建设和反腐败斗争问题调查研究课题一等奖；《运用大数据一体推进“三不腐”的痛点难点及应对策略》获第五届中国基层廉政研究论坛课题论文二等奖；《铜仁市探索“三前移”机制预防腐败低龄化》获全省深化改革重点课题三等奖，《铜仁市创新乡村“六小长”微权力清单制度打通基层监督“最后一公里”》被评为市委改革创新一等奖；《派驻机构“协同式”监督的铜仁实践》获市社科联重点课题优秀奖。

（市纪委　黄红霞）

重要会议

【中共铜仁市第二届纪律检查委员会第六次全会】 2021年3月5日，中国共产党铜仁市第二届纪律检查委员会第六次全体会议召开，市委书记陈昌旭出席全会并讲话。市纪委书记钟汰甬主持会议并代表二届市纪委常委会作题为《推动新时代纪检监察工作高质量发展为铜仁全面建设社会主义现代化开好局起好步提供坚强保障》的工作报告。部分区（县）及市直部门党政主要负责人向全会述责述廉述德。会议期间，召开全市腐败低龄化警示教育大会，500人现场接受警示教育。

【市纪委常委会市监委委务会】 以习近平新时代中国特色社会主义思想为指导，把习近平总书记系列重要讲话和视察贵州重要讲话精神作为市纪委常委会、市监委委务会学习的第一议题，跟进学习贯彻党的十九大、十九届历次全会精神及省委、市委重要会议和重要文件精神，学习贯彻习近平总书记“七一”重要讲话。全年召开市纪委常委会会议49次（市监委委务会39次）。

（市纪委　黄红霞）

监督执纪

【政治监督】 2021年，铜仁市纪委监委围绕习近平总书记视察贵州重要讲话和对贵州对铜仁工作重要指示精神强化政治监督，督促52个责任单位贯彻落实。围绕深入贯彻落实习近平总书记关于加强“一把手”和领导班子监督的重要指示批示精神，紧盯“关键少数”，加强对“一把手”和领导班子监督，与10名区（县）党委书记“一对一”谈话、“面对面”交流，督促推动区（县）党委履行主体责任。全市查处“一把手”39人，党纪处分34人，政务处分13人，其中受到党纪政务双重处分10人；查处违反政治纪律17人。围绕“四新”主攻“四化”进行监督，调研督导单位91个，发现和督促整改问题154个。围绕落实《铜仁市生态环境保护责任清单》开展专项监督，发现并督促整改问题96个，提出建议96条，追责问责13人，推动长江经济带生态环境警示片披露问题和省生态环境保护暗察暗访组反馈的4个问题整改到位。

【民生监督】 2021年，铜仁市纪委监委在党史学习教育中，以“我为群众办实事”实践活动为载体，化解群众“急难愁盼”问题。开展“访村寨、重监督、助振兴”行动，走访项目693个，发现问题263个，立案6件，党纪政务处分4人；对乡村振兴工作抽查113个乡（镇、街道）、217个村（社区），走访1178户群众，发现并督改问题228个；围绕“四个不摘”开展专项监督检查7219次，发现问题1204个，发现问题线索44个，立案40件40人，党纪政务处分29人；开展易地扶贫搬迁后续扶持监督检查921次，发现问题177个，立案4件，党纪政务处分2人。

【派驻机构“协同式”监督】 2021年，铜仁市推进派驻机构“协同式”监督，进一步完善监督机制、整合监督力量、创新监督方式。市纪委监委抽调56名基层纪检监察干部参与监督、办案；聚焦“两个维护”查阅资料20370份、民主测评1486人；14个派驻纪检监察组开展“主题化坐班”1010天，常态化监督检查1242次，发现问题1340个，参加被监督单位党组（党委）会议1366次；开展下沉调研45次、延伸调查18次，发送纪检检察建议书和监察建议书7份，督促建立、完善制度251个；完善市县两级廉政档案建设，建成廉政档案14888个；推进党内法规执行情况监督，发现并反馈督促整改问题77个；开展会计出纳“一肩挑”暗察暗访，发现并现场反馈问题68个。

（市纪委　黄红霞）

审查调查

【“四风”问题专项整治】 2021年，铜仁市查处形式主义、官僚主义突出问题33起33人，党纪政务处分33人，通报曝光10批次27起47人；查处享乐主义、奢靡之风问题69起73人，党纪政务处分72人，通报曝光典型问题29批次59起61人；立案查处酒驾醉驾党员干部、公职人员 243 人；开展公务接待中“吃公函”问题、公务加油卡和公务用车突出问题等重点领域专项整治，问责党员干部 26 人。查处领导干部利用茅台酒谋取私利问题 20 起 20 人，党纪政务处分 20 人，移送检察机关 1 人。

【腐败问题查处】 2021 年，铜仁市探索推行行贿人“黑名单”制度，录入行贿人信息库信息 510 条。开展会计出纳“一肩挑”专项治理，在全市 883 个单位督改问题 211 个，推动消除财务管理风险漏洞。对党内法规和规范性文件执行情况开展专项检查，推动整改问题 69 个。强化案件质量评查，打造“铁案工程”，全年无退回补充调查和法定不起诉案件。

【政法队伍教育整顿监督执纪问责】 2021 年，铜仁市纪委监委按照“自查从宽、被查从严”要求，把握并运用“三个区分开来”和“四种形态”，做到信访举报件必核，问题线索必查。建立“三台账、三督办、三反馈、三问责、双清零”工作机制。推动扫黑除恶常态化，推动政法队伍教育整顿监督执纪问责工作，受理政法干警问题线索 502 件，办结 481 件，党纪政务处分 157 人，118 名政法干部主动说明问题。

（市纪委　黄红霞）

巡察工作

【概况】 2021 年，铜仁市委巡察机构开展市委第九、第十轮巡察“回头看”和涉粮问题专项巡察工作。全市巡察反馈问题 3619 个，完成整改 1423 个；巡察发现问题线索 147 件，办结 47 件。市委常委会召开会议，完成对《关于 2020 年铜仁市委巡察工作领导小组重点工作情况的报告》《二届铜仁市委 2021 年巡察工作计划》《二届铜仁市委第九轮巡察工作方案》的审议工作。铜仁列为“市级巡察机构在上下联动中更好发挥作用”全国 7 个试点市之一。

【二届铜仁市委巡察工作动员部署会议】 2021 年 3 月 31 日，二届铜仁市委第九轮巡察工作动员部署会议召开。会议学习习近平总书记关于巡视工作重要论述和习近平总书记视察贵州重要讲话精神，总结 2020 年巡察工作，安排 2021 年巡察工作任务，对二届铜仁市委第九轮巡察工作进行动员部署。受市委书记陈昌旭委托，市纪委书记、市监委主任、市委巡察工作领导小组常务副组长钟汰甬出席会议并讲话。

8 月 31 日，二届铜仁市委第十轮巡察工作动员部署会召开，会议学习习近平总书记“七一”重要讲话精神和视察贵州重要讲话精神，全面贯彻党中央、省委关于巡视巡察工作新部署新要求，结合试点工作任务，安排部署第十轮巡察工作。市委书记、市委巡察工作领导小组组长陈昌旭出席会议并讲话，市纪委书记、市监委代理主任、市委巡察工作领导小组常务副组长罗雁冰主持会议。会上宣读二届铜仁市委第十轮巡察组组长授权任职、任务分工、成立临时党支部的决定。根据市委统一安排，本轮巡察将对市人民检察院党组、市人社局党组、市交通局党组和 33 个村(社区)党组织开展巡察。

【政治巡察】 2021 年，铜仁市印发《二届铜仁市委 2021 年巡察工作计划》，将巩固拓展脱贫攻坚成果同乡村振兴有效衔接、党史学习教育、换届纪律、政法队伍教育整顿等中共中央重大决策部署纳入巡察监督重要内容，并细化明确 6 个方面 24 项具体任务。紧扣“三个聚焦”主要内容，细化制定政策清单、职责清单、问题清单。统筹开展中期调研、中期督导、中期研判，落实“四重把关”机制，研究制定《铜仁市巡察质量评估办法》，细化制定 38 项巡察质量评估指标。二届市委第九轮和第十轮巡察中，市委巡察组发现聚焦基层贯彻落实党的路线方针政策和党中央决策部署方面问题 243 个，聚焦群众身边腐败和不正之风 165 个，聚焦基层党组织领导班子和干部队伍建设 267 个。

【巡察监督协作】 2021 年，铜仁市印发《关于建立健全铜仁市委巡察机构与铜仁市纪委市监委有关部门协作配合机制的意见》，将巡前情况通报、巡中协调沟通、巡后整改监督和成果运用等 6 个方面细化为 22 项具体协作配合内容，健全完善“四项监督”贯通融合机制。研究制定《巡察发现问题线索纪巡会商工作制度》，对第十轮巡察和涉粮问题专项巡察发现的 48 件问题线索开展“纪巡会商”，提高巡察发现问题线索的质量。修订完善巡察机构与组织部门协作配合机制，探索巡察机构与市人大机关、市委政法委、市督查督办局、市民政局等协作配合机制，扩大监督贯通融合范围，把巡察监督与各类监督贯通，构建现代化监督格局。

【巡察成果运用】 2021 年，铜仁市委巡察机构落实“双反馈三通报”机制，把巡察反馈的过程转化为传导压力、警示震慑的过程。4 月 19 日，市纪委监委召开巡视巡察整改监督内部协调工作专题会，明确巡察整改材料的审核程序和审核意见反馈要求。坚持“改”和“立”相结合，针对巡察发现的共性、倾向性问题，移交相关职能部门开展专项治理，推动整个系统、整个行业、整个领域强化监管、完善制度、堵塞漏洞。8月26日，召开二届市委第九轮巡察发现问题及问题线索集中交办会，推行“双审核三方联审”机制，市纪委市监委、市委组织部和市委巡察组“三方联审”被巡察单位整改方案和整改报告。

【巡察干部机制保障】 2021年，铜仁市印发《铜仁市党委巡察机构领导干部任免职管理办法(试行)》，建立区(县)党委巡察办班子成员和巡察组正科长级巡察专员“下管一级”的制度机制，市县党委巡察办主任均担任同级纪委常委，并实现专职化，符合条件的，经法定程序，担任同级党委委员、人大常委会委员。印发《关于选派优秀干部到巡察机构实践锻炼的实施意见(试行)》，市县两级选派70名35岁以下干部、23名新提拔干部参加第十轮巡察和涉粮问题专项巡察工作。制定《铜仁市委巡察人才库建设及管理办法》，统筹纪检监察、组织、审计、财政等系统人员力量，建立巡察“两库”人员。制定《关于统筹全市巡察教育培训工作的实施意见》，市级统筹对区(县)巡察干部开展“提级培训”，破解区(县)培训师资不足、内容单一等难题，逐步实现市县巡察干部全员培训。

(市委巡察办　黄双龙)

【巡察试点】 2021年7月23日，中央巡视工作领导小组办公室把铜仁列为“市级巡察机构在上下联动中更好发挥作用”全国7个试点市之一。铜仁市按照中央巡视办明确的“7个探索”任务和中央纪委常委、国家监委委员、中央巡视办主任王鸿津提出的“六个统筹”“五个强化”工作要求，细化制定124项具体任务，重点探索16项制度。10个区(县)各自承担具体试点任务，探索实践。截至12月底，完成88项具体任务，制定出台26项制度，其中，重点制度11项，中央巡视办《试点工作简报》编发15项铜仁巡察试点工作制度建设成果。实现一届任期内对125个单位党组织的巡察全覆盖，10个区(县)党委完成对900个单位党组织的巡察全覆盖，同时延伸巡察2904个村(社区)党组织，村级巡察覆盖率100%。全市建立巡察人才库1333人，其中组长库312人，巡察专业人才库1021人。

(市纪委　黄红霞　市委巡察办　黄双龙)

民主党派·工商联

中国国民党革命委员会铜仁市委员会

【概况】 2021年，中国国民党革命委员会铜仁市委员会（以下简称“民革铜仁市委”）开展“同心兴铜+聚力发展”工程、统一战线警示教育活动、中共党史学习教育和“牢记殷切嘱托、忠诚干净担当、喜迎建党百年”专题教育活动，完成各基层组织和市委会的换届工作。支持和指导基层支部开展中共党史学习教育活动15次。民革铜仁市委被授予“民革助力脱贫攻坚工作先进集体”称号，江口县支部获民革中央“全国示范支部（第二批）”荣誉称号。杨晓敏、田智、方宁、胡国仁、张灵慧、杨海燕获“民革助力脱贫攻坚工作先进个人”称号。杨海燕获“民革全国组织工作先进个人”称号。

【组织建设】 2021年，民革铜仁市委有基层组织17个（总支1个，支部16个），党员280人，其中，博士1人、硕士13人，中高级职称及以上156人。有省政协委员2人，省人大代表1人，市人大代表4人（市人大常委2人），市政协委员17人（市政协常委4人），区人大代表7人（区人大常委3人），区政协委员15人（区政协常委9人）。新发展党员5人，平均年龄35岁，其中研究生以上学历1人，中高级职称2人。基层组织完成换届任务。3月30日至7月20日，16个支部1个总支部完成换届。在芳瑞堂有限公司创建市直一支部“民革党员之家”，在碧江区创建碧江区总支部“民革党员之家”。碧江区一支部党员舒滞及其妻子徐小英入选2021年10月“中国好人榜”。

【思想建设】 2021年4月15日，民革铜仁市委召开第二届委员会第十六次委员（扩大）会议，部署作风建设年活动，对作风建设年活动的指导思想、具体措施、工作目标进行解读。3月4—5日在玉屏自治县田坪镇金色侗乡大酒店召开2020年度总结会暨《中国共产党统一战线工作条例》培训会。主委杨晓敏主持会议，民革铜仁市委委员，各支部班子成员，法律服务中心、企业家联谊会、中山艺术团、中山书画院负责同志，部分党员代表，80人参会。会议表彰2020年优秀党务工作者、先进党员，安排部署2021年工作。副主委陈旭鸿做《中国共产党统一战线工作条例》培训讲座。11月25—29日，民革贵州省委专职副主委、省政协副秘书长（兼）邓文淼、民革贵州省委秘书长李云霞带队到铜仁市玉屏自治县、松桃自治县、印江自治县、石阡县等地开展“观故居，走多党合作之路”暨作风建设走基层活动，先后参观调研黎平会议纪念馆，中共镇远地下支部（周达文故居），欧百川陈列馆及其故居，红二、六军团木黄会师纪念馆，困牛山红军壮举纪念碑等，接受前辈优良传统教育和爱国主义教育。铜仁市政协副主席、民革铜仁市委主委张洁等陪同调研。12月2日，民革江口县支部开展“观故居·走多党合作之路”主题教育活动。江口县政协副主席、民革江口县支部主委王家新及全体党员参加活动。

8月13日，中国国民党革命委员会铜仁市委员会第三次代表大会在铜仁市举行（杨　文　摄影）

【参政议政】 2021年，民革铜仁市委在“书记、市长与政协委员座谈会”上分别作“发展茶旅融合，助力乡村振兴”“铜仁市易地扶贫搬迁后续产业持续发展工作”的发言，所提意见得到有关部门采纳。“关于推动空巢老人养老服务工作的建议”等3件社情民意得到民革贵州省委的采用，“关于加快推动社会资本进入养老服务产业切实为老年人提供多方位服务的建议”被民革中央采用为社情民意报送全国政协。

【社会服务】 2021年，民革铜仁市委召开主委会议部署坪岭村帮扶工作2次。每两个月到村开展对口帮扶工作1次以上，采取集中座谈和入户宣传等方式，向坪岭村干部群众宣讲习近平总书记视察贵州重要讲话精神、新冠肺炎疫情防控的相关政策，《中国共产党统一战线工作条例》等制度、政策。2月7日，民革铜仁市委为14户困难党员和群众送去食用油、大米等慰问品和新春祝福。5月19日，石阡县坪山乡坪岭村的村干部和村民代表，来到民革铜仁市委会机关赠送印有“扶贫帮困暖人心、真心为民奔小康”“扶贫济困解民忧、心系群众办实事”锦旗2面。5月12日，到思南县开展助力乡村振兴捐赠活动，捐赠鹦鹉溪镇翟家坝村10台锄草机，价值1.05万元。6月4日，参加“6·5”世界环境日宣传咨询、发放知识宣传手册、发放环保购物袋等活动。9月16日，组织市直三支部、四支部、职院支部党员中的律师、医务志愿者到万山区大坪乡开展“送法送医进乡村、金秋送学”活动。10月11日，民革东莞市委会副主委蓝光明带领广东省东莞市民革调研组到沿河自治县实验小学、甘溪镇中心完小开展捐资助学活动。11月5日，铜仁职业技术学院开天校区与万山区塘边小学举行帮扶签约仪式。铜仁职业技术学院开天校区管委会常务副主任袁波代表民革铜仁职院支部、铜仁职业技术学院开天校区参加签约仪式。12月20日，民革铜仁幼专支部党员何海华率公益团队在沿河自治县甘溪镇初级中学开展爱心捐赠活动，捐赠价值10万余元的物资。

（民革铜仁市委　杨海燕）

10月11日，民革东莞市委会副主委蓝光明带领广东省东莞市民革调研组到贵州省铜仁市沿河自治县实验小学、甘溪镇中心完小开展捐资助学活动（民革铜仁市委　供图）

中国民主建国会铜仁市工作委员会

【概况】 2021年，中国民主建国会铜仁市工作委员会（以下简称“民建铜仁市委”）履行参政议政、民主监督、参加中国共产党领导的政治协商和社会服务等参政党职能。2021年一名会员获中共中央、国务院“全国脱贫攻坚先进个人”表彰。

【组织建设】 2021年，民建铜仁市委有基层组织5个（市直综合支部1个，区、县支部4个），开展“民建会员之家”建设，推动基层组织健康发展，建成民建市委机关、民建市委市直属综合支部、民建碧江支部“会员之家”3个。新发展会员7人，平均年龄36.4岁，其中高级职称1人。所有144名会员中，有经济界会员90人，占比62.50%；大专以上学历116人，具有副高级职称以上会员19人，现任全国人大代表1人、省政协委员1人、市政协委员18人。7月23日召开民建铜仁市委委员（扩大）会议调整班子成员，调整后的班子成员为：主任委员刘嘉赋，副主任委员陈燕林（兼）、张林华（专职）、杨鸿雁（兼），委员何建昌、秦琼、龙炳刚、石丽平、禹丽华、肖湘、罗来兴、简地先、宁亚虾。

【思想建设】 2021年，民建铜仁市委通过主委会、委员会、中心组学习会等，学习贯彻习近平新时代中国特色社会主义思想，中共十九届五中、六中全会精神，习近平总书记在中国共产党成立100周年上的重要讲话精神，中国共产党统一战线条例，全国“两会”精神，系统学习中共党史、新中国史、改革开放史、社会主义发展史、多党合作史，学习多党合作理论政策和优良传统、民建会史和章程及中央、省、市重要会议、文件和指示精神，促进民建会员进一步增强“四个意识”，坚定“四个自信”，做到“两个维护”，夯实多党合作的共同思想政治基础。组织会员石丽平代表民建省委参加在贵阳举行的贵州省统一战线庆祝中国共产党成立100周年“在共产党的旗帜下”讲述活动，并获三等奖。

【参政议政】 2021年，民建铜仁市委员会向政协第二届铜仁市委员会第五次会议提交提案12件。其中，《关于加快全市天然气“县县通”建设的建议》《关于加快推进我市公共法律服务体系建设的建议》《关于发展铜仁市油茶产业的建议》提案获政协第二届铜仁市委员会优秀提案表彰。完成《关于我市城区发展“夜间经济”的调研报告》《铜仁市新型城镇化与乡村振兴协调推进路径研究》《加快铜仁市新型城镇化建设的建议》《完善铜仁市易地扶贫搬迁安置点管理机制的建议》

《加快我市主城区天然气建设的建议》等调研成果，为市委、市政府及相关部门科学决策、民主决策提供参考。其中，《铜仁市新型城镇化与乡村振兴协调推进路径研究》被民建省委转化为省“两会”提案，同时获全市统战理论政策研究创新成果奖。

【社会服务】 2021年5月17日，会员企业玉屏康华房地产开发有限公司董事长张华向玉屏自治县田屏镇迷路村捐赠18万元用于栽种油茶果林施肥保苗40余公顷，巩固脱贫成果和乡村振兴建设。6月1日，会员企业玉屏康华房地产有限公司向玉屏自治县第二小学捐赠8万元、向玉屏自治县平溪镇第二幼儿园捐赠2万元，用于学校为学生购买节日礼物。8月25日，民建铜仁市委联合民建碧江区支部在碧江区和平乡遥山沟村举行乡村振兴帮扶点工作站挂牌仪式，将遥山沟村约666.67公顷油茶产业作为民建铜仁市工委重点扶持产业。8月28日，会员企业玉屏康华房地产开发有限公司、铜仁玉安建筑工程有限公司响应玉屏自治县举办的“同心助学·共圆大学梦”捐助活动，资助12名学生7.2万元。8月31日，会员企业铜仁同致会计师事务所把思南县思唐中和社区困难大学生张玉琳作为资助对象，每年资助8000元直到其大学毕业。9月2日，会员企业铜仁市海乐电器有限公司总经理谢鹏欣到碧江区坝黄镇苗哨溪村、正光街道正光社区为考上新疆科技大学困难学子蒋发国和考上贵州医科大学困难学子刘家乐各捐资5000元。9月16日，会员企业贵州圣达安施工劳务有限责任公司董事长宁亚虾向松桃自治县盘信镇盐厂村小学捐赠价值1万余元的办公桌椅。12月23日，组织会员企业贵州圣达安施工劳务有限责任公司向民建市委联系村——石阡县五德镇铺沟村捐赠修建产业路资金1万元。

（民建铜仁市委　宁佳凯）

中国农工民主党铜仁市委员会

【概况】 2021年，中国农工民主党铜仁市委员会（以下简称农工党铜仁市委）开展理论武装、履行职能、乡村振兴、组织建设、社会服务、自身建设和市委换届等各项工作。2021年6月，被评为农工党脱贫攻坚工作先进集体。

【组织建设】 2021年，农工党铜仁市委有支部11个，党员313人。党员中有博士3人、硕士17人，中高级职称及以上255人。有全国政协委员1人，省人大代表1人，市人大代表6人（市人大常委2人），市政协委员27人（市政协常委6人），区人大代表5人（区人大常委3人），区政协委员32人（区政协常委16人）。新发展党员3人，平均年龄39岁，其中研究生以上学历1人，中高级职称2人。

【思想建设】 2021年，农工党铜仁市委学习贯彻中共十九大和十九届五中、六中全会精神，习近平总书记视察贵州重要讲话精神，农工党十六届四次中全会、五次中全会精神，中共贵州省委十二届八次全会、九次全会、十次全会精神和省委书记谌贻琴到铜调研讲话精神，中共铜仁市委二届十一次全会、十二次全会、十三次全会精神，深入学习统一战线史、《中国共产党统一战线工作条例》、《中国新型政党制度》白皮书，引领全体党员始终在思想、政治、行动上同以习近平同志为核心的党中央保持高度一致，不断筑牢共同思想政治基础。围绕庆祝中国共产党成立100周年，先后在玉屏自治县田坪镇、黔东南州黎平会议会址开展中共党史学习教育专题培训，召开专题座谈会，引领各支部开展现场教学、“我为群众办实事”实践活动，坚定理想信念和奋斗初心。加强微信公众平台建设，利用微信群、QQ群等，为奋斗“十四五”、奋进新征程凝聚共识。编撰《农工党简报》91期。在《贵州政协报》、农工党省委网站等刊发信息10余篇，市委统战部网刊发信

8月25日，民建铜仁市工委、民建碧江区支部乡村振兴帮扶工作站挂牌仪式在和平乡遥山村举行（民建铜仁市委　供图）

4月22日,农工党铜仁市委召开中共党史学习教育动员部署会(林云涛　摄影)

息50余篇,微信公众号推送69期97篇。

【参政议政】 2021年,农工党铜仁市委在全国政协十三届四次会议上提交7件提案;在省十三届人大三次会议上提交人大建议5件;在市二届人大五次会议上提交人大建议4件,在市政协二届五次会议上提交党派提案6件、个人或联名提案18件。其中,《关于加强我市中小学生近视综合防控的建议》《关于优化"便民门诊"便民服务的建议》《关于普遍推行物业小区自律公约提升城市物业小区管理效率的建议》3件党派提案被列为2021年市政协主席会议督办重点提案。举办履职能力暨社情民意培训班1期,提交社情民意20件,其中,《关于加大梵净山管理与保护工作的建议》《关于村医纳入乡镇卫生院聘用人员管理的建议》等12件被农工党省委采用。开展全市红色文化保护开发情况、铜仁市级民主党派机关现状专题调研,完成调研报告并上报中共铜仁市委。参加市委、市政府、市政协等组织召开的协商会、座谈会,分别就易地扶贫搬迁安置点医疗卫生后续服务工作、铜仁市城区天然气建设等方面提出意见建议。

【社会服务】 2021年,农工党铜仁市委开展义诊进企业、"爱眼日"义诊进校园、爱心义诊、急救知识培训讲座、"送科技、送法律、送医疗"进乡镇等社会服务活动40余次。参与"同心兴铜+聚力发展"五年行动,凝心聚力助推乡村振兴。定期到石阡县五德镇地印村开展定点帮扶工作,为五德镇帮扶村解决经费2万元。引领全体党员开展健康送医、教育送教、科技宣传等聚力乡村振兴活动10余次。7月31日召开农工党铜仁市第三次代表大会,刘五星等19人全票当选为第三届委员会委员、王能军等9人全票当选为出席贵州省第九次代表大会代表。会议选举产生农工党铜仁市第三届委员会,刘五星任主任委员,王荣海任专职副主任委员,谭斌、杨婵娟任副主任委员。同时任命农工党铜仁市第三届委员会监督委员会组成人员。

(农工党市委　郑世林)

九三学社铜仁市委员会

【概况】 2021年,九三学社铜仁市委(以下简称"社市委")有基层支社组织13个,社员259名。全市社员中具有博士学位9人、硕士学位35人,中高级职称及以上236人。有省人大代表3人,市人大代表6人(市人大常委1人),市政协委员20人(市政协常委5人),区县人大代表5人(区县人大常委1人),区县政协委员41人(区县政协常委10人)。年内新发展社员7人,平均年龄35岁。其中,研究生以上学历者3人,中高级职称者6人。社市委带领全市社员履行参政党职责,开展"同心兴铜+聚力发展"工程;加强自身建设,推进以学习中共党史为重点的"五史"学习教育。社市委被中共中央统战部、各民主党派中央、全国工商联等10家单位联合表彰为"全面建成小康社会做贡献先进集体",被九三学社中央表彰为"'五史'知识竞赛优秀市级组织"和"组织信息系统数据维护工作先进集体"。

【组织建设】 2021年,九三学社铜仁市委发展社员7人,平均年龄35岁,其中硕士2人,在读博士1人;高级职称1人,科技教育卫生界4人,政府机关、党派机关、财经等界别3人。截至12月,有社员259名,主体界别占209人,有高级职称191人、中级职称39人。完成社市委和13个基层支社班子的换届工作。选派骨干社员参加省委统战部、社省委、市政协、市委统战部等组织的培训50余人次;组织举办1期社市委委员和基层班子成员履职能力专题培训班;协调市内大专院校及区县统战部门,推荐优秀社员担任人大代表、政协委员及重要岗位职务。有担任省、市、县(区)人大代表,政协委员的社员58人。

【思想建设】 2021年,九三学社铜仁市委通过主委会议、全委会议、中心组学习会等形式学习习近平总书记视察贵州重要讲话和在庆祝中国共产党成立100周年大会上的重要讲话精神,以及习近平总书记关于加强和改进统一战线工作的重要思想。到基层组织和定点帮扶村开展宣讲10余场;支社开展“学习考察红色寻访”活动6次;承办社省委青工委“学党史感党恩,开启多党合作新篇章”演讲比赛,选派的2名社员分获一等奖、三等奖;参加全市统战系统党史知识竞赛获组织奖;参加全市统战系统讲述会获组织奖,选送作品《伟大的旗帜》获二等奖。全年在社中央网站、《贵州政协报》、社省委网站、多彩贵州网、《铜仁日报》、市委统战部网站等媒体累计刊发稿件110余篇。

【参政议政】 2021年,九三学社铜仁市委通过社省委以九三界别向省“两会”提交的《关于加大“全省通办、一次办成”改革工作推进力度的建议》被列为副省长蔡朝林领衔督办案,社员个人提交省“两会”提案、建议2件;提交市“两会”集体提案5件,社员个人提案、建议7件,2件被列为政协主席会议重点督办提案。完成社省委、中共铜仁市委重点委托调研课题和市委统战部理论课题3个,《乡村振兴背景下我省乡村治理的现状与对策——以铜仁市为例》获社省委优秀调研报告三等奖;推进与铜仁职院共建“武陵山民族地区乡村产业发展研究中心”工作,争取到国家民委研究课题8个。其中,3个社员课题被国家民委招标立项,5个被委托立项。向社中央、社省委和中共铜仁市委、市人民政府领导报送社情民意专报10件。

【社会服务】 2021年,九三学社铜仁市委组织50余名九三学社教育专家、市级教育名师和骨干教师到松桃自治县、沿河自治县等开展送教和教育教学与管理技能培训活动;组织8名教育专家参加第六届教博会新闻发布会;推进北师大创新研究院5C核心素养教育创新基地校的申创工作,指导4所项目学校开展“致敬中华优秀传统文化”项目化学习;协调贵州师范大学教育专家对铜仁师生开展高考九大学科答题技巧专题培训;协助印江一中在2021年根据办学特色面向指定区县跨县域招录1个班50人,“九三班”2021年高考二本以上上线率91.3%,发放101名学生“九三奖学金”11.92万元;协调争取九三学社东莞市委联合民建东莞市委资助20万元帮助德江二中建设电教室1间,帮助沿河自治县中界镇4个村社区建设农家书屋,捐献书籍1万余册。协调东莞医疗专家到万山区、沿河自治县、印江自治县人民医院进行理论教学和技术指导;组织社员开展下乡义诊活动,免费发放价值2万元的药品、科普资料10000余份。解决定点帮扶的石阡县回龙村产业发展缺口资金1万元,农资化肥12吨;协调石阡县农业农村局投入40万元为回龙村建设200立方米冷库;协调石阡县交通局投入126万元为回龙村新建桥梁;组织社内科技专家开展农业培训50余期、现场指导200余次,受益群众6000余人次,为全市种植养殖产业、耕地保护、森林资源保护等方面提供智力支持。

(九三学社铜仁市委　向　晶)

铜仁市工商业联合会

【概况】 2021年,铜仁市工商联有商会157个(市直属商会11个、区县所属商会146个),会员21343个(市直属商会会员1804个、区县所属商会会员19539个)。非公有制经济占全市GDP比重的69%。

【商会组织建设】 2021年,铜仁市工商联按照“成熟一个、发展一个”原则,吸纳优秀非公经济人士加入工商联队伍。市福建商会获评全国“四好”商会称号,市福建商会、市广东商会、市湖南商会等12家商会获评全省“四好”商会称号。

【非公经济人士政治引导】 2021年,铜仁市工商联学习贯彻习近平总书记“七一”重要讲话精神和视察贵州重要讲话精神。开展集中宣讲、举办非公经济人士理想信念培训班、选派非公经济人士参加“贵商大讲堂”等各类培训,覆盖非公经济人士300人次。开展党史学习教育。结合“察民情访民意”开展专题调研6次,完成“我为群众办实事”13件。维护非公经济领域意识形态安全。开展非公经济人士思想政治状况调研,督促指导将加强党的全面领导和党的建设以及社会主义核心价值观纳入章程,开展意识形态领域风险排查4次。发挥党组织示范引领作用。履行非公经济和社会组织工委成员单位职责,到区县和市直属商会开展非公经济组织党建工作调研,指导市广东商会成立党支部,11家直属商会中具备建立党组织条件的4家直属商会全部建立党组织。

【非公企业服务】 2021年，铜仁市成立铜仁市服务民营经济高质量发展工作领导小组。制定服务民营经济高质量发展工作方案和议事规则，定期召开领导小组会议，研究解决民营企业发展过程中遇到的困难和问题。搭建政企交流平台。举办企业家沙龙、召开中秋座谈会、企业家座谈会等活动，听取企业家对铜仁发展的认识和评价，下一步工作思路和意见建议。建立完善市工商联与公安、司法、金融等部门协调联络机制，为企业发展提供支持。为民营企业提供法律政策咨询、沟通协调40余次。与市税务局等部门联合6家金融机构开展"春雨润苗"专项行动，累计为568户企业发放"银税互动"贷款近4亿元。推动营商环境优化。按照《打造"贵人服务·一视铜仁"品牌建设高质量营商环境三年行动工作方案（2021—2023年）》，组织召开工商联系统营商环境工作调度会2次，推荐7名民营企业家代表担任市级营商环境义务监督员。组织全市区县工商联700家执委以上民营企业，参与全省民营企业家评营商环境工作。

【社会服务】 2021年，铜仁市工商联与东莞市工商联领导带队开展东西部协作互访对接工作。双方签订《缔结友好工商联（总商会）协议》和《广东省东莞市工商联 贵州省铜仁市工商联东西部协作协议书》，明确在经贸交流、外引内联、信息交流等方面开展常态化合作。18家广东籍企业与铜仁市21个村签订帮扶协议，东莞市工商联向铜仁市捐赠帮扶资金和物资200余万元。与市生态移民局、市人社局制定"万企帮万家"行动方案，与东莞市工商联、东莞市贵州商会签订"万企帮万家"用工协议，帮助全市易地移民搬迁户8000余人实现就近或外出就业。在持续推进"千企帮千村"行动的基础上，启动"万企兴万村"行动，巩固拓展脱贫攻坚成果，推进乡村振兴，落实省工商联"消费扶贫"要求，助推"黔货出山"。开展联系帮扶村和红色美丽村庄试点建设工作。为石阡县中坝街道群家山村、万屯村等帮扶村解决帮扶资金47.3万元。开展石阡县困牛山村，印江自治县木黄村，沿河自治县长征村和白石溪村4个红色美丽村庄试点的走访调研，定期召开工作调度会，协调东莞市企业为每个试点村解决经费各7.5万元。

（市工商联 苏成伟）

9月，东莞市工商联与铜仁市工商联的结对帮扶村签约（市工商联 供图）

群众团体

总工会

【概况】 2021年，铜仁市总工会被评为全国“尊法守法·携手筑梦”服务农民工公益法律服务行动成绩突出集体（贵州省仅4家）；被评为全省“当好主人翁·建功新时代”深化绿色增效劳动竞赛先进集体；铜仁市工会服务职工中心、松桃自治县工会服务职工中心获全省“服务职工综合体示范单位”（全省10个）；经审工作规范化建设考核获全省工会一等奖；先后在全省工会基层工作暨基层工会规范化建设推进会、全省工会服务职工工作推进会、全省宣教工作交流会上作交流发言。完成党史学习教育、中国共产党成立100周年宣传庆祝活动、行业性劳动技能竞赛、劳模（工匠）创新工作室、“四季送”品牌活动、普惠服务、职工医疗互助、“新市民·追梦桥”工程“四安家园”创建等工作。

【基层工会组织建设】 2021年，铜仁市年报统计显示全市有工会组织7077个（行政和事业单位工会组织1878个，国有企业工会组织158个，其他工会组织5041个），工会会员628322人（农民工会员377416人）。全市124个易地扶贫搬迁安置点，采取单独建立工会、联合建会、乡镇工会覆盖等形式，实现安置点工会组织全覆盖。配备专职工会社会工作者67名，兼职工会社会工作者259名。全市在贵州工会云平台实名制录入会员49万余人。

【基层工会经费管理】 2021年，市财政按照市直机关事业单位在职职工工资总额的2%足额预算工会经费，市直企业单位通过税务代收缴纳工会经费，市总工会按照60%比例拨付到市直基层工会经费专户。市直各基层工会根据《贵州省总工会关于印发〈贵州省基层工会经费收支管理实施细则（暂行）〉的通知》规定，将工会经费用于职工会员法定节日慰问、生日慰问、婚丧嫁娶慰问、生病住院慰问、困难职工帮扶及开展工会活动等。

【普惠平台建设】 2021年，铜仁市总工会常态化、精准化为职工群众提供优质普惠服务。全市各级工会办理工会服务卡约19.1万张，签约特惠商户723家，针对重点节日、重要时段开展不同的主题优惠活动，春节前夕，开展“送万福、进万家”万份新春礼包免费送活动；春节期间，开展“居家嗨购·网上过年——2021职工网上年货节”，为全市职工群众提供便捷实惠的消费体验；“五一”劳动节期间，开展铜仁市“工会在身边·普惠在铜城”活动，工会会员持工会服务卡到指定中石油加油站或超市消费可享受立减51元优惠；端午节期间，开展“‘粽’情于你　普惠有礼”活动，工会会员持工会服务卡到指定超市消费可享受满50元减30元优惠活动。

【“新市民·追梦桥”工程“四安家园”创建】 2021年，铜仁市总工会以“党建带工建”促“四安家园”建设，在全市124个易地扶贫搬迁安置点建立工会组织124个［独立建会83个，联合建会或纳入乡镇（街道）、企业工会管理41个］，吸纳会员110923人，实现全市易地扶贫搬迁安置点工会组织建设全覆盖。建立职工之（小）家65个，争取到省级对易地扶贫安置点建工会经费补助78万元。申报省级职工书屋示范点26家。全市工会系统配备67名专职工会社会工作者、259名兼职人员在安置点参与社区管理和服务。省、市两级总工会补助工会社会工作者薪酬220万余元。开展技能培训73场次，培训3704人次。开展法治宣传168余场次，开展心理咨询232人次，劳动争议调解53件次。办理来信来访285件次，法律援助189件次，涉及职工群众734人次。开展就业招聘79场次，参加招聘活动的群众约10163人次，现场促成1817人达成就业意向。为133名搬迁群众子女发放金秋助学资金65.68万元。帮扶救助448户困难职工，发放救助资金163万元。在元旦春节期间开展“两节”送温暖走访慰问活动，慰问安置点职工群众2584人次，投入资金约99.79万元。

【劳动和技能竞赛】 2021年，铜仁

市总工会组织开展护士岗位技能竞赛活动（市总工会　供图）

市总工会联合市卫生健康局、铜仁银保监分局、市红十字会、铜仁供电局、市烟草公司，举办全市护士岗位技能竞赛、铜仁市银行业和保险业劳动技能竞赛、应急救护技能竞赛、安全生产技能竞赛、烟叶调制职业技能竞赛等各类劳动技能竞赛活动8场次，参与人数8000人次，分别授予技能竞赛第一名“铜仁市五一劳动奖章”荣誉称号19人；组织参加省总工会关于举办“2021年贵州技能大赛——‘红杜鹃杯’第十届手工制茶‘七星太极古茶杯’第四届古树茶加工技能大赛”，铜仁市代表队14名选手参加，获一等奖1个、二等奖2个、三等奖2个、优秀奖3个。

【产业工人队伍建设】 2021年，铜仁市总工会组织全市职工开展各类劳动技能竞赛活动8场次，建立评先选优和创新工作室机制，提升产业工人素质和能力。创建劳模（工匠）创新工作室、创建工作室2个、创建市级劳模（工匠）创新工作室12个，为技能技术人才提供学习交流、教育培训、创新实践场所。

【劳模评选】 2021年，铜仁市总工会推荐评选并获得“全国五一劳动奖章”1人，“全国工人先锋号”1个；贵州省“五一劳动奖状”2个，省“五一劳动奖章”7人，“省工人先锋号”7个。开展铜仁市“五一劳动奖”“工人先锋号”和“铜仁工匠”评选表彰工作，评选表彰铜仁市“五一劳动奖状”16个，铜仁市“五一劳动奖章”100人，铜仁市“工人先锋号”30个，“铜仁工匠”30人。开展“黔酒茶绣工匠”的推荐申报工作，2021年申报并获“黔茶”工匠1人，“黔绣”工匠1人。推荐并获命名贵州省“最美劳动者”800人。

【工会“四季送”活动】 2021年，铜仁市总工会以“春风行动”“就业援助月”“高校毕业生专场招聘会”“民营企业招聘周”等活动为载体，独立和联合组织开展招聘会80场次，参与人数12162人次。各级工会组织走访慰问建筑工人、环卫工人、交警、公交车司机等一线职工14833人，发放慰问物资和宣传资料18000余份，折合人民币约522207万元；筹集发放助学金192.8万元，资助困难职工（农民工）子女和易地搬迁困难会员子女391人；筹集放慰问金及慰问物资306.25万元，慰问劳模、脱贫攻坚一线因公牺牲的职工家庭、患重大疾病的职工、节日期间坚守服务岗位职工等群体5142人。

市总工会开展“夏送清凉”慰问活动（市总工会　供图）

【职工医疗互助】 2021年，铜仁市11.04万人参加医疗互助保障活动，发放医疗互助金1542.46万元，惠及职工9954人次。

【帮扶救助】 2021年，铜仁市总工会常态化开展困难职工帮扶救助和返贫预警监测工作。全市工会帮扶救助建档困难职工1620户，发放帮扶资金390.66万元。

【劳动关系协调】 2021年，铜仁市总工会推动建会企业开展平等协商、签订集体合同，主动参与劳动关系三方和根治欠薪工作，参加劳动能力鉴定委员会、工伤预防工作联席会、根治欠薪领导小组会等会议，助力构建和谐劳动关系。培育申报省级劳动关系和谐企业2家。

【法律援助】 2021年，铜仁市总工会通过工会干部接访、聘请专业法律服务律师团队服务等方式，免费为职工（农民工）提供法律咨询、法律援助、代拟法律文书等法律服务，接待来访职工群众392批次1028人次，引导和协助职工（农民工）通过合法途径维护合法权益。利用“4·15全民国家安全教育日”“6·26禁毒宣传日”“12·4国家宪法宣传日”等集中宣传日开展法治宣传活动169场次。

（市总工会　高　会）

共青团铜仁市委

【概况】 2021年，铜仁市被确定为全省唯一、全国三个之一整市推进县域共青团基层组织改革试点市，全省少先队辅导员风采大赛暨主题队日示范活动和“青春长征”主题实践活动在铜仁举办。完成全省旅游“两会”志愿服务工作并获优秀集体。举办庆祝中国共产党成立100周年系列活动、少先队风采大赛、团务技能大赛等主题实践活动。铜仁市火车站疫情防控志愿服务站获评“第六批全国学雷锋活动示范点”、铜仁市“12355”青少年服务台被授予全国“青少年维权岗”荣誉称号。在全省2021年度团委工作综合评价中，被评为“好”的等次，综合评分全省第一，铜仁共青团工作成效多次获中国青年报、《中国共青团》、人民网、新华网、贵州改革、铜仁改革等主流新闻媒体刊物关注报道。

【基层团组织建设】 2021年，铜仁市乡村两级共青团组织全部完成换届，区县团委班子全部配齐“一正两副”，选配乡镇（街道）团干部909人，村（社区）团干部6139人。新增基层组织23个、新增团员7410名。截至12月，有基层组织11511个，团员153496名。共青团员从性别比例上来看，男性占比37.4%左右、女性占比62.6%左右；从民族结构来看，汉族占比26.4%、少数民族占比73.6%；从学历构成来看，初中及初中以下的占比18.3%，中职的占比4.5%，高中的占比17.6%，大学专科的占比30.5%、大学本科的占比28.7%，硕士研究生的占比0.3%，博士研究生的占比0.1%；从年龄构成来看，18岁及以下的占比18.2%，19～28岁的占比81.8%，平均年龄21.5岁。全市新建社会领域团组织2019个，选配社会领域团干部1126人；建立青年之家203个，建设县乡村三级春晖社组织2209个（村级春晖社2049个），创设春晖工作骨干项目岗位2126个；培育青年社会组织43个，联系青年志愿服务组织300余个。

推进县域共青团基层组织改革试点工作，推进县域共青团基层组织改革试点工作纳入全市重大改革事项内容，组建由书记、市长任双组长的改革工作领导小组，印发《铜仁市整市推进县域共青团基层组织改革试点实施方案》《铜仁市深化新时代共青团干部队伍建设改革的实施意见》等配套文件，铜仁市成为贵州省唯一在全国县域共青团基层组织改革中期评估中被评为“优秀”的地级市。通过执行市县两级团组织主要负责人兼任同级教育党工委副书记制度，市县两级规范建设教育团工委，印发团教协作联席会议制度、共青团校地合作配套文件等措施，深化团教协作。

【青少年思想引领】 2021年，铜仁市履行全团带队工作职责，贯彻落实《中共中央关于全面加强新时代少先队工作的意见》，召开全市团教协作推进会，成立少先队名师工作室，成立少工委学校853所，规范建立大队938个、中队5698个、小队18094个，全市学校少先队组织覆盖率100%。

团市委组织“青年讲师团”“红领巾讲师团”队伍，举办主题团日、主题队日、学习分享会等活动，开展习近平总书记“七一”重要讲话和视察贵州重要讲话精神学习宣讲活动2000余场次，覆盖青少年10余万人

12月3—5日，铜仁市举办推进县域共青团基层组织改革试点业务培训班暨青年马克思主义者培养工程专题培训班

（团市委　供图）

次。联合市民宗委、市教育局开展铜仁市青少年铸牢中华民族共同体意识教育主题实践活动，评选出征文优秀作品25件，演讲比赛优秀作品9件，"石榴籽一家亲"主题团队课优秀作品7件。开展"请党放心·强国有我"等主题团、队日活动6000余场次，覆盖团员青年25万人次，完成"我为群众办实事"任务35件。召开铜仁共青团宣传思想文化工作推进会，推动网络新媒体宣传，举办铜仁市整市推进县域共青团基层组织改革试点业务培训班暨青年马克思主义者培养工程专题培训班，覆盖团干部420人，开展团干部上团课100场次，覆盖团干部8000余人，组织团员青年、少先队员参与"青年大学习"270万余人次，"铜青声"微信公众号影响力长期位居全省共青团第一方阵，省级以上主流媒体宣传报道160余篇全市青少年和共青团工作信息，编创海报、视频、动漫、H5等形式文化产品30余部。

【青少年就业创业】 2021年，铜仁市新增培育142名农村青年致富带头人。开展"乡村振兴领头雁计划"、"多彩贵州·创在乡土"、青春闪光青年培训工程，覆盖青年300余人。开展"返家乡"社会实践活动，征集岗位信息500个，组织动员500余名大学生参与。组织140余名安置点青年参加"多彩贵州·创在乡土"助力乡村振兴青年技能春季及夏季培训班、"学慧网"新生计划培训班，有效提升搬迁青年创业就业竞争力。发放农村青年创业贷款700余万元。联系对接金融团工委，开展农村青年创业金融服务站创建工作，新增农村青年创业金融服务站12个，创建54个。加强农村青年创新创业服务，向上推荐4个乡村创新创业项目。

【青少年权益维护】 2021年，铜仁市成立"全面构筑未成年人社会综合保护防线"工作专班，建立健全预防未成年人犯罪工作机制，深入开展"平安铜仁·青少年零犯罪零受害社区(村)"创建，建设省级试点1个、市级试点2个、县级试点20个。宣传贯彻《中华人民共和国民法典》《中华人民共和国未成年人保护法》《中华人民共和国预防未成年人犯罪法》等法律法规，组织开展全市青少年《中华人民共和国民法典》知识竞赛，在"平安贵州·青春同行"贵州省青少年学习民法典知识竞赛决赛中获一等奖。利用12355青少年服务平台，对困难青少年群体开展关爱帮扶，配合社区矫正机构做好未成年人、青年社区矫正对象教育帮扶工作，铜仁12355获全国"青少年维权岗"。开展"共青团与人大代表、政协委员面对面"座谈会及调研活动和青少年模拟政协提案征集活动，加强青少年政策倡导和社会倡导。

【团组织换届工作】 2021年，铜仁市市县两级团委均按共青团深化改革要求完成换届，173个乡级团组织、2955个村级团组织按照《中国共产主义青年团基层组织选举规则》《关于做好乡(镇、街道)团(工)委换届工作的通知》要求完成换届工作。乡镇(街道)团组织书记实行岗位单列、专人专责，不完全对应行政级别，按乡镇中层干部管理。村(社区)团组织书记从机关企事业单位工作人员、社会组织负责人、高校毕业生基层项目、选调生、退役军人、返(在)乡创业人员、农村致富带头人等群体中选拔，鼓励"五个一批"到村任职人员担任村(社区)团组织书记，推动符合条件的依法依程序进入"两委"班子。

【西部计划志愿者工作】 2021年，铜仁市在岗西部计划志愿者844名(国家计划221名，地方计划623名)，围绕"四新"主攻"四化"，全市西部计划志愿者到农村、社区、安置点，为开展全市易地扶贫搬迁"后半篇文章"及铜仁市巩固脱贫攻坚同乡村振兴有效衔接工作，市项目办被评为2021年度省级"优秀项目办"。开办38所青年志愿者乡村振兴夜校，采取"固定+流动"授课模式，利用夜间或劳作之余开办流动课堂，培训1857课时，累计培训社区群众62260人次。360名西部计划志愿者响应市委、市政府的号召，根据《关于做好铜仁市西部计划志愿者到村工作的通知》参与乡村振兴，碧江区黄雄鹏、万山区张佳雨、李佳幸，沿河自治县杨晨发等西部计划志愿者优秀事迹得到省级以上多方媒体转载。

【春晖行动】 2021年，铜仁市启动铜仁共青团"春晖行动·风筝计划"，围绕"六个清楚"重点摸排外出务工乡友、大学生、优秀人才"三类人群"2.85万人；完善7000余名2017年以来礼聘的春晖使者信息；新建立新时代春晖社106个，礼聘春晖使者822人，实施春晖家园计划项目6个，募集春晖产业发展资金125万元，募集春晖公益资金1723万元，开展春晖暖心活动500余场次；动员组织各级春晖社募集春晖资金860万余元，资助青少年3300人次，解决青年就学难题；与卫生健康局、医疗保障局联合发起"春晖行动·救心计划"，争取到广州医科大学附属第一医院专家团队到铜仁为169名先心病青少年免费筛查，为青少年健康成长保驾护航；与深圳市贵州铜仁商会对接，筹建铜仁市春晖行动深圳联络处，组织开展"我为家乡捐棵树·同心共建春晖林"活动，募集资金145万元。

【青少年校外教育活动阵地建设】 2021年，铜仁市创新青少年校外教

10月12日，团省委、省教育厅、省少工委在铜仁市碧江区举行“请党放心·强国有我”贵州省少先队主题队日示范活动（团市委　供图）

育工作新格局，以青少年校外教育公益性为原则，以全覆盖服务广大青少年儿童为宗旨，先后与4家学校和公司合作挂牌，推进青少年校外教育活动阵地建设。开展“小白鸽艺术团”孵化工作，开设芭蕾舞、合唱、国际童模、中国舞4个班次，培训学生200余人；举办2021“韶韵华年·春暖花开”语言艺术展演晚会，参与学生300余人。结合铜仁市万山区旺家花园社区、碧江区矮屯社区的青少年实际需求，开展青少年夏令营、周末营等研学活动，参与学生400余人。在黔南州都匀参加足球小镇举办2021年贵州省“足协杯”青少年足球联赛，铜仁代表队取得U8组第二名。与黔东大脚板舞蹈艺术学校共同开展“童心向党·强国有我”青少年文艺演出暨校外艺术教育成果展示活动，参与学生200余人。

【希望工程监督管理】2021年，铜仁市实施新时代希望工程，争取“中国茅台·国之栋梁”“习酒·我的大学”等圆梦助学资金730万元，资助1460人，持续发挥“希望工程·陪伴行动”“四点半课堂”“希望小课堂”等作用，举办特长培训班2000余课时，覆盖青少年1.2万余人次，争取希望工程资金230万元，建设希望小学2所。

【团干部教育工作】2021年，铜仁市团校开展培训教育和送团课进学校进企业活动，开展“青春闪光”青年培训工程——2021年铜仁市团干部培训班1期，少先队辅导员培训班1期，200人参训；开展党史学习教育、民法典宣传教育进校园活动10次，1000余人参加。

【青年志愿服务工作】2021年，铜仁市招募、派遣疫情防控志愿者8000余名，铜仁市火车站疫情防控志愿服务站获评第六批全国学雷锋活动示范点。开展2021年国际山地旅游暨第十六届贵州旅游产业发展大会志愿服务，面向各单位、各高校招募800余名志愿者参与旅游“两会”志愿服务。在易地扶贫安置点实施“四安家园·青亲园计划”项目63个，建立一批安置社区志愿服务队伍和社区志愿服务组织，提升社区群众德治、法治、自治能力。开展“大手牵小手·共度愉快暑假”关爱留守儿童志愿服务活动。招募60名大学生志愿者到32个乡村、易地扶贫搬迁安置点进行为期20天的关爱留守儿童志愿服务活动。常态化开展“青清河”河湖保护巡河志愿服务活动，组建“林长制”和古树名木保护“1+1”活动“小林长”队伍，招募“小林长”青年志愿者465名。设立铜仁市志愿服务保障基金，募集370542元志愿服务保障经费。推进全市成立由共青团管理的青年志愿者协会8个，保障青年志愿者服务规范化、标准化建设。

（团市委　宋启江）

志愿者在火车站新冠肺炎疫情防控志愿者服务站开展志愿服务工作

（王　伟　摄影）

铜仁市妇女联合会

【概况】 2021年，铜仁市妇联先后被全国妇联表彰为“全国三八红旗集体”“全国巾帼建功先进集体”，被省委、省政府表彰为“贵州省抗击新冠肺炎疫情先进集体”，入选2021年度全国妇联宣传舆论阵地建设优秀榜，铜仁市“爱心妈妈·五个一”志愿服务项目被贵州省精神文明建设指导委员会办公室评为最佳志愿服务项目，并入选全国学雷锋志愿服务优秀志愿服务项目，铜仁市“小桔灯”亲子书屋获全国“三下乡”优秀团队，被中共铜仁市委党的建设工作领导小组表彰为全市党支部标准化规范化建设示范点，被市精神文明建设领导小组办公室、市直机关工委表彰为“市直文明单位”，被市委办、市政府办表彰为“铜仁市承办2021国际山地旅游暨户外运动大会和第十六届贵州旅游产业发展大会先进集体”。

【组织建设】 2021年，铜仁市新增妇联基层组织79个395人。截至12月，妇女组织人员总数为53326人，其中市妇联55人，市直机关妇委会146人，10个区县、大龙开发区、铜仁高新区妇联420人，区县（含大龙开发区和铜仁高新区）妇委会4805人，市县妇联干部70人，169个乡镇（街道）妇联4225人，2907个村（社区）妇联43605人。42家市直单位妇委会（妇联）中，21～29岁17人，30～34岁38人，35～39岁26人，40～45岁23人，46～50岁28人，51～57岁14人，45岁以下中青年干部104人，占比71.23%。中共党员106名，群众35名，民主党派5名。中共党员占比72.6%。副县级（高级工程师）7人，正科级17人，副科级12人，科员3人，国企职员3人。正科级以上干部24人，占比57.14%，大专及以上文化程度代表占比90%左右。完成第十一届村（社区）“两委”换届女性进村（社区）目标，村民委员会成员中女性比例31.69%，村民委员会主任女性比例13.33%。指导市委宣传部妇委会、市公安局妇委会、市机关事务中心等单位妇委会完成换届；指导铜仁供电局、铜仁职院、梵云集团、梵净古邑集团等单位建立妇联组织。研究制定妇联执委“1+1”助力乡村振兴联系服务机制，强化执委履职担当，主动服务经济社会发展大局。争取省妇联2021年省级“妇女之家”创建工作经费62万元，支持31个村级妇联阵地建设。选派32名妇联干部参加能力提升专题培训班。分别于3月26日、8月27日组织召开市妇联二届五次、六次执委会议。

【妇女职业技能培训】 2021年，铜仁市妇联组织全市广大妇女参加职业技能培训，向省妇联争取锦绣计划专项培训资金25万元，在碧江、万山、石阡、玉屏等易地扶贫搬迁安置点开展妇女特色手工培训5期，培训250人；实施“巾帼家政赋能行动”，整合有关部门项目资金开展“家政女”培训，全年培训2640人；组织电子商务从业人员到贵阳参加省级电子商务培训。

【扶持妇女创业创新】 2021年，铜仁市支持松桃自治县申报锦绣计划省级巧手致富示范县，获补助资金15万元；推荐贵州芳蓉服饰有限公司（大龙）、贵州黔鸣刺绣科技有限公司（矮屯锦绣坊）申报锦绣计划巧手致富基地，各获补助资金5万元；推荐万山区梵匠工艺有限公司获批“智慧锦绣·贵州妇女特色手工创新研发基地”建设项目，获补助资金9万元；推荐1家企业创建“全国巾帼现代农业科技示范基地”，帮助铜仁市3家妇女手工企业各获得“惠明·智慧锦绣·贵州妇女特色手工创新研发基地”公益项目资金10万元。创建省级乡村振兴巾帼示范基地1个，获补助资金10万元；“美丽乡村·美丽庭院”示范村1个，获补助资金5万元，巾帼就业车间1个，获补助资金9万元。组织巾帼企业申报“黔系列”品牌产品及“黔货进军营”，拓宽巾帼企业销售渠道。联合市金融和国资中心召开铜仁市金融支持巾帼企业发展融资对接会，帮助巾帼企业纾困解难。协助就业部门开展“春风行动·稳岗留岗”工作，帮助广大妇女了解就业政策，减轻就业压力，拓宽就业渠道。协办2021旅游“两会”之“繁花似锦·绣美未来——苗绣＋锦绣计划”展演，来自国内外的400余名嘉宾和140余名演职人员参加展演。

【妇女儿童权益维护】 2021年，铜仁市妇联在“3·8”维权周、“5·15”国际家庭日等宣传节点，宣传《中华人民共和国宪法》《中华人民共和国妇女权益保障法》《中华人民共和国未成年人保护法》等法律法规知识，开展法治宣传活动180余场，发放宣传资料20万余份。建立健全市县乡村四级妇女儿童维权服务站1870余个，在思南县塘头镇旗山社区创建省级维权工作站1个。以碧江区“亲职教育服务中心”、万山区“英姐来帮忙工作室”、江口县“茜姐工作室”、玉屏自治县“家和工作站”、石阡县“阡城木兰”、思南县“暖心大姐”等妇女维权品牌为载体，发挥基层妇联组织作用，利用12338妇女维权热线，维护妇女儿童合法权益。妇联系统全年接待妇女来访251件，做到及时分流、疏导、调处、化解，确保件件有回音、事事有回复。联合市民政局探索建立"平安幸福家1314"服务机制(一项婚恋家庭矛盾纠纷预警协调机制,三项婚前教育辅导,一支婚恋家庭矛盾纠纷化解志愿队,四项精准婚恋家庭矛盾纠纷化解服务),助力市域社会治理、推动平安铜仁建设。全市婚恋家庭纠纷化解数、稳控数同比分别提升10%、8%,家庭暴力、妇女越级上访案件同比分别下降12%、9%。《中国妇运》杂志以《调处千家事,温暖万人心》为题进行了宣传报道。

【女性社会组织建设】 2021年,铜仁市有女性社会组织11个,其中市级1个,区县10个,市女企业家协会有会员266人,区县女企业家协会有会员697人。引导会员企业守法经营、公平竞争,促进巾帼企业健康发展,会员企业年产值19.6亿元,创造税收8191万元,为社会提供1.37万人的固定就业和数万人次的流动就业。组织"驰援河南汛情,情系灾区妇儿"联合捐款赈灾活动,捐助88407元现金和价值77700元的物资。市女企业家协会获评2020—2021年度铜仁市"三八"红旗集体称号。

【妇女儿童关爱服务】 2021年,铜仁市完成500人低收入妇女"两癌"救助项目救助对象情况摸底,联合民政局、卫健局、农业农村局等完成信息核查和项目申报355人,获得2021年度低收入妇女"两癌"救助专项基金169万元,惠及169名患病妇女。完成435名受救助妇女"两癌"项目电话或实地回访工作,回访率100%。完成全市2746名患病妇女的信息导出维护和归档工作。获批"母亲健康快车"1辆、母亲水窖项目1个、儿童保护"三个一"工程示范点2个。组织中国妇基会"母亲健康快车"20个项目医院开展病例,腾讯会议远程指导公益活动3次,覆盖医务人员500余人次。开展女童保护工作,通过举办线上讲师培训班,7万余名儿童接受防性侵知识普及。发放"花蜜助学金"15.3万元,为51名大学新生解决上学难问题。568名"爱心妈妈"围绕"五个一"开展帮扶活动500余次。指导全市15个"苗圃工程"试点改革工作,完成2个贵州省"苗圃工程"省级试点实施工作。11月,与市妇幼保健院签订《铜仁市"幸福家·妇儿健康服务"项目合作协议》,联合市妇幼保健院在市财政局开展中医知识讲座及义诊"进机关"活动。

(市妇联 杨松梅)

8月27日,市妇联举行"花蜜行动 圆大学梦"助学金发放仪式(市妇联 供图)

铜仁市科学技术协会

【概况】 2021年,铜仁市建设铜仁科技人才智库,开展"乡土人才"信息摸底工作,建立科技人才专家信息库,对1725名在册乡土人才进行分类管理,引领"乡土人才"在农村产业发展中献计出力。通过科普铜仁、科协网站推送科普信息600余条,在人民网、省科协等新闻媒体发布信息100余篇,2021年被省科协评为信息工作先进集体。

2021年,铜仁市科学技术协会(以下简称"铜仁市科协")系统包含市本级、各区县科协在内的基层组织有11个。全年新增11人,有在编人员104人,其中男性71人,占68.27%,女性33人,占31.73%;全日制最高学历为大学本科或大专88人,占84.61%,中专及以下为16人,占15.39%;在职教育学历研究生有4人,占3.85%,本科或大专13人,占12.5%;平均年龄为47岁。

【科普活动】 2021年,铜仁市科协在德江县楠木园社区举行2021年铜仁市"全国科普日"启动仪式,为科普专家代表颁发聘书;组织全市各区(县)开展科普宣传和义诊、咨询等服务活动,惠及群众6万余人,被中国科协评为"全国科普日活动优秀组织单位"。以"全国科技活动周"等宣传活动为契机,面向机关干部、农民、社区居民、青少年等群体,开展科普"五进"系列活动30场,发放科普资料5万余册,受益群众8万余人。市科协被省科协评为"科普先进集体"。

【青少年科技创新】 2021年,铜仁市举办第十四届青少年科技创新大赛,向省科协推荐科创作品获省一

铜仁市在"全国科技活动周"开展科普"五进"系列活动(彭　俊　摄影)

等奖4名,其他奖项19名。组织开展全市青少年机器竞赛教练员培训和全市第二届青少年机器人竞赛;在第六届贵州省青少年机器人竞赛中,铜仁市有2名获冠军,其他奖项21名。

【科技工作者服务】 2021年,铜仁市推荐市教育局李俊,市农业农村局毛亚勋等8人为贵州省第七届科普工作先进个人,市科协杜凌被中国科协评为先进个人。推荐铜仁中伟新材料有限公司闫硕为中国科协"十大"代表,并获首届"铜仁杰出人才奖"。在"全国科技工作工作者日"期间,召开全市科技工作者代表座谈会,慰问21名优秀科技工作者。开展市级学会调研,指导市级各学会换届及年审,推进学会承接政府职能转移,引领广大科技工作者服务高质量发展。

(市科协　周银松)

铜仁市归侨侨眷联合会

【概况】 2021年,"两会"期间铜仁市侨联在全市组织侨界人大代表、政协委员提出提案11个。开展铜仁市油茶产业发展调研,推动周逸群烈士故居、贵州傩文化博物馆申报"华侨国际文化交流基地"项目,万山朱砂古镇"中国华侨国际文化交流基地"挂牌,周逸群烈士故居被确认为"贵州华侨国际文化交流基地",承办"亲情中华·为你讲故事"网上夏(春)令营第4期贵州铜仁营活动。结合全市重点人才工作要求,采取多形式、多渠道开展侨情调查摸底,基本建成侨情数据库。在疫情防控和脱贫攻坚工作中,全市侨联系统5家单位和12名个人获省侨联表彰。

【基层组织建设】 2021年,碧江区文笔峰社区完成"侨胞之家"建设,获国内侨务项目建设经费2万元。10月,石阡县和思南县相关社区启动"侨胞之家"前期摸底选址工作。12月,市侨联指导成立铜仁幼儿师范高等专科学校归侨侨眷联合会,实现铜仁市高校侨联组织"零的突破"。

【政治引领】 2021年,铜仁市侨联学习贯彻习近平新时代中国特色社会主义思想、习近平总书记关于群团工作和侨务工作的重要论述,党的十九大和十九届历次全会精神,以及习近平总书记视察贵州重要讲话精神、对贵州对铜仁工作的重要指示批示精神,开展党史学习教育和《中国共产党统一战线工作条例》学习。持续组织开展侨界联谊联络、爱国主义教育、侨法宣传、形势政策教育等活动,走访慰问侨界群众,并利用官网、"侨之家"微信交流群等新媒体,开展宣传教育工作,增强归侨侨眷和海外侨胞、归国留学人员对中国特色社会主义的道路自信、理论自信、制度自信、文化自信,铸牢侨界群众中华民族共同体意识,凝聚侨心侨智侨力。

【联谊联络】 9月18日,铜仁市侨办、侨联和碧江区侨联联合举办2021年铜仁市侨界中秋、国庆联谊暨政策形势宣讲。全市归侨侨眷、归国留学人员代表参加联谊会。市侨联党组书记、主席叶锋出席会议并讲话。加强与东莞、苏州侨联组织和侨领、侨商对接联络。12月,党组书记、主席叶锋带队到东莞侨联开展对接联络工作,签订《东莞市侨联与铜仁市侨联建立友好关系合作意向书》,与东莞部分侨领、侨企代表座谈交流。

【侨眷服务】 4月,铜仁市侨联领导带队分别到碧江区、万山区、石阡县开展调研活动,召开座谈会,听取关于基层侨联组织工作重点、侨眷侨胞权益保障等方面的意见建议,了解归侨侨眷在子女高考、就业、社会保险和华侨回国定居、出入境等方面的优惠政策和规定的落实情况。9月、11月,联合铜仁市侨务办、铜仁仁爱眼科医院分别在碧江区矮屯社区、石阡县香树园社区开展"侨爱心——乡村振兴公益行"活动。持续开展"送温暖、送爱心"活动,为社区群众送医赠药,进行健康防疫知识、涉侨政策法规宣传。印发《铜仁市归侨侨眷联合会法治学习宣传实施方案(2021—2025年)》,并与铜仁市中级人民法院共同签署关于建立涉侨纠纷多元化解机制合作备忘录。同时,持续开展走访慰问,帮助解决归侨侨眷的生活困难和问题,全年走访慰问63名归侨侨眷,发放慰问帮扶资金6.4万元。12月,建立领导干部接访接信下访工作制度。

(市侨联 余本娟)

铜仁市文学艺术界联合会

【文艺家协会】 2021年,铜仁市文联有铜仁市作家协会、美术家协会、书法家协会、音乐家协会、舞蹈家协会、戏剧家协会、曲艺家协会、摄影家协会、民间文艺家协会、电影电视艺术家协会、文艺评论家协会、诗词楹联学会12个艺术门类专业文艺家协会。市作协有市级会员780人,剧协有市级会员143人,音协有市级会员148人,舞协有市级会员79人,美协有市级会员246人,书协有市级会员290人,摄协有市级会员501人,曲协有市级会员14人,民协有市级会员43人,影视协有市级会员85人,评协有市级会员40人,诗词楹联学会有市级会员293人。市文联根据《铜仁市文联章程》《铜仁市文联文艺活动管理制度》《铜仁市文联协会指导和管理办法》对市级各文艺家协会履行团结引导、联络协调、服务管理、自律维权基本职能,发挥在行业建设中的主导作用。通过组织学习、深入生活、文艺创作、文艺评奖、成果展示、志愿服务、文艺理论和评论、学术交流、人才培训、调查研究、书报刊出版、对外交流和权益保护等工作,发挥对文艺工作者的组织、引导、服务、维权作用,对团体会员进行业务指导。

【指导监督】 2021年,铜仁市文联根据市委办公室《关于促进铜仁市文学艺术繁荣发展的意见》和市委宣传部《铜仁市文艺精品扶持奖励办法(试行)》《铜仁市"梵净文化人才"培养管理办法(试行)》《铜仁市文化事业建设专项资金管理和使用暂行办法》,指导各协会文艺创作、人才培养、行业建设。执行《铜仁市文联文艺活动管理制度》《铜仁市文联协会指导和管理办法》,全程对各协会活动审批、跟踪、管理和引导。指导帮助各协会入住中南门古城犁园(铜仁文艺交流中心),让各文艺家协会拥有固定办公场所和文艺交流活动中心,搭建文艺家创作、展示、交流、交往平台。指导各协会完成市民政局社会组织人才统计和年审。

【文艺队伍建设】 2021年,铜仁市召开"修身守正、立心铸魂"文艺工作者职业道德和行风建设暨文娱领域综合治理工作座谈会,开展铜仁市"人民喜爱的文艺工作者"推荐评选活动,10人获评。新增4名作家加入中国作协,1人当选省文艺评论家协会副主席,1人当选省摄影家协会副主席,近20人当选省级文艺家协会理事。贵州省出席全国第十一次文代会20个代表名额中,铜仁市获1个代表推荐名额。推荐2名文艺家参加中国文联第一期舞台艺术制作人高级研修班培训、中国少数民族作家创作采风暨民族文学杂志社创作基地交流会。

【文艺创作成果】 2021年,铜仁市文联组织创作10件文艺精品申报第八届贵州省文艺奖、首届贵州省文学奖,5件作品获省文艺奖摄影类二等奖、广播类三等奖,首届省文学奖诗歌类二等奖、散文类二等奖、文学理论评论类三等奖。作词歌曲《听北京说你好》《向世界微笑》入选北京2022第二届冬奥会和冬残奥会优秀音乐作品。电影剧本《绝境》获国家电影局审批通过,《清扬刀》获中国作家网原创小说大赛二等奖,《环保在行动》获中国环保摄影大赛三等奖,《苗族赶集日》《占里侗寨》入展第14届中国西南六省区市摄影联展。在《诗刊》《民族文学》《解放军文艺》《散文选刊》《青年文摘》等期刊发表文学作品100余篇(首),近10件作品入选中国作协创研部、人民文学出版社等选编的权威年度选本。

【文艺活动】 2021年,铜仁市开展"千年之变·百年建党·十年设市"和"喜迎建党100周年·抒写铜仁新华章"主题文艺作品征集等"文军学党史"主题活动,创作《红色黔东组歌》《永恒的丰碑——木黄·木黄》《血染困牛山》《纪念碑的高度》《百年大党》《驻村干部》《锻造》等主题文艺作品,在"学习强国"、《贵州日报》、动静贵州等平台展播发表诗歌、歌曲、散文、书法、美术、摄影等优秀文艺作品300余件,《锻造》获贵州省"文艺精品"创作扶持重点项目、全国报纸副刊年度精品一等奖。围绕国际山地旅游大会暨全省第十六届旅发大会在铜仁市召开,组织开展"走古城、读古城、品古城"主题实践活动,创作一批优秀文艺精品,并在《铜仁文艺》季刊第三期出版专辑《印象中南门》,编印出版《梵山净水》大型画册,创作发行"水文化"主题歌曲《美丽的山多情的水》。

【文艺惠民】 2021年,铜仁市文联争取中国音协"金钟之星"艺术团到玉屏脱贫攻坚安置示范区开展"向人民汇报"送欢乐下基层慰问演出,提升搬迁群众文化获得感。组织文艺工作者到易地扶贫搬迁安置点开展"我们的中国梦"文化进万

市文联到松桃自治县孟溪镇三脚岩安置点创建"追梦书画阁"并捐赠文艺图书(市文联　供图)

家、"文化送基层·春联进万家"、支部联建、文艺下乡暖冬行动等新时代文明实践文艺志愿服务活动,为群众现场书写(赠送)春联17200余副、福字1300余件。到松桃自治县三脚岩安置区、和尚坪村、桃子坪村、阳雀村开展关爱困难留守儿童活动,为40余名困难留守孩子送去儿童文学读本80册、学习文具40余套,为3个村的困难党员和老人送去价值6000余元的暖冬棉被15床。助建"追梦书画阁",为印江普同、松桃三脚岩安置区送去铜仁书籍、刊物、画册2000余册,并购置篮球、羽毛球、乒乓球、象棋、军棋等价值2000余元文体用品,提升搬迁群众的文体生活质量。防"疫"顺口溜《待在家中不用怕》,公益歌曲《初心不变》,美术作品《一笔一画述疫情》《小兵"画"战"疫"》等获新华社等国内主流媒体平台推送,点击浏览量均破百万次。

【文艺交流】 2021年,东莞市1名中国作协会员、国家二级作家到德江县文联挂职担任副主席,德江文艺家创作的文学、摄影、书法、美术等作品先后在《东莞日报》推出8期文艺专刊,以文艺作品的方式讲述两地协作故事。

(市文联　田朝阳)

铜仁市残疾人联合会

【概况】 2021年,铜仁市有持证残疾人110142人,其中,一级15495人,二级28911人,三级29787人,四级35949人。按残疾人类别计算,视力残疾12141人,听力残疾7745人,言语残疾2129人,肢体残疾63548人,智力残疾8781人,精神残疾7616人,多重残疾8182人。持农业户口的103179人,非农业户口的6963人。

【巩固残疾人脱贫攻坚成果】 2021年,铜仁市建立防止残疾人返贫致贫预警监测和帮扶机制,将脱贫不稳定和边缘易致贫残疾人作为过渡期内防止返贫致贫的重点群体,印发《关于进一步做好巩固拓展残疾人脱贫攻坚成果相关工作的通知》,建立残疾人"两类人群"监测对象台账,借助"全省残疾人信息大数据"平台,动态跟踪核实残疾人"两类人群"致贫原因、帮扶措施落实情况、风险是否消除等情况,巩固拓展脱贫攻坚成果。向有关部门推送残疾人办证换证信息10605人。强化残疾人社会保障工作,配合民政部门落实残疾人"两项补贴"制度,46024名困难残疾人享受生活补贴,46586名重度残疾人享受护理;29329名重度残疾人代缴全部或部分基本养老保险。投入资金1244.1万元为59742名残疾人代缴全部或部分基本医疗保险。投入17.3万元为8户残疾人家庭实施危房改造。投入资金198.3万元为705户残疾人家庭实施无障碍改造。

【康复服务】 2021年,铜仁市残联新增铜仁市妇幼保健院、松桃自治县惠宁精神病医院2家康复定点服务机构。铜仁康复医院、铜仁特校、思南民族中医院3家定点康复机构获省级康复骨干机构授牌,分别获10万元奖励;碧江区正光社区、打角冲社区,万山区城南驿社区,玉屏自治县康复托养中心获省级社区康复示范站授牌,分别获得5万元奖励。加大向上争资争项力度,争取中央、省级儿童康复资金693.6万元、残疾人辅具适配资金213.7万元、支持性基本康复服务资金229.6万元、精神病住院服药114.16万元。提升残疾人康复服务能力,642名0～6岁残疾儿童享受免费康复训练,109名7～14岁残疾儿童受益东西部协作获得康复训练机会,963名精神残疾人得到药物维持或住院补贴,5236名残疾人得到辅具适配服务,12351名残疾人得到基本康复支持性服务,1136名智力、精神、重度残疾人得到居家托养服务。

【残疾人创业就业】 2021年,铜仁市印发《铜仁市残疾人"阳光助残·转股分红"实施方案》《铜仁市残疾人"阳光助残·贷动成长"就业创业贷款贴息项目管理暂行办法》,市残联与市人社局联合印发《铜仁市扶持残疾人就业创业办法》，残疾人就业创业扶持政策不断完善。全市投入资金118万元，创建19个残疾人乡村振兴产业基地，其中，省级4个、市级10个、县级5个；投入资金90.5万元，支持301名残疾人自主创业。开展就业援助月活动，组织残疾人招聘会3场，实施残疾人培训341人，走访残疾登记失业人员家庭户数330户，帮助残疾登记失业人员实现就业27人，33名残疾人享受专项扶持政策。

【易地扶贫搬迁安置点残疾人服务】 2021年，铜仁市投入资金250万元，新建12个阳光助残·幸福家园，推动残疾人后续服务阵地覆盖、组织覆盖、工作覆盖；争取人社部门支持，将易地扶贫搬迁安置点残疾人专职委员纳入公益性岗位管理，投入资金50万元开发残疾人专职委员公益性岗位70个，助力社区残疾人稳定就业。年内创建易地扶贫搬迁残疾人示范安置点10个。10月10日，市残联联合碧江区残联、万山区残联开展"学党史见行动·残疾人康复服务进社区"主题实践活动，为矮屯社区、旺家花园社区送去残疾人保障政策服务、辅具适配服务、心理咨询服务和健康检查服务。

【农村残疾人托养】 2021年，铜仁市建成农村残疾人托养中心23所，有床位696张，入住残疾人325人，"托养一个人，解放一群人，幸福一家人"的社会效应初步显现。推进残疾人"阳光家园"计划项目实施，争取中央、省级资金170.4万元，以购买服务的方式为1136名残疾人提供居家托养服务。11月25—26日，全省农村残疾人托养与照护服务工作现场推进会在铜仁召开。

【残疾人文艺】 2021年，铜仁市残联组织残疾人参加第十届贵州省残疾人艺术会演，从各区县残联和市特校推荐的节目中选送节目并获奖6个，其中戏曲《樊梨花招亲》获铜奖，《姐妹拜寿》获优秀奖；舞蹈《觉醒时代》获银奖，《青山忠魂》获优秀创作奖和优秀奖；歌曲《梦中的妈妈》《新征程路上的摇滚》获优秀奖；《樊梨花招亲》辅导教师唐海洋等3人，《觉醒时代》辅导教师戴怡等4人获优秀辅导奖。

（市残联　袁　放）

11月25日，全省残疾人托养与照护服务工作现场推进会在铜仁市碧江区坝黄镇苗哨溪村阳光幸福家园召开（市残联　供图）

铜仁市社会科学界联合会

【社科研究】 2021年，铜仁市社科联组织申报"贵州省社科联理论创新课题"研究工作，"铜仁市农业中小企业高质量发展助推乡村振兴的策略研究""乡村振兴背景下铜仁市提升农产品加工转化的策略研究"等46个课题作为联合课题立项，获省级课题立项数量为铜仁市历年最高。市社科联面向全市发布立项20项人文社科课题，经评审，4项为优秀，13项为合格。"派驻机构'协同式'监督的铜仁实践""铜仁市全力推进人才大汇聚策略研究""红军困牛山战斗精神及其价值研究""铜仁市优化营商环境促进民营经济高质量发展研究"4项课题编辑为《2021年铜仁市人文社科课题优秀课题成果汇编》供市级领导和部分单位参阅。

【社科类协会与学会管理】 2021年，铜仁市社科联主管的铜仁市经济社会发展研究会、铜仁市文化新闻研究会主要成员退休或相继调离本市，两个研究会长期未开展相关活动，主管部门市社科联向市民政局提出注销申请。8月11日，市民政局批复同意注销市社科联主管的铜仁市经济社会发展研究会、铜仁市文化新闻研究会。

【社科学术阵地管理】 6月，铜仁市社科联与市委宣传部联合印发《铜仁市社科学术阵地管理联席会议制度》，每季度印发工作提示，对区县及市域高校社科联、市内学会、协会、研究会开展学术讲座、论坛活动的意识形态风险进行提醒，明确风险排查及活动报备等要求。11月24日，召开2021年铜仁市社科界学习中共十九届六中全会精神座谈会暨全市社科学术阵地管理联席会议，市委分管领导出席会议，对市内社科界提出学术阵地管控要求。市社科联班子成员分别带队到铜仁职院、铜仁市礼仪协会、贵州工程职业学院、铜仁市侗学会开展社科学术阵地管理调研及学术活动指导，管控市内社科学术阵地意识形态风险。

【社科普及】 2021年，铜仁市开展“社科理论进基层”“社科普及周”活动，4月，邀请省社科联专家组在万山区高楼坪乡、敖寨乡开展产业发展调研，结合实际指导厘清农村产业调整思路；围绕“巩固拓展脱贫攻坚成果同乡村振兴有效衔接”主题、全国“两会”精神，组织人员到易地扶贫搬迁安置点、联系村开展“社科普及周”主题宣讲活动，捐赠社科读物200本；提升社科内刊《铜仁论坛》的办刊质量和水平，编印《铜仁论坛》4期8000册，供市内党政领导干部和社科专家学习交流。

【学术会议】 7月9日，铜仁市召开全市社科界学习贯彻习近平总书记“七一”重要讲话精神座谈会。市直部门和高校的社科专家代表35人参加，与会人员结合习近平总书记“七一”重要讲话精神进行研讨发言，发挥社科界作为党政工作思想库、智囊团的作用。

（市社科联　杨婉琦）

铜仁市红十字会

【概况】 2021年，铜仁市红十字会推动应急救护进学校、进社区、进农村、进机关、进企业，开展应急救护培训13195人次。全市红十字会基层组织217个，红十字会员1.96万人，团体会员130个，注册志愿者1712人，成立志愿服务组织32个，红十字会志愿服务总时长9179.5小时。10月中旬，市红十字会与铜仁职业技术学院签订战略合作协议，成立全市首家高校红十字会——铜仁职业技术学院红十字会，新增注册红十字志愿服务队2支。全市募集款物总计1.12亿元，其中募集捐款8275.48万元，募集物资价值2967.85万元。

【“三献”工作】 “三献”工作即无偿献血工作、造血干细胞捐献工作、遗体和人体器官捐献工作。2021年，市红十字会联合卫生健康部门开展无偿献血宣传工作25次，保证临床用血100%来源于无偿献血。开展造血干细胞捐献工作，截至11月底，招募造血干细胞捐献志愿者212名。10月，组织铜仁市造血干细胞捐献志愿者1人完成造血干细胞捐献。在重要时间节点和日常工作中开展遗体和人体器官捐献宣传活动，截至11月，全市登记人体和遗体器官捐献志愿者2516人，完成捐献1例。

【“博爱助学”】 2021年，铜仁市红十字会争取到苏州市红十字会“博爱助学”资金15万元，资助贫困大学生30名。2021年年初为碧江区正光社区易地扶贫搬迁安置点60名贫困学生每人资助1000元。6月1日，到铜仁市第二十四小学开展捐资助学活动，为10名特殊困难儿童发放3000元助学金以及书包、书籍等物品。联合爱心企业到学校开展助学慰问活动，为特殊困难学生发放助学金及书包、书籍等物品。

【“博爱家园”项目】 2021年，铜仁市实施红十字生命健康安全教育和“博爱家园”项目。3月，投入120万元建设的铜仁市红十字应急救护培训基地运行，接待学习参观人员1000余人次。申报“博爱家园”项目1个（石阡县龙塘镇困牛山村），争取项目资金40余万元。市红十字会班子成员到全市19个“博爱家园”项目点，对“博爱家园”项目点红十字组织运行情况进行调查摸底、强化指导，发挥其应有的作用。

（市红十字会　龙　豪）

法 治

人大立法

【概况】 2021年,铜仁市立法工作坚持以人民为中心的立法导向,突出立法重点,集中立法资源,推动基层治理体系和治理能力现代化,实施和批准8部地方性法规。《铜仁市电动摩托车管理条例》经贵州省第十三届人民代表大会常务委员会第二十四次会议批准,自2021年7月1日起施行,对电动摩托车销售、登记、通行、停放等管理活动做出具体规定。《铜仁古城保护条例》经贵州省第十三届人民代表大会常务委员会第二十九次会议批准,自2022年1月10日起施行,对古城保护的范围、对象、保护原则、保护措施、保护管理职责、合理利用及法律责任进行规定。

【《铜仁市电动摩托车管理条例》施行】《铜仁市电动摩托车管理条例》(以下简称《条例》)共29条,2021年7月1日施行。《条例》明确全市电动摩托车的范围,将合标电动摩托车和不合标电动摩托车全部纳入管理范畴,实行登记管理,合标车注册登记,不合标车备案登记,不合标车进行3年过渡期管理,用登记倒逼销售源头,使全市销售合标电动摩托车。设置便民管理措施,公安交通管理部门为备案登记的电动摩托车所有人免费提供道路交通安全知识培训,免费发放通行标识,并设置便民登记点,减轻备案登记申请人负担。同时,依照《条例》对电动摩托车通行秩序进行规范,对电动摩托车驾驶人应当遵守的规则从正面予以引导,从反面做出禁止性规定,要求电动摩托车驾驶人按照靠最右侧车道右侧行驶、佩戴安全头盔、不闯红灯、不超速行驶等规则通行,降低交通事故发生率。

【《铜仁古城保护条例》批准施行】《铜仁古城保护条例》(以下简称《条例》)共6章38条,内容涵盖铜仁古城保护的范围、对象、保护原则、保护措施、保护管理职责、合理利用及法律责任。《条例》明确,铜仁市人民政府设立文化旅游、城乡建设、消防、规划、城市管理、民族宗教、教育等主管部门,按照各自职责做好古城保护管理的相关工作;建立铜仁古城保护专家咨询制度,设立由文物、文史、规划、设计、古建、消防、园林等方面专业人才组成的咨询专家库,强化古城规划保护利用专家论证评估作用;鼓励和引导社会力量参与古城的保护、利用和研究;铜仁市人民政府、碧江区人民政府、古城所在地街道办事处和相关部门应当加强铜仁古城保护的宣传教育,增强公众保护意识,规定每年端午节所在周为铜仁古城保护宣传周。重点对市区消防救援机构职责及古城消防设施、救援力量建设、安全制度、巡查检查、消防宣传、违法行为、法律责任等做出明确规定。《条例》自2022年1月10日起施行。

【法治宣传教育】 2021年,铜仁市举办地方立法培训班1期,培训立法骨干人员80人次,提升地方立法队伍的能力和水平。把立法工作和普法、执法等工作结合,开展地方性法规专题宣传活动,编印并免费发放地方性法规单行本、公报等法规宣传资料3万余册。

(市人大办公室　田　磊)

政法委及综合治理

【概况】 2021年,铜仁市获评"2017—2020年度平安中国建设示范市",成为全国60个平安中国建设示范市之一,人民群众安全感、满意度分别为99.65%、98.81%。"六防六化"工作法、"一分析三报告三考核"工作机制、市域社会治理等经验做法得到中央政法委肯定。根据市域社会治理经验撰写《联合小力量,参与大治理——铜仁市创新群团工作助推市域社会治理实现"三个转变"》,在第二次全国市域社会治理现代化试点工作交流会作经验交流;《构建大格局撬动大治理——铜仁市以"新市民·追梦桥"工程为抓手探索构建"四大格局"助推市域社会治理现代化向纵深发展》入选"全国市域社会治理创新优秀案例(2020)"名单,成为85个全国市域社会治理创新优秀案例之一;"铜仁市运用'六防六化'防范化解重大风险研究"获2021年度贵州省委全面深化改革重大调研课题三等奖;"把矛盾风险化解在最基层——铜仁市'一分析三报告'创新社会治理模式"课程入选省委组织部2020年度教学全省好课程。强化视频监控联网运用平台建设,汇聚"天网""雪亮"及社会视频资源,织密智能安防预警网络,平安铜仁"洞见"系统得到全国政法队伍教育整顿中央督导组肯定。党政领导干部平安建设实绩考评、"123"命案防控模式、"一办一中心"建设、"一中心一张网十联户"治理机制、基层道路交通安全治理等基层社会治理做法获省委常委、省委政法委书记时光辉批示肯定,并在全省推广。2021年度全省市域社会治理现代化试点工作现场观摩会在铜仁召开。

【防范化解重大风险】 2021年,铜仁市完善《市级重大突出舆情信息综合分析研判机制》《突发聚集治安风险实行挂牌督办机制》《市防范化解重大风险应急处置机制》等工作机制。实行"日研判、周调度、月报告”工作制度，市委政法委向市委、市政府专题报告涉稳风险报告30期，直报动态41期，获市委、市政府领导批示25次。完成各类重大决策社会稳定风险评估事项171件，准予实施156件，分步实施13件，属于中高风险暂缓实施1件，高风险不予实施1件。实现政治案事件、暴恐案事件、群体性事件、重大舆情炒作、重大恶性案件、重大安全事故“六个零发生”。处置7·26大连旅客途经铜仁凤凰机场、9·14福建务工回流人员等涉疫人员落地查人管控和碧江“12·27”疫情，全市未发生感染新冠肺炎疫情病例扩散情况。汇编《铜仁市运用“六防六化”工作方法促进市域社会治理现代化成果选编》，在全市印发推广。修订完善《铜仁市重大决策社会稳定和安全风险评估办法》，对评估范围、评估程序、评估措施进一步进行界定。

【扫黑除恶专项斗争】 9月，铜仁市成立以市委、市政府主要领导为双组长，市直各成员单位主要负责人为成员的扫黑除恶斗争领导小组，印发《铜仁市关于常态化开展扫黑除恶斗争巩固专项斗争成果的实施方案》《铜仁市扫黑除恶斗争领导小组关于印发推动四大行业领域整治工作的实施方案》等系列文件，为扫黑除恶常态化工作提供机制保障。各区县相继成立扫黑除恶斗争领导小组，并将扫黑除恶办公室作为常设机构。

【政法队伍教育整顿】 2021年，铜仁市委政法委贯彻落实中央、省委政法队伍教育整顿工作部署，累计开展党史学习教育专题学习565次，“七一”重要讲话等集中学习310余次，开展专题党课76场，开展专题讨论274次，撰写心得体会19511篇；利用铜仁红色资源开展革命传统教育181次，累计汇编典型警示案例115个，召开廉政教育报告会34场、警示教育会192场，选树英模63名，举办报告会46场；开展防止干预司法“三个规定”、违法违规从事经营活动、违规违法办理减刑、假释、暂予监外执行等“六大顽瘴痼疾”问题排查工作；建立健全制度机制818项，其中涉及执法司法制约监督206项；完成三个环节和“回头看”各项工作任务。

【市域社会治理】 2021年，铜仁市建成市县两级“一办一中心”12个、乡级“一办一中心”181个、村级综治中心2922个，解决人员编制360名，推进市、县、乡三级“一办一中心”全覆盖。开展“农村法律明白人”线上培训53场14613人，线下培训548场26849人，培养农村“法律明白人”61969人；建立行业调解组织139个1092人，辅助排查矛盾纠纷5244起、调解7073起。发扬新时代“枫桥经验”，落实党政领导接访包案等制度，推动法院诉源治理下基层，做到就地化解不上交。排查矛盾纠纷12221起，化解11636起，化解率95.21%。建立“平安幸福家1314”服务机制、“平安幸福家”婚姻一站式服务工作机制，防止矛盾纠纷升级和“民转刑”案件发生。排查化解婚恋家庭纠纷2929起，排查隐患445起；挂牌整治乡（镇、街道）26个、部门1个，重点整治乡（镇、街道）46个。创建“平安社区”257个、“平安企业”898个、“平安校园”10个、“平安家庭”100户、“最美家庭”100户；开展“平安之星”评选活动，网络投票活动30余万人次，评出“平安英雄”84人、“平安卫士”42人。在全省率先开通96110反诈预警专号，“平安铜仁”微信公众号开通反诈警情分析通报。推进“一中心一张网十联户”治理机制，将人员管理、案事件、隐患点、其他事项4类22项网格任务纳入“一张网”管理，将疫情防控、酒驾醉驾社会综合治理等纳入网格协同管理。协调统筹106个市直部门到易地搬迁安置点解决各类实事困难问题60余个，涉及资金100万余元；设置安置区警务室51个，警力180人，建立群防群治组织134个1877人，投入技防设施4996台/个。出台《铜仁市党政领导干部平安建设实绩考评办法（试行）》，制定平安建设负面清单，按季度向纪委监委、组织人事部门推送考核结果，作为领导干部政绩评价、选拔任用、晋职晋级依据。

【政法领域改革】 2021年，铜仁市制定《2021年政法领域全面深化改革工作任务清单》，推动市、县（区）、乡（镇、街道）三级社会治安综合治理中心建设、智能辅助办案系统、刑事案件律师辩护全覆盖试点、法官检察官员额动态管理机制、建设全市法院网络安全监测平台等7项改革工作。在全省率先实现市、县两级法学会和市、县、乡三级社会治安综合治理中心全覆盖。设立梵净山环境保护法庭和梵净山检察室，出台《铜仁市梵净山保护条例》《铜仁市锦江流域保护条例》等7部地方性法规，创建国家级民主法治示范村10个、省级民主法治示范村57个、市级民主法治示范村342个。9月，组织北京盈科（贵阳）律师事务所、贵州贵达律师事务所选派5名法律专家到试点企业，开展“《中华人民共和国民法典》之合同法律实务风险防控”专题讲座，对公司股权、章程、劳动人事、经营类合同、债权债务等方面进行免费法律体检。“互联网+公安政务服务”应用App手机预约业务突破40万人次，网上办理业务年均26852人次。通过“互联网+手机+审判”模式，审结家事案件5340件，134起案

建成运行的铜仁平安警务云平台(铜仁日报社　供图)

件通过“网络审判”减少当事人诉累。出台《铜仁市法治人才培养激励实施办法》,将培训培养、奖励激励纳入法治人才建设计划,鼓励和支持政法干警参加法律职业资格考试,1068 人通过国家法律职业资格考试。

【政法智能化建设】 2021 年,依托铜仁平安警务云和综治信息平台,推进智慧法院、智慧检务、智慧公安、智慧司法、智慧政务等领域融通,实现简易案件“206”办案系统互联互通、业务协同,建立“互联网+手机+审判”的在线诉讼规则。累计建设使用平安“小视频”41536 个;审结家事案件 5340 件,其中适用“网络审判”134 起。针对精神病人、留守老人和留守儿童,分别开发“关爱宝、孝心宝、太阳宝”“平安三宝”与智慧社区平台联网共用,实现实时动态管理。

【见义勇为工作】 2021 年,铜仁市慰问见义勇为人员 185 人,发放慰问金 19.8 万元,其中市级慰问 49 人,发放慰问金 9.8 万元。2 月,完成铜仁市见义勇为基金会法人登记证、慈善组织证更换及《基金会章程》修改备案等工作。健全完善《见义勇为基金会章程》,完善基金会的管理制度、工作职责、信息管理、财务管理等 18 项制度,健全见义勇为受理推荐、表彰奖励、典型宣传等各项机制。5 月,铜仁市推荐的余江、杨胜、杨再权分别获第六届贵州省见义勇为英雄模范、见义勇为模范荣誉称号。12 月,对拟授予铜仁市第五届“见义勇为模范”称号的 5 人、“见义勇为先进个人”称号的 17 人、1 个“见义勇为先进群体”称号中的 2 人进行公示。

表 8　2021 年铜仁市第五届见义勇为表彰对象一览表

序号	姓名	性别	民族	出生年月	出生地	表彰类型
1	杨　胜	男	侗族	2001 年 8 月	铜仁碧江	铜仁市见义勇为模范
2	毛　勇	男	土家族	1989 年 2 月	铜仁碧江	铜仁市见义勇为模范
3	吴　毅	男	苗族	1981 年 10 月	铜仁松桃	铜仁市见义勇为模范
4	杨　冬	男	侗族	1986 年 12 月	铜仁玉屏	铜仁市见义勇为模范
5	代泽兵	男	土家族	1952 年 10 月	铜仁印江	铜仁市见义勇为模范
6	舒　滞	男	汉族	1977 年 1 月	铜仁松桃	铜仁市见义勇为先进个人
7	周光华	男	汉族	1964 年 1 月	铜仁碧江	铜仁市见义勇为先进个人
8	刘先平	男	侗族	1988 年 8 月	铜仁万山	铜仁市见义勇为先进个人
9	杨秀全	男	侗族	1959 年 1 月	铜仁玉屏	铜仁市见义勇为先进个人
10	姚长江	男	侗族	1987 年 11 月	铜仁玉屏	铜仁市见义勇为先进个人

续表 8

序号	姓名	性别	民族	出生年月	出生地	表彰类型
11	刘 超	男	侗族	1984 年 5 月	铜仁碧江	铜仁市见义勇为先进个人
12	黄大维	男	侗族	1987 年 4 月	铜仁石阡	铜仁市见义勇为先进个人
13	周小华	男	土家族	1976 年 9 月	铜仁江口	铜仁市见义勇为先进个人
14	陈 浩	男	土家族	1981 年 10 月	铜仁印江	铜仁市见义勇为先进个人
15	方 毅	男	汉族	1963 年 8 月	铜仁印江	铜仁市见义勇为先进个人
16	王 嘉	男	土家族	2007 年 5 月	铜仁印江	铜仁市见义勇为先进个人
17	刘 刚	男	汉族	1977 年 6 月	铜仁思南	铜仁市见义勇为先进个人
18	王 进	男	土家族	1978 年 9 月	铜仁德江	铜仁市见义勇为先进个人
19	崔进军	男	土家族	1970 年 7 月	铜仁沿河	铜仁市见义勇为先进个人
20	崔 强	男	土家族	1964 年 6 月	铜仁沿河	铜仁市见义勇为先进个人
21	熊文进	男	土家族	1991 年 8 月	铜仁沿河	铜仁市见义勇为先进个人
22	张延春	男	土家族	1971 年 8 月	铜仁沿河	铜仁市见义勇为先进个人
23	龙 文	男	苗族	1987 年 10 月	铜仁松桃	铜仁市见义勇为先进群体
24	冉海军	男	汉族	1985 年 6 月	铜仁松桃	

（市委政法委　陈　沁）

法治政府建设

【政府机构职能体系建设】 2021 年，铜仁市对 37 个市直部门权责清单进行集中调整，保留权责清单 3784 项，继续实施的行政许可事项 194 项，较 2020 年减少 17 项。推进“放管服”改革，将 43 个进驻政务中心行政审批的 98 个服务窗口，整合为 9 类综合服务窗口 58 个，窗口压缩率 58%，“一窗分类”事项占比从 80% 提升到 93%。推进“减证便民”行动，调整公布 66 项证明事项告知承诺制目录清单。实现不动产权继承公证转移登记“一件事一次办”，申请材料由 14 份精简到 7 份，办理环节由 6 个缩减到 2 个，办理时间由 20 个工作日缩短到 12 个工作日，通过产权评估报告共享后，申请人不再支付第三方评估费用。

【依法行政制度体系建设】 2021 年，铜仁市人大常委会颁布实施《铜仁市古城保护条例》，完成《铜仁市住宅物业管理条例(暂定名)》《铜仁市城市环境卫生管理条例(暂定名)》一审工作，在全省率先出台《铜仁市电动摩托车管理条例》。集中清理市政府现行的 129 件行政规范性文件，保留 54 件，废止 50 件，修改 18 件，宣布失效 7 件。

【行政决策程序体系建设】 2021 年，铜仁市人大常委会完成修订《铜仁市人民政府重大行政决策程序规定》并公布实施，编制并公布《铜仁市人民政府重大行政决策事项目录》。市政府法律顾问团队办理法律事务 188 项，法制审核机构审查市级行政规范性文件 19 件，出具合法性审核意见 67 条，审查党内规范性文件 21 件，出具审核意见 79 条。

【行政执法工作体系建设】 2021 年，铜仁市印发《铜仁市乡镇和街道整合审批服务执法力量试点工作方案》，明确玉屏自治县为铜仁市乡镇和街道整合审批服务执法力量试点县。印发《铜仁市市场监管领域全面推行部门联合“双随机、一公开”监管工作实施方案》等系列配套方案，完善“双随机、一公开”监管。273 家执法单位随机选派执法人员 8525 人次，随机抽查监管对象 16269 户，完成抽查 2478 次，公示抽查结果 14585 条。开展“运动式”执法、“一刀切”行政执法突出问题专项整治，完成 7 个部门 8 个突出问题专项整改。组织行政复议、行政应诉、执法监督等专业人员到区县、市直执法部门开展法治讲座、法治培训 25 场次。运用“贵州司法云”平台，录入 735 个行政执法主体 8000 余名执法人员数据、执法证件办理、执法培训、权责清单等数据，审核新申领行政执法证件 1600 余个，换发行政执法证件 3700 余个。

【突发事件应对体系建设】 2021 年，铜仁市印发《铜仁市应急处置现场指挥官制度》，建立由市应急管理、气象、水务、自然资源、林业等部门组成的应急管理协同联动机制。加强应急救援宣传和应急演练，全市各级各部门开展演练1400余次。完善突发公共事件总体和专项应急预案，发挥“一中心一张网十联户”基层治理机制，及时处置碧江区冯某新冠肺炎疫情。

【政务公开信息建设】 2021年，铜仁市政府门户网站总发稿量10022条，发布政务公开信息2713条。出台《铜仁市政府及市政府部门重大政策文件解读办法》，按照“谁起草、谁解读”原则，实行“三同步”解读机制（政策文件与解读方案、解读材料同步起草、同步送审、同步发布）。市政府网发布回应关切38条次，举行新闻发布会4次、在线访谈1次。12345热线中心受理市民有效诉求27635件，话务员即时办结11231件，转派承办单位办理16404件，办结率93.27%，回访满意率95.30%。

【信息化平台建设】 2021年，铜仁市建成7×24小时政务服务自助大厅3个，“好差评”评价实现市、县、乡、村四级政务服务大厅全覆盖，完成全省通办2241项事项，100%认领关联工作。推进身份认证、电子印章、电子证照等统一认定使用，公布“一证通办”事项88项，汇聚电子证照批文106类，证照入库量累计总量2149450个，共享调用证照99854件次。

【地方法规、规范性文件合法性审查】 2021年，铜仁市人大常委会对《铜仁市物业管理条例（草案）》《铜仁市户外广告设置管理办法》进行合法性审核，出具合法性审核意见49条；对各市直部门代市政府起草的19件行政规范性文件进行合法性审核，提出审查意见67条；对区县和市直部门出台的19件行政规范性文件备案审查。

【重大决策合法性审查】 6月28日，经市政府常务会审定报市委同意后，《市政府2021年度重大行政决策事项建议目录（第一批送审稿）》（以下简称《目录》）在市政府网站公布，《目录》明确2021年度市政府6项重大行政决策事项。市司法局草拟《铜仁市重大行政决策程序规定》，经市政府常务会审定并报市委同意后由市政府于12月23日印发实施。收到市政府及相关单位转办及来问、来函要求办理的186件政府性合同和征求意见，提出书面意见建议372条。协助市信访局审查市政府信访复核事项11件。参与市政府及其部门组织的招商引资谈判及各类涉法事项专题讨论会议等100余人次。受市政府委托代理民事诉讼案件2件，协助市自然资源局办理市政府行政诉讼案件1件。

【行政复议和应诉】 2021年，铜仁市司法局收到行政复议申请493件，受理430件，审结421件（含上年结转案件23件），未结32件，结案率97%。从审结的案件结果看，维持150件，撤销25件，确认违法1件，责令履行1件，终止（含调解、和解及其他）201件，驳回30件，以其他方式结案13件。收到行政应诉案件464件，开庭审理442件，一审结案396件，未结案68件，行政机关负责人出庭应诉415件，出庭应诉率93.89%，判决具体行政行为违法（含撤销、变更、确认违法或无效、履行法定职责等）53件，占结案数的13.38%；其中经过行政复议后进入行政诉讼程序的案件45件。市级复议机关一审应诉23件次，二审应诉27件次，再审应诉6件次。铜仁市行政复议被纠错率为6.41%，低于全省平均值6.92%，行政机关负责人出庭应诉率全省第一。

（市司法局　姚　超）

公　安

【概况】 2021年，铜仁市公安工作和队伍建设实现“五升四降六零发生”，即刑事案件破案率、电信诈骗案件破案率、经济类、黄赌、食药环刑事案件破案数同比分别上升15.2个、127.2个、38.2个、78.8个、118.1个百分点，现行命案发案、命案积案库存、亡人道路交通事故数、道路交通死亡人数分别同比下降26.3个、4.9个、3.8个、6.6个百分点，政治事件、暴恐案件、群体性事件、重大网络舆情事件、重大恶性案件和重大公共安全事故“六个零发生”。现行命案连续7年下降并保持全破，连续2年未发生较大以上道路交通事故。完成习近平总书记视察贵州、中国共产党成立100周年大庆、2021年旅游“两会”和委员长栗战书到铜调研等重大安保维稳任务，涌现出“全国优秀共产党员”“全国公安系统二级英雄模范”杨宗麟等一批先进典型。

【扫黑除恶专项斗争】 2021年，铜仁市公安局成立扫黑除恶斗争领导小组，印发《铜仁市公安机关常态化开展扫黑除恶工作机制（试行）》《铜仁市公安局关于开展严厉打击沙霸矿霸专项行动工作方案》《铜仁市公安机关关于开展信息网络领域专项整治工作方案》。公安机关立案侦办涉黑涉恶案件3件，其中涉黑案件2件，涉恶案件1件。收到上级部门和群众举报线索80余条，涉嫌违法犯罪线索12条。10月14日，召开“铜仁市扫黑除恶专项斗争表

6月22日，铜仁市公安局举行“学党史、强信念、跟党走”党史学习教育主题演讲比赛（市公安局　供图）

彰总结大会”，公安机关获先进个人38人，先进集体13人，记个人二等功3人，集体三等功5个，集体二等功2个。

【治安管理】 2021年，铜仁市开展涉危涉爆企业安全大检查710次，排查涉危涉爆从业人员1412人次，排除隐患102处，处罚民爆从业单位4家，责令停业整顿1家；检查剧毒化学品、易制爆物品从业单位377家次，现场整改隐患35处，责令限期整改10处；清查整治娱乐场所391家次，将619家寄递物流公司纳入管理，发现整改安全隐患89处，收缴烟花爆竹3418箱，行政处罚25人。开展企事业单位内保行政执法检查3200余次，发现整改治安隐患821个，排查化解单位内部矛盾纠纷7起。推动落实校园安防三年行动计划，1348所中小学和城镇幼儿园达到封闭化管理、专职保安员配备、一键式报警装置和视频监控系统、护学岗设置4个100%标准。推进扫黄禁赌专项行动，破获涉黄涉赌刑事案件262起，办结涉黄涉赌行政案件1124起，处理4886人。

【经济犯罪侦办】 2021年，铜仁市经济案件立案183起，破案104起，同比分别上升13.68%、4%，抓获涉案人员177人，涉案金额11.6亿余元，挽回经济损失2495余万元。开展打击非法集资、传销专项行动，非法集资、传销等涉众型经济犯罪立案22起，侦破12起，抓获犯罪嫌疑人15名，涉及投资人员300余人、资金8600万元；联合相关部门开展前端防控，化解非法集资领域44个、传销领域风险点47个。侵犯民营企业合法权益类侵犯知识产权、非法经营、职务侵占、挪用资金等案件立案35起，破获33起，抓获犯罪嫌疑人35名。开展“云端2021”专项行动，发起全国集群“战役”1起，涉及全国数据协同5起，省内集群/数据协同12起。开展“猎狐2021”境外追逃专项行动，抓获、劝返潜逃境外的“猎狐”对象1人。

【毒品犯罪侦破】 2021年，铜仁市破获毒品刑事案件122起，抓获犯罪嫌疑人203人，查获吸毒人员694人，缴获各类毒品9.59千克。抓获省厅督捕在逃犯罪嫌疑人9人，在逃犯罪嫌疑人到案率64.29%，抓获一般在逃犯罪嫌疑人5人，到案率83.33%。破获部目标案件3起，省目标案件6起。破获全省首例涉曲马多药品的毒品案件，抓获犯罪嫌疑人68人，缴获复方曲马多48盒（574粒）。查处吸毒人员同步立案数118起，受理吸毒行政案件数409起，同步立案率28.85%。减少铜仁籍外流毒品犯罪数，全市外流贩毒13人，同比下降69.05%。松桃自治县实现外流贩毒零的突破。

【涉林犯罪侦破】 2021年，铜仁市以梵净山、佛顶山、麻阳河3个国家级自然保护区为重点，开展“昆仑2021”“打击破坏野生动物资源违法犯罪”“秋季严打”等专项行动，各类涉林刑事案件立案111起，侦破123起（含年前积案），抓获犯罪嫌疑人188人，其中立案数、破案数、打击处理人数分别同比上升85%、64%、144.2%。收缴野生动物422头/只（含国家二级保护动物115只），捕猎工具110件，收缴枪支3支，林木101.84立方米。

【网络犯罪侦查】 2021年，铜仁市开展“净网2021”“断卡”等专项行动，打击网络跨境犯罪、网络新型犯罪。6月，在全国“村推”集中收网行动中，捣毁石阡县严某辉侵公团伙、沿河自治县向某波侵公团伙，抓获“号商”4人，“村推”成员26人，截获公民个人信息2万余条，冻结涉案资金38万余元。“村推”案件得到公安部认可，后续制作的宣传视频资料被部、厅转发，案件侦查经验在公安部网安局视频会议上进行专题交流。

【出入境与往来港澳台管理】 2021年，铜仁市继续推行“全国通办”和“只跑一次”制度，超过90%的出入境窗口进驻政务服务中心。受理审批中国大陆居民各类出入境证件1502本，港澳台各类签注3565件次，护照加注238件次；签发外国人居留许可93人次，外国人停留证件43人次。开展非法出入境调查核实工作和打击跨境赌博违法犯罪工作，落实源头管控措施，查获铜仁籍非法出入境人员1161人，对妨害国(边)境管理犯罪案件立案131起，跨境赌博案件立案45起。

【反恐维稳】 2021年，铜仁市公安机关开展反恐防恐应急处置演练277余次，其中，12月8日，在江口县梵净山公园开展全市反恐演练、公安特警跨区域拉动“红蓝对抗”演练。全年开展反恐宣传45余次，受教育群众60万余人次，提高人民群众反恐防恐安全意识，提升全民知恐、识恐、防恐、反恐的能力。

【重大风险防范化解】 2021年，铜仁市公安机关开展反恐防恐安全督导检查1207家次，开展单元化应急演练271余次，发现隐患165处，整改165处。侦办涉枪爆刑事案件59起，刑事拘留55人(其中部督捕涉枪在逃犯罪嫌疑人1人)，收缴各类枪支139支，子弹62683发；办理涉枪爆治安案件24起，行政拘留24人；收缴炸药17300.2公斤，雷管87188枚，手榴弹7枚，地雷1枚，管制刀具38把，弓弩1把，易制爆化学品115.11千克。

【“放管服”改革】 2021年，铜仁市动态清理调整公安机关实施的行政许可、行政处罚、行政确认、行政奖励、其他类事项，梳理入驻政务中心的行政许可事项，压缩办理时限，压缩率为91.26%，窗口政务服务事项颗粒化率178.57%。市公安局与市政务中心签订《市政务大厅“一窗式”改革授权委托书》，将32项公安政务服务事项纳入“一窗通办”，纳入率100%。市公安局有牵头事项双随机账号3个，录入执法人员11人；录入检查对象2519家，其中旅馆业2459家，保安业27家，金融业10家，爆破行业23家。每季度联合相关部门进行抽查，抽查结果通过贵州省双随机监管平台向社会公开。

【执法规范化】 2021年，铜仁市公安局出台《铜仁市公安机关贯彻禁止逐利执法“七项规定”实施细则》《铜仁市公安机关人民警察执法过错责任追究规定》等规章制度。开展政法队伍教育整顿顽瘴痼疾整治，对公安执法办案系统2020年以来的警情案件进行筛查，梳理存疑问题案件。开展执法质量集中考评，督促指导整改瑕疵、不规范问题200余个。开展执法办案管理中心规范使用、涉案财物管理、罚款500元以下行政案件等专项监督4次，评查案件801件。明确“6月1日起，全市市县两级只保留本级政府作为唯一行政复议机关，行政执法部门不再承担行政复议工作”。6月1日前，办理公安机关行政复议案件4起。

【户籍与流动人口管理】 2021年，铜仁市户籍人口1351583户4493045人；城镇户籍人口1768133人，占总人口的39.35%。乡村户籍人口2724912人，占总人口的60.65%。流动人口222743人，其中男性117560人，女性105183人；来自省内180273人，省外42470人。启动重庆市、贵州省、四川省新生儿入户、跨省户口一站式迁移、跨省首次申领居民身份证异地受理等试点工作。

11月14日，铜仁市公安局开展全市公安机关全警实战大练兵手枪应用射击比武(市公安局 供图)

表 9 2021 年铜仁市全市户籍人口和流动人口情况一览表

单位：人

	户籍人口		流动人口			
	城镇户籍人口	乡村户籍人口	男	女	来自省内	来自省外
	1768133	2724912	117560	105183	180273	42470
总计	4493045		222743			

【数字指挥】 2021 年，铜仁市公安局打造“平安洞见系统”，在预测、预警、预防风险上取得阶段性成效，系统被中央政法队伍教育整顿第十三督导组作为先进经验在全省推广。对全市公安网络、互联网、天网等网络进行巡检、监测，对 PDT 警用数字集群系统、纯 4G 对讲、四合一对讲、4G 执法记录仪、5G 布控球、雪亮、社会资源网、视频指挥调度等平台系统开展巡检及运维。采用规划通信方式，对通信资源进行分配，实现指挥部到执勤点有线与无线相互补充的双通道通话，在图像上实现全方位、多角度实时可视，提升指挥能力，完成系列重要安保警卫任务。

【平安警务云】 2021 年，铜仁市继续推进“平安警务云”建设工作，构建起“一朵云汇聚、一台应用、一张网防控、一体化打击、一键通服务、一中心运行”的铜仁政法大数据工作体系，形成集“云计算、云存储、云搜索、云应用、云服务”等功能为一体的大数据应用体系。指挥调度、禁毒链条等 26 个应用系统上线运行，抓获各类犯罪嫌疑人 1000 余人，破获各类案件 600 余起。整合政法公安业务数据、政务信息数据、社会事业数据、互联网数据，实现大数据政用、民用、商用圈。

【道路交通安全管理】 2021 年，铜仁市发生道路交通事故 1448 起，其中，死亡事故 276 起，死亡 282 人，受伤 1810 人；死亡事故占比为 19.06%，同比下降 3.8%，死亡人数同比下降 6.62%；万车死亡率为 3.92（全年控制数为 5.8）；道路运输事故 36 起，在安全生产事故中的占比为 58.06%，连续 2 年未发生较大以上道路交通事故。全市机动车保有量 723002 辆，机动车驾驶人 932557 人。通过互联网为群众办理车管业务 2099487 笔，其中机动车业务 58331 笔、驾驶证业务 851499 笔。建成 30 家机动车登记服务站，市、县两级车管所全部进驻政务服务中心；建成“24 小时自助车管所”3 个。受理驾驶人业务 297663 件，办理考试业务 658412 人次，办理各类机动车业务 580967 件，查处各类交通违法行为 181 万余起，其中，饮酒驾驶 4842 起，醉酒驾驶 734 起，客运超员 117 起，货运超载 4571 起，无证驾驶 8570 起，超速 48 万余起，货运车辆、农用车辆违法载人 93 起，吊销机动车驾驶证 11413 本，行政拘留 826 人，暂扣机动车 12584 辆，非法营运 1302 辆。推动实施《铜仁市电动摩托车管理条例》，电动摩托车登记备案数 15.11 万辆，摩托车事故率、伤亡率同比分别下降 34.68%、58.26%。

开展公路安全设施提升行动，建设平交路口减速带 290 条、交通信号灯 23 套，在主城区新建违停抓拍卡口 11 套；在农村公路与国省干道平交路口增设减速带 107 条，完成危桥治理 17 座，建设公路安全生命防护工程 306.5 千米，完成事故多发路段“五必上”改造 14 处。

（市公安交通管理局　敖　慧）

检　察

【概况】 2021 年，铜仁市检察机关 3 件案件被评为全国精品案件，6 件

2021 年凝冻期间，市公安交管局 24 小时对路面进行网巡，了解路面凝冻情况（市公安交通管理局　供图）

案件被评为全省典型案例，2名业务骨干入选全国首批检察人才库，4名业务骨干入选全省检察人才库。17个集体、21名个人获得省级以上表彰，碧江区检察院被最高检表彰为第十届全国检察机关文明接待室（连续四届获得），玉屏自治县检察院被表彰为全国依法治理创建活动先进单位（全国检察系统共9个），市检察院被表彰为全省普法工作先进单位、全省检察机关新媒体宣传先进单位，铜仁检察微信公众号连续2年被评为全国百佳检察新媒体。在省委政法委组织的2021年度政法机关满意度调查中，铜仁市人民检察院位列全省市州检察机关第三。

【刑事检察】 2021年，铜仁市检察机关受理审查逮捕各类刑事犯罪2128件3193人，受理人数同比上升20.5%，批准逮捕1436件2043人，批捕人数同比上升16.69%；受理审查起诉各类刑事犯罪3601件5538人，受理人数同比上升22.8%，提起公诉2277件3472人，起诉人数同比上升6.7%。受理涉黑案件6件41人，审结起诉5件24人；受理涉恶案件4件53人，审结起诉3件46人。起诉非法吸收公众存款、集资诈骗、传销等涉众型经济犯罪13件28人。参与“断卡”行动，批准逮捕401人，提起公诉349人。办理国家司法救助案件161件，同比上升54.8%，发放司法救助金209万元，同比增长47.2%，救助194人。

【民事检察】 2021年，铜仁市检察机关受理当事人不服人民法院民事生效裁判申请监督案件308件，对其中48件不符合监督条件的案件做出不支持监督申请的决定，通过提请抗诉、提出抗诉、再审检察建议等方式提出监督意见110件。受理审判程序和执行活动违法监督案件600件，发出纠正违法检察建议548件，法院采纳332件。开展“通过虚假诉讼强制执行公积金”专项监督工作，立案397件，发出再审检察建议106件，法院裁定再审95件。参与“根治欠薪”攻坚行动，办理支持起诉案件12件，帮助27名贫困农民工通过诉讼依法维权，追讨欠薪。

【行政检察】 2021年，铜仁市开展行政争议实质性化解专项监督活动，检察机关办理生效裁判结果监督案件13件，办理审判程序和执行活动违法监督案件154件。实质性化解行政争议22件，参与诉前、诉中行政争议化解18件。开展“土地执法查处领域行政非诉执行监督”专项活动，办理非诉执行监督案件65件，保护耕地和永久基本农田。结合办案实际，向行政机关提出检察建议115件。

【公益诉讼检察】 2021年，铜仁市检察机关受理行政公益诉讼案件线索413件，立案411件，诉前程序383件，起诉10件。受理民事公益诉讼案件线索188件，立案183件，诉前程序180件，起诉50件，其中刑事附带民事公益诉讼案件46件。对涉及公共安全、文物和文化遗产保护、网络侵害、扶贫、公共卫生等领域公益损害，及时介入开展公益诉讼检察监督。

【生态检察】 2021年，铜仁市批捕破坏生态环境资源犯罪15件25人，提起公诉91件149人，提起环境资源领域公益诉讼100件。江口县检察院依法对游客陈某某在梵净山金顶摩崖上随意刻画，破坏梵净山生态环境的行为提起民事公益诉讼。推动公益诉讼与生态环境损害赔偿制度衔接，联合市中级人民法院、市生态环境局、市自然资源局等单位在全省率先出台《关于加强生态环境损害赔偿与生态环境公益诉讼衔接的实施意见》。与贵州省黔东南自治州、湖南省怀化市检察机关共同建立沅江流域环境保护协作机制，开展生态保护跨区域协作。生态检察工作获贵州日报整版报道。

【未成年人检察】 2021年，铜仁市批捕侵害未成年人犯罪171件217人，提起公诉213件287人。对未成年犯罪嫌疑人，依法不批捕165人、不起诉104人，1名被不起诉未成年人考上“985”高校。联合市教育局、团市委、市律协开展2021年“检爱同行　共护未来”暨“为了明天·青春护航益起来”法治精神进校园巡回宣讲活动。沿河自治县检察院被表彰为全国维护妇女儿童权益先进集体，江口县检察院“茜姐”未检工作室获“市级青年文明号”和“贵州省优秀志愿服务组织”荣誉称号。

【“四大检察”护航“十大产业”专项工作】 2021年，铜仁市检察院印发《铜仁市检察机关“四大检察”护航“十大产业”高质量发展2021年工作方案》，联合相关职能部门出台《“四大检察”护航“十大产业”高质量发展协作办法（试行）》《“四大检察”护航全市“十大产业”高质量发展联系机制（试行）》。受理审查逮捕侵犯工业企业或企业家合法权益案件39件79人，批准逮捕30件64人。受理审查起诉侵犯工业企业或企业家合法权益案件52件120人，提起公诉40件92人，为企业挽回经济损失325万元。清理涉企“挂案”8件，快办快结轻微刑事案件，对企业人员涉嫌犯罪的依法不批准逮捕11人，不起诉30人。组织召开“检察长+董事长”座谈会11场次。

（市检察院　冉雪云）

法 院

【概况】 2021年，铜仁市人民法院受理案件65410件，审结60205件，结收比93.6%，收案同比上升31.7%，结案同比上升23.93%，法官人均结案259.78件。全省法院考核的14项审判质效核心指标有5项列全省第一、2项列全省第二、3项列全省第三，执行“3+1”核心指标列全省第四、综合成效列全省第三。全市法院保持长期未结和超审限未结案件“双清零”，成为全省实现“双清零”的3个市州之一。人民群众对法院满意度名列全省第二。

【刑事审判】 2021年，铜仁市人民法院受理刑事案件2650件，审结2466件。其中，审结涉黑恶案件6件59人，重刑率49.51%。审判故意杀人、抢劫、强奸等社会治安犯罪案件439件561人。开展“禁毒大扫除”，依法审结龚某辉等人制造、贩卖毒品犯罪案（中华人民共和国成立以来，贵州制造毒品数量最大案件，涉案毒品385.8千克），被中央电视台采编报道。开展“断卡”行动，审结电信网络诈骗犯罪案件145件299人，维护人民群众“钱袋子安全”。法院系统一审刑事案件辩护率100%，对2020名主动认罪认罚的被告人从宽处罚。坚持以审判为中心的刑事诉讼制度，经开庭审理公诉机关撤回起诉5件。

【民事审判】 2021年，铜仁市人民法院受理民事案件35480件，审结32346件。其中，审结教育、就业、医疗、住房、社会保障等民生案件1563件，审结劳动争议、农民工工资等案件707件，审结民间借贷、买卖合同等案件8918件。推行家事审判方式改革，探索形成以“暖”“亲”“缓”“疏”“联”“护”为特色的审理模式，审理离婚、抚养、赡养、继承等婚姻家庭纠纷案件6622件。一审民事案件调解、撤诉结案16085件，调撤率57.28%，连续5年居全省第一。发布《“以案释法·典亮生活”民法典适用十大典型案例》，全市法院适用《中华人民共和国民法典》审结案件6200件。

【行政审判】 2021年，铜仁市人民法院受理行政案件693件，审结597件。出台16项工作举措，推动重点工作、重点项目行政争议化解。开展“两降一升”专项行动，行政机关负责人出庭率为92%，连续5年位居全省第一，经验做法入选贵州全面深化改革专家特别推荐十大典型案例。编发《行政审判白皮书》，创新行政机关败诉案件“一案一建议”机制，推动依法行政水平提升。

【执行工作】 2021年，铜仁市人民法院受理执行案件29661件，执结28518件，执行到位金额55.79亿元，“3+1”核心指标居全省第四，执行综合成效居全省第三。法院纳入失信名单17733人次，限制高消费14062人次，司法拘留244人，依法移送公安机关追究刑事责任8人。开展涉民生案件专项执行行动，执结涉民生案件3149件，执行到位2.35亿元，执结率92.28%。开展特殊主体案件集中清理，执结特殊主体案件188件，执行到位标的1.9亿元。开展“黑财清底”专项行动，执结相关案件55件，执行到位标的1.23亿元，执结率100%。指导各级法院执结刑事裁判涉财产刑案件7615件，执行到位标的1.36亿元，执结率98.95%。清理案款超期发放2286件，发放金额1.93亿元。

【服务经济发展】 2021年，铜仁市人民法院审结商事案件3142件，出台优化法治化营商环境制度37个，通过召开企业家座谈会、印发风险提示卡、开展法务培训等举措，为企业提供优质的司法服务。设立大龙经济开发区园区法庭，创新“一法庭五中心”优化营商环境举措，入选《贵州改革交流》。建立破产企业财产处置府院联动机制，审结强制清算与破产案件23件，化解债务48.5亿元。

【服务生态建设】 2021年，铜仁市建立首个渔业生态司法修复基地和首个碳达峰碳中和教育实践基地。设立3个环境保护专门法庭，审结环境资源类案件793件，判决补植复绿20余万株、增殖放流10余万尾，判令赔偿生态环境损害赔偿金30余万元，建立生态修复基地8个。德江县法院审理的一件行政公益诉讼案件，作为贵州省唯一案例入选最高人民法院《长江经济带生态环境司法保护十大典型案件》。

【多元解纷】 2021年，铜仁市人民法院协调75个调解组织、384名调解员入驻人民法院调解平台，提供菜单式在线调解服务，成功调解案件19820件，“万人起诉率”逐年下降。思南县法院创新“3633”工作机制，2021年新收民商事案件比2020年下降3.26%。推进“分调裁审”，诉前调解案件26060件，适用速裁快审机制审理案件24907件，平均审理天数为30.93天。

（市中级人民法院 崔 嵬）

司法行政

【概况】 2021年，铜仁市建立完善社区矫正制度机制6个，开展社区矫正案件评查6次，评查案件7804

件次。新增农村法律明白人3727人，培育“学法用法示范户”100户。创建国家级民主法治示范村（社区）3个，省级民主法治示范村（社区）14个，市级民主法治示范村（社区）36个。创建“贵州法治宣传教育基地”4个，“贵州省法治文化建设示范企业”9个。组织市直部门领导干部90人先后到市中级人民法院和碧江区人民法院参加行政案件旁听庭审。全市有人民陪审员714人，参与人民法院审判案件4655件。有人民监督员83人，参与监督案件249件。1901个单位96092名国家工作人员参加全省国家机关工作人员学法考试，参加率97.25%、及格率为97.15%、平均分88.01分。与市工商联联合印发《关于进一步规范商会人民调解委员会工作的实施意见》，商会人民调解组织实现全覆盖。与市中级人民法院联合印发《铜仁市民商事案件诉调对接工作方案》，在基层人民法院设立民商事人民调解委员会10个，推进诉源治理工作。

【公共法律服务体系建设】 2021年，铜仁市将“法律文化阵地创建、法律明白人培养工程、值班律师、认罪认罚工作”等13项工作纳入政府购买法律服务的范围。印发《铜仁市公共法律服务网络热线平台值班制度》，促进市公共法律服务实体平台、热线平台、网络平台融合发展。创建“法惠民生　仁人共享”公共法律服务示范点40个，成立乡村振兴法律服务团11个，在人员较为集中的易地扶贫安置点打造建设“法律门诊”10个。印发《铜仁市“一村（社区）一法律顾问”服务指导标准》，调整充实一村（社区）一法律顾问2929名。

【法律援助】 2021年，铜仁市印发《铜仁市法律援助案件质量管理办法》，明确法律援助机构、律师事务所、承办律师的工作职责。法律援助值班律师为犯罪嫌疑人、被告人提供法律帮助481人次，各级法律援助机构办理法律援助案件3410件。

【人民调解】 2021年，铜仁市有乡镇（街道）调解委员会181个，调解员2203人；村（居）人民调解委员会2926个，调解员10209人；专业性行业性人民调解委员会138个，调解员1382人。调解矛盾纠纷7073件，调解成功6736件，调解成功率95.23%。印发《关于进一步加强专职人民调解员队伍建设扎实推进基层治理的工作方案》，有乡镇专职人民调解员468名、村居专职人民调解员3019名、专业性行业性专职调解员233人。

【司法鉴定】 2021年，铜仁市司法局受理司法鉴定案件2108件，开展司法鉴定行业突出问题专项治理，查出需要整改问题9个、有瑕疵的鉴定案件95件。开展司法鉴定执业监督，查处司法鉴定投诉3件。

【公证服务】 2021年，铜仁市办理公证3922件，外出调查核实证据361次，为当事人提供延时服务170次，代写法律文书570余份。开展公证行业突出问题专项治理，查出需要整改问题24个、有瑕疵的公证案件94件。

【社区矫正】 2021年，铜仁市接收社区矫正对象1254人，衔接刑满释放人员3372人，社区矫正对象无责任性脱管、漏管和重新违法犯罪事件发生。碧江、万山、玉屏、思南、德江5个区县挂牌成立社区矫正管理局（社区矫正大队）。组织社区矫正工作人员参加省第十一期社区矫正业务视频培训，参加实地观摩1期，参加市第三期业务培训，培训1500人次。各区县组织社区矫正业务培训186场次。选派民警参与矫正教育247人次，开展行为矫治和心理健康辅导活动53人次，个别走访教育359人次。训诫谈话96人次。开展宣讲28次，集中警示教育35次。参与庭审前调查评估案件108起，整理社区矫正执行档案325卷。各级社区矫正机构召开安全分析研判调度会124次。

【普法宣传】 2021年，铜仁市印发《铜仁市法治宣传教育第八个五年规划（2021—2025年）》《铜仁市人民代表大会常务委员会关于开展第八个五年法治宣传教育的决议》，启动“八五”普法工作。开展“2个主场活动+3个专题活动+4个主题日活动”系列宪法宣传活动。举办“平安铜仁　青春同行”铜仁市青少年学习《中华人民共和国民法典》知识竞赛和全市中小学生《中华人民共和国民法典》法治征文活动，组织法治副校长（辅导员）开展法治宣传教育3000场次。开展“法律六进”线下宣传1067场次，参与干部群众246620人。开展法律知识线上答题等线上互动活动12场，参与人数11万人。组织省、市、县240名《中华人民共和国民法典》宣讲专家，在10个区县181个乡镇（街道）2940个村（社区）开展民法典宣传教育指导培训，组织线上培训53场，培训人员14613人；线下培训516场，参训人员25744人。5个单位获评“2016—2020年全国普法工作先进单位”和“2016—2020年全国依法治理创建活动先进单位”，3人被授予“2016—2020年全国普法先进个人”，15个集体获评“2016—2020年全省普法工作先进集体”，25人获“2016—2020年全省普法工作先进个人”，铜仁市法治宣传教育工作领导小组办公室被授予“全省2016—

2020 年全省先进普法办”荣誉称号，1 名律师获评全国“关爱明天普法先行”青少年普法先进工作者，1 人被授予贵州省第二届“十大法治人物”称号。

【国家统一法律职业资格考试】 2021 年，铜仁市完成 2021 年度法律职业资格考试的考务组织实施工作，服务考生 2285 人。完成法律职业资格申报工作现场审核 2 次，报送审核资料 262 份，发放法律职业资格证书 262 份。

（市司法局　姚　超）

仲　裁

【概况】 2021 年，铜仁市调解仲裁机构立案处理案件 1511 件，比 2020 年增长 53.25%；结案 1511 件，结案率 100%，比 2020 年增长 9.14%；涉及劳动者人数 1754 人，涉案金额 7728.87 万元，比 2020 年增长 57.81%。其中，仲裁机构立案处理案件 1269 件，比 2020 年增长 57.84%；结案 1269 件，仲裁结案率 100%；裁决案件 431 件，一裁终局案件 111 件，一裁终局率 25.75%，仲裁终结率 74.63%，比 2020 年增长 10.33 个百分点。

【调解处理】 2021 年，铜仁市调解仲裁机构采取立案前、庭前、庭中、庭后全程调解法，调解成功率 69.89%。成功调解许某峰等 4 人与深圳捷信信驰咨询有限公司疑难劳动合同、劳动报酬争议。依法裁决涉贵州铜仁恒大碧湾置业有限公司、恒大集团贵阳置业有限公司大额劳动报酬争议案，裁决结果与法院裁定结果一致。

【劳动人事争议仲裁】 2021 年，铜仁市级仲裁院受理劳动争议案件 147 件，结案 147 件，调解结案 124 件，裁决案件 23 件，一裁终局 13 件，结案率 100%，调解成功率 84.35%，仲裁终结率 88.76%。

【仲裁监察案件分流】 2021 年，铜仁市仲裁机构受理农民工工资争议案件 161 件，为 399 名农民工追回工资 576.46 万元。探索仲裁监察案件分流机制，根据被拖欠工资农民工具体情况，引导农民工向劳动监察机构投诉或向仲裁机构申请仲裁。劳动仲裁对劳动监察调处的符合仲裁受理条件的投诉案件，除能结清和及时履行的外，一律置换为仲裁调解书。

（市劳动人事争议仲裁院　任廷政）

军 事

铜仁军分区

【概况】 2021年，铜仁军分区党委贯彻中央军委决策和习近平总书记指示，加强思想政治建设，聚焦练兵备战主责主业，持续巩固基层建设基础。组织"铜仁市新时代三级党管武装秩序达标建设集训观摩活动"，铜仁学院、万山区高楼坪街道和丹都街道3个基层武装部接受省军区检查验收总评全省第一，全市187个乡(镇、街道、国有企业、开发区)武装部基本实现达标，全区党管武装秩序达标建设达到预期目标。在全省民兵工作检查考评中综合成绩评定全省第四。参加省军区安全保密知识竞赛获一等奖。碧江区人武部党委被中央军委国防动员部党委表彰为先进团级党委，万山区人武部党委被省军区党委表彰为先进团级党委，石阡县民兵应急连党支部被省军区党委表彰为先进民兵党组织，2人被省军区党委表彰为优秀共产党员和优秀党务工作者，2个单位、2名个人分别被省委、省政府表彰为"脱贫攻坚先进集体"和"脱贫攻坚先进个人"。

【思想政治建设】 2021年，铜仁军分区紧扣中国共产党成立100周年，完成党的十九届六中全会、习近平总书记"七一"重要讲话精神等内容的学习贯彻，落实"双周理论学习"制度，28次组织集中学习，完成党委中心组4个专题学习。开展党史学习教育，完成主题教育以及"两忆三查"等年度各行业领域教育，开展庆祝中国共产党成立100周年系列活动。开展政治整训，清理郭徐房张流毒思想。开展"四反"教育、保密教育，持续开展净化涉军网络环境专项行动，开展意识形态领域工作，组织核心重要涉密人员政治考核，从严管控处置来信来访和网络涉军舆情。强化军分区部队建设正面宣传，新闻报道工作居省军区前列。

【应急应战能力建设】 2021年，铜仁军分区开展部队应急应战能力建设，参加省军区"黔动—2021"演习，开展群众性战法斗法创新研讨活动，修订完善各类方案、预案，组织综合性战备拉动演练，升级改造作战室暨市军地联合指挥中心，填补了铜仁市无固定军地联合指挥场所的空白。按纲施训，落实首长机关训练日制度，推进军事职业教育，集中组织团以上干部军事体育训练考核，干部训练档案实现全覆盖。二季度，组织分区首长机关带领碧江区、万山区人武部战备拉动演练。四季度，组织全区开展群众性练兵比武活动，培养选拔一批训练尖子。开展基地化轮训，完成年度民兵训练任务。组织全区民兵工作大培训、大会审、大检查，完成民兵编建任务。全年出动现役官兵、民兵7000余人次，完成疫情防控、安保执勤、参与乡村振兴和13次火箭残骸回收等任务。

【国防动员建设】 2021年，铜仁军分区推进全市国防动员能力建设、军民融合发展"十四五"规划编制论证，融入省军区和铜仁"十四五"规划体系。部署展开重点企事业单位国防动员建设，落实国防动员激励政策措施，制发国防动员先进优待证52个。召开铜仁市国动委各专业办公室专题协调会和全市国防动员潜力调查业务培训会，审核整编基础潜力数据，核查国防动员重点企业，参加全省国防动员潜力数据会审排名前列。适应"一年两征两退"改革，开展以"让青春在军营绽放"主题宣传活动，多种形式开展征兵宣传，实现"五个全覆盖"，完成年度新兵征集任务，大学生占比85%，实现兵员结构质量再提升。

【参建参治】 2021年，铜仁军分区开展新时代"军校共建共育活动"，与17所学校结成共建对子，全区投入64.92万元，帮助改善办学基础条件，在17所帮扶学校建设国防教育长廊11条，国防角12个，红色图书角56个。派出校外辅导员49人次，帮助开展国防教育活动48次，培养驻地"小小红色讲解员"32名，开展国防教育辅导授课22次。协助推动海军后勤部、海军研究院、海军92012部队、陆军军医大学与3所学校、3家医院开展教育和医疗帮扶。2个单位、2名个人分别被省委、省政府表彰为"脱贫攻坚先进集体"和"脱贫攻坚先进个人"。军地联合制定在退伍军人中培塑农村基层党组织带头人工作方案，确立26名重点培塑对象，结合基层换届选举，推荐60余名优秀退伍军人进入村两委锻炼。

【开训动员大会】 1月4日上午，铜仁军分区在参加省军区开训动员电视会议后，召开铜仁军分区开训动员大会。会上，副司令员祝怀利宣读《铜仁军分区2020年度群众性练兵比武活动先进个人》表彰通报，司令员沈明军宣读《铜仁军分区2021年开训命令》，政委贾捷围绕"要提升政治站位，把住军事训练中心地位不动摇""要深化实战实训，提高军事训练的质量效益""要坚持依法治训，确保军事训练高标准落实"对抓好新年度军事训练工作进行动员部署。会后，铜仁军分区机关及全区所属10个人武部采取统分结合的方式开展开训动员周活动。

【全市专武干部集训】 11月16日至12月2日，全市专武干部集训在碧江区人武部举行。来自各区(县)的 96 名基层专武干部参加集训。集训采取集中授课、理论讲解、参观见学、专题研讨、考核评比等方式,围绕民兵组织建设、军事训练、征兵工作、国防动员等内容开展教学培训。

【群众性练兵比武竞赛活动】 11 月 25—26 日,铜仁军分区 2021 年度群众性练兵比武竞赛活动在江口县人武部举行。来自军分区机关、各县(区)人武部的现役军官、文职人员和全市民兵尖子 48 人,按指挥员、参谋人员、民兵尖子 3 个类别,分别完成综合理论、文书拟制、要图标绘、单兵战术基础、3000 米越野、轻武器射击等课目。碧江区人武部部长刘齐全、松桃自治县人武部部长王小平、江口县人武部副部长龙佑波综合成绩位列指挥员类前三名;德江县人武部军事科参谋宋美玉、碧江区人武部军事科科长赵长富、江口县人武部政治工作科干事龙贵刚位列参谋人员类前三名;江口县民兵姚伦、碧江区民兵侯超、玉屏自治县民兵蔡明泉位列民兵尖子类前三名。

(铜仁军分区　刘　宇)

【军队离退休干部服务管理】 2021 年,铜仁市完成多名军队退休士官安置工作。铜仁市本级及各区县军队离退休服务中心服务军队离退休干部及士官 50 余人。组织多名军休干部参加省退役军人事务厅组织的军休"口述历史""我的军旅生涯"等征集活动,其中张珍凤的"记一次剿匪经历"获二等奖。组织多名军休干部参加全省离退休军人运动会,在中国共产党成立 100 周年之际组织党员参加"牢记殷切嘱托、忠诚干净担当、喜迎建党百年"党史学习教育并对老党员进行全面走访慰问。

(市退役军人事务局　姚　健)

武警铜仁支队

【思想政治建设】 2021 年,武警铜仁支队以学习贯彻习近平总书记"七一"重要讲话和党的十九届六中全会精神为主线,持续抓好党史学习教育,利用困牛山战斗遗址、周逸群烈士纪念馆等红色资源深化学习感悟,组织重温入党誓词和志愿书等主题党日配合活动。贯彻"3 个法规文件",推动政治教育创新,探索手机进课堂、运用驻地资源融合抓教,1 人被总队评为"优秀政治教员"。推进文化建设,规范德江、思南、江口、碧江 4 个中队文化环境,打造执勤一中队书香军营样板,组织篮球赛、演讲比赛、"红肩章讲解员"、兴趣小组和特色文化小分队等激发官兵参与活力。在中央级媒体刊发稿件 23 篇。

【军事训练】 2021 年,武警铜仁支队推进军事训练转型,完成机关"一学四练"和基层"四练"活动,3 人被评为总队优秀教练员,年度军事成绩名列前茅。投入 100 余万元完善玉屏、万山中队训练场地建设。持续开展"标准哨、战斗哨"活动,落实"日检查、周通报、月分析"工作机制,排查治理执勤隐患 102 处,处置 2 起执勤险情,推进 8 个目标执勤哨位优化调整,完成环黔警戒卡点建设,实现勤务绝对安全。

【后勤建设】 2021 年,武警铜仁支队落实江口中队后勤规范化建设成果,统一库室及操作间设置和厨房操作流程。实施"一组五队"应急力量建设,分批组织后勤专业兵集训,在总队后勤专业比武中取得 1 个第一,2 个第二。及时补充维修战储物资,推进资产大清查,最大限度发挥保障效益。

【基层建设】 2021 年,武警铜仁支队分 3 批次组织基层纲要和党建法规培训,常态开展"警官之家"活动,形成按纲要建、按大纲训、按条令管局面,政工干部培训做法被总队转发。为基层办好 16 件实事。"一队一策"帮建 19 个大(中)队,"一对一"帮扶 9 名新任主官,组织 4 批 48 人(次)下基层蹲点帮建和当兵锻炼,党委常委全年累计下基层 480 天。落实"面对面、手把手、实打实"抓建模式,执勤一大队和执勤一中队、印江中队、碧江中队、玉屏中队被评为"四铁"先进单位。

【军事演练】 2021 年 3 月和 10 月,武警铜仁支队分别开展"魔鬼周"极限训练,完成 44 个极限训练课目。9 月,武警铜仁支队参加"卫士—2021·使命(贵州)"指挥机构带部分实兵演习,根据铜仁市维稳形势和部队任务实际,以处置社会安全事件和暴恐事件为背景,按照"作战筹划、作战实施"2 个阶段进行指挥推演和实兵演练。

【安保执勤】 2021 年,武警铜仁支队动用兵力 9662 人次,完成铜仁市火车站春运执勤、梵净山景区维护秩序、抢险救援、武装押解和驻地武装联勤巡逻等各类临时勤务 138 起。

【抢险救灾】 2021 年 5 月 3 日,受强降雨影响,铜仁市沿河自治县部分地区发生洪涝灾害,武警沿河中队按照"三种情况第一时间到现场"出动 15 名官兵,分为多个战斗小组投入抢险救援任务,累计清理街道 300 余米,帮助 30 余户商户正常运营,受到街道群众的赞扬。

(武警铜仁支队　涂　漪)

人民防空

【防空建设】 2021年，铜仁市人防办推进组织指挥体系建设，实施“729”重点项目。完成“729”项目总体规划及详细规划编制工作。推动“815”工程项目工作，向省人防办申报立项，上报2021年度人民防空数据统计和国防动员实力统计工作。

【人防工程建设】 2021年，铜仁市人防办组织人防业务骨干参加全省人防工程质量监督业务培训和考试；开展人防工程质量监督巡查工作，市辖两城区质量监督巡查单位37家70次，到县开展人防工程建设质量监督指导。规范人防工程项目行政审批工作，许可事项办结率、服务满意率均为100%；全市完成人防工程11.22万平方米，建成停车位2390个。

【火箭落区残骸回收】 2021年，铜仁市修订并印发《2021年铜仁市火箭残骸落区工作预案》。完成11次火箭落区保障任务，实现无责任性事故发生、无重大人员伤亡、无重大财产损失。5月，开展石阡县、印江自治县、思南县、江口县人防工作部门执行落区任务并举办培训会。投入79.9万元，完成石阡县高频落区3个乡镇35台多功能人防音响警报系统安装工作。

（市人防办　吴华英）

退役军人事务

【概况】 2021年，铜仁市建设退役军人服务中心（站）3116个[市县退役军人服务中心11个、乡镇（街道）退役军人服务站181个、村（社区）退役军人服务站2924个]，落实人员编制450个，落实经费保障1698.98万元，实现市、县、乡、村四级退役军人服务体系全覆盖。创建全国示范型退役军人服务中心（站）65个，审核推荐红色退役军人服务站11个。开展全市退役军人残疾证换证工作，完成退役军人残疾证更换1424本，开展医疗专家伤残等级鉴定工作4次69人。组建市、县、乡、村四级退役军人志愿服务队1200余支8600余人（其中退役军人5600余人），全年1.8万名退役军人参加疫情防控工作，5875人次参加值守、排险、防汛救灾。开展《中华人民共和国退役军人保障法》集中宣传月活动，召开退役军人座谈会560余次。

【退役军人思想政治建设】 2021年，铜仁市退役军人事务局开展党史学习教育和“牢记殷切嘱托、忠诚干净担当、喜迎建党百年”专题教育，实施“百年辉煌·百种风华”中国共产党成立100周年“五个一百”系列活动，截至12月，全市开展老兵讲故事130余场，受众达2.8万余人；发布退役军人图文故事、视频和党史学习教育心得感悟各100条，汇编印发退役军人故事书籍《此生无悔身上衣》5000册。12月3日，投资20万元建成的铜仁市退役军人军史陈列室启用，陈列室收集各类文字资料4万字、图片200余幅，由建军序章、建军之始、万里长征、联合抗战、全国解放、保家卫国、强军筑梦、机构改革8个板块构成，展示人民军队的光辉历程和退役军人工作改革发展，成为全省首个专门服务退役军人的军史展览场所。

铜仁市退役军人军史陈列室（市退役军人事务局　供图）

【社会褒扬】 2021年，铜仁市退役军人事务局联合社会组织、新闻媒体、志愿队伍为2名英雄烈士完成“寻亲”。开展清明节祭扫和烈士纪念日公祭活动，发放“文明祭扫宣传手册”1.5万册，举行2480场群体性祭扫活动，各级烈士纪念设施现场祭扫12万人次，敬献鲜花11万枝，擦拭墓碑360座。开展信息采集和光荣牌悬挂工作，采集退役军人和其他优抚对象信息6.3万条，为1255户家庭悬挂光荣牌，基本实现应挂尽挂，截至12月，全市悬挂光荣牌57260块。

【退役人员移交安置】 2021年，铜仁市印发《铜仁市2021年退役军人安置工作方案》，在全省率先推行退役军人转岗考试，实现转岗50余人。明确筹集不低于安置人数5%的县处级、乡科级实职岗位接收安置军转干部，筹集机关事业单位专项岗位面向符合政府安排工作退役士兵招考招聘工作，完成符合政府安排工作条件退役士兵近百人。

【退役人员高校报考】 2021年，铜仁市鼓励和服务退役军人参加报考高职院校，提升学历，提高就业能力。根据省教育厅数据，全省高职院校录取铜仁市户籍退役军人103人。

【双拥工作】 2021年，铜仁市退役军人事务局为立功受奖现役军人送喜报和慰问品337人次，其中，二等功1人，三等功66人，优秀士兵士官270人，发放奖励金18.01万元。向退役军人事务部、省退役军人事务厅推荐参加中国共产党成立100周年“三属”代表1人(因公牺牲军人遗属倪治朝)，应邀赴京参加庆祝中国共产党成立100周年文艺演出《伟大征程》、中国共产党成立100周年庆祝大会。与全市130家个体户、53家企业签订《铜仁市退役军人享受优惠折扣合作协议》，市县两级筹集“退役军人援助关爱基金”434.35万元。开展“我为群众办实事”系列专项援助关爱工作，解决退役军人及其他优抚对象困难和抗美援朝困难老兵资金74.8万元。开展“春节”“八一”两节期间走访慰问驻铜部队、海军“铜仁舰”、市军队离退休干部、“全国最美退役军人”“全国模范退役军人”及部分困难优抚对象，发放慰问金1011.89万元，走访4.5万人次、赠送慰问信4328份。慰问全国最美退役军人、全省模范退役军人8人次。

【军属优待政策落实】 2021年，铜仁市发放现役军属家庭优待金、大学生入伍奖励金和艰苦偏远地区补贴330.8万元296人次。全市重点优抚对象21324人，发放优抚对象抚恤补助资金17261万元，发放优抚对象抚恤补助金1.73亿元、军休人员退休费994万元、自主择业军转干部退役金1200万元、企业军转干部解困资金310.9万元，免费提供优抚金发放短信提醒服务20415人次。下达优抚对象补助资金16513.4万元，优抚对象医疗保障补助资金1034万元，市级优抚配套资金443.52万元。开展优抚对象短期疗养和巡回医疗活动，全市400名优抚对象分8期到石阡温泉疗养院短期集中疗养。在10个区县开展“关爱功臣”巡回医疗活动，为优抚对象制定诊治方案、免费送医送药并建立个人医疗档案，惠及优抚对象500余人。

【军供保障】 2021年，铜仁市完成年度过往部队和新兵运输军供保障任务，全过程“零失误”，满意度100%。玉屏军供站通过国家退役军人事务部、中央军委后勤保障部组织的全国第三轮重点军供站考核评估并授牌，被表彰为“2021年度军供工作先进单位”；站党支部被市直机关工委评定为全市“标准化规范化示范党支部”；副站长何山被退役军人事务部、中央军委政治工作部授予“全国退役军人服务保障先进个人”荣誉称号。

（市退役军人事务局　姚　健）

经济管理

宏观经济调控

【概况】 2021年，铜仁市完成地区生产总值1462.65亿元，增速8.6%，高于全国、全省平均增速0.5个百分点，增速排名全省第四。其中第一产业增加值316.03亿元，增长8.0%，排名全省第二；第二产业增加值367.54亿元，增长7.3%，排名全省第七；第三产业增加值779.08亿元，增长9.5%，排名全省第二。规模以上工业增加值增长9.9%，排名全省第七；500万元以上固定资产投资（不含跨区项目）同比下降2.8%，排名全省第五；金融机构存贷款余额分别为1540.56亿元、2061.27亿元，增速分别为6.84%、18.45%，分别排名全省第四、第一；税收收入106.49亿元，增速9.1%，排名全省第四；一般公共预算收入67.06亿元，增长3.7%，排名全省第四；一般公共预算支出440.93亿元，增长-3.9%，排名全省第六；社会消费品零售总额增长14.1%，排名全省第五，其中限额以上消费品零售额161.13亿元，增速13.7%，增速排名全省第四。

（市发改委　郑有江）

【发展规划编制】 3月4日，铜仁市二届人大第五次会议通过《铜仁市国民经济和社会发展第十四个五年规划和二〇三五年远景目标纲要》（以下简称《纲要》）。《纲要》对“十四五”时期经济社会发展的主要目标进行细化实化，从经济增长、绿色生态、科技创新、民生建设、基础支撑、对外开放、安全保障7个方面，设置38个主要指标。《纲要》突出规划系统建设，创新开展《铜仁市新型功能材料产业集群发展规划（2021—2030年）》《铜仁市锰产业高质量发展规划（2021—2030年）》等专项规划编制。在落实上，对《纲要》推进实施情况进行评估，提出年度评估报告。完善规划实施要素保障，强化资金、土地、人才等保障，围绕“六网会战”（路网、水网、电网、地下管网、油气网、互联网）“两新一重”等重大项目，把资源要素配置到经济社会发展最薄弱、最关键的领域和环节。12月31日，《纲要》在全省发展改革系统“十四五”规划编制工作总结会上获创新创优奖。完成《铜仁市“十四五”工业发展规划》《铜仁市“十四五”文体广电旅游发展规划》等“十四五”重点专项规划编制11个，《铜仁市“十四五”综合交通体系建设规划》《铜仁市“十四五”水利发展规划》等22个尚在编制和报审中。

表10　2021年铜仁市“十四五”重点专项规划情况一览表

规划名称	规划编制单位	印发时间	责任单位
铜仁市“十四五”工业发展规划	贵州省社会科学院	2021年12月	市工业和信息化局
铜仁市“十四五”文体广电旅游发展规划	铜仁学院	2021年12月	市文体广电旅游局
铜仁市“十四五”巩固脱贫成果规划	贵州大学	2021年12月	市乡村振兴局
铜仁市金融改革发展“十四五”规划	市金融和国有资产发展中心	2021年12月	市金融和国有资产发展中心
铜仁市“十四五”城乡人居环境建设规划	铜仁市城乡规划勘测设计研究院有限公司	2021年12月	市住房城乡建设局
铜仁市“十四五”商务发展规划	铜仁学院经管院	2021年12月	市商务局
铜仁市“十四五”现代服务业发展规划	铜仁学院经管院	2021年12月	市发展改革委
铜仁市“十四五”应急管理体系建设规划	市应急管理局、市直有关单位	2021年12月	市应急局
铜仁市“十四五”教育发展规划	市教育局	2021年12月	市教育局
铜仁市“十四五”气象事业发展规划	市气象局	2021年12月	市气象局
铜仁市“十四五”民政服务能力发展规划	贵州省四友企业管理咨询有限公司	2021年11月	市民政局
铜仁市“十四五”综合交通体系建设规划	中交公路规划设计院有限公司	编制中	市交通运输局
铜仁市“十四五”水利发展规划	铜仁市水务局	编制中	市水务局
铜仁市“十四五”林业特色产业发展规划	市林业局	编制中	市林业局
铜仁市“十四五”数字经济发展规划	市大数据局	编制中	市大数据局
铜仁市“十四五”能源发展规划	贵州电建院	编制中	市发展改革委
铜仁市“十四五”新型功能材料产业集群发展规划	市发展改革委	编制中	市发展改革委
铜仁市“十四五”现代物流业发展规划	铜仁学院	编制中	市发展改革委

续表 10

规划名称	规划编制单位	印发时间	责任单位
铜仁市“十四五”新型城镇化发展规划	铜仁学院	编制中	市发展改革委
铜仁市“十四五”生态环境保护规划	生态环境部发展中心	编制中	市生态环境局
铜仁市“十四五”矿产资源开发与保护规划	贵州省地质矿产勘查开发局一〇三地质大队	编制中	市自然资源局
铜仁市“十四五”地质灾害防治规划	编制单位尚未确定	未编制	市自然资源局
铜仁市“十四五”特色食品加工业发展规划	—	未启动	—
铜仁市“十四五”科技创新发展规划	铜仁市科技局	编制中	市科技局
铜仁市“十四五”公共卫生服务体系建设规划	市卫生健康局	编制中	市卫生健康局
铜仁市“十四五”重大传染性疾病预防控制规划	市卫生健康局	编制中	市卫生健康局
铜仁市“十四五”国土空间生态保护与修复规划	—	未启动	—
铜仁市“十四五”基础测绘规划	贵州省测绘产品质量监督检验站	编制中	市自然资源局
铜仁市“十四五”人力资源和社会保障事业发展规划(后改为铜仁市“十四五”社会保障事业发展专项规划)	市人力资源和社会保障局	编制中	市人力资源和社会保障局
铜仁市“十四五”促进城乡就业创业规划	市人力资源和社会保障局	编制中	市人力资源和社会保障局
铜仁市“十四五”妇女儿童事业发展规划	铜仁学院	编制中	市妇联
铜仁市“十四五”民族团结进步发展规划	铜仁学院	编制中	市民宗委

【经济运行监测】 2021年，铜仁市建立健全经济运行部门会商调度机制，加强经济运行监测分析，根据监测和分析结果，组织召开第一季度、半年全市经济运行调度会，完成《铜仁市2021年上半年国民经济和社会发展计划执行情况报告》《铜仁市2021年国民经济和社会发展计划执行情况与2022年国民经济和社会发展计划(草案)的报告》《当前和今后一个时期我市发展阶段性特征和面临的形势分析研究报告》《我市近五年来经济社会发展速度、结构、质量指标分析以及今后五年发展的主要任务、主要指标预测及发展目标设定的报告》以及2021年第一季度、上半年、第三季度全市经济运行情况及下一步工作建议的报告等材料起草，为市委、市政府和省发展改革委决策提供参考。

【重大项目投资】 2021年，铜仁市谋划、安排重大项目398个，其中，收尾项目60个，续建项目149个，新建项目136个，预备项目53个。项目总投资3562亿元，年度投资539亿元。累计完成投资564.91亿元，占年度任务的104.72%，累计新开工项目119个，累计建成项目81个。

（市发改委　彭　雯）

【资源枯竭城市转型】 2021年，铜仁市以供给侧结构性改革为主线，提出黔东工业聚集区聚焦新兴产业，梵净山文化旅游创新区聚焦特色生态产业，乌江生态经济融合区聚焦传统产业空间规划布局及“1+3+N”产业发展体系。围绕产业发展体系，新型功能材料规模以上企业完成工业总产值244.86亿元；大数据电子信息、生态特色食品、现代能源三大支柱产业完成产值256亿元；新型建材、先进装备、健康医药、优质烟酒、新能源汽车等优势产业完成产值199.3亿元。建立全市“十四五”新型城镇化项目储备库，有在库项目2847个，总投资8849.13亿元。以梵净山文化旅游创新区为龙头，举办2021国际山地旅游暨户外运动大会和第十六届贵州旅游产业发展大会，完成中南门历史文化旅游区和乡村振兴产业带的建设工作。江口县太平镇创建为国家级乡村旅游重点镇，玉屏侗乡风情园、沿河南庄创建为AAAA级旅游景区。获批5个文化旅游产业股权投资基金放款项目，累计放款7.09亿元，引导社会资本28.36亿元。

（市发改委　郑有江）

【统筹协调疫情防控和经济发展】 2021年，铜仁市落实常态化防控各项措施，印发《关于印发铜仁市重点人群新型冠状病毒疫苗紧急接种工作方案的通知》《关于印发铜仁市新冠肺炎全员核酸大规模检测实施方案的通知》《关于组建铜仁市新冠肺炎聚集性疫情处置常备工作组及相关工作专班的通知》《关于调整铜仁市2021年6月底前新冠病毒疫苗接种任务的通知》《铜仁市下半年新冠病毒疫苗接种工作实施方案的通知》《铜仁市2021年冬春季新冠疫情防控应急预案》等系列文件，第一时间处置大连3名旅客途经铜仁凤凰机场被确诊为无症状感染者事件、山东奶枣和涉疫风险地区的邮递快件、"12·27"疫情等事件，阻断疫情输入风险，精准完成"外防输入、内防反弹"各项措施落实和推进新冠病毒疫苗接种工作。

从两个方面入手，实现疫情防控下经济社会全面发展。一方面，集聚合力主攻"四化"（新型工业化、新型城镇化、农业现代化、旅游产业化）；建立健全防止返贫动态监测和帮扶机制，完成返乡农村劳动力就业服务保障，推进乡村振兴试点示范建设；向上争取资金，推进省市重大项目，建立常态性融资对接保障机制，利用"两张清单"推送项目以加大消费体制扩容，推动网络零售额增长；完善信息基础设施，推进产业数字化和平台经济，利用大数据融合发展实现"数智活市"；控制政府债务风险、金融风险，稳定安全生产形势，推动经济恢复取得成效。另一方面，以经济发展取得的成效，强化粮食和能源安全，加大民生保障投入力度，保障就业和基本公共服务，实行社会兜底，形成控疫情保群众、保群众促经济、促经济利群众的良性循环。在完成常态化疫情防控的情况下，全市地区生产总值完成1462.65亿元左右，同比增长8.6%左右，高于全国、全省平均增速0.5个百分点，增速排名取得撤地设市以来最好成绩；第一产业、第二产业、第三产业增加值分别增长8%、7.3%、11%。规模以上工业增加值增长9.9%，社会消费品零售总额增长14.1%，固定资产投资减少2.8%，金融机构存贷款分别增长6.8%和18.5%。城镇新增就业4.39万人，城镇调查失业率4.13%。一般公共预算收入增长3.7%，城镇和农村居民人均可支配收入增长8.5%和10.7%，规模以上互联网和相关服务、软件和信息技术服务业营业收入增速35.5%，规模以上文化、体育和娱乐业营业收入增速7.6%，国民收入实现同步提升。建成生态茶、生猪两个百亿级产业集群，抹茶发展规模居全国前列，食用菌产业规模居全省第一梯队，特色冷水鱼产量占全省的45%，居全省第一。新型功能材料产业完成规模工业同比增长40.5%；三大支柱产业中电子信息制造业同比增长66.5%、生态特色食品加工业同比增长11.2%、现代能源产业同比增长7%，三次产业结构比由2020年的21.8:25.0:53.2优化为21.6:25.1:53.3。

（市政府办公室）

自然资源管理

【概况】 2021年，铜仁市完成永久基本农田核实整改补足工作，补足后全市永久基本农田面积为19.27万公顷；开展设施农用地上图入库工作，上图入库设施农业用地3138个；通过土地开发整理，新增耕地497.05公顷，新增水田1117.74公顷，新增粮食产能590.03万千克；完成易地扶贫搬迁拆旧复垦复绿，形成增减挂钩还贷指标737.85公顷。供应土地总面积2155.06公顷。完成全市第三次全国国土调查工作，并向社会公布。完成铜仁市地图更新编制工作。

【测绘管理】 2021年，铜仁市完成铜仁市地图更新编制工作，通过专家评审；出台《铜仁市工程建设项目"多测合一"工作办法》，实现"一次委托、统一测绘、成果共享"。

【空间规划编制】 2021年，铜仁市开展城镇开发边界内功能布局研究，完成《铜仁市国土空间总体格局及主体功能区划研究》《铜仁市国土空间开发保护战略目标研究》《铜仁市区永久基本农田优化研究》《铜仁市人口发展和城镇体系格局研究》《铜仁市自然资源保护与利用研究》《铜仁市文化研究及国土空间规划建议》《铜仁市魅力国土空间营造研究》《产业发展与空间布局研究》《铜仁市新型城镇化与重要城镇空间拓展布局研究》《铜仁市乡村振兴与农业农村布局研究》《铜仁市国土综合整治与生态保护修复研究》《国土空间规划实施保障与传导机制研究》等多项专题研究，形成《铜仁市国土空间总体规划（2020—2035年）》初稿。完成276662个乡村地区村民居住图斑信息采集和6个省级特色田园乡村、35个市级特色田园乡村、4个红色美丽乡村村庄规划编制。

【自然资源调查监测与评估】 12月3日，铜仁市"第三次全国土地调查"（以下简称"三调"）成果通过省级验收。"三调"以2019年12月31日为标准时点汇总数据，统一执行国家技术标准和省的相关要求，采用优于1米分辨率卫星遥感影像作为调查底图，应用移动互联网、云计算、无人机等新技术，运用"互联网+调查"机制，全流程实行村、乡、县、市4级质量管控体系，历时3年，2000余名调查技术人员先后参与，实地调查161.49万个图斑，查清全市国土利用状况。"三调"主要数据成果向全社会发布，相关成果提供给多部门使用。

【"三条红线"管理】 2021年，铜仁市完成生态保护红线评估优化调整，优化后的生态保护红线面积为46.99万公顷，占区域面积的26.09%；"过渡期”城镇开发边界集中建设区面积26845.08公顷，弹性发展区面积3661.16公顷，特别用途区面积5741.75公顷。其中，新增城镇建设用地面积3751.02公顷，预留机动指标规模150.19公顷，新增空间规模3901.21公顷；完成永久基本农田核实整改补足工作，永久基本农田核实整改补足后，面积为19.27万公顷，初步成果报省厅审查。

【自然资源和不动产统一确权登记】2021年，铜仁市办理不动产权证书116300本，不动产登记证明68944个，开展登记信息查询107934次；完成宅基地发证228455宗，集体建设用地发证1269宗，不动产登记数据库录入宅基地31845宗，录入集体建设用地603宗；完成68323套易地扶贫搬迁安置住房不动产登记工作，登记率100%。清理中心城区房地产行业突出问题项目39个。化解完成阳光杰座、万山开元集团公司、碧桂园奥林湖山、中南家园、花果山6号等15个问题楼盘办证遗留问题，惠及8078户30271人。

【自然资源资产有偿使用】2021年，铜仁市市本级完成自然资源收益32.13亿元，同比增长53.89%。其中，土地出让收缴入库29.47亿元，流转新增耕地指标收益2.64亿元，矿权出让收益（市级分成）240万元。

【国有土地供应】2021年，铜仁市供应土地508宗，供应总面积2155.06公顷（含新增建设用地1846.13公顷），土地价款149.91亿元。其中，按供应方式分，出让土地338宗，面积1226.5公顷，成交价款148.59亿元；划拨土地170宗，面积928.56公顷，划拨价款1.32亿元。

【建设用地管理】2021年，铜仁市上报国务院、贵州省人民政府农用地转用批次72个，申报用地面积1546.8公顷，新增建设用地1208.33公顷。获国务院及省、市、县人民政府农用地转用批复42个，总用地面积567.93公顷，新增建设用地515公顷。其中，单独选址项2个，城镇批次建设用地22个，工业批次建设用地3个，农村批次建设用地15个。

【城市与项目建设用地保障】2021年，铜仁市市本级出具建设项目规划设计条件通知书112件，总用地面积464.4公顷，完成土地出让收益40亿元目标。出具建设项目用地预审与选址意见书34份，建设工程竣工规划认可证300份，建设工程规划放线定位通知单40份，颁发建设工程规划许可证38份，办证总建筑面积551.68万平方米。

（市自然资源局　安星宇）

【矿产资源勘查】2021年，铜仁市开展松桃自治县邓堡锰矿精查工作，完成项目立项设计书编制，并通过省自然资源厅评审，项目设计总经费5000万元。开展松桃自治县耿溪锰矿精查工作，完成设计书编制，并获得精查设计书最终专家审查意见书。完成松桃自治县高地锰矿勘探任务，2月通过项目野外验收，质量评定为优秀，9月获贵州省土地矿产储备局出具的评审意见书。

【社会性地质服务】2021年，铜仁市开展公益无偿服务50余项，投入资金52万元，投入人力600余人次。开展锰矿山地质灾害和生态修复专项排查，完成4个区县34个锰矿山的专项排查工作。协助开展武陵山生态屏障区生态修复工作。10月，重新启动实施松桃自治县长坪乡盘报村饰面灰岩详查项目。实施万山区鱼塘乡野牛山饰面用灰岩矿详查项目。

（市自然资源局　安星宇）

公共资源交易

【概况】2021年，铜仁市完成交易项目2516项，交易总额519.08亿元，增收节支金额10.92亿元，同比增长1.33%、下降5.22%、增长13.15%，交易宗数、交易总额排名全省第五。其中，建设工程项目951宗，交易金额272.98亿元，分别同比下降11.62%、26.36%。政府采购项目1047宗，交易金额77.71亿元，分别同比下降4.56%、增长86.61%。土地矿权项目397宗，交易金额150.91亿元，分别同比增长63.37%、59.85%。国有产权交易项目106项，交易金额17.46亿元，分别同比增长65.63%、下降57.36%。农村产权交易项目103宗（含林权交易17宗），流转面积约973.33公顷，实现财产性收益4304万元。农村产权交易、公共资源交易数据综合考核排名全省前列，甘肃省白银市，湖南省湘西自治州，贵州省黔东南自治州、安顺市等先后到铜仁市考察调研典型经验做法。市公共资源交易中心综合工作考核获全省“优秀等次”，排名第一，被列为公共资源交易区块链数据共享国家试点市州级试点示范单位，获评铜仁市承办省旅游“两会”先进集体、市直机关“先进基层党组织”、2021—2022年度全国公共资源交易综合竞争力百强机构、2021年度全国创新创优服务先进单位。改革创新典型经验和亮点工作被省级以上官方媒体采用18篇，工作成效获市委、市政府主要领导批示肯定。

【平台整合共享】2021年，铜仁市根据《省人民政府办公厅关于深化公共资源交易平台整合共享的实施意见》，将深化平台整合共享工作列为对各区县、市直有关单位的考核内容由市绩效办统一考核，召开全市平台整合共享工作推进会2次，打造“公正开放、竞争有序、服务到位、监管有力”的新时代公共资源阳光交易平台。

【交易平台运营】 2021年，铜仁市实行线上投标“无纸化”，完成非标采购方式系统功能开发，逐步取消纸质投标，为投标企业节约文件打印费等资金成本20万元。开展与湖南省湘西自治州的跨省远程“异地评标”合作，实现优质专家资源跨区域共享共用，解决专家资源分布不均和“熟面孔”问题，完成跨区域远程异地评标40宗。会同市发改委等6部门联合印发《关于优化招投标领域营商环境工作的通知》，明确建设工程、政府采购类项目的电子招标文件免费提供，每年可为投标企业减少投标制度性成本2300余万元。

【区块链试点】 2021年，铜仁市以“区块链+指尖服务”，推进“区块链”改革试点，率先完成与“贵州省公共资源交易区块链数据共享平台”对接，实现交易数据上链。推进数字服务应用，推进移动端介质CA数字证书“标证通”网络客户端上线运用。上链公共资源交易数据38479条，在工程建设、政府采购18个交易项目中应用无介质数字证书。

【资产采购】 2021年，铜仁市完善政府采购项目非标采购方式系统功能开发，推动政府采购单一来源、竞争性谈判等采购方式的全流程电子化交易，实现政府采购全流程电子化交易全覆盖。完成政府采购项目1047宗，交易金额77.71亿元。其中，市公共资源交易中心组织市级集中采购项目交易224次，成交金额4.23亿元，节约资金0.23亿元，相较2020年成交额下降60%；社会采购代理机构组织交易249次，成交金额10亿元，节约资金0.35亿元。

【项目进场公平性审查】 2021年，铜仁市依据财政部《关于促进政府采购公平竞争优化营商环境的通知》等法律法规，落实政府采购招标文件审查制度，对政府采购招标文件模板资格性条款和符合性条款规定内容进行梳理，清理没有法律依据的限制性条款，修改采购文件中关于投标文件装订密封的要求条款。完成招标文件见证审核249个。

【交易数据分析运用】 2021年，铜仁市对公共资源交易大数据分析系统功能进行优化，开展“三大战略”“四化”交易项目入场数量、交易金额、交易运行大数据分析，按季度出具项目交易分析报告4期，为市委、市政府决策提供数据参考。完成乡村振兴项目385宗，大数据项目127宗，大生态项目257宗，新型工业化项目115宗，新型城镇化项目244宗，农业现代化项目164宗，旅游产业化项目86宗，金额256.29亿元。

【交易数据上传】 2021年，铜仁市公共资源交易中心对各县分中心上传数据质量进行审查，并按月通报，压实交易数据审核责任。建设工程、政府采购、土地矿权、国有产权等交易项目数据上传准确率、及时率、完整率保持在100%。数据考核排名位全省前列。

【交易活动监管】 2021年，铜仁市推进“区块链+协同监管”，将公共资源交易监管平台运行使用纳入市绩效考核内容，压实10家行政监管部门职责。同时将公共资源交易项目异议、质疑和投诉纳入电子监督平台线上处理，提高处置效率和服务水平。完成行业监管部门在线监督项目交易225个。

【重大项目服务】 2021年，铜仁市推进“一带双核”项目建设和2021年省旅游“两会”工作落实，参加相关专题会议11次，提出精准建议措施26条。建立优先、速办、高效的服务机制，先后完成中南门古城AAA级景区建设项目、旅游“两会”开幕式文艺演出节目创作采购等96个项目及204.53亿元的建设项目招投标服务工作。

【“不见面”开标】 2021年，铜仁市开发完善“不见面”开标系统功能，通过“不见面”开标将场地从线下转到线上，提供全过程“不见面”开标服务条件，打破地域和人力限制，减轻投标企业成本，完成“不见面”开标130宗。

【数字见证服务】 2021年，铜仁市在评标区单独设立数字见证室，完善智能见证系统，通过IP语音数字系统、360度高清音视频监控系统对入场交易项目进行全过程见证服务。市公共资源交易中心完成项目线上见证服务736宗，见证专家线上签到2986人次，记录代理机构不规范行为83次并上传贵州省公共资源交易中介超市，上报省评管办对26名评标专家不良行为进行扣分处理。

【公共资源交易线上智慧服务】 5月14日，铜仁市评标专家劳务报酬线上支付平台上线运行，规避代理机构（投标人）与评标专家的直接接触和对评标费的“讨价还价”，实现评标专家劳务报酬“线上发”，实现费用发放可溯可查。优化保证金系统“自动退还”功能，对中标公示结束后超过38个工作日未提出退款申请的项目，系统自动提出退还申请，在2个工作日内退还给投标企业，实现保证金“零滞留”。

【异议质疑投诉处置】 2021年，铜仁市执行《铜仁市公共资源交易项目异议、质疑和投诉管理办法》，建立异议质疑事项受理登记台账，实行专人登记受理、专人分类转办、专人处置反馈。依托铜仁市电子化招投标服务平台，开发完善异议、质疑互认投诉线上咨询、线上答疑、线上回复等功能，实现异议、质疑和投诉事项"线上办"。市公共资源交易中心处理异议、质疑事项14个。

【规范管理】 2021年，铜仁市规范制度体系建设，统一制度规则，修订更新《铜仁市评标（评审）专家劳务报酬支付办法（试行）》《中心风险排查防控工作制度》等3项制度。规范市场主体行为，举办铜仁市政府采购业务培训会、建设工程全流程电子化交易业务培训会，提升代理机构、行业部门和干部职工业务水平。规范信息公开程序，执行"三审三校"信息发布制度，全市公共资源交易项目信息统一通过全国公共资源交易平台（贵州·铜仁）向社会发布。通过平台向社会公开工程建设、政府采购等各类交易信息、政务信息12203条。

（市公共资源交易中心　龙杰）

国有资产监督管理

【概况】 2021年，铜仁市印发《铜仁市国有资产监督管理局权力和责任清单》《铜仁市国有资产监督管理局授权清单》，对国有资产实行清单管理，同时界定国资监管职责边界，规范行权履职。推进内部审计，建立铜仁市国有资产投资评审专家库，实行投资项目前置审核事项专家评审制度，规范企业投资行为。印发《关于推进市级党政机关和事业单位经营性国有资产集中统一监管实施细则》，开展党政机关事业单位所办企业清理工作，清理党政机关事业单位所办企业34户，完成市住建局、市工信局等部门下属国有企业划转，按照经营性资产总额统计，集中统一监管率为99%，基本完成集中统一监管工作。印发《2021年度铜仁市市管国有企业促进高质量发展绩效考核实施方案》，对不同功能定位、行业领域、发展阶段的国有企业实行差异化分类考核。

【国有企业改革】 2021年，铜仁市印发《铜仁市深化国企改革三年行动实施方案》，优化国企结构布局，推进公司制改革。印发《铜仁市属国有企业经理层成员任期制和契约化管理操作指引》《铜仁市市属企业混合所有制改革操作指引细则》《关于进一步清查市属国有企业及其控股企业、参股企业、合作项目、对外担保情况的通知》等配套文件，推动国资国企改革。新组建铜仁市黔开集团公司和铜仁市武陵山投资集团公司，实行"管委会＋公司"模式支持大龙开发区和铜仁高新区发展；围绕"一带双核"战略规划，印发《铜仁市整合文化旅游资源资本助推国有文旅企业实体化转型工作方案》，通过资产重组等方式，整合梵净山、锦江河至铜仁主城区旅游观光带及中南门历史文化旅游区、九龙洞等旅游资源，统筹规划、统一开发、分步建设、整体运营、集中管理，打造以铜仁市梵净古邑文旅发展集团有限公司为核心的全市文化旅游产业龙头企业；印发《关于组建铜仁市城市交通开发投资集团股份有限公司工作方案》，采用"资产重组"模式，加快国有企业市场化、规模化、实体化转型，解决企业同质化竞争问题。完成64家国有企业公司制改革，完成率94.1%。完成11家市属国有企业及各子公司"党建入章"工作，建立"三重一大"决策制度。完成11家市属国有企业退休人员社会化管理和"三供一业"工作。

（市金融和国资中心　龙文杰）

【资产拍卖】 2021年，铜仁市根据《事业单位国有资产管理暂行办法》《企业国有产权转让管理暂行办法》等政策法规，规范国有产权交易行为，先后完成梵净山景区商铺整体拍租，碧江区川硐汽车客运北站A区多处门面招租项目，市级单位公车拍卖项目等重点国有产权交易项目招、拍、挂等国有资源资产保值增值工作。

（市金融和国资中心　唐春艳）

【国有资产重组】 2021年9月，铜仁市印发《关于组建铜仁市城市交通开发投资集团股份有限公司工作方案》，批准以贵州省铜仁市城市开发投资集团有限公司股改为基础，整合贵州省铜仁市交通旅游开发投资集团有限公司及旗下子公司，组建贵州省铜仁市城市交通开发投资集团股份有限公司（以下简称"市城交集团"）。市城交集团12月取得营业执照，主要负责城乡水务、公共交通、城镇燃气等特许经营类基础设施项目的建设与运营，城市更新、自然资源储备开发等城市综合开发方面的项目建设与运营，养老、托育、物业、医药、医疗等智慧城市方面的服务业务，矿藏、地下水资源、林木资源等自然资源的勘探、开发及利用，工程咨询、设计、施工、代建、监理等工程建设管理。

【国有企业融资】 2021年，铜仁市累计融资到位资金246.6亿元，其中，市属国有企业融资到位资金98.16亿元，分别为梵投集团19亿元，城投集团28.58亿元，交旅投集团19.63亿元，古邑集团30.48亿元，扶投0.45亿元，各区（县、高新区、开发区）融资到位资金148.44亿元。

【国有企业经营】 2021年，铜仁市有12家市属国有企业，其中商业一类企业2家，商业二类6家，文化类1家，金融类2家，公益类1家。企业分别从事城市基础设施建设、大数据软件开发、交通旅游投资建设、交通基础设施建设、土地储备及开发、仓储物流开发和管理、农旅综合开发、旅游景区开发、土地开发整理、矿产资源开发、水利基础设施建设、城乡供排水、污水环境治理、城镇燃气投资建设、天然气管网投资建设、汽车加油加气站投资建设、分布式能源开发利用、互联网数据服务、安全技术防范系统的设计、通信与信息系统工程施工、基础电信等业务。市属国有企业资产总额1648.3亿元，所有者权益总额为665.4亿元，同比分别增长23.2%、18.1%，实现营业收入总额19.1亿元，同比增长66%。

【金融风险防控】 2021年，铜仁市落实债务管理"七严禁""八个一批"和14条化债措施，按照"六防六化"工作要求，重点围绕隐性债务"红转橙"目标任务，摸清存量债务，开展推进短期限高成本隐性债务置换和债务风险等级"红转橙"区县欠款清收工作。各市属国有企业累计偿还债务119.32亿元。加强各区（县）欠款清收工作，指导督促各区（县）制定欠款偿还计划方案，累计清收货币化借款7.39亿元。盘活市属国有企业存量资源资产359项。

【国有资产企业监督机制】 2021年，铜仁市转变资本监管理念，以管理资本布局、规范资本运作、提高资本回报、维护资本安全等为重点印发《铜仁市国有资产监督管理局权力和责任清单》《铜仁市国有资产监督管理局授权清单》，对国有资产实行清单化、动态化管理。出台《铜仁市国有企业内部审计和责任追究工作实施方案》，成立以国资监管部门主要负责人为组长的内部审计和责任追究工作领导小组，内部审计和违规责任追究机制逐步健全。

（市金融和国资中心　龙文杰）

财　政

【一般公共预算收支】 2021年，铜仁市财政收入实现恢复性增长，一般公共预算收入完成67.06亿元，为调整预算的101.67%，增长3.71%，增幅位列全省第四。其中，税收收入44.13亿元，非税收入22.93亿元，非税收入占一般公共预算收入的34.2%，收入质量位列全省第三。一般公共预算支出441.65亿元，为调整预算的103.19%。

【国有资本经营收支】 2021年，铜仁市国有资本经营预算收入4.19亿元，下降69.45%，加上上级补助收入0.03亿元和2020年结余0.62亿元，收入合计4.84亿元。国有资本经营预算支出3.86亿元，下降38.98%，加上按规定调入一般公共预算统筹安排0.66亿元和结转下年支出0.32亿元，支出合计4.84亿元。全年实现收支平衡。

【社会保险基金收支】 2021年，铜仁市社会保险基金收入80.05亿元，增长10.75%，支出67.6亿元，增长9.17%，收支相抵加上历年滚存结余87.13亿元，增长16.67%。其中，市本级社会保险基金收入66.61亿元，增长21.51%，支出49.56亿元，增长9.16%，收支相抵加历年滚存结余的73.33亿元，增长30.29%。

【政府性基金收支】 2021年，铜仁市政府性基金收入137.9亿元，增长21.53%，加上上级补助5.29亿元，2020年结转5.4亿元和专项债券转贷收入75.65亿元（含再融资专项债券转贷收入），收入合计224.24亿元。政府性基金支出145.8亿元，下降10.47%，加上调出资金41.6亿元，专项债务还本支出28.04亿元，上解省级支出0.1亿元和结转下年支出8.7亿元，支出合计224.24亿元。全年实现收支平衡。

表11　2021年铜仁市财政预算收支情况一览表

指标名称	绝对数（亿元）	比上年增长（%）
财政总收入	130.66	6.3
其中：一般公共预算收入	67.06	3.7
其中：税收收入	44.13	7.3
非税收收入	22.93	-2.6
一般公共预算支出	441.65	-3.7
其中：一般公共服务	40.69	-16.1
教育	99.13	0.4
科学技术	5.88	-17.7
社会保障和就业	52.22	-3.1
卫生健康	53.61	-2.2
节能环保	12.56	17.43
农林水	74.64	-10.8
交通运输	10.85	-13.4

【向上争取资金】 2021年，铜仁市印发《铜仁市2021年争资争项工作方案》，累计争取到中央、省各类财政资金313.11亿元，超年初任务3.11亿元，占年度目标任务310亿元的101%。在单项转移支付争取中，获批“三保”奖补资金6.02亿元，占全省分配额度41.5亿元的14.5%，位列全省第三；推荐报省“四化”和生态环保基金项目122个，获批项目17个，获基金投放21.67亿元，获批额度全省第三；市本级获批公务员绩效发放标准3.46万元，人均发放水平位列全省市州本级第三；争取到位专项债券资金47.61亿元，分配额度全省第五。

【政策性农业保险】 2021年，铜仁市落实国家粮食安全重大战略，按照“应保尽保”的原则，开展政策性农业保险工作，争取农业保险保费资金16384.86万元，其中，中央资金6111.83万元，省级资金10273.03万元，争取资金规模居全省第二。支持金融机构服务农业农村，推动实体经济发展，争取普惠金融专项资金7170万元，其中中央资金5052万元，省级资金2118万元，争取资金占全省17.35%，增长4.78%。

【支持企业发展】 2021年，铜仁市落实中央和省出台的减税降费优惠政策，帮助企业纾困解难，更新公示铜仁市行政事业性收费优惠政策等目录清单，累计减免各类企业（单位）政府性基金及行政事业性收费4098.72万元，拨付航线补贴、高铁运营补贴5300万元，兑现网络货运政策、招商引资政策资金等5972.57万元。按照新增财政资金直达基层、直接惠企利民“两直达”的要求，累计纳入监控系统管理的直达资金103.52亿元，累计支付92.28亿元。

【疫情防控保障】 2021年，铜仁市按照中央、省、市疫情防控工作要求，常态开展新冠肺炎疫情防控，优先安排、重点保障疫情防控专项资金投入与使用。累计支出疫情防控应急专项经费2.05亿元，其中一般公共预算支出0.93亿元，抗疫特别国债支出1.12亿元。

【保障改善民生】 2021年，铜仁市在落实过“紧日子”要求控制“三公”经费，重点保障“三保”的同时，优先确保基本民生支出，集中财力加大九大民生领域资金投入，九项重点民生支出完成335.89亿元，占一般公共预算支出的76.05%。

【财政体制改革】 2021年，铜仁市落实中央、省关于全面深化改革的部署要求，承接省财政厅重点改革任务，实施“零基预算”，打破预算资金分配的固化格局，推动零基预算与预算绩效融合，提高预算编制科学性和资金使用绩效；推进预算绩效管理，制定印发“预算绩效管理工作制度”，提高财政资源配置效率和使用效益，做到“花钱必问效、无效必问责”；提高涉农资金使用效益，统筹推进财政涉农资金整合，建立工作联动、制度保障、规划衔接等“七项机制”，获得省财政厅领导肯定性批示。

【地方债务控制】 2021年，铜仁市执行债务管理“七严禁”“八个一批”“新十条”化债举措和“六防六化”工作方法，制定并实施《铜仁市2021年防范化解债务风险实施方案》，债务风险等级保持在橙色范围。省财政厅向铜仁市下达政府债务限额858.61亿元（一般债务限额581.3亿元，专项债务限额277.31亿元）；全市政府债务余额850.56亿元（一般债务余额573.46亿元，专项债务余额277.1亿元）。市本级政府债务限额129.87亿元（一般债务限额93.22亿元，专项债务限额36.65亿元）；市本级政府债务余额129.69亿元（一般债务余额93.04亿元，专项债务余额36.65亿元）。全市及市本级政府债务余额均未超过本地区政府债务限额。

【财政监督管理】 2021年，铜仁市执行《中华人民共和国预算法》《中华人民共和国预算法实施条例》等法律法规，强化财政资金监管，印发《关于进一步加强和规范财务管理工作的通知》，组织1061个预算单位开展财务管理不规范自查自纠，对66家预算单位进行重点抽查，对发现的问题责令其限期整改。把加快财政支出进度具体责任落实到集中支付业务各环节，强化集中支付各岗位之间的监督制衡机制和资金支付清算的事前事中事后动态监控。

（市财政局　汤　锐）

税　务

【税收收入】 2021年，铜仁市累计完成各项收入181.61亿元，增收37.01亿元，增长25.59%，其中税收收入完成106.49亿元，增收8.85亿元，增长9.07%；市、县级公共预算收入完成49.49亿元，增收4.18亿元，增长9.22%。征收入库社保费收入68.89亿元，同口径比增收10.75亿元，增长18.5%；另组织非税收入5.53亿元，增长6.17%。税收收入规模在全省市、州排名第七，增速排名第四。

表 12　2021 年铜仁市税收收入完成情况一览表

单位:万元

单位	实际完成数	同比增减	
		± 额	± %
合计	1064850	88542	9.07
碧江区	409635	32659	8.66
万山区	151151	34175	29.22
江口	36904	3006	8.87
玉屏	28190	–1212	–4.12
石阡	51983	86	0.17
思南	73480	3893	5.59
印江	45884	–964	–2.06
德江	78503	3006	3.98
沿河	73731	–2855	–3.73
松桃	79938	5122	6.85
大龙	35451	11626	48.8

【税种管理】 2021 年,铜仁市主要税种中,增值税收入 46.22 亿元,增收 4.6 亿元,增长 11.04%;企业所得税收入 13.89 亿元,增长 1.44%;个人所得税收入 9.23 亿元,增收 4.07 亿元,增长 78.86%;消费税收入 11.04 亿元,增收 0.26 亿元,增长 2.39%;车辆购置税收入 5.31 亿元,下降 7.41%。五大主体税种占全市税收总量 80.5%,较 2020 年提升 1.64%。契税、耕地占用税等一次性税收持续下滑,分别实现收入 5.26 亿元、1.25 亿元,下降 3.45%、35.33%。

表 13　2021 年铜仁市主要税种完成情况一览表

单位:万元

主要税种	完成数
增值税	462210
消费税	110366
车辆购置税	53062
企业所得税	138860
个人所得税	92303
城镇土地使用税	12470
城市维护建设税	35569
土地增值税	38168
房产税	16711
契税	52572
车船税	11354
耕地占用税	12475

单位:万元

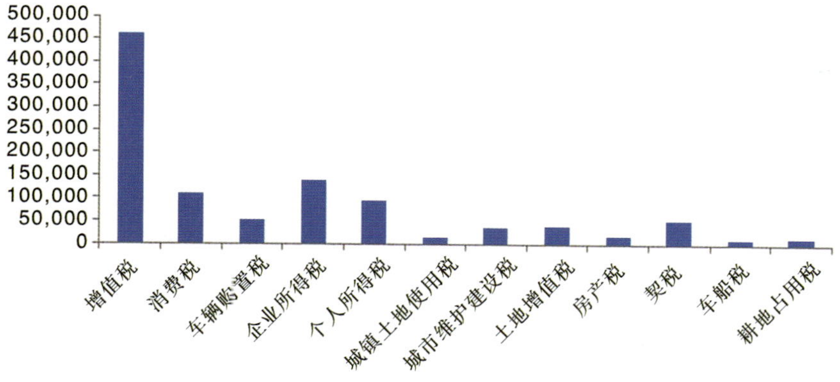

图 1　2021 年铜仁市主要税种完成情况柱状图

【征收管理】 2021 年,铜仁市人民政府牵头成立深化税收征管改革领导小组,市税务局成立《关于进一步深化税收征管改革的意见》落实领导小组,深化税收征管改革。推进“金税四期工程”建设,完善税收风险防控系统,建设“税收数据运用管理平台”“加油站税收管理指挥中心”“网络货运监管平台”,强化税收风险识别和数据分析,探索分税种和分事项的数据展现。按照非税收入征收职责划转部署,实现非税划转。

【减税降费】 2021 年,铜仁市落实减税降费政策,新增减税降费和增值税留抵退税 8.5 亿元;围绕提振工业经济运行、促进能源电力保供,为制造业中小微企业办理缓税(费)0.34 亿元,为煤电企业办理“减、退、缓”税 0.1 亿元。

【纳税服务】 2021 年,铜仁市推行税务部门网上办、自助办、容缺办等服务制度,实施办税服务厅标准化建设。设置自助办税终端 83 台,完成自助办税业务 40.24 万笔。在“便民办税春风行动”中推出 10 方面 32 项 113 条便民服务举措,开展“一对一”辅导办税 2051 次,收集企业诉求及建议 148 条。开展“百名书记做模范、千件实事优服务”党员大走访活动,税务系统 856 名党员走访企业 1500 余户次,解决问题 100 余个,收集意见建议近 50 条。利用税企互动平台精准推送政策消息 802 批次 98.48 万条,问题解决率 100%,满意度 97.89%。

（市税务局　李　贤）

金融监管

【金融市场准入监管】 2021 年,铜仁银保监分局办结 107 项银行保险机构行政许可事项。增设太保财险、贵阳银行在铜分支机构,完成太保财险碧江、万山、江口 3 家支公司和贵阳银行河西支行市场准入工作,对其加强前期工作辅导,规范审批流程,提高金融服务质效。落实中国银保监会,贵州银保监局,中共铜仁市委、铜仁市人民政府关于“放管服”改革、优化营商环境的相关工作要求,深化简政放权改革,对机构高管平级调动、机构迁址采取报告制,加强审批与监管的衔接,提升事中事后监管效能。执行市场准入事前辅导和预审机制,对机构新设、机构更名等事项“先尽调、后预审、再受理”,注重加强与申报机构的事前沟通;制定农村中小银行机构高管任职申报简易指南,梳理总结高管任职资格条件及申报流程,归纳申报材料中易发的行文、格式不规范等错误,利用“材料预审”环节与申报机构沟通交流,减少审批流程冗余低效的工作内容,压缩办理时间,保障审批事项按时保质完成。

【银行机构股权和关联交易专项整治】 2021 年,铜仁银保监分局指导辖内农村银行机构对照《中国银保监会办公厅关于持续做好银行保险机构股权和关联交易专项整治扎实开展“回头看”工作的通知》的要点,重点对股东虚假出资、抽逃资本、违规一致行动人、主要股东滥用股东权利干预经营管理等 10 个方面的股权重点问题,以及对关联方授信余额超过监管规定、利用股东地位挪用信托资金、资金运用类关联交易不符合监管比例要求等 17 方面的关联交易重点问题开展自查,未发现农合机构存在工作要点中涉及的重点问题。铜仁银保监分局对 2019 年以来机构自查及分局现场检查发现的股东股权及关联交易管理相关问题建立问题整改台账,进行问题整改情况追踪及调查,5 家被查机构对前期发现的 24 个问题完成整改 22 个,实施内部问责 13 人次,处罚金额 1.3 万元,整改率 91.67%。

【商业银行监管】 2021 年,铜仁市商业银行法人机构平均流动性比例同比上升 10%,流动性整体充足。平均资本充足率同比增长 1%。不良贷款率同比下降 0.22%。落实存款保险机制建设要求,辖内各银行机构均加入存款保险,客户在银行办理的存款业务均享有存款保险制度保障;各机构向人民银行缴存法定存款准备金,在银行发生风险后,能够维护储户的合法权益,提升储户对银行的信心。完成银行机构“内控合规管理建设年”活动,补齐内控合规机制短板，推动问题根源性整改和乱象深层次治理，确保内控合规要求传导落实到位、自查自纠到位。

（铜仁银保监分局　邹小宝）

【金融机构资产负债业务监管】 2021年，铜仁市银行业负债总额2282.75亿元，同比增加294.96亿元，增长14.84%，其中农村中小银行资产负债总额714.4亿元，较年初增加66.64亿元，增长10.29%。建立大额风险暴露常态化纠偏机制，持续监测大额风险，对存在大额风险暴露隐患的机构发出风险提示，督促其整改，全市大额风险暴露指标均在监管标准以内。

【金融市场监管】 2021年，铜仁市推进利率市场化改革，促进综合融资成本稳中有降。持续推动金融机构运用贷款市场报价利率(LPR)，落实明示贷款年化利率要求，指导长征系村镇银行提前完成内部资金转移定价机制建立，维护贷款市场竞争秩序。发挥LPR改革对存款利率市场化改革的推动作用，加强利率自律管理，强化对不规范存款产品的监测与整改，禁止异地存款业务，全年铜仁市银行机构存款市场稳定。

【外汇外债监管】 2021年，铜仁市围绕服务实体经济、防控金融风险、深化金融改革3项任务，落实外汇管理改革各项政策措施，推动贸易投资便利化，强化核查及检查成效，严守外汇资金异常流动风险底线。落实个人经常项目外汇业务便利化措施，提升全市对外贸易经济服务质效，推动本地企业异地出口业务回流，实现进出口总额2.88亿美元，同比增长200.79%，增速居全省第一。加强跨境资金风险管理与物流监测分析，配合税务部门制止辖内企业骗税行为，避免1200余万元的出口退税损失。实施铜仁市跨境人民币业务占比提升工程，推进全市跨境人民币结算量同比增长13倍。

（人行铜仁中心支行　解仕周）

【银保市场乱象整治】 2021年，铜仁市强化银保市场监管引领，铜仁银保监分局开展银行业保险业“内控合规管理建设年”专题座谈，开展教育宣导，要求机构承担主体责任，开展自查自纠。29家银行机构自查发现问题182个，问题整改率74.18%，保险机构自查发现问题27个，问题整改率85.19%。处罚银行保险机构4家、责任人12名，罚款89万元、警告12人次、行业禁入1人。推动问题根源性整改和乱象深层次治理，累计投入298个工作日，开展现场检查项目5个，检查银行机构8家、保险机构2家，查实信贷资金流入房地产市场、理财和虚构保险中介业务等违规问题，督促机构内部问责470人次，罚款15.63万元，银行、保险机构各类屡查屡犯问题发生率分别较2020年下降1.17%、0.26%。维护金融消费者合法权益。深化矛盾纠纷多元化解机制建设，配合搭建银行业保险业纠纷在线调解与诉调对接平台，推动成立铜仁银行业金融纠纷人民调解委员会驻碧江区法院调解室，建立“监管+行业+司法”三方联动纠纷处理机制，实现金融纠纷现场调解+在线调解和诉调对接并举，调解纠纷121起，涉及金额2200万元。

【保险业监管】 2021年，铜仁市从严处罚，缓解数据不真实顽疾。市银保监分局针对两家财险机构的虚构保险中介业务、虚列费用违法问题，实行“双罚”制的从严处罚，对机构罚款15万元，对责任人警告并罚款2万元，督促机构解决财务业务数据不真实问题，从侧面对辖内保险机构给予警醒，引导其他保险机构依法合规经营。走访调研保险机构和汽车销售商，了解保费外流的情况和辖内部分汽车销售商携资源向保险机构索取除保险中介手续费外的其他高额费用的情况；约谈鹏诚保险代理有限公司贵州分公司负责人，要求依法合规经营，督促合作汽车销售商配合落实车险改革相关工作，共同维护铜仁车险市场秩序；落实全国车险综合改革半年工作会议精神，指导市保险行业协会制定《铜仁市推动车险高质量发展自律方案》，加强行业自律，巩固车险综合改革成效。推进保险市场供给侧结构性改革，提升保险服务质效。督促保险行业配合地方政府在落实《铜仁市电动摩托车管理条例》工作中的保险服务工作，针对非合标电动摩托车创新推出商业第三者责任保险附加车上人员责任保险的承保方案，推进承保工作。5家保险公司为11.82万辆非合标电动摩托车提供保险服务，保费规模2959.97万元。

（铜仁银保监分局　邹小宝）

【金融风险监控】 2021年，铜仁市成立债务风险指导组，建立防控金融风险联席会议制度和债务风险监测机制，实施属地金融风险防控工作，采取早期纠正、风险提示、约谈高管、现场核查等方式督促机构履行风险化解主体责任。全市累计融资到位资金246.60亿元，市属国有企业偿还债务119.32亿元，全市银行业不良贷款余额28.87亿元，同比下降10.23%；不良贷款率1.40%，同比下降0.45个百分点。推进高风险机构风险“清零”出列，指导督促开展资本补充、清收不良贷款等工作，1家高风险机构高质量“清零”出列。

【地方金融监管】 2021年，铜仁市按照《贵州省地方金融监督管理条例》《贵州省小额贷款公司监督管理暂行办法》《贵州省融资担保公司监督管理条例实施细则》等要求，加强对小额贷款公司、融资担保公司、典当行等地方金融组织监管，通过制定《铜仁市2022年地方金融组织现场检查工作方案》及贵州省小贷担保数据监管平台，对地方金融组织开展非现场监管及现场检查工作，针对账外经营、暴力催收、抽逃资本金等问题进行重点检查，发现问题12个，并下发整改通知，由县级监管部门督促整改完成。开展小额贷款公司分类评级和融资担保公司、典当行年检年审工作。参检的15家融资担保公司14家被评定合格，1家基本合格；5家典当行被评定为B类；9家小额贷款公司中，3家被评定为不合格。

【防范处置非法集资】 2021年，铜仁市落实《防范和处置非法集资条例》，制定印发《铜仁市防范和处置非法集资工作要点》，开展“黔盾”非法金融活动专项整治行动，对70家重点领域企业进行预防性谈话，对40名县处级非领导职务干部开展业务培训，建立处置非法集资常态化排查机制。开展防范非法集资宣传教育月活动，推动处置非法集资知识“六进”工作，多渠道、多形式普及“防非”金融知识，实现常态化防范非法集资宣传教育，宣传月期间累计组织集中宣传活动80场，15余万人次参与，发放宣传材料10余万份。新发刑事案件、涉及金额、集资参与人数同比下降14.28%、56.33%、76.43%。

（市金融和国资中心　龙文杰）

审　计

【概况】 2021年，铜仁市审计机关完成审计项目114个，查出主要问题金额1216388万元，其中违规金额111055万元，损失浪费金额1322万元，管理不规范金额1104011万元；审计发现非金额计量问题451个；损益（收支）不实金额9819万元；审计发现侵害人民群众利益金额1306万元；出具审计报告和专项审计调查报告140篇。审计处理处罚金额129419万元，其中，应上缴财政49613万元，应归还原渠道资金73098万元，应缴纳其他资金1663万元，应调账处理金额5044万元；移送纪检监察机关和有关部门处理事项96件，涉及人员70人，移送处理金额29822万元。审计促进整改落实有关问题资金113737万元；审计促进拨付资金到位3204万元；审计后挽回损失10660万元。审计提出建议435条，被采纳421条；促进被审计单位建立健全规章制度40项；提交审计信息432篇，被批示、采用269篇次。向社会公告审计结果11篇。

市审计局实施的江口县党政主要领导经济责任审计项目被评为全省审计机关优秀审计项目三等次；石阡县审计局组织实施的石阡县河坝镇党委书记和党委副书记、镇长经济责任审计项目被评为全省审计机关优秀项目一等次。

【政策落实跟踪审计】 2021年，铜仁市统一组织实施完成审计项目5个，分别为江口县、玉屏自治县、印江自治县2021年贯彻落实国家重大政策措施情况审计和江口县、松桃自治县2021年促进就业优先政策贯彻落实情况审计。

【财政审计】 2021年，铜仁市实施2020年度市本级财政预算执行及其他财政收支情况审计，铜仁市财政局、市教育局、市文体广电旅游局2020年度预算执行情况审计。完成财政和预算执行审计项目87项，延伸审计单位64个，查出问题金额1020846万元。

【公共投资审计】 2021年，铜仁市实施铜仁市大兴水利枢纽工程竣工决算审计。完成投资审计15个，延伸审计单位18个，项目投资额88593万元。

【资源环境审计】 2021年，铜仁市完成对松桃自治县领导干部自然资源资产离任（任中）审计，审计发现问题26个，涉及问题金额64887万元。

【重点民生资金和项目审计】 2021年，铜仁市完成对万山区2020年乡村振兴相关政策和资金（易地扶贫搬迁）审计、江口县2020年至2021年7月乡村振兴审计。审计发现问题43个，发现问题金额20301万元。

【经济责任审计】 2021年，铜仁市实施松桃自治县党政主要领导任期经济责任审计，市民政局、市林业局及松桃自治县审计局、印江自治县审计局主要领导任期经济责任审计。审计经济责任人45人，其中县处级5人，乡科级40人；提交审计报告和审计结果报告65篇；查出主要问题金额95927万元。

【内部审计】 2021年，铜仁市公安局、市人民医院、铜仁职业技术学院等相关部门设有内部审计机构40个，内审人员119人（专职人员84人），2021年开展审计项目447个，审计发现问题2685个，其中金额类问题1289个，非金额类问题1396个。

【审计查出问题整改】 2021年，市委审计委员会办公室、市审计局印发《加强审计查出问题整改工作方案》，铜仁市本级财政预算和其他财政支出审计工作报告指出问题360个，督促完成整改304个，整改率84.44%，持续整改56个，依法对审计结果及整改情况进行公告。

（市审计局 刘 伟）

统 计

【统计业务能力建设】 2021年，铜仁市落实《贵州省市（州）统计局统计业务工作评价办法（试行）》要求，在省统计局对各市（州）开展的统计业务评价通报中，铜仁市综合评价结果为“优秀”。开展农业农村统计基层基础建设评价工作，对10个区县及180个乡镇街道2020年农业统计基层基础建设情况进行分级年度考核，市政府对考核结果进行通报。

【统计基层基础建设】 2021年，铜仁市落实《铜仁市人民政府关于进一步加强统计基层基础建设的实施意见》，完成基层统计力量、统计队伍素质、统计管理制度、印证支撑资料、统计台账建设等工作，“四上”企业基本建立完善统计台账、印证资料的收集归档。印发《铜仁市统计基层基础调研督导实施办法》（修订版），多次会同市督查督办局，实地对各区（县、自治县）和市直经济管理部门的统计基层基础建设开展专项督查。开展利用部门资料比对提升基层统计能力专项行动，完成669个单位的核实工作，符合一套表条件的单位实现应统尽统。所撰写的统计基层基础建设经验材料——《铜仁市统计局高位推动统计基层基础建设初见成效》被省统计局采用，“铜仁经验”作为首期在贵州省统计局《“双基”交流》上刊载。

【经济运行预判预警】 2021年，铜仁市统计局开展专题分析研究，撰写统计分析报告，回答市委、市政府重点关注的“形势怎么看，趋势怎么判，短板怎么补”等问题。撰写调研分析报告200余篇，其中2篇获省级表彰，12篇获市领导批示，7篇在省市刊物上发表，特别是撰写的《2021年上半年全市高质量发展绩效评价报告》《2021年上半年区县高质量发展绩效评价分析报告》，受到市委主要领导、市委组织部主要领导赞扬。

【人口普查后续工作】 2021年，铜仁市统计局根据国家统计局和贵州省统计局安排部署，开展第七次全国人口普查后期数据汇总、资料开发利用、课题研究、数据信息提供发布、总结表彰等阶段工作。获评国家级人口普查先进集体1个，省级先进集体4个；2人被评为“国家级先进个人”，49人获评“省级先进个人”。

【统计服务产品】 2021年，铜仁市统计局编印11期《铜仁经济要情》，按时编印《2021年领导干部手册》，印发《统计工作指南》600余册。做好统计数据的发布与解读，利用统计数据记录铜仁的发展，公开发布《铜仁市2020年国民经济和社会发展统计公报》《铜仁市第七次人口普查公报》等统计产品。

（市统计局 苗帅亮）

【农业农村统计】 2021年，国家统计局铜仁调查队执行数据质量抽查制度，加强数据审核、工作督导和痕迹化管理，对指标内容、数据采集注意事项、数据统计台账、程序的操作进行指导、交流，对容易混淆的指标与逻辑关系、容易错乱的选项进行重点审核，并反馈核实纠错，和畜牧等部门到乡镇，对养殖户开展调研，提高基础数据质量和数据的准确率，确保数据真实可靠。全市粮食播种面积258733.33公顷，总产量109.8万吨。猪存栏196.0万头，同比增长6.7%，牛存栏60.9万头，同比下降11.4%，羊存栏70.0万只，同比下降0.4%，家禽存栏1059.9万只，同比下降6.0%；猪出栏251.0万头，同比增长9.3%，牛出栏24.4万头，同比增长8.1%，羊出栏53.8万只，同比下降4.7%，家禽出栏1592.5万只，同比增长5.0%；猪肉产量22.2万吨，同比增长11.2%，牛肉产量3.1万吨，同比增长6.9%，羊肉产量1.0万吨，同比下降0.4%，禽肉产量2.7万吨，同比增长2.0%，禽蛋产量3.1万吨，同比增长30.8%。

【劳动力调查】 2021年，国家统计局铜仁调查队开展高校毕业生就业创业情况调研、返乡留乡农民工就业情况调研、农民工就业情况调研、灵活就业人员社会保障情况调研、企业用工情况调研等专题调研。召开培训会提升业务能力，按照方案要求开展扩样工作，帮助首次接触扩样工作的区（县、自治县）统计局解决掌上电脑使用问题，编印宣传手册，确保新增样本平稳过渡；在数据采集时对劳动力调查进行二次宣传，扩大劳动力调查的知晓率；实时查看平台数据，随时在线提醒，加强数据审核评估，确保调查数据质量；加强调查资料规范化管理，按时登记台账；加强工作督导，每月选取问题较多的辖区到调查户中进行陪访，每个调查点至少抽查一户进行电话回访核查；加强数据审核验收，对于容易混淆的指标与逻辑关系容易错乱的选项进行重点审核，做好每月数据波动较大的指标项的分析与各项台账的登记。

【新设立小微企业和个体户跟踪调查】 2021年，国家统计局铜仁调查队完成新设立小微企业和个体户跟踪调查，通过走访、电访、天眼查、联系税务部门等方式对样本企业的营业状态进行核实，特别是对停业、筹建、是年关闭、其他等4种营业状态进行重点核实，并上报样本核实表，做到摸清底数，按时完成全年数据采集审核上报工作，每季度撰写分析报告和典型案例调研报告，及时反映新设立小微企业的成长过程、发展特点、面临困难和政策诉求。

【统计调查服务】 2021年，由国家统计局铜仁调查队牵头，联合县级队成立分研组，围绕中央、省、市经济工作以及农村工作精神及经济社会改革发展中的重大问题开展重点调研，针对市委、市政府关注的重点、难点、热点开展调研，撰写统计分析和调研报告57篇，较2020年增加27篇，国家统计局内网采用8篇，其中综合采用7篇，单独采用1篇，国家统计局每日调查综合采用4篇，省领导批示综合采用5篇，省两办综合采用4篇，总队内网采用23篇。报送《铜仁调查专报》48篇，市委办公室采用8篇，市政府办公室采用16篇；选派1人到市委办公室信息科跟班学习，了解地方党委信息需求，学习信息写作技巧，并对全体干部职工开展信息写作培训及经验交流。制定和印发《数据对外提供和发布管理办法》，对外提供、发布统计数据和统计资料实行统一归口管理，第一时间将各专业定案数据向市委、市政府报告及对外发布，每季度编印《铜仁调查》调查数据小册子提供给市领导和有关部门参阅。

（国家统计局铜仁调查队　曾志鹏）

市场监督管理

【概况】 2021年，铜仁市新增市场主体3.96万户，超额完成2.5万户年度目标，截至12月，有各类市场主体31.55万户。率先在全省范围内启动并完成"随机查餐厅"活动，查处食品违法案件443件，查处药品案件119件，特种设备隐患率呈持续下降态势，未发生较大以上食品、药品和特种设备安全事故。新增有机认证企业89家183张认证证书，获批立项制修订市级地方标准24项，制定发布省、市级地方标准12项，向国家商标局提交获注册商标3093件，获批设立"铜仁市市长质量奖"。

【企业登记注销】 2021年，铜仁市持续深化商事制度改革，推进"证照分离"和企业简易注销等改革举措，推行企业开办"一窗一网一次一日"模式，企业开办时间压缩至1个工作日，最快3.5小时完成，企业开办成本降低至零元，7个部门、7个环节申请事项可一次办结。"证照分离"改革惠及企业14178户，通过简易注销企业3198户。强化市场主体培育措施，培育市场主体，新增市场主体3.96万户，超额完成2.5万户年度目标，有各类市场主体31.55万户。

【合同监管】 2021年，铜仁市市场监管局加强合同监督管理工作，引导规范制定合同格式条款。会同市教育局开展培训机构利用不公平格式条款侵害消费者权益专项检查，检查各类教育培训机构378家次，整改未签订书面合同、合同制定不规范的教育培训机构2家。办理购房合同纠纷案1件。

【反垄断和反不正当竞争】 2021年，铜仁市按照《铜仁市清理废除妨碍统一市场和公平竞争的政策措施工作方案》，对照"4类18条标准"开展审查工作，审查增量文件42件，清理16件。建立《铜仁市反不正当竞争联席会议制度》，联席会议由14个相关市直部门组成。开展反不正当竞争工作，检查各类医疗美容机构100家次，约谈白酒行业市场主体8家，立案查处反不正当竞争案件2件。开展创建商业秘密保护示范基地工作，制定《铜仁市市场监管系统创建商业秘密保护示范基地工作方案》，将铜仁市农夫山泉（贵州）武陵山饮料有限公司、贵州大龙汇成新材料有限公司等8家企业作为商业秘密保护示范基地。

【广告管理】 2021年，铜仁市有广告经营单位1347户，其中企业672户，个体675户。办结广告监测平台反馈线索72条。对房地产、医疗美容市场、医疗机构、"长江十年禁渔"等领域开展违法广告专项整治工作，检查广告560条，责令整改30条，市级层面移交涉嫌违法线索9条，办结广告案件19件。

【质量标准化建设】 2021年，铜仁市新增质量认证企业89家，发放认证证书183张，认证企业总数274家，发放认证证书688张。获批立项制修订市级地方标准24项，制定发布省、市级地方标准12项。申报的国家油茶标准化区域服务与推广平台获批国家农业标准化区域服务与推广平台项目（全国共25项）。联合多彩贵州网开展"寻访铜仁质量品牌故事"采访系列报道活动，推出系列质量故事20篇，推介铜仁市"陈薯"红苕粉、黔玉油茶、石阡苔茶和"芳瑞堂"酱茶等特色产品。在全省率先实施"质量提升暨品牌培育"项目，结合产业发展布局，将大龙新型功能材料产业集聚区和江口抹茶、德江花椒、玉屏油茶等产品列入“一市一域”“一县一品”内容之一进行发展，以项目化方式落实质量提升行动，批准立项16个项目。

【计量监管】 2021年，铜仁市有市级新建社会公用计量标准7项，社会公用计量标准总数97项，其中市级57项，县级42项。开展出租汽车计价器强制检定工作，检定出租汽车计价器1069台。开展“诚信计量自我承诺”工作，576家单位自我公开诚信计量承诺。加强加油机计量监管，检定燃油加油机2214枪次。开展电动汽车充电桩和“民用三表”检定能力调研，调研结果显示，全市有电动汽车交流充电桩480台，电动汽车非车载充电机75台；有“民用三表”计量检定机构7个，其中电表检定技术机构1个，水表检定机构4个，燃气表检定机构2个。

【产品质量检验】 2021年，铜仁市市场监管局实施工业产品质量监督抽查，开展危险化学品安全隐患大排查大整治工作，完成抽查样品508批次，协助开展国家级、省级监督抽查500批次；开展成品油质量安全风险监测样品500批次，对辖区危险化学品生产企业实现2轮次全覆盖的“回头看”监督检查，问题整改率100%，未发生较大及以上工业产品质量安全事件。

【特种设备检验】 2021年，铜仁市推进特种设备安全专项整治三年行动，探索分级分类管理，开展重大节庆、重要时段专项检查，下达安全指令78份，查封设备10台/套，整改复查87次，立案查处45起。特种设备登记率99.21%，上升2.8%；报检率95.25%，上升49.26%；检验率99.51%上升0.93%；设备隐患率1.09%，下降0.55个百分点，呈持续下降态势，未接到特种设备或相关安全事故报告。总结提炼的《铜仁市“三强化”防范化解特种设备安全风险》被《贵州改革工作动态》刊发和推广。

【食品产销安全监管】 2021年，铜仁市完成449家符合风险等级评定条件的食品生产企业风险等级评定工作，依据等级评定情况对1233家次食品生产企业（含小作坊）开展监督检查。完成33076家食品销售企业风险分级工作，其中，A级风险评定23975户，B级风险评定5156户，C级风险评定2473户，D级风险评定1472户。完成餐饮服务食品安全风险分级管理评定21352家，实现全覆盖。完成“互联网+明厨亮灶”建设70家，配合教育部门完成887所学校食堂“互联网+明厨亮灶”基础改造。率先在全省开展完成“随机查餐厅”活动。检查各类学校4027户次，约谈学校食品安全第一责任人30人次，责令整改54户次。检查校园周边食品经营单位3900余户次，责令整改129户次，立案查处3起。

【保健品产销安全监管】 2021年，铜仁市继续严厉打击保健食品市场存在的违法生产经营、违法宣传营销、欺诈误导消费等行为。出动执法检查人员1805人次，检查生产经营主体2477家次，检测各类保健食品广告228条次，责令整改72户次，办理投诉举报9起，立案查处违法违规案件1件，12315平台接收消费者关于保健食品咨询件1件。未发现有通过传销、违规直销等方式

4月，市市场监管局开展“双随机”查餐厅行动（市市场监管局　供图）

营销保健食品及涉嫌利用会议营销方式欺诈销售保健食品的行为。

【药品流通安全监管】 2021年，铜仁市加强麻醉药品、精神药品监督管理，完成4家精麻药品经营企业全覆盖检查。开展疫苗质量专项检查，检查疾控部门40家次、疫苗接种单位251家次，责令20家疫苗接种单位进行整改。完成药品生产企业1家次，批发企业15家次，零售连锁9家次，零售药店401家次药品网络销售违法违规行为专项检查，未发现违法违规行为。开展含兴奋剂药品生产经营专项检查，检查药品批发企业16家，零售药品连锁总公司12家，零售药店47家，未发现异常。在中药饮片专项检查中，检查药品生产企业4家次，药品批发企业36家次，药品零售连锁总部18家次，药品零售企业1830家次，药品使用单位533家次，责令6家药品零售连锁总部，28家药品零售企业，7家使用单位限期整改。开展含特殊药品复方制剂专项监督检查，检查药品批发公司19家次，药品零售连锁总部13家次，药品经营企业1386家次，医疗机构333家次，检查覆盖率100%，下达责令整改通知书48份并督促完成整改，移交未凭处方销售含特殊药品复方制剂案件3件，监督2家医疗机构销毁过期麻醉药品和精神药品1420支。

【医疗器械监管】 2021年，铜仁市市场监管局监督检查医疗器械生产企业10家次，批发经营企业102家次，零售企业1359家次，医疗机构414家次，责令整改57家次，立案查处13起。开展重大节日期间医疗器械质量安全、新冠肺炎核酸检测试剂、医疗器械质量风险隐患排查治理、无菌植入类医疗器械专项检查、疫情防控类医疗器械质量安全、医疗美容机构医疗器械使用质量安全、集中带量采购中选医疗器械质量监管等专项整治工作，检查医疗器械生产企业12家次，经营企业1760家次，医疗机构483家次，医疗美容医疗机构6家，疾控中心64家次，责令整改153家次，立案查处4起。

【化妆品监管】 2021年，铜仁市加强日常监管工作，以检查台账管理、执行进货查验制度、标签标识、经营假劣化妆品行为、自制洗发护发等化妆品等内容为重点，以化妆品经营单位（美容美发店、超市）为重点检查场所，检查化妆品生产企业3家次，化妆品经营企业2570家次，查处化妆品案件14件，要求整改205家，整改完成205家。

【市场监管执法】 2021年，铜仁市开展反不正当竞争、价格、打传规直、广告、网络市场、“铁拳”行动等各类专项整治行动，依法打击哄抬物价、假冒伪劣等违法行为，办结案件1166件，涉案金额557.15万元，罚款及没收违法所得金额1208.69万元，移送司法机关26起，司法机关立案25起。完成疫情期间市场监管执法工作，查处食品药品生产经营、制售假冒伪劣、囤积居奇、串通涨价等违法行为，保障疫情防控相关物资的市场供给和质量安全，查处食品案件443件，“两品一械”案件119件和价格案件58件。

【消费者权益保护】 2021年，铜仁市12315平台接收到投诉举报咨询19120件，到期办结率100%，为消费者挽回经济损失807.51万元。开展放心消费创建活动，印发《铜仁市市场监管局关于开展“放心消费”创建活动的通知》，加快培育一批放心消费示范企业、示范商圈、示范餐饮、示范景区，在AAAAA级景区内培育创建放心消费示范购物店2家，培育创建放心消费旅游景区1个。倡导线下购物无理由退货，宣传引导参与线下无理由退货企业15家，无理由退换货18147件，退换货金额142万元。推进消费纠纷多元化解机制建设，拓宽ODR企业申报创建渠道，引导加入ODR企业20家，全部涉及民生关切、纠纷易发领域。

（市市场监管局　林公达）

知识产权保护

【知识产权创造】 2021年，铜仁市鼓励各区（县、自治县）培育申报专利，加强企业服务能力，引导企业申报专利。申请注册商标4300件，获得注册公告3811件，累计有效注册商标14712件；“梵净山珍·健康养生”商标在第五类、第三十五类、第二十九类和第三十一类注册。铜仁市茶叶行业协会申请注册的“梵净抹茶及图”商标经多次驳回、复审并组织协调引证商标的收购与转让后通过国家知识产权局初审。

【知识产权运用】 2021年，铜仁市搭建“政—产—学—研”平台，召开“四方”研讨会，促进知识产权与市场精准对接，提高知识产权转化率，帮助3家企业利用知识产权质押融资3770万元。组织7家企业申报贵州省知识产权优势企业项目，贵州大龙汇成新材料有限公司、贵州重力科技环保有限公司等3家企业获得项目资格，每家企业获得资助20万元。组织江口和石阡县政府申报县域经济知识产权战略推进工程项目，每县获20万元资助资金。组织玉屏油茶、石阡苔茶地理标志申报地理标志产业化促进项目，“玉屏茶油”获项目资格和50万元资助资金。

【知识产权执法】2021年，铜仁市开展知识产权执法“铁拳”行动，加强知识产权保护日常监管，打击侵犯专利、商标、地理标志违法行为，办理知识产权（商标侵权）案件45件（含2020年跨年结案案件和2021年立案未结案件），违法经营额31万元，罚款41.07万元。

表14 2021年铜仁市知识产权行政处罚办结案件统计表

单位：元

查办单位	行政处罚文书号	违法行为	违法经营额	罚款
铜仁市局	铜市监处字〔2021〕12号	销售侵犯注册商标专用权的商品	10400	20800
铜仁市局	铜市监处字〔2021〕38号	销售假冒专利产品	1824	3759
铜仁市局	黔铜知裁字〔2021〕1号	涉嫌专利侵权纠纷	调解结案	—
铜仁市局	黔铜知裁字〔2021〕2号	涉嫌专利侵权纠纷	调解结案	—
铜仁市局	黔铜知裁字〔2021〕3号	涉嫌专利侵权纠纷	裁决结案	—
大龙分局	铜市监处字〔2021〕6号	销售侵犯注册商标专用权的商品	33000	0
大龙分局	铜市监处字〔2021〕7号	销售侵犯注册商标专用权的商品	33000	132000
碧江区局	碧市监处字〔2021〕4号	销售侵犯注册商标专用权的商品	396	500
碧江区局	碧市监处字〔2021〕16号	销售侵犯注册商标专用权的商品	15840	0
碧江区局	碧市监处字〔2021〕17号	销售侵犯注册商标专用权的商品	25483	0
碧江区局	碧市监处字〔2021〕25号	销售侵犯注册商标专用权的商品	34604.50	40000
碧江区局	碧市监处字〔2021〕44号	销售侵犯注册商标专用权的商品	14400	7000
碧江区局	碧市监处字〔2021〕67号	销售侵犯注册商标专用权的商品	22500	40000
碧江区局	碧市监处字〔2021〕101号	销售侵犯注册商标专用权的商品	51	500
碧江区局	碧市监处字〔2021〕105号	销售侵犯注册商标专用权的商品	600	3000
碧江区局	碧市监处字〔2021〕106号	销售侵犯注册商标专用权的商品	2200	3000
碧江区局	碧市监处字〔2021〕107号	销售侵犯注册商标专用权的商品	1350	3000
碧江区局	碧市监处字〔2021〕108号	销售侵犯注册商标专用权的商品	960	3000
万山区局	万市监罚字〔2021〕16号	销售侵犯注册商标专用权的商品	4203	4203
石阡县局	石市监处字〔2020〕12号	销售侵犯注册商标专用权的商品	3024	4991.10
思南县局	思市监处字〔2021〕4号	销售侵犯注册商标专用权的商品	6168	6200
思南县局	思市监处字〔2021〕5号	销售侵犯注册商标专用权的商品	2270	2300
思南县局	思市监处字〔2021〕69号	销售侵犯注册商标专用权的商品	3440	30000
思南县局	思市监处字〔2021〕78号	销售假冒专利产品	2711	4773
思南县局	思市监处字〔2021〕106号	销售侵犯注册商标专用权的商品	270	2200
思南县局	思市监处字〔2021〕107号	销售侵犯注册商标专用权的商品	150	2000
思南县局	思市监处字〔2021〕108号	销售侵犯注册商标专用权的商品	155	2000
思南县局	思市监处字〔2021〕109号	销售侵犯注册商标专用权的商品	300	1000
思南县局	思市监处字〔2021〕110号	销售侵犯注册商标专用权的商品	960	4000
德江县局	德市监处字〔2020〕89号	未经商标注册人的许可，在同一种商品上使用与其注册商标相同的商标	6000	9000
德江县局	德市监处字〔2020〕91号	销售侵犯注册商标专用权的商品	870	4350
德江县局	德市监处字〔2021〕2号	销售侵犯注册商标专用权的商品	5450	10900
德江县局	德市监处字〔2021〕6号	销售侵犯注册商标专用权的商品	1580	3160
德江县局	德市监处字〔2021〕35号	销售侵犯注册商标专用权的商品	15180	5000
德江县局	德市监处字〔2021〕47号	销售侵犯注册商标专用权的商品	950	2850

续表 14

查办单位	行政处罚文书号	违法行为	违法经营额	罚款
德江县局	德市监处字〔2021〕48 号	销售侵犯注册商标专用权的商品	165	495
德江县局	德市监处字〔2021〕49 号	销售侵犯注册商标专用权的商品	600	1800
印江县局	印市监处字〔2021〕65 号	销售侵犯注册商标专用权的商品	14997	5000
印江县局	印市监处字〔2021〕75 号	销售侵犯注册商标专用权的商品	90	1000
印江县局	印市监处字〔2021〕76 号	销售侵犯注册商标专用权的商品	1260	2520
印江县局	印市监处字〔2021〕77 号	销售侵犯注册商标专用权的商品	75	1000
江口县局	江市监处字〔2021〕1009 号	销售侵犯注册商标专用权的商品	5400	—
江口县局	江市监处字〔2021〕1015 号	销售侵犯注册商标专用权的商品	10044	5400
沿河县局	沿市监法〔2021〕25 号	销售侵犯注册商标专用权的商品	16177	8000
玉屏县局	玉市监处罚〔2021〕39 号	销售侵犯注册商标专用权的商品	11000	30000
合计			310097.5	410701.1

【知识产权宣传】 2021 年 4 月 20—26 日，铜仁市采取传统媒体和新媒体相结合的方式，开展 2021 全国知识产权宣传周活动，通过在微信公众号平台发布知识产权专题，制作转发 H5 知识产权科普文章，在市区主街道、各餐饮店、药店、银行、高铁站等 LED 公屏滚动播放宣传标语等方式，开展知识产权保护宣传。举办综合行政执法暨知识产权工作培训班，邀请省知识产权局、省高级法院相关专家授课，立足知识产权保护行政执法实践等重点内容，现场教授如何办理假冒专利案件，80 余人参加培训。

【知识产权服务】 2021 年，铜仁市在窗口设立商标咨询、查询、受理、变更、续展等服务。利用“12315”热线投诉举报平台，对知识产权案件集中投诉途径、集中受案分散处理，做到“快受、快办、快结”。鼓励企业申请用标、换标，有地理标志核准用标企业 78 家，其中，梵净山翠峰茶 11 家，石阡苔茶 41 家，沙子空心李 2 家，德江天麻 8 家，铜仁红薯粉丝 1 家，思南宴茶 10 家，玉屏茶油 3 家，江口萝卜猪（猪）1 家，江口萝卜猪（猪肉）1 家。指导帮助白水贡米及茶寨贡米申报地理标志保护产品。指导帮助白水贡米、铜仁珍珠花生、江口萝卜猪申报省局地理标志补助项目，均已获批 2 万元补助款。

（市市场监管局　林公达）

物价监管

【民生物价监督】 2021 年，铜仁市以口罩、抗病毒药品、消毒杀菌用品、相关医疗器械防疫用品以及与群众日常生活相关的粮油肉蛋奶菜等民生商品市场价格秩序稳定为监管重点，开展重要民生商品价格监督检查，巡查检查经营户 14120 户次。在转供电环节价格治理中，查实贵州乐转文化股份有限公司铜仁分公司违规收取电费 43 万余元，责令其完成整改清退。开展快递末端网点收费监管，立案查处快递企业违规收费案件 10 件。开展殡仪公墓领域价格专项检查，检查公益性公墓 1 家，经营性公墓 9 家，殡仪馆（火葬场）10 家，殡仪服务中心 10 家，骨灰堂 19 家，丧葬用品经营店 22 家，整改未明码标价收取费用 2 家，立案 2 件。开展商业银行收费检查，检查商业银行 9 家，对 2 家商业银行进行立案调查。

（市市场监管局　林公达）

【民生物价调控】 2021 年，铜仁市居民消费价格（CPI）同比累计涨幅 0.4%，控制在国家和省要求的范围（3% 左右）以内。年初新冠疫情重点防控和全国“两会”期间实行重要商品价格动态监测，对生猪、防疫相关商品和民生重要商品实行日监测报告，自 10 月 25 日起，又针对疫情防控形势，对 28 种疫情防控重要商品（防疫用品 3 种，粮油盐 5 种，肉禽蛋奶鱼 8 种，蔬果 12 种）实行日监测报告，其他时间实行周监测报告，及时掌握市场价格动态，分析变化原因，提出工作建议。开展全市生猪、煤炭、旅游市场服务价格等专项调研。完成列名管理的重要商品价格定价和调价前的成本核定。5 月，完成各区（县、自治县）污水处理成本监审工作，汇总相关情况和数据，上报省发展改革委。开展铜仁中心城区近 3 年污水处理成本、中心城区供水成本、全市校外培训机构义务教育阶段学科培训成本等调查监审工作，推进价格改革。并指导各区（县、自治县）开展农村安全饮水工程、公办幼儿园、景区景点和殡葬等成本监审工作，为调整价格提供依据。

（市发改委　郑有江）

【景区价格监管】 2021年，铜仁市实行各景区景点节前、节中和节后常态化、全覆盖价格监督检查负责机制，重点查处景区不执行政府定价、擅自增设收费项目、违规设置“园中园”门票、不执行减免优惠政策等违法行为，并对旅游市场中涉及“吃、住、行、游、购、娱”等环节开展价格监督检查。检查景区、景点38个次，酒店256家次，餐饮店856家次，未发现违法违规行为。

（市市场监管局　林公达）

海关管理

【报关受理】 2021年，铜仁海关受理报关单180单次，在贵阳关区排名第六位，7家企业实现属地报关，打火机、硫酸锰、茶叶（含抹茶）、红酒等产品在铜报关出口。出口提前申报率59.26%，进口提前申报率47.92%，两步申报率60.42%。完成原产地签证80份，签证金额377.8万美元。

【进出口检验】 2021年，铜仁市检验检疫进出口货物1536批次，同比增长3.8%，批次在贵阳关区排名第四位，涉及打火机、茶叶（含抹茶）、硫酸锰、紫苏油、食用菌等13种出口产品。完成危包使用鉴定1249批次，占贵阳关区危包使用鉴定批次的45.6%；完成危包性能检验2062批次，占贵阳关区危包性能检验批次的95.7%。

【进出口贸易】 2021年，铜仁市完成货物进出口总额15亿元，全省排名第五位。增速141.8%、连续2年保持全省第一位，高出全省平均增速122个百分点。净出口额13亿元，占全市GDP的0.89%，全省排名第三位，同比增长102%。镍钴锰氢氧化物出口8.13亿元，同比增长9.6倍。茶叶出口1.28亿元，同比增长75.3%。加工贸易进出口额0.16亿元，同比增长151.2%。鲟鱼、红酒、食用菌实现首次出口。开通跨境电商B2B直接出口业务（9710模式），打火机通过跨境电商出口至阿联酋。开通“关银一KEY通”业务，企业可以就近申领电子口岸卡。

（铜仁海关　李治华）

信用体系建设

【概况】 2021年，铜仁市根据《国务院关于加强政务诚信建设的指导意见》和《铜仁市关于印发加强政务诚信建设实施意见的通知》文件要求，推进“诚信铜仁”建设。建立由市发展改革委、人行铜仁市中心支行双牵头，48家市直部门为成员的铜仁市社会信用体系建设联席会议制度。开展信用分级分类监管，按照职能职责建立健全分级分类信用共享目录，进一步规范信用信息的归集和共享应用。推行部门联合“双随机、一公开”监管，探索建立“双随机、一公开”监管+信用分类分级监管+事后包容审慎监管全链条信用闭环模式，在食品药品生产、餐饮服务等方面根据信用登记进行分类监管。开展铜仁市第一届“诚信示范”创建工作，创建市级诚信示范企业36家，诚信示范个体工商户12户，诚信示范街道3个，诚信示范个人8人。

表15　2021年铜仁市第一届“诚信示范”创建结果一览表

诚信示范企业	
玉屏怀心仁大药房	贵州铜仁旭晶光电科技有限公司
贵州平地建筑工程有限公司	贵州省铜仁市宏源现代商贸物流有限公司
铜仁袁家寺骨科医院	贵州加来智能科技有限公司
贵州省华联玛客超市有限公司	贵州梵净山平顺农牧科技开发有限公司
铜仁市锦江投资有限公司	贵州省印江自治县弘扬保安服务有限公司
贵州梵投集团资产经营管理有限公司	贵州天福汝南堂药业连锁有限责任公司
贵州山久长青智慧云科技有限公司	贵州印江宏源农业综合开发有限公司
贵州省梵净山投资控股集团有限公司	贵州祥峰伟业建设工程箱有限公司
铜仁梵净山城市建设投资有限公司	沿河县金竹万华粮油有限公司
铜仁市银龙粮油购销有限公司	贵州铜仁贵茶茶业股份有限公司
贵州省鹏程物流有限公司	江口县世佳电气有限公司
铜仁市志炫汽车销售服务有限公司	江口县源通建筑有限公司

续表 15

贵州格瑞特新材料有限公司	石阡和记绿色食品开发有限公司
贵州东部陆港运营有限责任公司	贵州古耕农牧业发展有限公司
贵州银科环境资源有限公司	贵州大博金太阳能光电有限公司
德江县前进机动车职业培训有限公司	铜仁市米乐橙文化产业有限公司
德江县茂强土特产开发有限公司	贵州香柚香生态农业有限公司
贵州德江县康奇药植热发有限责任公司	贵州铜仁吉阳旅游开发有限公司
诚信示范街道	
碧江区环北街道汇华国际美食街	江口县双江街道柏子林街
德江县青龙街道温州商贸城	
诚信示范个人	
刘　约　国家税务总局铜仁市碧江区税务局税源管理股股长	谯　荣　德江县启程出租汽车有限公司司机
胡晓风　贵州桃李春风食品饮料股份有限公司董事长	兰方刚　思南长征村镇银行行长
黄金文　德江县枫香溪镇枫溪社区黄家组村民	张洪群　万山区富群建材经营部负责人
彭洪刚　德江县平原镇坳田村党支部书记	杨元桃　贵州百汇源农业开发有限公司负责人

【金融信用建设与管理】 2021年，铜仁市引入市金融和国资中心参与金融生态环境测评，2020年金融生态环境测评结果位列全省第四。加强地方法人接入征信系统监管，央行内部评级通过率为76.76%，居全省前列；参与地方信用平台建设，推动2家核心企业签约，累计成交755笔业务，实现融资需求712.49亿元。加强金融营商环境建设，推动降低企业经营成本，减免企业账户管理服务费、支付环节手续费2828.14万元。

【社会信用体系建设与管理】 2021年，铜仁市政务信息依托“信用中国”网站公开，推进信息共享；引入市金融和国资中心参与金融生态环境测评，2020年的金融生态环境测评结果位列全省第四。加强地方法人接入征信系统监管，央行内部评级通过率76.76%，居全省前列；参与地方信用平台建设，协调推动2家核心企业签约，成交业务755笔，实现融资需求712.49亿元。加强金融营商环境建设，推动降低企业经营成本，减免企业账户管理服务费、支付环节手续费2828.14万元。

（人行铜仁市支行　解仕周）

【信用数据归集】 2021年，全国信用共享平台（贵州铜仁）、信用中国（贵州铜仁）网站成为全市信用数据枢纽，实现数据共享、互联互通。截至12月底，全国信用共享平台（贵州铜仁）有信源单位588个，信用共享目录8874个，累计归集信用数据77762626条。

【信用惩戒和修复】 2021年，铜仁市联合奖惩云平台累计信用核查158792次，触发黑名单205次，响应172次，未响应33次。在公共资源交易中，围绕项目入场等5个关键环节对市场主体失信信息进行自动比对，查询信用信息39663次，拦截失信主体171次，对失信被执行人实施信用联合惩戒。在信用中国（贵州铜仁）网站发布信用修复流程制度，明确信用修复的范围、途径、流程及资料要求，鼓励和引导失信主体修复失信行为，营造优良的信用环境。

（市发改委　郑有江　市公共资源交易中心　龙　杰）

【信用产品应用】 2021年，铜仁市行政服务中心将政务服务信用承诺录入信用中国（铜仁）平台，作为行政监管和社会监督内容的前提下，以“信用承诺+审批服务”容缺受理事项为基础，再次组织各进驻部门窗口梳理可容缺受理事项清单，推行申请人在申请材料有欠缺的情况下做出相应承诺后先行预审办理的“容缺受理信用承诺制”，实现可容缺受理基层法律服务工作者执业核准、社会团体变更名称等事项167个。

（市政务中心　吴小兵）

数字经济

信息基础设施建设

【通信基础设施建设】 2021年，铜仁市新建5G基站2244个，实施第七批电信普遍服务试点项目132个(4G基站)，完成省目标任务(5G基站1800个)。

【数据资源设施建设】 2021年，铜仁市修订完善《铜仁市大数据(信息化)项目建设管理办法》《关于进一步加快实施全市“一云一网一平台一体系”建设工作方案》等项目管理办法，开发“铜仁市大数据项目管理系统”，制定《大数据项目方案编制指南3.0》《大数据项目档案管理规定》。基本完成《铜仁市“十四五”数字经济发展规划》《铜仁市智慧城市运营体系建设规划》。建成铜仁智慧城市云平台、信创云平台，完成铜仁数据(运营)中心扩容升级。铜仁云部署应用系统62个，在省市一体化共享交换平台上架数据资源1999个，在省政府数据开放平台上架数据749个。印发《铜仁市公共数据授权开发利用实施方案》，启动铜仁市公共数据综合服务平台建设，医疗健康、社会保障、公共资源交易等17个领域推进公共数据开放利用，医疗健康数据中台、共享药房处方流转平台、一卡通综合管理平台、劳动力就业大数据平台、铜仁市智慧养老服务平台等场景初见成效。建立并动态管理大数据专家人才库70余人，完成大数据项目评审50余次，完成项目验收20余次，开展大数据相关咨询300余次。

【场景大数据铜仁实践】 2021年，场景大数据铜仁实践被省委改革办在《贵州改革情况交流》2021年第三十二期向全省推广。新谋划建设大数据应用场景102个，累计建设大数据应用场景近307个，其中贵谷农业“智慧农业大数据平台”被工信部评为“2021年度移动物联网应用优秀案例”，“铜仁市加油站数据信息实时采集系统”新增税款2000余万元，铜仁市“一云一网一平台一体系”调度平台被中国信息协会授予“2021数字政府方案案例创新奖”，“山久长青智慧营养餐项目”被农业农村部授予“2021年度农业农村信息化示范基地”。

(市大数据局 陈丹 万嘉华 杨胜民)

数字产业

【概况】 2021年，铜仁市引进和新增注册大数据企业120家。数字经济规模469.99亿元，占地区生产总值比重32.1%，全省排名第六(在Ⅱ类地区中排名第四)，较2020年上升2位(2020年数字经济规模398.31亿元，占地区生产总值比重30%)，增幅2.1%，全省排名第五(在Ⅱ类地区中排名第三)。大数据融合发展指数从28.5提升到38.6。网络货运发展速度全国领先，规模突破200亿元。培育梵云集团、山久长青、梵运网络、梵快科技等大数据企业370家，建成应用场景307个，大数据服务精准扶贫等一批解决方案获国家部委表彰肯定20余次。召开2021铜仁市大数据战略行动暨数字经济抢新机推进大会。完成平台经济(铜仁特色指标)累计规模237.87亿元，完成年度目标任务(200亿元)的118.93%。截至12月，有纳入调度的平台型企业19家，在重点平台型企业中，梵运网络科技有限公司完成118.38亿元，梵快文化传播有限公司完成49.59亿元，言西餐饮(美团)完成1.69亿元。据统计部门测算，2021年以网络货运平台经济为主的道路运输业拉动地区生产总值增长1.34%。

【大数据主营业务收入】 2021年上半年，铜仁市完成大数据企业主营业务收入119.28亿元，全省排名第三，增速57.7%，全省排名第二。

【软件和信息技术服务业】 2021年，铜仁市互联网和相关服务、软件和信息技术服务业营业收入增速35.5%，全省排名第四，超额完成2021年全省软件与信息服务业收入增速目标任务(18%)。有梵快文化传播有限公司、梵运网络科技有限公司、梵云大数据集团有限公司3家规模以上企业。梵快文化传播有限公司主要业务是在线客服，为快手App上的用户提供功能咨询，处理用户的投诉，举报等服务。日活跃用户超3亿人，在国内短视频领域位居前列。梵运网络科技有限公司是铜仁网络货运数字产业园运营企业，为入驻园区企业提供公司注册、网络货运资质申请、系统建设、平台运营、税务咨询、业务培训以及基于大数据的保险、供应链金融、油气轮胎汽配集采、新能源货车和智能化货车等平台经营增值服务的“一站式”综合服务。梵云大数据集团有限公司主要负责承接市属信息化(大数据)资产，是全市公共数据开发利用唯一授权试点单位，负责承建、运营、维护市属信息化(大数据)项目，定位为铜仁市数据国资开发者、场景大数据践行者、平台经济探路者和大数据生态营造者。

【平台经济及重点平台型企业】 2021年，铜仁市完成平台经济规模237.87亿元，完成年度目标任务(200亿元)的118.93%。纳入调度的平台型企业19家，重点平台型企业中，梵运网络科技有限公司完成118.38亿元、梵快文化传播有限公司完成53.3亿元（含梵心灵指）。

【铜仁市网络货运线上数字产业园】2021年，铜仁网络货运数字产业园打造“互联网+智能物流”产业生态项目，为传统物流货运提供网络货运资质申请、系统建设等“一站式”综合服务。产业园推动货运车辆新能源化和智能化，发挥数字新基建功效，降低实体经济的物流成本。截至12月31日，铜仁网络货运数字产业园签约物流企业355家，完成牌照办理254家，接入车辆33.94万辆，接入司机35.85万人。

（市工信局　杨月明）

【贵州梵云大数据集团有限公司】贵州梵云大数据集团有限公司为铜仁市政府全资国有企业，注册资本10亿元。梵云集团主要负责承接市属信息化（大数据）资产，是全市公共数据开发利用唯一授权试点单位，负责承建、运营、维护市属信息化（大数据）项目，定位为铜仁市数据国资开发者、场景大数据践行者、平台经济探路者和大数据生态营造者。2021年，梵云集团签约39个项目，实现合同收入1.17亿元。负责承建的铜仁市主干公路交通安全立体防控体系服务项目、铜仁市公共安全视频监控建设联网共享应用平台建设项目、铜仁市医疗影像云平台、铜仁市电动摩托车管理平台等项目受到业主好评，其中铜仁市公共安全视频监控建设联网共享应用平台建设项目被列为数字治理省级示范项目，自研的铜仁市场景大数据调度平台获“2021数字政府方案案例创新奖”。

（梵云大数据集团有限公司　文俊宇）

【工业互联网】2021年，铜仁市工信局组织贵州省倍易通科技有限公司申报2021年新一代信息技术与制造业融合发展试点示范项目。推动工业互联网、5G、云计算等技术应用，促进企业全流程和全产业链智能化改造，推动贵州金瑞新材料有限公司、贵州倍易通科技有限公司等6家企业启动两化（工业化、信息化）融合贯标（国家出台一系列标准，企业将这些标准运用到建设过程中），将贵州金瑞新材料有限公司的年产10万吨锰基新材料技改工程项目、中伟新材料股份有限公司的5G工业互联网基地数字化改造项目等5个项目作为工业互联网融合标杆项目进行培育，将贵州万仁汽车集团有限公司实施的年产5万辆纯电动商用车建设项目智能化改造系统集成工程项目、贵州重力科技环保有限公司实施的超低汞触媒生产及汞循环产业链设计平台建设项目等32个项目作为工业互联网融合示范项目进行培育，引导贵州梵山净水矿泉水有限公司、贵州飞浒食品股份有限公司等77户企业实施数字化网络化改造。

（市工信局　杨月明）

【农业数字化】2021年，铜仁市实施大数据与农业融合项目3个、示范项目12个。贵州山久长青智慧云科技有限公司被农业农村部认定为2021年全国农业农村信息化示范基地，贵州贵谷农业有限公司入选工信部移动物联网优秀案例名单。5月26日，铜仁追花族科技有限公司研发的“中国蜂产业大数据平台”在2021数博会场景大数据专场发布，平台涵盖“全国蜂场大数据”“全国蜜源大数据”“全国蜂场花期迁徙”“全国溯源大数据”，实现养蜂行业模式向现代化、智能化养蜂转变。

（市农业农村局　杜毅智）

【智能终端产业园】铜仁智能终端产业园区位于铜仁高新区，占地100公顷，入驻企业40余家，其中规模以上企业7家。2021年，以倍易通、旭晶光电等为代表的智能终端产业实现产值38.78亿元，占规模以上工业产值的46%，占园区总产值的17%以上。铜仁高新区管委会围绕将智能终端产业园打造为“西南地区智能终端产业园”，带领智能终端产业企业谋划项目5个（倍易通二期、仁智三期、旭晶二期、易通储能生产线及汽车主板生产线项目、跃动日产300万个KN95口罩生产线项目），总投资4.48亿元。倍易通、旭晶光电、加来科技入选贵州省工信厅“十四五”期间上市后备企业库。11月，为倍易通争取到贵州省工业发展基金2亿元。

（铜仁高新区　吴克用）

【铜仁大数据产业园】铜仁市大数据产业园位于碧江区、万山区主城区交会处，产业园建筑总面积约7.4万平方米，园区一楼为铜仁市场景大数据展示中心，展示中心建筑面积2700平方米，设有序厅规划、基础设施建设、数据治理、大数据与社会治理融合、大数据与民生服务融合、大数据与实体经济融合、平台经济等多个主题板块，近100个具体典型应用场景，是大数据发展成果的展示窗口。2021年，产业园有入驻大数据及相关行业企业30家，主营业务涉及数据安全、智慧医疗、智慧住建、智慧教育、泛文娱等领域，年产值1.2亿元，带动就业230余人。

（市大数据局　杨胜民）

电子商务

【电商平台建设】2021年，铜仁市建成1个市级电商公共服务中心、

10个县级电商公共服务中心、10个县级物流配送中心。

【农村电商发展】 2021年，江口县获批2021年国家级电子商务进农村第二批综合示范县项目，获项目资金1000万元。全市正常运营电商综合服务站点530个。完成农产品网络零售额6.19亿元，排全省第三位，增速50.77%，排全省第六位。

【电子商务应用】 6月9日，贵州省电商供应链云仓服务体系运用推广培训和现场观摩会在铜仁召开。引导生产企业、合作社等传统企业"触网"开展电商业务3500余家。深化与阿里巴巴、京东商城、邮乐购、那家网等第三方大型平台的合作，鼓励和支持社会青年、大学生、产业带头人在网上开店创业，各地涌现出乐趣电商、念乡人、黔乡百味等知名网商网店。截至12月，全市有网商网店1.2万余家。通过电商上下游全链条带动发展电商加工企业200余家，通过"双11"、网上年货节、直播带货、短视频等平台和手段，扩大"梵净山珍·健康养生"公共品牌的知名度、影响力。采取引进一批、培育一批、输送一批的措施完成电商人才培训。

（市商务局　杨天明）

通信业

【概况】 2021年，铜仁市有国有电信企业5家，完成任务总量35.2亿元，同比增长17.5%，全省排名第六。受基数限制和新冠肺炎疫情影响，增速有所放缓。

（市工信局　杨月明）

【中国移动铜仁市分公司】 2021年，移动铜仁分公司移动网络建设投资4.2亿元，建设5G基站1402个，年末总数为2038个，建成4G基站132个，完成第七批电信普遍服务项目；建成铜仁本地IDC云数据中心暨"东数西算数据中心铜仁节点"；宽带接入能力为92.5万户，县城以上实现千兆宽带接入。实现2区8县及173个乡镇区域5G网络覆盖，173个乡镇（含办事处）4G网络、2745个行政村2G/4G网络全覆盖，主城区、工业园区、景区、交通干线、乡镇移动网络覆盖率为99.9%。推进信息安全工作。派人员入驻反诈中心工作，与属地公安建立"反诈信息匹配绿色通道"机制，研判关停潜在高危号码3.6万个，捣毁电信诈骗窝点3个，抓捕嫌疑人13人，收缴电诈设备17台。响应国家提速降费号召，铜仁移动相继推出"万条专线钜惠"中小微企业，10万台5G手机购机直补、1000万G的5G流量体验送、10万家庭"智慧看家"大礼包等让利用户活动，帮助企业数字化转型，1.5万家企业持续享受提速降费红利。针对乡镇、村用户推出3元包月打的"乡情网"，免费制作一乡一村视频彩铃，实施精准扶贫用户3折享5G套餐优惠。

（中国移动铜仁分公司　李苑薰）

【中国联通铜仁市分公司】 2021年，联通铜仁市分公司推进4G/5G共建共享，加快推进千兆光网建设和存量宽带端口升级改造。建成5G站点537个，5G站点累计922个，实现市区、县城室外连续覆盖，实现工业园区、高铁站、机场、梵净山景区等重点场景覆盖。开展千兆小区宽带升级工作，通过精准投资补齐速率短板提质，提升千兆网络覆盖能力，升级千兆端口约8万个，实现县城及以上区域全面具备千兆宽带接入能力。完成铜仁IDC数据中心建设，具备为客户提供服务器托管、租用以及相关增值业务等全方位服务的能力。同时开展隐患排查整治，改善用户感知，实施核心区域重保并提升网络架构安全性，为重大社会政治、经济等系列活动提供稳定、安全的网络通信保障。提出"打造高品质服务，成为企业核心竞争力"的服务定位，持续开展"我为群众办实事"服务再升级行动，改善服务质量和客户感知，开展口碑宣传573篇（含转发），年度浏览量36万人次。工信部满意度行业排名第一。建立安全生产管理机制，围绕《贵州联通安全生产专项整治三年行动实施方案》要求，定期召开安全工作会，并在全公司范围内开展安全

5G网络覆盖梵净之巅（移动铜仁分公司　供图）

隐患大检查,对发现的安全问题,责令整改,并进行复查,全年未发生责任安全事故。打击电信诈骗,履行社会责任。全年关闭高危号码1.5万户,控制开办、贩卖电信卡的违法违规行为。持续深化"警企合作",提供网络诈骗线索和相关信息数据,配合案件侦破,协助铜仁市公安局反诈中心协查涉诈电话166个,发送防诈短信149.5万余条,协助公安打掉GOIP犯罪团伙窝点2个,抓获涉诈人员26名。

(中国联通铜仁分公司　杨　敏)

【中国电信铜仁市分公司】 2021年,电信铜仁分公司完成电信业务总量35.2亿元,同比增长17.5%,全省排名第六。超额完成2021年全省电信业务总量增速目标,经营收入预算完成率为103.93%,增幅14.13%;行业收入份额从25.04%提升至27.36%,提升2.32%,收入份额全省第二,移动过网份额32.81%,全省第二。推动数字乡村建设与发展,全市打造数字乡村示范点135个,平台开通102个,为乡村提供信息化解决方案与信息应用平台。对7335户"建档立卡"贫困户提供扶贫套餐,让利1450万元。在农村持续按照"一乡镇一网点"打造扶贫标杆厅,设置扶贫业务受理专席,为贫困户办理电信业务开设绿色通道。

电信铜仁分公司全年互联网基础设施建设投资2.46亿元。其中,光网建设完成投资5500万元,新建FTTH端口13.63万个,年末总数91.59万个,城市用户覆盖率99.9%,乡镇及行政村用户覆盖率96.27%,互联网出口带宽1110G;新增千兆PON口9800个,累计1.16万个,千兆PON口占全量PON口40%;4G无线网建设投资1500万元,新增室外基站120个,年末总数4995个,共享联通基站1915个,城区MR覆盖率96.3%,农村MR覆盖率90.5%;5G无线网建设投资1.03亿元,新增室外基站550个,年末总数888个,实现县主城区以上区域的主要干道、重点场所连续覆盖,梵净山、石阡仙人街等重点景区开通5G网络;大数据建设投资980万元,完成小十字数据灾备中心建设,提供48架服务器机柜能力,同时启动开发区大数据中心建设,规划新增65架服务器机柜能力,为政府迁云、企业上云等大数据战略提供能力支撑;杆线路规范整治投入1900万元,配合实施城市老旧小区和背街小巷整治,美化市容市貌。

(中国电信铜仁分公司　沈叶青)

【中国铁塔铜仁市分公司】 2021年,铜仁铁塔站址资源由成立初期的3997座增加到8412座,通过对信息基础设施的统筹建设和集约化管理,铁塔站址共享率由公司成立前的27.5%提升至12月的78.1%,减少铁塔建设数量5511个,减少土地占用2.7万平方米,节省通信设施维护费用每年1390.38万元,每年减少基站用电超过1400万度。根据《铜仁市5G通信网络(2020—2022)发展规划》要求,投资约1亿元建设完成5G基站3860个,实现铜仁市中心城区与工业园区、县城城区中心与工业园区连续覆盖,AAAA级以上旅游景点、重点场景如高校、医院、高科技产业园区、农业园区的全覆盖和重点乡镇延伸覆盖。

(中国铁塔铜仁市分公司　吴　敏　朱学明)

【贵广网络铜仁市分公司】 2021年,贵广网络铜仁市分公司依托云计算、大数据、物联网、人工智能、超高清等新兴技术,推进传统媒体和新兴媒体融合发展,构建多彩贵州"广电云",广电光纤网络实现上接省网,下联市、县、乡、村网的五级全程全网贯通,推动有线无线宽带窄带融合协同覆盖,大规模实施"雪亮工程"、新时代学习大讲堂、农村应急广播、智慧警务、智慧教育、智慧旅游、智慧医养、智慧城市、数字乡村等政用、民用、商用融合创新业态,基本建成"一云、双网、一主三用"的智慧广电新体系。截至12月31日,有线数字电视用户338966户。其中,城区用户106714户,乡镇用户232252户。完成碧江区、印江自治县、松桃自治县高速公路监控的建设,江口县、玉屏自治县、松桃自治县环保三期(增补)项目建设,碧江区、松桃自治县渣库动态网络传输项目建设,57个大坝安全监测设施项目建设。

(贵广网络铜仁市分公司　于　维)

大数据场景应用

【《场景大数据白皮书(2.0)》】 5月,铜仁市和安顺市在2020年7月发布《场景大数据白皮书(1.0)》的基础上,推出《场景大数据白皮书(2.0)》(以下简称《白皮书2.0》)《白皮书2.0》包含"场景大数据的价值再造""数据资产化:数据治理""数据要素化:数据供应链""数据价值化:场景驱动数据应用""基于新型智慧城市的数据生态"5个章节,重点回应"城市级场景数据要素如何驱动应用"的问题,探索出智慧城市"1+1+N"数据运营模式,用专业的理论体系指导场景大数据应用实践。

[市档案馆(市地志办)　张　洁]

【"互联网+政务服务"】 2021年,铜仁市运用贵州政务服务网纵横联动,推出政务服务一网申请、一网

5月27日,《场景大数据白皮书2.0》发布(代旭东　摄影)

受理、一网审批、一网查询,推进政务信息资源共享和业务协同,拓展网上办事功能,畅通政务服务渠道,提升利用信息网络技术服务群众的"互联网+政务服务"能力,运用"互联网+"数据跑路,推动进驻部门窗口在行政审批中数据资源的校核、共享、互认、统一标示等问题,打破行业系统数据"信息孤岛"。对涉及进驻部门各类不涉及国家秘密的证照进行梳理,收集历史数据,推进证照数据汇聚,支撑"互联网+政务服务"。截至12月,证照模板入库179类2025.68万个,数据共享调用216.7万件次。11月5日,贵州《新闻联播》对"铜仁市推进政务服务自助大厅建设,实现7×24小时服务升级不打烊"进行报道。

（市政务中心　吴小兵）

【大数据+城市综合执法云平台】 2021年,由铜仁超脑大数据有限公司建设的铜仁市"大数据+城市综合执法云"项目,一期工程建成并投入运行。项目业务覆盖与城市综合执法相关联的20余家单位和行业主管部门,实现城市管理事件或案件的便捷登记录入、案情人工智能研判、违法行为智能识别、市政设施智能化管理、大数据分析等5大功能。开通12319城管热线,"我是铜仁小管家"手机App,有座席人员11人,24小时为市民提供热线服务和随手拍事件上报。大数据+综合行政执法云平台接入公安天网视频2000余路,智能抓拍场景升级到59种,日抓拍数据量200余件。采购执法终端100台并配发各区城市综合执法局,"铜仁城管"微信公众号关注用户1500余人,"我是铜仁小管家"App注册用户387人。受理市民投诉举报事件8.8万余件(含200余件测试件),案件办理率99.8%、群众满意度100%。

（市城市综合执法局　柳　轩）

【数智交通综合管理平台】 2021年,铜仁市数智交通项目由铜仁市交通运输局以监管、服务、执法三大环节和应急准备、监测预警、处置终止与善后监督检查5项工作机制为核心思路,以一平台、五体系、N应用为理念,集道路运政体系客货运输车辆、企业监控,智慧公路路政体系综合管理,交通综合执法体系执法、智慧海事航务体系管理于一体的数智交通中台监控应急指挥中心,将道路运政监管、智慧海事航务监管、智慧公路综合管理、移动执法应急指挥非现场执法、城市交通公共出行服务数字沙盘5个系统整合在数智交通中台上运行,使交通运输行业管理工作迈入全面联网、业务协同智能应用的新阶段。

（市交通局　熊梓涵）

【中国蜂产业大数据平台】 2021年,铜仁市中国蜂产业大数据平台通过大数据、物联网、区块链等技术,记录全国蜂场、串联中国蜂群迁徙、汇聚各地蜜源信息,建设"全国蜂场大数据""全国蜜源大数据""全国花期蜂场迁徙""实时监控全程溯源"四位一体的综合大数据平台。平台记录全国蜂场4万余个,覆盖蜂群近515万群,占全国意蜂蜂群91%以上;同时记录全国不同采蜜区358个,覆盖全国70%以上土地区域,为"15W+"蜂农提供服务。大数据平台实现产业从源头到终端的全流程可视化管理与监控,规范蜂产业养殖、采集、运输、储存、生产、检验各环节。

【农村劳动力就业场景大数据平台】

2021年,铜仁市基于大数据和人工智能技术,依托"农村劳动力大数据分析及就业招聘系统”，农村劳动力可通过完善个人资料，系统会进行自动匹配岗位，同时用户可以通过搜索选择合适的岗位直接报名，实现人岗精准匹配，农村劳动力的就业渠道得到开拓，为用人单位及人力资源公司提供招聘人才数据赋能，强化政府行政管理能力，为政府的就业帮扶工作提供数据支撑。

（市大数据局　陈　丹　万嘉华　杨胜明）

无线电管理

【无线电干扰排查】 2021年，铜仁市围绕打击“黑广播”“伪基站”，启用10座固定监测站，累计监测3.2万余小时。出动人员368人次、动用移动监测车辆126辆次、动用侦测设备212套次。在全国“两会”、中国共产党成立100周年等重大活动期间实行24小时值班监测，监测到46个合法调频广播台。保障“2021国际山地旅游暨户外运动大会和第十六届贵州旅游产业发展大会”期间无线电安全，对铜仁凤凰机场周边电磁环境开展保护性监测2次。排查成都铁路局凯里通信车间、沿河自治县广播电视转播台、思南广播电视转播台3起干扰。完成全国高考、公务员考试等各类考试保障13次，派出人员82人次，车辆23辆次，技术设施80台套。

【无线电销售备案】 2021年，铜仁市建立销售备案微信群、公布咨询电话，指导销售商完成销售备案工作。全年新增经营主体26家，完成无线电发射设备备案审核554次，备案无线电发射设备1880台/套。联合市场监督管理局对印江自治县、思南县、德江县、沿河自治县等开展专项检查，派出执法人员18人次，执法车辆4辆，现场检查无线电发射设备销售商16家，抽查无线电发射设备560台/套，下达责令改正通知书8份。开展“双随机、一公开”抽查1次，抽查无线电发射设备销售商20家，现场抽查无线电发射设备1000台/套，下达责令改正通知书5份。

【频率台站管理】 2021年，铜仁市无线电管委会抽查设台用频单位7家，业余无线电台设置使用单位1家，行政许可9件，指配频率1.8G专网频率1家、对讲机频率4对3个，注销1家，变更执照2个，为5家单位及个人办理延续使用无线电台。完成20家单位频占费71560元征缴，同比增长7%，为企业减免5500元频占费。完成2021年A类业余无线电台操作技术能力（铜仁考场）考试，报名参考28人，11人获A类操作证，发放业余无线电台执照6本。5G基站方面，根据《铜仁无线电管理局卫星地球站及5G基站核查实施方案》对7家单位广播台站、民政部门卫星地球站、公众移动通信基站设备进行抽查52台，印发《关于印发〈铜仁市5G基站与广播电视卫星地球站干扰协调联络表〉的通知》《关于做好5G基站与关闭电视卫星地球站干扰协调的通知》。到铜仁市民航、高铁、电信运营企业、应急、广播、民政、水务、气象、人防、公安等12家单位走访调研，编写调研报告1篇，协助铜仁凤凰机场5G建设，组织铜仁凤凰机场、铜仁市电信公司进行5G干扰协调，印发《铜仁无线电管理局关于中国电信铜仁分公司在铜仁凤凰机场建设5G基站的复函》，指导机场开展电磁环境分析，为铜仁海螺水泥厂发放1.8G频率使用批复。

（市无线电管委会　张强飞）

农　业

综 述

【概况】 2021年，铜仁市农林牧渔业总产值543.58亿元，同比增长9.6%，排名全省第二。其中农业产值335.44亿元，增长10.2%；林业产值47.23亿元，增长8.3%；畜牧业产值114.84亿元，增长8.8%；渔业产值13.11亿元，增长10.3%；农林牧渔服务业产值32.96亿元，增长9.1%；粮食作物播种面积25.87万公顷，同比增长0.2%，粮食总产量252.22万吨，同比增长7.4%；油料作物播种面积5.98万公顷，同比下降0.2%，油料产量12.80万吨，增长1.6%；肉类产量28.88万吨，同比增长9.4%；禽蛋产量3.12万吨，同比增长30.8%。农村居民人均可支配收入12291元，同比增长10.7%，排名全省第三。农村居民人均生活消费支出11948元，同比增长12.1%。

“梵净山珍·铜仁馆”线上直播带货（代旭东 摄影）

【农业发展规划】 2021年，铜仁市完成《“十四五”铜仁市推进现代种业科技创新规划》编制工作，印发《铜仁市关于加强农业种质资源保护与利用的实施意见》《铜仁市农业种质资源普查总体方案（2021—2023年）》及农作物、畜禽、水产种质资源普查分方案。对农作物种质资源进行普查，征集各类资源328份，新补充征集257份，提供314份征集表/套，完成畜禽、水产遗传资源普查数据的全部录入工作。

（市农业农村局 杜毅智）

【农业现代化建设】 2021年，铜仁市成立推进“四化”工作领导小组，印发《中共铜仁市委铜仁市人民政府关于大力推动农业现代化促进农业高质高效发展的实施意见》，组建市农业现代化产业发展招商服务中心。成立农业现代化专项组办公室，将推进农业现代化情况纳入高质量发展考核，印发《调度督查报告》5期、《工作要情》8期，推动农业现代化各项工作任务。《铜仁市创新“五个三”机制高质量推进农业现代化》被省委农办、省农业农村厅《贵州农业要情》刊发。《铜仁多措并举推进山地农业机械化发展》被省农业现代化专项组《工作简报（第8期）》刊发。

碧江区油茶精深加工项目（代旭东 摄影）

【农业产业招商】 2021年，铜仁市引进中化集团、正邦集团、湖北森源等一批企业，新增国家级龙头企业1家。有市级以上农业龙头企业450家，其中国家级5家、省级156家、市级289家。到深圳、东莞、连云港、厦门等地开展产业招商10余次，农业产业招商引资列入省级考核九大农业特色产业到位资金138.16亿元，完成率135.5%。累计编制储备优质农业产业项目281个，举办特色优势农产品产销对接暨招商签约大会、承办“干净黔茶·全球共享”贵州茶文旅融合发展暨招商西北（兰州）推介等活动。

【农业产业发展】 2021年，铜仁市

茶园总面积10.2万公顷(投产茶园面积8.8万公顷)、果园7.18万公顷(投产面积4.8万公顷)、薯类种植面积4.36万公顷、蔬菜(含辣椒)17.27万公顷、食用菌9.8亿棒、中药材5.19万公顷,出栏生猪、肉牛、肉羊、家禽分别为311.04万头、33.01万头、77.45万只、2407.15万羽,实现蜂蜜产量4250吨、水产品6.17万吨。建成生态茶、生猪两大百亿级产业集群,全市茶园总面积排全省第二,抹茶发展规模居全国前列,食用菌产业规模居全省第一梯队,特色冷水鱼产量占全省45%、排全省第一。

(市农业农村局 杜毅智)

【农产品市场供销】 2021年,铜仁市粮食总产量252.22万吨,同比增长7.4%,其中稻谷产量58.75万吨,下降1.4%;油料产量12.80万吨,增长1.6%;茶叶产量5.26万吨,增长27.2%;水果产量66.28万吨,增长26.7%。农产品销售48.95万吨78.2亿元,超额完成省下达40吨65亿元目标任务。完成农产品网络零售额6.19亿元,排全省第三位,增速50.77%,排全省第六位。销往广东农特产品22.91亿元(认定扶贫产品销售18亿元),完成年度目标5.5亿元的416.5%,总量排全省第二;销往江苏省农特产品4.83亿元,完成年度目标任务1.9亿元的254%。成立贵州莞铜百货有限公司,连接东莞供联e家消费协作平台、东莞市消费协作东莞馆的线上线下平台进行产品销售,"莞铜礼物""莞铜百货"完工并投入运营。11月26日在东莞市虎门镇举办"黔货出山"铜仁农产品东莞推销会暨招商引资推介活动,现场签订18个产销对接项目,签约金额3.8亿元。

(市商务局 杨天明 市农业农村局 杜毅智)

表16 2021年铜仁市主要农产品产量一览表

产品名称	绝对数(万吨)	同比增长(%)
粮食	252.22	7.4
其中:稻谷	58.75	-1.4
小麦	1.56	-4.3
油料	12.80	1.6
其中:花生	4.03	5.7
油菜籽	8.73	-0.1
烤烟	1.70	7.0
茶叶	5.26	27.2
水果	66.28	26.7

【高标准农田建设】 2021年,铜仁市利用亚洲开发银行贷款实施农业综合开发长江绿色生态廊道、33.33公顷以上坝区农田基础设施建设奖补等项目,全市199个坝区产业路全部修通,玉屏北部、江口梵净山东、石阡瓮堡、印江栗子园灌区总体形象进度52.09%,全市新增完成高标准农田建设1.91万公顷,累计完成高标准农田建设14.33万公顷。

(市农业农村局 杜毅智)

【"黔货出山"】 2021年,铜仁市成立贵州莞铜百货有限公司,连接东莞供联e家消费协作平台、东莞市消费协作东莞馆的线上线下平台进行产品销售,"莞铜礼物""莞铜百货"完工投入运营。11月26日,在东莞虎门镇举办"黔货出山"铜仁农产品东莞推销会暨招商引资推介活动,现场签订18个产销对接项目,签约金额3.8亿元。出台《铜仁市东西部消费协作支持"黔货出山"奖励扶持办法》,奖励扶持90家企业开展"黔货出山"东西部消费协作,累计兑现奖补资金897万元。铜仁市在2020年"黔货出山·风行天下"夏秋攻势行动综合评价中排全省第三,获得奖补资金500万元,贵州省同仁望乡生态农业开发有限公司获得奖补资金200万元。

(市商务局 杨天明)

石阡县龙井乡孔石化村在铜仁市在推动高标准农田建设工作中,打造的耕地生产障碍修复利用试验区(石阡县地方志办 供图)

种植业

【粮食种植】 2021年，铜仁市播种粮食25.87万公顷，实现总产量252.22万吨，同比增长7.4%，其中，稻谷产量58.75万吨，下降1.4%；小麦产量1.56万吨，下降4.3%。印发《关于切实抓好2021年全市春耕生产工作的通知》《关于下达2021年粮食生产任务的通知》，推进春耕生产示范基地及示范点建设工作，完成碧江滑石、松桃盘石、玉屏郭家湾、印江洋溪、江口双屯、思南塘头等95个粮食示范基地的创建工作。

【茶叶种植】 2021年，铜仁市有7个产茶重点县，涉及117个种茶乡镇1232个种茶村94万涉茶人员。有茶园总面积10.2万公顷，其中投产茶园面积8.8万公顷，同比增长3.1%；有高品质抹茶基地0.69万公顷。实现茶叶总产量12.9万吨，其中名优茶产量2.48万吨、大宗茶产量10.42万吨，同比增长6.53%。实现茶叶总产值130.61亿元，其中名优茶产值63.85亿元、大宗茶产值66.76亿元，同比增长9.1%。

印江自治县木黄镇黑木耳基地(代旭东　摄影)

【薯类种植】 2021年，铜仁市以贵州佳里佳农业发展有限公司、贵州德江铭仁食品有限公司为龙头，种植红薯类4.36万公顷，实现产量111.9万吨，综合产值20.4亿元。

【食用菌种植】 2021年，铜仁市有黑木耳、香菇、双孢菇、羊肚菌、鹿茸菇、竹荪等食用菌单品，食用菌累计种植规模9.8亿棒，产量46.2万吨，产值45.8亿元。建成标准化食用菌基地16个，形成50万棒以上基本生产单元1100个。有梵天菌业、贵福菌业、同发菌业、裕国菌业、苏灵公司等食用菌企业69家(含国家级龙头企业1家，省级龙头企业9家，市级龙头企业12家，规上企业8家)，合作社158家、家庭农场8家，累计带动群众10万人。

印江自治县新寨镇团山村茶叶基地(代旭东　摄影)

【中药材种植】 2021年，铜仁市新增中药材种植面积1.5万公顷，总面积5.19万公顷，总产量19.79万吨，总产值25.42亿元，其中，林下中药材面积0.42万公顷，产量2.12万吨，产值3.21亿元。培育梵净山黄精、德江天麻、花椒3个重点品种和铁皮石斛、缬草、太子参、八月瓜等一批道地中药材品种，其中黄精、玉竹、罗汉果、八月瓜4个单品种植规模位居全省第一。培育石阡、印江、德江3个省级中药材大县和60个中药材重点乡镇。建成1.33公顷以上道地药材规模化基地245个，中药材种子种苗基地39个，培育经营主体862家，其中，国家级龙头企业3家，省级龙头企业10家，市级龙头企业14家，加工企业103个，精深加工企业8家，规模以上加工企业8家。5月20日，贵州省中药材产业重大项目和招商引资工作推进会在江口县召开，省内外60多家中药材企业来铜仁市参会，铜仁市现场签约项目4个，签约资金6.1亿元。全年涉及中药材产业招商引资签约项目24个，签约资金16.5亿元，到位资金12.81亿元。

【蔬果种植】 2021年，铜仁市有各类蔬菜新型经营主体356家，其中省级龙头企业5家、市级23家、县级38家。蔬菜播种面积13.58万公顷，产量78.1万吨，综合产值97.7亿元。有各类辣椒新型经营主体26家，其中省级龙头企业1家、市级4家。辣椒种植面积3.7万公顷，产量78.1万吨，产值28.2亿元。以桃、李、柑橘类为主，按照“龙头企业+合作社+农户”模式，培育种植面积3.33公顷以上经营主体666家，其中省级龙头企业8家，市级龙头企业23家。水果种植面积7.18万公顷，水果投产面积4.81万公顷，累计产量90.3万吨，综合产值51.9亿元。引进廖大侠农业有限公司、广西桂黔农业公司、重庆希诗农产品有限公司等一批优质龙头企业。

【农作物病虫害防治】 2021年，铜仁市主要农作物重大病虫害总体为中等发生，局部偏重发生。主要农作物病虫害发生面积105.71万公顷，防治面积89.32万公顷，防治率84.49%。挽回各类农作物产量损失58.13万吨，实际损失13.05万吨，平均损失率为1.9%，其中挽回各类粮食产量损失16.13万吨，实际损失3.98万吨，平均损失率为3.2%。

【化肥农药减控】 2021年，铜仁市测土配方施肥技术推广面积47.17万公顷，测土配方施肥技术覆盖率91.82%。有机肥增施面积18.2万公顷，秸秆还田技术推广面积16.31万公顷，绿肥种植3.33万公顷。水肥一体化技术推广面积0.12万公顷，机械化施肥面积0.08万公顷。各类农作物绿色防控面积26.68万公顷，各类农作物绿色防控平均覆盖率45.13%（主要粮食作物绿色防控面积11.02万公顷，绿色防控覆盖率41.14%）。防治用药1200.68吨，农药使用总量比2020年降低2.8%；完成统防统治面积18.45万公顷，统防统治覆盖率44.26%。

（市农业农村局　杜毅智）

林　业

【林业产业发展】 2021年，铜仁市建设完成特色林业产业基地4.12万公顷（新建1.09万公顷、改培3.03万公顷），其中油茶基地新建0.59万公顷，改培1.36万公顷，实现综合产值23.76亿元，带动2.26万户8.3万人增收。竹荪基地新建0.17万公顷，改培1万公顷，实现综合产值1.58亿元，带动0.24万户1.02万人增收。花椒基地新建0.33万公顷，改培0.66万公顷，实现综合产值8.2亿元，带动1.57万户3.6万人增收。完成8个林业基金重点项目的编制工作，总投资13.44亿元。累计培育省级林业龙头企业25家，新增11家。培育各类林业经营主体1182家，其中规模以上企业5家，新增3家。争取林业项目资金10.37亿元，实现林业综合产值462.24亿元。玉屏侗族自治县油茶产业示范园区入选第二批国家林业产业示范园区。林业产业招商引资项目22个，总投资46.16亿元，签约资金37.57亿元，到位资金16.58亿元。市林业局招商引资项目1个，服务区县园区项目1个，到位资金0.23亿元。江口县官河乡申报为省级森林康养小镇，获项目经费200万元。

【林下经济】 2021年，铜仁市林下经济产业基地总面积21.35万公顷，其中林下种植1.16万公顷，林下养殖2.92万公顷，林下产品采集1.65万公顷，森林景观利用15.62万公顷。打造66.67公顷以上林下经济示范基地13个，实现综合产值33.91亿元，带动6.94万人增收。其中，累计发展林菌产业基地0.17万公顷，实现产值3.95亿元；林药产业基地0.42万公顷，实现产值3.21亿元；林禽产业基地1.23万公顷，实现产值6.3亿元；林蜂产业基地2.21万公顷，实现产值6.2亿元。木本蜜源暨菌材林产业基地0.67万公顷，实现产值0.5亿元。江口县

贵州黔玉油茶开发有限公司工作人员采摘油茶果（玉屏自治县融媒体中心　供图）

获2021年度全省林下经济高质量发展“先进单位”，赵习文、文令、童蓉、杨铁林、徐华、邵阳6人获“先进个人”称号。

【林地林权】 2021年，铜仁市集体林权平台流转交易17起，流转面积301.13公顷，其中入股1起，交易金额430万元。森林保险面积101.89万公顷，其中公益林保险面积66.06万公顷，商品林保险面积35.83万公顷，油茶保险面积0.63万公顷，受灾理赔金额522.65万元。调处林地承包经营纠纷4起，其中行政裁决1起。12月9日，《铜仁市农村集体林权流转交易管理办法(试行)》上报市政府审定。截至12月，碧江区、玉屏自治县、德江县、印江自治县、思南县林业局完成林权档案资料向区县自然资源局的移交工作。

【花卉苗木】 2021年，铜仁市建成花卉苗木基地0.16万公顷，培育花卉苗木1.89亿株，其中油茶良种4300余万株。石阡县国家储备林建设项目栽植楠木349.04万株，其中集约人工林栽培66.39万株，林改培282.65万株，石阡县成为全国楠木单体树种苗木繁育规模最大县。

【林业科研】 2021年，铜仁市争取林业科研经费540万元，申报专利10项，其中发明专利3项，实用新型专利6项，外观专利1项。授权专利7项，其中发明专利1项、实用新型专利6项。

畜牧业

【生猪】 2021年，铜仁市与铁骑力士、温氏集团、德康牧业项目合作，推广规模化养殖，有年出栏500头以上的规模生猪养殖场760个，占全省3473个的21.88%，生猪规模化养殖率71.3%，出栏生猪311.04万头，同比增长39%，肉类产量28.88万吨，实现产值120.51亿元。

【牛羊】 2021年，铜仁市以思南县、德江县、沿河自治县为重点，利用草山草坡资源，推进石阡县、印江自治县、松桃自治县等共同发展“舍饲+放牧”生态养牛羊，推进碧江区、万山区、江口县、玉屏自治县等共同发展舍饲养牛羊。出栏肉牛33.01万头、实现产值38.78亿元，出栏肉羊77.45万头、实现产值12.59亿元，牛、羊出栏同比分别增长36.65%和19.1%。

【家禽】 2021年，铜仁市引进家禽优强企业10家，其中国家级1家，培育国家级龙头企业1家，省级龙头企业8家，市级龙头企业9家，培育壮大生态家禽经营主体274个，打造省级蛋鸡园区1个。其中，铁骑力士集团发展1000万羽蛋鸡产业集群，培育“百亿级”梵净国际蛋谷，打造家禽总部经济。全市出栏家禽2470.15万羽，禽蛋9.87万吨，同比增长175.64%，实现家禽养殖产值24.1亿元。

【蜂蜜】 2021年，铜仁市蜂群总数9.56万群，累计实现蜂蜜产量4266.72吨，实现综合产值6.65亿元。

【畜禽标准化养殖】 2021年，铜仁市开展牛羊养殖标准化示范创建工作，对饲养能繁母牛10头以上或育肥牛20头以上，种植饲料作物或人工牧草0.67公顷以上，肉牛出栏率50%以上的养殖场(户)，引导改造提升基础设施条件，扩大养殖规模。计划实施畜禽标准化养殖项目29个，建成7个，开工建设12个，建成及开工率65.51%。

【畜禽粪便综合利用】 2021年，铜仁市畜禽养殖废弃物资源化综合利用率85.75%，超省厅下达目标任务5.75%。完成880个畜禽规模养殖场粪污利用设备设施配套验收工作，配套验收率98%。其中，完成大型场配套验收454个，验收率达100%。

【动物疫病防控】 2021年，铜仁市建成4个省级动物净化创建场，完

松桃自治县世昌街道沙柳30万羽蛋鸡养殖场(代旭东　摄影)

成猪口蹄疫免疫注射 373.42 万头，牛口蹄疫免疫注射 97.45 万头，羊口蹄疫免疫注射 75.92 万只，高致病性禽流感免疫注射 1942.59 万羽，猪瘟免疫注射 367.23 万头，小反刍兽疫免疫注射 30.42 万只，群体免疫密度为应免数的 100%。完成动物疫病血清学和病原学抽样检测 52135 头份。未发生区域性重大动物疫情。

【饲料与屠宰监管】 2021 年，铜仁市新增饲料生产许可企业 2 家，累计有饲料生产企业 5 家，饲料生产能力突破 100 万吨；新增肉牛（羊）屠宰企业 2 家，累计有牲畜定点屠宰企业 17 家（生猪 15 家、家禽 1 家、牛羊 1 家），完成 1 家企业省级生猪屠宰示范创建工作。开展饲料经营门店和“瘦肉精”专项监测工作，无违规使用“瘦肉精”现象。屠宰检疫猪肉及猪副产品 4675.84 吨，牛肉及牛副产品 782.23 吨，禽肉及禽副产品 144.37 吨，定点屠宰企业出场肉品持证率 100%。检查养殖企业 550 个次，定点屠宰企业 135 个次，无害化处理场所 9 个次，农贸市场 235 个次；监督检查各类动物 2960 车次，畜禽 106.6 万头（羽/只）[生猪 2243 车次，20.24 万头；牛、羊 176 车次，8.56 万头（只）；禽类 189 车次，39.43 万羽；其他 352 车次，38.37 万羽（只）]。17 家畜禽屠宰企业派驻官方兽医 68 人，实现驻场官方兽医足额配备。组织生猪定点屠宰企业开展非洲猪瘟自检 408731 批次，检测结果全部为非洲猪瘟病毒核酸阴性；屠宰场瘦肉精官方兽医检测 51078 份，检测结果全部为阴性。屠宰环节“瘦肉精”自检制度执行率 100%，定点屠宰场/点出场动物产品检疫合格率和持证率 100%。

【兽医兽药管理】 2021 年，铜仁市继续按照工作 10 ~ 14 年、15 ~ 19 年、20 ~ 24 年、25 年以上 4 个档次，分别以 1500 元、1800 元、2000 元、2500 元的标准，向 1103 名“老兽医”发放一次性生活困难补助。1 家兽药生产企业，105 家兽药经营企业全部纳入国家、省兽药监管系统，实现入网和产品出入库信息均全覆盖。6 家规模养殖企业完成兽用抗菌药使用减量工作，通过省级认定并授牌。15 家动物诊疗机构全部进入国家系统，实行信息化监管，并与第三方签订医疗废弃品处理协议。兽药监管、执业兽医考务、“瘦肉精”监督抽检工作得到农业农村部畜牧兽医局书面表扬。

高级兽医师杨正文到养殖专业合作社给生猪打预防针（铜仁日报社　供图）

表 17　2021 年铜仁市“老兽医”情况统计表

单位：人

序号	区（县）	“老兽医”人数	“老兽医”工作年限统计			
			10 ~ 14 年	15 ~ 19 年	20 ~ 24 年	25 年及以上
1	碧江区	23	3	5	3	12
2	万山区	103	15	12	12	64
3	江口县	110	27	22	16	45
4	玉屏自治县	19	3	1	3	12
5	石阡县	64	8	9	16	31
6	印江自治县	86	4	1	6	75
7	思南县	200	55	17	19	109
8	德江县	115	47	4	18	46
9	沿河自治县	119	5	9	13	92
10	松桃自治县	264	28	21	33	182
	合计	1103	195	101	139	668

（市农业农村局　杜毅智）

渔 业

【概况】 2021年，铜仁市引进和培育贵州绿源水产、贵州东亿农业、贵州现代渔业科技等龙头企业，培育省级龙头企业2家、市级龙头企业6家。印发《关于实施2021年水产绿色健康养殖技术推广“四大行动”的通知》，推进水产绿色健康养殖，降低渔业等投入品使用，创建水产养殖用药减量行动基地10个。按照《农业农村部关于进一步加快推进水域滩涂养殖发证登记工作的通知》等文件要求，指导各区县发放水域滩涂养殖证，保障水产养殖者权益。累计办理水生野生动物经营利用许可证14张，办理水生野生动物驯养繁殖许可证14张，主要涉及鲟鱼、大鲵和黑斑蛙等品种。实现水产品年产6.17万吨（鲟鱼1.05万吨），渔业产值15.92亿元。

玉屏自治县生态渔业种苗繁育基地（代旭东 摄影）

【鱼苗良种研究与生产】 2021年，铜仁市完成水产养殖主体普查1080家，普查水产养殖种质资源1237个。组织省水产所、铜仁学院专家团队在江口县开展梵净山山麻鱼繁育技术研究，初步形成稳定的苗种人工繁育技术，实现山麻鱼人工育苗20余万尾。由贵州省现代渔业生态科技有限公司建设的玉屏自治县生态渔业鱼种场建设项目完成一期投资建设，投产后可实现年产规格苗种1200万尾。

【增殖放流】 2021年，铜仁市累计开展增殖放流活动10次，向主要江河及水产种质资源保护区投入青鱼、草鱼、鲢鱼、鳙鱼、黄颡鱼、胭脂鱼、岩原鲤、华鲮、中华倒刺鲃等12种鱼苗350万尾。

【渔业行政执法】 2021年，铜仁市出动执法人员1.09万余人次，执法车辆2417台次，渔政执法艇277艘次，开展渔业行政执法专项整治。执法工作发放宣传资料2.82万份，收缴地笼网、跳网等非法捕捞工具5959铺/套，现场收缴或放生渔获物1045.44千克，立案查处115起，其中移送公安机关调查处理90起，113人。

（市农业农村局 杜毅智）

8月14日，位于玉屏自治县的贵州省最大鱼苗繁育基地——贵水黔鱼苗种基地投产运行（徐雪、江仲伍、邹瑞 摄影）

种 业

【现代种业】 2021年，铜仁市完成《“十四五”铜仁市推进现代种业科技创新规划》编制工作，印发《铜仁市关于加强农业种质资源保护与利用的实施意见》《铜仁市农业种质资源普查总体方案（2021—2023年）》及农作物、畜禽、水产种质资源普查分方案。开展农作物种质资源普查工作，征集各类资源328份，新补充征集257份，提供314份（套）征集表，完成畜禽、水产遗传资源普查数据的录入工作。

【种子市场监管】 2021年，铜仁市办理农作物种子生产经营许可证1家，受理76家种子经营企业、1079种子经营户种子经营备案登记申请，累计备案登记品种197个。印发《2021年铜仁市种业监管执法年活动方案》，出动执法人员2475人次，开展春季、秋季种子市场专项执法检查，检查农作物种子生产经营主体、种子交易市场、乡镇集市、销售门店、网络销售平台等，抽取样品212个（市级取样品43个），检查企业32家，检查门店1225个，检查基地31个。立案25起，涉案种子126.35千克，涉案金额2.2万元。对玉屏自治县、印江自治县145.87公顷水稻种子生产基地开展种子质量及转基因检测。

【优良品种推广】 2021年，铜仁市推广水稻优良品种78个、玉米119个、油菜42个、甘薯10个、马铃薯15个、辣椒30个，农作物良种覆盖率98%。承担国家及省水稻、玉米、油菜、小麦、大豆5种作物30组、400个组合的试验，开展148个主要农作物中水稻、玉米、大豆品种的引种、生产试验、扩区试验。开展非主要农作物品种展示示范筛选80个，展示红薯、花生、辣椒、黄精、食用菌等地方优势特色产业品种50个。

【畜禽品种保护与改良】 2021年，铜仁市完成江口萝卜猪、巫陵牛（思南牛）、黔北黑猪（复兴猪）、沿河白山羊等地方良种进入《国家畜禽遗传资源目录》的网上填报、数据收集入库工作。发放牛冻精4万支，指导开展人工输配工作。建立牛改点339个、羊改点693个、猪改点1187个，改良牛4.64万头、改良羊17.15万只。推广杂交猪210万头，其中三元杂交猪194.83万头。有16个种畜禽养殖场、种公猪站获得种畜禽生产经营许可证，其中种猪场12个、种公猪站1个、种牛场2个、种禽场1个。

（市农业农村局　杜毅智）

农产品质量建设

【农业绿色发展】 2021年，铜仁市898个畜禽规模养殖场中的880个完成粪污利用设备设施配套验收，配套验收率98%。其中454个大型场全部完成配套验收，大型场配套验收率达100%。推行温氏、铁骑力士等龙头企业粪污源头减量模式，松桃自治县、玉屏自治县整县推进模式，万山九丰种养循环模式，德江县“牛粪—蚯蚓—有机肥”模式，江口蛋鸡鸡粪利用模式等多种废弃物资源化利用模式，畜禽养殖废弃物资源化综合利用率85.75%，超省厅下达目标任务5.75个百分点，实现畜禽养殖粪污资源化利用率的提高。

（市乡村振兴局　杜毅智）

【农产品质量检测】 2021年，铜仁市除碧江区、万山区外，有9个农产品质量检测实验室（市级1个，8县各1个），农产品质量安全监督抽查数量每千人1.5批次以上。完成省、市、县级农产品抽送检样品5169个（种植产品3444个，畜禽水产品1725个），其中不合格样品14个，总合格率99.73%。

【农产品质量监督】 2021年，铜仁市印发《铜仁市2021年农产品质量安全风险监测方案》，对蔬菜、茶叶、水果、食用菌、畜牧水产业等品种开展检测，检测样品4595个（市级检测样品1410个，县级检测3185个），发现不合格产品10个，检测合格率99%以上。开展“两品一标”认证工作，石阡土鸡获农产品地理标志保护产品认证，碧江区白水贡米获地理标志保护工程认证。完成绿色食品申报认证12个。推广国家农产品质量安全追溯管理信息平台建设，对1256家入驻企业开展巡查1858次。试推行承诺达标合格证制度，指导食用农产品生产经营主体开展承诺达标合格证开具工作，开具食用农产品试行合格证60338张，累计29334.47吨农产品附带合格证上市。

【绿色食品认证】 2021年，铜仁市绿色食品获证产品续展（换证）3个，年检绿色食品获证产品29个。新

碧江区滑石乡“白水贡米”生产线（代旭东　摄影）

增获证绿色食品产品9个，主要为茶叶、水果、红薯等种植产品，现行有效获证绿色食品产品41个。

【农产品品牌建设】 2021年，铜仁市获认证农产品411个，种植业认证规模6.82万公顷，畜类认证规模30.26万头，禽类认证规模50.1万羽，水产类认证规模39万尾。其中，以“梵净山珍·健康养生”农产品区域公用品牌为标识，认证“梵净山珍·健康养生”绿色食品41个，有机农产品109个。铜仁珍珠花生、梵净山茶、石阡苔茶、郭家湾贡米、石阡香柚、印江绿壳鸡蛋、德江复兴猪、金竹贡米、沿河白山羊、思南黄牛、石阡土鸡、白水贡米12个农产品获地理标志保护产品。梵净山茶公共品牌排名全国第二十九位、品牌价值31.16亿元。沿河沙子空心李、玉屏黄桃先后获国家农产品地理标志产品称号，注册沙子空心李、“皇”桃、郝家湾红肉蜜柚、谷谷呱等17个品牌商标。贵州好彩头食品有限公司等4家企业进入2021年度贵州省农业企业品牌价值50强，贵州省梵天菌业有限公司等3家企业进入2021年度贵州省农业产品品牌价值50强。

（农业农村局　杜毅智）

农业园区建设

【概况】 2021年，铜仁市有省级农业园区69个，市级农业园区77个，县级农业园区120个，争取园区项目资金1200万元。69个省级农业园区总投资56.01亿元，实现总产值259.03亿元。在全省农业园区安全生产专项整治三年行动工作中，铜仁市总结提炼的“五个全覆盖”工作法在全省进行推广。

（市乡村振兴局　王福政）

【园区基础设施建设】 2021年，铜仁市69个省级农业园区建成主干道2854.45千米，机耕道3500.29千米，生产便道3938.02千米，沟渠（网管）4014.56千米，修建冷库容量13.74万立方米，畜禽标准化圈舍119.8万平方米，温室标准大棚1246.46万平方米。

【主导产业发展】 2021年，铜仁市依托69个省级农业园区的10.93万公顷种植基地，发展以生态茶、生猪、家禽、蔬果、食用菌、薯类、中药材、牛羊、蜂蜜、特色林业、生态渔业为主导的11个特色优势产业。主导产业按产业结构分为种植业类51个，养殖业类6个，生态渔业类1个，休闲农业类11个。按农产品种类分为生产茶叶18个，水果12个，蔬菜8个，生态牲畜业6个，中药材5个，油茶3个，食用菌2个，生态渔业1个，休闲农业11个，竹林花卉1个和其他2个。

【经营主体培育】 2021年，铜仁市69个省级农业园区培育和累计引进企业773家，其中，规模企业399家，省级以上龙头企业114家，农民合作社1140个，家庭农场353个，园区全年带动农民就业32.6万人。

【农业园区安全生产】 2021年，铜仁市按照《全省农业园区安全生产专项整治三年行动工作方案》要求，开展农业园区安全生产工作。建立园区内生产经营主体安全生产排

碧江区百花渡农业产业园（张金荣　摄影）

查工作台账。成立11个督导检查组，排查各类农业园区266个，开展督导检查954次，检查单位1996家次，排查出一般隐患96项，均整改完成，行政处罚4家，罚金11000元。组织园区管理人员、经营主体负责人、员工观看警示案例宣传片230场次，开展学习安全和应急避险知识150次，园区企业职工安全生产技能培训280期。制定园区企业安全生产管理制度，张贴园区安全生产告知书及安全资料2300余份。

【现代农业产业园建设】 2021年，铜仁市印发《铜仁市现代农业产业园培育创建工作方案》，争取国家级现代农业产业园1个（石阡县国家现代农业产业园）、省级现代农业产业园2个，争取资金1.3亿元。推进粤黔协作农业产业园共建工作，围绕《粤黔协作共建乡村振兴现代农业产业园协作框架协议》，与东莞市合作，结合区县优势产业，计划用1～3年时间建成"一县一园、一园一产业、一园一特色"现代农业示范园。10个区县均签订《共建农业产业园协议》，实现"一县一园，产业整合"协议目标。截至12月，7个产业园项目开工建设，累计投入资金6.08亿元，投入东西部协作资金8890.96万元，完成3个产业园项目的规划工作。

表18 2021年铜仁市省级农业园区及主导产业一览表

序号	区县	园区名称	核心区所在乡镇	主导产业
1	碧江区	碧江区和平生态农业循环示范园区	和平乡	蔬菜
2		碧江区坝黄现代休闲观光农业示范园区	坝黄镇	休闲观光
3		碧江区瓦屋乡优质粮油高效农业示范园区	瓦屋乡	粮油
4		碧江区灯塔百花渡休闲农业示范园区	灯塔办事处	休闲观光
5		碧江区桐木坪现代高效山地农业示范园区	桐木坪	畜牧
6		碧江区漾头镇农旅一体化观光园	漾头镇	高山葡萄、柑橘、黄桃
7		碧江区云场坪镇农旅一体化观光园区	云场坪镇	农业休闲观光、花卉苗木、樱桃、中药材
8		碧江区川硐小江口现代高效山地农业示范园区	川硐镇	精品水果及休闲观光
9	万山区	万山区鱼塘现代高效农业示范园区	鱼塘乡	蔬菜、生态畜牧业
10		万山区高楼坪现代高效农业示范园区	高楼坪	蔬果、食用菌
11		万山区山地生态刺葡萄产业示范园区	下溪乡	水果、蔬菜
12		万山区九丰山地高效农业示范园区	高楼坪	蔬菜、休闲农业
13		万山区敖寨食用菌产业示范园区	敖寨乡	食用菌、蔬果
14		万山区谢桥精品水果产业示范园区	谢桥办事处	果蔬、食用菌
15	江口县	江口县闵孝设施农业示范园区	闵孝镇	蔬菜
16		江口县怒溪现代生态茶叶产业示范园区	怒溪镇	茶叶
17		江口县坝盘精品蔬果产业示范园区	坝盘镇	蔬菜
18		江口县凯德精品水果产业示范园区	凯德街道	水果
19		江口县太平休闲观光农业示范园区	太平	休闲观光
20		江口县德旺净河特色生态农业示范园区	德旺	种植、养殖
21	玉屏自治县	玉屏县油茶产业示范园区	朱家场镇茅坡村	油茶
22		玉屏自治县铁柱山中药材示范园区	朱家场镇	中药材
23		玉屏县凉庭寨休闲观光园区	亚鱼乡	休闲观光
24		大龙开发区现代高效农业示范园区	大龙开发区	休闲观光
25		玉屏县新店现代高效农业示范园区	新店	精品水果，生猪
26	石阡县	石阡县龙塘高效生态苔茶示范园区	龙井乡、龙塘镇	茶叶
27		石阡县本庄蛋鸡养殖产业示范园区	本庄镇	畜牧
28		石阡县五德精品水果现代高效农业示范园区	五德镇、青阳乡	水果

续表 18

序号	区县	园区名称	核心区所在乡镇	主导产业
29	石阡县	石阡县现代高效生态油茶示范园区	聚凤乡	油茶
30		石阡县五峰山生态观光农业示范园区	花桥镇	休闲观光
31		石阡县白沙羊角山生态茶叶示范园区	白沙镇	茶叶
32		石阡县国荣生态茶叶示范园区	国荣	茶叶
33		石阡县夜郎都邑现代农业示范园区	河坝场	蔬果
34		石阡县龙井云台山油茶产业示范园区	龙井	茶油、石阡苔茶
35	印江自治县	印江县木黄食用菌高效农业示范园区	木黄镇、板溪、朗溪、合水	食用菌
36		印江县新寨生态茶叶示范园区	新寨镇、峨岭街道、中心街道	茶叶
37		印江县湄坨现代生态茶产业示范园区	缠溪镇、洋溪镇、杨柳镇	茶叶
38		印江自治县紫薇现代高效茶叶示范园区	紫薇	茶叶
39		印江县朗溪生态精品水果示范园区	朗溪	精品水果
40	思南县	思南县张家寨现代生态茶示范园区	张家寨镇、鹦鹉溪镇	茶叶
41		思南县塘头现代高效农业示范园区	塘头镇	果蔬
42		思南县许家坝高山草原养殖产业示范园区	许家坝镇	畜牧
43		思南县孙家坝镇精品水果示范园区	孙家坝镇	水果
44		思南县香坝茶旅一体化示范园区	香坝镇	茶叶
45		思南县青杠坡生态茶产业示范园区	青杠坡	茶叶
46		板桥休闲体验农业示范园区	板桥	精品水果(红肉蜜柚)
47	德江县	德江县茶叶产业示范园区	合兴镇	茶叶
48		德江县草地生态高效生态畜牧示范园区	泉口乡	畜牧
49		德江县高家湾现代高效农业示范园区	堰塘乡	休闲观光
50		德江县现代中药材(天麻)产业示范园区	沙溪乡	中药材
51		德江县龙泉乡生态农业示范园区	龙泉	茶果
52		德江县枫香溪镇核桃产业示范园区	枫香溪镇	核桃
53		德江县桶井现代农业示范园区	桶井	水果
54		德江县稳坪花椒产业示范园区	稳坪	花椒
55	沿河自治县	沿河县官舟循环农业示范园区	泉坝镇、官舟镇、土地坳镇	畜牧
56		沿河县沙子空心李园示范园区	沙子街道、中界镇	水果
57		沿河县谯家现代高效农业示范园区	谯家镇、甘溪镇	茶叶
58		沿河自治县新景生态茶产业示范园区	新景镇、黄土镇、客田镇	茶叶
59		沿河自治县淇滩现代高效农业示范园区	淇滩	花卉
60		沿河自治县中界狮子山生态观光农业示范园区	中界	休闲观光
61		沿河县晓景生态白茶示范园区	晓景	生态白茶
62	松桃自治县	松桃县盘石生态畜牧业示范园区	盘石村	畜牧
63		松桃县正大现代高效茶叶产业示范园区	正大乡、大兴镇、盘信镇	茶叶
64		松桃县长兴中药材产业示范园区	长兴堡镇	中药材
65		松桃县普觉现代高效循环农业示范园区	普觉镇、孟溪镇	茶叶
66		松桃县大路乡现代农业示范园区	大路乡	茶叶
67		松桃县太平现代农业综合示范园区	太平营乡	水果
68		松桃自治县孟溪现代高效农业示范园区	孟溪	蔬果
69		松桃县大坪场现代高效农业示范园区	大坪场	茶叶、猕猴桃、香油、生猪

【石阡县国家现代农业产业园】 2021年5月，石阡县国家现代农业产业园经农业部、财政部批准创建，总区域面积1138.86平方千米，涉及19个乡镇街道，三要分为核心区、拓展区和辐射区，主导产业为石阡苔茶，茶园总区域面积25680公顷。园区投入中央专项建设资金1亿元，建设时间3年(2021—2023年)，可辐射带动27.12万人。截至12月，园区完成两期建设任务，投入资金6000万元，通过国家中期验收。

（市农业农村局　杜毅智）

石阡县大沙坝乡任家寨村产业成品展厅一角（市委政研室　供图）

农业产业化

【农产品加工】 2021年，铜仁市新增规模以上加工企业55家，在库规模以上加工企业174家。印发《关于大力培育农产品加工企业促进农产品加工业快速发展的通知》《铜仁市生态特色食品产业发展行动实施方案(2021—2025年)》《铜仁市农产品(食品)深加工高成长企业培育工作方案》等，农产品加工转化率上报数69%。

【农民专业合作社示范社建设】 2021年，铜仁市印发《关于开展2021年铜仁市农民合作社示范社申报认定工作的通知》，经各区县推荐申报，市农业农村局审核并征求有关部门意见后，评审出铜仁市农民合作社示范社42家。截至12月，累计有市级以上合作社示范社245家，其中国家级24家，省级121家，市级100家。

【坝区建设】 2021年，铜仁市有坝区199个，坝区面积2.1万公顷，土地流转率约75%，作物累计种植面积(含复种)3.23万公顷，其中粮食作物种植面积1.06万公顷，经济作物种植面积2.17万公顷，综合平均亩产值9113.44元。通过779家经营主体(县级以上龙头企业186家，合作社593家)参与坝区农业产业结构调整和建设，建成现代高效农业示范园区266个(省级69个、市级77个、县级120个)，带动坝区农民30.55万人，其中巩固脱贫人口8.24万人，坝区农民实现人均可支配收入12409.76元。

表19　2021年铜仁市坝区分布情况表

单位：个

序号	区县	坝区数
1	碧江区	15
2	万山区	10
3	江口县	21
4	玉屏自治县	18
5	石阡县	20
6	印江自治	13
7	思南县	18
8	德江县	15
9	沿河自治县	13
10	松桃自治县	56
合计		199

表 20　2021 年铜仁市坝区规模情况统计表

单位：个

	样板坝区	达标坝区	10000 亩以上坝区	5000～10000 亩坝区	1000～5000 亩坝区	500～1000 亩坝区	500 亩以下坝区
合计							199
	12	187	2	7	93	85	12

【农业龙头企业发展】 2021 年，铜仁市开展第十一批市级龙头企业申报认定工作和开展第一批至第十批市级龙头企业监测工作，新认定市级龙头企业 61 家，取消市级龙头企业 58 家。截至 12 月，有市级以上农业龙头企业 447 家，其中国家级 4 家，省级 147 家，市级 296 家。认定首批市级农业产业化联合体 14 个。

（市农业农村局　杜毅智）

农业机械化

【农机推广】 2021 年，铜仁市有各类农业机械 68.83 万台，农机总动力 310 万千瓦，主要农作物耕种收综合机械化率 44.49%，同比增加 3.63%。有农机驾驶资格培训考试机构 2 家，农机专业合作社 131 个，农机销售、维修网点 532 个，农机专业户 24324 户。举办农业机械行业相关培训 31 期，培训农业机械管理、推广人员 998 人。

【农机购置补贴】 2021 年，铜仁市印发《2021—2023 年铜仁市农业机械购置补贴实施方案》，提高部分急需机具补贴额度，补贴比例从 30% 提高到 35%，补贴各类机具 3640 台套，农机购置补贴金额 255.97 万元，受益农户 3451 户。

【农机安全监管】 2021 年，铜仁市印发《铜仁市 2021 年农业安全生产工作要点》《铜仁市农业农村局 2021 年安全生产监督检查计划》《铜仁市农业机械道路交通安全专项整治方案》，开展农机安全专项整治行动，累计注销达到报废条件变型拖拉机 10418 台；按照变型拖拉机、轮式拖拉机、联合收割机等 7 个类别，对在册在管 1290 台牌证管理农业机械和 10034 名农业机械驾驶员建立动态台账，对 342 台在册在管的变型拖拉机实行年度清零目标。优选老旧农业机械报废更新实施主体 11 家，区县覆盖率 100%。开展农业机械驾驶员酒驾醉驾治理，对拖拉机、联合收割机实施年度检验，防止农业机械驾驶员违规操作，全年未发生农业机械安全责任事故。

（市农业农村局　杜毅智）

思南县塘头镇在铜仁市实施宜机化改造试点工作中开展农业机械化作业（代旭东　摄影）

农业科技

【农业科技项目建设】 2021 年，铜仁市累计到位农业科技项目资金 101.76 万元，其中项目经费 87.76 万元，划拨试验经费 14 万元。完成 15 项农业科研项目库建设工作，向省科技厅等部门申报项目 11 项，其中“贵州省花生种质资源圃建设”等 6 个项目获批复。实施贵州省科技厅“铜仁科学院绿色生态农业实验中心建设”等项目 14 项，实施省市级科技项目《宁杞 9 号枸杞引种试验示范》等项目 7 项，均通过验收。完成 5 个大类 26 组 352 个品种的国家农作物品种区域试验工作。

【农业科研平台建设】 2021 年，铜仁国家农业科技园区以“达标”成绩通过科技部评估，在贵州省 3 家国家农业科技园区中排名第一位；6 个省级农业科技示范园区通过省级中级评估。依托玉屏油茶工程技术研究中心项目，建成油茶产业技术研发实验室、油茶研发博士工作站

铜仁学院开展食用菌种植科技服务工作(市委政研室　供图)

和油茶试验基地;以同德药业为主体,推进贵州省中药饮片炮制工程研究中心建设。

【农业科技创新】 2021年,铜仁市参与攻关的"肉牛产业关键技术研发与应用""贵州白山羊种质资源评价与优异基因挖掘利用""贵州地方名优茶高效种植技术集成与品质提升示范"课题获2021年度贵州省科学技术奖三等奖,主要农作物良种覆盖率95%,良种科技贡献率提高到50%。

【农业科技成果】 2021年,铜仁职业技术学院、贵州梵净山生态农业股份有限公司、铜仁市畜牧技术推广站共同完成的《肉牛产业关键技术研发与应用》获省科学技术进步奖三等奖;贵州大学、铜仁市畜牧技术推广站、沿河自治县畜牧技术推广站共同完成的《贵州白山羊种质资源评价与优异基因挖掘利用》获省科学技术进步奖三等奖;贵州科学院、遵义市种植业发展服务中心、铜仁市现代农业产业发展招商服务中心共同完成的《贵州地方名优茶高效种植技术集成与品质提升示范》获省科学技术进步奖三等奖;铜仁学院、贵州梵净山国家级自然保护区管理局共同完成的《梵净山中草药资源物种多样性及保护利用》获省科学技术进步奖三等奖。

【农业科技成果转化】 2021年,铜仁市引导科技成果对接特色产业需求转移转化,贵州省梵天菌业与华南理工大学签订2项转化技术,参与省级科研院所实施重大专项3项,实施成果转化项目4个;推广玉木耳品种种植技术,建设生态智慧大棚示范种植160万棒,实现产量80吨,带动就业230余人;转化《绣球菌智能化生产技术研发与示范推广》成果项目,在省内示范推广绣球菌种植10万余棒,实现绣球菌新增产量44.3吨,新增产值1215.4万元。

(市农业农村局　杜毅智)

玉屏贵福菌业公司推动农业科技创新转化,实现净化养菌(代旭东　摄影)

工业·建筑业

综　述

【概况】 2021年，铜仁市引进工业产业项目278个，合同投资额409.2亿元，工业到位资金270.23亿元，开工建设277个，其中投产243个，全市完成工业总产值958亿元，实现增加值248.94亿元，增速11%，其中十大工业产业完成总产值680.9亿元，占全市工业总产值的97.2%。规模以上工业总产值完成700.34亿元，实现增加值176.47亿元，增速9.9%，居全省第七位。开发区完成规模以上总产值663.93亿元，占全市规模以上工业总产值的94.8%，开发区单位产出275万元/亩。32户国有及控股工业企业完成工业总产值164.6亿元，占全市规模工业总产值23.5%。新增入规工业企业101户，规模企业总数445户。规模以上工业企业资产总额619.21亿元，同比增长39%；实现营业收入532.77亿元，同比增长25.7%；实现利润总额34.09亿元，同比增长64.3%；实现税金总额7.6亿元，同比增长约32.2%。有在库工业项目253个，完成工业投资157.9亿元(统计口径)，同比增长45.5%，增速居全省第一位。其中143个工业产业项目完成投资75.6亿元，占全部工业类投资的47.9%，占固定资产投资的16.1%，较2020年提升5.4个百分点。贵州倍易通科技有限公司、农夫山泉获评国家级绿色工厂，石阡和记、同德药业、农夫山泉获评省级绿色工厂。全市获评国家级专精特新企业4户、省级8户，省级企业技术中心5个、工业设计中心4个。

表21　2021年铜仁市规模以上工业主要产品产量表

产品名称	单位	绝对数	同比增长(%)
精制茶	吨	8303.11	13.6
水泥	万吨	748.77	–21.7
铁合金	万吨	43.39	5.2
卷烟	亿支	72.70	2.4
发电量	亿千瓦·时	127.04	–12.1
其中：水电	亿千瓦·时	28.89	–17.7
火电	亿千瓦·时	95.94	–11.4
包装饮用水	万吨	129.58	17.9
天然大理石、建筑板材	万平方米	372.58	12.5

【工业经济运行状况】 2021年，铜仁市规模以上工业总产值完成700.34亿元，实现规模以上工业增加值176.47亿元，规模以上工业增加值增速9.9%，增速居全省第七位。分区县(含大龙经开区、铜仁高新区)看，增速为两位数的有大龙经开区(62.1%)、铜仁高新区(18.4%)、石阡县(12.5%)、江口县(10.6%)、印江自治县(10.2%)、玉屏自治县(10.1%)，其余地区在两位数以下；规模工业产值超过100亿元的有大龙开发区(177.2亿元)、碧江区(110.2亿元)，其中大龙经开区占全市产值的比重为25.3%，对全市工业经济增长的贡献为50%；超过50亿元的有思南县(85.4亿元)，铜仁高新区(79.2亿元)，松桃自治县(56.87亿元)。从三大产业看，矿采业完成规模工业产值24.2亿元，增加值增速降低1.6%；制造业完成规模工业产值574.4亿元，增加值增速降低14.6%，占三大产业总产值的82%；电力热力及水加工完成规模工业产值101.6亿元，增加值增速降低4%。规模以上工业企业利润总额同比增长32.2%左右，营业收入利润率提高到64.3%以上；每百元主营业务收入中的成本85.01元，同比下降2.53元；工业产品产销率96.88%，同比上升1.4个百分点。

【产业集群建设】 2021年，铜仁市继续发展“一核五区”产业集群(以黔东工业聚集区为主体，大龙开发区为核心承载区，铜仁高新区为电池应用设备产业集聚区，碧江区为企业总部集聚区，万山区为新能源汽车产业集聚区，松桃自治县为锰资源高效利用精深加工区、玉屏自治县为发展延伸拓展区)，以新能源电池为主导的新型功能材料产业集群，成为全国首批66个战略性新兴产业集群之一、贵州2个产业集群之一。67户新型功能材料规模以上企业完成工业总产值244.86亿元，比2020年增长53.6%，高于全市工业经济平均增速(34.6%)，占工业总产值的比重为34%，对全市工业增长贡献率为84%。新型功能材料企业中，以中伟新材料公司为代表，市值突破千亿元，规模位居贵州省第二，为全省市值最高的民营企业。其生产的镍钴锰三元前驱体产品全球市场占比25%，四氧化三钴全球市场占比26%，锰酸锂用四氧化三锰市场份额占全国50%。全市锰系新材料企业数占涉锰企业总数的24.1%，实现总产值129.37亿元。

【产业结构优化转型升级】 2021年，铜仁市印发《关于推进新型工业化高质量发展的实施意见》，明确以新型功能材料产业为核心产业，大数据电子信息制造、生态特色食品、现代能源3个产业为支柱产业，

铜仁市推进工业结构转型升级，推动全市工业产业高质量发展，图为贵州重力科技环保有限公司(市工信委　供图)

新型建材、先进装备、优质烟酒等N个优势产业协同发展产业体系的产业发展思路。大数据电子信息制造、生态特色食品、现代能源业3个支柱产业完成工业总产值256.2亿元，同比增长15.9%；新型建材、先进装备、健康医药、优质烟酒、新能源汽车等优势产业完成产值199.3亿元。开发区完成规模以上工业总产值663.93亿元，同比增长17.6%，开发区占全市工业比重90%以上。

【投资与项目建设】 2021年，铜仁市重点推进贵州凯金、博邦山河、贵州嘉尚等一批招商引资项目落地开工，中伟、汇成、格瑞特、百斯特等一批扩能项目试产、达产。实施“千企改造”项目128个(含金瑞、中伟资源等一批重点“千企改造”项目升级改造)，完成技术改造投资83.06亿元。完成工业投资157.9亿元(统计口径)，工业投资占固定资产投资比重16.1%，较2020年提升5.4个百分点。获批省级专项资金项目(企业)122个，获批专项资金8327.63万元，获得省工业发展基金支持4.08亿元。

【中小企业发展】 2021年，铜仁市有中小企业6.09万户，注册资本6123.55亿元，同比分别增长7.98%、14.8%。其中，有内资企业0.58万户，注册资本3395.23亿元；私营企业5.49万户，注册资本2615.97亿元；外商投资企业199户，注册资本112.35亿元。有个体工商户24.51万户，注册资本293.01亿元，同比分别增长4.2%、6.22%。有工业企业2.96万户，注册资本1700.98亿元，分别占总量的9.31%、25.38%。组织贵州奇源生物公司、贵州苗领医药科技公司参加第84届全国药交会，组织松桃御元堂、同德药业参加第二届贵阳工业博览会。组织德江易盛农业科技公司、德江绿通天麻公司参加贵州省第四届“创客中国”贵州省中小企业创新创业大赛，参加省级复赛获得优秀奖。

【公共服务体系建设】 2021年，铜仁市10个区、县先后成立中小企业服务中心，实现服务中心建设全覆盖。铜仁市智慧企服平台被评为2021年度省级中小企业公共服务示范平台，是全市唯一一家示范平台。全市服务机构根据市场服务需求，服务企业6130家，服务人数35263人次。

(市工信局　杨月明)

新型功能材料产业

【概况】 铜仁市新型功能材料产业集群是国家赋予的全国66个、贵州2个产业集群之一，是国家重大战略任务。2021年，铜仁市引进协鑫集团、山河智能、嘉尚、凯金等国内知名新材料企业，新型功能材料产业规模以上企业发展到67户。以分布区域划分，大龙开发区(核心承载区)18户、万山区14户、松桃自治县13户、碧江区6户、玉屏自治县4户、铜仁高新区4户、思南县3户、石阡县2户、德江县2户、沿河自治县1户。以产业类别划分，锂电池材料企业13户，电解金属锰及采矿企业19户，钛合金企业10户，触媒等其他材料企业25户。新型功能材料规模以上企业完成工业总产值244.86亿元，同比增长53.6%，占全市工业总产值的34%，拉动全市工业增长8.4个百分点，对全市工业增长贡献率84%，中伟新材料有限公司市值突破千亿元，成为全省市值仅次于茅台集团的上市公司。

【产业规划】 2021年，铜仁市印发《铜仁市新型功能材料产业集群发展规划(2021—2030年)》，明确到2025年，将铜仁新型功能材料产业集群打造成千亿级全国重要的新型功能材料产业集聚基地。引进隔膜、电解液及其他较高附加值的锂电池材料企业，布局燃料电池和固态电池材料相关环节，延伸产业链条，加快新型功能材料产业集群建设，总产值突破1000亿元。到2030年，做大做强新型功能材料产业集群，企业技术创新能力显著提高，聚集一批高水平人才队伍和创新团队，新型功能材料研发应用达到国内领先水平，总产值突破2000亿元，建成有世界影响力的千亿国家级产业集群。

【项目建设】 2021年，铜仁市引进国内正极材料龙头企业中伟新材料公司年产4.5万吨高性能锂离子电池三元正极材料项目，年产值50亿元以上。贵州格瑞特新建负极产能2万吨投产。在已有新型功能材料发展基础上，引进百思特年产6000吨锰酸锂、建通新材料等项目陆续建成投产，推进红星发展高纯硫酸锰、鹏程新材料电池回收、中伟资源电池回收、华迪斯锂离子电池、汇成新材料二期等项目建设，初步形成“锰矿深加工—三元前驱体—锂离子电池正、负极材料—电池回收”的新型功能材料产业链体系。

【研发创新】 2021年，铜仁市依托锰资源及锰系深加工产业，延伸产业链条，形成以锂离子电池材料为特色的新型功能材料产业集群体系。其中中伟新材料自主研发生产镍钴锰三元前驱体材料技术达到国际领先水平，2021年被国家发改委评定为国家企业技术中心；贵州大龙汇成新材料牵头起草行业标准《电池用硫酸锰》(HG/T4823-2015)，公司自主研发的直接除杂法生产技术处于国际领先水平；贵州红星发展大龙锰业的锰酸锂专用型四氧化三锰制备技术达到国内领先水平；贵州中伟循环采用废旧三元锂离子电池为原料生产硫酸镍晶体、硫酸钴晶体、硫酸锰晶体及碳酸锂，形成废旧锂电池资源化利用技术，被工信部列入《再生资源综合利用先进适用技术目录》。通过研发创新，20余项国际国内领先技术为新型功能材料产业集群提供技术保障。

【产业链建设】 2021年，铜仁市新型功能材料产业基本形成“电池级锰盐—三元前驱体—三元正极材料—新能源汽车动力电池—梯次综合利用”的锂电池全产业链组团发展模式及“高纯硫酸锰—四氧化三锰—四氧化三钴—二氧化锰—石墨—电池级碳酸锂—电池用汞缓蚀剂”等锂电池细分领域“专精特新”发展格局。

【大龙汇成新材料有限公司】 贵州大龙汇成新材料有限公司（以下简称汇成新材）位于大龙经济开发区，是一家集新型动力电池材料研发、生产、销售为一体，专注于高纯超细无机功能材料领域的创新型高新技术企业。公司主要产品为电池用硫酸锰、锂电池用四氧化三锰、电池用代汞缓蚀剂以及锰渣综合利用制备三元前驱体材料等。汇成新材生产的电池用硫酸锰全球市场占有率60%，锂电池用四氧化三锰产能国内领先，电池用代汞缓蚀剂国内市场占有率85%。2021年，生产电池用硫酸锰8.4万吨，同比增长48.35%，产值5.6亿元，同比增长76.66%。

【中伟新材料有限公司】 中伟新材料有限公司注册资金47228万元，是一家从事锂电池正极材料及相关新能源、新材料产品的研究、开发、生产、销售的民营高新技术上市企业，公司有生产厂房和办公用房建筑面积48万平方米，拥有各种先进设备2000余台/套，拥有每年5万吨镍钴锰三元正极材料的产能。公司是贵州省“千企改造工程龙头企业”、贵州省创新型领军企业、工信部绿色制造、智能制造试点示范企业，2021年市值一度突破千亿元。

（市工信局 杨月明）

特色轻工业

【烟叶复烤】 2021年，铜仁市有规模以上烟叶加工企业1家，为贵州梵净山烟叶复烤有限责任公司。全年生产加工烟叶61.64万担，同比增加38.84万担；挑选烟叶49.2万担，同比增加16.59万担；产出片烟19806.02吨；吨烟综合成本6307.46元，同比减少1613.43元，降

中伟新材料有限公司是主要从事锂电池正极材料及相关新能源、新材料产品的研究、开发、生产、销售的民营高新技术企业（市工信委 供图）

幅20.36%。开展“烟箱重量在线检测装置”“除氧蒸汽余热再利用”等10项QC课题，获复烤公司三等奖2项，获省公司QC评比三等奖2项。

【卷烟生产】 2021年，铜仁市有规模以上卷烟生产企业1家，为贵州中烟工业有限责任公司铜仁卷烟厂。全年生产卷烟14.54万箱，较2020年同期增加0.34万箱，增长2.39%；卷烟72.7亿支，同比增长2.4%；实现产值16.08亿元，同比增加3.57亿元，增幅28.53%；单箱结构每箱11062.08元，同比增加2249.98元，增幅25.53%；上缴税金9.07亿元，同比增加0.1亿元，增长1.14%。

【酒业生产】 2021年，铜仁市有存续的白酒相关企业（含作坊）2000余户，其中白酒生产企业1000余户，白酒生产完成年产值2.65亿元。生产企业中，除铜仁市净山酒业有限公司和贵州省木黄酒业有限公司2户为规模以上白酒企业外，其余均为白酒生产小作坊。铜仁市啤酒企业仅贵州天龙啤酒有限公司1户规模以下企业，年产能10万吨。

【茶叶制品生产】 2021年，铜仁市有规模以上生态特色食品茶叶制品企业49户，占生态特色食品规模以上企业129户的37.98%，实现总产值30.94亿元，占生态特色食品规模以上总产值96.54亿元的32.04%，同比增长17.50%。其中贵州铜仁贵茶茶业股份有限公司、贵州印江宏源农业综合开发有限公司、德江永志生态茶业有限公司、贵州省印江新安茶叶发展有限公司、贵州德江众兴生态茶业有限公司均实现年产值亿元以上；思南县集春农业生态科技发展有限公司、德江县泉鸿茶业有限责任公司、贵州省印江土家族苗族自治县净团茶业有限公司、思南梵众白茶开发经营有限公司、贵州飞宏生态农业旅游发展有限公司等企业均实现年产值5000万元以上。

【油茶制品生产】 2021年，铜仁市有规模以上生态特色食品油茶制品企业2户，其中贵州省松桃福农鑫农牧科技发展有限公司产值4766.4万元，贵州山茶产业综合开发有限公司产值3836.9万元。

【肉制品生产】 2021年，铜仁市有规模以上生态特色食品肉制品企业9户，占生态特色食品规模以上企业129户的6.97%，实现总产值16.23亿元，占生态特色食品规模以上总产值96.54亿元的16.81%，同比增长1.44%。其中，贵州松桃嘟嘟食品有限公司、铜仁市碧江区锦江肉食品有限责任公司、思南县鼎一食品有限责任公司、德江森源农牧发展有限责任公司、贵州省印江自治县鑫隆肉联加工厂等企业实现年产值亿元以上。

图为年产值超亿元的贵州铜仁贵茶茶业股份有限公司厂房外景（市工信委　供图）

【粮油制品生产】 2021年，铜仁市有规模以上生态特色食品粮油制品企业17户，占生态特色食品规模以上企业129户的13.17%，实现总产值9.76亿元，占生态特色食品规模以上总产值96.54亿元的10.10%，同比增长-7.17%。其中贵州一航生态农牧科技开发有限公司、德江县兴农米业有限责任公司、贵州油研纯香生态粮油科技有限公司、贵州大龙健康油脂有限公司年产值均为亿元以上。

【食用菌制品生产】 2021年，铜仁市有规模以上生态特色食用菌制品企业10户，占生态特色食品规模以上企业129户的7.75%，实现总产值6.30亿元，占生态特色食品规模以上总产值96.54亿元的6.52%，同比增长45.28%。其中贵州省梵天菌业有限公司、贵州省印江自治县梵净山生态菌业有限公司实现年产值亿元以上；贵州黔东武陵农业产业扶贫有限公司、贵州省贵福菌业发展有限公司、贵州森梵生物科技有限公司实现产值5000万元以上。

【天然饮用水生产】 2021年，铜仁市有包装饮用水企业有120余户，其中桶装水企业100余户，瓶装水企业19户。有规模以上水及关联产业企业94户，其中天然饮用水规模以上企业8户，占全省规模以上包装饮用水企业总数的31.8%。思南县张家寨思洲之蓝天然矿泉水项

农夫山泉（贵州）武陵山饮料有限公司饮用水生产线（市工信委　供图）

目、年产10万吨高端天然山泉水生产建设等15个项目建成投产。全市天然饮用水产量突破300万吨，规模以上企业实现产值14.98亿元，同比增长5%。截至12月，有贵州梵净山山泉大桶瓶装水生产项目、农夫山泉武陵山公司二期生产线等7个在建项目。

【农夫山泉（贵州）武陵山饮料有限公司】　农夫山泉（贵州）武陵山饮料有限公司位于贵州省碧江高新区，注册资本5000万元，系农夫山泉股份有限公司全资子公司。农夫山泉公司响应贵州省“打造贵州天然健康水产业，把绿水青山变成金山银山的”发展战略，利用九龙洞国家风景名胜区六龙山水资源，总投资3.34亿元，自建单体厂房面积约5.3万平方米，从国外引进1条每小时生产7.2万瓶的天然水生产线和2条每小时生产3.6万瓶的天然水生产线。

【贵州铜仁贵茶茶业股份有限公司】　贵州铜仁贵茶茶业股份有限公司位于江口县凯德工业园，是一家集茶叶种植、研发、生产、营销于一体的内资企业，注册资本2亿元人民币。公司拥有世界上最大的单体抹茶精制车间，具有生产红、绿宝石茶3000吨，抹茶4000吨，大宗茶1万吨等综合产能生产线。在省内有9333.33公顷欧盟标准专属茶园，产品覆盖国内30余个省市市场，远销日本、美国、欧盟等10余个国家及地区。

（市工信局　杨月明）

锰产业

【概况】　2021年，铜仁市规上锰产业实现总产值187.52亿元，同比增长66.51%，其中锰系新材料企业数占涉锰企业总数的24.1%，实现总产值129.37亿元。其他如电解锰实现总产值39.4亿元，锰矿开采及矿选锰粉加工实现总产值15.4亿元，锰合金实现总产值3.35亿元。

（市发改委　郑有江）

【产业发展规划】　2021年，铜仁市印发《铜仁市锰产业高质量发展规划（2021—2030年）》，明确到2025年，打造1～2户50亿级龙头企业，5～6户20亿级龙头企业的锰产业高质量发展产业集群，锰产业产值500亿元。各区县电解锰生产企业数量控制在1～2家，锰系新材料产值占比75%，新增锰渣无害化率100%、综合利用量100万吨。增强锰矿开采、锰系新材料、锰渣综合利用等关键技术研发能力，建成3个省部级及以上创新平台，提升锰产业绿色发展水平。到2030年，锰产业实现采、选、冶、精深制造协调发展，环境风险得到有效遏制，新增锰渣全部无害化处理，构建供需平衡、结构合理、创新驱动、绿色低碳、环境友好的锰产业高质量发展新格局，培育形成百亿级龙头企业3～4户。

（市工信局　杨月明）

【锰产业链培育】　2021年，铜仁市培育中伟新材料、红星锰业、汇成新材料、能矿锰业、百思特等一批锰系新材料企业落地投产，形成以电解金属锰、电解二氧化锰、高纯硫酸锰等锰系中间品产业链，以镍钴锰三元前驱体、锰酸锂、负极材料等电池材料为代表的精深加工产业链。锰产业初步形成较为完整的“锰矿资源开采—电解金属锰、电解二氧化锰等电解锰加工—镍钴锰、锰酸锂、高纯硫酸锰等锰系新材料—废旧电池回收利用”锰产业链发展体系。

【锰矿开采和深加工】　2021年，铜仁市锰矿开采设计年生产规模305万吨，实际年生产规模209万吨，累计开采锰矿资源约3000万吨，占累计查明锰矿石资源储量的4%。以汇成新材料、金瑞新材料、贵州能矿锰业和红星发展为代表的锰精深加工企业生产的电池级高纯硫酸锰产品占全国市场份额的80%以上；中伟新材料生产的镍钴锰三元前驱体全球市场占比25%，2021年出货量蝉联国内行业第一，其生产的四氧化三钴全球市场占比26%，锰酸锂用四氧化三锰市场份额占全国50%。铜仁市锰精深加工产业基本

铜仁市推动锰产业高质量发展，形成较为完整的锰产业发展链，图为武陵锰业公司（市工信委　供图）

建立“以市场为导向、以企业为主体、产学研用相结合”的创新驱动体系。

（市发改委　郑有江　市工信局　杨月明）

【锰渣利用】 2021年，铜仁市围绕锰渣减量化、清洁化、无害化、资源化目标，与国内顶尖机构合作，开展技术可研攻关，探索锰渣资源综合利用，推动企业先行先试。与中科院、中南大学、贵州大学等科研院所合作，通过火法、水法等方式，推进10个锰渣无害化及资源利用项目小试、中试及建设运营。同时，持续向上对接争取，锰渣综合利用纳入财政部和税务总局联合发布的《资源综合利用产品和劳务增值税优惠目录（2022年版）》。

【涉锰企业转型升级】 2021年，铜仁市印发《铜仁市锰产业高质量发展规划（2021—2030年）》《铜仁市新型功能材料产业集群发展规划（2021—2030年）》，引导企业优化工艺，提升生产设备水平，推动企业转型升级。投入技改资金27.18亿元，实施涉锰企业技改项目23个。实现松桃三和锰业、碧江金瑞锰业、武陵冶化、和诚锰业等一批企业转型、升级；完成松桃在产锰矿企业环保治理设施改造，督促电解锰企业安装氨氮处理设施，促进传统锰产业实现绿色发展。通过市场化手段，开展14家电解金属锰企业的产能整合工作。从产业结构看，全市锰产业步入以锰系新材料为核心，电解金属锰及锰系铁合金、锰矿开采等协同发展的新阶段。

【涉锰企业科技创新】 2021年，铜仁市推进创新驱动发展战略，围绕锰系新材料产业实施重点科技攻关、研究开发和技术引进。建成国家级火炬计划铜仁锰产业特色产业基地1个，省级电池用锰材料工程技术研究中心2个，涉锰国家级企业技术中心1个、省级企业技术中心2个等。中伟新材料为提升公司生产效率和产品质量建设实施的产品全生命周期管理系统（PLM）、企业资源管理系统（ERP）与制造执行系统（MES）等实现制造业和大数据深度融合，通过国家级“智能车间”认定。汇成新材料作为起草单位，制定行业标准《蒸汽加热设备节能监测方法》，并联合贵州大学、铜仁学院在电池硫酸锰的产业化技术研究上取得突破，成果获贵州省自然科学科技进步一等奖。

（市发改委　郑有江）

【能耗控制】 2021年，铜仁市涉锰企业使用《国家工业节能技术装备推荐目录》中的技术和设备，落实国家《变压器能效提升计（2021—2023年）》《国家鼓励的工业节水工艺、技术和装备目录（2021年）》，加大高效节能变压器推广。引导高效节能技术装备供应商、节能服务公司等第三方机构，为重点用能单位提供综合能源服务。开展能效“领跑者”遴选工作，完成14户涉锰企

汇成新材料公司开展锰系电池材料研发（市委政研室　供图）

业节能专项监察工作；完成格瑞特、中伟新材料等16户重点用能企业专项节能监察工作；对40户高载能企业实施节能诊断服务。

【红星发展大龙锰业有限责任公司】 贵州红星发展大龙锰业有限责任公司是上市公司贵州红星发展股份有限公司的全资子公司，注册资本2亿元，占地面积75万平方米，有员工1200人。公司主要从事新能源、新材料应用领域的钡锰锂系列产品的研发、生产和经营，主要产品及产能为每年4万吨电解二氧化锰、3万吨动力性电池级高纯硫酸锰、6万吨碳酸钡、2.5万吨硫酸钡、2万吨硫化钠、10万吨硫酸，6000吨电池级碳酸锂。2021年销售收入84760.61万元、税收3408万元，产值8亿元。

【贵州能矿锰业集团有限公司】 贵州能矿锰业集团有限公司是西南能矿集团股份有限公司投资控股的国有企业。公司主要以电解二氧化锰、高纯硫酸锰、电解金属锰等锰精深加工系列产品、新能源材料开发为主，以矿产品、化工产品销售为辅。拥有年产电解二氧化锰1.65万吨、硫酸锰3万吨、电解金属锰3万吨的综合生产能力。2021年，生产电解二氧化锰14144吨，电解金属锰14485.5吨，高纯硫酸锰包装量为8403吨。锰资源循环经济示范项目工业总产值为23149.5万元，工业销售产值为22570.1万元。

（市工信局　杨月明）

能源环保产业

【概况】 2021年，铜仁市能源产业完成规模工业总产值97.7亿元，同比增长7%。电力产出131亿千瓦时（沙沱电站49亿千瓦·时，思林电站44亿千瓦·时），同比降低10%，其中可再生能源电力105.52亿千瓦时（水电101.78亿千瓦·时，风力发电2.21亿千瓦·时，生物质垃圾发电1.44亿千瓦·时，光伏发电0.09亿千瓦·时）。推动风电、光伏发电等可再生能源项目前期工作，两批21个项目总装机178万千瓦获省能源局下达建设指标。

【产业规划】 2021年，铜仁市按照省级规划项目库动态管理规则要求，将拟建风电、光伏发电纳入《贵州省新能源“十四五”发展规划项目库》。配合开展国家抽水蓄能中长期发展规划，争取将思南尖山村抽水蓄能项目、德江县老屋基抽水蓄能项目、沿河自治县思渠抽水蓄能项目纳入规划。

【行业监督管理】 2021年，铜仁市召开全市风电光伏发电项目推进会，向区县发展改革部门及各新能源开发企业传达能源行业管理各项要求，督促开展能源安全等有关工作。联合省能源局到煤矿、天然气长输管道项目建设现场监督检查，指导企业开展安全生产、农民工工资等各项工作。开展电力行业安全检查，确保全市电力运行安全稳定可靠。

【技术改造】 2021年，铜仁市开展全市煤矿产业技术改造工作，石阡大沙坝煤矿、沿河漆树湾煤矿升级改造每年30万吨项目尚在施工。

（市发改委　郑有江）

电子信息制造产业

【概况】 2021年，铜仁市20户电子信息制造业规模以上工业企业完成工业总产值61.89亿元，同比增长49.9%，基本形成以铜仁高新区为主载体，以贵州倍易通科技有限公司为龙头，集聚贵州洲祥光电科技有限公司、贵州骏豐科技有限公司、贵州中仁实业发展有限公司、贵州铜仁旭晶光电科技有限公司、贵州旭业光电有限公司等一批智能终端企业的电子信息制造产业集群，构建形成集手机主板、继电器、手机玻璃盖板、滤光片及其组件、摄像头等元件研发加工生产及功能机、智能机组装生产较为完整的产业链。

铜仁市逐步形成以贵州倍易通科技有限公司为龙头的智能终端电子信息制造产业集群，图为其产品生产线（代旭东　摄影）

【贵州倍易通科技有限公司】 贵州倍易通科技有限公司主营业务为移动通信手机、导航设备、笔记本电脑、游戏机、平板电脑、计算机及配件的研发、生产和销售。与传音控股、美的集团、百度科技、元征科技等上市企业深度合作，生产的智能手机主板及整机、家用电器变频电源、智能音箱、智能穿戴产品、汽车检测仪等在贵州智能终端行业中处于领先地位，其中非洲市场每10台手机中有1台手机由倍易通公司生产。

（市工信局　杨月明）

江口县在推动铜仁市中医药产业发展中先行先试，实现苗药标准化生产（市工信委　供图）

装备制造业

【概况】 铜仁市装备制造主要为船业制造、摩托车组装、农业机械农具、太阳能路灯、金属配件制造。2021年，铜仁市根据先进装备和新能源汽车产业实际，通过加大招商引资和产业培育力度，实施千企改造，促使个转小、小升规后，有规模企业12家，其中新能源汽车企业1户（贵州万仁汽车集团有限公司）。全市装备制造业完成总产值18.3亿元，其中规上企业完成总产值7.3亿元。

【贵州万仁汽车集团有限公司】 贵州万仁汽车集团有限公司位于贵州省铜仁市万山开发区，注册资金1亿元，有汽车生产企业准入资格，主要从事新能源汽车及相关产品的自主研发设计、制造、销售等业务。公司有冲压、焊装、涂装、总装一条龙生产线，具备年产5万辆纯电动汽车生产能力。三款产品（纯电动厢式运输车WR5010X、纯电动多用途货车WR1010、纯电动多用途货车底盘WR1010）获准生产，通过国家CCC认证。

（市工信局　杨月明）

铜仁市装备制造企业——万仁汽车的焊装车间（市工信委　供图）

医药产业

【概况】 2021年，铜仁市有中药材种植面积5.19万公顷，年产量18万吨，产值20亿元。有规模以上健康医药工业企业8户，产值6.5亿元；有规模中药制药企业15户，中药材饮片加工厂5户，GMP认证制药生产企业3户。新增医疗物资生产企业12户，总数13户（口罩生产企业7户，测温仪生产企业1户，防护服生产企业2户，熔喷布生产企业3户），医疗物资行业形成相对完整的产业链。全市无西药制药企业。

【中药饮片加工】 2021年，铜仁市有规模中药制药企业15户，中药材饮片加工厂5户，GMP认证制药生产企业3户。截至12月，同德药业公司年产3000吨中药饮片车间改扩建、泛特尔公司汉方医药铜仁健康产业园建设、松桃御元堂公司中药材种植及中药饮片加工（破壁）

研发与生产加工建设项目即将完工投产。

【医疗器械生产】 2021年，铜仁市有不纳入统调的规模以下医疗物资生产企业13户(口罩生产企业7户、测温仪生产企业1户，防护服生产企业2户，熔喷布生产企业3户)，较2020年新增12户。有订单式生产的规模以上医疗物资生产企业1户。

（市工信局　杨月明）

电力工业

【概况】 2021年，铜仁市发电量为127.04亿千瓦时，比2020年减少12.1%，其中火电发电量28.89亿千瓦时，水电发电量95.94亿千瓦时，比2020年分别减少17.7%和11.4%。累计完成售电量129.22亿千瓦时，同比增长9.58%。供电可靠率99.84%，综合电压合格率提升至99.81%，农网户均容量每户2.63千伏安，均高于国家标准；客户平均停电时间完成值为每户13.73小时，同比降低12.8%。投资6.2亿元巩固提升农村电网，占全年电网投资的79.48%。第三方客户满意度84分，全省排名第一。连续12年未发生一般及以上电力人身、设备及电力安全事故。在贵州电网公司年度考核中连续3年获公司“双A”评价。铜仁供电局获“全国五一劳动奖章”“南方电网公司安全生产先进集体”“贵州省脱贫攻坚先进集体”“贵州省国资委系统先进基层党组织”等省公司及以上集体和个人荣誉98项。

【电网建设】 2021年，铜仁市累计完成电网建设投资7.8亿元。对每个区、县开展电网建设项目可行性研究后，分别编制完成各区县供电局电网建设项目方案。累计投产电网建设项目2363个，计划投产完成率102%。新增10千伏配变1206台、容量12.55万千伏安，新建10千伏及以下线路3245千米。220千伏泉都变获“中国电力优质工程”，4个项目获中国南方电网、贵州电网公司优质工程，1个项目获省公司基建优秀QC小组成果奖。

【供电服务】 2021年，铜仁供电局打造“贵人服务·黔电无忧·武陵之光快易电”电力服务品牌，提升用电体验。分别压减高、低压用户报装环节3个和2个，高、低压用户平均办电时长相比标准时限分别降低48.85%和83%。线上办电率99.2%，基本实现“一次都不跑”。落实国家降价清费政策，累计为用户节约用电成本2.46亿元。开展“电亮先锋·高故障线路整治”行动，故障平均停电时间降幅48%。完成带电作业7059次，同比增长69.73%、多供电量1624.97万千瓦时。配电自动化有效覆盖率较1月提升21%。

【科技创新】 2021年，铜仁供电局探索推行“揭榜挂帅”制度，首批揭榜项目3个，申报并受理国际专利3件、发明专利78件，授权发明专利9件。1项科技成果实现成果转化“零收益”的突破，3项科技成果列入南网公司科技成果推广应用清单，220千伏太平变电站在全省率先完成智能化建设和单轨运行。500千伏碧江变建设成为全省首个态势感知实用化指标提升工程示范站点。推进数字化转型，基于业务策划开发66个应用场景，完成24个建设和运用。

【应急保供电】 2021年，铜仁供电

位于思南县乌江干流上的思林电站(市工信委　供图)

铜仁供电局党员发挥先锋模范作用，在疫情期间完成重点保供电任务（市供电局　供图）

局以保障全市电网安全稳定运行为主线，落实31项电网运行风险防范措施，完成36项重大风险管控。优化“1+18”应急预案体系，组建1支28人的民兵应急保供电抢修队伍。提前开展气象联动和应急准备，发布应急预警123次，启动响应45次，在石阡“5·10”“5·15”暴雨，“12·26”雪凝等多起自然灾害中，未发生因受灾停电引发的社会风险事件。完成中国共产党成立100周年、省“旅游两会”、中考、高考、铜仁中心城区全员核酸检测等211项重点保供电任务。

【石阡国荣（泉都）220千伏变电站工程获多项奖项】 石阡国荣（泉都）220千伏变电站工程占地面积3.33公顷，工程采用节能低碳技术、“建筑业十项新技术”及“电力建设五新技术”，降低变电站施工过程中及投运后生产过程中的能耗，减少施工及运行成本。工程投运后，石阡电网与铜仁主电网的电气连接得到加强，区域网架结构得到改善，全市供电能力和抗灾能力得到增强，乌江下游的思林电站、沙沱电站上网输送问题得到解决。工程获2020年度贵州电力行业基建优质工程，2021年中国南方电网公司优质工程，先后获省部级科技进步奖3项，省部级QC成果奖3项，省部级优秀设计奖1项，发明专利1项，实用新型专利5项，编制国家、行业标准3项。

（市供电局　任廷茂）

建材工业

【概况】 2021年，铜仁市有新型建材产业规上企业131户。其中水泥制造企业10户，水泥制品及混凝土企业57户，石材企业6户，砂石骨料企业12户，其他企业67户。受到房地产行业低迷和水泥企业错峰生产影响，新型建材企业工业产值同比增长-11.5%，完成115.75亿元，占十大工业产业总产值的16.5%。

【水泥产业】 2021年，铜仁市有水泥制造企业10户，水泥制品及混凝土企业57户。水泥制造企业有熟料生产线9条，熟料产能1014万吨；有水泥磨机18台，水泥产能1360万吨。其中，铜仁东部海螺水泥、西南水泥、科特林水泥、高力水泥、江口梵净山水泥5家企业熟料产能540万吨，水泥产能670万吨，西边印江金顶水泥、思南西南水泥、德江资兆水泥、沿河西南水泥、石阡佛顶山水泥5家企业熟料产能474万吨，水泥产能690万吨。海螺盘江水泥、西南水泥、佛顶山水泥等为市培育重点水泥企业。

铜仁海螺盘江水泥有限责任公司（市工信委　供图）

【铜仁海螺盘江水泥有限责任公司】 铜仁海螺盘江水泥有限责任公司是铜仁市、碧江区2011年重点招商引资企业，占地面积32.8公顷，总投资18亿元，年产440万吨水泥。投产以来，累计实现工业总产值57.1亿元，各类税收6.69亿，协同处置铜仁市城市生活垃圾59.89万吨。直接解决就业400余人，通过原材料供给、货物运输、建筑制品、金融业等上下游产业带动，间接解决近2000人就业。

（市工信局　杨月明）

建筑业

【概况】 2021年，铜仁市新增入统建筑业企业36家，累计有146家，完成建筑总产值153.74亿元，增速4.3%。新增施工总承包三级企业48家，专业承包企业26家，施工劳务159家。截至12月，有施工总承包272家（一级5家、二级85家、三级182家）、施工劳务不分等级380家，专业承包135家。

（市住建局　兰　建）

【勘察设计】 2021年，铜仁市勘察设计企业登记在册58家。新增建筑设计行业甲级资质企业1家，为铜仁市城乡规划勘测设计研究院有限公司，截至12月，有甲级资质设计企业2家。全市勘察设计企业在“2021年度贵州省优秀工程勘察设计奖（二级）”铜仁市第九届、黔东南州第六届评选中，获得一等奖2项、二等奖3项、三等奖8项。

表22　2021年铜仁市勘察设计甲级资质单位一览表

序号	单位名称	资质类型
1	铜仁市城乡规划勘测设计研究院有限公司	建筑行业（建筑工程）甲级A152006512
2	智诚建科设计有限公司	建筑行业（建筑工程）甲级A152007610

【建筑业审批管理】 2021年，铜仁市印发《铜仁市工程建设项目审批事项清单及流程图（2.0版）》，建筑业审批事项由84项压缩到68项，涉及189家各级工程建设项目审批部门（含住建、发改、自然资源、林业、气象等17家行业系统主管审批部门）。在工改系统受理工程建设项目1015个，办理建筑许可各类行政审批事项办件1630件。对建筑施工企业“三类人员”（建筑企业主要负责人、项目负责人、专职安全生产管理人员）开展安全培训10期，培训2038人。开展建筑施工特种作业人员培训3期，培训1831人。获评“铜仁市建筑安全文明施工样板工地”12个，“铜仁市梵净山杯优质结构工程”9个，“贵州省建筑安全文明施工样板工地”8个，“贵州省建筑工程优质质量结构工程”6个。贵州建工梵净山建筑工程有限公司获市政公用工程壹级总承包资质，实现市政公用工程壹级资质“零的突破”，成为建筑、市政双壹级资质企业。贵州建工兴印建筑工程有限公司、贵州建工泉城建筑工程有限公司、贵州东方巨龙建设工程有限责任公司获得建筑工程施工总承包一级资质，全市一级资质企业由2家增加至5家。

【建筑市场监督管理】 2021年，铜仁市新增入统建筑业企业36家，累计有146家；完成建筑业产值153.74亿元，同比增速4.3%，全省排名第八位。铜仁建丰工程监理建设有限公司、贵州瑞来项目咨询管理有限公司监理乙级资质升级甲级资质。开展建筑市场监督检查工作4次，检查在建项目78个，检查发现问题372个，均整改完毕。

【工程造价管理】 2021年，铜仁市发布造价信息刊物10期，向造价协会会员单位及相关单位发放造价信息1300余份。开展建设工程消防验收和备案抽查项目14个，建筑面积997327.74平方米，出具特殊建设工程消防验收合格意见书12份，出具其他建设工程消防验收备案凭证2份。建立工程质量终身信息档案46份，完成项目竣工验收备案46份。

【新型墙体材料评审认定】 2021年，铜仁市新增新型墙体材料认定企业1家，延期新型墙体材料认定企业1家，累计有取得新型墙体材料认定证书且认定证书在有效期内新型墙体材料生产企业9家。

商贸服务业

商贸流通

【商贸运行】 2021年，铜仁市社会消费品零售总额完成772.9亿元，排全省第四位，同比增长14.1%，增速排名全省第五位；完成网络零售额17.88亿元，排全省第五，增速28.87%，增速排全省第四位；完成农产品网络零售额6.19亿元，排全省第三位，增速50.77%，增速排全省第六位。

【重点商业项目建设】 2021年，铜仁市完成碧江区农产品冷链物流中心、万山苏高新农产品供应链示范基地（二期）、铜仁市西部冷链物流中心（印江）、德江煎茶冷链物流园、石阡冷链物流园5个项目主体建设。推动电商示范县项目，江口县获国家级电子商务示范县（第二批），并获项目资金1000万元。实施云仓供应链体系建设项目，市级云仓枢纽仓（位于万山区电商生态城）投入运营，日均发货量2000单，实现发货首重（3千克）物流成本2.5元；完成玉屏自治县、石阡县、思南县、沿河自治县4个县级云仓节点仓供应链体系项目建设并投入运营。

【消费促进】 2021年，铜仁市申报限上商贸单位95户，入库69户，有在库限上商贸单位总数478户。新增外贸备案企业22家，外资企业5家。推动覆盖区县的10个核心商圈和10条夜间经济示范街区建成投入运营，7个大型城市综合体（专业市场、商超）实现运营5家。开展汽车、家居家电、建材等128场次较大型（现场交易额100万元以上）促销活动，实现交易额9.68亿元。推选的“扬帆追梦”等3道菜品参与省“生态黔菜”评比。

【铜仁老字号】 2021年，铜仁市有12家企业相关品牌被认定为“贵州老字号”，暂无“中华老字号”。从行业分布看铜仁市“贵州老字号”主要为食品加工类10家，其他工艺品类2家。从分布看，万山区1家，玉屏自治县1家，石阡县4家，印江自治县2家，思南县3家，德江县1家，分别为万山区的铜仁万山净山酒业有限公司生产的“梵净山”，玉屏县的玉屏箫笛厂，石阡县的石阡和记绿色食品开发有限公司佛顶山和记、石阡县独特风味食品有限公司邹姐牌、石阡县夷州贡茶有限责任公司华贯、石阡爽珍食品有限公司，印江自治县梵净山旅游产品开发有限公司（印江纸伞）、贵州省印江梵净山鼎牛食品有限公司（鼎牛牌），思南县的思南县金氏绿色食品有限公司、贵州古香园酿造调味品有限公司（黔味源）、思南贵州五峰集团有限公司乌江牌白酒，德江县的贵州颐年春酒业股份有限公司。

【批发零售业】 2021年，铜仁市批发业完成销售额206.7亿元，同比增长9.5%；零售业完成销售额628.3亿元，同比增长15.1%。限额以上批发业商品购进额702858.2万元，商品销售额1020102.2万元（批发额960713.2万元、零售额59389万元），期末企业数70家，从业人数2772人，其中从事食品、饮料及烟草制品批发人员占从业人员的70%；限额以上零售业商品购进额1226212.9万元，进口12348.6万元，商品销售额1514649.9万元（批发额58217.4万元、零售额1456432.5万元），期末企业数272家，从业人数8887人，主要从业人员分布在超级市场零售以及汽车、摩托车、零配件和燃料以及其他动力销售。

（市商务局　杨天明）

【汽车维修市场与汽车租赁市场监管】 2021年，市交通局指导140家维修企业建立汽车电子健康档案系统。截至12月，有137家维修企业建立系统，占比97.9%。指导维修企业对接汽车电子健康档案，完成对接企业一类34家（完成率100%）、二类104家（完成率78.79%）、三类27家（完成率17.45%，2022年11月开始推进）。维修量4105辆。

（市交通局　熊梓涵）

粮食购销

【概况】 2021年，铜仁市完成粮食储备规模任务。市县两级完成省下达铜仁市的储备粮7.6万吨，落实省下达铜仁市食用菜籽油储备0.7万吨，下达各区县小包装成品粮任务0.26万吨。

【粮食储备设施建设】 2021年，铜仁市建成符合安全储粮要求的现代平房仓总仓容23万吨、油罐总仓容2.3万吨。推动粮油应急加工能力提升，有县级粮食应急加工企业23家，地方粮食应急供应网点224家，地方粮食应急配送中心14家。主要粮油加工企业日加工粮食（稻谷）能力1470吨，日加工食用油能力370吨。

【粮食库存清查】 2021年，铜仁市印发《铜仁市粮食和物资储备系统政策性粮食库存专项检查方案》，完成对政策性粮食库存数量、质量情况、储备粮管理及轮换情况进行检查。全市有政策性粮食承储企业12家，下达市、县级储备（籼稻）规模7.6万吨，其中，县级4.7万吨，市级2.9万吨，储存的市、县储备粮库存实物与账实数量相符，做到“一符、三专、四落实”，粮情稳定、储藏安全。

【粮食安全管理】 2021年，铜仁市落实"管行业必须管安全"的工作要求，针对物资储备系统安全生产专项检查2次；开展重点时节"两节""两会"及中秋、国庆期间安全生产工作监督检查；按照气候节气，重点抓好防汛、防火、低温雨雪凝冻等极端天气下的安全生产工作；开展安全生产大排查大整治大演练工作。检查排查问题隐患23项，完成整改23项，整改率100%。对应急企业、放心粮油配送中心、放心粮油经营店开展随机专项食品安全检测，抽样单位14家，抽取22个批次样品检测全部符合国家标准要求。

【储备粮食质量监测】 2021年，铜仁市印发《铜仁市市级储备粮重金属超标粮食治理工作意见》《铜仁市进口粮食安全联防联控工作方案》，成立市级粮食质量安全监管工作专班，对政策性粮食库存数量、质量、储存安全和轮换情况等进行排查，防止超标粮食进入政策性库存。组织市粮油质检站完成对市级粮油19个批次的抽样检测，监督指导区县28批次的抽样检测。完成市级新收获粮食质量监测和采样样品120份。

（市发改委　郑有江）

【储备粮油轮换】 2021年，铜仁市按照储存粮食不得超过3年、食用油不得超过2年的要求，下达市、区（县）地方储备粮食轮换计划24722.93吨、食用油储备轮换计划1200吨。轮出地方储备粮食20862.82吨、食用油储备1200吨，轮入地方储备粮食13682.09吨、食用油储备1200吨。

（市发展改革委　郑有江）

【粮食市场检查】 2021年，市市场监管局印发《铜仁市市场监管局关于做好粮食购销领域专项治理市场监管工作方案》，对449家食品生产企业实行风险等级评定全覆盖监管，围绕粉丝、粉条、面制品、婴幼儿谷类等民生辅助食品问题和滥用食品添加剂情况开展系列整治工作。开展大米生产企业质量安全专项调查和监管，抽检大米793批次，合格率99.6%，完成大米抽检不合格核查处置相关工作。与发改部门共同建立《关于以政策性粮食生产加工食品的原料进货查验制度和以政策性粮食生产加工食品安全问题处置制度》等2个专项制度，会同纪检监察、发改等部门建立联合执法机制，立案查处市场监管领域涉粮违法案件21件。

（市市场监管局　林公达）

供销合作

【概况】 2021年，铜仁市完成销售总额83.79亿元，同比增长10%；农产品购进34.38亿元，同比增幅25%；农产品市场成交额27.53亿元，同比增长32%；电子商务销售额16.54亿元，同比增长28%；连锁销售额14.97亿元；售给农民的生产资料8.77亿元，同比增长6%；化肥供应量22.16万吨，与2020年同期持平。利润总额1.32亿元，完成任务的240%；完成资产总额20.34亿元，完成任务的102.21%；累计所有者权益9.62亿元，完成任务的129.75%。

【供销综合改革】 2021年，铜仁市印发《铜仁市供销合作社联社社有资产监督管理办法》《铜仁市供销合作社联社直属企业薪酬管理办法（试行）》，成立有资产管理委员会，推动社有企业全面建立现代企业制度。按照"关停一批、改造一批、培育一批"原则，清理整顿15家社有企业，关停4家、改造培育7家，推动社有企业抱团发展、骨干企业快速发展。采取资产证券化，按照共同出资、共创品牌、共享利益等方式运营，与小农户建立紧密的产业与利益联结，带动小农户分享产业发展大收益，直属企业市土产公司含税销售7873万元，不含税销售6967万元，同比增长6.77%。6月22—23日召开全市供销社系统第一次代表大会。各区（县）供销社连续召开社员代表大会并首次设立监事会，机构及人员全部配备到位，全面建立以联合社机关为主导的行业指导体系和以社有企业为支撑的经营服务体系。

【恢复重建基层社】 2021年，铜仁市培育龙头企业、合作社、家庭农场等新型经营主体，提高农产品加工转化率，因地制宜发展设施农业，推动农村第一、第二、第三产业融合发展，新培育碧江区川硐镇供销社等三位一体基层供销社5个，提质增效万山下溪乡供销社三社合一示范社6个，新建玉屏郭家湾村供销社等标杆社6个，新成立松桃盘石芭茅村供销社等村级供销社11个，改造升级松桃自治县长兴镇供销社等薄弱基层社10个，发展基层社员13182人，上报第一批基层组织建设奖补项目25个516万元，获批纳入奖补项目库项目11个135.4万元，基层供销网络和活力逐步恢复。

【产销对接】 2021年，铜仁市围绕"东部企业+贵州资源""东部市场+贵州产品"等模式，重点依托"扶贫832"、一码贵州、供销E家等电商平台，搭建起全系统农产品线上展销平台，整理收集茶、米、油、菌等11大类223个农副产品，指导108家农产品供应商进驻832平台

6月，市供销合作社联社召开第一次代表大会（市供销社　供图）

（贫困地区网络销售平台），上架商品430余种，完成销售总额83.79亿元、农产品市场交易额27.53亿元、连锁销售额14.97亿元、电商销售额16.54亿元。与东莞供销社及其直属企业东莞供销集团司签订产销对接合作协议，助推大米、茶叶、菇菌、山茶油等农特产品进驻东莞供销商场及门店，销售920余万元；举办农特产品展示展销活动11场、到东莞设立专馆5个，实现"黔货入莞"销售收入340余万元。主办、协办和参与中国农民丰收节活动10场，开展节日营销、产销对接等活动32场次，销售额800余万元。

【再生资源回收】 2021年，铜仁市重构供销合作社农村再生资源回收网点，形成"村级回收+乡镇转运+县域分拣加工+再生资源综合利用"的具有供销合作社特色的再生资源回收利用体系，开展废旧地膜回收加工，提高利用率，减少环境污染，推动农资、再生资源企业创新发展。供销社系统累计回收废旧物资90余吨，其中废旧金属67吨，废旧纸类20.8吨，废旧塑料8吨，废旧农膜0.2吨。

【化肥使用量"零增长"行动】 2021年，铜仁市供销社系统实施化肥使用量"零增长"行动，在系统内开展化肥、农药"减量增效"工作，通过落实有机肥替代化肥、病虫害绿色防控及推广低毒高效农药等措施，实现有机肥销售4.28万吨，同比增长12%，全系统化肥销售22.16万吨，同比下降2%（尿素销售4.09万吨，同比下降27%，磷肥销售3.6万吨，同比下降21%），取得有机肥等新型肥料使用量逐步提高，传统肥料使用量下降的效果，完成省委副书记蓝绍敏和市委书记陈昌旭关于化肥农药双降工作批示要求。

（市供销社　聂　毅）

专项营销

【烟草专卖】 2021年，铜仁市烟草行业实现主营业务收入50.82亿元，实现税利12.85亿元。销售卷烟125522箱，同比增长1.46%，增幅创"十三五"以来同期新高。推动"352"零售终端体系，建成现代终端2951个，黔彩合作终端270个，其中农网黔彩合作终端10个。精准识别建档立卡困难客户，启用困难零售客户特征标签，开展一对一结对帮扶活动200余次，对242户困难零售户进行卷烟货源帮扶，向困难客户赠送柜台184个。系统构建"1466"体系业务流程、运行规范、营销数据、基础管理标准，推动卷烟营销标准化管理。持续开展"准时制"配送工作，送货准时率93%。

（市烟草局　戴明宏）

【食盐营销】 2021年，贵盐集团铜仁公司保障食盐安全供应，实行食盐定点生产企业采购，建立购销记录制度，加强源头管控，率先启动食盐追溯系统扫码工作，实现食盐销售电子信息化，确保每袋食盐来源可追溯和流向可查询，防止非食用盐流入食盐市场，供应食用盐14272吨。强化食盐储备，落实食盐政府储备相关制度规定及要求，确保铜仁市省级食盐储备库常年保持3300吨以上的食盐储备量。同时加强对储备食盐的管理，实行专库贮存，并定时进行轮储。完善应急处置机制。在雪凝灾害、疫情防控等突发事件和非常时期，发挥贵盐集团的主渠道作用，制定食盐及融雪用盐等其他盐品供应应急预案，采取各种措施保障供应，维护市场稳定。强化食盐科学加碘、消除碘缺乏危害宣传。配合卫生疾控部门采取多种形式开展碘缺乏病防治宣传活动，为老百姓讲解碘盐的正确使用和存储常识。

（贵盐集团铜仁公司 龙 毅）

邮 政

【概况】 2021 年，铜仁市邮政业务总量完成 5.68 亿元，同比增长 23.7%，增速全省排名第六，业务总量占全省邮政业比重保持在 6.47%。有邮政、顺丰、圆通等主要品牌企业 12 个，快递网点 622 个，快递法人企业 59 个，市县运输车辆 1580 辆。144 个乡镇实现快递网点覆盖率 100%，2668 个行政村实现直接通邮 100%。邮政快递业提供就业岗位 3282 个。2021 年，铜仁市邮政分公司累计完成业务收入 3.42 亿元，比 2020 年同期增长 8.89%，各类业务项目均完成年初制定的收入目标。投入资金 13 万元，实施惠农合作项目，自营农产品销售额 443.1 万元，推进三级物流体系建设，助力“乡村振兴”；绿色邮政、风险防控等各项工作均取得新进展。

【邮政普遍服务】 2021 年，铜仁市有邮政普遍服务营业局所 191 个，全部为电子化支局，其中一级网点 65 个，二级网点 66 个，三级网点 60 个。开办国际及港澳台业务的营业网点 11 个，各区县分公司均设置由 1 个指定网点收寄国际及港澳台邮件。191 个普服网点平均服务 2.32 万人，平均服务半径 3 平方千米，营业时长达标率 100%，四项业务开办率 100%、乡镇网点覆盖率 100%。开行干线邮路 3 条，日均运行 1148 千米；报刊专线邮路 2 条，日均运行 312 千米；市内转趟邮路 32 条（进口 18 条，出口 14 条），日均运行 414 千米。新增村级邮乐购站点 48 个，累计建设运营村级邮乐购站点 261 个。

【邮政寄递业务】 2021 年，铜仁市邮政寄递服务业务量完成 3952.39 万件，同比增长 0.39%；邮政寄递服务业务收入完成 0.36 亿元，同比下降 4.47%。快递业寄递业务量完成 1735.29 万件，同比增长 50.68%；业务收入完成 3.16 亿元，同比增长 39.87%。其中，同城寄递业务量完成 511.28 万件，同比增长 101.59%；异地寄递业务量完成 1223.95 万件，同比增长 36.3%；国际及港澳台业务量完成 600 件。

【报刊订阅】 2021 年，铜仁市订阅报刊 3449.22 万份，其中，报纸 3303.79 万份，杂志 145.43 万份。搭建党报党刊服务平台，覆盖 10 个区县、2668 个建制村。

【邮票发行】 2021 年，铜仁市有纪特邮票零售网点 11 个，其中设在县及县以下的邮票零售网点 9 个。发行销售纪特邮票 29 套，其中重点纪特邮票两套，分别是生肖邮票《辛丑年》和《中国共产党成立一百周年》。邮政企业完成发行服务工作，各邮票零售网点没有违规销售和损害消费者权益的现象。

【民营快递行业管理】 2021 年，铜仁市有 10 个民营快递品牌，其中独立法人 60 个，分支机构 66 个，末端网点 550 个。快递从业人数 2561 人。快递服务企业业务量累计完成 1735.29 万件，同比增长 50.68%，增速全省排名第二；业务收入累计完成 3.16 亿元，同比增长 39.87%，增速全省排名第三。开展快递服务现代农业“一地一品”建设工作。以“快递 + 农产品”为重点，联系中通、顺丰、圆通等企业，关注项目运行情况。铜仁中通、顺丰、圆通、韵达等快递企业累计配送 270.3 万件，实现收入 1306.4 万元，产值 6231.6 万元。实施“双随机、一公开”，开展随机检查，公开监督检查结果。实施日常执法检查“双随机”制度，落实《邮政管理部门双随机抽查工作细则》《随机抽查事项清单》。开展“双随机、一公开”检查 24 次，下达责令改正通知书 11 份，行政约谈 3 家企业。市邮政管理局、市总工会、共青团铜仁市委和铜仁学院联合开展“暖蜂行动”活动，在铜仁圆通快递分拨中心对“快递小哥”进行慰问，赠送大米、食用油等 50 份生活品。拟定《关于关爱“快递小哥”，解决其合理诉求的建议》，就“快递小哥”面临的问题提出相关建议并提交团市委，争取向市人大代表、政协委员反馈情况；对接市总工会，于 3 月 3 日联合发关于转发《贵州省总工会 贵州省邮政管理局关于印发快递从业人员关爱行动方案的通知》的通知，发挥工会与邮管部门的组织优势，关爱广大快递从业人员。4 月，召开铜仁市邮政快递业关爱快递小哥工作推进会，听取寄递企业关于末端派费降低，“快递小哥”面临困难的反馈，引导寄递企业与总部企业沟通、反映诉求，并要求各寄递企业杜绝不正当价格竞争，避免损害一线快递员合法权益。以座谈会等形式持续鼓励辖区内快递企业直接用工，提升自有员工比例，并依法签订劳动合同及缴纳社会保险。对于灵活用工企业，持续督导其为快递员优先参加工伤保险，并不断推动企业为快递员购买人身意外保险。截至 12 月，企业为 1255 名快递员购买人身意外保险。

【快递末端投递服务】 2021 年，全

国主要品牌快递企业在铜仁市、县、乡网点覆盖率100%，市、县、乡（镇）三级快递服务网络基本形成，并逐步向农村渗透延伸。加强快递末端网点建设，“快递＋便利店”服务模式渐渐形成，为144个移民安置区提供快递服务，快递收投服务群众基本做到方便快捷，智能快件箱安装127组16203个格口，基本满足高校、大型住宅小区对快递服务的需求。

（中国邮政铜仁分公司　唐　玲）

【邮政市场管理】 2021年，中国邮政铜仁分公司组织寄递企业开展“双品购物节”活动，促进铜货出山，助力脱贫攻坚和服务乡村振兴；开展快递服务现代农业“一市一品”“一县一品”建设工作，推进快递服务现代农业工程；推进实施邮政业生态环保，阶段性完成邮政业“2582”工程各项指标任务。主要邮政、快递企业实现“瘦身胶带”封装比例100%，实现行业可循环快递箱（盒）使用量500个，电商快件不再二次包装率92%，新增邮政快递网点设置标准化包装废弃物回收装置50个；邮政快递有新能源汽车24辆，电动三轮车1081辆；开展“快电合作”“快快合作”；完成民生实事，启动快递进村工程，实施放心消费工程，加快快递包装治理，提高从业人员素质，加强快递员（投递员）权益保护。完成市场准入工作，建制村快递服务通达率97.6%；加快快递末端公共服务站建设，持续推进快递进校园工程、快递网点标准化工作；持续开展许可年度报告、许可延续换证、分支机构、末端网点变更审核等工作。开展行业安全监管工作，督促企业落实“收寄验视、实名收寄、过机安检”三项制度，落实企业法定代表人、实控人第一责任人和全员安全生产责任制，健全安全管理机构和安全员队伍；突出安全培训，提高企业合规意识，克服新冠肺炎疫情影响，先后7次以集中培训、送法进企等形式对全市邮政、快递企业开展行业安全与服务保障工作培训和安全生产专项整治三年行动部署；开展平安建设、重大风险防范、安全生产专项整治三年行动、消防安全大起底大排查大整治、危化品安全专项整治三年行动、涉枪涉爆等工作，检查快递网点69个，出动检查138人次，持续防范化解行业安全风险；开展源头治理，督促企业执行三项制度，落实主体责任，开展实名收寄专项整治行动，解决寄件人、实名登记人信息不一致问题，实名收寄率99%以上；提升事中事后监管水平，实施“双随机、一公开”，开展随机检查24次并公开监督检查结果；及时处理消费者申诉，按照《邮政业消费者申诉管理办法》要求，在规定时间内处理完毕，接到申诉238个，满意办结185个，满意办结率77.73%。

物流业

【概况】 2021年，铜仁市有新增物流市场主体220户（个体工商户25户，企业195户）。截至12月，有物流市场主体1452户（个体工商户233户，企业1219户），其中A级物流企业5家，分别为鹏程物流、黔东物流、大龙宝鼎、友邦物流（石油运输）、铜仁东陆港集团有限公司。

（市商务局　杨天明　市市场监管局　林公达）

【网络货运】 2021年，铜仁网络货运数字产业园签约物流企业355家，完成牌照办理254家，接入车辆33.94万辆，接入司机35.85万人。产业园落地产值128.43亿元，其中网络货运企业运费收入72.98亿元，司机运费收入55.45亿元。实现营业收入118.38亿元，其中网络货运企业运费收入66.79亿元，司机运费收入51.59亿元。

【贵州梵运网络科技有限公司】 贵州梵运网络科技有限公司由铜仁市国有资产监督管理局与快货运共同投资，为入驻网络货运数字产业园区企业提供公司注册、网络货运资质申请、系统建设、平台运营、税务咨询、业务培训以及基于大数据的保险、供应链金融、油气轮胎汽配集采、新能源货车和智能化货车等平台经营增值服务的“一站式”综合服务，注册资金2000万元，在职员工54人。截至2021年年末，共签约物流企业355家，累计获得网络货运资质企业215家，落地产值128亿元。

（市大数据局　陈　丹　万嘉华　杨胜民）

商务和居民服务业

【律师服务】 2021年，铜仁市有53家律师事务所，其中国资所7家，个人所31家，合伙所15家（含分所5家）。有律师586名，其中专职律师376名，兼职律师18名，公职律师155名，法律援助律师19名，公司律师18名。专职律师党员94名，占专职律师的25%。律师办理各类案件11036件。其中刑事案件1377件，民事案件8758件，行政案件290件，非诉等其他法律事务506件，仲裁案件105件。咨询与代写法律文书16116件，担任企事业法律顾问864家，代理法律援助案件2037件。法律服务业务收费10316.37万元。被省律师行业党委授予优秀党组织1个，优秀党员3名，优秀党务工作者2名。受司法部表彰全国优秀律师事务所1家。开展进校园、进社区、进贫困村、进易地搬迁点、进民营企业开展法制讲座、法治宣传、法治体检、纠纷调解、解答疫情防控法律咨询、捐资助学等各类活动2200余次。为各类公益事业捐款20万余元。律师担任法律顾问864家，免费担任村(居)法律顾问2605个。

【公证服务】 2021年，铜仁市开展公证行业突出问题专项治理，查出需要整改问题24个，有瑕疵的公证案件94件。办理公证3922件，外出调查核实证据361次，为当事人提供延时服务170次，代写法律文书570余份。

【司法鉴定服务】 2021年，铜仁市开展司法鉴定行业突出问题专项治理，查出需要整改问题9个，有瑕疵的鉴定案件95件。开展司法鉴定执业监督，查处司法鉴定投诉3件。受理司法鉴定案件2108件。

（市司法局　姚　超）

【住宿业】 2021年，铜仁市住宿业市场主体新增394户，注销281户，共有4334户。有限额以上住宿业法人企业数53个(旅游饭店25个、一般旅馆20个、民宿3个、其他住宿业5个)，有客房数7070间，床位11442个，期末从业人员2636人，有三星级及以上酒店18家，其中五星级酒店2家，四星级酒店9家。限额以上住宿业营业额收入59717.7万元，客房收入38530.1万元(含通过公共网络实现的客房收入4827.9万元)。

（市市场监管局　林公达）

【餐饮业】 2021年，铜仁市餐饮业营业额实现109.2亿元，同比增长31.8%。有限额以上餐饮业法人企业52个(正餐服务企业48个，快餐服务企业1个，餐饮配送及外卖配送服务企业1个，其他餐饮业2个)，有餐位数42998个，有餐饮营业面积15.08万平方米，有从业人员2637人。限额以上餐饮业营业额59912.9万元(正餐服务营业额54345.2万元，快餐服务营业额421.3万元，餐饮配送服务营业额4109.2万元)，餐费收入52341.1万元(正餐服务餐费收入47331.9万元，餐饮配送收入3658.6万元)。

（市商务局　杨天明）

【职业介绍服务】 2021年，铜仁市建立“铜仁就业24小时在线服务平台”，为群众提供24小时就业服务咨询12651人次。开展线上“直播带岗”，线下“就业直通车”等系列活动，市内外986家企业在线发布招聘信息，提供岗位3万余个，收到个人求职简历1.86万份。开展“春风行动”“就业援助月”“民营企业招聘周”等专场招聘会319场次，参加招聘企业3686家，提供就业岗位43.41万个，达成意向性就业1.71万人。创新开发“铜仁就业24小时在线服务平台”，实现全天候不间断在线就业服务。

（市人社局　张森鑫）

【检验检测服务】 2021年，铜仁市推进机动车登记查验和驾驶人考试集中整治，协调交通运输、市场监督部门到驾驶人考场、机动车检测站、机动车登记服务站开展联合检查20次，检查发现问题6起，全部完成整改。加大对异常业务分析研判，根据数据分析和明察暗访发现违规社会化机构9家，按规定对3家机动车检测站暂停受理机动车安全技术检验报告单业务，暂停使用6家机动车驾驶人考场。完成食品检验检测工作1351批次，药品省级监督检验646批次，化肥、水泥、钢筋混凝土排水管、砖、混凝土砌块等监督抽检任务315批次，计量器具检定、校准与测试14434台件。新建15项计量标准(包括温度、测力、交通行业、化学计量等)JJF1069扩项授权考核的网上申报及后续工作，均获计量授权证书。

（市市场监管局　林公达）

【科技服务业】 2021年，市科技局研究制定《铜仁市科技服务业营业收入和劳动工资培育帮扶运行分析调度工作方案》，指导各区县培育科技服务业，组织行业企业申报高新技术企业1家，享受落实研发费用加计扣除经费150万元，支持市级科研项目2项，宣传科技创新等优惠政策20余次，助力城乡规划公司取得建筑行业(建筑工程)设计甲级资质(全市唯一一家)。实现科技服务业营业收入15796.8万元，同比增长6.6%，增速全省排名第五；科技服务业实现劳动工资4903.3万元，同比增长20.38%，增速全省排名第五。

（市科技局　罗　凯）

【会计事务服务】 2021年，市财政局贯彻《中华人民共和国预算法》《中华人民共和国会计法》等财经法律法规，开展会计业务的宣传、解答工作，加强会计代理记账机构的监督管理，完成年度全国注册会计师、会计专业技术中级资格考试的报名考务工作，2021年度全市会计专业技术初级资格考试报名5342人，高级资格考试报名12人。配合完成2021年度会计专业技术初、中、高级资格考试考务工作，初级资格考试报名5342人，实考3077人，合格566人；中级资格考试报名1519人，实考1472人，合格111人；高级资格考试报名12人，实考8人，合格3人。

（市财政局　汤　锐）

【家政服务】 2021年，铜仁市有正常营业并具备一定规模的家政服务企业70余家，带动各类直接就业人员5000余人。家政服务公司大致分为在工商部门用过正规注册的家政服务公司；以房屋装修、保安服务等其他业务为主，家政服务为辅的不正规企业；未到工商部门注册，以家庭为单位，靠电话或熟人介绍等方式联系业务3类。家政从业人员以赋闲在家的农村妇女为主，30岁以下从业人员占11%，30～39岁的占20%，40～49岁的占48%，50～59岁的占20%，60岁及以上的占1%。从文化程度来看，大专及以上从业人员占7%，高中文化占15%，初中及以下文化占78%。市商务局印发《关于印发〈铜仁市家政服务信用体系建设实施方案〉的通知》《关于印发〈铜仁市促进家政服务业提质扩容重点任务清单〉的通知》，建立并落实《铜仁市促进家政服务业提质扩容联席会议制度》，完成家政服务业发展调度。完成11个家政企业，232名家政从业人员信息录入工作。通过项目建设，指导企业按照省商务厅《家政服务体系建设项目验收标准》及相关要求，配备电脑、打印机、传真机、电话等基本的办公设备，部分企业建成自己的网络平台，通过QQ、微信等方式发布、管理公司业务运作情况，对接客户需求。通过统一设置公司形象标识、字号，统一服务标准、经营模式及管理制度，规范服务流程和收费标准。沿河土家族自治县黔灵女家政服务有限责任公司和贵州起跑线母婴健康管理有限公司被省发展改革委、省商务厅认定为省级示范家政企业。

（市商务局　杨天明　邓化桥）

【养老服务】 2021年，铜仁市放开养老服务市场，支持养老机构规模化、连锁化、品牌化发展。开展健康养老产业招商引资工作，养老产业招商引资到位资金2.4亿元，引进华睿养老、恒康药老和贵州自吾医学科技有限公司对8家养老机构实行公建民营。截至12月，有公建民营农村敬老院13家，公建民营老年公寓养护楼4家，民办养老机构15家，民办养老机构床位数1611张。

（市民政局　冯小亚）

金融业

综　述

【概况】2021年，铜仁市银行业保险业主要监管指标处于合理区间，银行业资产负债平稳增长，信贷投放力度加大，不良贷款指标双降，保险业保费收入保持平稳。截至12月，全市银行业资产总额2375.76亿元，同比增加310.78亿元，增长15.05%；各项贷款余额2061.27亿元，同比增加321.04亿元，增长18.45%，增速居全省第一；各项存款余额1540.56亿元，增长6.84%，增速居全省第一；银行业不良贷款余额28.87亿元，同比下降10.23%；不良贷款率1.4%，同比下降0.45%。法人银行机构资本充足率13.28%，同比上升0.96%，拨备覆盖率199.2%，同比上升27.39%，流动性比例符合监管要求。保险业保费收入38.44亿元，规模居全省第四，同比增长0.93%，增速居全省第二；赔付支出16.17亿元，同比增长9.01%，提供风险保障4.38万亿元。全市有银行保险机构47家，营业网点合计614个，其中银行机构27家，营业网点486个；保险机构20家，营业网点128个。全市金融机构各项存款余额1540.56亿元，同比增长6.84%，排名全省第四位；贷款余额2061.27亿元，同比增长18.45%，排名全省第一位。

（中国银保监委铜仁监管局　邹小宝　市金融和国资中心　龙文杰）

【支持地方经济发展】2021年，铜仁市银行业支持"三大战略四化"融资余额930.43亿元；制造业贷款余额51.22亿元，同比增长36.22%，高于各项贷款增速17.77%；向新型工业化项目授信98.62亿元，贷款余额45.74亿元。保持小微企业金融服务"增量、扩面、提质、降本"态势。统筹制订小微企业金融服务高质量发展目标计划，序时推进目标执行。全市小微企业贷款余额734.88亿元，同比增长17.18%，其中普惠型小微企业贷款综合融资成本同比下降1.27%，同比下降0.35%。推进绿色金融高质量发展。建立绿色信贷报告工作机制，制定《铜仁市绿色金融发展工作方案》，引导机构将信贷资源向环保、节能、低碳等绿色产业倾斜。全市银行业绿色贷款余额246.62亿元，制造业贷款余额37.32亿元，同比增长26.18%；环境责任险业务10笔，保额1920万元。制造业贷款余额37.32亿元，同比增长26.18%；全年推送659户企业至银行机构，促成412户企业获得贷款82.13亿元；推动全市企业贷款余额同比增长24.8%，高于全省13%，同比提高3%；全市普惠小微贷款余额同比增长22.53%，高于全省2%。指导农信机构创新"再贷款+数字普惠金融"模式，全年发放"黔农惠贷"22.72亿元，为1.98万户市场主体节约融资成本3408万元。

（中国银保监委铜仁监管局　邹小宝　人行铜仁中心支行　解仕周）

【稳企业保就业"白名单"制度】2021年，铜仁市金融和国有资产发展中心建立金融支持稳企业保就业"白名单"制度，定期收集重点项目信息及融资需求推介给各银行业金融机构，梳理重点产业基金项目116个，总投资467.98亿元。全年申报"四化"产业基金项目15个，争取基金17.45亿元，带动银行跟贷45.81亿元，社会资本跟投29.68亿元。

【中小企业综合金融服务平台】2021年，铜仁市金融和国有资产发展中心加快建设完善铜仁市中小企业综合金融服务平台，打通金融机构和企业的信息交流渠道，为中小企业发展提供线上金融服务。截至12月，已有46家银行机构入驻服务平台，发布金融产品101个，注册企业180家，发布融资需求180笔、6.7亿元，促成融资104笔4.14亿元。

【服务民营小微企业】2021年，铜仁市金融和国有资产发展中心建立"企业金融顾问"制度，出台《铜仁市建立企业金融顾问制度的实施意见》，发挥银行专家"融资+融智"作用，金融顾问"一对一"帮扶民营企业，金融顾问全年走访1895户次企业，发放贷款93.18亿元。引导银行机构根据辖内小微企业发展阶段、经营周期、资金需求特点创新金融产品306个，助推民营企业发展。

【金融消费权益保护】2021年，中国人民银行铜仁中心支行组织辖区法律事务部门学习《中华人民共和国行政复议法》等法律法规，确保按规定妥善处置行政复议、行政诉讼及其他涉诉案件。开展"3·15金融消费者权益日"、6月"普及金融知识　守住钱袋子"、9月金融知识普及月等金融知识宣传活动。深化金融知识普及教育纳入国民教育体系工作，推动建立28所金融知识教育示范学校。牵头汇总全省"蒲公英"金融志愿服务与社区网格化管理工作情况上报总行，印发《中国人民银行铜仁市中心支行关于开展2021年"蒲公英"金融服务志愿服务行动的通知》。采取监管约谈、升级账户风险等级、责令撤销账户等措施，处置权行普惠涉嫌侵害金融消费权益事件。

（人行铜仁中心支行　解仕周）

【政策性农业保险】2021年，铜仁市财政局落实国家粮食安全重大战略，按照"应保尽保"的原则，开展政策性农业保险工作，争取农业保险保费资金1.46亿元，其中中央资金6111.83万元，省级资金1.03亿元，争取资金规模居全省第二。支持金融机构服务农业农村，推动实体经济发展，争取普惠金融专项资金7170万元，其中中央资金5052万元，省级资金2118万元，争取资金占全省17.35%，较2020年增长4.78%。

（市财政局　汤　锐）

【推动企业上市】 2021年，铜仁市制定印发《铜仁市推进企业上市和高质量发展三年行动方案》《铜仁市上市挂牌后备企业资源库设立和管理办法》，推动企业走进资本市场。邀请贵州省证监局、贵州股交中心、深圳证券交易所等上市专家来铜仁市为企业开展"一对一"上市辅导，加强中小投资者保护，邀请中小投资者30余人走进上市公司，现场参观项目建设。年内推荐13家企业进入省级上市企业后备资源库，数量位居全省第三位。

（市金融和国资中心　龙文杰）

【货币政策调控运用】 2021年，中国人民银行铜仁中心支行主动向地方政府汇报稳健货币政策，多次通过业务培训、推进会等向银行机构传导金融政策，疏通货币政策传导路径。截至12月，全市各银行存款余额分别为1540.56亿元、2061.27亿元，同比分别增长6.84%、18.45%，助力全市GDP增长8.6%。加大再贷款投放力度，使用SPV工具为企业纾困，发放SPV工具资金9.64亿元，惠及市场主体3.36万余户。

【支付结算监管】 2021年，铜仁市根据《支付结算管理办法》要求，规范各银行金融机构支付结算行为，严肃银行金融机构支付结算纪律，保障单位、个人在支付结算活动中的合法权益。持续优化营商环境，推行小微企业简易开户服务，企业开户时间由1.5个工作日缩短至1个工作日。制定措施疏通堵点，落实落细支付服务降费让利政策，引导政策红利直达市场主体，助力减轻小微企业、个体工商户经营成本2828.14万元，惠及小微企业和个体工商户9万户。开展银行金融机构异常账户清理排查。全市银行业金融机构协助公安机关冻结止付账户数7570个，止付冻结金额14.25亿元。改进和优化支付环境建设，深化会计核算标准行创建工作。全市ACS核算准确率99.9%，5个核算主体实现ACS核算"零差错"。

【货币工作】 2021年，中国人民银行铜仁中心支行加强货币金银基础工作，确保发行库管理规范、发行基金绝对安全。深化现金服务示范区创建，科学做好发行基金预测和现金供应。推进县级发行库优化布局工作，先后完成德江县、印江自治县、玉屏自治县支库撤并优化布局工作，实现3县现金供应平稳有序。加强人民币发行工作，持续强化整治拒收现金工作，联合市直相关部门开展违规使用人民币图样行为专项整治，走访陵园5个，排查祭祀用品批发店20余家，祭祀用品零售商200余家，蛋糕和图文广告店30余家。缴获人民币图样冥币8000余扎，合计20余万张，下架带有人民币图样的蛋糕糯米纸15余盒，拆除带有人民币图样的海报4张。缴获、下架、拆除违规使用人民币图样商品折合人民币25万余元。利用"3·15""5·15""6·1"等时间节点到街区、乡村、学校开展反假币宣传活动。

【金融营商环境建设】 2021年，铜仁市加强金融营商环境建设，推动降低企业经营成本，全市减免企业账户管理服务费、支付环节手续费2828.14万元。牵头制定《2021年铜仁市优化金融营商环境工作方案》，人行铜仁中心支行"一把手"与各银行机构负责人签订工作责任状，到银行机构开展实地走访，督促机构按照"明确提升信贷获得环境、压降信贷获得时间、降低信贷获得成本"三大目标任务，提升金融服务市场主体质效。结合实际制定《铜仁市金融支持个体工商户发展活动方案》，开展"五苗"专项行动，提高全市个体工商户金融服务便利度和获得感，助力激发释放市场主体活力。推动"稳保贷"工作，全年推送659户企业至银行机构，促成412户企业获得贷款82.13亿元；推动全市企业贷款余额同比增长24.8%，高于全省13%，同比提高3%；全市普惠小微贷款余额同比增长22.53%，高于全省2%。

（人行铜仁中心支行　解仕周）

【小微贷款利息减免】 2021年，铜仁市小微企业贷款余额734.88亿元，较年初增加107.73亿元，增速17.18%。其中普惠型小微企业贷款余额284.22亿元，较年初增加52.43亿元，增速22.62%，高于各项贷款平均增速4.4%，增量计划完成率131.44%；有贷款余额户数6.47万户，较年初增加1.3万户，增量计划完成率274.38%。全市普惠型小微企业贷款综合融资成本较上年水平降低1.27%。当年累放贷款年化利率6.37%，较上年水平降低0.35%。督促辖内银行保险机构成立小微企业金融服务工作领导小组，负责指导小微企业金融服务业务发展，确保小微企业金融服务"三到位"（思想到位、机构到位、人员到位），全年全市银行机构为普惠型小微企业延期还本付息26.91亿元0.51万户。其中，延期还本26.75亿元0.33万户，延期付息0.16亿元0.18万户。强化科技赋能，推动"银税互动”“信易贷”等信用信息共享机制建设。引导银行机构提升服务小微企业能力。截至12月，全市银税合作类贷款余额4.87亿元，开展产品11个，较年初增加3个。全市27家银行机构12家入驻全国中小微融资综合信用服务平台、20家入驻铜仁市中小企业金融服务平台，两平台入驻产品137个、较年初增加23个，发放贷款115笔金额4.45亿元，分别较2020年12月增长49.35%、21.65%。12月，全市银行机构使用央行再贷款、国开行转贷款等低成本资金20.15亿元，惠及小微企业0.61万户。

（中国银行保监委铜仁监管局 邹小宝）

【政金企融资对接平台】 2021年，铜仁市金融和国有资产发展中心立足企业多元化融资服务需求，创新政金企合作机制，举办春、夏、秋、冬季政金企融资对接活动周和“四化”专场融资对接会。全年通过政金企融资对接平台促成融资项目245个、签约资金302.3亿元。

【“企业金融顾问”制度】 2021年，铜仁市金融和国有资产发展中心率先在全省创新建立“企业金融顾问”制度，出台《铜仁市建立企业金融顾问制度的实施意见》，从全市金融机构中选聘207名金融顾问与民营企业开展结对子、固定式、常态化帮扶工作，促进政金企共赢发展，推动金融高质高效服务实体经济。全市金融顾问走访1895户次企业，发放贷款93.18亿元。

【编制“两张”清单】 2021年，铜仁市金融和国有资产发展中心编制金融政策和金融产品清单，定期更新辖内金融机构产品信息和金融政策信息，依托“政金企”融资对接活动及铜仁市中小企业综合金融服务平台，梳理80余条金融政策和87个金融产品推送至企业，提升企业融资对接成功率。

【知识产权质押融资改革】 2021年，铜仁市印发《铜仁市深化知识产权质押融资工作方案》，召开全市知识产权质押融资对接会，邀请中都国脉资产评估有限公司现场做知识产权质押融资培训，推动建设银行、贵阳银行开展知识产权质押融资试点，促成3笔6000万元的知识产权质押融资贷款。

【“引金入铜”工程】 2021年，铜仁市邀请贵州货车帮（南京满运合伙人）、青海府葆、贵州风峥科技发展有限公司等社会资本方到铜仁市考察，依托市新型功能材料及大数据企业发展的黄金时间，发起设立基金规模为4.34亿元的贵州府葆数字化产业基金（有限合伙）私募投资基金。基金由贵州府葆创业投资有限公司与贵州泽鑫股权投资有限责任公司作为双GP基金管理人，地方国有企业实缴出资5000万元，实缴占比15.48%，基金在铜仁市范围内返投金额不低于1.5亿元，首期府葆基金向铜仁市返投7500万元。

（市金融和国资中心 龙文杰）

政金企融资对接（市金融和国资中心 供图）

银行业

【概况】 2021年，中国银行保险监督管理委员会铜仁监管分局和人行铜仁市支行推进服务实体经济、防范金融风险、深化金融改革重点任务，为铜仁市经济持续恢复和高质量主动向地方政府汇报稳健货币政策，多次通过业务培训、推进会等向银行机构传导金融政策，着力疏通货币政策传导路径，确保执行稳健货币政策精准有效。全年存贷款余额分别为1540.56亿元、2061.27亿元，同比分别增长6.84%、18.45%，分别排全省第二、第一，助力全市GDP增长8.6%。加大再贷款投放力度，利用SPV工具为企业纾困，累计发放SPV工具资金9.64亿元，惠及市场主体3.36万余户。

（中国银行保监委铜仁监管局 邹小宝 人行铜仁中心支行 解仕周）

【金融理财服务】 截至2021年12月，铜仁市银行机构代理代销业务发生额201.56亿元，全年收益2744.1万元。督促银行机构加强对投资者适当性管理，要求银行向投资者充分披露理财产品相关信息和风险情况，规范理财产品宣传销售，对非机构投资者销售理财产品实施理财产品销售专区管理，并在销售专区内对每只理财产品的销售过程进行录音录像，依法履行投资者信息保密义务，防范投资者信息被不当采集、使用、传输和泄露。

（中国银行保监委铜仁监管局　邹小宝）

【中国农业发展银行铜仁分行】 2021年，中国农业发展银行铜仁市分行投放各类支农信贷资金69.44亿元，惠及城乡群众400余万人次；同比多投放29.29亿元，投放额居农发行全省系统9个二级分行第三位，居全市主要银行业金融机构对公贷款第一位；年末各项贷款余额246.44亿元，比年初净增39.97亿元、增幅19.36%；贷款余额居全省系统第五位，居全市各银行业金融机构对公贷款第一位；净增额和增幅分别居全省系统第三位、第一位。

在全省脱贫攻坚总结表彰会上，市分行、沿河支行和2名个人分别获省委省政府授予脱贫攻坚先进集体和先进个人。

（农发行铜仁支行　尹丽娜）

【中国工商银行铜仁分行】 2021年，工行铜仁分行各项存款余额128.16亿元，较年初负增长0.6亿元，存款指标完成上级行控盘任务；各项贷款余额282.49亿元，投放96亿元。公司贷款、个人贷款余额、增量四行同业第一。普惠人行、银监口径贷款增量分别为3亿元、3.1亿元，超额完成全年目标任务。涉农贷款较年初增加33亿元，四行同业排名第一。围绕政府重点工作，推动金融活水灌溉重点项目。推动金融支持制造业高质量发展，制造业贷款较年初净增3.03亿元，任务完成率202%。落地专项债营销和"四化"基金项目18个，市场占比49.2%，项目个数及市场份额同业第一。审批落地德余高速、国宾馆、殡仪馆、公交公司等7个项目，以省水投公司为主体集中审批落地碧江密槽、沿河岩门口、思南何家湾、江口新岭、思南赵家坝5个水库项目。推动金融支持制造业高质量发展，重点支持新型建材、基础材料、新能源汽车3个核心产业及产业链客户群。加大对"四化"及乡村振兴领域项目储备力度，储备项目28个。

（工行铜仁分行　杨桂花）

【中国农业银行铜仁分行】 2021年，农行铜仁分行在全省农行"春天行动"综合营销竞赛中，铜仁分行综合排名、零售业务、对公业务均位列全省农行前三位。全年投放各类贷款80亿元，各项贷款规模首次突破200亿，较2018年翻一番。承作地方政府专项债券余额9.09亿元，在参与承作的10家金融机构中位居第二位。加强案防风控及基础管理，不良贷款连续3年保持"双降"，内控评价持续提升（从2018年系统内排名最后到2021年第四），在2021年铜仁市银行业保险业涉刑案件座谈会上，铜仁农行作为银行业唯一代表，作先进经验交流发言。发放法人贷款31.4亿元，重点支持铜仁中南门古城建设、中伟新材料、秀印高速等一批重点项目。发放普惠领域贷款30亿元，完成上级行下达全年计划。发放绿色贷款5亿元，相继支持思南农村安全饮水等一批重点绿色项目。全年新发放实体贷款（不含住房）加权利率4.5%，加权利率为全市金融机构最低。全年贷款净增21.03亿元，增速11.81%，高于全省农行各项贷款增速2.25%。组建乡村振兴金融部、金融服务乡村振兴推进领导小组，开展乡村振兴服务工作。创新"黔猪贷"等特色产品，支持各类企业、合作社及农户生产经营。乡村产业贷款余额11亿元，增速5.41%。全年投放"惠农e贷"19亿元，惠及农户8000余户。投放乡村建设贷款80亿元，支持县城老旧小区改造，以及医院、学校等民生工程。创新推出"农村饮水安全贷"，支持思南县农村安全饮水巩固提升工程项目建设，改善其315个行政村42万农村人口饮用水质量突出问题。在全市10个区（县）中与万山、印江等9个区（县）政府签订农村集体"三资"管理平台合作协议，覆盖率90%。

强化安保人员安全防范意识。全市银行业金融机构中，农行获先进单位，安全保卫部工作人员夏文强被评为先进个人。持续开展扫黑除恶专项斗争，推进反洗钱工作，全年开展反洗钱专项检查4次，开展反洗钱宣传培训6次。加强电信网络新型违法犯罪涉案账户管控，建立"断卡行动"例会机制，协助铜仁市公安机关抓获涉案人员5起。开展网络安全宣传周、"优化支付服务维护支付安全""3·15消费者权益保护""存款保险宣传月""防范非法集资"等主题活动宣传。

（农行铜仁分行　吴承军）

【中国银行铜仁分行】 2021年，中国银行铜仁分行年末各项存款时点余额41.54亿元，较年初新增1.35亿元，各项贷款余额54.61亿元，投放12.95亿元，较年初新增6.56亿元，增速较2020年同期上升14%，存贷比达131.45%。创税1700.83万元。普惠金融贷款余额6248.22万元，较年初增加3469.78万元，增速达124.88%。服务小型民营企业服务能力稳中有升，通过中银票E贴产品的快捷方便优势，简化客户准入、审批和放款材料等要求，发挥"线下+线上"产品优势，办理贴现业务15054万元，其中线下传统贴现2183万元，线上中银票E贴12871万元。主动服务民营实体经济、支持地方经济社会恢复发展，支持疫情防控重点保障单位，向某疫情防控医疗保障机构发放2000万元流动资金贷款；支持涉农扶贫、乡村振兴重点项目，支持涉农扶贫、乡村振兴重点项目——石阡至玉屏高速公路项目4亿元。支持绿色产业生态环保类项目，向某民营企业新增授信并投放3000万元，贷款用于垃圾焚烧发电项目建设。支持新型工业化和民营企业，服务国家战略性新兴行业，为铜仁首家上市企业中伟新材料股份有限公司新增授信6亿元，为铜仁市招商引资外贸进出口重点企业，精准扶贫的龙头企业，复工复产重点保障的实体经济民营企业，某电气实业有限公司公司授信3000万元。创新跨境金融产品，助力外汇外贸实体企业发展，落实总行“八大金融”战略计划，落实“一户一策”方案，为某企业办理进口国际信用证业务，金额为399.14万美元，实现铜仁市首笔进口国际信用证业务落地，全年为其办理国际信用证3笔，金额合计1047万美元，进口押汇业务6笔，计2147万美元。

（中行铜仁分行　刘　燚）

【中国建设银行铜仁分行】2021年，中国建设银行铜仁分行一般性存款比年初时点新增6.77亿元，新增四行第一；一般性存款比年初日均新增6.16亿元，新增四行第二，其中个人存款日均新增5.94亿元，新增四行第一；各项贷款比年初时点新增30.29亿元，新增四行第二。截至12月，对公大中型贷款新增30.72亿元，非贴贷款余额创历史新高，达到110.52亿元。

推进住房租赁业务。住房租赁监管平台实现中介机构企业备案22家，从业人员备案231人；智慧房管发放预售许可证80张，房开公司注册57家，网签合同4761户，其中备案3769户；智慧建管实现项目入库312个，企业信息入库345家。落实“普惠金融”战略，推动“云义贷”“黔叶云贷”“黔猪贷”“烟农贷”等普惠金融新产品。截至12月，普惠金融“8+1”贷款余额135782万元，较年初新增26636.71万元，增长率24.4%。政务战机在14家二级分支行排名第二，金融科技排名二级分行位居第四。烟农贷全国首家上线；学校资助平台、校财局管项目树立智慧教育铜仁标杆；智慧医疗项目实现突破，为5家医院搭建智慧医疗项目；智慧政务生态场景上线项目全省第一，智慧政务排名全省第二。截至12月，建行对公类贷款余额112.57亿元，较年初新增19.5亿元，增速达17.32%。

持续加大对农村地区的信贷支持力度，11月末涉农贷款余额93.41亿元、较年初增长39.61%。借助金融科技手段上线农村三资管理平台，帮助村集体经济组织实现村集体资产、资金、资源的信息化、制度化、规范化监督管理。截至11月，建行累计为思南县、玉屏自治县、碧江区的9个行政村上线农村三资管理平台。推广“裕农快贷”“助农土转贷”产品。创新开发“烟农贷”产品，并在江口、松桃两县成功完成试点。2021年，建行铜仁分行普惠金融贷款投放较年初新增2.66亿元。

（建行铜仁分行　田应发）

【中国邮政储蓄银行铜仁分行】2021年，邮储银行铜仁分行年末各项存款余155.96亿元，较年初增长10.42亿元；年末各项贷款余额97.35亿元（含信用卡透支余额），较年初增长21.79亿元。在普惠金融服务方面，年末涉农贷款结余31.49亿元，较年初增加14.67亿元，增速87.22%；普惠型涉农贷款放款7.01亿元，余额11.76亿元，较年初增加3.21亿元，增速37.57%；普惠小微企业（含个体工商户）贷款投放14.48亿元，结余23.15亿元，较年初增加4.52亿元，增速24.27%。在服务脱贫攻坚方面，金融精准扶贫贷款投放1.82亿元，金融精准扶贫贷款结余4.67亿元，较年初增加9621.19万元，产业精准扶贫贷款放款2100万元，结余9600万元。向辖内农业企业发放风险补偿金担保贷款1.02亿元。在助力乡村振兴方面，创建信用村227个，全年结存225个信用村建设，信用户系统采集农户5588户，评定信用户3704户，信用村贷款结余1.58亿元，信用户线上贷款实现放款193.04万元。为民生领域类企业提供融资服务，教育类客户17户，贷款金额3100万元，加油站5户，贷款金额3600万元，供水及污水处理4户，贷款金额4000万元，医药零售4户，贷款金额2440.3万元，合计金额13140.3万元。

（邮储银行铜仁市分行　杨　霞）

【铜仁市农村信用社】2021年，铜仁市农村信用社辖5家农村商业银行和4家县级联社，241个营业网点，2819个普惠金融服务点，覆盖全市所有乡镇、社区、村组。截至12月，各项存款余额564.87亿元，较年初增长50.83亿元，增速9.89%；存款增量排全市金融机构第一位，全省系统第三位；增速排全省系统内第一位；12月末存款市场份额占全市金融机构36.89%，较年初提升0.69%，居第一位。各项贷款478.97亿元，比年初增长30.6亿元，增速6.82%，增量、增速分别排全省系统内第五位、第三位，12月末贷款市场份额占全市金融机构23.24%，居第一位。缴纳各类税金2.33亿元。截至12月，全市农信社涉农贷款余额435.11亿元，较年初增加25.49亿元；小微企业贷款余额150.78亿元，较年初增加10.57亿元；消费贷款余额160.71亿元，较年初增加32.41亿元；普惠小微贷款有效增加，授信1000万元及以下普惠小微企业贷款余额120.88亿元，较年初净增13.04亿元，普惠小微贷款增速为12.09%，较各项贷款增速高5.27%；小微企业首贷户4554户、投放金额13.73亿元。铜仁农村信用社在全市易地扶贫搬迁安置点设置物理网点34个、设置ATM机48台、开通黔农村村通便民服务点58个、办理黔农E付（码牌）757个、开展金融夜校宣传930场次、培训群众45636人；完成村村通转型升级2225个，占比78.93%。2021年开展流动服务10312次，办理银行卡19932张，办理流动贷款服务8126次，办理现金、转账及其他业务8.64万笔。扶贫小额信贷余额1.87亿元，惠及贫困户4205户；对7.25万户易地扶贫搬迁户评级建档，授信27.86亿元（贷款户数1.8万户、余额10.61亿元）；投放黔农惠贷1.21万户22.72亿元。通过运用再贷款，实现脱贫攻坚与乡村振兴有效衔接。加强数字化转型，实现电子渠道交易2344.24万笔，替代率达81.82%；黔农云认证客户达151.94万户，较年初新增41.73万户；线上贷款签约用户37.49万户，较年初新增13.49万户；收单商户7.6万户，全年交易9813.63万笔，归社资金170.54亿元。智慧停车、智慧快递柜、智慧医院、智慧校园等金融业务场景建设取得实效，线上金融指标考核稳居全省第一位。

（铜仁市农村信用社　安　娜）

【贵州银行铜仁分行】 2021年，贵州银行铜仁分行年末各项存款166.05亿元，新增9.42亿元，同业排名保持第二；各项贷款余额210.96亿元，较年初增加86.23亿元，上升3个位次，同业排名第四，实现业务规模不断扩大。松桃支行获评全省“五一劳动奖状”，蔡嘉获“贵州省脱贫攻坚先进个人”，2名职工获贵州省“最美劳动者”，4名职工获铜仁市“五一劳动奖章”。完成惠农业务工作，挂牌110家农村普惠金融服务站点，累计发卡4.8万张，打通农村金融服务“最后一公里”。支持农村地区公路建设，投放“组组通”和“扶贫公路”贷款25亿元，解决农村地区出行问题；以“产业化”推动“全产业链”发展，投放扶贫产业子基金项目10个、完成投放金额13.33亿元，支持农村支柱产业和特色产业发展，促进贫困人口就业增收；成立扶贫投资基金，申报发起成立8亿元的党建扶贫投资基金，基金投向沿河自治县重点扶贫项目：贵州沿河淇滩文化旅游综合开发项目，带动近千人脱贫，同时开创金融助推脱贫攻坚的新模式；加大医疗扶贫的金融支持力度。加大医疗卫生等基础设施项目支持力度，推动贫困地区公共医疗卫生事业发展。截至12月，贵州银行铜仁分行审批大健康项目11.25亿元，完成投放10.36亿元。

加大绿色交通运输、自然保护、生态修复及灾害防控、绿色林业开发等符合人民银行绿色贷款标准的项目贷款投放力度，全年实现绿色贷款26.13亿元，较年初提升12.43亿元。其中绿色停车场项目获批18.7亿元，投放12.74亿元；强化对医疗康养领域的支持，获批印江、思南大健康项目1.9亿元，投放1.3亿元。执行总行普惠金融战略政策，兼顾政府优先支持行业和客户融资需求，加大市场调研和到企业实地调查，总行、分行、支行三级联动，围绕核心客户拓展“圈、链、集群”，对“四化”企业加大信贷业务支持，全年对992户投放贷款21.88亿元，较同期多投6.67亿元。其中新投放服务新型工业化、新型城镇化、农业现代化和旅游产业化的贷款额分别达到1.74亿元、17.3亿元、2.07亿元和0.78亿元。

（贵州银行铜仁分行　龚　循）

【贵阳银行铜仁分行】 2021年，贵阳银行铜仁分行下辖9家县域支行、4家同城支行、1家社区支行、2家乡镇小微支行，设立乡镇自助网点17个，农村普惠金融综合服务点491个，拥有贵阳银行铜仁分行营业部与贵阳银行印江支行两家“五星级”服务网点。全年各项融资余额322.61亿元，各项存款余额126.59亿元。

分行落实“六稳”“六保”各项措施，继续执行普惠型小微企业阶段性还本付息政策，帮助化解小微企业客户因疫情出现的暂时性经营困难。截至12月，通过续贷、调整还款计划、延期还本付息等方式为133户小微企业及个体工商户提供延期还本付息金额3.97亿元，其中无还本续贷2.7亿元；满足辖内小微企业疫情期间新增融资需求，支持企业复工复产，促进地方经济逐步复苏，重点对小微企业提供资金帮扶，解决小微企业融资难问题。全年发放首贷户贷款129户，发放金额14.65亿元；利用低成本资金，解决小微企业融资难题，对于一年期以内的到期贷款，在做续贷等业务时对符合支小再贷款条件的客户进行支小再贷款的发放；推动普惠金融减费让利，推出适合无担保物的政银担“442”担保贷款、适合烟草商户的“烟草e贷”，适合纳税大户的“税源e贷”，适合农户的“爽农诚易贷”和“爽农订单贷”，适合创业起步者的创业担保贷和“黔微贷”等，针对普惠金融的信贷产品达20余种。普惠金融支持小微企业、个体工商户、农户34.99亿元，对受疫情影响的企业和个人，合理采取延期还贷、展期续贷、降低利率、减免逾期利息等措施，帮助企业渡过难关，为企业发放流动资金贷款和复工复产融资10.69亿元，完成人民银行推送的102家市内重点企业的工作对接，其中66家在贵阳银行铜仁分行取得信贷支持，授信金额9.07亿元，投放信贷资金6.76亿元。

（贵阳银行铜仁分行　严林杰）

【铜仁丰源村镇银行】 2021年，铜仁丰源村镇银行在碧江区有营业部、锦江支行、桃源支行、金麟支行4个营业网点。截至12月，各项存款余额137276.1万元，较1月增加26515.27万元，增幅23.94%；各项贷款余额101881.27万元，较1月增加41034.33万元，增长67.44%，存款余额和贷款余额居全市村镇银行第一。全年累计发放各项贷款68573.71万元，发放1060笔，其中发放涉农贷款484笔，发放金额33275.59万元，发放小微企业贷款181笔，发放金额49894万元。全年未发生重大案件和安全生产事故。

（铜仁丰源村镇银行　舒林强）

保险业

【概况】 2021年，铜仁市保险业保费收入38.44亿元，规模居全省第四，同比增长0.98%，增速居全省第二；赔付支出16.17亿元，同比增长9.01%，提供风险保障4.38万亿元。全市有银行保险机构47家，营业网点合计614个，其中，银行机构27家，营业网点486个；保险机构20家，营业网点128个。

【中国人寿保险股份有限公司铜仁分公司】 2021年，人保寿险铜仁分公司总保费实现7.59亿元，同比增长11.98%。全年为33113人次提供理赔服务，给付保险金7297.11万元。无纸化投保率为100%，理赔智能替代率94.4%，重疾一日赔占比94.74%。个人理赔申请支付时效为1.19天，个人理赔出险支付时效为37.54天，小额理赔申请支付时效为0.12天。持续优化大病保险就医"一站式"即时结算服务，提升大病保险和意外保险服务满意度，全年为31955名参保群众提供49893次补偿服务，补偿金额2亿元，为减轻贫困城乡居民就医费用负担，对6209人的建档立卡贫困群众，补偿12368人次，补偿金额2470.56万元，大病补偿比例为16.52%，较普通参保群众提高1.15%。

（人保寿险铜仁分公司　陈永生）

【中国人保财险铜仁分公司】 2021年，人保财险铜仁分公司缴纳全市各种税收总额7341.56万元，全市直接赔款5.85亿元，其中农险赔款金额1.27亿元。全市有从业人员1911人，其中个人代理营销员1574人。2021年公司理赔案件结案率95.51%，案件处理率100%。人保财险铜仁分公司机关党支部、江口党支部全体党员自发为江口县兴隆社区窝湾安置点23名公益人员捐款购买团体意外险，保额506万元。

应对各类灾害处置，发挥保险服务功能。1月，对松桃自治县公益林受松虫线病灾赔付195.58万元，受益户数1户。3—5月，为江口县农房受灾农户赔付1243户38.38

10月，人保财险铜仁分公司到江口县兴隆社区窝湾安置点开展捐赠活动（人保财险铜仁分公司　供图）

万元，为石阡县民房受灾农户赔付1700户67.84万元。7—8月，为思南县蔬菜受旱灾赔付376.9万元、受益户数133户。开展交通事故道路救助基金，全年垫付347笔，受益人293人，较2020年环比上涨79%；全年垫付1024.66万元，环比上涨63%。

（人保财险铜仁分公司　黄　诚）

【中国太平洋人寿保险股份有限公司铜仁中心支公司】 2021年，中国太平洋人寿保险股份有限公司铜仁中心支公司业务领域覆盖人寿保险、年金保险、健康保险、意外伤害保险等，2021年实现保费收入5.05亿元，保险金额1632.07亿元。2021年理赔金额3161.07万元，赔付办理时效也较往期的7个工作日，提高至1.3个工作日，为客户提供更快捷便利的理赔服务。

（太平洋寿险铜仁中心支公司　武建海）

【中国太平洋财产保险股份有限公司铜仁中心支公司】 2021年，中国太平洋财产保险股份有限公司铜仁中心支公司完成保费收入3.2亿元，市场份额为16.38%，市场份额排位第二位。其中车险保费1.67亿元；非车非农实现保费1.28亿元（含大病保险1.01亿元，保证保险保费899.89万元），农险保费收入2567.47万元。全险种赔款金额2.07亿元，赔付案件数为36198件，其中机动车保险赔付案件数为20269件，赔款支出1.02亿元；健康险（含大病保险）赔付案件14250件，赔款支出8508.79万元；农业保险赔付案件911件，赔款支出530.37万元；责任保险赔付案件158件，赔款支出243.68万元；保证保险赔付案件209件，赔款支出898.69万元；意外险赔付案件13件，赔款支出281.86万元；家财险赔付案件388件，赔款支出13.16万元。

全年上缴税收2349.88万元，其中增值税706.39万元，城建税44.42万元，个人所得税37.46万元，教育附加21.19万元，地方教育费附加14.13万元，印花税14.33万元；代收代缴车船税和代扣代缴个人所得税税金1490.30万元。按规定要求缴纳各项税收，落实车船税和个人所得税代缴工作，履行企业税收代扣代缴义务。

（太平洋财险铜仁中心支公司　李泽安）

【商业理财保险】 截至2021年12月，铜仁市商业理财保险原保险保费收入4.99亿元，占人身险公司业务规模的26.42%。商业理财保险险种主要为分红险，占比99.54%，总量同比下降16.62%。针对前期商业理财保险的投诉举报频发，督促保险机构履行合规管理的第一责任人职责，强化源头治理，规范销售行为，促进人身险行业稳健发展。

（中国银保监委铜仁监管局　邹小宝）

证券期货业

【华创证券铜仁中心营业部】 2021年，华创证券铜仁中心营业部将私募证券投资基金引入、代销与机构经纪业务相结合，完成财富管理业务重点战略目标。截至12月，华创证券铜仁营业部有客户38129户，全年新增证券客户16254户，同比增长397.52%；全年客户股基成交金额497.94亿元，同比增长107.42%；营业部先后引入“禾丰灵活配置5期”“东方马拉松战略3号”等私募证券投资基金，引入金额约2亿元。华创证券铜仁中心营业部全年为辖区政府平台公司发行场外业务私募可转债，累计融资4.5亿元。

采用线上投资者教育服务，联动开展线下集中宣传，利用新媒体、新技术等创新宣传方式开展投资者教育工作。全年开展投资者教育活动15场，配合交易所及各类机构开展投资者问卷调查15场，受众1万余人次；持续开展投资者交流会6场，其中线上讲座1场，线下讲座5场；全年各类投资者教育宣传活动费用2.34万元。3月自制的打击和防范非法集资小视频《非法集资梦黄粱，露西乐队来帮忙》，通过员工微信朋友圈进行转发宣传，阅读点击量上万次，获贵州省防范非法集资宣传教育微视频二等奖，成为在黔证券公司唯一获奖证券营业部。

华创证券铜仁中心营业部开展送金融知识进校园活动（王娜莎　摄影）

东吴期货“保险＋期货”扶贫项目签约（黄承颐　摄影）

同时获贵州证监局推荐至中国投资者网供投资者观看。

（华创证券铜仁中心营业部　王娜莎）

【东吴证券铜仁营业部】 东吴证券铜仁营业部是东吴证券在贵州省内成立的第一家营业部。截至12月31日，铜仁营业部个人客户1789户，机构客户5户，托管客户总资产3.45亿元。发行集合资产管理计划，组织开展金融讲座、“牵手行动”、捐资建校、志愿服务、产业帮扶、基层党建帮扶、乡村振兴帮扶等一系列活动，公司全年在铜仁援建18个基础设施项目，直接帮扶建档立卡贫困学生近1000人，直接帮扶防贫预警困难家庭2000户，向铜仁地区捐款2500万元。在铜仁设置扶贫工作站，填补公司在中西部贫困地区没有营业网点的空白。发行东吴汇信桃源公路1号集合资产管理计划，为铜仁桃源公路开发建设有限责任公司募集资金3725万元。控股子公司东吴期货有限公司探索金融业协同服务实体经济、服务“三农”的创新模式，连续3年与贫困地区开展“保险＋期货”项目。石阡县鸡蛋“保险＋期货”项目、松桃自治县场外期权项目落地，助推当地产业发展和乡村振兴。先后推出白糖、玉米、橡胶等“保险＋期货”项目，覆盖甘蔗309.33公顷、玉米4000公顷的种植面积和橡胶现货1000吨，近6000户农户的切身利益得到保障。针对铜仁企业特点，提供多方位的资本市场教育培训服务，开展业务交流，宣导资本市场的专业知识和广泛经验，拓宽当地企业视野，探讨证券行业支持贫困地区实体经济发展、解决中小微企业融资难等方面的举措思路。同时，根据投资者需求特点，有针对性地设计开展投资者教育活动，提高投资者风险责任意识，配合有关部门打击金融欺诈、非法集资等非法金融活动，维护投资者合法权益。与铜仁市乡村振兴局共同成立“防贫预警专项资金池”，连续2年向贵州省铜仁市乡村振兴局捐赠100万元防贫预警专项资金，惠及2000户困难家庭。东吴期货全年向铜仁市捐赠公益帮扶资金130万元用于巩固脱贫攻坚成果，助力乡村振兴、产业发展。

（东吴证券铜仁营业部　黄承颐）

其他非银行金融机构

【小额贷款公司】 2021年，铜仁市有10家小额贷款公司。10家小额贷款公司注册资本2.48亿元，贷款余额2.02亿元，全年新增贷款金额1280万元。

【融资租赁公司】 2021年，铜仁市有15家融资担保公司。15家融资性担保公司注册资本22.35亿元，在保余额104.2亿元，全年新增担保金额54.05亿元，注册资本金增加1.34亿元。全市12家政府性融资担保公司参加年检，参检单位全部合格。

【典当行】 2021年，铜仁市5家典当行注册资本3800万元，典当余额2333万元，在当业务68笔，参加年检的4家典当行，年检结果为“B”。

（市金融和国有资产发展中心　龙文杰）

旅游业

综　述

【旅游接待】 据假日旅游统计系统显示，2021年假日期间铜仁市接待游客1228.62万人次，分别为元旦假日接待游客42.78万人次，春节假日接待游客108.47万人次，清明假日接待游客50.42万人次，五一假日接待游客296.8万人次，端午假日接待游客184.43万人次，国庆假日接待游客394.39万人次，中秋假日接待游客151.33万人次。

表23　2021年铜仁市假日接待情况统计表

假日	元旦	春节	清明	五一	端午	国庆	中秋	合计
游客数量（万人次）	42.78	108.47	50.42	296.8	184.43	394.39	151.33	1228.62
旅游收入（亿元）	2.35	5.43	2.95	19.35	12.02	30.06	10.79	82.95

【旅游收入】 2021年假日期间，铜仁市实现旅游综合收入82.95亿元，分别为元旦假日实现旅游综合收入2.35亿元，春节假日实现旅游综合收入5.43亿元，清明假日实现旅游综合收入2.95亿元，五一假日实现旅游综合收入19.35亿元，端午假日实现旅游综合收入12.02亿元，国庆假日实现旅游综合收入30.06亿元，中秋假日实现旅游综合收入10.79亿元。

【旅游规划编制】 2021年12月，铜仁市文体广电旅游局和市发改委联合印发《铜仁市“十四五”文体广电旅游发展规划》（以下简称《规划》）。《规划》明确“十四五”期间，铜仁市旅游工作按照坚持党的全面领导，以人民为中心；坚持因地制宜，推动融合发展；坚持协调发展，推进全域联动的原则，打造国际一流山地旅游目的地。打造国内一流度假康养目的地。形成旅游产业发展新格局。优化全域旅游产业发展布局，提升全域旅游设施配套和服务水平，建成国际一流山地旅游目的地和国内一流度假康养目的地，“梵天净土·桃源铜仁”旅游品牌影响力显著提升。推进梵净山文化旅游创新区建设，推动梵净山旅游景区管理创新发展，推进乡村振兴产业带慢行系统建设，丰富和发展中南门历史文化旅游区文化业态，“流光溢彩夜铜仁”夜游产品基本成熟，提升梵净山文化旅游创新区辐射能力。到2025年，接待过夜游年均增长10%以上，全市旅游产业增加值达149亿元；游客人均消费超过全省平均水平，旅游从业人员达6万人。到2035年，旅游产业成为全市支柱产业。《规划》对涉及旅游业的19项指标提出详细目标。

表24　“十四五”时期铜仁市旅游发展规划主要指标一览表

指标名称	2020年	2025年	属性
旅游及相关产业增加值（亿元）	—	149	预期性
旅游人均花费（元）	—	超过全省平均水平	预期性
省外游客增长（%）	—	10	预期性
新增AAA级以上景区数量（家）	5	20以上	预期性
省级旅游度假区（个）	4	6	预期性
国家级旅游度假区（个）	—	1	预期性
省级乡村旅游重点村镇（个）	15	50	预期性
国家级乡村旅游重点村镇（个）	—	10	预期性
标准级以上民宿、客栈、农家乐（家）		600	预期性
规上（限上）旅游相关企业（家）	83	410	预期性
旅游商品购物店（家）	—	50以上	预期性
旅行社数量（家）	26	30以上	预期性
星级旅游接待饭店数量（家）	25	30以上	预期性
五星级标准酒店（家）	—	5	预期性

续表 24

指标名称	2020 年	2025 年	属性
四星级酒店(家)	—	6	预期性
省级文化产业和旅游产业融合发展示范区(个)	—	1	预期性
旅游投资(亿元)	—	400	预期性
上市旅游企业(家)	—	1	预期性
年收入超亿元企业(家)	—	5	预期性

【文旅融合】 2021 年,铜仁市围绕中国共产党成立 100 周年、省旅游"两会"和乡村振兴,深度挖掘民族、民俗文化,打造"一县一特色文化品牌"。截至 12 月,全市开展各类群众文化活动 1000 余场次,为庆祝中国共产党成立 100 周年、省旅游"两会"、乡村振兴营造文化氛围。围绕文化惠民开展系列民俗文化活动,特别是在旅游"两会"期间,组织引导 200 余支文艺展示队伍在中南门历史文化旅游区先后开展音乐文化沙龙、苏州评弹、小型民乐演出、非遗文化展演、演绎巡游、公益电影放映、花灯表演、街舞展演、太极展演、群众文化沙龙、革命歌曲大联唱、民族服饰展演等 20 项文化展示活动 1000 余场次,出动演员 1 万余人次,吸引超过 100 余万名游客观看。深挖文化资源,创作文艺精品。创作革命历史题材舞台剧《困牛山红军壮举》,革命历史题材音乐舞蹈史诗《木黄·木黄——永恒的丰碑》,歌舞剧《这山就比那山高》,歌曲《红红火火奔小康》,舞蹈《唱支山歌给党听》,小戏小品《十箱口罩》等 200 余个文艺作品。其中,歌舞剧《这山就比那山高》入选贵州省第七届少数民族会演,《困牛山红军壮举》在碧江区连演 7 场,得到社会各界的肯定。

【全域旅游】 2021 年,铜仁市文体广电旅游局指导碧江、玉屏、印江、沿河开展全域旅游示范区创建工作,组织参加 2021 年国家全域旅游示范区省级初审视频答辩会,碧江、玉屏、沿河通过省级验收。

【旅游产业质量提升】 2021 年,铜仁市印发《关于推动旅游产业化高质量发展的实施意见》《关于加快推进旅游产业化奋力实现旅游大提质的实施意见》等文件,推动旅游业高质量发展,形成全市推进旅游产业化发展"一盘棋"的格局。新增限额以上住宿业 7 家、规模以上娱乐业 5 家,有规模以上文化、体育、娱乐业 24 家,限额以上住宿业 63 家。第三方抽样调查显示,全市全年接待游客 5888.08 万人次,同比增长 10.31%;实现旅游综合收入 525.76 亿元,同比增长 43.13%;1—12 月,游客人均花费 892.92 元。

(市文体广电旅游局 罗 靖)

【承办贵州省旅游"两会"】 2021 国际山地旅游暨户外运动大会和第十六届贵州旅游产业发展大会由铜仁市承办,两会同时召开属历年首次。2021 年贵州省旅游"两会"9 月 26 日开幕,28 日结束,由开幕式、全省旅游产业化工作会议、贵州省文化旅游产业招商推介会、2021 世界名山(梵净山)对话(线上、线下结合)活动、2021 中国文旅上市公司(铜仁)峰会、"私家定制 风口上的多彩贵州"主题活动、"苗绣 + 锦绣计划"展演活动、梵净山下:康养旅游之夜(线上、线下结合)活动、旅游产品深度考察等系列活动组成,系列活动涵盖省内各类文旅资源和业态,具体涉及文旅、康旅、商旅、体旅、夜经济等产业。大会开幕式由副省长蔡朝林主持,法国前总理、国际山地旅游联盟主席德维尔潘,尼泊尔共产党总书记、前副总理钱德拉·普拉卡什·梅纳利,全球权威旅游杂志《孤独星球》总裁菲利普·冯·鲍瑞斯作视频致辞。贵州省委副书记、省长李炳军,国家体育总局副局长李建明,文化和旅游部国际交流与合作局副局长张西

2021 年 9 月 26 日至 28 日,国际山地旅游暨户外运动大会和第十六届贵州旅游产业发展大会在铜仁碧江开幕(市委宣传部 供图)

龙分别致辞，与会嘉宾共同观看文化和旅游展演《梵山“云”游》。随后，四川、重庆、贵州三省市举行川渝贵“西三角”文旅合作联盟成立签约仪式。

27日，贵州省文化旅游产业招商推介会重点推介300个文化旅游招商项目。现场集中签约28个具有代表性、引领性的项目，合同投资总金额363.5亿元。其中，体育类项目签约9个，总金额74.1亿元，涉及体育制造、体育旅游、体育健身、体育场馆建设与运营等业态，并与文化、旅游、农业等产业相融。同时，2021年贵州旅游“两会”还在内容上加以创新。如邀请国际知名专家、学者，开展线上、线下结合的世界名山（梵净山）对话，共议构建人与自然和谐共生的山地旅游新格局；开展“苗绣＋锦绣计划”展演活动，宣传推介贵州妇女在“文化＋产业＋旅游”中取得的成果，探索“苗绣＋锦绣计划”“旅游＋锦绣计划”产业化路径；以“私家定制·风口上的多彩贵州”主题沙龙活动为核心，组织旅游和体育达人在铜仁开展旅游体验探访活动，助推铜仁山地旅游目的地城市的打造；通过组织旅游达人体验贵州康养旅游，拍摄制作旅游视频，开展贵州度假康养旅游产品直播带货等，开启“新媒体＋康旅”发展新模式。

云上金顶裹素衣（市委宣传部　供图）

［市档案馆（市地方志办）　周唯伟］

旅游资源开发

【旅游资源】 2021年，铜仁市有全国旅游资源8个主类的全部，31个亚类的28个，155个基本类型的105个。全省旅游资源大普查显示，铜仁累计调查旅游资源单体11612个，占全省的八分之一左右，其中完成开发或正在开发的1656处，未开发9956处。有国家A级旅游景区29家，其中AAAAA级1家、AAAA级12家、AAA级15家、AA级1家，梵净山世界自然遗产为AAAAA级景区。

【旅游线路】 2021年，铜仁市文体广电旅游局指导举办碧江第五届瓦屋油菜花观光月活动、江口首届油菜艺术节、印江第九届梵净山杜鹃花节、沿河第十一届李花节等相关活动，根据活动发布铜仁春季旅游线路10条和春赏花旅游攻略。依托石阡尧上、印江团龙、云上居、万山高楼坪、玉屏侗乡风情园等村寨凉爽气候、田园风光等资源，开展夏避暑系列文化旅游活动，发布锦江水域风情之旅、环梵净山精品旅游环线、“梵净山水”城市近郊休闲游、“乌江画廊”山水田园乐游、“炫彩铜

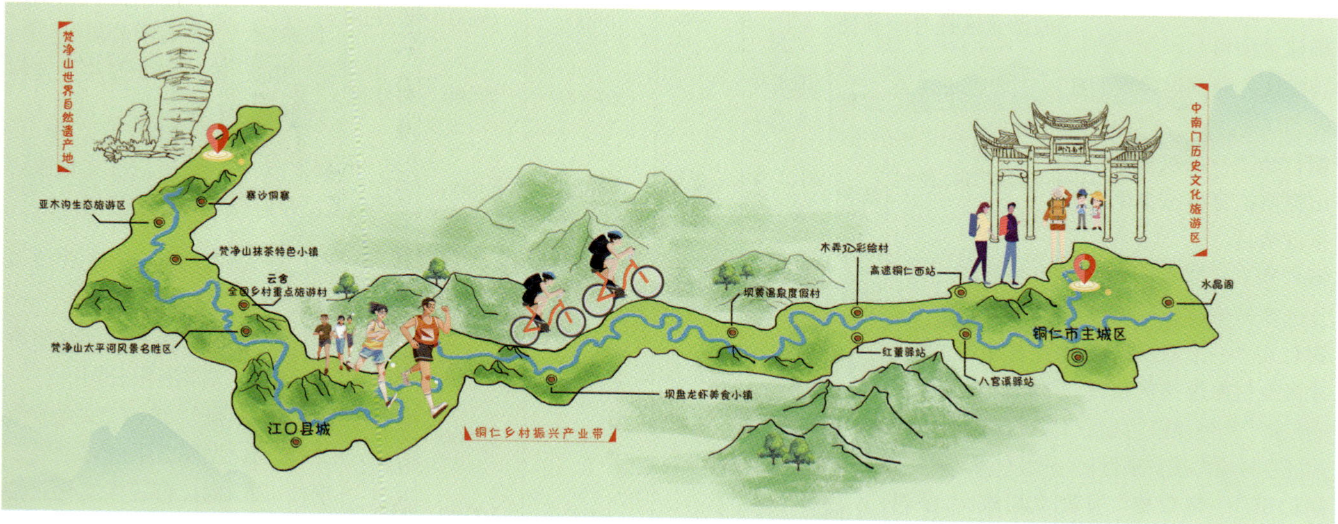

“一带双核”旅游路线图（市委宣传部　供图）

仁”民俗文化体验游等铜仁夏季避暑旅游线路20条。依托梵净山、石阡温泉、佛顶山、朱砂古镇、中南门历史文化旅游区等景区推出秋季文化旅游线路。铜仁梵净山入选武陵十大精品线路之寻觅世遗线路、康养休闲线路，铜仁城入选武陵十大精品线路之饕餮盛宴线路。

【旅游产业项目申报】 2021年，省文旅厅认定铜仁市旅游产业化重大项目58个，项目总投资106.79亿元，累计完成投资102.18亿元。申报文化旅游产业股权投资基金，梵净山提质扩容、石阡仙人街等5个项目获放款累计7.09亿元，占全省文旅基金总额31.7亿元的22.3%，基金投放额全省排名第一。

【旅游招商引资】 2021年，铜仁市编制印发《铜仁市文化旅游招商工作方案》，完成文旅招商签约项目131个(含存量)，签约金额235.03亿元，到位资金74.94亿元。

表25　2021年铜仁市旅游产业项目建设及累计投资情况统计表

单位：万元

项目名称	领域	项目类型	开工时间	完工时间	2021年累计完成投资	累计完成投资	隶属区县	责任单位	项目投资主体
碧江区康养小镇改革示范项目一期工程	城旅融合、康养度假	新建	2021年2月	—	15320	40930	碧江区	铜仁市人民政府	铜仁市碧江区世纪纵横置业有限责任公司
碧江区“梵净仙菇”都市农业产业园一期工程	农旅融合(食用菌)、乡村旅游、乡村振兴	新建	2021年4月	—	8233	18233	碧江区	铜仁市人民政府	铜仁市纬源投资有限公司
铜仁市中南门古城AAA级景区建设项目	城旅融合、文旅融合	收尾	2019年2月	—	12200	70326	碧江区	铜仁市人民政府	铜仁市三江文化旅游发展有限公司
铜仁武陵山茶产业公园(山茶特色小镇)建设项目	农旅融合(食用菌)、乡村旅游、乡村振兴	续建	2019年1月	—	8500	29280	碧江区	铜仁市人民政府	贵州山茶产业综合开发有限公司
铜仁市“一带双核”八官溪至两河口乡村振兴农耕文化旅游带示范项目	农旅融合、乡村旅游、乡村振兴	续建	2020年11月	—	78000	96700	碧江区	铜仁市人民政府	铜仁市三江文化旅游发展有限公司
铜仁市边城客栈建设项目	酒店住宿	续建	2019年9月	—	8417	48647	碧江区	铜仁市人民政府	铜仁市三江文化旅游发展有限公司
碧江区五彩桃源生态文化旅游综合体建设项目	文旅融合、旅游综合体	新建	2021年4月	—	25600	75600	碧江区	铜仁市人民政府	贵州五彩房地产开发股份有限公司
铜仁市“一带双核”(乡愁故园)生态文化旅游项目(一期)附属工程	旅游基础设施	新建	2020年8月	—	23000	26166	碧江区	铜仁市人民政府	铜仁市三江文化旅游发展有限公司
铜仁市百花渡景区基础设施建设项目	旅游景区提升	新建	2021年2月	—	4600	6600	碧江区	铜仁市人民政府	铜仁市锦江六和景区管理有限公司
碧江区九龙洞温泉度假庄园酒店	旅游基础设施	续建	2018年1月	—	19000	48000	碧江区	铜仁市人民政府	铜仁市九龙旅游发展有限公司
铜仁市“一带双核”梵净山提质扩容生态文化旅游重点项目	乡村旅游、乡村振兴	新建	2021年3月	—	39000	84000	碧江区	铜仁市人民政府	铜仁市三江文化旅游发展有限公司
铜仁市“一带双核”云舍片区乡村旅游扶贫项目	乡村旅游、乡村振兴	新建	—	—	20500	37000	碧江区	铜仁市人民政府	铜仁市三江文化旅游发展有限公司
铜仁市“一带双核”坝盘片区乡村旅游扶贫项目	乡村旅游、乡村振兴	新建	—	—	16000	23500	碧江区	铜仁市人民政府	铜仁市三江文化旅游发展有限公司
铜仁市“一带双核”两江口片区乡村旅游扶贫项目	乡村旅游、乡村振兴	新建	—	—	22500	30900	碧江区	铜仁市人民政府	铜仁市三江文化旅游发展有限公司
铜仁市“一带双核”坝黄片区乡村旅游扶贫项目	乡村旅游、乡村振兴	新建	—	—	8300	10700	碧江区	铜仁市人民政府	铜仁市三江文化旅游发展有限公司

续表 25

项目名称	领域	项目类型	开工时间	完工时间	2021 年累计完成投资	累计完成投资	隶属区县	责任单位	项目投资主体
万山区朱砂古镇文化旅游产业开发建设项目(三期)	城旅融合、红色旅游	新建	2020 年 1 月	2021 年 12 月	33000	33000	万山区	铜仁市人民政府	贵州铜仁吉阳旅游开发有限公司
万山区丹都教育文化公园配套基础设施建设项目	研学旅游	新建	2021 年 8 月	—	14010	16030	万山区	铜仁市人民政府	贵州宏卓教育集团有限公司
万山区牙溪生态农旅一体化建设项目	农旅融合	新建	2021 年 3 月	—	6000	6000	万山区	铜仁市人民政府	铜仁市万山区苏高新文化旅游有限公司
凯宾斯基酒店及旅游服务配套项目	旅游基础设施	新建	2019 年 1 月	2021 年 12 月	28500	75550	万山区	铜仁市人民政府	贵州梵山房地产开发有限公司
万山区拍摄电视剧《看万山红遍》		新建	2020 年 11 月	—	10000	10000	万山区	铜仁市人民政府	武汉传奇人影视艺术有限公司
江口县中国历史文化名村云舍文旅开发建设项目	文旅融合、乡村振兴	新建	2020 年 1 月	—	41000	53000	江口县	铜仁市人民政府	贵州江梵生态旅游发展有限公司
麒龙印象江口	旅游基础设施	续建	2020 年 1 月	—	55971	116332	江口县	铜仁市人民政府	铜仁市麒龙国际房开公司
江口县云舍业态布局提升	旅游基础设施	新建	2021 年 2 月	—	15150	15150	江口县	铜仁市人民政府	贵州江梵生态旅游发展有限公司
江口县农夫山泉 A 级景区创建(水博园)	旅游基础设施	续建	2020 年 7 月	2021 年 5 月	8600	8600	江口县	铜仁市人民政府	农夫山泉贵州梵净山饮用水有限公司
江口县“群山之心”诗歌精品民宿项目	酒店住宿	续建	2020 年 7 月	—	6300	6300	江口县	铜仁市人民政府	广州翁台酒店管理有限公司
江口县太平河沿岸景观工程	旅游基础设施	续建	2021 年 1 月	—	26500	30100	江口县	铜仁市人民政府	江口县住建局
江口县公园里开发项目	旅游基础设施	续建	2020 年 11 月	—	21000	22600	江口县	铜仁市人民政府	江口县天域农牧业有限公司
江口县豪玥酒店建设项目	酒店住宿	续建	2021 年 1 月	—	35000	40400	江口县	铜仁市人民政府	贵州尚宸豪玥酒店管理有限公司
江口县书香酒店	酒店住宿	续建	2021 年 1 月	—	4000	4000	江口县	铜仁市人民政府	贵州江梵生态旅游发展有限公司
江口县“一带”建设项目	旅游基础设施	续建	2021 年 1 月	—	57900	87900	江口县	铜仁市人民政府	铜仁市三江文化旅游发展有限公司
江口县莲花大道提质改造项目	旅游基础设施	续建	2021 年 1 月	2021 年 5 月	2283	2283	江口县	铜仁市人民政府	江口县交通局
江口县云舍景区旅游扶贫配套基础设施建设项目	旅游产业化		2020 年 7 月	2021 年 4 月	1406	1406	江口县	江口县文旅局	江口县文旅局
玉屏云起小镇	旅游基础设施	续建	2021 年 1 月	—	2000	2680	玉屏自治县	铜仁市人民政府	玉屏县扶贫开发投资有限责任公司
玉屏国际山茶花观赏园	旅游基础设施	续建	2021 年 3 月	—	678.81	678.81	玉屏自治县	铜仁市人民政府	贵州黔玉油茶开发有限公司
玉屏茶花泉 AAA 级升级改造项目	旅游基础设施	续建	2021 年 1 月	—	14500	14500	玉屏自治县	铜仁市人民政府	贵州茶花泉文化旅游传媒开发投资有限公司
玉屏县天穆游学营	文旅融合	续建	2020 年 6 月	2021 年 7 月	12500	26600	玉屏自治县	铜仁市人民政府	贵州天穆教育科技有限责任公司
玉屏侗族风情园 AAA 景区升级改造		新建	2021 年 1 月	—	14890	14890	玉屏自治县	县文体广电旅游局	文旅农投公司

续表 25

项目名称	领域	项目类型	开工时间	完工时间	2021 年累计完成投资	累计完成投资	隶属区县	责任单位	项目投资主体
石阡县鸳鸯湖国家湿地公园保护与开发项目	旅游景区打造	收尾	2019 年 5 月	—	14686	53736	石阡县	铜仁市人民政府	贵州佛顶山文化旅游开发投资有限责任公司
石阡仙人街历史文物景观恢复及生态旅游建设项目	文旅融合、体育旅游	续建	2018 年 7 月	—	14187	69887	石阡县	铜仁市人民政府	贵州省石阡温泉投资开发有限公司
印江县岩底寨片区棚户区改造及温泉文化小镇建设项目(二期)	温泉旅游	续建	2020 年 1 月	—	24900	86900	印江自治县	铜仁市人民政府	印江万润梵净山置业有限公司
印江县大圣墩映美湖旅游度假区门区建设项目	康养度假、文旅融合	新建	2021 年 1 月	—	18000	18000	印江自治县	铜仁市人民政府	印江土家族苗族自治县梵天旅游发展有限公司
印江县大罗桃花里冷水河漂流旅游项目	体育旅游	新建	2021 年 1 月	—	17600	17600	印江自治县	铜仁市人民政府	贵州省大罗桃花里文化旅游发展有限公司
印江县木黄红色文化旅游小镇建设项目	服务业创新发展十大工程	旅游	2020 年 1 月	—	12700	39600	印江自治县	印江县文体广电旅游局司	贵州三龙旅游发展有限公司
思南县乌江大峡谷综合开发建设项目	水旅融合、旅游景区打造	预备	2021 年 3 月	—	10000	17000	思南县	铜仁市人民政府	贵州中惠旅旅游开发有限责任公司
思南石林旅游景区基础设施建设项目	旅游基础设施	续建	2021 年 3 月	—	1200	37680	思南县	铜仁市人民政府	贵州乌江石林旅游发展有限公司
思南板桥镇郝家湾村	旅游基础设施	续建	2021 年 2 月	—	8000	40600	思南县	铜仁市人民政府	贵州乌江石林旅游发展有限公司
思南东创文化休闲娱乐中心建设项目(思南 C3 酒吧建设项目)	文旅融合	续建	2020 年 12 月	—	5000	5000	思南县	铜仁市人民政府	贵州铜仁东创文化娱乐有限公司
德江乌江秘境旅游景区建设项目	文旅融合、水旅融合	新建	2021 年 1 月	—	23900	38500	德江县	铜仁市人民政府	贵州乌江秘境旅游发展有限公司
德江县玉溪谷温泉小镇建设项目	温泉旅游、健康旅游	预备	2022 年 4 月	—	15050	35050	德江县	铜仁市人民政府	贵州黔途盛景旅游置业发展有限公司
德江县长征公园	乡村旅游、乡村振兴	续建	2021 年 5 月	2021 年 12 月	21000	28900	德江县	铜仁市人民政府	德江县文体广电旅游局
贵州省铜仁市德江江县五彩洋山河旅游景区	旅游基础设施	续建	2019 年 1 月	—	7000	38600	德江县	铜仁市人民政府	贵州藏龙谷旅游发展有限公司
沿河乌江山峡风景名胜区黎芝峡区佛指山—烽火台片区基础设施项目	旅游基础设施	续建	2020 年 2 月	—	28000	30200	沿河自治县	铜仁市人民政府	贵州画廊乌江旅游开发有限责任公司
沿河县土地湾黔东特区革命委员会旧址红色旅游景区旅游基础设施建设项目	文旅融合	新建	—	—	1700	1700	沿河自治县	铜仁市人民政府	沿河县文体广电旅游局
沿河自治县全域旅游服务提质增效项目(沿河土家族自治县河西高速公路匝道口服务中心建设项目)	旅游产业化	旅游	2018 年 3 月	2020 年 12 月	20900	21400	沿河自治县	县文体广电旅游局	贵州畅达交通建设有限责任公司
松桃县平头镇白叶一号茶旅产业园建设项目	农旅融合(茶旅)、乡村旅游、乡村振兴	新建	2021 年 1 月	—	12500	17500	松桃自治县	铜仁市人民政府	贵州梵净东山茶业旅游开发有限公司

续表 25

项目名称	领域	项目类型	开工时间	完工时间	2021 年累计完成投资	累计完成投资	隶属区县	责任单位	项目投资主体
松桃县腊尔山红石堡旅游景区项目	旅游景区提升	新建	2021 年 6 月	—	35000	45000	松桃自治县	铜仁市人民政府	贵州腊尔山旅游开发有限公司
松桃县潜龙洞旅游景区升级改造项目	旅游景区打造	新建	2021 年 6 月	—	8000	8000	松桃自治县	铜仁市人民政府	贵州武陵峰旅游开发有限公司
松桃苗王城旅游景区	旅游基础设施	续建	2018 年 1 月	—	2100	7000	松桃自治县	铜仁市人民政府	松桃苗王城文化旅游开发有限公司
合计					10211782	1892434.81			

表 26　2021 年铜仁市旅游招商引资项目及资金到位情况统计表

项目名称	投资方	行业	建设地所属区县	约定投资总额（万元）	是年累计到位资金（万元）	项目进展阶段	签约时间
碧江区传世朱砂工艺品制造项目	杨正龙（湖南客商）	制造业	碧江区	1000	1000	已投产	2021 年 9 月
碧江区南庭别院民宿酒店项目	张训华（湖南客商）	住宿和餐饮业	碧江区	3000	2524	已投产	2021 年 8 月
碧江区铜仁 Space King 酒吧建设项目	王细林（江西客商）	文化、体育和娱乐业	碧江区	5000	4857.4	已投产	2021 年 8 月
碧江区范木溪树蛙部落精品民宿二期项目	上海宿蛙文化旅游发展有限公司	住宿和餐饮业	碧江区	2000	2027.5	已投产	2021 年 6 月
铜仁高新区共享电动单车运营项目	湖南鑫一然信息技术有限公司	居民服务、修理和其他服务业	碧江区	4000	4000	已投产	2021 年 6 月
铜仁高新区酒店项目	宿迁市鸿儒商贸有限公司	住宿和餐饮业	碧江区	3000	3000	已投产	2021 年 4 月
碧江区银天酒店项目	黄向荣（湖南客商）	文化、体育和娱乐业	碧江区	1200	426	已投产	2021 年 1 月
碧江区黔景缘商务酒店项目	吁惠文（江西客商）	住宿和餐饮业	碧江区	2100	1985	已投产	2021 年 3 月
铜仁高新区稻花鱼农庄项目	松溪县稻花鱼养殖专业合作社	住宿和餐饮业	碧江区	1000	1000	已投产	2021 年 4 月
碧江区桐达学樘府公寓酒店建设项目	中开控股集团有限公司	文化、体育和娱乐业	碧江区	6000	5205	已投产	2021 年 1 月
碧江区虫虫王国主题游乐园项目	厦门信之众管理咨询有限公司	文化、体育和娱乐业	碧江区	2200	1200	已投产	2021 年 1 月
碧江区吾相酒店建设项目	深圳市你享酒店管理有限公司	住宿和餐饮业	碧江区	5000	4606	已投产	2021 年 2 月
碧江区中影国瑞影城建设项目	北京中映国瑞影院发展有限公司	文化、体育和娱乐业	碧江区	5000	4747	已投产	2021 年 1 月
碧江区板栗园文一农旅一体化项目	河源市锦万广告设计有限公司	文化、体育和娱乐业	碧江区	3000	2255	已投产	2021 年 2 月
碧江区铂晶美仑酒店项目	甘文霞（广东客商）	住宿和餐饮业	碧江区	12000	11095.2	已投产	2021 年 2 月
碧江区铜仁凯旋温德姆大酒店项目	凯旋（福建）酒店集团有限公司	住宿和餐饮业	碧江区	105000	8706	开工在建	2020 年 12 月
碧江区文化旅游经济综合体项目	湖南魔语文化传播有限公司	住宿和餐饮业	碧江区	21000	6063	已投产	2020 年 1 月
万山区“四合一”文旅游乐项目	中题建设集团有限公司	文化、体育和娱乐业	万山区	3000	3000	已投产	2021 年 3 月

续表 26

项目名称	投资方	行业	建设地所属区县	约定投资总额（万元）	是年累计到位资金（万元）	项目进展阶段	签约时间
万山区贵山湖旅游综合体开发项目	上海春中自动化科技有限公司	文化、体育和娱乐业	万山区	16000	3050	开工在建	2021 年 6 月
万山区梵与凡轻奢酒店项目	江西楚越建筑工程有限公司	住宿和餐饮业	万山区	3000	3000	已投产	2021 年 2 月
万山区青香谷农旅融合项目	深圳百年农旅发展有限公司	文化、体育和娱乐业	万山区	80000	13260	开工在建	2021 年 9 月
万山区仁山公园仁义天街广场项目	中国华西企业有限公司	租赁和商务服务业	万山区	60000	16000	已投产	2021 年 9 月
万山区致金达朱砂生产加工项目	东莞市汇来复合材料科技有限公司	制造业	万山区	2000	2000	已投产	2021 年 8 月
万山区万山红大酒店项目	广东铭鸿商务有限公司	住宿和餐饮业	万山区	22000	200	开工在建	2021 年 9 月
铜仁市万山区假日酒店项目	深圳市爱施德股份有限公司	住宿和餐饮业	万山区	40000	40000	已投产	2021 年 9 月
万山区巴塞罗酒店项目	深圳中电投资股份有限公司	住宿和餐饮业	万山区	40000	35220	已投产	2021 年 9 月
万山区亚朵酒店项目	长沙芸风酒店有限责任公司	住宿和餐饮业	万山区	30000	16300	开工在建	2021 年 6 月
万山区金鳞商业广场项目	广东百人会投资发展有限公司	租赁和商务服务业	万山区	100000	33000	已投产	2021 年 8 月
万山区赫柏希音酒店项目	深圳市中成发实业发展有限公司	住宿和餐饮业	万山区	35000	1450	已投产	2021 年 8 月
万山区朱砂交易中心项目	广州安特艺术有限公司	批发和零售业	万山区	3000	3000	已投产	2021 年 6 月
万山区丹之灵朱砂生产加工项目	广州市启航文化传播有限公司	制造业	万山区	1000	1000	已投产	2021 年 7 月
万山区丹豪朱砂生产加工项目	广东泓远达商业投资有限公司	制造业	万山区	2000	2000	已投产	2021 年 7 月
万山区红方德胜朱砂生产加工项目	广州广渡雕塑工程有限公司	制造业	万山区	2000	2000	已投产	2021 年 6 月
万山区丹香本草朱砂生产加工项目	深圳前海雄信投资有限公司	制造业	万山区	1000	1000	已投产	2021 年 5 月
万山区九宜城米乐橙文化娱乐项目	李执笔（湖南客商）	住宿和餐饮业	万山区	5000	5000	已投产	2021 年 6 月
万山区九宜城温德姆酒店项目	付鑫（广东客商）	住宿和餐饮业	万山区	32000	32000	已投产	2021 年 7 月
万山区思培特健身中心项目	柳雄飞（湖南客商）	文化、体育和娱乐业	万山区	2800	2800	已投产	2021 年 6 月
万山区汇来朱砂生产加工项目	广州汇来朱砂饰品有限公司	制造业	万山区	1500	1500	已投产	2021 年 6 月
万山区皓鸿朱砂生产加工项目	中山市兆禾智能科技有限公司	制造业	万山区	1500	1500	已投产	2021 年 6 月
万山区朱砂画制造项目	深圳市刀画一绝艺术有限公司	制造业	万山区	600	600	已投产	2021 年 5 月

续表 26

项目名称	投资方	行业	建设地所属区县	约定投资总额（万元）	是年累计到位资金（万元）	项目进展阶段	签约时间
万山区丹都朱砂生产加工项目	深圳市立华环保科技有限公司	制造业	万山区	1000	1000	已投产	2021 年 5 月
万山区红天下朱砂生产加工项目	深圳市伟宏兴业科技有限公司	制造业	万山区	2000	2000	已投产	2021 年 4 月
万山区广东客商朱砂压膜生产项目	东莞市天茂硅胶有限公司	制造业	万山区	800	800	已投产	2021 年 4 月
万山区朋远商务酒店项目	武汉市崇尚通商务服务有限公司	住宿和餐饮业	万山区	5000	30	已投产	2020 年 7 月
万山区异国印象·假日酒店项目	湖南瑞尔酒店管理有限公司	住宿和餐饮业	万山区	42000	7630	开工在建	2020 年 5 月
万山区凯宾斯基酒店及旅游服务配套项目	四川德蓉房地产开发有限公司	住宿和餐饮业	万山区	200000	15830	已投产	2019 年 1 月
贵州万山婚庆文化主题公园项目	张琳（湖南客商）	文化、体育和娱乐业	万山区	5000	1000	开工在建	2019 年 1 月
万山仁山五星级酒店项目	重庆宗颐房地产开发有限公司	住宿和餐饮业	万山区	50000	6450	开工在建	2018 年 1 月
江口县涧边小院民宿项目	茂名市国旅国际旅行社有限公司	住宿和餐饮业	江口县	1000	350	已投产	2021 年 4 月
江口县梵净山书香世家酒店建设项目	书香酒店投资管理集团有限公司	住宿和餐饮业	江口县	30000	4150	开工在建	2021 年 8 月
江口县壹品足道投资建设项目	重庆金香大健康管理有限公司	文化、体育和娱乐业	江口县	5000	5000	已投产	2021 年 7 月
江口县梵净山“半山归宿”民宿投资项目	深圳艳屏科技有限公司	住宿和餐饮业	江口县	500	200	已投产	2021 年 7 月
江口县大唐足疗城投资项目	深圳市科利尔医生集团有限公司	文化、体育和娱乐业	江口县	2000	600	已投产	2021 年 7 月
江口县好声音 KTV 投资项目	深圳昱盼电子科技有限公司	文化、体育和娱乐业	江口县	3000	400	已投产	2021 年 6 月
江口县“苗家土酒馆”酒楼建设项目	广州联丰香料科技有限公司	住宿和餐饮业	江口县	1200	400	已投产	2021 年 6 月
江口县官和传统村落开发投资建设项目	曾楚娟（广东客商）	居民服务、修理和其他服务业	江口县	13000	0	开工在建	2021 年 6 月
江口县民宿饰品生产加工项目	潘雪锋（重庆客商）	制造业	江口县	800	550	已投产	2021 年 6 月
江口县梵净印象主题餐饮项目	北京涵林嘉业科技中心	住宿和餐饮业	江口县	1500	1500	已投产	2021 年 6 月
江口县太平镇大河边精品民宿建设项目	苏州栖云酒店管理有限公司	住宿和餐饮业	江口县	8000	4500	开工在建	2021 年 6 月
江口县一百超市购物中心项目	庄小军（福建客商）	批发和零售业	江口县	4000	4000	已投产	2021 年 5 月
江口县昊黔茶缘民宿酒店项目	谢桥秀（广东客商）	住宿和餐饮业	江口县	1000	1000	已投产	2021 年 6 月
江口县酒店用品洗涤服务项目	中山市杰高纺织制衣有限公司	租赁和商务服务业	江口县	2000	2000	已投产	2021 年 4 月
江口县智慧停车项目	深圳中飞智合科技有限责任公司	租赁和商务服务业	江口县	32000	15500	开工在建	2021 年 3 月

续表 26

项目名称	投资方	行业	建设地所属区县	约定投资总额（万元）	是年累计到位资金（万元）	项目进展阶段	签约时间
江口县“净山壹牛”酒楼投资建设项目	叶献弟（浙江客商）	住宿和餐饮业	江口县	1500	400	已投产	2021年2月
江口县悦来雅居酒店建设项目	东莞市年丰五金制品有限公司	住宿和餐饮业	江口县	6000	4900	开工在建	2020年12月
江口县梵彧楠民宿酒店投资项目	叶赵荣（福建客商）	住宿和餐饮业	江口县	800	400	已投产	2020年12月
江口维也纳智好酒店建设项目	深圳龙之谷科技有限公司	住宿和餐饮业	江口县	2300	470	已投产	2020年11月
江口县梵江印象酒店建设项目	深圳市图恩光电科技有限公司	住宿和餐饮业	江口县	1000	450	已投产	2020年11月
江口县“群山之心”诗歌精品民宿项目	广州翁台酒店管理有限公司	住宿和餐饮业	江口县	5000	2500	已投产	2020年5月
玉屏侗族自治县田坪镇侗乡风情园景区灯光秀项目	张松（山东客商）	文化、体育和娱乐业	玉屏自治县	1000	1000	已投产	2021年5月
玉屏县温泉拓展基地建设项目	舒爱国（河北客商）	文化、体育和娱乐业	玉屏自治县	5000	5000	已投产	2021年1月
玉屏县茶花泉户外活动中心项目	深圳市未来之星实业有限公司	文化、体育和娱乐业	玉屏自治县	5000	5000	已投产	2021年5月
玉屏侗族自治县云起小镇运营管理项目	深圳市好运之城投资发展有限公司	居民服务、修理和其他服务业	玉屏自治县	9000	9000	已投产	2021年2月
玉屏县童子营户外体验项目	深圳市童子营教育咨询有限公司	文化、体育和娱乐业	玉屏自治县	30000	5000	已投产	2020年5月
玉屏县平溪古镇旅游开发二期建设项目	周一清（江西客商）	文化、体育和娱乐业	玉屏自治县	60000	30000	已投产	2020年1月
石阡县希尔顿欢朋酒店项目	峰辉控股集团（海口）有限公司	住宿和餐饮业	石阡县	30000	30000	已投产	2021年7月
石阡县溪山行旅酒店建设项目	任春（四川客商）	住宿和餐饮业	石阡县	3000	3000	已投产	2021年2月
石阡县泉都旅游大酒店项目	智维华科技（深圳）有限公司	住宿和餐饮业	石阡县	15000	3000	开工在建	2020年7月
石阡县雀果旺农旅康养项目	深圳市雀果旺电子科技有限公司	文化、体育和娱乐业	石阡县	30000	19500	已投产	2021年3月
石阡县鸳鸯湖景区综合开发项目	绿地控股集团股份有限公司	文化、体育和娱乐业	石阡县	50000	20000	已投产	2020年1月
印江县生态茶旅建设项目	广州日安烟具有限公司	制造业	印江自治县	5000	5000	已投产	2021年9月
印江县农旅一体化建设项目	惠州市大石头园林绿化工程有限公司	文化、体育和娱乐业	印江自治县	5000	5000	已投产	2021年7月
印江县胡家沟旅游休闲度假项目	东莞市欣昊辰家具材料有限公司	文化、体育和娱乐业	印江自治县	5000	5000	已投产	2021年7月
印江县九街文化休闲娱乐项目	东莞市利源皮业有限公司	文化、体育和娱乐业	印江自治县	2200	2200	已投产	2021年7月
印江县文化旅游休闲娱乐产业项目	深圳市白兰鸽文化传播有限公司	文化、体育和娱乐业	印江自治县	2000	2000	已投产	2021年5月

续表 26

项目名称	投资方	行业	建设地所属区县	约定投资总额（万元）	是年累计到位资金（万元）	项目进展阶段	签约时间
印江自治县毛绒玩具生产加工项目	郁南县银辉玩具有限公司	制造业	印江自治县	2000	2000	已投产	2021 年 4 月
印江县藤编加工户外休闲用品项目	佛山市南海区益银金属制品厂	制造业	印江自治县	3000	3000	已投产	2021 年 3 月
印江县东城一号天润发购物中心项目	李西益（浙江客商）	居民服务、修理和其他服务业	印江自治县	3000	3000	已投产	2021 年 3 月
印江自治县年产 30 万套藤编户外休闲用品项目	台州市金能达工艺品有限公司	制造业	印江自治县	2000	2000	已投产	2021 年 2 月
印江自治县天堂温泉项目	太鼎投资（上海）有限公司	水利、环境和公共设施管理业	印江自治县	2000	2000	已投产	2021 年 1 月
印江县大圣墩景区客运索道建设项目	中惠旅智慧景区管理股份有限公司	文化、体育和娱乐业	印江自治县	25000	440	已投产	2020 年 4 月
贵州省印江县大唐风电开发项目	中国大唐集团公司	电力、热力、燃气及水生产和供应业	印江自治县	130000	7858	开工在建	2019 年 8 月
印江自治县朗溪镇大生态农旅综合开发建设项目	深圳天强投资发展有限公司	农业	印江自治县	5000	1000	已投产	2018 年 6 月
印江自治县盘龙生态农旅基地建设项目	瑞昌市洪一红色旅游发展有限公司	文化、体育和娱乐业	印江自治县	5000	1100	已投产	2018 年 4 月
印江自治县川岩农旅一体化建设项目	重庆冬润果蔬产业发展有限公司	农业	印江自治县	10000	4000	已投产	2018 年 4 月
印江自治县合水镇农旅一体化生态农业观光园建设项目	重庆石柱农旅融合发展集团有限公司	农业	印江自治县	4000	1000	已投产	2018 年 4 月
印江自治县洋溪茶旅一体化建设项目	深圳市合正文化旅游有限公司	农业	印江自治县	20000	6800	已投产	2018 年 4 月
印江县柏联温泉酒店建设项目	云南柏联酒店管理有限公司	住宿和餐饮业	印江自治县	6000	1500	开工在建	2019 年 4 月
印江自治县岩底寨片区棚户区改造及温泉文化旅游小镇项目	湖南万润控股集团有限公司	文化、体育和娱乐业	印江自治县	200000	7854.9	开工在建	2018 年 2 月
印江自治县“山屿涧·木黄红色旅游小镇”养生度假区建设项目	厦门三龙基业有限公司	文化、体育和娱乐业	印江自治县	100000	11368	开工在建	2018 年 1 月
思南县星之源观澜商业购物中心建设项目	江西星之源实业有限公司	批发和零售业	思南县	80000	23957	已投产	2021 年 9 月
思南县香间云梦酒店建设项目	江西华恒企业管理有限公司	住宿和餐饮业	思南县	8800	1500	已投产	2021 年 9 月
思南县白鹭湖假日酒店建设收购扩建项目	福建省南安市冠金石业有限公司	住宿和餐饮业	思南县	5000	2800	已投产	2021 年 8 月
思南县康乐天地康养中心建设项目	广东恒昌建设集团有限公司	居民服务、修理和其他服务业	思南县	2500	320	已投产	2021 年 8 月
思南县优程酒店建设项目	广西优程酒店管理有限公司	住宿和餐饮业	思南县	3000	1500	开工在建	2021 年 5 月
思南县维也纳酒店建设项目	维也纳酒店有限公司	住宿和餐饮业	思南县	4000	2000	开工在建	2021 年 4 月

续表 26

项目名称	投资方	行业	建设地所属区县	约定投资总额（万元）	是年累计到位资金（万元）	项目进展阶段	签约时间
思南县山居图大酒店建设项目	上海昂翔国际旅行社有限公司	住宿和餐饮业	思南县	5000	5000	已投产	2021 年 5 月
思南东创文化休闲娱乐中心项目	郝胜（四川客商）	文化、体育和娱乐业	思南县	5000	5000	已投产	2021 年 4 月
德江县尚客优连锁酒店建设项目	杨霞（广东客商）	住宿和餐饮业	德江县	5000	5000	已投产	2021 年 6 月
德江县蜂园及蜂产品加工厂建设项目	高要区南岸罗永飞建筑材料经营部（广东客商）	农业	德江县	18000	1000	已投产	2021 年 4 月
德江县山里坊傩魂原浆酒厂建设项目	广东三友酿酒股份有限公司	制造业	德江县	8000	8000	已投产	2021 年 5 月
德江县户外露营用品生产建设项目	中山凯华露营帐篷有限公司	制造业	德江县	4500	4500	已投产	2021 年 5 月
德江县冯英高端茶叶种植及加工建设项目	冯英（上海客商）	制造业	德江县	5000	5000	已投产	2021 年 1 月
德江县鑫云茶叶加工及养种植业建设项目	田维安（广东客商）	制造业	德江县	8000	8000	已投产	2021 年 1 月
德江县聚富茶叶种植加工建设项目	昆明驰音商贸有限公司	制造业	德江县	8000	8000	已投产	2021 年 1 月
德江县乌江旅游项目	江苏华韶建设有限公司	文化、体育和娱乐业	德江县	100000	16984	已投产	2020 年 3 月
德江县茗芽农业旅游开发建设项目	周建军（浙江客商）	农业	德江县	38000	3600	已投产	2018 年 3 月
沿河县中寨镇茶旅文化园区建设项目	中建投农业科技（南京）有限公司	农业	沿河自治县	12000	2000	开工在建	2021 年 11 月
沿河县琳琳大酒店建设项目	东莞市平源纺织品有限公司	住宿和餐饮业	沿河自治县	12000	8000	开工在建	2021 年 10 月
沿河县黄土镇精品水果产业观光园建设项目	吴国顺（重庆客商）	林业	沿河自治县	3000	2350	开工在建	2021 年 7 月
沿河县马脑锦河水上乐园建设项目	广州锦河通信科技有限公司	文化、体育和娱乐业	沿河自治县	5000	3340	已投产	2021 年 7 月
沿河县民俗大酒店建设项目	赵君（广东客商）	住宿和餐饮业	沿河自治县	5000	5000	已投产	2021 年 6 月
沿河县黑水镇梨子产业园建设项目	中国五矿集团有限公司	林业	沿河自治县	4000	4000	已投产	2021 年 6 月
沿河县虎老岩生态园林旅游建设项目	佛山市百花商业经营管理有限公司	文化、体育和娱乐业	沿河自治县	4000	4000	已投产	2021 年 6 月
沿河县康养服务中心综合建设项目一期工程	深圳紫金港健康投资管理有限公司	居民服务、修理和其他服务业	沿河自治县	28000	22600	开工在建	2021 年 6 月
沿河县劳联村农旅综合体基地建设项目	真功夫餐饮管理有限公司	农业	沿河自治县	4000	4000	已投产	2021 年 4 月
沿河县大秦王朝康养综合体建设项目	申腾飞（湖南客商）	文化、体育和娱乐业	沿河自治县	5000	5000	已投产	2021 年 2 月
沿河县洪渡镇温泉民俗大酒店建设项目	田冬钗（重庆客商）	住宿和餐饮业	沿河自治县	3000	1000	开工在建	2019 年 9 月

续表 26

项目名称	投资方	行业	建设地所属区县	约定投资总额（万元）	是年累计到位资金（万元）	项目进展阶段	签约时间
松桃将相名门小区开发建设项目	南京长茂园林工程有限公司	房地产业	松桃自治县	60000	13480	已投产	2021 年 9 月
松桃九龙湖高端酒吧建设项目	广西高大投资有限公司	文化、体育和娱乐业	松桃自治县	6000	200	开工在建	2021 年 1 月
松桃正大蚩尤谷综合开发项目	廖国兵（广东省客商）	文化、体育和娱乐业	松桃自治县	25000	65	开工在建	2021 年 1 月
合计				2350300	749404		

【旅游景区建设】 2021 年，铜仁市新增旅游景区 8 个，截至 12 月，有国家 A 级旅游景区 29 家，其中，AAAAA 级 1 家，AAAA 级 12 家，AAA 级 15 家，AA 级 1 家。铜仁梵净山旅游区、铜仁石阡温泉景区获评 2021 武陵山十大精品景区；铜仁松桃苗王城景区、铜仁碧江区大明边城景区获评武陵山十佳文旅融合景区。

表 27　2021 年铜仁市 A 级景区一览表

区县	旅游景区名称	质量等级
江口	铜仁市梵净山旅游景区	AAAAA
碧江	铜仁市碧江大明边城景区	AAAA
万山	铜仁市万山朱砂古镇景区	AAAA
万山	铜仁万山九丰农业博览园	AAAA
江口	铜仁市江口亚木沟生态旅游区	AAAA
江口	铜仁市江口云舍旅游景区	AAAA
玉屏	铜仁市玉屏侗乡风情园旅游景区	AAAA
石阡	铜仁市石阡夜郎古泉旅游景区	AAAA
思南	铜仁市思南温泉—石林旅游景区	AAAA
德江	铜仁市德江武陵陶源旅游景区	AAAA
沿河	铜仁市沿河乌江黎芝峡旅游景区	AAAA
沿河	铜仁市沿河南庄旅游景区	AAAA
松桃	铜仁市松桃苗王城旅游景区	AAAA
碧江	铜仁市碧江区中南门历史文化旅游区	AAA
碧江	铜仁市碧江区红董旅游景区	AAA
碧江	铜仁市碧江百花渡旅游景区	AAA
江口	铜仁市江口农夫山泉工业旅游区	AAA
玉屏	铜仁市玉屏茶花泉旅游景区	AAA
石阡	铜仁市石阡楼上旅游景区	AAA
石阡	中国·石阡佛顶山温泉小镇旅游景区	AAA
思南	铜仁市思南郝家湾旅游景区	AAA
印江	铜仁市印江自治县大圣墩旅游景区	AAA
印江	印江博物馆旅游景区	AAA
德江	铜仁市德江白果坨湿地公园旅游景区	AAA
德江	铜仁市德江五彩洋山河旅游景区	AAA
德江	德江枫香溪会议会址旅游景区	AAA

续表 27

区县	旅游景区名称	质量等级
德江	德江县黔北工委旅游景区	AAA
松桃	铜仁市松桃潜龙洞旅游景区	AAA
玉屏	玉屏凉庭寨旅游景区	AA

（市文体广电旅游局　罗　靖）

【旅游资源经营权转移】 2021 年 9 月，铜仁市委、市政府印发《铜仁市整合文化旅游资源资本助推国有文旅企业实体化转型工作方案》，整合梵净山、锦江河至铜仁主城区旅游观光带及中南门历史文化旅游区、九龙洞等优势旅游资源。10 月，将梵净山的经营权从梵管局划出，整体移交给古邑集团进行集中统一经营，同步将贵州武陵景区管理有限公司的股权及资产整体划转至梵净古邑集团；10 月 19 日，将原交旅集团旗下梵泰文旅公司人员整体划转至梵净古邑集团。

（市金融和国资中心　龙文杰）

【"步行街经济""夜经济"产业集聚区建设】 2021 年，铜仁市建成集"乡愁故园""文化家园""旅居乐园"于一体的省级夜间文旅消费集聚区——中南门历史文化旅游街区。依托中山街，在保留现有早餐店、理发店、茶馆等业态的同时，植入当铺、客栈、酒馆等老行当，再现老铜仁生活场景，展现铜仁乡愁记忆；依托东山巷，通过招商落位江口米豆腐、木黄米豆腐、铜仁盘子粉、印江绿豆粉、思南花甜粑、油粑粑、沿河糯米包子、铜仁老冰棍、社饭等特色小吃，展示铜仁老味道；依托地方文化，展现抹茶、傩面具、朱砂工艺品、箫笛、龙凤花烛、苗族银饰、蜡染、"梵净山珍·健康养生"系列农特产品等铜仁特色元素，包装生产系列伴手礼，使其成为具有地域标签的旅游商品。发展消费经济，招商落位南京同仁堂、希尔顿惠庭、碧桂园凤颐、海底捞、上合花园音乐餐吧、繁花音乐酒吧、多彩忆境民宿、扬帆荟港式餐饮、马记清真食府、重庆舒家大院老火锅等商户，涉及品牌酒店、特色餐饮、医养康养等满足吃住行游购娱系列产品形态，同时打造"吃遍贵州"的大食府，引入贵州 88 个县（区、市）旅游特色小吃，让游客能够"吃遍贵州"。此外，还以动感慢摇吧、主题音乐酒吧、原创音乐民谣酒馆、音乐餐吧等形态，带动夜经济产业集聚，依托锦江打造"夜游锦江"项目，让游客在画舫、游艇、小船中感受铜仁夜生活文化。

［市档案馆（市地方志办）　周唯伟］

由年轻人线下社交时尚潮流聚集地形成多元化的"夜间经济"，正成为新的城市文化和新的经济增长点。图为省级夜间文旅消费集聚区——中南门历史文化旅游街区（市委宣传部　供图）

旅游业态

【红色旅游】 2021 年，铜仁市有重要革命遗址 336 处，属全国重点文物保护单位 6 处 24 个文物点，省级文物保护单位 61 处，革命类博物馆（纪念馆、陈列馆）8 个。印江木黄会师纪念地、石阡县红二六军团革命遗址、碧江区周逸群烈士故居入选全国红色旅游经典景区。组织区县向文旅部申报 7 条红色文化旅游精品线路。全市全年红色旅游接待人数 148.28 万人。

【康养旅游】 2021 年，铜仁市开发利用康养旅游项目 8 个，分别是碧江区锦江温泉宾馆、九龙洞温泉、坝黄七姊妹山温泉，石阡县城南温泉、中坝温泉，思南县九天温泉、悬崖温泉，沿河自治县思洲温泉。围绕四季文化旅游，根据铜仁四季气候特点，发布铜仁四季康养旅游攻略。春季发布旅游线路 10 条和春赏花旅游攻略，指导举办碧江第五届瓦屋油菜花观光月活动、江口首届油菜艺术节、印江第九届梵净山杜鹃花节、沿河第十一届李花节等

周逸群烈士故居(市委宣传部　供图)

活动。夏季打造避暑线路,依托万山高楼坪,玉屏侗乡风情园,石阡尧上,印江团龙、云上居等村寨凉爽气候、田园风光等资源,发布锦江水域风情之旅、环梵净山精品旅游环线、“梵净山水”城市近郊休闲游、“乌江画廊”山水田园乐游、‘炫彩铜仁”民俗文化体验游等旅游线路20条。挖掘秋冬文化旅游资源,开展“私家定制·风口上的多彩贵州”论坛、“梵净山下康养旅游之夜”直播活动,宣传推介铜仁文化旅游资源。依托梵净山、石阡温泉、佛顶山、朱砂古镇、中南门历史文化旅游区等景区推出秋冬季文化旅游线路。

(市文体广电旅游局　罗　靖)

【生态旅游】 2021年,铜仁市以梵净山为重点,打造铜仁生态旅游,通过对梵净山的生态管理,推动全市生态旅游发展。起草《关于接管梵净山武陵景区管理有限公司的工作方案》《梵净山生态旅游区过渡期运营管理工作方案》《梵净山景区运营管理及财务运行流程图》等文件,明确景区接管工作任务、工作职责及操作流程,规范景区运营管理;聘请三特旅业公司10名高级管理人员从事经理层工作,保持一体化组织架构和管理模式;配合选派的4名业务骨干开展运营管理工作,保障接管期间景区运转。梵净山景区全年游客接待量约120万人,与2020年同期相比游客入园人数增长约10%,旅游收入增长约20%。按照梵净山景区每日10475人次的最大承载量和疫情防控“预约、限流、错峰”要求,引导游客扫码、测温、戴口罩入园,保持间距,确保疫情防控安全。控制日游客入园量,实行线上提前3天预约实名制分时售票和实名制入园,避免游客长时间排队,提升游客体验感和景区美誉度。梵净山发生各种投诉及网络舆情100余件,主要集中反映在“景区管理”“景区票务管理”“景区排队”等方面,景区公司完成处置。对景区支出3万元以上项目报梵净山管理局审批,梵净山管理局党委研究50余件有关景区的重大事项,并针对景区经营管理中出现的问题,提出工作建议,起草20余份书面意见回复景区企业。

(贵州梵净山管理局　石　磊)

【乡村旅游】 2021年,铜仁市增加乡村旅游村寨、农家乐、客栈353家。全市有开展村寨旅游的村寨131个,其中,甲级1家,乙级51个,标准级79个,有客栈58个(优品级25个,标准33个),经营户(农家乐)164个(四星级40个,三星级124个)。

全市接待乡村旅游总人数4251.54万人次,实现综合收入215.09亿元。其中,碧江区接待乡村旅游总人数615.61万人次,实现综合收入20.67亿元;万山区接待乡村旅游总人数315.87万人次,实现综合收入7.44亿元;江口县接待乡村旅游总人数709.65万人次,实现综合收入41.34亿元;玉屏自治县接待乡村旅游总人数234.04万人次,实现综合收入12.65亿元;石阡县接待乡村旅游总人数553.3万人次,实现综合收入24.9亿元;印江自治县接待乡村旅游总人数608.33万人次,实现综合收入42.49亿元;思南县接待乡村旅游总人数202.84万人次,实现综合收入11.94亿元;德江县接待乡村旅游总人数239.65万人次,实现综合收入10.64亿元;沿河自治县接待乡村旅游总人数246.38万人次,实现综合收入11.34亿元;松桃自治县接待乡村旅游总人数525.87万人次,实现综合收入31.68亿元。

(市文体广电旅游局　罗　靖)

【文化旅游】 2021年,铜仁市强化文化引领,推进文化事业和旅游产业深度融合,以承办2021年全省旅游“两会”为契机,推进中南门历史文化旅游区创建文化事业与旅游产业融合发展试点工作。制定《关于支持中南门历史文化旅游区创建文化事业与文化产业融合发展试点的工作方案》,实施文化事业和文化产业项目进古城,谋划文庙、飞山宫、古城墙、苏铜文化交流中心、王芳工作室等48个文化事业和产业融合发展项目;在陈公馆设立铜仁市美术馆,经省文化和旅游厅、文化和旅游部审批通过,纳入2022年免费开放中央补助资金范围。将公共文化服务向景区延伸,先后组

9月20日，在中南门历史文化旅游街区上演的“非遗”文化活动表演

（杨　雄　摄影）

织200余支文艺队伍在景区开展音乐文化沙龙等20项文化展示活动、1000余场次文化活动，出动演员1万余人次，吸引100余万游客观看；将市文化馆整体搬迁到中南门历史文化旅游区文庙，开展舞蹈、音乐、美术、书法培训、阅读讲座等免费开放服务，并围绕儒家文化创始人孔子、铜仁本土历史文化名人田秋等开展沉浸式文化艺术表演活动；举办为期8个月的苏铜评弹艺术培训班，培养评弹学生42人，在飞山宫和苏铜文化交流中心开展评弹演出32场次。

发挥文化品牌带动效益。依托“梵天净土·桃源铜仁之‘春潮涌动’‘激情仲夏’‘金秋武陵’‘隆冬畅想’”四季公共文化服务品牌，组织引导全市群众文化队伍、梵净山歌舞团等文艺院团在全市景区开展驻场演出，丰富景区业态，提升旅游内涵。松桃苗王城景区、大明边城景区获评武陵山十佳文旅融合景区。同时，以二十四节气和春节、中秋、重阳等传统节日为时间节点，打造“我们的节日”系列品牌文化惠民活动，端午节期间，在梵净山举办“我们的节日·云读山水”——公共文化进景区走进梵净山系列品牌文化活动，抖音、快手、微信等平台播放量200余万人次。

以黔金丝猴为品牌形象，打造“毛弟”购物新IP，针对铜仁的“吃货”和文创进行产品开发、设计、包装并通过专业策划宣传，推出一批文化旅游区游客必备的旅游伴手礼品牌。截至12月，完成自主设计文创商品317款，打样生产173款，投入销售77款。

（市委宣传部）

【民族特色民族风情旅游】2021年，铜仁市10个少数民族特色村寨打造为AAA级景区，13个民族村寨列入贵州省乡村旅游村寨名单，144个民族村寨列入贵州省乡村旅游扶贫重点村名单。建设朱砂古镇、楼上古寨、苗王城、云舍、尧上民族文化村等生态人文景观旅游区；德江傩戏、石阡木偶戏、思南花灯戏、沿河肉莲花等民族民俗文化名片。

（市民宗局　杨国林）

旅游宣传与推介

【区域合作】2021年，铜仁市文体广电旅游局与东莞市文化广电旅游体育局进行4次交流互访，就组织推动东莞和广东旅游行业协会、旅行社组织到铜开展踩线活动，在文旅资源和产品进行宣传推广方面等达成合作协议；11月24—26日，东莞市康辉、东旅、青旅等旅行商组团到铜仁市考察。加强与江西红色旅游合作，到江西南昌、赣州进行考察，洽谈双方红色+绿色文化旅游合作，与江西旅游科技集团签署合作协议。加强与武陵山区域文旅交流协作。先后到湖南省张家界市永定区、桑植县等地进行学习考察，重庆市文化和旅游委员会、湖南张家

在民族特色旅游中，苗王城景区摆下苗族长桌宴（翁俊华　摄影）

界市文化旅游广电体育局率队到铜仁市交流考察；5月26—28日，全市文旅系统、重点景区和文旅企业30余人到重庆武隆参加2021中国武陵文旅峰会。与安顺市进行省内跨区域文旅合作，按照两市党政代表团互访会议精神开展交流互访，拟定两市文化旅游合作协议，就建立交流合作长效机制、共同策划两地精品旅游线路、联合开展旅游宣传营销活动加强旅游商品互进互推加强两地文化合作交流达成合作共识，同时指导两市核心景区和重点旅行社拟定合作协议。

【城市名片打造】 2021年，铜仁市围绕"中国最美生态康养旅游名城"城市名片，开展春节文化旅游宣传推介，推出"文化进万家、民俗拜大年"系列民俗文艺展演，"文化进万家、红火铜仁年"的铜仁新春文旅云展，"春节七天乐、欢乐运动年"系列线上线下文体活动，"红红火火"庆百年等系列线上文化旅游活动。铜仁年味思南花甜粑、万山红粑粑、玉屏罐罐油茶、土石阡糍粑酸鱼刨汤肉敬老宴，分别在中央广播电视总台《新闻联播》《经济信息联播》"生活圈""年味不缺席·云上过除夕""味道"播出。完成省旅游"两会"、"私家定制·风口上的多彩贵州"论坛、"梵净山下康养旅游之夜"直播活动。

【旅游宣传】 2021年，铜仁市在省文化和旅游厅主办组织下，先后到武汉、广州、重庆、济南、南京开展旅游宣传推介活动，通过推介会、播放宣传片、发放宣传资料、展板展示、文艺演出、产品展示、线路发布等多种方式对外宣传推介铜仁文化旅游产品。开展"私家定制·风口上的多彩贵州"论坛、"梵净山下康养旅游之夜"直播等秋冬文化旅游活动，宣传推介铜仁文化旅游资源。到莞举办"东莞人游铜仁"旅游推介会、依托东莞文化旅游各类宣传平台对铜仁城市形象、文旅资源和产品进行宣传推广。5月19日，时任铜仁市文体广电旅游局副局长赵霄鹏在2021"中国旅游日"东莞文旅主题系列活动启动仪式上作铜仁市文化旅游推介，向东莞市民发出邀请并发布旅游优惠政策优惠。

（市文体广电旅游局　罗　靖）

旅游公共服务

【旅游设施建设】 2021年，铜仁市有旅游客船56艘。其中，碧江区27艘（核定航线为清水桥至漾头电站、天生桥库区），石阡县3艘（核定航线为河闪渡—思林），思南县17艘（核定航线为石阡河闪渡—沿河淇滩及思林库区思南县境内支流），沿河自治县9艘（核定航线为思南—洪渡、沙沱—洪渡、思南—洪渡）。24个景区有客运车辆360辆，其中旅游直通车线路20条，直通车车辆119辆。

投入建设经费1072.26万元，建成省级示范性旅游厕所13座。截至12月，全市有旅游厕所521座，其中A级125座，AA级有230座，AAA有99座，覆盖所有景区及周边，初步实现"数量充足、干净无味、实用免费、管理有效"目标。

全市有旅游星级饭店26家，其中四星8家，三星17家，二星1家，其中碧江区有四星4家，三星5家，二星1家；万山区有三星1家；玉屏自治县有三星2家；石阡县有四星1家，三星1家；印江自治县有三星2家；思南县有三星1家；沿河自治县有四星1家，三星2家；松桃自治县有四星2家，三星3家。据公安系统反馈，全市有游客接待床位90626张，其中，碧江区21770张、万山区6021张、江口县15375张、玉屏自治县3992张、石阡县7708张、思南县7160张、印江自治县6772张、德江县6581张、沿河自治县5193张、松桃自治县10054张。

全市打造乡村精品民宿451家。碧江树蛙部落、江口梵溪小院被评为贵州十大特色民宿；江口姑苏小院被评为贵州特色民宿；江口姑苏小院、碧江壹街栖泊居被评为长征路上好民宿；石阡佛顶山村等10个村寨和江口姑苏小院等10家民宿入选中共铜仁市委宣传部与市文旅局共同开展的铜仁市"十佳乡村旅游点""十佳精品民宿"名单。

中南门古城内的精品民宿（市委宣传部　供图）

表 28　2021 年铜仁市民宿基本情况一览表

级别	评定时间	区　县	民宿名称	品牌
国家级	2019	碧江区	壹街栖泊居	民宿示范点
		万山区	隐园入画	
		江口县	梵溪小院	
		玉屏自治县	田坪松林月舍	
		石阡县	怡然居	
		思南县	东方馨元旅游休闲山庄	
		印江自治县	云上居	
		德江县	土家风情园	
		沿河自治县	霸王山庄	
		松桃自治县	世纪花园大酒店	
省级第一批	2020	碧江区	壹街栖泊居	
			树蛙部落	贵州长征路上好民宿
		江口县	姑苏小院	
			梵溪小院	贵州特色民宿
省级第二批	2021	万山区	朱砂古镇—放下云居	贵州特色民宿
		江口县	半山归宿别苑	贵州长征路上好民宿
			梵彧楠舍民宿	

（市文体广电旅游局　罗　靖　市交通局　熊梓涵）

【旅游咨询服务】 2021 年，铜仁市按照国家、省、市关于政务服务便民热线整合的工作要求，完成 12301（全国统一旅游资讯服务电话）、12318（文化市场举报电话）等旅游投诉咨询热线归并工作，整合归并市至“12345 政务服务便民热线”。由“12345 政务服务便民热线”统一接听文化和旅游领域的投诉、咨询、举报等工作。“12345 政务服务便民热线”收到市民和游客的投诉、咨询、求助等 32 件，全部按时办结，法定时限办结率 100%。

【智慧旅游】 2021 年，铜仁市推进大数据及智慧旅游工作。依托“一码游贵州”全域智慧旅游平台，围绕旅游行前、行中、行后三大环节，运行维护好“一码游贵州”铜仁专区。截至 12 月，全量采集铜仁吃、住、行、游、购、娱旅游要素信息，涵盖全市 A 级和非 A 级景区、乡村旅游、酒店、文化场馆、民族服饰、餐饮、民宿、精品路线、攻略指南等 2200 余条基础数据，覆盖游客在铜仁的门票预约、旅游咨询、公服定位、投诉建议等多项服务。“一码游贵州”铜仁专区访问量 3200 余万人次，入驻商家 1135 户，商品交易额 661 万元，为来铜仁市广大游客提供全方位、全流程智慧旅游服务，提升旅游科技水平，提高产品服务及智慧化水平，以数字化推动文化和旅游融合发展。建设智慧旅游平台。利用 2021 年国际山地旅游暨第十六届省旅发大会在铜仁召开的契机，围绕基于政府的智能管理，构建四大智慧旅游管理体系（智慧旅游行政管理体系、智慧旅游安全保障体系、智慧旅游信息咨询体系和舆情监测体系），同时完成铜仁市智慧旅游领导驾驶舱的搭建。项目由古邑集团实施，8 月 6 日上线试运行，9 月上线运行。申报大数据与实体经济融合省级标杆项目。结合全省“万企融合”大行动，推进文化旅游业数字化升级改造，2021 年申报松桃苗王城景区、铜仁市中南门历史街区智慧信息系统项目为“全省万企融合标杆项目”。推进 AAA 级以上旅游景区旅游实时数据向省级平台汇集整合。根据省级部门关于开展全省 AAAA 级以上景区实时数据暨 AAA 级景区视频数据对接工作要求，加快推进全市 AAAA 级旅游景区视频、门票、门禁和停车场等应用系统数据、AAA 景区视频系统与“云游贵州”全域智慧旅游服务平台的数据接入工作。全市 AAAA 级以上景区视频监控系统全部实现接入，AAAA 级旅游景区（收费）电子票务系统全部接入省级监管平台，全市 AAA 级景区视频监控系统数据实现部分接入，实现旅游数据资源汇集整合。

【旅游安全应急机制】 2021 年，铜仁市实施行业疫情常态化防控，建立健全组织机构，成立安全应急管理领导小组负责应急管理工作综合协调、组织、领导等工作。完善预警信息发布机制，在旅游旺季、节假日等重要时段，利用网络平台，协调景区、高速公路利用LED显示屏及时发布A级旅游景区相关信息。

（市文体广电旅游局　罗　靖）

旅游管理

【旅游市场培育】 2021年，铜仁市培育壮大市场主体。申报文旅基金，撬动金融资本和社会资本，为培训壮大市场主体提供资金支持。推进国有景区"三权分置"改革，整合文旅资源资本，助推国有文旅企业实体化转型，将市交旅投集团下属的文旅板块、梵净山武陵景区管理公司资源资产，整体划转到梵净古邑集团，组建全市文旅龙头企业，培育上市后备龙头企业。运用市场手段盘活存量，贵州吉阳旅游开发有限公司、石阡温泉投资开发有限公司2家企业列入贵州省上市挂牌后备企业资源库名单，石阡温泉投资开发有限公司纳入省级大健康创新发展工程重点龙头企业库，万山朱砂工业产业园纳入省级旅游商品基地支持建设。组织开展"四化项目"集中开工、集中观摩，推进文旅项目建设，增加文旅市场主体。推动业态转型升级。朱砂古镇申报AAAAA级旅游景区已由省文旅厅向国家文旅部推荐，推进中南门历史文化旅游区和印江大圣墩映美湖2个AAA级旅游景区创建工作，德江五彩洋山河AAAA级旅游景区景观质量完成评审，玉屏侗乡风情园、沿河南庄及德江乌江秘境3个拟创AAAA级旅游景区通过省级专家暗访。新增中南门历史文化旅游区为省级夜间文旅消费集聚区，新增"万山那个年代怀旧文化街"和中南门历史文化旅游街区为省级旅游休闲街区，新增江口县太平镇为全国乡村旅游重点镇，新增省级乡村旅游重点镇3家，省级重点特色酒店（民宿、客栈）9家，获全国特色旅游商品金奖、铜奖各1项。推进"流光溢彩夜贵州"品牌打造，开放中南门历史文化旅游街区，200余户家商家入驻，组织苗绣等非遗项目、文体项目展演展示，寨沙侗寨夜游项目、苗王城演艺项目等提质升级，夜间消费业态得到丰富。国庆长假期间，中南门历史文化旅游区、乡村振兴产业带——中国最美马拉松赛道等，成为铜仁文化旅游新热点，中南门历史文化旅游区日均入园5万人左右。玉屏天穆教育营地、无边际游泳池，朱砂古镇景区（彩虹滑道、步步惊心、天空之镜、萤火虫秘境），云舍景区提质等项目完成并投入运营。铜仁市2021年限上住宿业61家，规上娱乐业16家。

【旅行社管理】 2021年，铜仁市文体广电旅游局按照全国旅游监管服务平台流程操作，实行一个账号审批，一个账号复核，审批旅行社4家。截至2021年12月，全市有旅行社31家，其中，碧江区有16家，万山区有3家，江口县有5家，玉屏自治县、印江自治县、思南县、德江县各1家，沿河自治县2家。

表29　2021年铜仁市A级景区门票一览表

旅游景区名称	A级	是否收门票	门票价格（元）	优惠标准
铜仁市江口梵净山生态旅游景区	AAAAA	是	100或90	淡季90元，旺季100元
铜仁市碧江大明边城旅游景区	AAAA	是	免费	景区暂时免费开放
铜仁市德江武陵陶源旅游景区	AAAA	否	免费	景区暂时免费开放
铜仁市江口亚木沟旅游景区	AAAA	是	128	挂牌价128元，实际折后80元
铜仁市江口云舍旅游景区	AAAA	是	免费	
铜仁市石阡夜郎古泉旅游景区	AAAA	是	199	牌价199元，实际执行139元
铜仁市思南温泉——石林旅游景区	AAAA	是	1.（九天温泉）129元； 2. 石林景区门票挂牌价格：旺季80元，淡季60元	
铜仁市万山朱砂古镇旅游景区	AAAA	是	100	
铜仁市松桃苗王城旅游景区	AAAA	是	80	
铜仁市万山九丰农业博览园旅游景区	AAAA	是	40	
铜仁市沿河乌江黎芝峡旅游景区	AAAA	否	免费	暂时免费
铜仁市碧江百花渡旅游景区	AAA	是	100	

续表 29

旅游景区名称	A 级	是否收门票	门票价格(元)	优惠标准
铜仁市德江五彩洋山河旅游景区	AAA	是	45	
铜仁市德江白果坨湿地公园旅游景区	AAA	是	60	
铜仁市江口农夫山泉工业旅游景区	AAA	是	15	
铜仁市石阡楼上旅游景区	AAA	否	免费	
铜仁市思南郝家湾旅游景区	AAA	否	免费	
铜仁市松桃潜龙洞旅游景区	AAA	是	80	
铜仁市沿河南庄旅游景区	AAAA	否	免费	
铜仁市玉屏茶花泉旅游景区	AAA	否	免费	
铜仁市玉屏侗乡风情园旅游景区	AAAA	是	30	
铜仁市碧江中南门历史文化旅游景区	AAA	否	免费	
铜仁市碧江红董旅游景区	AAA	否	免费	部分经营项目收费
铜仁市印江大圣墩旅游景区	AAA	否	免费	部分经营项目收费
铜仁市印江博物馆旅游景区	AAA	否	免费	
铜仁市玉屏凉庭寨旅游景区	AA	否	免费	
铜仁市德江枫香溪会议会址旅游景区	AAA	否	免费	
铜仁市德江县黔北工委旅游景区	AAA	否	免费	
铜仁市石阡中国·石阡佛顶山温泉小镇旅游景区	AAA	是	198	

【从业人员培训及资格考试】 受疫情影响,2021 全国导游人员资格考试贵州考区(铜仁考点)工作推迟到 2022 年举行。通过举办 5 期传统工艺助推脱贫培训班和 5 期非遗扶贫就业工坊助推脱贫培训班,培训传承人群和易地扶贫搬迁群众 500 余人。举办 1 期全市旅游扶贫专题暨乡村旅游培训班。

【导游管理】 2021 年,铜仁市文体广电旅游局按照全国旅游监管服务平台流程操作相关导游审批业务,转发《省文化和旅游厅关于旅游团队实行电子行程单管理的通知》,组织导游入驻"贵州导游 App"监管平台,录入电子行程单,开展线上学习。建立导游工作交流群,发布工作通知、导游考试、优惠政策等相关信息。

【旅游饭店管理】 2021 年,市文体广电旅游局印发《关于开展全市标准星级饭店摸底工作的通知》,开展全市标准星级饭店摸底工作,确定培育对象。不定期会同相关区县按照《中国星级旅游饭店评定与划分》标准,对创星酒店进行现场指导,并下发关于加快推进星级饭店创建工作提示,督促相关区县完善相关创建资料。对区县创星酒店开展初评,截至 8 月,玉屏自治县完成创建目标,新增三星级酒店 1 家,8 月 23 日市星评委到印江自治县创星酒店开展初评,截至 12 月酒店尚在整改,其他区县创建工作正在推进。

【旅游市场秩序专项整治】 2021 年,铜仁市根据《省旅游发展和改革领导小组关于印发〈贵州省旅游市场专项整治工作方案〉的通知》,印发《铜仁市旅游市场专项整治工作方案》。对不合理低价游、非法旅游购物、旅游客运车辆非法行为以及旅游市场中的强迫交易、诈骗、敲诈、涉黑涉恶等违法犯罪行为进行重点打击。分别于 7 月 23 日和 7 月 27 日组织市直各相关部门、各区县文体广电旅游局相关工作负责人,召开《铜仁市旅游市场专项整治工作推进会》对专项整治工作进行动员。印发《铜仁市旅游发展和改革领导小组办公室关于开展铜仁市"五一"劳动节前旅游市场秩序和安全生产综合整治工作的通知》。4 月 13—26 日,组织铜仁市市场监管、交通运输、公安、文体广电旅游、应急管理、税务 6 家部门,由各单位县级干部带队,重点针对旅行社不合理低价游、零负团费、无证经营,导游人员胁迫诱导购物、收受回扣,A 级旅游景区倒卖门票、拦截旅游车辆,星级旅游饭店不诚信经营,互联网上网服务营业场所和歌舞娱乐场所提供私服外挂、淫秽色情内容服务，旅游购物场所欺客宰客、强买强卖、偷税漏税，旅游客运车辆违法经营等违法违规行为进行联合检查。特别是对玻璃栈道安全问题进行重点检查。出动执法检查人员200余人次，检查企业和单位70余家，发现问题90余个，相关问题全部整改完毕。印发《铜仁市旅游发展和改革领导小组办公室关于开展“国庆、中秋”节前旅游市场秩序和安全生产综合整治的通知》。9月15—28日，市文体广电旅游局联合市市场监管局、交通运输局、公安局、文体广电旅游局、应急管理局、税务局，开展全市旅游市场多部门联合整治行。对旅行社、A级旅游景区、星级旅游饭店、旅游购物场所、旅游汽车站等涉旅场所进行抽查。出动执法检查人员100余人次，检查中发现存在问题的企业和单位31家，发现问题66个。印发《关于开展铜仁市旅游市场专项整治调研工作的通知》。7月30日，市文体广电旅游局、市市场监督管理局、公安局、税务局、交通运输局、消防支队对碧江区、松桃自治县旅游购物场所、旅行社、A级旅游景区等旅游企业进行旅游市场专项整治工作检查。出动执法检查人员20余人次，检查企业7家，发现各类问题12个，现场完成相关整改问题反馈。

（市文体广电旅游局　罗　靖）

房地产业

房地产开发经营

【房地产市场开发】 2021年，铜仁市新增房地产开发项目46个，累计在库项目220个。新开工房屋施工面积275.16万平方米，竣工面积15.86万平方米，完成房地产投资211.8亿元，同比增速4.1%，排全省第五位。完成商品房销售面积405.24万平方米，其中现房销售面积33.77万平方米，期房销售面积371.47万平方米，同比下降3.94%，排全省第六位。商品房销售额1687986万元，其中现房销售额135485万元，期房销售额1552501万元。房地产单位从业人员劳动报酬增速19.9%，排全省第三位。

【房地产去库存】 2021年，铜仁市商品房库存1327.73万平方米，去化周期35.64个月。其中商品住宅库存577.85万平方米，占总库存的43.52%，去化周期19.61个月；商业用房库存749.88万平方米，占总库存的56.48%，去化周期115.73个月。中心城区商品房库存699.1万平方米，占全市库存的52.65%，去化周期45.64个月，高于全市10个月。其中商品住宅库存271.09万平方米，占全市住宅库存的46.91%，去化周期21.92个月，高于全市2.31个月；商业用房库存428.01万平方米，占全市商业库存的57.08%，去化周期145.04个月，高于全市29.31个月。

【房地产企业】 2021年，铜仁市有房开企业464家(二级资质房开企业48家，三级98家，四级78家，暂定级240家)，其中中心城区有房开企业102家(二级资质22家，三级29家，四级30家，暂定级21家)。

（市住建局　兰　建）

房地产中介和租赁

【房地产经纪机构检查】 2021年9月14日，铜仁市按照《省住房和城乡建设厅关于对房地产经纪机构开展“双随机、一公开”检查工作的通知》要求，对市区范围内取得营业执照的房地产经纪机构及分支机构，开展“双随机、一公开”检查工作。对机构的登记注册及备案管理情况、机构从业人员实名登记管理及培训情况、中介服务及收费行为，以及是否实行明码标价情况、是否存在违法违规行为等内容进行监督检查。在检查中发现房地产经纪机构存在未取得相关执业资格、门店公示内容不够规范等情况。因房地产市场低迷，抽取的5家房地产经纪机构中，2家未开展房地产经纪业务。

【房地产中介机构检查】 2021年，市住建局印发《关于开展房地产中介机构经营行为专项整治工作的通知》《关于开展房地产估价机构专项检查的通知》，围绕制度落实、规范经营、消费者权益保护，通过“双随机、一公开”的形式，对房地产估价机构、房地产中介机构经营行为实行常态化监督检查。检查碧江、万山两城区房地产销售项目72个，发现问题15个，均完成整改。

【住房租赁补贴发放】 2021年，铜仁市计划发放城镇困难家庭住房租赁补贴3420户，完成发放4304户，目标任务完成率125.85%，累计发放金额963.14万元。其中碧江区850户，万山区220户，江口县50户，玉屏自治县300户，印江自治县500户，思南县200户，德江县1200户，沿河自治县50户，松桃自治县50户。

（市住建局　兰　建）

房地产市场监管

【概况】 2021年，铜仁市印发《铜仁市持续整治规范房地产市场秩序三年行动方案》《关于进一步规范商品房交付使用管理的通知》《重点项目处置方案》《铜仁市重点房地产项目问题处置联席会议制度》等政策文件。对中心城区房地产行业突出问题进行摸排，清理中心城区房地产行业突出问题项目39个。化解完成阳光杰座、万山开元集团公司、碧桂园奥林湖山、中南家园、花果山6号等15个问题楼盘办证遗留问题，惠及8078户30271人。完成易地扶贫搬迁安置住房68323套(市本级完成27416套)的不动产登记工作，登记率100%。

（市住建局　兰　建　市自然资源局　安星宇）

【房地产企业管理】 2021年，铜仁市住建局、市发改委等8部门印发《铜仁市持续整治房地产市场秩序三年行动方案》，围绕房地产开发、商品房销售、住房租赁、物业服务等进行整治。按照《贵州省住房和城乡建设厅推进行政检查“双随机、一公开”工作实施细则》规定，开展房开企业、物业服务企业和房地产经纪机构“双随机、一公开”检查2次，开展房地产销售现场检查22家，约谈、责令整改房地产开发企业16家，移送城市综合执法部门查处4家。

（市住建局　兰　建）

【房产销售人员培训】 2021年5月10日，铜仁市房地产业协会在铜仁市君逸凯悦酒店开展2021年商品房销售人员培训，由北京房企之家工程技术研究院特聘讲师、天津财经大学房地产经济研究所教授孙兰授课，培训学员111人，培训结束后对考核合格人员颁发商品房销售从业人员岗位证书。

（市房地产协会　李小亚）

【金融风险防范】 2021年12月，铜仁市房地产行业不良贷款余额比1月减少0.62亿元，不良率0.76%，总体风险暴露处于较低水平。通过采取按月监测，落实房地产调控政策，重点监测房地产贷款集中度情况，开展经营性贷款流入房地产专项排查，防止信贷资金违规流入房地产市场等措施，全市无房地产贷款集中度超标机构，集中度整体稳定。对长征村镇银行新增贷款房地产占比过高问题进行调查和风险提示，并根据指标变化情况调整经营战略。

（中国银保监委铜仁监管局　邹小宝）

【住宅专项维修资金使用】 2021年，铜仁市归集维修资金18678.72万元，使用维修资金总额690.43万元，维修资金年度增值总额407.94万元。1月，统一的维修资金管理信息系统建成，实现利息分摊到户功能。分别在5月和7月对各区县开展维修资金管理工作专项督导，建立工作台账，对存在的问题进行反馈，督导情况向各区县进行通报。

（市住建局　兰　建）

物业管理

【概况】 2021年，铜仁市有住宅小区794个，成立业主委员会152个。有物业服务企业230家，从业人员7600人。有住宅物业服务项目366个，住宅物业项目服务面积5693.21万平方米，住宅小区物业覆盖46.09%。

【物业规范化建设】 2021年，铜仁市人大常委会按立法程序完成《铜仁市物业管理条例》立法二审工作，市住建局印发《铜仁市物业服务合同示范文本》《关于进一步加强住宅专项维修资金管理的通知》等配套性政策文件。市住建局联合市委组织部、市生态移民局印发《铜仁市“红色物业”工程实施意见》《关于在易地扶贫搬迁安置社区实施“红色物业”工程的意见》，60个易地扶贫搬迁安置小区成立业主委员会，4个小区成立物业管理委员会，10个小区成立物业党群服务中心，贵州桃源物业、铜仁天阳物业4家物业企业成立党支部。

（市住建局　兰　建）

【物业行业管理】 2021年，市物业管理协会组织开展培训4期，涉及从业人员爱国主义建设、消防设施操作和疫情防控等方面内容培训，参训学员240人。组织行业从业机构开展公益慰问活动3次，向铜仁市康复中心180名自闭症儿童发放六一儿童节慰问物品，向玉屏自治县亚鱼乡中心完小留守儿童捐赠爱心书包40个，向九江和平敬老院捐赠生活物资。开展物业行业疫情管理工作，对行业从业人员疫情防控和小区疫情防控工作进行部署，向受疫情影响的贵州佰利智慧物业提供外科医用口罩1000个、84消毒液120瓶、酒精120瓶等防疫物资。

（市物管协会　邹兴艳）

经贸合作

招商引资

【概况】 2021年,铜仁市招商营商工作根据全市产业大招商三年倍增行动和打造“贵人服务·一视铜仁”品牌建设三年行动工作安排,按照产业招商“76554”工作法,围绕“四新”主攻“四化”,实施产业大招商和营商环境建设行动。新引进产业项目649个,合同投资额789.22亿元,649个项目开工建设,开工率100%,投产558个,投产率85.98%,入园率(省级及以上)82.74%;产业到位资金577.95亿元,完成全年目标520亿元的111.14%,其中工业项目到位资金269.37亿元,完成全年目标260亿元的103.6%;优强企业222家,完成全年目标150家的148%;其中新引进工业企业数111家,500强企业6家,农业龙头企业3家。

【招商引资及对外协作】 2021年,铜仁市围绕梵净山、水、锰、生态特色食品等优势产业资源谋划招商引资项目204个,总投资873.11亿元。其中,亿元以上项目142个,总投资842.98亿元;围绕中伟、万仁汽车、倍易通、红星锰业、“1+3+N”产业等企业和项目,谋划上下游关联产业重点项目403个,总投资1529.76亿元。编制谋划招商引资项目831个,总投资2835.44亿元。市委书记、市长分别到四川、广东、福建等地招商考察13次,对接企业95家,签约项目36个,到位资金51.79亿元。全市党政主要领导带队到省外考察209次,对接企业825家次,引进项目149个。累计争取外经外贸资金394.64万元。组织300余家次企业参加首届中国国际消费品博览会、广交会、进博会、西博会、东盟博览会等重点展会。

(市投资促进局 龙 石)

【优化营商环境】 2021年,铜仁市开展“贵人服务·一视铜仁”营商环境品牌建设,推行惠企政策,加强优惠政策兑现,在政府门户网公开推行惠企政策,实行签订优惠政策向市招商营商工作领导小组办公室备案和兑现情况报告制,备案178条次。在市县两级行政服务大厅设立惠企政策服务窗口,主动精准推送惠企政策。开展礼尊企业家活动,召开民营企业家座谈会暨营商环境义务监督员聘任大会,聘请10名营商环境义务监督员,推荐优秀企业家担任政府经济顾问、“两代表一委员”、授予荣誉市民称号等。优化营商环境指标,全市20个营商环境指标中有17个得到优化提升,优良率85%。经第三方评估,铜仁市跨境贸易营商环境指标在全省市州中排名第三。根据《铜仁市招商营商领导小组关于表扬全市2021年营商环境先进工作单位及个人的情况通报》,市商务局获评先进工作单位,市商务局党组成员、副局长宋斌以及对外经济科工作人员杨兴宇获评先进工作个人。

(市投资促进局 龙 石 市商务局 杨天明)

【重大活动招商】 2021年,铜仁市参加西洽会、2021年生态文明贵阳国际论坛、省旅游“两会”等省级招商平台活动10次,签约项目总投资744亿元。其中,在贵州·广东基础材料产业专题招商推介会中,签约项目投资总额全省排名第一;在贵州·重庆招商引资推介会上,签约资金完成任务数排名全省第一,签约总投资金额全省排名第二;在2021年生态文明贵阳国际论坛绿色产业招商活动中,完成任务数及签约总投资金额全省排名第二。

【重点产业招商】 2021年,铜仁市开展“四化”+大数据+林下经济重点产业招商。新型工业化新引进项目206个,到位资金156.90亿元;新型城镇化新引进项目103个,到位资金84.97亿元;农业现代化新引进项目223个,到位资金93.73亿元;旅游产业化新引进项目90个,到位资金82.50亿元;大数据新引进项目2个,到位资金0.24亿元;林下经济新引进项目25个,到位资金10.99亿元。

【重点区域招商】 2021年,铜仁市开展驻粤招商工作,选派年轻干部2批53人次到深圳一线招商,累计拜访企业及商协会1521家,签订合同247个,签约金额278.47亿元,驻粤招商工作综合测评位居全省前列。加大川渝双城经济圈和长株潭区域招商力度,签约川渝区域招商项目24个,投资总额41.95亿元;签约长株潭区域招商项目9个,总投资302.40亿元。

【招商项目跟踪】 2021年,铜仁市对省级平台签约项目定期跟踪调度,协调解决企业在建设生产过程中存在的问题和困难,推动项目早签约、早开工、早投产、早收益。市投资促进局全年开展产业招商督查、调研工作3次,开展营商环境督查、调研、暗访等7次;开展招商引资代办服务,对引进的649个招商引资项目开展代办服务,代办率100%,申请代办事项1293项,办结事项1287项,办结率99.54%。

(市投资促进局 龙 石)

对外贸易

【概况】 2021年,铜仁市外贸进出口总额15.02亿元,同比增速141.8%,

高出全省平均水平122.1个百分点，居全省第一，各区县均实现外贸“零突破”，实现外贸“全覆盖”。市商务局联合相关涉外部门对全市重点外贸企业走访调研、上门服务。上报中央外经贸发展专项资金541800元；为2家企业申报加工贸易梯度转移专项资金110.1万元；帮助5家企业到各专业展会平台开拓境外市场、提升风险管理能力；为4家外资企业争取到外商投资促进资金75.3万元，鼓励企业增加投资，扩大生产规模。完成实际利用外资1102万美元，完成目标任务数的110.2%，实现外贸进出口15.02亿元，排全省第五位，增速141.80%，排全省第一位。铜仁市、大龙经济开发区在外向型经济发展方面分别获2020年省政府推动高质量发展真抓实干成效玥显激励支持措施。举办外贸政策专项培训会帮助企业了解国家相关政策以及相关业务办理流程，指导企业更好地开展外贸业务。

（市商务局　杨兴宇）

【进口】 2021年，铜仁市进口产品有镍钴锰氢系列产品、茶叶、橡胶黏合剂、轻工电子产品原材料、纺织品，进口额为1.02亿元，同比增长453.63%。

【出口】 2021年，铜仁市出口产品主要有新型功能材料（镍钴锰氢系列产品）、打火机、茶叶、橡塑制品、轻工电子产品等，出口额为14亿元，同比增长132.32%。外贸进出口同比增速141.8%，高出全省平均水平122.1个百分点，居全省第一，各区县均实现外贸“零突破”，实现外贸“全覆盖”。

表30　2021年铜仁市进出口大宗商品一览表

单位：亿元

种类	进出口	进口	出口
镍钴锰氢氧化物	8.13	8.13	—
手持（包括车载）式无线电话机	0.93	0.93	—
袖珍气体打火机，可充气的	0.90	0.90	—
袖珍气体打火机，一次性的	0.79	0.79	—
红茶及其他部分发酵茶（乌龙茶及黑茶除外），内包装每件净重＞3千克	0.72	0.69	0.03
未锻轧锰；废料及碎料；粉末	0.52	0.52	—
其他未锻轧非合金镍	0.51	—	0.51
红茶及其他部分发酵茶（乌龙茶及黑茶除外），内包装每件净重≤3千克	0.41	0.41	—
钴湿法冶炼中间产品	0.26	—	0.26
以塑料片或纺织材料作面的其他类似容器	0.24	0.24	—
未列名硫酸盐	0.21	0.21	—
以塑料或纺织材料作面的提箱、小手袋、公文箱、公文包、书包及类似容器	0.21	0.21	—
绿茶内包装每件净重＞3千克	0.18	0.18	—
未列名硫化橡胶制品	0.13	0.13	—
其他以橡胶或39章聚合物为基本成分的黏合剂	0.12	—	0.12
其他打火器	0.10	0.10	—

【外贸服务】 2021年，铜仁市商务局联合相关涉外部门对全市重点外贸企业走访调研、上门服务。组织企业参加各类国际性展会，帮助企业拓宽国际市场。向上争取政策支持，降低企业经营成本。7月8日，铜仁市商务局联合市国税局、市外汇管理局和铜仁海关举办全市外贸政策专项培训会。培训主要由省商务厅外贸处、口岸办以及中国出口信用保险公司、省农行、外综服平台等专家向企业宣传国家、省、市外资政策、并就外贸综合业务、国际市场开拓、报关报检、出口退税、外汇管理、出口保险业务等进行具体讲解。培训会上，铜仁海关、税务、外管等部门相关业务负责人还分别就通关便利化、进出口税收政策及系统升级整合操作、外汇便利化政策等进行解读，帮助企业了解国家近期出台的相关政策以及相关业务办理流程，指导企业更好地开展外贸业务，并现场解答企业相关业务咨询，解决企业相关困难。市直相关部门、各区县商务主管部门相关负责人及全市20余家外贸企业相关负责人50余人参会。

产业园区

【概况】 2021年，铜仁市有省级开发区12个，其中省级高新区2个，省级经开区8个，省级工业特色工业园区2个；铜仁高新区、大龙经开区为市级直属管理，石阡县工业园区石阡县直接管理，其余开发区均委托县级管理。12个开发区省级批复总面积117.51平方千米，实际管理面积315.41平方千米；除玉屏经开区、铜仁高新区、江口工业园区、石阡工业园区4个开发区外，其他8个开发区均入列中国开发区审核公告目录，批复总面积28.52平方千米。全市开发区工业总产值达到百亿级的有大龙经开区、碧江高新区；50亿～100亿级的有铜仁高新区、思南经开区、松桃经开区、万山经开区；20亿～50亿元的有印江、沿河、德江、玉屏4个开发区；20亿元及以下的有石阡、江口2个工业园区。全市开发区全年进驻企业2664户，同比减少28户，其中规模以上工业企业431户，同比增加11户，工业企业就业人数75164人，其中年度新增11255人。全市开发区实现工业总产值809.7亿元(全省开发区考核上报数)，实现税收收入43.45亿元。大龙经开区通过国家新型工业化示范基地建设中期评价，通过国家园区循环化改造示范试点国家终期验收；碧江高新区开展国家级绿色园区创建并获公示，贵州碧江高新技术开发区获批国家级绿色园区。

【管理体制】 2021年7月6日，铜仁市开发区管理办公室更名为铜仁市新型工业产业发展招商服务中心，同时新增加工业产业招商服务有关职能，其管理关系由市商务局代管变更为由市工业和信息化局代管。全市12个产业园区均成立园区管委会，其中大龙开发区、铜仁高新区2个园区管委会为市政府派出机构，由市级直属管理；碧江高新区、玉屏、万山、松桃、印江、思南、德江、沿河经开区8个园区管委会为市政府派出机构，由所在区(县)政府代管；石阡工业园区为政府派出机构，由县政府直接管理；江口县凯德特色工业园区管委会的管理职能由贵州梵净山大健康医药产业示范区管理委员会承担。

【基础设施建设】 2021年，铜仁市开发区建成标准厂房(政府性投资建设)191.32万平方米，使用面积187.55万平方米，闲置面积3.77万平方米，闲置率1.96%；道路330.05千米，供水管网412.2千米，污水管网361.8千米，输电线路463.4千米，输变电站26座，配套生活住房168.6万平方米，综合服务平台43个；开发区污水日处理能力11.54万吨。

（市工信局　杨月明）

【贵州大龙经济开发区】 2021年，大龙开发区完成园区总产值320亿元，规模以上工业总产值177.2亿元，同比增长53.71%；规模以上工业增加值40.5亿元，同比增长15.1%；固定资产投资22.04亿元，同比增长37.75%；外贸进出口16084万美元，同比增长180.19%；财政总收入32284万元，同比增长10.47%；公共预算收入20025万元，同比增长3.18%，在全省开发区高质量发展成效考核中获全省省级开发区第一名。截至12月，开发区有工业企业208户，其中规模以上工业企业53户(含石阡产业园8户)，年产值亿元以上工业企业19户，培育上市企业1户，后备上市企业5户。

大龙开发区以新型功能材料产业为首位产业，同步发展循环环保、精细化工、特色轻工等优势产业。形成以高纯硫酸锰、镍钴锰三元前驱体、锰酸锂、负极用石墨等为核心的锂离子动力电池新型功能材料产业布局，具备镍钴锰三元前驱体资源供应、正负极材料、成品生产、梯次利用及综合回收较完整的锂离子动力电池新型功能材料产业体系。截至12月，开发区有新型功能材料产业企业11家，新型功能材料产业规上工业总产值131.77亿元，占开发区规上工业总产值的74.36%。

开发区的项目建设实行项目指挥长负责制、“五个一”项目推进机制。全年重点项目开工12个，新材料二期、格瑞特三期、中伟循环二期项目等陆续建成，中伟新材料扩能车间、丹斯迪、碳十五醇等建成投产。

全年新引进项目20个，签约资金141.18亿元；引进20亿元以上项目3个，新引进3000万元以上工业项目15个，优强企业16家；完成到位资金60.46亿元，其中工业项目到位资金54.46亿元；新引进项目开工率100%，投产率55%。山河智能、中科电气、广东嘉尚、广东凯金等一批项目签约落户。

在园区配套方面，开发区按照城市Ⅲ级双向6车道标准规划建设园区主干道路13条，总长55千米，园区“五纵五横”路网基本成型。建成标准化厂房52.6万平方米。

贵州大龙经济开发区(市文联　供图)

铜仁高新区（翁辉远　摄影）

完成集中供热管网建设，贯通乌江水电大龙公司和贵州能矿锰业公司热源点，实现园区企业直接供热，基本完成热电联产整体布局。与湛江港（集团）共同打造“海铁联运”贵州东部无水港，推进园区物流建设。规划建设日产5万吨（中期15万吨）供水厂，已建成日供3万吨自来水工程，日供1万吨（工业原水）供水工程直供中伟新材料和能矿锰业等北部工业园区企业。建成日处理8000吨污水处理厂，建成污水主支管网52千米。投入6800余万元修建工业污水处理中心，投资1.3亿元启动修建公共渣库。

2021年，市委、市政府出台《支持开发区改革创新推进高质量发展》18条政策措施，推进平台公司转型发展，组建成立黔开公司，新增国家高新技术企业2家，新增入库科技型中小企业5家，获立项省科技成果转化和产业化项目、市科技计划项目、市重大专项项目5项，完成贵州省锰产业技术创新战略联盟平台项目验收。中伟新材料、中伟循环、汇成新材料锂离子电池正极材料前驱体绿色制造关键技术及产业化项目获省2021年科学技术进步二等奖。

（大龙开发区管委会）

【铜仁高新区】 2021年，铜仁高新区完成园区总产值240亿元，完成规上工业产值79.8亿元，同比增长18.57%，增加值增速12%；完成500万元口径以上固定资产投资16.68亿元，完成500万项目入库22个，完成进出口贸易3310.8万美元。智能终端产业实现产值38.78亿元，占规上工业产值的46%，先进装备产业实现产值5.13亿元，大数据应用产业实现产值105.95亿元，占园区总产值的46.37%。完成新增入规企业2户，小升规4户；完成5000万项目入库16个；完成进出口贸易额3310.8万美元，同比增长490.55%。

新引进产业项目31个，签约资金45.11亿元，同比增长22.08%；开工建设项目31个，开工率100%；新增产业到位资金55.26亿元，完成全年目标50亿元的110.52%，其中工业项目到位资金45.56亿元，完成全年目标任务45亿元的101.2%；新引进优强企业14家，完成全年目标12家的116.67%。

谋划项目313个，基金储备项目50个。地方专项债入库项目14个，总投资41.46亿元。争取中央预算内投资资金800万元，争取老旧小区改造、以工代赈等项目补助资金1150万元。完成融资项目96个，到位资金11.51亿元，化解债务10.70亿元，完成市级“红转橙”任务指标0.34亿元。

主要领导外出招商24次，对接企业40余家，签约项目8个，到位资金19亿元。全年新引进产业项目31个，签约资金45.11亿元，同比增长22.08%；开工建设项目31个，新增产业到位资金55.26亿元，工业项目到位资金45.56亿元，新引进优强企业14家。重点对东莞、深圳、广州开展智能终端、大健康医药、大数据应用产业招商工作，引进企业7家；以无锡、台州等地开展先进装备、大健康医药、移动能源产业招商工作，引进企业5家，长三角区域引进企业6家。根据园区发展定位，新引进智能终端企业德沃伟业（如东）电子科技有限公司等3家，装备制造企业无锡市守梦缘机电科技有限公司等4家，大健康医药企业湖南省弘华中药饮片有限公司1家，大数据应用企业湖南鑫一然信息技术有限公司1家，移动能源企业国家电投集团公司1家。实施铜仁高新区电商园一期产业转型升级，新引进小微企业27家，在园生产企业54家。

完成城镇基础设施投资3亿元。启动铜仁高新区2021年大兴社区公房老旧小区改造及配套基础设施建设项目，总投资2500万元，完成投资700万元。启动铜仁高新区消防站及配套设施项目，总投资

5200万元，完成投资1500万元；建设铜仁高新区高新大道道路工程建设项目，总投资74101万元，完成投资12529万元。启动铜仁高新区第一、第二加油站建设项目，总投资15379万元，完成投资15340万元。新建铜仁高新区社会足球场，总投资300万元。

市委、市政府为全面盘活存量资源，优化资源配置，调整国有资本结构，优化国有资本布局，实现资源集约、资产集中、资本集聚、资金集成，于2月批准成立铜仁武陵山高新技术产业发展集团有限公司，主要承担铜仁高新技术产业开发区地域内产业发展和基础设施等建设内容，并于8月通过AA级信用评级。

（高新区管委会）

【贵州碧江高新技术产业开发区】 贵州碧江高新技术产业开发区实际管理范围46.56平方千米，其中省级批复四至范围9.93平方千米。2021年，碧江高新技术产业开发区纳入省推荐国家级绿色园区并获得公示。完成总产值215.76亿元(规上工业产值110.20亿元，限上商业企业营业收入97.86亿元)；完成工业增加值39.94亿元，同比增长13.8%；实现税收13.2亿元，同比增长6%；进出口1504.5万美元，同比增长268.75%；签约项目54个(20亿元以上项目2个)，签约资金106亿元，到位资金36.3亿元(工业项目到位资金21.8亿元)。

高新区各产业链链长带队外出招商累计30余次，拜访目标企业68户，回访意向企业32户，邀请企业到碧考察38次。摸排低效低能企业13户，涉及厂房13.3万平方米，闲置厂房3.5万平方米，闲置土地4宗，总面积15.53公顷。清理低效低产企业2户(香港亿利天和山久长青多占的一层)，清退厂房2.1万平方米。开展园中园规划开发攻坚行动，划定莞铜产业转移合作区、苏铜产业园核心区、食品产业园一期、二期、医药产业园、轻工产业园、新材料产业园、仓储物流中心等8个园中园。截至12月，高新区有亿元级以上企业15户。

（市工信局　杨月明　碧江区地方志办公室　姚　红）

【贵州万山经开区】 贵州万山经开区实际管理范围78.9平方千米，其中省级批复四至范围9.99平方千米。2021年，实现规模以上工业总产值亿元，有亿元级以上企业12户。2021年，万山经开区完成规模以上工业总产值44.84亿元，同比增长20.76%；规模以上工业增加值8.82亿元，同比增长20.82%；500万元以上工业固定资产投资7亿元，同比增长20.69%；亩均产值260万元，同比增长20.1%；规模以上工业战略性新兴产业总产值23.58亿元，同比增长154.92%。完成新能源汽车生产1.5万辆，实现产值7.32亿元。朱砂工艺品产业新引进项目14个，达到35家，完成产值6.73亿元。制定《贵州万山经济开发区产业大招商三年倍增行动工作方案》，成立产业大招商领导小组，组建4个产业大招商工作组。班子成员累计外出招商16次，考察企业62户，引进项目17个，合同投资总额12.37亿元。完成经开区可供选址剩余用地梳理，完成土地挂牌出让2宗，上市地价会审核2宗，完成经开区土地集约节约利用评价及建设用地起底大调查。推进丹砂路(四号干道)“三边工程”整改，办理完成用地划拨手续、建设用地规划许可证。开展质量、安全检查32次，现场下发整改通知书3份。梳理完成工程项目欠付情况，推进债务化解，制定《政府债务风险应急处置预案》《园区债务化解方案》，推动“债转投”，签订“债转投”合作协议2家，化解债务约600万元。开展安全环保监督检查行动，开展各类300人次，下达整改通知书59份，重要时段、关键时期及时开展隐患大排查和专项检查活动，检查危化等重点企业12家，下发整改通知书8份，发现并立即整改问题23个。完成污水处理厂在线监控设备老旧更换，邀请第三方做闭水试验以及水量平衡、浓度平衡，对排查出的问题立即整改。全年未发生重大安全生产和环境保护事件。

（市工信局　杨月明　万山区地方志办公室　张　健）

【贵州梵净山大健康医药产业示范区】 2021年8月，经铜仁市人民政府批准，将原江口县凯德特色工业园区实际管理范围9.16平方千米(省级批复四至范围5平方千米)，并入贵州梵净山大健康医药产业示范区。示范区核心区规划面积20平方千米，中心区规划面积800平方千米，涉及印江自治县、江口自治县部分乡镇，辐射区规划面积17180平方千米，范围为除铜仁市中心区以外的全部区县。截至12月，贵州梵净山大健康医药产业示范区实际管理范围仍为原凯德特色工业园区范围。

2021年，园区36家企业实现工业总产值8.53亿元，同比增长33.7%，其中规模以上工业总产值完成6.53亿元，同比增长25.8%；新增规模企业入库2户，完成投资5800万元，同比增长116.2%；建设项目环保“三同时”执行力100%；实现税收1305.4万元，同比增长7.5%。完成编制谋划项目8个，外出招商17次，其中省外12次，拜访企业40余户，接洽到园考察企业30余户，引进企业16户，完成签约资金19.23亿元，到位资金5.88亿元，开工建设16户，投产12户。截至12月，园区有亿元级以上企业1户。成立规划编制，项目建设，招商引资，企业服务，综合协调5个工作专班优化营商环境。加强基础设施建设，出资30余万元对贵茶1号道路污水主管网及开心婆、仁发山野菜等企业的污水排放管网进行检查维修。落实安全生产责任制，排查安全隐患83个，现场完成整改32个，限期整改51个，整改率100%。

（市工信局　杨月明　江口县地方志办公室　陈江慧）

【贵州玉屏经济开发区】 贵州玉屏经济开发区实际管理范围19.77平方千米，其中省级批复四至范围9.74平方千米。2021年，贵州玉屏经济开发区围绕“一区三园”的规划布局，将原批复9.74平方千米经济开发区规划调整为3个园区（双桥高端轻工产业园2平方千米、田坪新型建材产业园2.47平方千米、田冲新型功能材料产业园5.27平方千米），完成论证报告编制并通过县城市规划委员会审查。区内有规模以上工业企业23户（亿元级以上企业3户），工业总产值26.94亿元，其中规模以上工业企业产值14.1亿元，社会固定资产投资24.93亿元。新开工项目6个，投资4.05亿元。新投产项目9个，投资6.56亿元。新签约项目18个，投资13.13亿元。实施基础设施建设项目2个。新增就业数540人。重点开展玉屏新型建材产业园（一期）项目、玉屏创业创新扶贫产业园建设项目（一期）、贵州创梦联钙业建设项目。协调相关部门，为企业贷款600万元、融资150万元，企业招聘员工300余人，排查化解企业矛盾纠纷15起。

（市工信局　杨月明　玉屏自治县地方志办公室　吴　群）

【石阡县工业园区】 石阡县工业园区实际管理范围9.02平方千米，其中省级批复四至范围9.02平方千米。2021年，石阡工业园区有入驻企业35户（含“大龙石阡产业园”18户），其中规模以上企业24户。园区规模以上工业总产值完成17.89亿元，工业总产值增速13.9%，完成年产值目标任务12亿元的135.8%。园区规模以上工业增长量4800万元，工业增加值完成3.9亿元，工业增加值增速14.2%。园区工业固定资产投资完成11.52亿元，投资增速为51.6%，完成工业投资年目标任务11.5亿元的100.2%。园区亩均工业总产值为每亩310.6万元。鼓励类产业工业企业11家，工业总产值为3.25亿元，占园区工业总产值比重为19.9%。完成招商引资项目1个，总投资3亿元。开展“安全生产月”和“安全生产石阡行”活动，进园区、进企业发放200余份《工矿企业安全生产宣传手册》。开展安全生产隐患排查治理，对一般企业每月至少检查1次，重点企业每月至少检查2次，查出一般安全隐患100余条，对检查发现的问题及时提出整改意见，督促企业整改落实。

（市工信局　杨月明　石阡县地方志办公室　马光珍）

【贵州印江经济开发区】 贵州印江经济开发区实际管理范围22.17平方千米，其中省级批复四至范围9.75平方千米。2021年，贵州印江经开区入驻园区工业企业69户，其中规模以上工业企业49户（新增8户），有亿元级以上企业1户。经开区完成生产总产值54.36亿元，其中规模以上工业总产值41.2亿元。完成服务业营业收入7.86亿元，同比增速13.36%；完成货物贸易进出口额366万美元，同比增长93.16%；招商引资到位资金10.8亿元，同比增长53.45%。

完成经开区《首位产业、潜力产业研究分析报告》编制，明确首位产业为生态特色食品加工业，主要开展茶叶、白酒、水、食用菌等的精深加工（招引的1户龙头茶叶企业、1户水资源开发企业、3户白酒生产企业、1户辣椒加工企业、1户土家农产品加工企业集聚园区，实现达产年总产值15亿元以上）。明确潜力产业为电子及轻工类加工产业、新型建材装材产业。明确大云、小云园区为特色食品加工、电子鞋服轻工、电商及物流产业园，朗溪塘池区域为新型建筑材料、装饰材料、旅游工艺品及建材装材、汽车交易专业市场产业园，木黄为白酒产业园，紫薇为天然矿泉水产业园。招商引资签约项目22个，签约资金16.2亿元，落地建设项目11个，累计到位资金10.6亿元，建成投产项目6个。完成总投资200万元的冷链物流园至风味食醋沥青路建设，实施小云园区和塘池园区自来水及供水管网改造，实施新引进的11家企业电力设备安装及供电线路改造。启动木黄白酒产业园和紫薇产业园水区规划和建设，完成投资100万元的园区路灯、污水管网修复工程建设。

（市工信局　杨月明　印江自治县地方志办公室　付　芬）

【贵州思南经济开发区】 贵州思南经济开发区实际管理范围38.16平方千米，其中省级批复四至范围9.83平方千米。思南经开区与原思南工业园区实行“区园合一”模式，按“一区三园”布局规划，辖双塘、关中坝、灯油坝3个园区，建成面积9平方千米。2021年，思南经开区实现生产总值190.97亿元，其中规模以上工业总产值83.69亿元，同比增长10%；完成规模以上工业战略性新兴产业总产值36.69亿元，同比增长26%。实现规模以上工业增加值21.2亿元，同比增长3%。规模以上服务业营业总收入5.2亿元。完成税收收入2.37亿元。完成固定资产投资15.23亿元，同比增长16.7%；新增规模以上工业企业7户，退库4户，截至12月有规模以上企业59户，其中亿元级以上企业28户。有开放型经济企业15户，其中自营出口7户，通过代理进出口7户，外贸代理企业1户，累计完成外贸进出口额1.48亿元，通过代理进出口额2.43亿元。引进项目26个，签约资金35亿元，累计到位资金29亿元。完成经开区“两图、两库、两池”（企业入驻现状图和产业布局图、招商引资项目库和全国500强企业和近期意向招商企业库、资金池和人才池）建设。

（市工信局　杨月明　思南县地方志办公室　何国强）

【贵州德江经济开发区】 贵州德江经济开发区实际管理范围22.26平方千米，其中省级批复四至范围5.74平方千米。2021年，实现规模以上工业总产值31.78亿元，亿元级以上企业5户。实现总产值78.95亿，增速31.3%，新增综合产值53.27亿元，增加值16.91亿元；工业产值42.35亿元，规模以上工业产值30.88亿元，规模工业增加值11.21亿元，增速11.9%，财税收入3.24亿元，增速14.5%；固定资产投资18.66亿元，增速10.6%（工业投资11.58亿元）；货物贸易进出口额18.96万美元，新增就业2114人（含企业基地和脱贫车间就业），同比增长12.5%；新增入规企业5家，新增投产企业11家。划定经开区“一区三园”2035年项目建设用地边界控制线，向省自然资源厅申报过渡期用地66.67公顷。申报“十四五”规划建设项目10个，总投资40.3亿元。完成煎茶农特产品加工园区牛肉、天麻、茶叶、花椒四个园的概念性规划，规划用地26.28公顷，建筑面积25.8万平方米。完成生产性服务业综合型集聚区A区项目标准化厂房9～20号楼建设，完成投资7573.15万元，完成主体建设74248平方（13#未动工）。完成德江县煎茶冷链物流园及道路工程（一期）一号冷库及展示交易大厅的主体工程建设。开展招商引资18批52人次，引进广东顺纺集团、劲通服饰等21个项目，总投资9.45亿元，其中宏德鞋业、雄起铝业、劲通服饰、敏婷服饰、露营帐篷、武士龙鞋业等11个项目建成投产。

（市工信局　杨月明　德江县地方志办公室　李　彪）

【贵州沿河经济开发区】 贵州沿河经济开发区实际管理范围12.12平方千米，其中省级批复四至范围8.86平方千米。2021年，园区建成面积148.8公顷，有标准厂房5.03万平方米，入住工业企业112户，其中规模以上企业23户（亿元级以上企业5户）。园区完成总产值46.17亿元，增速33.83%；规模以上工业总产值32.29亿元，增速13.18%；工业增加值11.17亿元，增速4.17%；工业固定资产投资8.11亿元，亩均工业产值47.96%；亩均工业产值272.38万元，增速20.9%；规模以上工业战略性新兴产业总产值19.59亿元，占开发区规模以上工业总产值比重60.85%。新引进产业项目73个，到位资金48.08亿元，其中新引进工业项目26个，到位资金17.09亿元（含续建项目5.7亿元）；引进优强企业31家，其中工业企业13家；项目开工率100%，入园率100%，投产率83.56%。协调15家企业通过“贵园信贷通”融资2900万元，帮助7家企业通过信用协会进行续贷应急周转905万元。

（市工信局　杨月明　沿河自治县地方志办公室　张红文）

【贵州松桃经济开发区】 贵州松桃经济开发区实际管理范围25平方千米，其中省级批复四至范围9.49平方千米。2021年，松桃经开区实现工业总产值65.39亿元，同比增速27.24%，实现规模以上工业总产值56.87亿元，同比增速9.83%；规模以上工业增加值12.07亿元，同比增速3.2%；工业固定资产投资实现21.89亿元，同比增速15.75%；规模以上工业战略性新兴产业产值实现31.42亿元，占全区的55.31%；亩均工业产值315万元。限额以上商贸服务业实现营业收入4.31亿元，同比增长54.7%；货物贸易进出口总额910万美元。增加工业规模以上企业11户，其中新增规模以上工业企业4户，小升规7户，截至12月有亿元级以上企业10户；增加限额以上商贸服务业企业4户。特色食品产业园占地66.67公顷，总投资20亿元。东西部协作产业园占地20公顷，总投资10亿元，建设标准厂房25万平方米，公租房1000套。争取到贵州省重大区域发展战略中央预算内投资渔泉沟锰渣治理项目1311万元，铜仁市锰产业绿色发展和锰渣治理奖补资金40万元，贵州省第一批省级基本建设前期费（重大项目前期工作经费）100万元；省商务发展专项资金50万元。区领导分别到深圳、东莞、湖南、湖北、重庆、四川等地招商17次，签约项目26个，签约资金36.3亿元，到位资金27.61亿元，其中新建产业项目到位资金17.72亿元，续建项目累计到位资金9.89亿元。德康牧业24万吨饲料厂、铁骑力士20万吨饲料厂建成投产。由东莞引进的贵州乐嘉文创科技有限公司项目一期一阶段项目建成投产，创造从签约到投产仅用43天，在《贵州日报》头版刊载。顺天收仓储物流、万桥商贸（二期）、爱情小镇等建设项目同步推进。

（市工信局　杨月明　松桃自治县地方志办公室　常文婧）

经贸促进

【概况】 2021年，铜仁市通过问卷调查、电话咨询、走访调研的方式了解企业经营情况及困难和诉求等，协调相关部门帮助企业排忧解难；对企业传达中央、省、市的有关文件精神和要求，讲解优惠政策；开通为企服务热线，组织企业参加业务培训3种方式优化营商环境。指导会展相关企业克服疫情影响，联合开展业务，到周边省、直辖市拓展业务，帮助企业转型升级、优化管理、为企业和项目争取扶持资金培育市场主体，实现新增注册会展相关企业1605家，从业人数约11200人。整合会展经济方面市场资源，对会展相关企业、项目、人才、基础设施等进行摸底并建立信息库，组织会展企业加入省级行业协会并筹建市级行业协会，拟通过协会整合市场资源，加强统筹协调。

【展会活动】 2021年，中国国际贸易促进委员会铜仁市支会组织企业参加第六届丝绸之路国际博览会、第五届21世纪海上丝绸之路国际博览会、第二十八届中国兰州投资贸易洽谈会、2022中(黔)英经贸活动、第二届广州乡村振兴展览会、第三届粤港澳大湾区食品博览会、第十一届武陵山商品交易博览会、第十一届中国(贵州)国际酒类博览会、2022云上贵州(RCEP)特色优质产品展等线上线下展会，部分展会因疫情影响延期；市商务局和相关部门一起培育梵净山国际天然饮用水博览会、梵净山抹茶大会、铜仁市房地产交易展示会、铜仁市汽车博览会、铜仁市惠民团车节、第九届全国饭店业职业技能竞赛贵州省分赛铜仁市选拔赛暨贵州省铜仁市2022生态黔菜创新大赛、玉屏侗菜美食节以及首次举办的铜仁中南门首届雪花啤酒节等展会，引进贵州省2022年“文化和自然遗产日”暨非遗购物节、2022数字消费产业发展高峰论坛、贵州历史文化保护主题摄影展铜仁巡展、第14届贵州茶产业博览会铜仁分会场茶产业产销对接会等。

【信息咨询】 2021年，铜仁市贸易促进会对铜仁市会展经济及其市场主体、会展相关项目、会展人才、会展活动进行调查研究和摸底，建立会展市场主体、会展相关项目、会展人才信息库，收集会展业相关优惠政策以及国内展会相关优惠信息，线上线下为企业提供咨询。建立铜仁市外贸外资企业信息库，通过调查问卷、电话、表格等定期了解外资企业经营情况、存在的问题和困难以及诉求等，协调相关部门为企业提供解决建议。

【培训研究】 2021年，铜仁市贸易促进会组织内部成员、区县相关工作者和企业进行线上线下的业务知识培训学习，包括商事法律、会展理论和政策、会展招商业、区域全面经济伙伴关系协定政策及相关实务操作培训等，研究铜仁市线上线下会展经济的发展前景、会展集聚区形成、疫情防控背景下会展经济发展的困难和问题、绿色会展等，指导区县和企业结合培训研究成果开展工作、拓展业务；引进会展相关专业以及获得会展相关资格证书、荣誉证书的人才到铜仁市，培育会展人才，指导其参加会展相关考试。

【商事法律】 2021年，铜仁市贸易促进会组织内部成员参加省贸促会组织的商事法律培训，到企业宣讲相关内容并了解企业在商事法律方面存在的问题，指导企业完成知识产权保护、国际贸易纠纷预防、对比利用区域全面经济伙伴关系协定和其他优惠进出口协定的政策红利的相关工作。

【驻企服务】 2021年，铜仁市开展驻企服务，实行“一企一策”帮扶。市领导带头帮扶贵州詹姆斯芬利茶业有限公司，指导企业做好项目谋划包装和申报，鼓励企业加大科技攻关和技改投入力度，推动企业提质增效、提产扩能，助推企业实现高质量发展；选派干部成立驻企服务团，到中伟新材料股份有限公司驻点服务集中办公，解决企业发展中存在的困难和问题。

（市商务局　杨天明）

交通　水利

综 述

【交通项目规划】 2021年，铜仁市规划实施普通国道26个649千米，总投资210亿元，地方筹备项目4个139千米，计划投资103亿元，项目全部建成后，全市普通国道总里程为1290千米。"全市65%乡镇通三级公路"发展目标规划乡镇三级公路建设里程506千米，预计投资48亿元，26个项目启动前期工作。规划根据村镇布局和产业发展需要，结合现有农村公路，5年投资约110亿元，改造具有资源路、产业路、集疏运路性质的重要县乡道项目78个，建设总里程870千米。规划建设铜仁高铁南综合客运枢纽、万山老山口综合客运枢纽、铜仁高铁北站客运枢纽3处市级综合客运枢纽，梵净山综合客运枢纽站、松桃客运枢纽西站、石阡客运枢纽南站、德江县客运枢纽北站4处县级综合客运枢纽，迁建印江客运东站、沿河自治县客运站2处县级普通公路客运站，预计建设投资14.6亿元。规划推动铜仁市绿色货运配送示范工程——鹏程物流园、铜仁东久物流园区等5个项目建设，预计建设投资22.5亿元。谋划研究新改建23个货运枢纽，推进建设多个街道配送点、乡镇运输服务站。

【交通固定资产投资】 2021年，铜仁市交通行业完成固定资产投资230.8亿元，同比增长6%。其中高速公路179.15亿元、国省干线15.17亿元、农村公路19.46亿元、客运站场及其他项目17.04亿元。

【危险品运输】 2021年，铜仁市有危险货物运输企业20家，危险货物运输车辆270辆，对全市20家危险货物运输企业开展排查整治，检查发现问题91个，未发现重大安全生产隐患，发出整改通知书10份，均已经完成整改，整改率100%。指导全市拥有常压液体危险货物罐车的8家危货企业，在危险货物道路运输车辆技术管理系统，对其企业基本情况及所属99辆常压液体危险货物罐车基础信息进行录入，并审核企业填报的相关信息。

【交通行政执法】 2021年，铜仁市出动执法人员18475人次、执法车辆4801辆次，检查车辆35785辆次、道路运输客运企业959家次、1～3类维修企业1243家次、船舶995艘次、渡口383道次，查处道路运输违法违规行为1637起、水路运输违法违规行为10起，对42家驾培企业、20家危险货物运输企业、15家水路运输企业、5家成品油运输企业进行多轮检查。检测运输车辆18535辆次，其中超限车辆553辆，卸载车辆247辆，针对公路沿线乱堆乱放等违法行为实施重点执法，查处路面损害2662.6平方米274处，制止违法建筑504平方米38处。

【道路运输安全】 2021年，铜仁市交通局督促检查全市道路旅客运输企业、长途客运接驳点、客运场站、城市客运、危险货物运输企业、驾培、维修企业安全生产和疫情防控工作60余次，重点督查企业落实安全生产主体责任、"黔道安"系统隐患清零、"两个清单"落实、动态监控抽查、车辆安全例检、车辆技术档案管理等情况。开展春运安全、冬春隐患大排查大整治大演练、危险化学品安全生产专项整治，派出160个检查组800余人次，对检查中存在的576个隐患问题进行通报

建设中的江玉高速（市交通局　供图）

并督促整改。

【春运保障】 2021年春运期间，铜仁市输送旅客1276342人次，其中道路旅客运输865463人次，铁路旅客运输358479人次，民航旅客运输38446人次，水路旅客运输13954人次，保障航班飞行460架次。排查返乡人员218310人，对省外务工返乡人员，全部核酸检测。市级春运服务站出动执法人员1792人次，出动执法车602辆次，路检路查车辆3484辆次，查处货车违法违规行为40起，查处客车违法违规行为13起，查处"黑车"、网约车非法营运43起，检查冷链运输车辆34辆次。

（市交通局　熊梓涵）

铁　路

【概况】 2021年，湘黔铁路（株六复线）、渝怀铁路、沪昆客专、铜玉铁路和渝怀铁路二线建成运营，铜仁市铁路运营总里程为202千米（普铁118千米、高铁84千米），铁路网密度为每万平方千米112平方千米，与全省平均水平逐步拉近，铁路网短板逐步补齐。

【铜仁东货场】 2021年，铜仁市与广州局集团公司协调，共同建设铜仁东货场，按照1000万吨规模进行规划，本期建设475万吨（已纳入渝怀铁路二线建设），项目总投资2.19亿元。截至12月31日，铜仁东货场改扩建工程完成征地拆迁、矛盾纠纷调处等协调服务工作和场地平整、轨道工程铺设、货场排水槽，货物站台1500米、其他站房及附属工程基本完成，正在开展货场余渣清理及内外供水设施衔接，约完成总体工程量的90%。2021年，铜仁东货场完成年装车量69万吨，卸车量（油）97万吨。

【铁路规划】 2021年，根据国家中长期路网规划，铜仁市境内纳入规划建设的铁路主要有铜吉铁路、涪柳铁路、昭毕遵黔铁路，其中铜吉铁路进入国家"十四五"规划；遵义经思南至铜仁、贵阳经石阡至铜仁、贵阳经德江至郑州、玉屏经黎平至从江、秀山经松桃至铜仁等铁路进入省规划或研究范围，在远期规划内，铜仁市可实现"县县通铁路"目标。通过加快推进铜吉铁路相关前期工作，铜仁段达到可研报批条件，完成征拆实物量调查工作。

【铜玉铁路列车运营】 2021年，铜仁市优化调整铜玉铁路列车开行方案，新增开行至重庆、成都、昆明始发列车，铜玉铁路全年开行列车7834列，日均10.73对，发送旅客593万人次（双向全程），平均客座率54.87%。筹措资金保障铜玉铁路列车正常开行，全年筹措支付铜玉铁路列车开行补贴3000万元、运营亏损补贴1000万元，保障列车正常运营及群众便捷出行需求。

（市综合交通和区域经济发展中心　杨知帆）

公　路

【公路规划】 2021年，市交通局启动铜仁环城高速公路前期工作，完成工程可行性方案研究。完成G354碧江—江口公路、G352德江县城—道角公路、S201江口凯德—韭菜塘公路、S303德江楠井—文新公路的建设任务，正在推进G211沿河黑獭—印江县城公路二期工程、G352德江两河口—共和港公路、S305碧江龙塘—灯塔公路的建设。

【高速公路建设】 2021年，杭瑞高速铜仁西互通建成运营，印江—秀山（渝黔界）、石阡—玉屏、德江—务川、湄潭—石阡、江口—玉屏、沿河经印江（木黄）—松桃高速公路6条高速公路建成通车。

【国省道建设与提级改造】 2021年，铜仁市完成G354石阡香树园—河坝公路改扩建工程项目建设，完成公路建设投资1.32亿元，完成"十三五"期"建养一体化"改造项目交工验收，G352印江县城—两河口公路、G354石阡香树园—河坝改

沪昆高铁过境铜仁（何远志　摄影）

杭瑞高速梵净山东收费站段（钟陈强　摄影）

扩建工程、“十二五”期改造项目竣工验收、S203石阡万安大桥—老屋基公路、G326松桃坝芒—关子门公路、S203石阡板桥—冷龙公路，完成S203石阡万安大桥—老屋基公路、G326松桃坝芒—关子门公路、S203思南灯油坝—塘头公路、S203思南塘头—板桥公路、S203石阡板桥—冷龙公路、S304思南大岩关—汪家沟公路、G326德江圣溪坳—梅子坳公路、G326沿河李溪—德江圣溪坳公路工程档案专项验收，完成S203石阡万安大桥—老屋基公路、G326松桃坝芒—关子门公路、S203思南灯油坝—塘头公路、S203思南塘头—板桥公路、S203石阡板桥—冷龙公路、S304思南大岩关—汪家沟公路、G326德江圣溪坳—梅子坳公路、S304印江新民—县城公路环、水保专项验收。

（市交通局　熊梓涵　市公路局　何　鹏）

【县乡公路建设】 2021年，铜仁市农村公路完成固定资产投资14.30亿元，完成县乡路面改善提升工程97个833.5千米，PSLL续建项目109.5千米，红色旅游公路完成路基53.01千米，路面50.2千米，总体形象进度95%，完成生命防护工程408.7千米、危桥改造43座1090延米，分别占全省实施总规模的13%、21%。打造“一带四环”美丽农村路经济示范走廊1590千米，创建“美丽农村路”867千米，新增江口、德江2个全国示范县，全国示范县个数达4个，位列全省第一。82个乡镇通三级路项目1383千米（省道908千米，县道475千米）纳入省交通运输厅“十四五”项目库、总投资估算约328.7亿元。

（市交通局　熊梓涵）

【高速公路营运与管理】 2021年，铜仁市高速公路管理局落实巡查制度和计划，重点对桥梁、隧道、涵洞、边坡，以及收费站、服务区、停车区进行巡查，加大在冬防春运、汛期及节假日期间的巡查力度。加强路产保护和路权维护，发生路赔案件401起，路产损失279.62万元，索赔率100%。设施恢复367处，恢复率95%。加强高速公路非公路标志标牌及“四违”专项治理，开展专项整治2次；清理非法构筑物8处，非法摊点28处，违法非公路标志18处，小广告182处。推动超限治理专项行动和路警联合执法常态化，落实收费站入口称重检测工作，检测车辆约296万台次，劝返2.83万台次，开展路警联合执法208次，卸货800.13吨。办理大件运输审批

松桃自治县矮红村通组公路（钟陈强　摄影）

2.1万台，办结率100%。持续加强救援监管，规范救援和收费行为，组织救援798次，参与救援1074人次。打击各类偷逃通行费行为，查处不符合规定绿通车282辆，补交通行费15.5万元；各类违法车辆304辆，补交通行费16万余元，持续改善运营收费秩序和高速公路营商环境。

（高速公路管理局　苏全增）

【公路养护】 2021年，铜仁市完成41.5千米预防性养护，54千米修护养护。完成农村公路大中修工程项目12个60千米，及时抢通水毁农村公路60余条，全市农村公路优良中等路率达87.9%，开展“支部建在公路上”党建品牌创建，组建党员先锋攻坚队35支、打造党员养护示范路79条990千米，加强区县农村公路沥青拌和站、养护设备和养护人员建设(利用养护促扶贫就业政策落实养护公益性岗位1257人)。管养公路路况优良率为94.64%，次差路率为1.7%。完成省公路局下达的公路养护考核里程674.32千米。在思南、石阡、沿河、德江、松桃5个管理段启动301千米二级公路2+1模式3年期区域化、市场化养护试点工作；修补路面病害6.91万平方米，耗用砂石材料5457立方米；清理坍方1.07万立方米、杂草3759千米，修复路基1159立方米，清洗护栏1542.14千米，维护疏通桥梁176座、涵洞3875道。采取AA改性沥青薄层罩面等施工技术开展路面预防性养护，完成S203、S305共19.59千米专项预防性养护，完成投资700万元。完成G326预防性养护里程21.92千米，完成投资715.68万元。实施S501修复工程23.01千米，完成投资3769万元。实施S304、G242、G352修复养护工程31.07千米，完成投资1902万元。接养普通国道90.91千米，向地方移交135.45千米省管农村公路及遗弃老路。

（市交通运输局　熊梓涵　市公路管理局　何　鹏）

【公路客运】 2021年，铜仁市定制客运班线8条，分别为石阡—贵阳、江口—贵阳、思南—贵阳、碧江—江口、碧江—印江、碧江—德江、碧江—石阡、玉屏—碧江，运行车辆77辆。

【公路货运】 2021年，铜仁市交通运输局印发《铜仁市危险化学品道路运输安全集中整治工作方案》，组织对全市20家危险货物运输企业开展检查，推进常压液体危险货物罐车治理工作，指导全市拥有常压液体危险货物罐车的8家危货企业，在危险货物道路运输车辆技术管理系统对其企业基本情况及所属99辆常压液体危险货物罐车基础信息进行录入，审核企业填报的相关信息，加强危险货物道路运输运单使用监管。指导各区(县)交通运输主管部门按照《危险货物道路运输安全管理办法》有关规定，加强危险货物道路运输运单使用执法监管。

表31　2021年铜仁市公路运输总周转量完成情况一览表

指标	计算单位	1月	2月	3月	4月	5月	6月	7月	8月	9月	10月	11月	12月	2021年1—12月	2020年1—12月	同比增长%
一、客运量	万人	612	680	650	622	628	615	625	610	630	629	618	615	7534	8400	-10.31%
1.汽车	万人	612	680	650	622	628	615	625	610	630	629	618	615	7534	8400	-10.31%
2.其他机动车	万人															
二、旅客周转量	万人/千米	49200	56300	52500	49700	51200	49200	49800	48900	50400	50300	49400	49500	606400	664700	-8.77%
1.汽车	万人/千米	49200	56300	52500	49700	51200	49200	49800	48900	50400	50300	49400	49500	606400	664700	-8.77%
2.其他机动车	万人/千米															
三、货运量	万吨	630	650	680	710	701	635	620	640	690	645	660	690	7951	7635	4.14%
1.汽车	万吨	630	650	680	710	701	635	620	640	690	645	660	690	7951	7635	4.14%
2.其他机动车	万吨															
3.轮胎式拖拉机	万吨															

续表 31

指标	计算单位	1 月	2 月	3 月	4 月	5 月	6 月	7 月	8 月	9 月份	10 月	11 月	12 月	2021 年 1—12 月	2020 年 1—12 月	同比增长 %
四、货物周转量	万吨 / 千米	126500	132000	136800	136000	132000	121000	119000	122400	127600	124800	128000	131600	1537700	1524530	0.86%
1. 汽车	万吨 / 千米	126500	132000	136800	136000	132000	121000	119000	122400	127600	124800	128000	131600	1537700	1524530	0.86%
2. 其他机动车	万吨 / 千米															
3. 轮胎式拖拉机	万吨 / 千米															
基数		10	10	10	10	10	10	10	10	10	10	10	10	10	10	
总周转量		131420	137630	142050	140970	137120	125920	123980	127290	132640	129830	132940	136550	1598340	1591000	0.46%

总周转量 = 货物周转量 + 旅客周转量 ÷ 10

说明：1. 铜仁市平均运距高于全省平均运距，客运平均运距是 80（全省是 60 左右），货运平均运距是 180（全省是 120 左右）；2. 货运量远高于全省平均量，因全省货运量是根据高速路口采集数据为依据，铜仁市货运车辆多是在国道、省道行驶，导致采集到的量过小；3. 客运量降低，主要是受到其他交通方式及私家车的影响，特别是长途客运市场萎缩较快。

表 32　2021 年铜仁市营运性车辆统计表

县区	客运车辆						普通货运车辆（辆）				危险货物运输	
	大型（30 座以上）		中型（16 ~ 29 座）		小型（15 座及以下）		大型（4 吨及以上）	重型（8 吨及以上）	中型（2 ~ 4 吨）	小型（2 吨以下）	运输企业（家）	运输车辆（辆）
	车辆数	客位数	车辆数	客位数	车辆数	客位数						
碧江区	161	6473	74	1635	63	453	832	676	13	34	6	136
万山区	67	3365	53	948	16	188	0	418	0	0	4	31
松桃县	44	2078	149	2961	130	918	20	81	—	2	2	14
玉屏县	21	828	21	399	21	107	5	80		1	1	7
江口县	36	1689	26	344	4	42	11	97	2	89	0	0
石阡县	29	1142	138	2622	—	—	1	2	1	—	6	14
印江县	47	2112	158	3040	12	107	18	27	2	101	—	—
思南县	72	3797	153	2907	43	387	0	57	15	0	2	18
德江县	67	3099	108	2144	43	299	1	14	0	0	0	0
沿河县	69	3045	142	2698	37	321	5	25	1	0	1	25
大龙经开区	0	0	0	0	0	0	1	95	0	0	4	32
合计	613	27628	1022	19698	369	2822	894	1572	34	227	21	277

备注：1. 本次统计的车辆主要是道路运输经营许可证在有效期内，且处于营业状态的车辆。
2. 普通货车指的是：除危险货物运输车辆、牵引车以外的货物运输车辆。

（市交通局　熊梓涵）

民用航空

【通航航线管理】 2021年，铜仁市筹集资金解决航线补贴4800万元，保障铜仁凤凰机场正常运行，铜仁机场新开或加密航线10条，通达省外城市16个，省内城市3个。冬春航季有航线13条，通达城市19个。协调航司春运开通无锡—铜仁、南京—铜仁、温州—铜仁、杭州—铜仁春运加班自营航线。协调航司夏秋换季恢复杭州—铜仁—昆明、杭州—铜仁—丽江、贵阳—铜仁、温州—铜仁、佛山—铜仁、宁波—铜仁—遵义航班。加密贵阳，恢复凯里、毕节航班，加快推进省内精品支支串飞航线，打造省内旅游快线，带动省内旅游发展。

【客货运输】 2021年，铜仁凤凰机场保障运输起降5545架次，同比增长4.35%；旅客吞吐量49.93万人次，同比减少9.69%；货邮吞吐量44.56吨，同比减少9.13%。全年实现旅客吞吐量53万人次。

【贵州黔北（德江）民用机场项目建设】 2021年12月15日，贵州黔北（德江）民用机场项目建设启动仪式在德江县堰塘乡露青村举行，启动仪式与贵阳龙洞堡国际机场三期扩建工程竣工·3号航站楼启用仪式通过视频连线同步进行。贵州黔北（德江）民用机场位于德江县堰塘乡露青村，距德江县城公路约25千米，属国内民用4C支线运输机场。本期按照满足2025年旅客吞吐量55万人次、货邮吞吐量1350吨、飞机起降5820架次建设。本期主要建设一条长2800千米、宽45米跑道双向设置Ⅰ类精密进近系统，建设7000平方米航站楼和6个C类机位站坪，建设一座塔台和1000平方米航管楼，配套建设空管、供电、供水、供热、供油等设施，项目总投资21.5亿元。机场主要服务区域为铜仁市的德江、沿河、思南、印江、石阡和遵义市的凤冈、务川、道真等周边县近500万人口。

（铜仁凤凰机场　吴恩贤）

内河航运

【船舶与船员管理】 2021年，铜仁市完成建造检验并签发船检证书文书26艘，完成16艘新转入船舶临时检验工作。完成船舶检验571艘次、总吨位19574吨、总功率41873.50千瓦、总客位13886个、总载货量13233吨。全年船员适任证换发46份，特殊培训合格证换发13人次，船舶所有权登记36本，国籍登记94本，注销登记9本，最低安全配员证书62份。

【码头建设】 2021年，思南县邵家桥码头项目一期实质性开工。德江新滩东、西客运码头、沿河县思渠码头完成施工图设计审查和批复。下达水运基础设施项目9个，渡改桥2个，便民码头7座，其中便民码头完工3座。

【水上客货运】 2021年，铜仁市核查16家水运企业和24家个体经营业户。核查营业性运输船舶160艘，总吨8880吨，21523.55千瓦。其中，客船131艘、总吨4489吨、客位6843个、16152.73千瓦；货船29艘、总吨4179吨、载重吨4579.5吨、5370.82千瓦；核查率100%。全年完成水路运输客运量165766人，客运周转量2683094人；货运量72589吨、货运周转量每千米8493875吨。

【水上交通安全监管】 2021年，铜仁市水上交通无伤亡事故，开展水

铜仁凤凰机场航线不断加密（铜仁日报社　供图）

上交通巡航查3171次，出动8291人次，船舶日常检查5655艘次，检查渡口3467道次；整治隐患7件，整改率100%，实施海事行政处罚8件。联合省局在沿河开展安全警示教育进企业活动，开展吸取典型事故教训，推进船舶碰撞桥梁隐患治理三年行动，排查桥梁通航隐患2起，组成10个督导组对区县重点水运企业、渡口、船舶、码头开展水上交通安全隐患大排查大整治。

【乌江航道航运】 2021年，铜仁市通航里程626千米，其中乌江干流四级航道247千米，交通运输部将乌江沙坨二线1000吨级通航设施建设列入《水运"十四五"发展规划》内河水运重点项目（正选），规划投资62亿元。省厅直属企业贵州航电集团开发投资公司委托中交水运规划设计院完成《沙沱水电站枢纽第二线1000吨级通航建筑物工程可行性研究报告（报批稿）》，省厅发函至省发改委待批复。

（市交通局　熊梓涵）

水　利

【概况】 2021年，铜仁市河长制办公室被水利部评为"全国全面推行河长制湖长制先进集体"，2名河长被评为"全国优秀河湖长"，1名个人被评为"全国先进工作者"，3名河湖保洁员获评贵州省"最美劳动者"称号。5月，铜仁市水务局被中共贵州省委、贵州省人民政府授予"贵州省脱贫攻坚先进集体"荣誉称号。全年完成固定资产投资28.18亿元，占年度目标任务22亿元的128.1%，超额28.1%。完成中央投资4.78亿元，完成率98.6%，超目标线8.6%。争取专项债券取得新突破，争取到专项债券9.07亿元。

（市水务局　张　诗）

【节水灌溉】 2021年，铜仁市修筑沟渠252.24千米、铺设输供水管网394.5千米、修建泵站36座、小型集雨设施398座，建成高效节水面积2793.33公顷，采用管灌、喷灌、滴灌等方式抗旱保苗。

（市农业农村局　杜毅智）

【农村饮用水安全】 2021年，铜仁市争取到中央水利发展农村饮用水安全维修养护资金1636万元，完成维修养护农村饮用水安全工程577处，供水服务受益人口161万人。探索农村供水"企业运作"模式，碧江区被省委改革办列为全省农村供水企业化运作试点，碧江区依托与贵州省水投公司合作，探索农村供水企业化运营管理模式，将农村供水工程交由供水企业运营，执行计量用水、有偿用水。在碧江区六龙山集镇水厂推行农村供水工程管理信息化、智能化，搭建智慧水务系统，实现"水源巡查、净化消毒、水质检测、水表抄表、水费缴纳和供水维修服务"一体化。持续巩固和拓展脱贫攻坚饮用水保障成果，不断满足农村群众日益增长的用水需求，让广大农村群众喝上"干净水、放心水、明白水"，享有更多的获得感、幸福感和安全感。

【农村供水保障】 2021年，铜仁市持续巩固拓展脱贫攻坚饮水保障成果，动态监测群众饮用水安全状况，强化农村饮用水安全工程运行维护，提升农村供水保障能力和服务水平，推进与乡村振兴有效衔接。实施中央水利发展资金农村饮水安全维修养护工程577处，完成资金1636万元，供水服务受益人口161万人，农村自来水普及率90.8%。

【防洪减灾治理项目】 2021年，铜仁市推进中小河流、病险水库、山洪沟、水土流失等防洪减灾治理项目。实施项目9处，并提前下达2022年中小河流治理项目12处，总投资3.84亿元；完成思南桂家坡水库除险加固。提前启动德江细枣池、思南方家沟等6座病险水库治理；投资2283.35万元，实施碧江和平两岔溪、印江合水白元、玉屏新店丙溪河3条山洪沟防洪治理，综合治理河长9.06千米，受惠人口0.9万人，保护耕地186.67公顷；完成水土流失治理面积60.98平方千米，占目标任务101%。

【中型灌区建设】 2021年，铜仁市实施玉屏北部、江口梵净梵东、石阡瓮堡和印江栗子园4个中型灌区续建配套与节水改造项目，投入资金8837万元，完成改善恢复灌溉面积6053.33公顷。推进城镇供水建设，新建及改造供水管网100.3千米，新增日供水能力4万吨，完成投资1.2亿元。

（市水务局　张　诗）

城市建设

城乡规划

【重点片区和重要项目规划】 2021年，铜仁市编制完成《铜仁市中心城区老城组团LC-2单元南部片区控制性详细规划（农校片区）》，并通过市城规委专家咨询会；《铜仁市中心城区老城组团LC-10、13、15单元控制性详细规划（开发区片区）》《铜仁市中心城区谢桥片区控制性详细规划（2020年调整）》《铜仁大兴新区核心区控制性详细规划（2020年调整）》《铜仁市老城组团LC-11南部地块控制性详细规划（新庄片区）》及《铜仁市中心城区老城组团LC-6单元南部片区控制性详细规划（大江坪片区）》5个规划通过市城规委会议审查。《铜仁市中心城区谢桥片区控制性详细规划（2020年调整）》规划范围东至凯漕溪，南至龙生安置点，西至桂花树，北至黄家院子，总规划面积1590.38公顷，其中规划建设用地面积1303.18公顷，非建设用地287.2公顷，规划人口23.5万人。《铜仁市中心城区开天—茶店组团KC-4单元控制性详细规划》等9个控规进行批前公示；《铜仁市中心城区老城组团LC-20单元控制性详细规划（五彩桃园片区）》《铜仁市万山区丹都公园片区控制性详细规划暨城市设计》《铜仁市茅溪片区控制性详细规划》《铜仁市中心城区老城组团LC-05、08、09单元控制性详细规划（桂花塘片区）》4个控规获市人民政府批复实施。《铜仁市万山区丹都公园片区控制性详细规划暨城市设计》规划范围包括谢桥片区丹都公园和桂花树区域2个部分，规划总用地面积136.54公顷，规划城市建设用地面积127.03公顷，其中丹都公园片区西以汽车4S店红线为界，南抵西南商贸城，东至正信路，北至莲花大道，规划用地面积122.6公顷；桂花树区域规划用地面积13.94公顷。

【市政与交通建设空间规划】 2021年，铜仁市完成编制市政基础设施项目用地预审和规划选址论证报告工作，市自然资源局参加论证会、论证报告审查会30余次，项目现场选址踏勘10余次。颁发建设工程规划许可证5本；出具规划用地红线图9份；为铜仁市万山区丹砂加油站、城北车站加油站（A站、B站）、照壁岩处加油站等4座加油站出具用地红线图。

【规划审批】 2021年，铜仁市办理用地预审和选址意见书34份，出具建设项目规划设计条件通知书112件，核发《建设工程规划许可证》38个，涉及总建筑面积551.68万平方米。组织城规委专家咨询会9次，评审项目51个；组织召开城规委会议8次，审议议题32个。完成《铜仁市中心城区电动汽车充电基础设施专项规划（2021—2030年）》审查工作。按审批权限分别对规划选址意见书与用地预审，建设用地规划许可证与用地批准书进行合并办理，审批资料从20余项减少到9项，实现服务对象最多跑1次的目标。建设项目用地预审、选址意见书、用地规划许可证最快1个工作日办结。

【规划管理监督】 2021年，铜仁市自然资源局到区县开展规划督查检查工作，对部分项目存在的未批后公开、用地性质不符等问题，进行现场交办，并提出整改要求。规划督查办对各县从控规覆盖率及修建详细规划审查内容、审批程序，许可证核发依据，规划现场公示、公开情况、放验线及规划核验等情况进行规划监督检查。对市中心城区20余个在建项目的规划实施情况进行监督检查。

（市自然资源局　安星宇）

城市更新

【老旧小区改造】 2021年，铜仁市印发《铜仁市推进城镇老旧小区改造十条措施》《关于进一步加快城镇老旧小区改造的通知》，从住宅专项维修资金、住房公积金、税收、财政补助等方面做出政策支持。建立老旧小区改造项目联合会审机制，压缩审批环节。明确专营单位职责及功能设施产权归属有关规定，使专营设施与城镇老旧小区改造同步设计、施工、验收。明确物业企业服务老旧小区有关规定，为实施物业管理提供遵循，并对老旧小区改造加装电梯提供政策资金支持。全市开工改造老旧小区31个1112栋，涉及群众22060户，开工率100%，建筑面积198.69万平方米，完成投资4.44亿元，改造完成老旧小区28个，涉及群众20953户。

【棚户区改造】 2021年，铜仁市存量棚改开工36859户，开工率97.36%，建成8212户（套），建成率70.63%。实施棚户区改造项目7个4012户，其中碧江区5个项目3327户（实物安置），万山区1个项目580户（综合整治），德江县1个项目105户（货币安置），开工率100%。

【背街小巷改造】 2021年，铜仁市背街小巷建设项目计划数130条，实际完成背街小巷改造134条，累计完成投资16443.67万元。

（市住建局　黄海迪）

【中南门历史文化旅游区项目建设】 项目位于铜仁市中心城区，是铜

2021 年新建成的中南门文化旅游区团结广场(市委宣传部　供图)

仁市 2021 年城市更新重点建设项目。项目由铜仁市中南门古城 AAA 级景区建设项目(一期、二期)、中南门老街和大十字西门商业停车场项目组成,规划总用地面积 23.49 万平方米,建筑总面积 23.97 万平方米。其中,铜仁市中南门古城 AAA 级景区建设项目规划总用地面积 17.63 万平方米,建筑面积 15.3 万平方米;中南门老街占地面积 3.6 万平方米,建筑面积 2.5 万平方米;大十字西门商业停车场项目,规划总用地面积 2.26 万平方米,建设总面积 6.18 万平方米。经营性物业总面积约 11.96 万平方米,规划商铺 428 个(自营物业 12 个,面积 5.63 万平方米;对外租赁 416 个,面积 6.33 万平方米),主要以茶文化、府城文化、市井文化、儒家文化、红色文化及科普文化六大文化体验为特色,构建成府衙、府街、中南门老街、红二六军团长征贵州综合展示园、书院文庙及东山组团等 7 个功能组团。主要有希尔顿酒店、铜仁大食府贵州 88 个区县小吃、礼遇铜仁文创购物店、抹茶体验馆等业态,以《铜仁赋》演绎、飞山宫非遗展演(铜仁傩戏、箫笛、说春等)、市楼绣球招亲、中南门街锦衣卫巡演、苏铜文化展示、大食府小剧场轻演绎等为主要内容的主题文化和非遗文化体验区。

(古邑集团)

市政建设

【概况】 2021 年,铜仁市改建、修建城市桥梁 6 座,改造升级市政桥梁附属设施 3 座。利用铜仁市市政桥梁动态信息管理系统,对市政桥梁实施动态化安全监管,检测市政桥梁安全 14 座。新修建城市广场 2 个,面积 8.54 万平方米。新建公园 3 座,新增公园面积 73.3 万平方米。以创建国家园林城市为标准,建成正光公园、白岩溪公园(一期)、云董坡、水果市场后山社区公园、白岩溪社区公园 5 个公园,并向市民开放。建成湿地公园和山体公园 29 个,市民休闲空间项目 115 个。建成花果山至三江公园绿道 2.6 千米,锦江桥到东门桥绿道 0.58 千米。建成社会公共停车场 15 个,新增公共停车位 2764 个。建成地下管网 327.22 千米。

(市住建局　黄海迪　市城市综合执法局　柳　轩)

【城市路网建设】 2021 年,铜仁市实施城市道路 12 条,完成投资 4.12 亿元,建成县级以上城市道路 31.81 千米。中心城区打通桐梓巷路、大江坪路、第一商业大道、五福大道中段等 4 条断头路;完成花果山桥头至兴市桥沿江步道提级改造工程和滨江大道、铜兴大道改造工程;启动滨江大道至大明边城大桥建设工作,截至 12 月,完成总工程量的 63%。

(市住建局　黄海迪)

【天然气建设】 2021 年,铜仁市建成城市燃气管道 64.1 千米,其中中

2021 年完成提级改造工程的花果山桥头至兴市桥沿江步道(代旭东　摄影)

心城区建成城市燃气管道 14 千米；建成燃气充装站 4 座，新增燃气用户 7898 户。天然气管道入铜工程凯里至铜仁（玉屏）输气管道基本建成，完成带气测试，气源通到玉屏末站。铜仁市天然气县县通管道工程玉屏至江口段管道焊接工程完成管道开挖 133.9 千米，管道焊接 122.9 千米，管沟回填 71.1 千米，基本具备通气条件。

（市发改委　郑有江）

【城市供电】 2021 年，铜仁市城区（含主城区、县城）电网投资 10802 万元，新增 10 千伏供电线路 134.77 千米，新增 400 伏及以下供电线路 91.5 千米，新增配变 72 台，新增配变容量 1.73 万千伏安，提升城区供电可靠性。铜仁城区电网总供电量 29.74 亿千瓦·时，同比增加 8.59%，其中主城区、江口县、玉屏自治县、石阡县、沿河自治县县城供电量增幅均在 10% 以上。

（市供电局　任廷茂）

【城市供水】 2021 年，铜仁市新建及续建中心城区谢桥水厂、玉屏自治县城区供水管网等供水项目工程，新增日供水力 4 万吨，建设及改造供水管网 100.3 千米。城市累计建成运行供水水厂 24 座，建设规模为日供水量 57.8 万吨，实际日均总供水量 36.5 万吨，配套建设改造输配水管网 1651 千米。其中，中心城区建成供水水厂 5 座，建设规模为日供水量 27 万吨，实际日均总供水量 14.8 万吨，配套建设改造输配水管网 467 千米；县城供水厂 19 座，建设规模为日供水量 30.8 万吨，实际日均总供水量 21.7 万吨，配套建设改造输配水管网 1184 千米。

【城市供气】 2021 年，铜仁市主要供气范围为两主城区，有供气公司 3 家，分别为铜仁天然气能源投资有限公司、铜仁民生天然气（集团）有限公司和铜仁市万山区民生天然气有限公司。两城区居民开户数 11379 户，累计开户数 43714 户；工商业用户新增 71 户，累计 488 户；年度供气量 14512189 万立方米。

（铜仁天然气能源投资公司　胡　娅　铜仁民生天然气公司　林菲菲）

【污水处理】 2021 年，铜仁市新建或改造城市（含县城）雨水管网 45.09 千米；新建或改造污水收集管网 38 千米，收集 3.7 万人的生活污水，中心城区生活污水处理率 98%，县城以上城市生活污水处理率超过 86%。开展中心城区污水设施集中排查和井雨污混流专项整治行动，消除中心城区老城区沙子坳 0.27 平方千米生活污水收集管网空白区，消除中心城区锦江河沿江两岸生活污水直排口，消除中心城区白岩冲等 3 处黑臭水体；推进污水、井水、雨水共治，开展“挤外水”工作，完成 61 股清水分流入河，日均减少外水入厂 2.6 万吨。新建、续建玉屏自治县、思南县等 6 个县城污水处理设施搬迁工程、一期扩建工程建设，新增日处理污水能力 3.4 万吨，建设或改造县城及以上污水收集管网 110.3 千米，县城及以上污水处理率超过 89%。推进乡镇污水处理设施建设，新建 7 个乡集镇污水处理设施，94 个建制镇污水处理设施实现全覆盖、全运行，完成年度乡镇污水处理设施建设任务。

（市水务局　张　诗）

园林绿化

【中心城区公园绿地建设】 2021 年，铜仁市中心城区新建公园 3 座，新增公园面积 73.3 万平方米。新增公园绿地 3.92 公顷，建成区绿地率 38.36%，绿化覆盖率 41.2%，人均公园绿地面积 14.15 平方米，城市公园绿地服务半径覆盖率 85.26%。完成《中心城区园林规划（2018—2025 年）》的初稿编制工作。

【绿化设施改造和保护】 2021 年，市城市综合执法局支持城市更新牵头单位推进城市老旧小区、棚户区、背街小巷改造工作，完成 124 个围合小区绿地调研。开展公园绿地、居住小区、古树名木、城市绿道及新建绿化项目调查统计，对中心城区 108 棵古树名木实行挂牌保护，并对居住小区违规占用绿地情况和古

铜仁市在推动中心城区绿化建设中建成的木杉河湿地公园（市委政研室　供图）

树名木管理情况进行调研，形成调研报告报市政府。

【园林绿化建设管护】 2021年，铜仁市推进园林绿化建设，新增公园绿地30.6公顷，改造公园绿地16.92公顷；新增城市绿道体系11.38千米，新增林荫路11.7千米；建成区绿地6795.56公顷，绿地率36.5%，绿化覆盖率38.32%。指导区县加强园林绿化管护，开展园林绿化建设管护专题培训1次，按照技术规范开展绿化修剪造型、除草和防病虫害等。开展中心城区园林绿化常态化巡查指导，印发工作提示函13份。

【园林式单位(小区)评选】 2021年，铜仁市城市综合执法局印发《2021年铜仁市园林式单位(小区)评选方案》，组织相关专家对14家通过初审的单位(小区)进行评审，13家单位(小区)获市级园林式单位(小区)称号。

(市城市综合执法局 柳 轩)

公共交通

【公交设施建设】 2021年，铜仁市有城市客运企业64家，其中公交公司20家。有公交车辆701辆，年新增及更换新能源公交车72辆，新增及更换的公交车中新能源公交车比重为100%。

【智慧公交站台】 2021年，铜仁市主城区建成具备公交到站显示，天气预报显示、信息发布等功能的智能公交候车亭7个(大十字1个、八官溪1个、市公会1个、喻家坪2个、鹭鸶岩二桥2个)，累计有智能公交候车亭162个。

【主城区公交线路调整】 2021年，铜仁市主城区优化调整公交线路3条，营运里程从308.4千米优化调整为324.8千米，公交站点从380个优化调整为386个(上行193个，下行193个)。新增公交线路1条，为公交22路，线路走向为清水湾至铜仁市火车站货运东站，线路全长13千米，设18个公交站台；设置1条定制公交线路，线路走向为铜仁火车站至正光安置区，营运里程10.3千米，设站点30个(上行15个，下行15个)。调整后，主城区有公交线路24条，有营运公交车辆161辆，设置营运里程324.8千米，设置站点286个(上行193个，下行193个)。

【出租车市场管理】 2021年，铜仁市有巡游出租汽车公司36家，巡游出租汽车2338辆；网络预约出租汽车公司8家，网络预约出租汽车2044辆。更换出租车45辆，新增网约车213辆，均为新能源及清洁能源车辆。完善《网络预约出租汽车经营服务管理暂行办法》，探索铜仁网络预约出租汽车的管理和传统出租车(含电召车)接入网络预约新模式的服务管理方式。

表33 2021年铜仁市出租车、网约车数量一览表

序号	企业分类	企业名称	所在市、县	企业规模	
				车辆数	从业人数
1	出租车	铜仁交旅集团公共交通有限公司	碧江区	140	243
2	出租车	铜仁市客运汽车运输有限责任公司	碧江区	75	147
3	出租车	铜仁兴达出租汽车有限公司	碧江区	110	220
4	出租车	铜仁通安汽车客运有限公司	碧江区	12	23
5	出租车	铜仁联合出租汽车有限公司	碧江区	55	98
6	出租车	铜仁锦江城市出租车有限公司	碧江区	135	286
7	出租车	铜仁伍寰城市客运出租有限公司	碧江区	143	278
8	出租车	铜仁创新电招出租汽车有限公司	碧江区	59	132
9	出租车	铜仁黔东出租汽车有限责任公司	碧江区	171	280
10	出租车	铜仁市亿乘城市客运有限责任公司	碧江区	100	228
11	出租车	贵州省铜仁市万山区人民出租汽车有限公司	万山区	59	123
12	出租车	铜仁市万山区富吉出租汽车有限责任公司	万山区	38	83
13	出租车	铜仁市万山区丹都古镇汽车出租有限公司	万山区	56	116
14	出租车	江口县梵净山出租车有限公司	江口县	70	145
15	出租车	铜仁全通汽车运输有限责任公司江口出租汽车客运分公司	江口县	30	58
16	出租车	贵州玉屏祥发公交客运有限责任公司	玉屏自治县	14	7

续表 33

序号	企业分类	企业名称	所在市、县	企业规模	
				车辆数	从业人数
17	出租车	玉屏县昕昕出租汽车有限公司	玉屏自治县	48	55
18	出租车	贵州省玉屏县箫乡出租汽车有限公司	玉屏自治县	46	54
19	出租车	玉屏县笛乡出租汽车有限公司	玉屏自治县	34	46
20	出租车	石阡县佛顶山出租汽车有限公司	石阡县	62	107
21	出租车	石阡县腾达出租汽车有限公司	石阡县	48	99
22	出租车	石阡县泉城公交有限公司	石阡县	10	30
23	出租车	南天出租汽车有限公司	印江自治县	30	43
24	出租车	向阳出租汽车有限公司	印江自治县	30	45
25	出租车	顺达出租汽车有限公司	印江自治县	65	98
26	出租车	思南县凤鸣出租汽车有限责任公司	思南县	75	150
27	出租车	思南县力邦出租汽车有限责任公司	思南县	80	160
28	出租车	德江县启程出租汽车有限公司	德江县	87	181
29	出租车	德江县久通出租汽车有限公司	德江县	13	29
30	出租车	德江县金道城市客运出租汽车有限公司	德江县	50	104
31	出租车	沿河土家自治县长发出租车有限责任公司	沿河自治县	74	128
32	出租车	沿河县鸿运城市公共客运有限公司	沿河自治县	74	168
33	出租车	沿河土家族自治县忠宏公交有限公司	沿河自治县	15	15
34	出租车	松桃松江城市客运有限责任公司	松桃自治县	90	111
35	出租车	铜仁武投集团平安公共交通客运有限公司	松桃自治县	60	150
36	出租车	三屏县昕昕出租汽车有限公司大龙经济开发区分公司	大龙经济开发区	80	80
37	网约车	武汉风韵铜仁网约公司	碧江区	115	115
38	网约车	滴滴出行铜仁网约公司	碧江区	271	271
39	网约车	安徽华格铜仁网约公司	碧江区	42	42
40	网约车	蓝海科技网约铜仁分公司	碧江区	43	43
41	网约车	深圳万顺叫车云信息技术有限公司铜仁分公司	万山区	859	881
42	网约车	重庆呼我出行网络科技有限公司铜仁分公司	万山区	58	62
43	网约车	湖南经纬长途运输有限公司铜仁分公司	万山区	76	80
44	网约车	贵州乐拼网约车服务有限公司铜仁分公司	万山区	26	30
45	网约车	贵州梵净山旅游商务服务有限公司	江口县	36	40
46	网约车	江口县易行网络预约出租有限公司	江口县	43	24
47	网约车	铜仁盛世通商贸有限公司石阡分公司	石阡县	39	39
48	网约车	石阡县远超网络预约出租汽车有限公司	石阡县	34	34
49	网约车	石阡县司机点点网约出租汽车有限公司	石阡县	4	4
50	网约车	印江分分秒网约车公司	印江自治县	88	90
51	网约车	盛世通印江网约分公司	印江自治县	38	40
52	网约车	思南县飞行网络预约出租汽车有限责任公司	思南县	31	40
53	网约车	思南县鑫仕顺网约车有限公司	思南县	24	18
54	网约车	思南正吉网约服务有限公司	思南县	17	19
55	网约车	铜仁恒通网约出租客运有限公司思南分公司	思南县	13	16
56	网约车	德江县捷安网约车服务有限公司	德江县	15	20

续表 33

序号	企业分类	企业名称	所在市、县	企业规模	
				车辆数	从业人数
57	网约车	德江招招网约出租客运有限公司	德江县	18	23
58	网约车	贵州乐拼网约车服务有限公司德江分公司	德江县	10	11
59	网约车	铜仁市盛世通商贸有限公司德江分公司	德江县	10	16
60	网约车	德江县尚善汽车服务有限公司	德江县	14	21
61	网约车	沿河润信出行有限公司	沿河自治县	25	28
62	网约车	贵州乐拼网约车服务有限公司沿河分公司	沿河自治县	7	9
63	网约车	铜仁市盛世通商贸有限公司沿河分公司	沿河自治县	17	17
64	网约车	沿河电招网络预约出租汽车有限责任公司	沿河自治县	15	15
65	网约车	松桃万顺网约车服务有限公司	松桃自治县	28	28
66	网约车	蓝海科技有限责任公司	松桃自治县	28	20
总计				4382	6416

【出租车行业专项整治】 2021年，铜仁市出动执法人员4240人次，现场执法和非现场执法检查巡游出租汽车31392辆次，网约车977辆次，发现巡游出租汽车违法违规行为2919辆次，网约车45辆次，均分别按照停车学习、信用评价、经济处罚、批评教育等方式完成整改。

（市交通局　熊梓涵）

城市管理

【城管综合执法规范】 2021年，铜仁市推进“强基础、转作风、树形象”城市执法专项行动，推行“721”工作法，举办城市综合执法能力提升专题培训班1期，培训科级以下执法人员50人。市级城市综合管理部门所承办的行政执法案件，均未提起行政复议或行政诉讼，未发生因执法不当诱发的不稳定因素和重大舆情。市城市管理综合行政执法支队被省住建厅授予2020年度“强基础、转作风、树形象”专项行动表现突出单位，城管系统6人被省住建厅授予2020年度“强基础、转作风、树形象”专项行动先进个人。

【违法建筑整治】 2021年，铜仁市开展全省旅游“两会”环境整治工作，围绕“三江六岸”推进违法建筑查处和蓝顶棚拆除。市级现场勘验违法建筑行为60余次，下发各类执法文书37份，办理涉嫌违法建设案件53件，立案查处33件，责令整改1件，正在调查3件，不予立案14件，办结13件，信访回复2件，办结跨年度案件7件，处罚金额1600余万元。区县级拆除违法建筑22宗，占地面积1758平方米，建筑面积1846平方米。

【流动摊贩管理】 2021年，铜仁市按照蔬菜、水果、夜市等分类，在中心城区划定金码头、文笔峰、周家安置区等夜市自贸区，划定麒龙国际、谢桥农贸市场等蔬菜、水果自贸区，新增流动摊贩摊位2000余个，允许流动摊贩备案登记后，到各自自贸区域进行销售。建立经营摊主市容和环境卫生责任区承诺制度、商贩摊主榜样示范机制和商贩摊主容错纠错机制，在“定点、定时、定人”管理的同时，给予摊主一定容错范围。

【户外广告管理】 2021年，铜仁市城市综合执法局起草《铜仁市户外广告设置管理办法》，并按程序报市政府。开展违法广告查处、破损广告拆除和户外广告安全隐患排查，受理审批大型广告设置6件，拆除大型户外广告11处2000余平方米，拆迁安置高立柱广告1处220平方米。指导中心城区城管部门拆除不符合城市容貌标准的门头、店招、墙体广告、落地广告、灯箱广告等2470块，拆除横幅广告2633条，在大型LED显示屏累计刊播公益广告2000小时以上。

【设施维护和管理】 2021年，铜仁市城市综合执法局维修铜仁市中心城区路灯1.2万余盏，中心城区主次干道路灯安装率100%，亮灯率超98%；中心城区改造升级人行道板3200平方米，修补城市道路1.48万余平方米，路面完好率超95%。印发《铜仁市城市公园管理指南》，组织召开市花（紫薇）研讨会，对市花（紫薇）文化内涵、培养、栽种、管护、塑形等进行研究讨论，形成《紫薇艺术树干定向培育技术歌谣》。对中心城区86座24小时免费开放直管公厕，每座城市公厕明确1名环卫工人负责保洁工作，全市公厕建设标准及保洁水平在全省靠前。

（市城市综合执法局　柳　轩）

乡村振兴

脱贫成果巩固

【政策制度建设】 2021年，铜仁市印发《铜仁市关于实现巩固拓展脱贫攻坚成果同乡村振兴有效衔接的实施意见》《铜仁市关于实现巩固拓展脱贫攻坚成果同乡村振兴有效衔接任务分解方案》《关于进一步做好巩固拓展脱贫攻坚成果同乡村振兴有效衔接相关工作的通知》《支持黔货出山产销对接奖励扶持办法》《铜仁市电商云仓供应链云仓服务体系项目建设方案》《中共铜仁市委办公室　铜仁市人民政府办公室关于印发进一步加强防贫预警监测巩固拓展脱贫攻坚成果的实施意见的通知》《关于持续选派乡村振兴驻村第一书记和驻村干部的通知》《关于进一步调整优化完善干部结对帮扶工作的通知》《关于深化“民心党建”促进乡村振兴的实施意见(实行)》《铜仁市扶贫资金、项目及资产监督管理办法(试行)》《铜仁市分类分级推进乡村振兴实施方案》《铜仁市特色田园乡村·乡村振兴集成示范试点建设方案》《中共铜仁市委办公室铜仁市人民政府办公室关于建立铜仁市特色田园乡村·乡村振兴集成示范试点建设工作联席会议的通知》《关于建立市特色田园乡村·乡村振兴集成示范试点建设工作联席会议工作机制的通知》《铜仁市特色田园乡村·乡村振兴集成示范试点建设工作联席会议关于印发铜仁市特色田园乡村·乡村振兴集成示范试点建设工作联席会议成员单位包干指导试点村的通知》等文件，巩固拓展脱贫攻坚成果同乡村振兴做到有据可依。

(市乡村振兴局　王福政)

【易地扶贫搬迁安置】 2021年，铜仁市易地扶贫搬迁总数为64703户293569人，其中，不需要办理户籍转移人数(中心村安置点)2355户10884人，迁移户籍39869户177264人，办理居住证11863户55037人，办理“易地扶贫搬迁市民证”10616户50384人。为增强城镇户口对农业转移人口的吸引力，提升群众获得感、幸福感，铜仁市对集中安置点实行城镇化改革，推动搬迁群众在就业、就学、住房、医疗、养老、低保等方面实现城镇化全覆盖。

针对搬迁群众落户问题，市政府印发《铜仁市人民政府办公室关于加快推进全市易地扶贫搬迁入住对象在安置地落户工作的通知》，要求按照“先保障、消顾虑、后落户”原则，引导搬迁对象落户安置地，实现易地扶贫搬迁对象“搬得出、稳得住、能致富”的目标。同时，针对搬迁群众对“三权”等权益保障顾虑问题，在部分区县探索实施以政府名义或对口职能部门发放承诺书、村委会或集体组织发放集体经济组织成员资格证明、原住民证等措施办法，解决群众搬迁难、落户难问题。针对搬迁群众农业转移人口权益保障事项出台“四套”政策保障，消除农业转移人口落户顾虑。

公安机关设立易地扶贫搬迁对象户籍办理绿色通道，为搬迁对象办理户口迁移和其他户籍业务提供便利，推行“一站式”户口迁移、预约受理、安置地集中办理、当日办理、免收工本费、免费照相、送证上门等便民服务。由发改、财政、自然资源部门落实中央、省关于预算内投资项目、转移支付、城镇建设用地与农业转移人口挂钩机制，争取国家、省的支持和相关指标分配，对吸纳农业转移人口较多的区县给予支持。人社、教育、卫生、医疗保障、民政、乡村振兴部门完成养老保险、教育扶持、卫生医保服务、社会救助等农村原有合法权益接续工作，确保农业转移人口合法权益不因户口迁移而丧失。住建部门完成安置房不动产登记和不动产证发放，正在完善不动产登记容缺手续办理和安置区消防验收，全市56个县城安置区及安置规模800人的集镇安置区成立业主委员会或有物业管理(其中11个安置区已按市场化模式缴纳物业管理费)，强化社区治理，引导搬迁群众融入，防止出现大规模回迁现象。

印发《铜仁市易地扶贫搬迁安置区突出问题“百日攻坚”专项整治行动效能提升方案》，并督促各区县于8月中旬至11月底，围绕组织建设、法治宣传、社会综合治理能力、社会融合发展、“特殊群体”平安幸福家创建、稳岗就业、文明创建7个方面，提升安置区治理效能。为强化资金管理，确保后续产业项目高质量发展，草拟《铜仁市易地扶贫搬迁“6+X”联动机制助推后续扶持高质量发展实施方案》《六方合作协议》《铜仁市易地扶贫搬迁后续扶持项目发展风险补偿金管理实施办法》等配套政策文件。发挥大数据管理平台优势，创新开发、运行帮扶监测系统手机App，及时掌握帮扶干部责任落实和搬迁群众基本信息、分房、人口变化、就业、就医、社保、“三块地”盘活、满意度等情况，提高数据填报效率，加大防贫预警监测力度，促进后续服务更具针对性、科学性。提高省后续扶持信息系统运行效率。通过创新实施“召开一个会议、出台一个文件、开展一次培训、组建一支队伍、建立一套机制、开展一次督导”“六个一”的做法，实现信息更新及时、实时共享、口径一致的目标，高质量统筹调度后扶各项工作，易地扶贫搬迁集中安置点城镇化改革逐步完成。

(市生态移民局　姚勇军　市乡村振兴局　王福政)

表 34　2021 年铜仁市易地扶贫搬迁安置点一览表

市县区	安置点数量	实际搬迁人数	其中建档立卡贫困人口数
铜仁市	144	293569	234980
碧江区	8	55872	36773
万山区	10	11250	50116
江口县	9	3537	14873
玉屏自治县	9	1468	6204
石阡县	14	4654	19877
思南县	15	3705	16169
印江自治县	8	4013	17882
德江县	14	2854	12720
沿河自治县	15	5241	24774
松桃自治县	33	7936	38586
大龙开发区	6	5671	26820
铜仁高新区	3	2038	9676

【社会保障兜底】 2021 年，铜仁市印发《铜仁市 2021 年度低保年度核查方案》，对各区县低保年度核查工作开展情况进行督查，开展城乡特困人员认定和自理能力评估年度复核。全市有农村低保对象 22.18 万人，发放农村低保金 7.33 亿元。实施临时救助 1.53 万人次，发放临时救助金 1938.8 万元，实施急难救助 73 例，发放急难救助金 92.71 万元。

（市生态移民局　姚勇军）

【脱贫人口医疗动态保障】 2021 年，铜仁市对脱贫人口医疗保障动态保障应保尽保，使用全国健康扶贫动态管理系统重点针对村卫生室合格村医和卫生室药品数量开展监测，以设施设备、医疗服务能力、慢病患者签约服务、基层诊疗占比、药品配置为重点对乡镇卫生院开展监测。对乡镇卫生院综合监测评价得分小于 71 分、慢病随访率评价得分小于 10 分、乡村两级诊疗量评价得分小于 10 分的乡镇卫生院，进行重点监测预警。截至 12 月 31 日，全国健康扶贫动态管理系统村级监测统计结果为：只有一个 35 岁以下的合格村医且居民少于 800 人的村卫生室 171 个；只有一个超过 65 岁的合格村医的村卫生室 21 个；只有一个非本村合格村医的村卫生室 28 个；全部村卫生室的药品数量总和为零的村卫生室零个。全国健康扶贫动态管理系统乡级监测统计结果为：60 分及以下的乡镇卫生院零个；61 ～ 70 分的乡镇卫生院零个；71 ～ 80 分的乡镇卫生院 71 个；81 ～ 90 分的乡镇卫生院 12 个；91 ～ 100 分的乡镇卫生院 63 个。慢病随访率评价得分小于 10 分的乡镇卫生院零个，乡村两级诊疗量评价得分小于 10 分的乡镇卫生院零个。

结合监测情况，对基础不够牢靠、出现“空白点”风险较高的乡村两级医疗卫生机构落实重点跟踪管理，提升乡村医疗卫生机构服务能力，巩固完善基层网底。对发现信息情况录入错误或者情况更新有变化的，立即进行相关数据更新。村卫生室、乡镇卫生院未能达到《贵州省解决贫困人口基本医疗有保障突出问题工作方案》标准要求的，特别是对空白点风险较高的村，一旦出现人员空白点，立即采取巡诊、派驻的方式，确保群众看病有地方、有医生。对动态监测预警的空白点风险点高的村卫生室、基础不够牢靠的乡镇卫生院落实动态监测和跟踪管理，进行监测指导和日常督办。同时，将其纳入平时开展督导检查、自查排查工作的重点。截至 12 月，全市乡、村两级医疗卫生机构均达到国家、省级工作标准。全年建档立卡脱贫人口看病就医受益 76.97 万人次，报销资金 4.16 亿元，年度脱贫人口家庭医生签约率 100%。

（市卫健局　张　军）

【乡村振兴宜居移民安置】 2021 年，铜仁市完成 3 批次 10 个 500 人以上移民示范村整村推进美丽家园建设工作的项目谋划及计划下达工作，总投资 5000 万元。第一批次 5 个项目，江口县峰坝村、思南县安江社区美丽家园项目实现年底交付使用，松桃自治县团结村，德江县望牌村和沿河自治县思渠村美丽家园建设项目完成建设任务 80%。第二批次 3 个项目，玉屏自治县胜利村、印江自治县木黄镇美丽家园、松桃自治县石花社区建设项目实质性开工建设。第三批次 2 个项目，思南县穿硐村、沿河自治县坝坨村美丽家园建设项目资金于 12 月 10 日到位，实现年内完成项目谋划。

民政部门实施“三区计划、社工黔行、社会工作和志愿服务站”等项目，新设置的 7 个易地扶贫搬迁安置街道全部设立社会工作和志愿服务站，投入资金 175 万元，为安置地社区老人、留困儿童、贫困家庭提供社会工作专业服务，直接服务对象 280 人，受益 5000 余人次。完成 7 个易地扶贫搬迁安置点社工站项目承接任务，并通过省民政厅评估。

（市生态移民局　姚勇军　市民政局　冯小亚）

【人才下沉服务】 2021 年，铜仁市选派省市科技特派员 780 人次，支

铜仁学院开展稻蛙种养科技服务现场(市委政研室 供图)

持工作经费超1000万元。全年科技特派员到现场服务1.6万人次,开展培训服务5万余人次,开展技术咨询服务9000次,解决技术问题6000个,组织新技术、新品种种植示范推广1600个,帮扶及协助创办企业(合作社)1000个,培养致富带头人2800名。68名事业单位人员通过离岗领创参与助力脱贫攻坚,编制产业发展项目56个,累计投入资金1450余万元,累计创收近810万元,累计带动就业2300余人次,其中建档立卡贫困户700余人。17名挂职或参与项目合作,256名通过挂职科技扶贫副职、技术指导产业扶贫等方式参与助力脱贫攻坚,截至12月,仍离岗创业人员66名,正在申请的专业技术人员有2名。在坝区建设中组建1个市级人才巡回技术服务团,10个县级人才技术服务队,199个坝区人才技术服务小分队,568名农技人员每周不低于2次对坝区开展服务工作,坝区人才技术服务人员开展技术服务近5万人次。

【脱贫人口培训】 2021年,铜仁市印发《关于做好2021年度贫困村创业致富带头人及建档立卡贫困劳动力技能培训的通知》《关于做好2021年度脱贫劳动力和边缘易致贫劳动力全员培训工作的通知》,落实省乡村振兴局2021年度培训工作要求,开展脱贫劳动力全员培训1495期培训69931人,开展农村地区致富带头培训30期,培训2734人。在省十二大特色优势产业中分别开展食用菌产业培训43期2377人,茶叶产业培训167期8727人,中药材产业培训18期607人,特色林业产业培训32期1381人,蔬菜产业培训91期5826人,辣椒产业培训118期6474人,水果产业培训158期6460人,生猪产业培训25期1084人,牛羊产业培训72期3180人,生态渔业产业培训11期193人,家禽产业培训51期2017人。

【易地扶贫搬迁就业服务】 2021年,铜仁市建立易地搬迁劳动力失业预警机制,开展"1131"就业服务。开展公共就业服务,开展各类招聘活动117场次,召开返乡人员就业创业座谈会121场,为返乡劳动者送政策、送温暖、送岗位。支持安置点就业帮扶车间、就业帮扶基地发展,认定并正常运营就业帮扶车间(基地)274家,吸纳搬迁劳动力就业2793人。截至12月,促进易地扶贫搬迁劳动力就业14.17万人,完成搬迁劳动力技能培训2.16万人次,培训后就业创业1.51万人,实现一户一人以上就业,零就业家庭动态清零。

【脱贫人口就业】 2021年,铜仁市建立完善就业帮扶长效机制。印发《关于切实加强就业帮扶巩固拓展脱贫攻坚成果助力乡村振兴的实施方案》《铜仁市易地扶贫搬迁劳动力失业监测预警工作方案》《关于高质量推进2021年度农民全员培训和职业技能提升行动的实施方案》《铜仁市职业技能提升补贴证书直补实施细则》《铜仁市2021年外出务工返乡人员返岗就业工作方案》《深入实施"留雁行动"做好"两节"期间返乡农村劳动力就业服务行动方案》《市人力资源和社会保障局等七部门关于开展"迎新春送温暖 稳岗留工"专项行动的通知》《2021年东西部劳务协作促进铜仁籍劳动力稳定就业有关补贴实施方案》等一系列政策措施,完善就业帮扶政策体系。强化创业扶持带动就业。截至12月,落实脱贫劳动力和搬迁劳动力创业补贴和场租补贴250人132.54万元。新增发放创业担保贷款21283.3万元,新增扶持创业1135人,带动就业4032人。累计创建农民工创业园14个,入驻企业695户、带动就业9418人;创业孵化基地9个,入驻企业446户,带动就业15418人。加大公益性岗位开发力度。公益性岗位优先安置符合条件的脱贫劳动力和易地搬迁劳动力,通过城镇和乡村公益性岗位安置就业18896人,其中脱贫劳动力10669人,易地搬迁劳动力5233人,发放就业扶贫援助补贴4791.58万元。

【扶贫资金管理和使用】 2021年,铜仁市在全省率先出台《铜仁市扶贫资金、项目及资产监督管理办法(试行)》,制定《铜仁市扶贫项目资产管理工作方案》。争取到县中央及省级财政衔接推进乡村振兴补助资金(财政专项扶贫资金)150629万元(中央资金138091万元,省级资金12538万元),全部到账纳入资金备案,用于扶贫项目支出。安排项目1780个,项目全部完工。安排产业类项目792个,资金95996.07万元,占比63.73%;基础设施类项目476个,资金28919.69万元,占比19.20%;生产生活条件改善类项目313个,资金15247.08万元,占比10.12%;公益性岗位类项目39个,资金4595.22万元,占比3.05%;就业培训类项目28个,资金4135.85万元,占比2.75%;其他项目36个,资金1735.09万元,占比1.15%。

【防贫预警监测】 2021年,铜仁市出台《进一步加强防贫预警监测巩固拓展脱贫攻坚成果的实施意见》,对监测范围、监测程序、帮扶措施、工作要求、部门职能职责进行明确,形成返贫监测和帮扶工作长效机制。印发《关于进一步规范防贫预警监测和帮扶工作县、乡、村、户四级档案资料的通知》,规范县、乡、村、户四级档案资料。调度行业部门推送预警线索11期,发布预警线索11期。落实一月一通报,下发通报5期。11845户45206人(边缘易致贫户7079户26430人,脱贫不稳定户3964户15672人,突发严重困难户803户3104人),消除风险11999户43065人,消除风险率92.85%。新增认定监测对象355户894人,边缘易致贫户87户316人,脱贫不稳定户87户331人,突发严重困难户181户736人。致贫返贫中因病4660户17631人,占39%;就业不稳定3691户14441人,占31.94%;因残1241户4630人,占10.24%;因学998户4593人,占10.16%;意外事故536户1945人,占4.3%;缺劳动力480户1071人,占2.37%;自然灾害136户499人,占1.1%;产业项目失败80户318人,占0.7%;安全住房10户23人,占0.08%;其他14户55人,占0.12%。新增认定监测对象中,因病260户1014人,占73.32%;因意外事故40户161人,占11.64%;缺劳动力9户44人,占3.18%;因学28户112人,占8.1%;因残10户29人,占2.1%;其他3户8人,占0.58;因就业不稳3户7人,占0.51%,产业项目失败1户7人,占0.51%;因自然灾害1户1人,占0.07%。

【防范返贫长效机制】 2021年,铜仁市召开全市巩固拓展脱贫攻坚成果防止返贫工作推进会、全市巩固脱贫攻坚成果大排查动员部署会等会议,印发《铜仁市关于实现巩固拓展脱贫攻坚成果同乡村振兴有效衔接的实施意见》《铜仁市关于实现巩固拓展脱贫攻坚成果同乡村振兴有效衔接任务分解方案》等,印发《关于持续选派乡村振兴驻村第一书记和驻村干部的通知》《关于进一步调整优化完善干部结对帮扶工作的通知》《关于深化"民心党建"促进乡村振兴的实施意见(实行)》文件,增强基层组织力量。印发《关于进一步做好巩固拓展脱贫攻坚成果同乡村振兴有效衔接相关工作的通知》,强化"四个不摘"工作调度。印发《关于对全市脱贫攻坚政策进行梳理的通知》,梳理市级脱贫攻坚"四个不摘"有关政策35个,其中优化5个、延续15个、调整9个、退出6个。发改部门将"四个不摘"纳入"十四五"规划。财政部门到省财政厅对接工作、了解信息、争取项目和资金,落实兜底政策,落实涉农资金整合政策。人社部门规范公益性岗位开发管理,加强就业扶贫车间管理和跟踪服务,开展东西部劳务协作、公共就业创业服务,落实就业创业政策。

【乡村振兴分类分级管理】 2021年,铜仁市印发《铜仁市分类分级推进乡村振兴实施方案》。落实省分类要求,强化市县两级党委和政府主体责任,将10个区(县)分为乡村振兴引领示范县、乡村振兴重点推进县和乡村振兴夯实基础县3类。碧江区、万山区、玉屏自治县为乡村振兴引领示范县;江口县、石阡县、德江县、印江自治县、思南县为乡村振兴重点推进县;沿河自治县、松桃自治县为乡村振兴夯实基础县。

表35 铜仁市国家乡村振兴重点帮扶县、省级乡村振兴引领示范县、乡村振兴重点推进县和乡村振兴夯实基础县一览表

国家乡村振兴重点帮扶县	
松桃自治县	沿河自治县
省级乡村振兴引领示范县	
碧江区	玉屏自治县
万山区	
省级乡村振兴重点推进县	
江口县	印江自治县
石阡县	思南县
德江县	
省级乡村振兴夯实基础县	
松桃自治县	沿河自治县

(市乡村振兴局 王福政)

农村改革

【农村产权交易】 2021年，市农业农村局按照省农业农村厅安排，组织区县开展并完成农村承包地确权登记颁证收尾有关工作。根据市政府安排，征求市发改委、市自然资源局、市林业局、市水务局等13个部门意见，对《贵州省农村产权流转交易管理办法(试行)》提出修改完善意见。推进承包地经营权流转，流转78913.33公顷，其中转入农户的面积18386.67公顷，流转入家庭农场的面积3293.33公顷，流入合作社的面积38260公顷，流入企业的面积11740公顷，流入基地主体的面积7233.33公顷。

(市农业农村局　杜毅智)

【经营性集体资产股份量化】 2021年，铜仁市推进农村集体产权制度改革，完成清产核资、村集体经济组织成员认定、集体资产股份量化、村级集体经济组织组建并赋码登记工作。完成农村集体经济组织成员认定、经营性集体资产股份量化工作，清理核实集体资产93.37亿元，2824个涉农村企业合作社全部成立集体经济组织。

(市乡村振兴局　王福政)

【林地林权】 2021年，铜仁市集体林权平台流转交易17起，流转面积301.13公顷，其中入股1起，交易金额430万元。森林保险面积101.89万公顷，其中公益林保险面积66.06万公顷，商品林保险面积35.83万公顷，油茶保险面积0.63万公顷，受灾理赔金额522.65万元。调处林地承包经营纠纷4起，其中行政裁决1起。12月9日，《铜仁市农村集体林权流转交易管理办法(试行)》上报市政府审定。截至12月，碧江区、玉屏县、印江县、思南县、德江县林业局完成林权档案资料向区县自然资源局的移交工作。

(市林业局　贺　彬)

【农村土地承包经营权确权登记】 2021年，铜仁市强化农村承包地信息跟踪调查和日常管理，建立健全农村土地承包数据的保管、更新、使用和安全保密等管理制度，完成农村承包地确权登记颁证工作，确权46.76万公顷，颁证762645户。

(市农业农村局　杜毅智)

产业发展

【概况】 2021年，铜仁市拨付到位财政专项衔接补助(扶贫)资金144724万元，投入产业项目864个，资金104880.36万元，占财政专项扶贫总资金72.32%，涉及覆盖脱贫户130525户491667人和边缘易致贫户3523户13289人。投入省12个农业特色优势产业81133.98万元，占投入产业类资金73.94%。东西部扶贫协作资金拨付到位45990万元，投入产业项目118个，资金30668.47万元，占东西部协作总资金69.35%，涉及覆盖脱贫户20196户77233人和边缘易致贫户797户3400人。新增农产品加工转化入规企业31户(总数168户)，拉动工业增长2.7个百分点，农产品加工转化率54.4%。落实贵州省扶贫开发领导小组《关于进一步加强产业扶贫利益联结机制的指导意见》精神，印发《关于进一步规范签订产业扶贫利益联结合作协议的通知》，提升脱贫户自我发展能力、改进带动方式，激发农户内生动力，形成按劳分配、多劳多得的正向激励机制。对实施的农业产业项目，重新建立利益联结机制，正在运行的农业产业项目，存在兑现难及其他扶贫资产面临损失风险的，重新建立利益联结机制。

【易地扶贫搬迁安置后续产业扶持】 2021年，铜仁市争取到国家现代农业产业园项目1个，产业集群项目2个，产业强镇项目2个，第一、第二、第三产业融合项目2个(配合发改部门争取)，争取到2021年农产品产地冷藏保鲜设施建设项目236个，石阡、印江获得整县推进试点县。争取到的中央财政衔接推进乡村振兴补助资金中，安排1.16

沿河自治县中寨镇“白叶一号”茶叶种植基地(市委政研室　供图)

亿元支持易地扶贫搬迁集中安置后续产业扶持工作，规划实施56个项目有35个投产，解决搬迁群众就业2950人。

（市乡村振兴局　王福政）

【农村新型经营主体培育】2021年，铜仁市涉农行政村均实现“村社合一”。组织部门牵头制定《铜仁市关于发展壮大农村集体经济的指导意见》，明确376个“村社合一”示范点。印发《关于开展2021年铜仁市农民合作社示范社申报认定工作的通知》，经各区县推荐申报，市农业农村局审核并征求市林业、市场监管、市银保监、市供销社等部门意见后，评审出42个合作社为铜仁市农民合作社示范社。截至12月，全市有市级以上合作社示范社245家，其中国家级24家、省级121家、市级100家。

（市农业农村局　杜毅智　市乡村振兴局　王福政）

【脱贫地区特色产业发展】2021年，铜仁市推动生态茶、生猪、家禽、蔬果、食用菌、薯类、中药材、蜂蜜、特色林业10大特色优势百亿级产业集群建设，茶园总面积排全省第二，抹茶发展规模居全国前列，黄精、百合、玉竹种植面积均居全省第一，食用菌产业规模居全省第一梯队，林下经济综合排名全省第一，特色冷水鱼产量占全省45%、排全省第一。茶园总面积10.2万公顷，投产8.80万公顷，茶叶产量12.9万吨，产值130.61亿元。出栏生猪284.29万头，肉牛30.46万头，肉羊69.67万只。蔬菜（含辣椒）种植面积16.84万公顷，产量400.17万吨，实现产值115.35亿元。果园面积7.18万公顷，投产4.81万公顷，产量83万吨，产值49.69亿元。薯类种植面积4.36万公顷，食用菌种植9.72亿棒，产值42.59亿元。中药材种植面积5.22万公顷，产量16.37万吨，产值21.54亿元。家禽出栏2142.6万羽，禽蛋产量8.06万吨。蜂蜜产量4250吨，产值6.6亿元。水产品产量5.66万吨，产值14.55亿元（冷水鱼1.0115万吨，产值3.54亿元）。

（市乡村振兴局　王福政）

梵净山珍系列产品（市委宣传部　供图）

休闲农业成为新时尚（市委宣传部　供图）

【休闲农业】2021年，铜仁市完成《梵净山区域乡村振兴规划（2020—2035）》编制，提出围绕梵净山品牌效应，以生态旅游业为着力点，带动农旅融合发展，助力乡村振兴的目标、任务和路径。推荐全市休闲农业与乡村旅游精品路线，万山千年丹都2日游被农业农村部作为2021年中国美丽乡村休闲旅游行（春、夏季）精品景点线路集中推介；江口县闵孝镇鱼良溪村被农业农村部评为2021年中国美丽休闲乡村。

【“一村一品”建设】2021年，铜仁市实施“一村一品”工作，在全省乡村产业高质量发展推进会上，宣传铜仁市特色产业和“一村一品”发展，《“1234”模式助推铜仁市食用菌产业高质量发展》《生态茶：黔东北喀斯特地区建立起来的脱贫致富“绿色银行”》纳入全省十大乡村产业发展典型案例。万山区黄道乡（香柚）、德江县稳坪镇金庄村（花椒）入围第十一批全国“一村一品”示范村镇名单；思南县三道水乡周寨村入围2021年全国乡村特色产业十亿元镇亿元村名单。

（市农业农村局　杜毅智）

【农村邮政快递网点布局】2021年，铜仁市有农村邮政服务局所160个。邮政网点电子化率100%，每周营业3天及以上，每天营业时间不少于4小时，投递频次每周3次及以上，平均服务2.32万人，平均服务半径约3平方千米；新增村级邮乐购站点48个，累计建设运营村级邮乐购站点261个；有县乡邮路35条，农村邮路里程5558千米；配置农村投递服务机动车89辆，摩托车150辆，能满足日均人均处理（投递）邮件量120件以上；69个乡镇局所提供储蓄、基金、理财、保险、普服等全功能邮政业务，160个局/所开齐函件、报刊、包裹、汇兑4项法定业务，建制村通邮率100%，农村网点绿色包装率100%，电子面单使用率98%以上；农村邮政服务覆盖率100%。农村邮政局所均实现监控安全数字化，关键节点扫描安装率100%。

（市邮政管理局　唐　玲）

【农村电商】2021年，铜仁市出台《支持黔货出山产销对接奖励扶持办法》，印发《铜仁市电商云仓供应链云仓服务体系项目建设方案》等，争取到2021年度城乡冷链基础设施建设及运营专项资金200万元、城乡高效配送项目120万元。江口县获批2021年国家级电子商务进农村第二批综合示范县项目，获项目资金1000万元。全市正常运营电商综合服务站点530个。完成农产品网络零售额6.19亿元，排全省第三位，增速50.77%，排全省第六位。

（市乡村振兴局　王福政　市商务局　杨天明）

村镇建设

【乡村规划】2021年，铜仁市获批第二批全国乡村治理示范村3个，分别是石阡县大沙坝乡任家寨村、思南县塘头镇青杠坝村、碧江区滑石乡老麻塘村。完成6个省级试点、31个市级试点特色田园乡村·乡村振兴示范试点村庄规划编制及评审工作；指导石阡县、印江自治县和沿河自治县完成4个红色美丽村庄规划编制及其报批；指导碧江区、江口县开展“一带”全域土地综合整治试点范围内4个乡镇街道国土空间规划和29个村的村庄规划编制，形成规划方案成果。

编制《铜仁市“十四五”水务发展规划》《水利基础设施空间布局规划》等，加强水利规划与《国土空间规划》衔接，解决规划“一张图”问题；印发《铜仁市“四好农村路”创建实施方案》《铜仁市全面深化农村公路管理养护体制改革实施方案》等一系列文件，从机构设置、人员保障、财政投入、公益性岗位落实等方面出台扶持政策，为“四好农村路”高质量发展提供政策支持。

启动“十四五”配电网规划项目库优化，逐步完善电网基础设施，支持红色美丽村庄试点建设，配合公司编制支持红色美丽村庄试点建设帮扶方案，修编铜仁市4个贵州省红色美丽试点乡村配电网“十四五”规划库，安排78个项目，计划投资4751万元，巩固红色美丽试点村配电网网架结构，强化供电可靠性；运用系统数据，开展低电压、重过载项目的前期决策和立项工作，确保数据有据可依；同时，通过使用系统数据，反促系统数据日趋完善；加强基础数据的校核和管控。

在国土空间规划保障上，调整优化生态红线，优化前生态红线面积523204公顷、占国土面积的29.04%，优化后生态红线面积472305公顷、占国土面积的26.09%。开展村庄规划编制工作，村庄规划编制综合考虑巩固“3+1”脱贫攻坚成果要求，预留不超过5%的建设用地机动指标，保障零星分散的乡村公共服务设施、文化旅游设施及农村新产业新业态用地空间。开展乡村地区村民居住信息调查，完成276662个居住图斑信息采集。

（市自然资源局　安星宇　市乡村振兴局　王福政）

美丽乡村建设——万山高楼坪乡黄家寨（铜仁日报社　供图）

【特色田园乡村建设】 2021年，铜仁市印发《铜仁市特色田园乡村·乡村振兴集成示范试点建设方案》，申报贵州省特色田园乡村·乡村振兴集成示范试点村6个，对照省级标准确定市级特色田园乡村·乡村振兴集成示范试点35个。市委办公室、市政府办公室印发《关于建立铜仁市特色田园乡村·乡村振兴集成示范试点建设工作联席会议的通知》，成立以市委副书记为组长、分管副市长为副组长机制，明确联席会议成员单位工作职责、包干指导责任。6个试点完成“一方案两规划”，通过省级示范试点评审。对各县申报的49个市级特色田园乡村建设试点进行实地走访考察，经市委、市政府审核确定34个市级示范点，成立评审组，对市级试点村“一方案两规划”进行评审反馈。编制完成村民版规划(“一图一表一说明”)，各区(县)人民政府对试点村“一方案两规划”进行批复。

江口县闵孝镇鱼良溪村被农业农村部评为2021年中国美丽休闲乡村。万山千年丹都2日游被农业农村部作为2021中国美丽乡村休闲旅游行(春、夏季)精品景点线路集中推介。万山区黄道乡(香柚)、德江县稳坪镇金庄村(花椒)入围第十一批全国“一村一品”示范村镇名单。思南县三道水乡周寨村入围2021年全国乡村特色产业十亿元镇亿元村名单。

（市农业农村局　杜毅智）

【农村人居环境改善】 2021年，铜仁市围绕“用2个五年规划期基本完成改厕任务，再用1个五年规划期进行巩固提升，到2035年全面完成农村改厕任务”的总体进度要求，抽调4人参加“厕所革命”核查工作，联合区县复合组、市派驻区县督导组采取实地走访、查阅资料、入户调查、抽查等方式对新增户厕问题摸排工作进行复核，加快推进农村户厕问题复核。12月市农业农村局推荐玉屏自治县为全市唯一“2021年度全国村庄清洁行动先进县”。

（市乡村振兴局　王福政）

【农村住房建设】 2021年，铜仁市争取到位中央农村住房保障补助资金7753.1万元，实施动态监测农村危房改造101户；完成2516个行政村68.92万户农村房屋安全隐患排查，识别整治C级、D级房屋24栋。开展省级乡村振兴宜居农房建设试点18个。

【农村道路建设】 2021年，铜仁市农村公路累计完成固定资产投资14.30亿元，完成县乡路面改善提升工程97个833.50千米，PSLL续建项目109.50千米。规划的乡镇通三级公路开展前期工作项目26个，建设里程506千米，预计投资48亿元。打造“一带四环”美丽农村路经济示范走廊1590千米，创建“美丽农村路”867千米，新增江口、德江2个全国示范县，铜仁市全国示范县增至4个，位列全省第一。82个乡镇通三级路项目1383千米(省道908千米，县道475千米)纳入省交通运输厅“十四五”项目库，总投资约328.70亿元。

（市交通局　熊梓涵）

【农村供排水】 2021年，铜仁市争取到中央水利发展农村饮用水安全维修养护资金1636万元，完成维修养护农村饮用水安全工程577处，供水服务受益161万人。通过排查、督查暗访、“回头看”发现饮用水工程存在运行管护问题68处，全部完成整改。探索农村供水“企业运作”模式，碧江区与贵州省水投公司合作，将农村供水工程交由供水企业运营，执行计量用水、有偿用水，探索出农村供水企业化运营管理模式，被省委改革办列为全省农村供水企业化运作试点。在碧江区六龙山集镇水厂推行农村供水工程管理信息化、智能化，搭建智慧水务系统，实现“水源巡查、净化消毒、水质检测、水表抄表、水费缴纳和供水维修服务”一体化。持续巩固和拓展脱贫攻坚饮水保障成果，不断满足农村群众日益增长的用水需求，让广大农村群众喝上“干净水、放心水、明白水”。推进乡镇污水处理设施建设，94个建制镇污水处理设施实现全覆盖、全运行，新建7个乡集镇污水处理设施，完成年度乡镇污水处理设施建设任务。

（市水务局　张　诗　市乡村振兴局　王福政）

【农村电网与通信建设】 2021年，铜仁市启动“十四五”配电网规划项目库优化，完善电网基础设施，编制支持红色美丽村庄试点建设帮扶方案，修编铜仁市4个贵州省红色美丽试点乡村配电网“十四五”规划库，安排项目78个，计划投资4751万元，巩固红色美丽试点村配电网网架结构；使用备用金两个批次配电网紧急计划总投资1917万元，安排投资1258万元；完成农村电网投资4.87亿元，其中安排用于提升综合电压合格率的资金9146万元，占比18.8%。新建5G基站1622个，累计建成2945个，争取到电普遍服务试点项目132个(4G基站)，于9月全部建成并开通。

（市乡村振兴局　王福政）

【农村垃圾处理治理】 2021年，碧江区、玉屏自治县申报为省级农村生活垃圾治理示范创建县。争取省级专项补助资金400万元，升级环卫设施设备，农村生活垃圾治理体系基本形成，获省级奖励资金1740万元。争取省级奖补资金2450万元用于农村生活垃圾治理运营管理，重点建设民族乡农村生活垃圾收转运设施，完成15座规划建设的生活垃圾收转运设施主体建设工作，7座通过验收。利用“贵州数字乡村”App实时分析研判农村生活垃圾治理体系运营情况，收运体系正常运行率95%。新增农村生活垃圾收集点586个，优化收集点3300个，更换损坏设施2200个，2584个行政村设置生活垃圾收集点13609个，农村生活垃圾收运体系行政村实现全覆盖。

（市城市综合执法局　柳　轩）

乡村文化

【乡村公共文化设施建设】 2021年，铜仁市加大公共文化服务体系建设工作力度，公共文化设施进一步健全。建成碧江区白岩溪社区、万山区城南驿社区、江口县盛世兴隆小区、玉屏自治县田坪镇新街居委会、石阡县香树园社区、印江自治县普同移民小区、思南县旗山社区、智富家园社区、德江县楠木园社区、沿河自治县红旗社区、松桃自治县团山社区、峥岘村12个易地扶贫搬迁综合性文化服务中心，并被评为省级易地扶贫搬迁综合性文化服务示范点。推进基层综合文化站（中心）示范项目建设，建成玉屏自治县麻音塘综合文化站和德江县沙溪土家族乡大寨村综合性文化服务中心2个省级示范性综合文化站（中心）。健全公共阅读服务体系，推进“城市主题书房”建设，建成碧江区许韵兰公共阅读空间、进士书房，江口县云舍景区、双江街道回龙寺桥边“江口之翼”，玉屏侗乡风情园，印江文昌书院，思南府后街，德江县楠木园、钟鼎山，沿河土家书房10个“城市主题书房”。

【打造乡村群众文化特色品牌】 2021年，市文体广电旅游局直属文化和旅游志愿者服务队、市文化馆、梵净山歌舞团等文化和旅游志愿者服务队开展文化志愿服务活动进乡村、进社区、进景区、进学校、进军营等70余场次。各区县根据各自地域文化特色开展文化志愿服务活动，玉屏自治县发挥文化和旅游志愿者“种子效应”，在全县以“晒文化”群众文化品牌加强乡风文明建设，让文化振兴赋能乡村振兴；石阡县开展非遗进社区、文化有传承的志愿服务活动，先后为社区居民培育“仡佬民歌广场舞培训”、“仡佬民歌展演暨培训”、“器乐培训”、非遗“说春”走进香树园社区、“非遗文化展演”等活动。

【乡村公共文化服务队伍建设】 2021年，铜仁市按照《贵州省基本公共文化服务实施标准》，配备图书馆、文化馆、乡镇文化站等各级各类公共文化机构人员，各级各类公共文化机构有人员565人，其中高级职称32人，中级职称146人，初级职称387人，社会体育指导员3787人，文化能人91余人，有各级文化队伍1188支，文化志愿队伍322支，文化志愿者人员2420人，农村文化能人4000余人。通过举办文化大讲堂、文化骨干培训班，与高校、苏州建立人才培训基地等，提升文艺人才的综合素质。同时，在文化馆、乡镇文化站建立培训辅导制度，鼓励和引导具有相应技能及艺术专长的文化工作者、志愿者、文化能人到乡村大舞台、欢乐院坝为群众开展培训辅导等服务工作。各级文化机构开展各类文艺培训、辅导、讲座等1000场次以上。其中思南县民族文工团被中宣部、国家文旅部授予“第七届全国服务农民、服务基层文化建设文艺院团先进集体”称号。玉屏自治县文化志愿者服务总队获评原文化部2016年全国文化志愿服务典型。

【丰富乡村文化生活】 2021年，铜仁市围绕庆祝党的二十大召开和乡村振兴工作等，提升城乡公共文化服务水平，开展“铜仁市2022年春节线上展演”活动，举办“我们的中国梦·文化进万家”文艺演出活动，开展铜仁市文化和旅游志愿者服务总队成立仪式暨2022年“中国旅游日”主题活动，并成立43支文化和旅游公共文化服务志愿服务队伍，主办全市青少年儿童舞蹈大赛，承办贵州省2022年“文化和自然遗产日”暨非遗购物节活动开幕式展演。开展公共文化服务进景区走进中南门历史文化旅游区、百姓大舞台等系列文化惠民活动80场次；2—9月，开展“喜迎二十大　奋进新征程”我们的中国梦·文化进万家暨乡村振兴文艺巡演活动并巡回演出19场次；10—12月开展“颂歌二十大　奋进新征程”我们的中国梦·文化进万家暨乡村振兴文艺巡演活动10场次。开展全民阅读推广文化服务活动，各区县图书馆文化志愿者结合自身的工作实际，针对不同人群共开展阅读推广活动80余场次，惠及读者3万余人。各区县公共边文化服务队伍先后组织开展文化活动365场次，出动演员9000余人次，吸引超过80余万名游客观看。

（市文体广电旅游局　罗　靖）

【乡风文明培育】 2021年，铜仁市印发《关于做好2021年“我推荐、我评议身边好人”活动的通知》，选树在“一区五地”建设、巩固拓展脱贫攻坚成果、助力乡村振兴的先进典型，4人入选“中国好人榜”，22人入选“贵州好人榜”，选入“铜仁好人榜”67人。选树基层一线助力群众增收致富的先进典型，“秀娘”石丽平被贵州省精神文明办推送中央文明办参评第八届全国道德模范。修订完善《铜仁市奖励、礼遇和帮扶道德模范、文明家庭实施办法》，对第五届铜仁市道德模范20例、2020年铜仁市文明家庭代表20户奖励慰问，树立德者有得、好人好报的社会价值导向。推荐“乡村振兴人物榜”，市委宣传部制定印发《关于开展“乡村振兴人物榜”评选推荐活动的通知》，对收集到市直相关部门和区县推荐“乡村振兴人物榜”参评人物（团队）进行层层审核把关，向省委宣传部报送符合要求的参评人物（团队）14个。

印发《关于“推进移风易俗　树立文明乡风”专项行动近期重点工作的通知》《关于“推进移风易俗　树立文明乡风”专项行动8月工作提示》《铜仁市开展封建迷信问题专项治理实施方案》等文件，围绕“封建迷信”等6项陈规陋习突出问题开展排查研判，乡风文明建设纳入“文明在行动·满意在铜仁”暗访督查，对宗教及封建迷信从业者开展排查、教育走访并实行台账管理，引导修改村规民约，引导群众摒弃陋习，改变落后风俗习惯，树立文明新风。打造“文明储蓄所”“春晖积分超市”95个，将群众实名注册为志愿者、评为文明先进典型，10万余名群众获得嘉许奖励，截至12月，建成新时代文明实践中心12个，实践所182个，实践站2929个，在全省率先实现县、乡、村三级全覆盖。

（市委宣传部）

乡村治理

【完善村党组织领导体制机制】 2021年，铜仁市在村“两委”换届工作中，通过建立“三联三包”责任制，创新推进“三访四谈五包保”举措，落实“四不一保”工作机制，推进支书主任“一肩挑”。建立《村支“两委”选情“双十”纪实台账》《换届准备工作规范台账》，实行“全程纪实”。统一制定下发换届工作操作手册、政策汇编，细化换届选举“五步二十环节”，规范换届标准、程序、步骤。运用“六防六化”工作方法，加强风险隐患防范，确保换届选举完成。

常态化整顿软弱涣散村党组织。建立“市级指导，县乡主抓，村级为主”的摸排机制，依托驻村干部队伍，由乡镇党委牵头，县级相关部门派员参加，采取专题调研、走访座谈、民主测评等方式，对所有行政村党组织进行排查。根据摸排的结果，由村级组织进行自查自评，再由乡镇党委组织开展民主测评，最后通过召开党委会综合分析研判后提出软弱涣散村党组织名单，经各地组织相关部门进行联合审核后，提出软弱涣散村党组织名单。坚持“一村一策”和“四个一”措施，提出“六个一”要求（制一套整顿方案、定一名联系领导、派一支工作队伍、配一名第一书记、选一批帮扶项目、建一个坚强班子）开展整顿提升。另外，采取“三个一批”措施（联系推动一批、先进带动一批、巩固提升一批），建立巩固提升党支部标准化规范化建设“蓝色”“黄色”“红色”预警台账，开展支部标准化规范化建设。印发《关于进一步完善村级组织运转经费保障机制促进村级组织建设的通知》，建立以“省级345保障机制”为标准的“基本报酬+绩效奖金+任期补贴+养老保险+集体经济发展创收奖励”相结合的村干部报酬可持续增长机制，落实村级运转经费每村每年不低于3.5万元，保障村级组织运转。强化党群服务中心建设，按照“场所集中、功能集成、人员集约、开放共享”的原则和五个统一（场所、系统、内容、制度、保障）要求，要求只能悬挂“村（社区）党组织、村（居）民委员会、村（居）民监督委员会”三块牌子，建设“一站式”党群服务中心，建立公共服务区、党建展示区、党员志愿服务区等功能区块，实现群众有事就近办、马上办。如江口县探索深化新时代村级治理体系改革，优化“两委一社四中心”职能职责，设置以党群服务中心为基本阵地的乡村综合服务设施布局，初步实现村级事务“一站式服务”“一门式办理”。

（市委组织部　何建成）

【规范村级组织工作事务】 2021年，铜仁市常态化落实《基层群众自治组织依法履行职责事项》《基层群众自治组织协助政府工作事项》《关于进一步做好规范村级“小微权力”运行的实施方案》，推动规范农村基层权力运行试点工作。指导各地落实民政部等6部委《关于改进和规范基层群众性自治组织出具证明工作的指导意见》，要求各地除法律、法规、规章和政策文件明确规定且村（居）委会确能如实掌握的事项外，任何部门及企事业单位、社会组织不得要求村（居）民委员会出具超出印章使用范围的证明材料，逐步改变盖章乱象。7月13日，组织2个调研组分别到松桃自治县正大镇薅菜村、边墙村、长征村，盘信镇马台村调研及印江自治县罗场乡快场村、靛厂村开展规范村级组织工作事务、机构牌子和证明事项专项调研，促进社会治理创新，保障城乡居民的知情权、参与权、表达权和监督权，提升居民群众的幸福指数和获得感。定期统筹调度，3月4日，分别召开2021年第一次平安铜仁建设（市域社会治理现代化）“一核多元”城镇社区治理专项组调度会议和全市深化易地扶贫搬迁安置区社会治理提升平安建设水平三年行动工作会议，印发《铜仁市深化易地扶贫搬迁安置区社会治理提升平安建设水平三年行动考评计分实施方案》,对包括安置地在内的村和社区的事务规范、阵地规范等相关工作进行安排部署。

【村级议事协商建设】 2021年,铜仁市民政局指导各地落实《铜仁市关于开展城乡社区协商试点促进社区建设和治理的实施方案》,健全以社区党组织为核心,以居民自治组织为主体,社区服务站和社会组织多元参与的"一核多元"社区治理体系,完善城乡社区协商体制机制,拓宽社区群众参与公共事务的途径和渠道,丰富协商内容,推进城乡社区协商制度化、规范化和程序化。指导各地推进基层民主协商试点建设。转发市平安办《关于印发〈平安铜仁建设(市域社会治理现代化)社会协同专项组工作方案〉的通知》到各地民政局。10月20日,印发《铜仁市民政局关于平安铜仁建设(市域社会治理现代化)社会协同专项组工作实施方案》,指导各区县民政部门督促指导相关乡镇(街道)对2020年年底选取的基层民主协商试点进行建设,要求12月完成基层民主协商试点建设。12月,石阡县大沙坝乡任家寨村被民政部确定为全国村级议事协商创新试点单位。

(市民政局 冯小亚)

【法治乡村建设】 2021年,铜仁市将《中华人民共和国乡村振兴促进法》纳入全市法治宣传工作统筹安排部署,通过到乡村开展生态环保、山林土地纠纷、锰污染治理、移民安置等有针对性的专项法治宣传活动,解决农村法治建设中的难点热点问题。推进乡村"法律明白人"培养工程,按照市—县(区)—乡镇(街道)三级培训模式,实行线上线下培养结合,组织线上培训53场,培训人员14613人,线下培训548场,参训人员26849人。全市新增农村"法律明白人"3727人,培育"学法用法示范户"100户。《中国司法》2021年第三期刊登《民族地区"法律明白人"参与法治社会建设的实践探索——以贵州省铜仁市为例》经验性文章,《深入培育农村法律明白人助推乡村战略有效实施——基于铜仁市板溪镇新店镇实践探索的经验启示》得到省委领导的肯定和批示。继续推进"走向城市之路"法治主题实践活动,印发《铜仁市易地扶贫搬迁安置区法治宣传效能提升专项行动方案》,通过集中开展法治宣传活动、建设安置点法治文化阵地、强化法律服务、抓实人民调解"四项行动",培育搬迁群众法治观念,提升基层治理能力和水平。

以开展民主法治示范村(社区)创建工作、国家级省级民主法治示范村(社区)复核工作和对13个全国民主法治示范村(社区)开展巩固提升行动推动民主法治示范创建。对开展市级民主法治示范村(社区)创建的52个村(社区)进行线上初查、实地督查验收,对通过验收的36个市级民主法治示范村(社区)进行命名。创建国家级民主法治示范村(社区)3个,省级民主法治示范村(社区)14个。对13个全国民主法治示范村(社区)、70个省级民主法治示范村(社区)进行复核,通过复核指标是否下滑,村支两委班子成员是否涉黑涉恶以及违法犯罪等,对全国及省级民主法治示范村(社区)实行动态跟踪管理,确保民主示范带头作用。重点打造江口闵孝镇鱼良溪村、德旺乡净河村调解室、公共法律服务室和法治文化阵地。

通过加强基层调解组织建设、加强专职人民调解员队伍建设、开展矛盾纠纷排查调处工作调处乡村矛盾纠纷。市司法局向市委组织部专题报告,在村级组织换届中将村(居)人民调解组织调整同步列入村级组织换届选举。印发《关于认真配合指导做好村级人民调解组织换届工作的通知》,要求各区县主动向地方党委组织部门汇报,加强与民政部门的配合,协同做好人民调解委员会选举工作,加大对村(居)人民调解委员会推选工作以及人民调解员选任工作的指导力度,选优配强人民调解员队伍,优化人民调解员队伍年龄、知识结构。发挥"考核指挥棒"作用,将专职人民调解员队伍建设纳入平安建设和法治建设考核指标,推动专职人民调解员队伍建设。提请市委依法治市办印发《关于进一步加强专职人民调解员队伍建设 扎实推进基层治理的工作方案》,各区县将专职人民调解员按"321"模式完整配备。截至12月,全市乡镇配备专职人民调解员468名,村居配备专职人民调解员3019名。各级人民调解组织调解矛盾纠纷7555件,调解成功7223件,调解成功率95.6%。

【农村法律服务】 2021年,铜仁市建立健全乡村公共法律服务网络,缩短乡村公共法律服务"最后一公里"。设立乡镇(街道、办事处)设立公共法律服务站181个,为群众提供法律咨询、法律援助、人民调解等法律服务。强化乡村(社区)法律援助工作,简化援助程序,放低法律援助门槛,实现"应援尽援助"。各级法律服务中心、站(室)办理法律援助案件3290件、公证3853件、司法鉴定2108件,法律服务指引6331余人次、解答法律咨询23702人次。

(市司法局 姚 超)

【基层小微权力腐败惩治】 2021年,铜仁市持续开展"访村寨、重监督、助振兴"专项行动,到扶贫产业项目点、群众家中访民情、察民意、解民忧。组织“四个不摘”专项监察，解决脱贫攻坚工作完成后精神懈怠、监管缺位、作风不实、保障不力等问题，持续巩固脱贫攻坚成果。开展巩固拓展脱贫攻坚成果同乡村振兴有效衔接专项监督，监督推动防贫预警监测机制、“四个不摘”要求、易地扶贫搬迁后续扶持、重点民生项目建设使用等工作落实落地。民生领域发现基层小微权力腐败问题线索762件，立案757件772人，党纪政务处分679件688人，问责74人，移送司法机关6件6人，涉案金额5788.37万元。《铜仁市纪委市监委巩固拓展脱贫攻坚成果同乡村振兴有效衔接暗访督查情况报告》得到时任省委常委、省纪委书记、省监委主任夏红民肯定性批示。

（市纪委监委　黄红霞）

【村民自治组织能力提升】 2021年，铜仁市在第十一届村（居）民委员会换届选举期间，印发《铜仁市第十一届村（社区）“两委”换届工作实施方案》《中共铜仁市委组织部　铜仁市民政局关于进一步做好第十一届村（社区）“两委”换届选举指导督导工作的通知》，181个乡镇（街道），2599个行政村，340个居民委员会（包含28个乡镇机关居委会即干居委会）选出新一届村（居）民委员会成员13248人，其中有女性的村（居）2939个、村委会中女性主任349人、居委会中女性主任76人；村（居）委会成员中，党员8381人，占比63%。所有村（社区）同步选举产生监督委员会，其中监委会成员8817人，人民调解委员会主任2939人。新一届村（居）委班子中，35岁及以下4803人，占比36%；55岁及以上525人，占比3%，平均年龄39.25岁，比上一届降低3.27岁，村（居）民委员会成员整体实现年轻化。2841个村（居）党组织书记、村委会主任实现“一肩挑”，占比97.6%；55岁以上人员90人，占比3%；大专以上人员1246人，占比43%，比上届提升13%。新一届村（居）委班子中高中及以上学历9957人，占75%；大专及以上学历5266人，占比39%。

（市民政局　冯小亚）

梵净山保护

生态资源保护

【动物种类】 2021年，梵净山保护区内初步查明动物种类有315科3035种，在222科2579种无脊椎动物中，有陆栖寡毛类动物2科21种，昆虫类220科2258种；在93科456种脊椎动物中，有鱼类21科72种，两栖类动物9科41种，爬行类动物10科48种，鸟类51科236种，兽类23科69种。所有动物中，被IUCN物种红色名录收录的有44种；有中国特有动物353种，其中昆虫类动物289种，两栖类动物20种，爬行类动物17种，鸟类10种，兽类动物17种；有梵净山特有动物326种，其中昆虫323种，两栖动物1种，兽类2种。列为国家Ⅰ级保护动物的11种，Ⅱ级保护动物46种。

【植物种类】 2021年，梵净山保护区内有查明的植物种类3533种，其中真菌45科123属450种，苔藓植物77科221属657种，蕨类植物44科106属329种，种子植物100科280属882种（含亚种），草本种子植物93科483属1215种（含亚种）。中国特有和梵净山特有植物中，有以梵净山为模式产地的植物63种，IUCN物种红色名录收录的52种，《濒危野生动植物国际贸易公约》CITES收录的85种，古老孑遗植物101科335属，中国特有植物163科614属1508种，以梵净山冷杉为代表的梵净山特有的植物25科35属40种。有列为国家Ⅰ级保护植物6种，Ⅱ级保护植物77种。

【保护区水资源保护】 2021年，保护区有梵净山主要河流河床断面监测点37个，有河流水质重金属含量等的月监测点22个，经监测梵净水质均为Ⅰ类水。贵州梵净山管理局按照《铜仁市梵净山保护条例》要求，配合地方政府推进辖区内小水电退出工作，梵净山范围内8个水电站关闭7座，剩余水电站1座（坝溪电站）处于关停状态，正在退出。同时，各总站加强退出水电站日常巡护监管，严禁在辖区非法取水。

（贵州梵净山管理局　石　磊）

生物多样性保护

【保护区生物多样性环境监测】 2021年，梵净山保护区开展梵净山生物多样性常规科研监测工作。联合铜仁学院开展梵净山主要河流22个点位的月度监测工作。开展10个气象监测点维护和数据管理等日常监测工作，开展专题巡检1次，完成16万条数据的整理，并上报国家林业和草原局。联合铜仁市水文水资源局完成2021年河流断面监测工作，对比2020年监测数据撰写年度监测报告，掌握梵净山河流动态变化本底数据。

【保护区动植物种群考察】 2021年，梵净山保护区开展黔金丝猴野外种群数量调查工作，整合专项经费130万元，采用视频监控、无人机监测、红外相机监测和人为观测相结合的方法，开展黔金丝猴调查工作。10月8日，举办黔金丝猴本底资源调查启动暨技术培训会推进科考工作，随后将专家分为7个工作组对黔金丝猴本底资源进行调查。截至12月，调查发现猴群活动10余次，收集黔金丝猴粪便、取食植物有效检测样品50余份，完成影像数据整理30G。

【自然遗产地缓冲区生物多样性调查】 2021年，梵净山管理局启动梵净山世界自然遗产地缓冲区生物多样性调查，分为哺乳动物、鸟类、鱼类、昆虫、木本植物、草本植物等13个科目开展调查。截至12月，完成外业调查工作，正在开展内业整理和报告撰写。根据2月最新公布的《国家重点保护野生动物名录》和《国家重点保护野生植物名录》，更新《梵净山遗产地珍稀濒危野生动植物名录》。更新后，名录中珍稀动物增加到56种，比原名录增加12种；珍稀植物增加到90种，比原名录增加49种。更新完成《梵净山内生真菌多样性研究》《梵净山藻类》的物种名录及《梵净山藻类》初稿的编撰工作。

（贵州梵净山管理局　石　磊）

特有珍稀物种保护

【珍稀物种栖息地监测和数据收集】 2021年，梵净山保护区开展黔金丝猴主要栖息地森林群落动态监测、110台红外相机维护和数据管理。对黔金丝猴主要栖息地进行监测，收集视频1000个、照片3000张，发现黔金丝猴栖息地活动范围变大，黔金丝猴种群中幼猴的比例较高，计划在梵净山保护区加大安装红外相机的密度，以获取更多的数据用于分析黔金丝猴种群结构。开展对大鲵、珙桐等珍稀动植物栖息地的日常巡护，种群保持稳定。

【动物驯化繁殖】 2021年，梵净山管理局太平镇试验场有5只人工饲养的黔金丝猴，3公2母，编号G047的母猴在2020年4月3日产下的1只编号G054的雄性幼崽，现生长状况良好。按照黔金丝猴生活习性制订膳食计划，全年出动357人次采集黔金丝猴食用树叶8000余斤；根据饲养的2只藏酋猴的进食规律，定期采购水果、蔬菜喂养。对所有采集的叶子和购买的蔬菜进行登记和消毒处理，确保金丝猴和藏酋猴进食安全。在新冠肺炎疫情期间，加强场内外的环境卫生消毒处理，每日1次使用复方甲酚皂、84消毒液等进行全场消毒，执行出入场人员的消毒管理，确保黔金丝猴生活环境干净、舒适。

【梵净山冷杉繁育】 梵净山冷杉是国家一级保护植物，全球仅分布在梵净山烂茶顶约1平方千米区域，分布在海拔2200米左右。经调查，梵净山冷杉数量仅3000多株，受全球气候变化等影响，梵净山冷杉种群面临较大的威胁。截至2021年12月，保护区有梵净山冷杉温棚1个，面积约400平方米，有温湿度控制设备、滴灌系统、鼓风机等，可模拟梵净山冷杉野外环境。开展梵净山冷杉种子萌发、建设梵净山冷杉组培室1个，联合相关科研单位开展梵净山冷杉组培、育苗等工作。加强梵净山冷杉监测研究，通过固定样地、土壤监测、气象监测等，研究梵净山冷杉濒危机制、繁育限制因素等。

【大鲵保护】 2021年，梵净山管理局加强大鲵及其栖息地的水环境监测工作，筹集资金10万元开展梵净山主要河流22个点位的重金属等水质月监测工作，完成每月样品的采集和实验室分析，监测结果表明梵净山水质均为Ⅰ类水。筹集资金15万元开展梵净山周边河流37个断面的年度监测工作，结果表明梵净山河流断面基本保持稳定。常态化开展大鲵及其栖息地的巡河等活动，清理河岸垃圾，走村入户宣传梵净山保护条例、锦江河保护条例等法律法规，提升社会保护大鲵意识。

（贵州梵净山管理局　石　磊）

地质遗迹保护

【《梵净山地质》出版】 2021年，梵净山管理局投入资金15万元，开展梵净山地质相关调查并出版专著《梵净山地质》。该专著记述梵净山位于扬子板块西南缘，拥有超过10亿年的地质历程，园区包含武陵山脉第一高峰凤凰山和第二高峰梵净山，完整记录华南地区地质历史和演化过程，保存青白口纪板溪群、新元古代南华系、古生代寒武系、中新生代地层等不同时期的独特地质，是典型的地质断裂构造、褶皱地质遗迹集中分布区，演化形成溶洞、峡谷、天坑、天生桥等重要地质遗迹。

【保护区历史遗迹保护】 2021年，梵净山管理局对省级历史文物承恩寺残墙、金顶摩崖石刻、老金顶和蘑菇石等地质遗迹开展常态化巡护监测；联合江口公安局、江口县检察院对7月11日一游客在省级文物梵净山金顶摩崖石刻破坏生态环境案，开展公益诉讼，经法院审理，当庭作出一审判决，被告陈某支付各项修复及赔偿费用12.39万元。

【保护区人文景观保护与开发】 2021年，梵净山保护区开展梵净山景区服务质量提升行动。针对梵净山景区长期以来基础设施方面投入不足，不适应景区发展需要实际，投入资金600余万元开展服务质量大提升工程，完成预检区功能布局优化、休息凳维修维护、9.5千米观光车道路警示边线及防滑齿铺设、游步道路面维修维护、金顶区域厕所改扩建、全山200个垃圾桶更换、员工能力素质提升培训、护栏刷漆上色、地质隐患排查治理等30余项整改提升工作。督促开展景区全山环境卫生整治、违法摊点拆除等工作，清理白色垃圾及建筑垃圾10余立方米，完成鱼坳1000步违法摊点拆除。推进文旅融合发展。挖掘梵净山文化内涵，聘请专业团队对梵净山重要景点及重要自然现象、气候气象、人文景观等进行历史考证和文化发掘，编制梵净山导游词。督促景区公司更换全山700余块标识牌，突出梵净山生物多样性、自然景观、警示标识等。在梵净山莲花隧道口设立"自然遗产"标识1座。协助三特旅业公司举办"亿万年铸就·海内外荣创"2021年梵净山旅游文化创意产品设计大赛。

（贵州梵净山管理局　石　磊）

保护区生态监管

【保护区生态维护】 2021年，梵净山保护区执行社区共管共建机制，按照乡镇设社区共管委员会、村设共管小组的方式，构建以周边3县10乡镇67个村83155名原住民参与组成的大社区保护、协作式参与、网格化管理的联防联治体系，形成横到边、纵到底的大保护大管理格局。利用梵净山综合管控平台对梵净山进行森林防火全天候智能监测，落实24小时值班和领导带班制度，掌握辖区火情信息。实行梵净山林长制，构建局班子成员包管理总站，管理总站包乡镇，管理站包村，林管员护林员包山头四级网格化管理体系。定期更新、添置森林防火设备器材，开展森林防火演练6次和器材使用维护培训6次。对辖区100余名智障人员、老人、小孩等特殊人群和3600余座坟头进行重点监管。春节、清明节等节点，在村口、路口设卡登记、检查、提醒，推广"防火码"使用，倡导村民文明祭祀，全年张贴、发放倡议书1000

余份，免费提供祭祀鲜花1000余束。开展梵净山世界自然遗产地内矿业权清退工作，清理退出25个，剩余1个矿业权已关停（新田榜紫袍玉带石矿），正在逐步开展退出工作。根据《2015—2016年贵州省国家级自然保护区人类活动变化遥感监测报告》，对保护区1处人工池塘，1处人工设施，8处居民点，4条普通道路，7个采矿权（3个在保护区内，4个在保护区外）开展整改工作，涉及中央环保督察的21个点位完成整改销号。《铜仁市生态环境局关于转发〈贵州省生态环境厅关于移交“绿盾”自然保护地强化监督发现问题的通知〉的通知》指出发现的问题涉及保护区点位110个，截至12月，4个点位完成销号，75个点位整改销号资料已通过市生态环境局审核并报省生态环境厅进行销号，剩余31个点位销号工作正在推进。

【生态补偿和原住民生活改善】 2021年，铜仁市开展社区发展帮扶、困难救助、公众意识教育、探索野生动物肇事补偿机制等稳民生促保护工作。全年帮助社区解决困难资金52万元，其中解决桃花源小学教学楼受损帮扶资金8000元；解决马槽河村民组生活困难帮扶资金15万元；解决印江豆凑林村罗荣章、罗云成两户因火受灾慰问金6000元；解决松桃桃花源社区冯敏文因火受灾慰问金3000元；解决坝梅村、凯文村、新田村、河口村、快场村阵地建设、产业发展经费30万元，其中快场村10万元，凯文村、河口村、坝梅村、新田村各5万元；解决太平安置区取暖棚、水电维修经费1万元；解决梵净山村社区共管共建、森林防火经费2万元；解决半坡台村麻溪坳厕所维护经费3000元。解决乡镇保护管理和社区共管经费63万元，其中太平镇15万元，德旺乡、闵孝镇、乌罗镇、紫薇镇等4个乡镇各10万元，罗场乡8万元。帮助马槽河村民组解决就业、滑竿等问题，与景区公司协调为马槽河村民组群众在景区安排5副滑竿、6名保安、10名保洁的就业岗位；向市政府报告帮助解决马槽河村民组整组搬迁后遗留的林地权属认定、耕地流转、去世老人安置等问题。按照《中共铜仁市委　铜仁市人民政府关于加快推进林下经济高质量发展的实施意见》发展林下经济，完成《关于加快推进林下经济高质量发展的工作方案》的制定，引导社区群众在实验区开展林蜂、林禽养殖，野生菌类、常见类野生中药材、野菜等林产品的采集，引导开发森林观光、森林休闲、森林探险、森林科普、森林康养等森林生态旅游新业态，推进生态产品价值实现机制建设。编制《梵净山中蜂保护与繁育高质量提升项目》申报书，申报资金150万元。

【公共设施建设】 2021年，梵净山管理局全年实施项目16个，总投资额2221.52万元，其中总投资近1600万元的梵净山保护区三期基本建设项目完成97%。总投资457万的贵州梵净山森林生态系统国家定位观测研究站项目全部完成并通过验收。梵净山世界自然遗产地775.14平方千米范围的勘界定界成果于6月24日公布。《贵州梵净山国家级自然保护区四期基本建设项目建议书》于11月13日经梵净山管理局党委会议审议通过。截至12月，完成项目入库工作5个，总投资额7170.5万元。其中向省林业局申报科研监测、森林防火、应急灾害等方面入库项目投资额1070.5万元。通过向市发改委争取，总投资6100万元的梵净山世界自然遗产保护展示项目、梵净山生态旅游区旅游基础设施项目已入库。

【经营权转移】 2021年，铜仁市按程序完成景区经营管理等方案设计项目的采购，通过公开招投标的形式委托律师团队起草《梵净山旅游景区经营管理方案》《梵净山景区门票及资源补偿费收支管理方案》《铜仁市梵净山景区门票收入及资源补偿费专项资金管理办法》获市委、市政府批准。根据市政府《关于贵州武陵景区管理有限公司法人治理结构工作方案的批复》，开展景区运营管理相关资源整合工作，8月11日与景区公司、观光车公司签订《委托经营协议》和《观光车股权转让协议》，景区公司作为唯一整体运营主体，统一负责景区整体经营管理。多次与市委组织部、国资中心沟通对接，推进景区公司法人治理结构完善工作。按照市政府《铜仁市整合文化旅游资源资本助力国有文旅企业实体化转型工作方案》要求，完成景区公司运营移交、股权划转等相关工作。

【违法行为查处】 2021年，梵净山管理局继续落实梵净山世界自然遗产地区域执法协作机制和资源管理联动机制，全年召开联席会议4次，开展野生动物保护联合执法1次，办理行政执法案件8起，移交刑事案件3起。

（贵州梵净山管理局　*石　磊*）

生态建设

综　述

【规划政策实施】 2021年,《铜仁市“十四五”生态环境保护规划》完成初稿编制,大气、水、土壤等专项规划编制工作按时序开展。持续开展“绿盾”自然保护地强化监督专项行动,对641个人类活动遥感监测线索点位进行实地复核;强化“绿盾2017”以来发现的302个问题整改销号,完成整改298个,其余4个正在整改。江口县太平镇被生态环境部命名为第五批“绿水青山就是金山银山”实践创新基地。印发《铜仁市关于构建现代环境治理体系的实施方案》《铜仁市生态环境保护责任清单》。推进监测监察执法垂直管理制度改革,印发《铜仁市生态环境局分局(大队)经费资产由市级统一管理实施方案》。在全省率先印发《关于加强生态环境损害赔偿与生态环境公益诉讼衔接的实施意见》,深化环评和排污许可制改革。

【环境影响评价】 2021年,市生态环保局推进环评告知承诺制审批试行改革,办理环境影响评价文件告知承诺制审批25件,涉及总投资46亿元。开展环评主动服务,服务全市102个重点项目,确保项目合法快速落地。开展环评审批服务,办理环评文件审批251件、后评价备案8件、辐射安全许可证116件、排污许可证231件、应急预案备案327件、危险废物经营许可证6件、污染源自动监控设施登记备案65件。制订实施《铜仁市环评与排污许可监管行动计划(2021—2023年)》《铜仁市生态环境局2021年度环评与排污许可监管工作方案》,完成282个排污许可证质量核查、368个排污许可执行报告审核,对599个项目开展环境保护专项执法检查和“两高”项目现场核查。

(市生态环保局　王　飞)

【国土空间生态修复】 2021年,市政府常务会审议通过《铜仁市“十四五”林业草原保护发展规划》。江口县、玉屏自治县获批为全省调整树种结构提高森林质量试点示范县(全省仅6个),试点建设面积6666.67公顷,首批到位资金2490万元。完成乌江流域92处矿山的修复任务,累计修复矿区面积151.46公顷。核查疑似历史遗留矿山图斑2963个,核定历史遗留矿山图斑1037个。超额完成市政府下达矿山地质环境治理恢复面积30公顷任务,实际完成治理验收40余公顷。投入治理资金650余万元,工程治理梵净山区域松桃自治县的杨立掌锰矿、广子洞锰矿、石塘锰矿、寨郎沟锰矿和江口县牛闹沟饰面用板岩5个采矿权,涉及矿区面积5.97平方千米,治理修复面积8.67公顷。

(市林业局　贺　彬　市自然资源局　安星宇)

【生态环保督察整改】 2021年,第一轮中央环保督察及“回头看”反馈铜仁问题38个、交办信访件325件全部完成整改。省委第二轮生态环保督察反馈铜仁问题29个(其中新发现问题5个)、交办信访件123件全部完成整改。省委第二轮生态环保督察“回头看”反馈问题16个,完成整改15个,正在整改1个(玉屏自治县垃圾填埋场地下水超标问题);交办信访件42件全部办结。制定并实施《铜仁市贯彻落实2021年省生态环境保护督察反馈意见整改方案》,省反馈铜仁市的22个方面问题细化为点位问题272个,完成整改260个,正在整改12个;交办信访件56件,完成整改55件,正

2021年铜仁市绿地保护新成果(吴　剑　摄影)

在整改1件。2021年省生态环保督察“回头看”反馈问题涉及铜仁市4个(新发现)正在整改。开展生态环境问题整改工作专项督查行动暨季度督察8次。开展中央第二轮生态环境保护督察服务保障工作。印发《2020年长江经济带生态环境警示片涉及铜仁问题整改工作方案》,警示片披露铜仁市3个问题全部完成整改。长江经济带生态环境警示片2021年举一反三自查问题7个,全部完成整改。

【生态环境项目】 2021年,铜仁市编制申报污染防治项目和绿色金融支持项目争取上级环保专项资金支持,争取到位省生态环保发展基金3.8亿元、生态环境专项资金6981万元;同步推进生态环境项目实施,完成铜仁市碧江区瓮慢河汞污染治理工程、碧江区六龙山乡渣场汞废渣综合治理工程等10个中央土壤污染防治项目和石阡县木瓜溪水库千人以上集中式饮用水水源地环境保护工程等2个中央水污染防治项目建设。

(市生态环保局　王　飞)

【全域绿化“六绿”攻坚行动】 2021年,铜仁市林业局落实《中共铜仁市委、铜仁市人民政府关于深入实施全域绿化“六绿”攻坚行动加快推进铜仁林业现代化的意见》,深化巩固全域绿化“六绿”(绿道、绿水、绿城、绿园、绿景、绿村)攻坚行动,实施新一轮退耕还林、长江防护林、天然林保护、森林抚育等重点生态工程。通过人工造林、退化林修复、森林抚育等措施,开展全民义务植树活动,推进国土绿化。完成造林绿化2.92万公顷。森林覆盖率66.2%,“十三五”期间增长8.28%,超规划目标1.2%。村庄绿化覆盖率44.68%。完成义务植树500万株。

(市林业局　贺　彬)

【山水林田湖草沙一体化保护和修复】 2021年2月,铜仁市完成以梵净山为重点的《贵州省武陵山区山水林田湖草沙一体化保护和修复工程项目实施方案》的编制。4月12日,市政府向国家部委汇报项目情况参与竞争性立项。6月18日,财政部批准支持贵州省开展第一批山水林田湖草沙一体化保护和修复工程项目奖补资金20亿元,到位中央、省资金13.04亿元。2021年中央和省级下达铜仁市专项资金5.25亿元(中央资金2.78亿元、省级配套资金2.47亿元)。8月,《黔东北山地丘陵区山水林田湖草系统治理示范项目》(贵州省铜仁市武陵山区生物多样性保护工程)被列入全国第一批区域性山水林田湖草沙系统治理示范项目,获批项目总面积16133.33公顷,总资金1.46亿元。完成《梵净山生物多样性保护》《沅江流域生态综合整治》《乌江干流水土保持及石漠化治理》修复单元规划设计编制工作,并呈报省自然资源厅审查,12月26日,省厅组织相关专家和部门对规划方案进行审查。

(市自然资源局　安星宇)

生态环境质量

【概况】 2021年,铜仁市环境空气质量综合指数在全省中心城市排名第三,在全国339个地级及以上城市综合排名第三十三。国家地级及以上城市国家地表水考核断面水环境质量状况首次进入全国排名前30。全市危险废物规范化管理评估在省级危险废物规范化管理评估中排名第一。

【城乡集中式饮水水源地水质量】 2021年,铜仁市开展集中式饮用水水源地环境整治巩固提升大排查。推进千人以上集中式饮用水水源地优化调整工作,取消集中式饮用水水源地44个。中心城区、县级以上集中式饮用水水源地水质达标率100%。执行《铜仁市农村饮用水管理条例》,指导完成农村饮用水水源地水质监测。精准管控主要河流和出入境断面水质,12个国家、22个省考核主要河流断面水质达标率100%,在全国地级及以上城市国家地表水考核断面水环境质量状况排名前三十。

【空气环境质量】 2021年,铜仁市中心城区环境空气质量综合指数为2.52,比2020年下降0.09,在全省9个市州中心城市排名第三,在全国地级及以上城市排名第三十三;优良天数比例为97.8%。首要污染物为细颗粒物($PM_{2.5}$)。可吸入颗粒物(PM_{10})年均浓度为每立方米38微克,$PM_{2.5}$年均浓度为每立方米23微克,达到国家环境空气质量二级标准。全市环境空气质量优良天数比例平均为98.2%,PM_{10}年均浓度为每立方米37微克,$PM_{2.5}$年均浓度为每立方米22微克,10个县(区)均达到国家环境空气质量二级标准。

【声环境质量】 2021年,铜仁市中心城区区域环境噪声昼间平均等效声级为52.1分贝,同比下降2.3分贝,评价等级为“较好”。中心城区道路交通干线噪声昼间平均等效声级为67分贝,同比下降0.6分贝,评价等级为“好”。中心城区功能区声环境昼间监测点次达标率为100%;夜间监测点次达标率为100%,同比上升12.5%。

【水环境质量】 2021年,铜仁市中心城区集中式饮用水水源地(鹭鸶岩),水质符合或优于《地表水环境质量标准》(GB3838—2002)Ⅲ类水质标准,达标率100%。其中Ⅰ类水质为25%,Ⅱ类水质为75%。20个县城集中式饮用水水源地水质达标率100%，同比持平。319个农村千人以上集中式饮用水水源地水质达标率100%。

【土壤环境质量】 2021年，市生态环保局更新疑似污染地块名单、污染地块名录，对部分疑似污染地块开展现场抽查，严禁污染地块违规开发利用，全市污染地块安全利用率100%。指导贵州大龙银星汞业有限责任公司完成原场址污染地块修复治理。发布铜仁市2021年土壤污染重点监管单位名录，开展土壤重点监管企业土壤和地下水污染隐患排查，完成27家土壤重点监管企业周边土壤及大龙经开区地下水监测。完成2021年度涉镉等重金属行业企业排查整治。

（市生态环保局　王　飞）

水资源保护

【概况】 2021铜仁市推进生态文明建设，加强河湖生态环境保护，编制印发锦江、小江、印江河、太平河4条河流的生态流量保障实施方案，制定相关河道内取水工程的生态流量下放目标，确定相应的应急调度措施，明确各个河道管控断面的责任主体。编制印江河、石阡河水量分配方案，将河流水量以区县为单位，结合用水总量控制目标和各区县经济社会发展规划指标和需水预测，对河流的水量进行科学配置。

【水情与水资源评价】 2021年，铜仁市发布《铜仁市2021年中长期雨水情趋势预测》，编制《铜仁市2020年水情年报》《2020年度铜仁市水资源水土保持公报》。完成38个中小河流水文（位）站防汛特征水位修订、修编1个基本水文站防汛特征水位并获省水文局批复。发布洪水预报35站次，编写水情快报24期、水情简报14期，发布实时水情信息173条，编写墒情简报1期，向省水情中心发送4611余万条雨水情信息。

（市水文局　张　玲）

【水源地保护】 2021年，铜仁市计划定千人以上饮用水水源保护区289处，其中中心城区水源地2处，县级水源地21处，千吨万人水源地29处，农村千人水源地237处，千人以下20人以上集中式农村供水工程划定保护范围6442处。各区县农村饮用水水源点均建立名录，实行名录管理。同时，各区县按照批复的水源地保护范围划定方案，在水源地安装水源界碑179座、界桩2712个、警示标牌9417块、防护设施30.97千米。

【水源工程建设】 2021年，铜仁市续建碧江区马岩、瓮南溪、烂泥山、龙塘，万山区小云南、中洞、梅子溪、下溪，江口县鱼粮、军屯、石宝岩、新岭，玉屏自治县青山冲、尖坡、大洋溪、芭蕉湾，石阡县木瓜溪、獐子沟、杀牛冲、龙河沟、二塘，思南县沙坝、龙洞、双河口、枹木寨、何家湾、赵家坝，印江自治县栗子园、偏岩、绿荫塘、山岔、清渡河、马尿水，德江县长丰、共和、朝溪、万坝，沿河自治县甘溪、当坝、岩门口、邓家溪，松桃自治县盐井、白泥、菜花坪，大兴水利枢纽工程45座中小型水库，新开工碧江区密槽、石阡县南安山、思南县烂田沟、德江县煎茶4座中小型水库，完成年度投资11.4亿元。完成德江县观音滩、石阡县花山、玉屏自治县白岩河、思南县过水湾及任家岭5座水库竣工验收。完成碧江区瓮南溪、石阡县龙河沟、印江自治县清渡河及马尿水4座水库蓄水验收，新增年供水能力2173.7万立方米，工程性缺水问题取得历史性突破。

江口鱼粮水库全景（杨良强　摄影）

表36　2021年铜仁市骨干水源工程建设情况统计表

区县	项目名称	库容(万立方米)	坝高(米)	工程规模	坝型	开工时间	建设状态	工程总投资(万元)	累计到位资金(万元)	累计完成投资(万元)	设计供水能力(万立方米)	年发电量(万千瓦·时)	城市农村生产供水(万立方米)	灌溉农田(亩)	防洪效益(人)	农业灌溉年供水量(万立方米)	城镇生活年供水量(万立方米)
	合计	38257.69	2814.5	—	—	—	—	1654615.29	1289870.06	1413179.78	58077.98	3471.25	34793.45	638743	117600	1036.89	4340.19
碧江区	马岩水库工程	1744	63	中型	面板堆石坝	2014年12月	蓄水	44936	40052.5	38758.69	1902	0	1876	595	0	0	0
碧江区	瓮南溪水库工程	253	40.2	小(1)型	面板堆石坝	2017年8月	蓄水	20242	12500	14908	463	0	103.1	12150	0	0	0
碧江区	烂泥山水库工程	81.9	36	小(2)型	沥青混凝土心墙坝	2019年1月	大坝完工	11053	6105	7335	108	0	24	4066	0	0	0
碧江区	龙塘水库工程	118	53.6	小(1)型	面板堆石坝	2017年8月	在建	14468.98	6037	5856	221.3	0	40.5	6178	0	0	0
碧江区	密槽水库工程	1624	50	中型	面板堆石坝	2021年1月	在建	56585	24903	22838	1844	0	1728	3913	0	0	0
万山区	小云南水库工程	1293	59.2	中型	面板堆石坝	2015年1月	蓄水	33757	35366.39	30565.39	1424	0	1303.05	2780	0	0	288
万山区	老山口水库工程	110	26	小(1)型	重力坝	2014年11月	竣工	9380	7689.36	9380	225	0	22.09	1682	0	25	0
万山区	中洞水库工程	132	33.3	小(1)型	重力坝	2016年4月	完工	8563	6968	8563	236	0	59.04	4920	0	0	0
万山区	梅子溪水库工程	456	54.7	小(1)型	面板堆石坝	2015年11月	在建	17622	13304.73	17622	523	0	151.08	4160	0	0	0
万山区	下溪水库工程	203	63.05	小(1)型	面板堆石坝	2018年12月	在建	19407	13327.18	14995	227.38	0	42.14	3250	0	0	0
万山区	瓮岩坝水库工程	287	45.8	小(1)型	面板堆石坝	2022年3月	在建	25617	5705	7300	399	0	72.8	11030	0	0	0
江口县	鱼粮水库工程	1500	50	中型	拱坝	2012年4月	蓄水	42483	30762	29763.00	2596	0	686.2	43400	0	600	400
江口县	军屯水库工程	150	36.2	小(1)型	重力坝	2016年11月	蓄水	12162	10695	12162	307	0	93	5250	0	0	0
江口县	石宝岩水库工程	163	34.5	小(1)型	面板堆石坝	2016年1月	蓄水	11731	10350	11644	239	0	90.7	5300	0	0	0
江口县	新岭水库工程	243	45.5	小(1)型	面板堆石坝	2020年6月	在建	24919	17100	23691	338	0	128.7	6310	0	0	0
玉屏自治县	白岩河水库工程	1361	64	中型	面板堆石坝	2012年6月	竣工	25693	21609.9	28000	2532	0	162.5	23349	0	130	280
玉屏自治县	谢家桥水库工程	254	41.5	小(1)型	面板堆石坝	2015年5月	竣工	12273	11055	10750.83	410.3	0	23.382	3250	0	182	0
玉屏自治县	青山冲水库工程	1287	83.9	中型	面板堆石坝	2017年3月	在建	72087	64951.95	69152	1225	0	92.68	10547	0	0	0
玉屏自治县	尖坡水库工程	59.5	36.5	小(2)型	拱坝	2018年4月	蓄水	5322.30	2550	4491.87	89	0	0	3150	0	0	0
玉屏自治县	大洋溪水库工程	153	50	小(1)型	拱坝	2020年11月	在建	16342.04	13529	11451	237	0	10.9	5690	0	0	0

续表 36

区县	项目名称	库容(万立方米)	坝高(米)	工程规模	坝型	开工时间	建设状态	工程总投资(万元)	累计到位资金(万元)	累计完成投资(万元)	设计供水能力(万立方米)	年发电量(万千瓦·时)	城市农村生产供水(万立方米)	灌溉农田(亩)	防洪效益(人)	农业灌溉年供水量(万立方米)	城镇生活年供水量(万立方米)
玉屏自治县	芭蕉湾水库工程	171	31	小(1)型	拱坝	2020年11月	在建	9450	5990	6425	307	0	75.2	5478	0	0	0
石阡县	木瓜溪水库工程	1955	53	中型	拱坝	2014年1月	蓄水	59785	59785	59875	3634	816	3033	15610	108000	0	547.5
石阡县	獐子沟水库工程	417	55.5	小(1)型	面板堆石坝	2014年8月	蓄水	13880	11381	15058	521	0	67.62	15800	0	0	0
石阡县	杀牛冲水库工程	119		小(1)型	封堵溶洞成库	2015年5月	蓄水	9483	7110	7497.00	134	0	89	2650	0	0	0
石阡县	龙河沟水库工程	241	45.3	小(1)型	面板堆石坝	2018年9月	蓄水	25115	17100	24927	284.5	0	99.9	8880	0	0	0
石阡县	二塘水库工程	127	33	小(1)型	重力坝	2018年8月	在建	9094	6998	8113	159.3	0	54.9	7400	0	0	0
石阡县	南安山水库工程	181	38	小(1)型	面板堆石坝	2021年10月	在建	23962	9300	10452	203	0	129.8	9070	0	0	0
思南县	过水湾水库工程	1190	50	中型	拱坝	2013年5月	竣工	55529	47947.78	57600	2298	373.2	260	50750	0	0	363
思南县	沙坝水库工程	465	64.7	小(1)型	面板堆石坝	2015年3月	蓄水	28555	28202	30900	597	0	597	0	0	0	0
思南县	任家岭水库工程	46.2	29.7	小(2)型	拱坝	2015年12月	竣工	4478	3882.40	4958	70.36	0	70.36	0	0	0	0
思南县	龙洞水库工程	443	3[illegible].6	小(1)型	面板堆石坝	2019年1月	蓄水	20495	16670	22167	517	0	517	18820	0	0	0
思南县	双河口水库工程	107	29	小(1)型	重力坝	2018年1月	竣工	10180	6000	10160	123.2	0	35.7	8100	0	0	0
思南县	何家湾水库工程	184	38	小(1)型	重力坝	2020年1月	在建	19682	9510	17801	231	0	231	3750	0	0	0
思南县	赵家坝水库工程	246	67	小(1)型	重力坝	2020年1月	在建	33405	21610	23880	405.4	0	405	175	0	0	0
思南县	烂田沟水库工程	452	48.75	小(1)型	面板堆石坝	2020年11月	在建	36744	17250	18211	512	0	303.8	8000	0	0	0
思南县	枹木寨水利灌溉工程	241	30.5	小(1)型	重力坝	2013年3月	蓄水	10171	9517	13890	606	0	73.33	16800	0	0	560
印江自治县	栗子园水库工程	1097	78.8	中型	拱坝	2013年5月	蓄水	61147	54697	61103	2923	614.05	1913	32400	8000	0	140
印江自治县	绿荫塘水库工程	186	39	小(1)型	面板堆石坝	2015年6月	蓄水	14303	13970	13960	194	0	49.1	6695	0	0	0
印江自治县	山岔水库工程	384	56	小(1)型	面板堆石坝	2016年3月	蓄水	17760	14208	17208	601.7	0	86.2	17372	0	0	0
印江自治县	偏岩水库工程	1137	69.8	中型	面板堆石坝	2017年3月	蓄水	82362	60331	74748	1945	0	851.5	22285	0	0	0
印江自治县	清渡河水库工程	768.5	58.5	小(1)型	沥青混凝土心墙坝	2019年4月	蓄水	444720	30066	41626	1274	0	769.5	23690	0	0	0

续表 36

区县	项目名称	库容（万立方米）	坝高（米）	工程规模	坝型	开工时间	建设状态	工程总投资（万元）	累计到位资金（万元）	累计完成投资（万元）	设计供水能力（万立方米）	年发电量（万千瓦·时）	城市农村生产供水（万立方米）	灌溉农田（亩）	防洪效益（人）	农业灌溉年供水量（万立方米）	城镇生活年供水量（万立方米）
印江自治县	马尿水水库工程	132	42	小（1）型	面板堆石坝	2018年12月	蓄水	14002	14001.53	13858	152.2	0	34.8	3010	0	0	0
德江县	长丰水库灌溉工程	1105	35.3	中型	面板堆石坝	2011年3月	蓄水	28906	26336	27333	2614	0	216.2	69287	0	0	0
德江县	观音滩水库工程	3651	57	中型	面板堆石坝	2014年8月	竣工	37186	37186	37186	3630	0	3630	0	0	0	0
德江县	大木尧水库工程	122	32.7	小（1）型	面板堆石坝	2015年6月	竣工	8148	8148.00	8147	147.8	0	24.8	7265	0	0	0
德江县	共和水库工程	1306	61.5	中型	拱坝	2019年1月	在建	54149	25318	22797	1241	0	1136	3200	0	0	0
德江县	朝溪水库工程	219	41.5	小（1）型	面板堆石坝	2017年7月	蓄水	13290	12573.94	12603	267.1	0	210	12015	0	0	0
德江县	万坝水库工程	112.8	35.5	小（1）型	面板堆石坝	2020年6月	在建	15761	7500	8250	97.3	0	88.7	200	0	0	0
德江县	煎茶水库工程	943	48	小（1）型	重力坝	2020年12月	在建	54515	21700	38900	1147	0	1079	2120	0	0	0
德江县	五谷溪水库工程	221	49.5	小（1）型	拱坝	2022年6月	在建	17847	3569.00	1200	413	0	254	6000	0	0	0
沿河自治县	甘溪水库工程	1110	66	中型	重力坝	2013年1月	蓄水	55586	52792.42	51919	1221	0	422	22075	0	0	0
沿河自治县	当坝水库工程	104.79	6.8	小（1）型	土石坝	2014年1月	蓄水	6845	6329.58	5801	84.53	0	32.37	3100	0	0	0
沿河自治县	岩门口水库工程	181	40	小（1）型	面板堆石坝	2019年3月	在建	12179.40	7100	9500	227.6	0	91.1	3480	0	0	0
沿河自治县	邓家溪水库工程	172	40.5	小（1）型	拱坝	2017年1月	在建	11626.57	8813	7913.00	272	0	262.4	15300	0	0	0
松桃自治县	盐井水库工程	1054	77.7	中型	面板堆石坝	2012年11月	在建	28327	23347.4	25247	2002	0	445	41180	0	0	0
松桃自治县	妙隘水库工程	242	35	小（1）型	面板堆石坝	2014年12月	竣工	15519	15519	15519	332	0	103	4300	0	31.93	28.8
松桃自治县	大水溪水库工程	155	51.5	小（1）型	面板堆石坝	2015年9月	竣工	11634	11634	11634	214	0	0	0	0	23.77	86.4
松桃自治县	岩桑坝水库工程	114	29.6	小（1）型	重力坝	2015年9月	竣工	9114	9114	9114	187	0	0	0	0	44.19	3.99
松桃自治县	大兴水利枢纽工程	4675	52	中型	重力坝	2016年2月	蓄水	140885	152052	146116	8782	1668	8323	10216	0	0	1642.5
松桃自治县	白泥水库工程	218	52	小（1）型	面板堆石坝	2017年5月	蓄水	16043	14350	13957	410.7	0	470	1300	1600	0	0
松桃自治县	菜花坪水库工程	790	46.3	小（1）型	土石坝	2014年8月	完工	28357	26400	26400	1549.31	0	1549.31	0	0	0	0

【河长制工作】 2021年，铜仁市推行河长制工作。市、县两级均完成“一河一策”治理方案(2021—2023年)编制工作；完成2020年度“一区县一考”和“一河一考”考核工作；完成26条设市级河长的河流健康评价报告编制工作；开展3条河流美丽河湖建设；全部整改销号河湖“四乱”问题78个；开展贵州生态日“保护母亲河·河长大巡河”活动，各级河长巡河12.6万余次。

【水资源管理】 2021年，铜仁市加强取水户、取水口规范化建设与管理，建立直报管理系统名录库，取用水户完成用水数据的填报工作得到加强。完成石阡河水量分配方案、印江河水量分配方案、铜仁市水资源保护规划编制等工作，锦江、小江等4条河流生态流量保障实施方案，乌江、车坝河等3条河流水量分配方案，铜仁市“十四五”节约用水规划编制均获批复。以3月22日“世界水日”“中国水周”宣传为契机，举办用水、节水知识竞赛，引领全社会形成珍惜水、爱护水的良好风尚，增强广大群众节约用水意识。

(市水务局　张　诗)

【水环境监测】 2021年，铜仁市完成18个全国重要水功能区、29个省级水功能区、5个市州界监测断面共336个水质样品的采集与监测工作。在原有项目基础上完成26项扩项，铜仁分中心成为全省各水环境监测分中心监测项目最多的分中心。完成对外水质检测服务样品检测130余个，出具检测报告123份。3月，在“全省2020年水质监测资料整编评比”中获“优秀单位”称号。在省水文局主办的“助推绿色发展　建设美丽贵州”水文勘测、水质监测技能大赛中获水质监测项目组团体二等奖，两名参赛人员分别获水质监测项目组个人二等奖和个人三等奖。

(市水文局　张　玲)

【地下水开采与管理】 2021年，铜仁市开展地下水取水口摸底调查工作，建立地下取水口台账，规范地下水取水审批许可工作，加大对地下水非法取水等违法行为的巡查打击力度。经摸底调查统计，地下水资源量32.75亿立方米，有通过审批的地下取水口387个，总许可量3294万立方米，总用水量1605万立方米。

【水生态环境治理】 2021年，铜仁市完成碧江区坶泥至白马洞河道治理工程、松桃自治县蓼皋白果河道治理工程2处中小河流治理工程，综合治理长度7.6千米，保护人口3.2万人，保护耕地面积4020公顷。开工万山区大坪乡白果至黄腊寨河道治理工程，松桃自治县沙坝河道治理工程，印江河防洪整治工程，江口县小江河龙眉、小屯防洪堤工程，锦江金龙河段河道治理工程，龙江河玉屏自治县皂角坪街道段治理工程，沿河自治县泉坝镇马儿河综合治理项目，玉屏自治县田坪镇江口至长岭段生态综合治理工程，德江县楠杆乡金盆至小寨段防洪整治工程9处中小河流治理工程，综合治理长度96.2千米，保护人口61188人，保护耕地面积3540公顷。综合进度80%。开工建设江口县水系连通及水美乡村试点县项目，总投资2.54亿元，治理河道总长57.35千米，保护人口2.5万人，保护耕地面积833.33公顷，综合进度30%，满足年度计划要求。实施重点山洪沟防洪治理3处，累计治理河长9.06千米，保护人口8970人，耕地186.7公顷。新建及改造城市及县城污水管网110.3千米，新增日污水处理能力3.4吨，完成年度投资3.55亿元；新建及改造雨水管网45.09千米，完成年度投资8700万元；开工建设及建成乡集镇污水处理工程8座；推进中心城区污水处理提质增效，建设污水收集管网38千米，完成61股清水分流和18处供水管网渗漏治理，日分流清水近3万吨，通过中央环保巡视组的检查。

锦江生态(铜仁日报社　供图)

【水政执法】 2021年，市水务局开展河道巡查328千米，下达执法文书5份，办结污水溢流案和水土保持未批先建案2件，罚款65万元；新征收水利事业性规费795.86万元，其中水资源费633.86万元，水土保持补偿费162万元；开展河湖

"清四乱"行动(乱建、乱占、乱堆、乱采),整治销号河湖"四乱"问题78个,开展集中整治河湖突出问题及施工侵占河道专项行动,排查整治河湖问题59个。

(市水务局 张 诗)

【乌江流域保护】 2021年,乌江流域保护工作以河(湖)长制为抓手,设县级河长22人、乡级河长66人、村级河长294人,建立"党政负责、水利牵头、部门联动、社会参与"的河湖管理保护格局。推进"零网箱",拆除乌江干流和支流网箱养鱼420余公顷,在册的169艘渔船全部拆解,对渔民实行转产安置,部分河湖水域岸线逐步恢复。针对沿岸乱围乱堵、乱占乱建、乱采乱挖、乱倒乱排等河库问题,开展专项整治行动,河道水生态工程性修复16千米。建成日处理污水1.4万吨的污水处理厂1座,推进板场镇、黑水镇、泉坝镇、甘溪镇、客田镇等5个建制镇污水处理工程。实施水土保持综合治理24.06平方千米,把水土保持综合治理与特色产业发展相结合、生态效益与经济效益相结合,发展中药材、茶叶、蔬果、畜牧、旅游等生态产业,推进农业产业转型升级。特别是沿河自治县,制定《沿河土家族自治县乌江沿岸生态保护条例》等地方法律法规,实施全县党政领导干部生态环境损害责任追究办法,明确责任人,针对性地制定"一河一策"工作方案,细化目标任务。加强环境保护宣传,把"河长制"列进村规民约,以院坝会、群众会、连心会等多种形式开展河长制的宣传活动,涌现出一批党员河长、乡贤河长,形成"共责、共治、共享"保护意识。其湿地面积超过3333.33公顷,乌江水质得到改善。

【锦江流域保护】 锦江流域保护实行属地管理,由碧江区开展具体工作。2021年6月29日,锦江河流域面积50~1000平方千米河流岸线保护与利用规划获批复;11月29日,50平方千米以下重点河流河道管理范围划定工作获批复。编制《贵州省碧江区锦江河示范河湖建设实施方案》获批复。完成9条[七股水河、寨桂河、照壁河(龙塘河)、矮龙河、孟溪河、詹家溪河、苗哨溪河、泥哨河、木弄河]50平方千米以下河流保护与利用规划报告(含河道划界)并公示。完成三寨河、官庄河等18条河流岸线保护与利用规划上图。完成坞泥至白马洞河道治理工程河道综合治理5千米,保护人口6.13万人,农田58公顷。完成锦江金龙河段河道综合治理6.03千米,保护人口2520人,农田92公顷。完成和平乡片区河堤水毁修复工程、桐木坪乡堤防水毁修复工程、坝黄镇木弄村河堤水毁修复工程、瓦屋乡片区河堤水毁修复工程,建设堤防5.37千米,保护人口5524人,农田25.33公顷。完成桐木坪乡棉花坪村河道堤防水毁修复工程,新建堤防1.2千米,保护人口690人,农田25.33公顷,学校1所。落实河长制工作,在区辖乡、镇推行民心党建+河长制13个点,村级68个点,建立河流党委1个,建立流域党总支2个,建立联合党支部9个,设置党员志愿岗74个。区级河长巡河76人次,乡级河长巡河532人次,村级河长巡河4654人次。常态化开展河湖"清四乱"工作,排查"四乱"问题19个,全部整改销号。开展巡查河道、水源地保护202次,下达停止水事违法行为通知书13份,责令改正通知书10份,与市水务局、市水投公司、区环保局等部门开展联合执法检查16次,污水排查责令整改通知77份。对碧江区中心城区入河排污口实行24小时监测,发现16个问题,全部整改完成。开展河道、水源地保护等巡查313次,下达责令限期整改水事违法行为通知书93份(含污水排查责令整改通知80份)。水事案件立案1件,结案1件处罚2.5万元。水行政规费征收179.21万元,其中水土保持补偿费117.11万元,水资源费62.1万元。

(碧江区地方志办公室 姚 红 芦小玲)

【㵲阳河流域保护】 㵲阳河流域保护实行属地管理,由玉屏自治县开展具体工作。2021年,玉屏自治县落实河长制,实施水域生态修复,开展增殖放流活动,加强生物多样性保护监管。4月21日,《玉屏侗族自治县㵲阳河流域保护管理暂行办法》颁布施行。6月18日,玉屏自治县在㵲阳河畔举行增殖放流活动,投放草鱼、鲢鱼65万尾。6月20日,玉屏自治县政府发布通告,明确自2021年1月1日0时起至2031年12月31日24:00时,禁止在玉屏㵲阳河特有鱼类国家级水产种质资源保护区天然水域从事娱乐性游钓和休闲渔业活动。贵州玉屏㵲阳河国家湿地公园管理局与省生物研究所联合开展㵲阳河湿地公园生物多样性监测,11月,在㵲阳河流域鸟类监测时发现国家二级重点保护动物——琵琶鹭。玉屏自治县㵲阳河水生生物资源系统养护与综合修复工作被农业农村部长江办评为水生生物保护修复优秀案例,获全国通报表彰。县域国家、省"水十条"地表水考核断面(㵲阳河鱼市断面)水质稳定为Ⅱ类考核标准。

(玉屏自治县地方志办公室 吴 群)

【松桃河流域保护】 松桃河流域保护实行属地管理,由松桃自治县开展具体工作。2021年,松桃自治县修订县城防洪安全应急预案和松桃河流域涉及的水库水电站度汛方案。完成太平枇杷、太平白果等防洪工程建设，新建堤防3.8千米，保护人口8500人。投入资金150万元，实施河道清淤18.5千米，新建堤防4.8千米。实施生态修复，在松桃河沿岸实施水土保持工程1个，治理水土保持面积11.2平方千米。完成冷水溪镇杨家湾锰矿、贵州省梵净山锰业有限公司杨立掌锰矿复垦复绿。落实河长制，明确各级河长为河道环境卫生、水质、岸线管理等河湖管理保护的第一责任人，负责组织实施一河一策治理，协调解决河湖管理保护中的重大问题。召开联席会120余场次，协调解决河道治理、水污染等方面问题62个。推行"民心党建+河长制"，在松桃河流经的10个乡镇（街道）、42个村优化设置党员志愿岗，实行小单元网格化管理，由党员主动认领，定岗定责，开展交叉巡河、联合巡河、相互监督。围绕生态保护、河湖治理等开展三级河长巡河300余次，全县集中大巡河12次，2.3万余党员、群众参与，发现主要涉及违规养殖、侵占河道、电毒炸鱼等问题130个，均按照点对点整改方案完成整改。加强河流日常巡查检查，每月对25条县级河流、123条乡镇级河流开展巡查检查，建立问题台账，督促整改。每年对松桃河5条一级支流开展2次动态检测，第一次检测结果为全部达标。开展松桃河干支流新增排污口排查2次，未发现新增排口。常态化开展河道废弃物排查，未发现河道废弃物。设置松桃河保洁员42名，开展河道日常保洁工作。建立健全河长制联合执法机制，明确由县河长办牵头，水务、公安、农业农村、自然资源等部门配合开展联合执法。开展联合执法2次，整治完成河湖"四乱"问题2个。

（松桃苗族自治县地方志办公室　常文靖）

【印江河流域保护】 印江河流域保护实行属地管理，由印江自治县开展具体工作。2021年，印江自治县完成印江河流域21条县管河道岸线利用规划编制工作，完成《岩口水库区域水污染防治规划（初稿）》《岩口水库工程方案设计报告（初稿）》，完成岩口水库进入省"十四五"水利规划及国家"十四五"水安全保障规划的相关工作。编制完成印江县"十四五"水利发展规划，印江河河道岸线保护与利用规划，县管河道管理范围划界及岸线保护与利用规划实施方案。完成栗子园水库工程续建、偏岩水库工程续建、山岔水库工程续建、绿荫塘水库工程续建、清渡河水库工程续建、马尿水水库工程续建。实施印江河防洪整治工程，项目涉及木黄镇、合水镇、朗溪镇、龙津街道及中兴街道，完成河道综合治理25.28千米，新建堤防15.76千米，河道清淤25.28千米，保护人口3万人，保护耕地1800公顷。完成2021年国家水土保持重点工程印江县刀坝小流域治理工程批复工程总投资750万元。落实河长制，实施中小河治理工程，开展河湖"清四乱"工作，排查整改问题3起，完成"6·18"贵州生态日河长大巡河活动。

（印江自治县地方志办公室　付　芬）

土地资源保护

【水土保持】 2021年，铜仁市水务行业实施国家水土保持重点治理工程5个，总投资3040万元，治理水土流失目标任务60.8平方千米。主要涉及石阡县、印江自治县、思南县、德江县和松桃自治县，其中松桃自治县纳入地方涉农资金整合。具体项目为2021年国家水土保持重点工程石阡县扶堰河清洁型小流域综合治理工程、2021年国家水土保持重点工程印江自治县刀坝小流域治理项目、思南县2021年国家水土保持重点工程、德江县2021年国家水土保持重点工程米阳山小流域。截至12月，完成水土流失治理面积66.15平方千米，占目标任务的108%。

（市水务局　张　诗）

【石漠化防治】 2021年，铜仁市主要通过开展林业植被建设工程、小型水利水保工程等治理措施进行石漠化治理，完成石漠化治理85平方

沿河自治县因地制宜，以金银花产业发展推动石漠化治理出成效（张洪全　摄影）

千米。

（市发改委　郑有江）

【矿山地质环境恢复治理】 2021年，贵州省武陵山区山水林田湖草沙一体化保护和修复项目获批，江口县坝盘镇、双江街道和碧江区坝黄镇、河西街道4个乡镇（街道）申报为全国首批全域土地综合整治试点。完成92处矿山地质环境治理恢复工作，修复面积151.46公顷，并经省级复核销号；完成2021年省级生态环境保护督察交办问题整改；实施松桃锰矿“一矿一策”工作。排查发现的125个问题全部整改到位，整改完成率100%。

【耕地保护】 2021年，铜仁市自然资源局印发《铜仁市自然资源局关于开展耕地后备资源调查评价工作的通知》《铜仁市耕地破坏鉴定工作流程》，完成2个项目的耕地破坏鉴定报告。完成铜仁市市级耕调成果移交与应用指导工作。完成永久基本农田核实整改补足初步成果，完成6个重大建设项目占用永久基本农田的补划。完成自然资源部下发铜仁市第一批次卫片耕地卫片图斑进行实地核实。根据“三调”最新成果，完成全市基本农田储备区划定及核实整改补划工作，划定成果上报至自然资源部。

（市自然资源局　安星宇）

【撂荒地治理】 2021年，铜仁市落实《农业农村部关于统筹利用撂荒地促进农业生产发展的指导意见》精神，开展撂荒耕地排查整治工作，并按照“宜粮则粮、宜经则经”的原则，通过农户复耕一批、规模流转一批、委托代管一批、集体助耕一批的方式，整治撂荒耕地1141.85公顷，全部种植农作物，未出现耕地撂荒现象。

（市农业农村局　杜毅智）

森林和草地资源保护

【林长制】 2021年，铜仁市设市级总林长2名、副总林长4名、市级林长9名、市级责任单位19个。建立市、县、乡、村四级林长体系，有市、县、乡、村四级林长8030名，各级林长巡林3.5万人次。印发《铜仁市全面推行林长制的实施方案》及林长联席会议制度、巡林巡查制度等5项配套制度，印发《关于实施“小林长”志愿服务行动的通知》《关于建立“林长＋检察长”协作机制的意见》，完善“林长制”工作制度。

（市林业局　贺　彬）

【森林资源保护】 2021年，铜仁市查处野生动物行政案件4起，查处野生植物行政案件1起。开展森林保护“六个严禁”执法专项行动，疑似案件线索核实率100%、往年案件查处率100%、行政案件查结率100%、刑事案件移送率100%。落实天然商品林停伐管护，明确管护责任到山头地块，管护责任落实率100%，天然林管护率100%。加强森林采伐限额管理，发放林木采伐证3580份。应急管理、林业、公安等部门，共同开展森林防灭火宣传教育、火灾隐患排查整治工作，劝止违规用火22起，发放宣传资料6000余份，悬挂标语20幅，函请移动、电信、联通公司发送森林防灭火短信10万余条。

（市林业局　贺　彬　市公安局　黄　旭）

【重大林业有害生物防治】 2021年，铜仁市林业有害生物发生面积3.505万公顷，其中病害发生0.4万公顷，虫害3.101万公顷，鼠害0.004万公顷。防治有害生物面积3.47万公顷，其中无公害防治3.46万公顷，无公害防治率99.74%，成灾面积900公顷，林业有害生物成灾率0.84‰。召开铜仁市松材线虫病防治工作启动会，印发《关于做好松材线虫病防治攻坚工作的通知》，加强以除治枯死松树为核心的防控措施。开展区域联防联治，加入黔北渝南片区联防网络，完成黔东片区联合检疫执法专项行动，参加2021年黔渝川林业有害生物防控协作会。发放《松材线虫病防控告知书》《致村民松材线虫病疫木除治的一封信》等宣传资料2.4万余份。

护林员巡逻佛顶山国家级自然保护区（市委政研室　供图）

表 37　2021 年铜仁市主要林业有害生物发生情况一览表

序号	有害生物类别	病虫害名称	发生面积（万公顷）	主要分布
1	病害	油茶病害	0.18	万山区、玉屏自治县、思南县
2		花椒锈病	0.08	思南县、德江县
3		松材线虫病	0.09	碧江区、万山区、松桃自治县
4		马尾松赤枯病	0.04	印江自治县
5		马尾松松落针病	0.01	沿河自治县
6	虫害	松褐天牛	1.78	全市各区县均有发生
7		萧氏松茎象	0.76	除玉屏自治县外其他区县均有发生
8		马尾松毛虫	0.11	碧江区、石阡县、印江自治县、松桃自治县
9		云斑白条天牛	0.10	碧江区、石阡县、思南县、印江自治县、德江县、松桃自治县
10		云南松毛虫	0.08	万山区、印江自治县、德江县、松桃自治县
11		核桃长足象	0.08	德江县
12		油茶毒蛾	0.06	碧江区、松桃自治县
13		松茸毒蛾	0.06	碧江区、万山区、玉屏自治县、印江自治县
14		测柏毒蛾	0.04	碧江区、石阡县、思南县、印江自治县、松桃自治县
15		花椒棉蚜	0.02	德江县
16		杨扇舟蛾	0.01	松桃自治县
17		其他虫害	0.001	—
18	鼠害	赤腹松鼠	0.004	德江县

【国家储备林建设】 2021 年，铜仁市编报国家储备林项目 35 个，总面积 14.93 万公顷，总投资 196.14 亿元，贷款总额 147.97 亿元。授信项目 19 个，授信金额 66.74 亿元，累计到位资金 33.06 亿元。建设完成国家储备林 2 万公顷，其中新建 3300 公顷、改培 1.67 万公顷，实现产值 3 亿元。

【森林品牌创建】 2021 年，铜仁市分别新增省级森林小镇、省级森林村寨、省级森林人家 12 个、68 个、127 户，截至 12 月，省级森林小镇、省级森林村寨、省级森林人家总数分别为 49 个、278 个、627 户。玉屏自治县亚鱼乡沙子坳村获 2021 年贵州省景观优美森林村寨称号。国家林业和草原局授予铜仁市国家森林乡村 23 个。其中第一批国家森林乡村 13 个，分别为碧江区云场坪镇路腊村；江口县太平镇梵净山村、太平镇云舍村、太平镇寨抱村；玉屏侗族自治县田坪镇田冲村；石阡县龙塘镇神仙庙村、汤山街道石坪村；印江土家族苗族自治县紫薇镇团龙村、紫薇镇豆湊林村、木黄镇凤仪村；松桃苗族自治县正大镇薅菜村、长坪乡干沙坪村、盘信镇大湾村。第二批国家森林乡村 10 个，分别为碧江区坝黄镇苗哨溪村、桐木坪乡卜口村；万山区敖寨乡中华山村、高楼坪乡大树林村、高楼坪乡青年湖村；玉屏侗族自治县亚鱼乡沙子坳村、朱家场镇谢桥村；石阡县甘溪乡坪望村、坪地场乡大寨村；松桃苗族自治县寨英镇寨英村。

表 38　2021 年铜仁市获评贵州省森林乡镇一览表

序号	所在区县	乡镇（街道）名称
1	万山区	敖寨侗族乡
2	江口县	双江街道
3	玉屏侗族自治县	朱家场镇
4	印江土家族苗族自治县	罗场乡
5	思南县	青杠坡镇
6		凉水井镇
7		孙家坝镇

续表 38

序号	所在区县	乡镇（街道）名称
8	德江县	枫香溪镇
9		泉口镇
10		平原镇
11	沿河土家族自治县	沙子街道
12	松桃苗族自治县	普觉镇

表 39　2021 年铜仁市获评贵州省森林村寨一览表

序号	所在区县	所在乡镇（街道）	村寨名称
1	碧江区	正光街道	正光社区
2	万山区	茶店街道	鱿鱼铺村
3		鱼塘侗族苗族乡	鱼塘村
4			金盆村
5		茶店街道	白岩村
6			垢溪村
7	江口县	官和侗族土家族苗族乡	泗渡村
8			官和村
9		怒溪镇	河口村
10			骆象村
11		民和镇	艾坪村
12			大塘村
13		德旺土家族苗族乡	茶寨村
14			漆树村
15		双江街道办事处	兴隆社区
16			镇江社区
17			槐枫社区
18	玉屏侗族自治县	新店镇	洞坪村
19			丙溪村
20		朱家场镇	长华村
21			洪家湾村
22			大兴村
23	石阡县	石固仡佬族侗族乡	平坝村
24			泥塘村
25		坪地场仡佬族侗族乡	雷首山村
26			万河村
27			三合村
28			汪家沟村
29	印江土家族苗族自治县	缠溪镇	柳塘村
30		天堂镇	金城村
31		洋溪镇	蒋家坝村

续表 39

序号	所在区县	所在乡镇(街道)	村寨名称
32	印江土家族苗族自治县	木黄镇	芙蓉村
33			木黄村
34			后河村
35			昔坪村
36		罗场乡	靛厂村
37	思南县	青杠坡镇	四野屯村
38			茶溪村
39			合同坝村
40		凉水井镇	水晶村
41			毛家坡村
42			安山村
43			同心村
44			丰云村
45		孙家坝镇	庙坝村
46			龙泉村
47			高峰村
48			龙王山村
49			大兴村
50		瓮溪镇	荆竹园村
51	德江县	共和镇	姜家渡村
52		泉口镇	大元村
53		复兴镇	贾村
54		桶井乡	玉竹村
55		荆角乡	岩砥村
56		平原镇	坳田村
57			上堰村
58			水车社区
59		长堡镇	新民村
60		长丰乡	石板村
61		煎茶镇	付家村
62	沿河土家族自治县	沙子街道	白泥村
63			纸坊村
64	松桃苗族自治县	黄板镇	纳冲村
65			盐井村
66		普觉镇	棉花山村
67			东门村
68			园埂脚村

表 40　2021 铜仁市获评贵州省森林人家一览表

序号	所在区县	地址	申报人
1	碧江区	铜仁市碧江区桐木坪乡桐木坪社区上河组	瞿雄平
2		铜仁市碧江区桐木坪乡卜口村卜口组	杨光辉
3		铜仁市碧江区桐木坪乡棉花坪村黄泥坡组	洪发兴
4		碧江区漾头镇龙江新村组	曾德文
5	万山区	铜仁市万山区敖寨侗族乡两河口村	杨秀华
6		铜仁市万山区敖寨侗族乡两河口村	陈继良
7		铜仁市万山区敖寨侗族乡两河口村	黄绍刚
8		铜仁市万山区敖寨侗族乡中华山村	李云兵
9		铜仁市万山区敖寨侗族乡中华山村	舒兴木
10		铜仁市万山区敖寨侗族乡两河口村	姚元会
11		铜仁市万山区敖寨侗族乡两河口村	王泽良
12		铜仁市万山区敖寨侗族乡两河口村	陈小久
13		铜仁市万山区敖寨侗族乡两河口村	王新弟
14		铜仁市万山区敖寨侗族乡两河口村	蒋余崽
15	江口县	铜仁市江口县民和镇龙宿村	张兴权
16		铜仁市江口县民和镇艾坪村	艾兴发
17		铜仁市江口县官和乡江溪屯村	王孟珍
18		铜仁市江口县官和乡江溪屯村	胡大军
19		铜仁市江口县官和乡江溪屯村	石维前
20		铜仁市江口县德旺乡漆树村	李军林
21		铜仁市江口县德旺乡茶寨村	李朝发
22		铜仁市江口县德旺乡茶寨村	吴朝应
23		铜仁市江口县德旺乡茶寨村	张　令
24		铜仁市江口县德旺乡茶寨村	李来顺
25		铜仁市江口县德旺乡漆树村	王信华
26		铜仁市江口县德旺乡漆树村	陈世贵
27		铜仁市江口县德旺乡漆树村	王云武
28		铜仁市江口县德旺乡漆树村	吕廷杰
29		铜仁市江口县德旺乡茶寨村	陈　龙
30	玉屏侗族自治县	铜仁市玉屏侗族自治县新店镇丙溪村大洋溪组	姚沅菊
31		铜仁市玉屏侗族自治县新店镇丙溪村小路溪组	付功文
32		铜仁市玉屏侗族自治县新店镇丙溪村大洋溪组	吴绪伟
33		铜仁市玉屏侗族自治县新店镇丙溪村拱桥组	高芳银
34		铜仁市玉屏侗族自治县新店镇丙溪村两河组	高芳礼
35		铜仁市玉屏侗族自治县新店镇老寨村高家组	高睿钟
36		铜仁市玉屏侗族自治县新店镇老寨村对江湾组	黄家灿
37		铜仁市玉屏侗族自治县新店镇老寨村老寨组	陆绪贵
38		铜仁市玉屏侗族自治县新店镇老寨村对江湾组	杨　进
39		铜仁市玉屏侗族自治县新店镇老寨村后龙组	周林平
40		铜仁市玉屏侗族自治县新店镇老寨村白岩组	杨绪忠

续表 40

序号	所在区县	地址	申报人
41	玉屏侗族自治县	铜仁市玉屏侗族自治县平溪街道安坪村草上组	夏志珍
42		铜仁市玉屏侗族自治县平溪街道安坪村夏家组	夏文香
43		铜仁市玉屏侗族自治县朱家场镇长华村龙家湾组	詹克江
44		铜仁市玉屏侗族自治县朱家场镇长华村唐家屯组	姚定发
45		铜仁市玉屏侗族自治县皂角坪街道瓮阳村	杨　勇
46		铜仁市玉屏侗族自治县皂角坪街道瓮阳村	夏开金
47		铜仁市玉屏侗族自治县亚鱼乡亚鱼村上寨组	杨绍俊
48		铜仁市玉屏侗族自治县亚鱼乡亚鱼村街上组	杨　鑫
49	石阡县	铜仁市石阡县龙塘镇神仙庙村	吴培军
50		铜仁市石阡县龙塘镇神仙庙村	余厚江
51		铜仁市石阡县龙塘镇神仙庙村	梁有怀
52		铜仁市石阡县龙塘镇神仙庙村	陈宏江
53		铜仁市石阡县龙塘镇神仙庙村	王　炯
54		铜仁市石阡县龙塘镇神仙庙村	莫明才
55		铜仁市石阡县龙塘镇神仙庙村	何明龙
56		铜仁市石阡县龙塘镇神仙庙村	何建光
57		铜仁市石阡县龙塘镇神仙庙村	何建华
58		铜仁市石阡县龙塘镇神仙庙村	王安海
59		铜仁市石阡县龙塘镇神仙庙村	肖明强
60		铜仁市石阡县龙塘镇神仙庙村	肖国权
61		铜仁市石阡县龙塘镇神仙庙村	罗永德
62		铜仁市石阡县龙塘镇神仙庙村	罗永华
63		铜仁市石阡县龙塘镇神仙庙村	肖明春
64		铜仁市石阡县龙塘镇神仙庙村	肖明德
65		铜仁市石阡县龙塘镇神仙庙村	何建奎
66		铜仁市石阡县龙塘镇神仙庙村	罗永富
67		铜仁市石阡县龙塘镇神仙庙村	梁　军
68		铜仁市石阡县龙塘镇神仙庙村	梁有仁
69	印江土家族苗族自治县	铜仁市印江土家族苗族自治县缠溪镇两路口村	黄　勇
70		铜仁市印江土家族苗族自治县新寨镇龙塘村	严循华
71		铜仁市印江土家族苗族自治县合水镇大昔村	雲熙小院
72		铜仁市印江土家族苗族自治县峨岭街道大云村	左正伟
73		铜仁市印江土家族苗族自治县罗场乡茶元村坨下组	周南江
74		铜仁市印江土家族苗族自治县罗场乡岭峰村三花山组	廖国军
75		铜仁市印江土家族苗族自治县罗场乡茶元村张家组	张金荣
76		铜仁市印江土家族苗族自治县罗场乡广东坪村赵坪组	张金城
77		铜仁市印江土家族苗族自治县木黄镇昔坪村	廖建发
78		铜仁市印江土家族苗族自治县木黄镇桅杆村	代金权
79		铜仁市印江土家族苗族自治县木黄镇后河村	石仲贵
80		铜仁市印江土家族苗族自治县中兴街道夫子坝村	贵州梵净山绿野生态农业科技有限公司

续表 40

序号	所在区县	地址	申报人
81	思南县	铜仁市思南县青杠坡镇合同坝村	朱兴海
82		铜仁市思南县青杠坡镇合同坝村	杜兆辉
83		铜仁市思南县青杠坡镇四野屯村窝坨组	胡国宽
84		铜仁市思南县青杠坡镇四野屯村	万显强
85		铜仁市思南县青杠坡镇龙家寨村	龙兴余
86		铜仁市思南县青杠坡镇龙家寨村	龙仕勇
87		铜仁市思南县青杠坡镇楠木王村	余光和
88		铜仁市思南县青杠坡镇楠木王村	方学钊
89		铜仁市思南县青杠坡镇茶溪村	夏成勇
90		铜仁市思南县青杠坡镇茶溪村	李支龙
91		铜仁市思南县孙家坝镇龙王山村其坳组	杨通祥
92		铜仁市思南县孙家坝镇龙王山村其坳组	杨通金
93		铜仁市思南县孙家坝镇大兴村长岗岭组	李青松
94		铜仁市思南县孙家坝镇大兴村长岗岭组	赵　强
95		铜仁市思南县孙家坝镇大兴村长岗岭组	赵再权
96		铜仁市思南县孙家坝镇大兴村长岗岭组	李福春
97		铜仁市思南县孙家坝镇大兴村长岗岭组	李　勇
98		铜仁市思南县孙家坝镇龙泉村龙塘组	付松松
99		铜仁市思南县孙家坝镇龙泉村火石坳组	田建发
100		铜仁市思南县孙家坝镇龙泉村火石坳组	田建彪
101		铜仁市思南县凉水井镇丰云村郭家坪组	郭　飞
102		铜仁市思南县凉水井镇同心村杜家寨组	杜尚宽
103		铜仁市思南县凉水井镇同心村学堂坪组	张观卫
104		铜仁市思南县凉水井镇水晶村	谢仁学
105		铜仁市思南县凉水井镇桃子湾村	陈　云
106		铜仁市思南县凉水井镇安山村坨里组	赵国洪
107		铜仁市思南县凉水井镇岳家寨村	蔡　伦
108		铜仁市思南县凉水井镇联合村	李　江
109		铜仁市思南县凉水井镇岳家寨村	蔡　超
110		铜仁市思南县凉水井镇南盆坡村	杨承和
111		铜仁市思南县瓮溪镇三星村桃子寨组	张正栏
112	德江县	铜仁市德江县枫香溪镇枫铺村	王太兵
113		铜仁市德江县桶井乡玉竹村	杜洪霞
114		铜仁市德江县共和镇和平社区	巧鑫源农庄
115	沿河土家族自治县	铜仁市沿河土家族自治县沙子街道纸坊村子方组	宋小永
116		铜仁市沿河土家族自治县沙子街道南庄景区内	冉亚琴
117		铜仁市沿河土家族自治县黑水镇桂家山村	沿河贵龙苗圃基地
118	松桃苗族自治县	铜仁市松桃苗族自治县普觉镇棉花山村	杨　萍
119		铜仁市松桃苗族自治县普觉镇棉花山村	刘思东
120		铜仁市松桃苗族自治县普觉镇东门村	曾庆军

续表 40

序号	所在区县	地址	申报人
121	松桃苗族自治县	铜仁市松桃苗族自治县普觉镇东门村	曾召武
122		铜仁市松桃苗族自治县普觉镇东门村	梁　强
123		铜仁市松桃苗族自治县普觉镇园埂脚村	蒋子忠
124		铜仁市松桃苗族自治县世昌街道道水村	松桃犀牛洞生态园餐饮店
125		铜仁市松桃苗族自治县世昌街道火连寨社区孙家湾	松桃苗凤养殖有限公司
126		铜仁市松桃苗族自治县大兴街道星光村三岔路	杨智秀
127		铜仁市松桃苗族自治县大兴街道	张绍志

（市林业局　贺　彬）

【草场保护】 2021 年，铜仁市有草地面积 8360 公顷，其中人工牧草地 60 公顷，天然牧草地 20 公顷，其他草地 8280 公顷，天然牧草地、人工牧草地面积占比不足 10%，其他草地类型面积占比超过 90%。草地保有量排名前五的区（县）为沿河自治县 1706.67 公顷，松桃自治县 1680 公顷，德江县 1026.67 公顷，碧江区 906.67 公顷，万山区 733.33 公顷，德江县、沿河自治县、松桃自治县为草原长势及草畜平衡监测重点区县。铜仁市对违法违规侵占草原行为进行打击，开展草原生态环境问题大排查，加强草原执法监管，巩固草原生态保护修复成果。林草资源综合监测工作中，草原基况监测 5 个一般监测样地位于松桃自治县，全部完成外业调查并通过省级审核。在图斑监测工作中，沿河自治县调查完成比例为 97%，其他 9 个区（县）调查完成比例均为 100%。

（市林业局　贺　彬）

自然保护地保护

【概况】 2021 年，铜仁市有 6 种类型的自然保护地 39 个，具体为世界遗产地 1 个（梵净山）；自然保护区 7 个，其中国家级 3 个（梵净山、麻阳河、佛顶山）；省级 2 个（洋溪、四野屯）；县级 2 个（黄牯山、石家岭）。有风景名胜区 10 个，其中国家级 3 个（九龙洞、石阡温泉群、沿河乌江山峡）；省级风景名胜区 7 个（万山汞都—夜郎谷、江口梵净山—太平河、玉屏北侗箫笛之乡、印江木黄、思南乌江白鹭洲、德江乌江傩文化、松桃豹子岭—寨英）。国家级地质公园 2 个（万山矿山、思南乌江喀斯特）。湿地公园 10 个，其中国家级 9 个（碧江、石阡鸳鸯湖、万山长寿湖、玉屏舞阳河、江口、印江车家河国、思南白鹭湖、德江白果坨、沿河乌江）；省级 1 个（石阡小龙河）。森林公园 9 个，其中省级 8 个（万山老山口、江口凯马、玉屏南门坡、石阡五峰山、印江峨岭关、思南万圣山、沿河乌江、松桃永红）；县级 1 个（德江煎茶）。

【湿地管护】 2021 年，铜仁市湿地资源保护、生态修复、科教宣传和开发利用工作同步推进。截至 12 月，有湿地面积 23260.88 公顷，占国土面积 1.29%，湿地保护面积 11327.65 公顷，湿地保护率 50.82%。

【野生动植物保护】 2021 年，铜仁市林业局印发《铜仁市林业局关于进一步加强打击破坏野生动植物资

碧江国家级湿地公园（杨晋升　摄影）

源违法行为工作的通知》《铜仁市野生动植物违法行为打击整治工作2021年度考评细则》，加强各地各单位野生动植物保护属地责任，建立实效考核制度。加强野生动物栖息地和迁徙通道保护，打击盗猎和非法交易行为。开展"清风行动"，打击乱捕、滥猎、滥食及非法交易野生动植物等违法犯罪行为，监测防控陆生野生动物疫源疫病。黔东北植物园纳入贵州省综合植物园"七园一中心"体系建设，位于德江县煎茶林场，主要收集保存黔东北及周边地区珍稀濒危植物，包括楠木、柔毛油杉、硬叶兜兰、木姜子类等。

（市林业局　贺　彬）

【非法捕捞整治】 2021年，铜仁市出台《铜仁市长江流域打击非法捕捞有奖举报制度》，累计查办渔业案件数154起，移送公安机关刑事立案46起，涉案嫌疑人落实生态修复10次。玉屏自治县《舞阳河特有鱼类国家级水产资源保护区水生生物资源系统养护与综合修复》，江口县《创新垂钓管理新模式，试点开展持证垂钓新举措》获评2021年长江水生生物保护修复优秀案例。

（市农业农村局　杜毅智）

【麻阳河自然保护区】 麻阳河国家级自然保护区位于我国贵州省北部，范围含铜仁市沿河县和遵义市务川县，地理坐标为北纬28°37'30" ~ 28°54'20"，东经108°3'58" ~ 108°19'45"，总面积31113公顷。2003年6月，经国务院批准由省级自然保护区晋升为国家级自然保护区，主要保护对象为国家一级保护动物黑叶猴及其栖息地。

保护区位于扬子准地台边缘，是川、鄂、黔、湘侏罗山式褶皱带的组成部分，区域地貌属黔北中山峡谷，地貌类型多样，有碳酸岩山地、断层地貌、河谷地貌及岩溶地貌，海拔在280 ~ 1538米，内有乌江两条支流——麻阳河和洪渡河深切割沿岸地带。保护区属中亚热带温暖湿润季风气候类型，有热量丰富、雨量充沛、温度适中、冬暖夏凉、四季分明、生长季节长等特点，年平均降水量1158.7毫米，年均气温16.7℃。保护区的成土母岩主要为白云岩、石灰岩次之，另分布有少量砂页岩，土壤大部分为石灰土，酸性为弱碱性。pH值在4.5 ~ 7.1，土壤有机质含量丰富。保护区地带性植被为中亚热带湿润常绿阔叶林，原生植被多受破坏，现存植被大多处于不演替阶段，主要有针叶林、针阔混交林、常绿阔叶林、常绿落叶阔叶混交林、灌丛草坡等植被类型。

（市林业局　冯邦贤）

【佛顶山自然保护区】 佛顶山国家级自然保护区位于贵州省东北部、石阡县西南部，东邻黔东南自治州镇远县，南与黔东南自治州施秉县县级佛顶山自然保护区相邻，总面积152平方千米，地理位置为北纬27°15′ ~ 27°25′，东经107°59′ ~ 108°12′。佛顶山在大地构造上属扬子准地台，位于贵州东部华夏系断裂构造带上，地貌主要为山地地貌、河谷地貌和动力地貌3种类型，最高海拔1869米，山体相对高差1100 ~ 1300米。受海洋气候影响，雨水充沛，响度湿度80%以上，年降水量1100 ~ 1350毫米。佛顶山区气候具有明显的中亚热带季风山地湿润气候特征，温暖湿润，雨量充沛。佛顶山是以中亚热带常绿阔叶林以及伯乐树、红豆杉、南方红豆杉、珙桐和硬叶兜兰、豹、林麝、白颈长尾雉等国家重点保护野生动植物为保护对象的自然保护区，是同纬度原生植被保存较好的地方之一，群落结构较为完整、生物多样性极其丰富，区内资源具有典型性、稀有性和脆弱性等特征，同时也是武陵山系与苗岭山系的生物基因交流的驿站和走廊。2014年，佛顶山晋升为国家级自然保护区。

（市林业局　冯邦贤）

节能减排

【概况】 2021年，铜仁市实施重点用能单位节能检查。根据《关于印发铜仁市市场监管领域全面推行部门联合"双随机、一公开"监管工作实施方案的通知》，印发《铜仁市重点用能单位"双随机、一公开"节能专项检查工作方案》，由随机抽取的检查人员对随机抽取的重点用能单位采取现场检查、听取单位汇报、实地查看等方式开展节能专项检查。检查随机抽取到贵州梵净山金顶水泥有限公司、贵州松桃金瑞锰业有限责任公司、贵州资兆建材有限责任公司进行节能检查，发现问题7个，包括聘用的能源管理负责人未上报有权限的管理节能工作的部门或行业节能管理部门备案、落实节能目标责任制不到位、执行国家明令淘汰落后的用能设备落实不到位等问题。

【节能宣传】 2021年，铜仁市根据贵州省生态文明建设领导小组办公室《关于开展贵州省2021年全国节能宣传周和全国低碳日活动的通知》，印发《铜仁市2021年节能宣传周活动方案》，并于8月23—29日由市发改委牵头开展节能宣传周活动。活动制作节能宣传周宣传海报4000余份，节能宣传环保袋2000余个，通过组织市直各部门及各区县在公共办公区域张贴节能宣传海报、发放宣传资料等形式，向干部职工宣传节能知识，倡导市民减少购物塑料袋的使用，多使用可循环利用购物袋。活动期间印制《节能能源法》等法律法规约500册，转发《关注环境保护税　绿色税制助力"碳达峰""碳中和"（朝闻天下）》《关注环境保护税　环保税开征三年　税制运行平稳顺畅（朝闻天下）》《全国低碳日快看看日常低碳生活小技巧有哪些？》等文章，倡导群众学习，践行绿色低碳生产生活方式。

【节能降碳】 2021年，铜仁市落实碳达峰碳中和总体部署，遏制"两高"项目盲目发展，印发《中共铜仁市委办公室铜仁市人民政府办公室关于成立铜仁市碳达峰碳中和工作领导小组的通知》《铜仁市碳达峰碳中和工作领导小组工作规则》《铜仁市碳达峰碳中和工作领导小组办公室工作规则》；市发改委编制《铜仁市碳达峰行动方案》《铜仁市"十四五"节能减排综合工作方案》；建立"两高"项目管理台账，遏制"两高"项目盲目发展。完成对各区（县）2020年度能源消耗和强度"双控"目标责任评价考核工作，经市政府同意通报考核结果，完成省对铜仁市2020年能源消耗和"双控"考核工作。2021年能耗强度指标控制在省下达计划范围内。

【公共机构节能】 2021年，铜仁市将能耗双控纳入全市国民经济和社会发展第十四个五年规划和2035年远景目标纲要、政府工作报告、国民经济和社会发展计划报告等。完成公共机构能耗统计工作。截至12月，党政机关完成创建节约型机关165家，完成创建总数443家，占党政机关总数632家的70%，超额任务目标10%，其中市直单位完成创建17家，占市直机关总数73家的23%，市直机关完成创建总数51家，占市直机关总数73家的近70%。

（市发改委　郑有江）

【电力减排】 2021年，市供电局落实碳达峰碳中和工作部署，实施"电亮先锋·挖潜增效（绿色转型）"专项行动，调度地方风力、水电、光伏等发电机组，促进清洁能源消纳，全年消纳清洁能源13.52亿千瓦·时，同比增长19.64%。购水电占比6.79%，完成计划目标。推动终端用能清洁化，在工业农业生产领域推广电能替代，实施电能替代项目2461个，电能替代电量6.86亿千瓦·时，贡献度全省排名第二。助推新能源汽车充电业务发展，新能源汽车充电量2121万千瓦·时，较2020年同期增长1424万千瓦·时，增长率204.3%。

（市供电局　任廷茂）

【建筑节能管理】 2021年，铜仁市审图通过绿色建筑面积366.46万平方米，新建民用建筑按100%执行绿色建筑标准；竣工装配式建筑面积26.87万平方米；在施工阶段应用方面完成新型建材磷石膏消纳6.6万吨。磷石膏为新型墙体材料，2家企业获评新型墙体材料市级示范企业，获奖补10万元；1个项目获磷石膏新型墙体材料应用示范项目，获奖补30万元。

（市住建局　黄海迪）

污染防治

【概况】 2021年，铜仁市以$PM_{2.5}$和臭氧协同控制为主线，开展多污染物协同控制和大气污染联防联控，中心城区环境空气质量优良天数比例97.5%，县级空气质量优良天数比例98.2%。推进县城及以上集中式饮用水水源地环境整治巩固提升工程，开展农村千人以上集中式饮用水水源地环境隐患排查及专项整治，完成饮用水水源地保护区的划定、规范化建设和环境问题整治；强化集中式饮用水水源地精细化管理，国家和省考核主要河流断面水质达标率100%，中心城区、县级以上集中式饮用水水源地水质达标率100%。推进农用地土壤污染防治和安全利用，严格建设用地土壤污染风险管控，污染地块安全利用率100%。加大国家地下水监测点位管控力度，6个国家地下水监测点位水质保持稳定。强化"一废一库一品"（危险废物、尾矿库、化学品）环境监管，推进危险废物整治三年行动、废机油和废铅酸电池专项整治三年行动，加强危废企业日常规范化管理，提升危险废物监管能力，推进工业渣场和尾矿库污染防治；开展汞、锰等重金属污染防治，加快松桃锰污染治理。完成40个行政村的农村环境综合整治任务，加强畜禽养殖污染防治监管。

（市生态环保局　王　飞）

【大气污染防治】 2021年，铜仁市加强空气质量管控，召开中心城区环境空气质量联席会议4次、专题会议2次。以提升空气质量优良天数比例为重点，强化冬春季高污染季节环境空气污染应急管控，完成移动源和扬尘污染综合防治、柴油货车污染治理、春节期间烟花爆竹燃放管控及夏季臭氧污染防控等工作。

（市生态环保局　王　飞　龙立演）

【中心城区空气质量管控】 2021年，市城市综合执法局按照空气质量管控要求，开展中心城区道路扬尘整治。召开中心城区道路扬尘整治专题会10次，印发有关道路扬尘整治文件3份，调整充实环保督察整改工作领导小组及各整治专班，依托大数据+城市综合执法云平台，推进道路扬尘管控，办理环境空气质量管控方面事件300余件，办结率100%，市民满意度100%。3月，市城市管理综合行政执法支队被省住建厅表扬为2020年度“强基础、转作风、树形象”专项行动表现突出单位，城管系统6人被省住建厅表扬为2020年度“强基础、转作风、树形象”专项行动先进个人。

（市城市综合执法局　柳　轩）

【水污染防治】 2021年，铜仁市开展集中式饮用水水源地环境整治巩固提升大排查，推进千人以上集中式饮用水水源地优化调整工作，取消集中式饮用水水源地44个；执行《铜仁市农村饮用水管理条例》，指导完成农村饮用水水源地水质监测，精准管控主要河流和出入境断面水质，全市12个国家、22个省考核主要河流断面水质达标率100%；开展2021年锦江省、市级河长和普觉河市级河长巡河工作，完成乌江流域排污口排查、监测、溯源、整治工作。

【土壤污染防治】 2021年，铜仁市完成涉镉等重金属行业企业排查整治。持续开展“绿盾”自然保护地强化监督检查，对641个人类活动遥感监测线索点位进行实地复核；开展“绿盾2017”以来发现的302个问题整改销号审查，通过审查销号220个；指导“两山”基地创建工作，江口县太平镇被生态环境部命名为第五批“绿水青山就是金山银山”实践创新基地。

【农业面源污染整治】 2021年，经农业农村部直联直报系统评估，铜仁市畜禽粪污综合利用率85.75%。全市测土配方施肥技术推广面积47.17万公顷，测土配方施肥技术覆盖率91.82%。有机肥增施面积18.2万公顷，秸秆还田技术推广面积16.31万公顷，绿肥种植3.33万公顷。水肥一体化技术推广面积1300公顷，机械化施肥面积800公顷。有农药化肥包装回收站（点）3863个，其中县级农药包装废弃物存储站11个，乡级转运点165个，其他农药废弃物回收站（点）3575个（含农药经营门店570个，种植基地506个）。

【农村环境污染防治】 2021年，铜仁市制定实施《铜仁市农村生活污水治理三年行动计划（2021—2023年）》，完成农村环境综合整治项目40个，争取农村环境整治专项资金1300余万元。强化畜禽养殖监管执法，全市检查养殖场（户）207家次，发现生态环境问题173个，立案查处79件，下达处罚决定书72份，罚款440余万元；办理配套案件5件，其中查封1件，移送公安机关4件。

（市生态环保局　王　飞　龙立演）

【城乡生活垃圾治理】 2021年，铜仁市建立城乡生活垃圾无害化处理率统计、调度、在线监测机制，加强全省生活垃圾在线计量系统设备运行管理维护。收运处置生活垃圾67.38万吨，中心城区生活垃圾无害化处理率95%以上，各县城区生活垃圾无害化处理率90%、城乡生活垃圾无害化处理率80%。

（市城市综合执法局　柳　轩）

【建筑施工扬尘治理】 2021年，铜仁市印发《铜仁市2021年城镇建筑施工扬尘专项治理工作方案》《铜仁市建筑施工领域生态环境问题集中排查整治实施方案》《关于开展2021年秋冬季节铜仁中心城区扬尘治理联合整治的通知》《关于加强建筑施工扬尘治理的紧急通知》等文件。开展扬尘治理专项检查970次，检查工地989个次，出动人员2249人次，发现并督促整改违法行为229条，责令停工整改139个次。

（市住建局　黄海迪）

环境监管

【概况】 2021年，铜仁市生态环保局运用“三三制”工作法，开展化工、涉重金属、持久性有机污染物、自然保护区等行业领域突出问题从严排查整治专项行动，出动执法人员8364人次，检查企业3400家次，发现问题企业134家，问题140个，完成整改136个，4个问题正按时序整改。开展打击危险废物环境违法行为专项行动，印发《铜仁市严厉打击危险废物环境违法犯罪行为实施方案》《铜仁市打击环境违法犯罪“利剑2021—2025”专项行动工作实施方案》《2021年铜仁市涉锰企业专项执法检查工作方案》，开展汞、锰重金属行业交叉执法检查，出动执法人员4996人次，排查企业2180家次，立案查处涉汞企业3家罚款41万元、涉锰企业41家罚款673万元，依法移送行政拘留案件5件行政拘留6人，移送涉嫌环境污染犯罪案件4件。推进跨区域流域生态环境联合执法行动，与重庆市、遵义市开展联合执法行动2次。落实“双随机、一公开”执法手段，规范“三项制度”，依法对1102家次排污单位进行“双随机、一公开”抽查，抽查公示率100%。一般行政处罚案件305件，处罚金额2851万元，办理案件数及罚款金额均居全省前列。申请人民法院强制执行案件4件。办理环保法配套办法五类案件38起，其中查封扣押18件，限产停产4件，移送拘留案件12件行政拘留14人，涉嫌污染犯罪移送公安机关4件，案件数同比增长31%。无行政复议、行政诉讼败诉案件。重点污染源在线监控传输率、传输有效率均为99.82%。

（市生态环保局　王　飞）

【排污许可】 2021年,铜仁市制定实施《铜仁市环评与排污许可监管行动计划(2021—2023年)》《铜仁市生态环境局2021年度环评与排污许可监管工作方案》,核发排污许可证206个,排污许可登记404个,审核排污许可执行报告439个。印发《铜仁市生态环境局关于开展2021年(上半年)建设项目环境保护联合大执法大检查工作的通知》,对排污许可重点管理项目开展联合执法检查。

【固体废物与化学品环境管理】 2021年,铜仁市制定实施《铜仁市危险废物专项整治三年行动2021年集中攻坚工作计划》《铜仁市规范废铅蓄电池回收处置工作方案》,完成2021年全市危险废物规范化管理评估,收集、处置医疗废物2928.7吨。

【辐射安全监管】 2021年,铜仁市开展核技术利用单位安全隐患排查和专项执法检查,出动检查人员1212人次,检查核技术利用单位497家次,行政处罚2家,处罚金额30.82万元,约谈企业12家次。

【船舶污染监管】 2021年,市生态环保局推进防污设施建设。全市56座码头配套建成环保公厕15座,污水收集趸船3艘,污水收集船6艘;建设生活垃圾处理设施90个、生活污水处理设施40个、油污水处理设施12套、告示牌57块。督促水运企业启用《船舶水污染联合监管与服务信息系统》,船E型系统注册作业单位16家。

【环境信访】 2021年,铜仁市制定实施《铜仁市生态环境违法行为举报奖励实施细则(暂行)》《铜仁市生态环境局环境信访投诉举报工作实施方案》,将“12369”环保举报热线并入市“12345”政务服务便民热线,及时解决群众反映环保热难点问题。受理办理群众生态环境信访投诉241件(含省厅转办件),办结240件,办结率99.5%。

【环境执法】 2021年,铜仁市生态环保局完成梵净山、锦江、乌江等重点生态功能区保护,开展“绿盾”自然保护地强化监督和自然保护地、重大项目交叉联合执法检查,开展跨省市区域流域异地交叉联合执法行动,牵头组织与遵义市、重庆市生态环境部门联合开展跨区域跨流域联合执法行动2次。出动执法人员8364人次,排查企业3400家次,查处一般行政处罚案件305件,处罚金额2851万余元。申请人民法院强制执行案件4件;办理环保法配套办法五类案件38起,其中查封扣押18件,限产停产4件,移送行政拘留案件12件,行政拘留14人,涉嫌环境犯罪移送公安4件;全年无行政复议、行政诉讼被撤销和败诉案件。

【生态损害赔偿】 2021年,铜仁市印发《关于加强生态环境损害赔偿与生态环境公益诉讼衔接的实施意见》《关于指定市生态环境局等有关部门代表市人民政府行使生态环境损害赔偿权利人权利有关事项的通知》,实施生态环境损害赔偿案件概括授权制度,办理生态环境损害赔偿案件2起。

【院外医疗废弃物处置监督】 2021年,铜仁市开展医疗卫生机构和医疗废物集中处置机构专项监督检查,出动执法人员1731人次,检查670家次。

(市生态环保局　王　飞　龙立演)

科学技术

综 述

【概况】 2021年，铜仁市全社会研究与试验发展(R&D)经费投入9.55亿元，投入强度0.58%；争取省级以上科技项目资金5874万元；完成技术合同交易23.27亿元，同比增长13%；实现科技服务业营业收入15796.8万元，科技服务业劳动者工资4903.3万元；实现高新技术产业产值222.69亿元，增速全省第一；获2020年度贵州省科学技术奖8项，其中“新型乙炔氢氯化均相络合催化剂绿色制造新技术”项目获省级技术发明一等奖；推动“电解锰渣无害化处理与资源化利用技术榜单”列入省科技厅“揭榜挂帅”发榜内容，“低品位碳酸锰矿锰渣全过程控制与资源化利用技术”列入科技部国家“十四五”重点研发计划；推动国家火炬铜仁锰产业特色产业基地通过复核；推动铜仁国家农业科技园区以“达标”的成绩通过科技部评估，在贵州省3家国家农业科技园区中排名第一；铜仁市科学技术局、铜仁市职业技术学院、铜仁市科技情报所参与2021年全国科技活动周活动，获科技部表彰。

【科技政策支持】 2021年5月20日，铜仁市印发《关于赋予科研机构和科研人员更大自主权实现高质量发展有关支持措施》，健全科技成果转化收入分配的激励机制，明确创新主体可在收益中提取70%用于奖励科技团队；支持高校、科研院所等科技人才离岗创新创业，离岗3年内，由原单位保留人事关系；设立市级科技成果转化引导资金，对带项目、带成果到铜仁创业人才和团队，可以参股方式给予100万元支持；对承担国家、省级重大科技专项的高层次人才，由市级科研经费按项目最高不超过100万元予以补助。

【高新技术产业】 2021年，铜仁市落实国家和省、市鼓励企业创新的各项优惠政策，强化对企业创新政策支持，加大对高新技术企业培育力度，邀请省科技厅到铜仁市召开高新技术企业专场指导培训会1次。有入库科技型中小企业36家，组织申报高新技术企业32家，获得认定11家。有高新技术企业45家，实现高新技术产业产值222.69亿元，增速居全省第一。副市长闫晓青率队到科技部对接国家高新区创建工作，市科技局先后前往苏州市、昆山市、东莞市、揭阳市、怀化市、湘西土家族苗族自治州等地考察调研10多次。申创文件上报省政府，《铜仁市高新技术产业开发区整合提升方案》上报省科技厅。国家火炬铜仁锰产业特色产业基地通过国家火炬中心复核。

（市科技局 罗 凯）

科技平台

【科研平台建设】 2021年，铜仁国家农业科技园区以“达标”的成绩通过科技部评估，在贵州省3家国家农业科技园区中排名第一；6个省级农业科技示范园区通过省级中级评估。依托玉屏油茶工程技术研究中心项目建成油茶产业技术研发实验室、油茶研发博士工作站和油茶试验基地；以同德药业为主体，推进贵州省中药饮片炮制工程研究中心建设。

【产学研合作】 2021年，铜仁学院和中伟新材料股份有限公司(以下简称“中伟”)创新“校聘企用”合作模式，由铜仁学院提供事业编制身份和基础工资，中伟提供超绩效奖励，组建高层次研发团队，共同引进高层次(博士及以上)人才或人才团队、申报省级锰系新型功能材料重点实验室等科研平台、孵化前瞻性基础性研究成果、培养材料与化工专业人才。同德药业、江苏省中医院、贵州中医药大学、贵州大学、铜仁职业技术学院合作筹建铜仁市中医药大健康研究院，推动全市中医药产业发展。

【铜仁国家农业科技园区通过科技部评估】 2021年12月6日，科技部农村司对2021年国家农业科技园区综合评估结果进行公示，贵州铜仁国家农业科技园区(以下简称“园区”)通过科技部评估。园区按照“园区景观化、农旅一体化”的发展思路，打造农村产业融合发展平台载体。推进农村产业革命，推动农村一、二、三产业融合和产城产镇产村融合，推进农业现代化，带动乡村振兴。截至12月，园区拥有省级农业产业化龙头企业128家，园区各类经营主体424家；搭建国家、省、市创新平台49个，其中院士工作站7个、工程技术研究中心13个、农业科技创新创业平台23个；与中国农科院、中科院昆明分院、中贵州农科院、大连民族大学、铜仁学院等省内外高校科研院所建立合作关系。

【油茶产业技术研发实验室】 贵州省油茶工程技术研究中心(以下简称“中心”)是2018年由贵州省科技厅立项的科技平台及人才团队计划，是专门从事油茶及油茶林下经济科学技术研究单位，开展油茶高产高效培育技术、低产林改造技术、林下种养殖模式等研究，提高油茶林经济效益。中心深化油茶良种繁育与推广应用，在全省油茶基地建设中推广贵州省林科院等单位选育的黔玉1号等11个油茶良种。中心主要依托大连民族大学科研团队开展油茶专项研究，团队有博士4人、高级职称4人、其他技术人员10人。长期与大连民族大学、铜仁职业技术学院及贵州黔玉油茶开发有限公司合作。中心承担油茶科技研究项目10余项，主持或参与编制标准20余项，在油茶科技成果转化与推广应用、林下经济、标准化建设与服务方面有丰富经验。

【贵州省中药饮片炮制工程研究中心建设】 贵州省中药饮片炮制工程研究中心（以下简称“研究中心”）是以南京中医药大学附属医院（江苏省中医院）、贵州大学、贵州中医药大学、贵州医科大学、铜仁学院、铜仁职院等为技术支撑，融合产业需求，集聚技术、人才、政策、资金等科技创新资源，强化技术创新和研发服务，促进科技成果转移转化，发展成为技术创新、成果转化、科技服务、人才培育于一体的新型研发机构。研究中心建设面积1.5万平方米，包括净制、切制、润制、干燥、炙制等功能实验室和中药饮片中试生产线。开展产地初加工与中药饮片炮制一体化技术、中药饮片炮制技术、现代化生产设备、中药材及中药饮片储存养护技术、中药材及中药饮片质量标准等研究。建成占地14.67公顷的饮片加工厂1座，建成生产车间、原材料仓、实验楼以及办公楼2.5万平方米，年加工中药饮片能力2000吨，主要采购中药材原料有黄精、天麻、杜仲、西洋参、山药、山楂、枸杞、太子参等品种，年采购贵州省内各类中药材原料800余吨。有182个品规，其中普通饮片有酒黄精、盐杜仲、天麻片等118个，精制中药饮片46个，保健食品有归元枣、圣黄精等4个，保健用品有上工交泰沐足汤、上工香囊枕等3个。中心正在开发保健食品及中药饮片，获《一种僵蚕伪品的定性定量标志物及其检测方法》等4项发明专利。

（市科技局　罗　凯）

科技项目

【科技项目建设】 2021年，铜仁市申报省级以上科技项目272项，获批省级以上科技项目81项、5874万元，分别较2020年增长12.5%、13.4%；实施市级科技项目110项，支持资金900万元，其中农业类重大专项5项、工业类重大专项7项、科技支撑计划（成果转化）项目20项、博士人才专项3项、科技平台类5项、基础研究类40项、科技特派员示范推广项目19项、对外合作项目6项、高企培育、乡村振兴等项目5项。获批国家级涉锰项目立项1项、省级立项2项，其中省科技厅专门对“电解锰渣无害化处理与资源化利用技术榜单”项目，给予2000万元资金支持；培育涉锰科技型龙头企业5家，新增锰资源高效利用等省工程技术研究中心、实验室2个；联合市工信局、贵州大学，共同打造锰产业高质量发展科技平台，遴选“松桃低品位碳酸锰矿制备高纯四氧化三锰关键技术研究”等项目给予支持；联合中南大学，开展锰渣无害化及资源利用中试项目7个，投入运行2个。

表41　2021年铜仁市科技成果获奖情况一览表

项目名称	获奖类别	获奖等级	获奖单位
锂离子电池正极材料前驱体绿色制造关键技术及产业化	贵州省科学技术进步奖	二等奖	中伟新材料股份有限公司 贵州理工学院 贵州大龙汇成新材料有限公司 贵州大学 贵州中伟资源循环产业发展有限公司
肉牛产业关键技术研发与应用	贵州省科学技术进步奖	三等奖	铜仁职业技术学院 贵州梵净山生态农业股份有限公司 铜仁市畜牧技术推广站
贵州白山羊种质资源评价与优异基因挖掘利用	贵州省科学技术进步奖	三等奖	贵州大学 铜仁市畜牧技术推广站 沿河自治县畜牧技术推广站
贵州地方名优茶高效种植技术集成与品质提升示范	贵州省科学技术进步奖	三等奖	贵州科学院 遵义市种植业发展服务中心 铜仁市现代农业产业发展招商服务中心
梵净山中草药资源物种多样性及保护利用	贵州省科学技术进步奖	三等奖	铜仁学院 贵州梵净山国家级自然保护区管理局
超厚类金刚石薄膜界面调控及其表面防护机制研究	贵州省自然科学奖	三等奖	铜仁学院 中国科学院兰州化学物理研究所
金刚石大单晶的合成与电输运性能调控研究	贵州省自然科学奖	三等奖	铜仁学院 河南理工大学

【成果转化与运用】 2021年，铜仁市引导科技成果对接特色产业需求转移转化，组织申报省级科技成果转化项目23项，立项支持9项、408万元；完成技术合同登记320件，合同成交总金额23.27亿元，同比增长13%；贵州省梵天菌业与华南理工大学签订2项转化技术，参与省级科研院所实施重大专项3项，实施成果转化项目4个；推广玉木耳品种种植技术，建设生态智慧大棚示范种植160万棒，实现产量80吨，带动就业230余人；转化“绣球菌智能化生产技术研发与示范推广”成果项目，在省内示范推广绣球菌种植10万余棒，实现绣球菌新增产量44.3吨，新增产值1215.4万元。

（市科技局　罗　凯）

科技普及

【科技技术服务】 2021年，铜仁市新认定省级科技特派员211人，党员占比61.6%，主持及参与申报科技项目67项，申报科技资金6231万元，占申报项目数的60%；累计开展现场技术咨询服务活动12145次，培训47814人次，实际解决技术问题6419个，推广956项新技术示范和984个新品种种植示范，帮扶及协助创办企业（合作社）1907个，培养致富带头人1382户。

【科普工作】 2021年，铜仁市开展新时代科技文化卫生“三下乡”和新时代农村精神文明建设活动、科技活动周、志愿服务等活动，宣传科学技术、防灾减灾、节能减排、疫情防控等科普知识信息，市科学技术局、铜仁市职业技术学院、市科技情报所在2021年全国科技活动周中的表现获科技部表彰。开展全国优秀科普作品推荐及科普讲解活动，由铜仁学院杨传东和石磊主编的《梵净山常见木本植物》，经市科技局推荐，作为贵州省7项优秀科普作品拟推荐参加全国优秀科普作品评选。

【科技活动周活动】 2021年5月22日，“2021年铜仁市科技活动周”启动仪式在锦江广场举行，市直35个部门、碧江区、万山区等相关部门200余人参加启动仪式。科技活动周以“百年回望：中国共产党领导科技发展”为主题，回顾党领导下铜仁市科技发展历程，感受科技创新成果给群众生活带来的巨大变化。市科协向全市人民及科技工作者发出倡议：大家要紧密团结在以习近平同志为核心的党中央周围，牢记殷切嘱托、忠诚干净担当、喜迎建党百年，拿出“真抓实干、埋头苦干”的干劲，大力弘扬创新精神，做先进思想的实践者、创新驱动发展的推动者、先进科学文化的引领者、科学知识的传播者。科技活动周期间还开展科技助力乡村振兴、科技下乡、科普进社区、科普进校园等系列科普惠民活动，组织科技工作者和科普工作者，到田间地头、厂矿企业、社区农村、中小学校开展为民科普服务活动，让科技走进千家万户，让创新成果惠及百姓。

（市科技局　罗　凯）

5月22日，2021年铜仁市科技活动周启动仪式在锦江广场举行（市科技局　供图）

水文资源勘测研究

【概况】 2021年，铜仁市水文局管辖水文站41站（基本站8站、中小河流站29站、专用站4站），水位站33站（基本站1站、中小河流站32站），雨量站203站，墒情站55站（4个固定监测站和51个移动监测站），地下水监测站6站（含5个水位站和1个水文站），水质监测断面48处（国家级18处，省级25处，市州界5处）。

【站网测验（建设）】 2021年，铜仁市完成74个水文（位）站、203个雨量站、55个墒情站、国控地下水（一、二期）42站点的仪器设备维护、数据采集、水毁修复工作。完成2020年基本水文（位）站、沿河生态站、市州界断面等14个监测站、203个雨量站审查及复审、61个中小河流水文（位）站水文资料审查以及2021年基本水文（位）站、沿河生态站、市州界断面等14站定线及审查工作。完成市（州）界断面水质、水量监测、省界断面水位、水量月统计成果。完成新技术应用示范水文站创建申报。完成基本水文站提档升级项目（一期）2个基本水文站（印江站、松桃站）实施方案编制、招标、开工建设等工作。所辖玉屏（崇滩）、茅溪两个水文站资料在全省2021年水文资料整编及复审中被评为全省“甲等”。

【水情与水资源评价】 2021年，铜仁市发布《铜仁市2021年中长期雨水情趋势预测》，编制《铜仁市2020年水情年报》《2020年度铜仁市水资源水土保持公报》。完成38个中小河流水文（位）站防汛特征水位修订、修编1个基本水文站防汛特征水位并获省水文局批复。发布洪水预报35站次，编写水情快报24期、水情简报14期，发布实时水情信息173条，编写墒情简报1期，向省水情中心发送4611余万条雨水情信息。

【水环境监测】 2021年，铜仁市完成18个全国重要水功能区、29个省级水功能区、5个市州界监测断面336个水质样品的采集与检测工作。在原有项目基础上完成26项扩项，铜仁分中心成为全省各水环境监测分中心监测项目最多的分中心。完成对外水质检测服务样品检测130余个，出具检测报告123份。3月在“全省2020年水质监测资料整编评比”中获“优秀单位”称号。在省水文局主办的“助推绿色发展　建设美丽贵州”水文勘测、水质监测技能大赛中获水质监测项目组团体二等奖，两名参赛人员分别获水质监测项目组个人二等奖和个人三等奖。

【水文信息数据支持】 2021年，铜仁市完成铜仁市辖区内国家水资源监控能力建设项目40个取用水点证户关系核查及监控计量比测工作。配合市河长制办公室审议车坝河、六池河、石阡河、小江、印江河五条市管河流河湖健康评价的试点工作。受水利部委托，完成清水塘、龙升、崇滩、印江地下水监测站的水质监测任务。对梵净山内及周边区域11条河流的37个横断面、10个纵断面开展野外测量，用于梵管委监测梵净山区域的河流断面变化情况，编制2021年度《梵净山河流断面变化成果报告》。为铜仁市锦江投资有限公司、碧江区交通局、大龙经济开发区、松桃自治县、石阡县等提供项目落地所需的水文资料。

【突发事件应急监测演练】 2021年，铜仁市制定《2021年水文应急监测及安全生产演练方案》，成立安全应急监测演练指挥部。4月30日，在玉屏崇滩水文站开展2021年度水文应急监测暨安全生产演练。演练模拟舞水水位上涨和崇滩水文站发生超标准洪水，水文应急监测队采用无人机、遥控船等先进仪器设备和不同的监测方式，开展测洪抢险救灾工作，确保在发生突发事件时能保证监测设备安全及职工的生命安全。

【智能化建设】 2021年，市水文局联合中国联通铜仁分公司相关网络通信专家和昆明理工大学自动化方面相关专家组成科技研发团队，以清水塘水文站和铜仁水位站为试点，开展“水文远程测控系统在基于5G背景的铜仁模式”的创新研发工作，为贵州水文5G工业应用先行先试和铜仁水文全方位高质量发展做探索。

（市水文局　张　玲）

科技管理

【科技机制体制改革】 2021年，铜仁市印发《关于印发〈科技创新引领经济社会高质量发展的若干措施〉的通知》，提出要实施重点领域核心技术攻关、企业创新主体培育、协同创新能力提升、科技创新平台提质增效、科技成果转移转化、全社会研发投入增长、科技创新生态优化等“七大行动”。提出各区（县）科技管理部门体制改革计划。对新认定的国家级、省级、市级重点实验室、技术创新中心、工程技术（研究）中心等创新平台，市级分别给予100万元、50万元、10万元补助。

【科技人才培养与储备】 2021年，铜仁市制定科技领域重点人才五年倍增行动计划，分类推进其他类社会事业人才队伍建设。引进高层次创新创业重点人才1人，培育其他社会事业人才100人。立项博士人才项目3个30万元，培育在铜博士。立项支持铜仁干细胞工程技术研究中心、铜仁市食药用菌菌种繁育重点实验室、产学研合作平台等人才平台建设6个，支持经费40万元。推广“揭榜挂帅”机制，在第九届人博会上发布“揭榜挂帅”项目10个。实施“苏铜情·共圆科技兴农梦”揭榜比拼6个项目，柔性引进市外7支科研团队帮助解决黄精、天麻、红薯等产业发展的技术难题。获第十六届贵州省青年科技奖1人，入选贵州省第十三批优秀青年科技人才1人。

【科技对外合作与交流】 2021年，铜仁市继续实施“苏铜情·共圆科技兴农梦”揭榜比拼大赛中揭榜合作项目，根据第一期评估结果拨付第二批资金；签订《东莞·铜仁科技合作协议》，互派2名干部；与松山湖材料实验室签订《科技合作协议》，将合作纳入黔粤协作工作清单，推动松山湖材料实验室在铜仁建立离岸研发中心相关工作；推动贵州百斯特新能源材料有限公司与广东嘉尚新能源有限公司合作，嘉尚公司投资2400万元入股百斯特并取得控股权，与大龙开发区签订年产25万吨锂离子电池正极材料项目框架协议，项目总投资超过20亿元，2021年到位资金4900万元。

（市科技局　罗　凯）

教育

综 述

【概况】 2021年,铜仁市有各级各类学校2279所,其中幼儿园828所,小学1164所(完全小学719所,教学点445个),初级中学210所,特殊教育学校7所,高(完)中45所,专门学校2所,中等职业学校18所(中等职业技术学校14所,附设中职班4所),普通高校5所。

有各级各类在校(园)学生870435人,比2020年减少10553人。其中,学前教育学生144330人,小学生340241人,初中生167448人,高中生116253人,专门学校学生192人,特殊教育学校学生1017人,中职学生37351人,普通高校学生63603人。义务教育阶段辍学人口实现动态清零。

有各类教职工74658人,专任教师57530人。其中幼儿园教职工16950人,专任教师9334人;小学教职工25053人,专任教师20909人;初中教职工17368人,专任教师14675人;高(完)中教职工9762人,专任教师8120人;特殊教育学校教职工225人,专任教师192人;专门学校教师58人,专任教师35人;中职教职工1890人,专任教师1753人。高校教职工3352人,专任教师2512人。

【教育领域综合改革】 2021年,铜仁市印发《铜仁市落实"双减"工作二十条(试行)》等文件,全市乡镇中心小学以上的义务教育阶段学校均开展课后延时服务,压减义务教育阶段学科类校外培训机构130所,压减率90.9%。印发《铜仁市关于深化新时代教育督导体制机制改革的实施方案》,从深化教育督导管理体制、运行机制、结果运用、督学聘用和管理、督导保障机制等方面提出改革措施19项。开展"禁止公办普通高中招收复读生""禁止民办普通高中、中职学校有偿招生"专项治理,清退违规招收学生2000余人。

【教师队伍建设】 2021年,铜仁市幼儿园和中小学新增正高级教师14人。印发《铜仁市师德师风建设实施方案》,建立师德师风负面清单,作为教师绩效考核、职称评聘、评先选优的首要条件。补充薄弱学科和紧缺学科教师,优化城乡师资资源,招聘特岗教师801名。印江自治县成为全省强师工程首个试点县,在印江召开全省强师工程印江试点启动会。开展"三名"活动300余次,市级培养培训教师1.73万人。新增93个市级"三名"工作室和市级"三名"人员108名。新增68个省级骨干教师,新增17个"黔灵"名师,首次选拔黔东首席名师培养对象76名。倡导全社会尊敬老师,召开第三十七个教师节表彰大会,表彰教育系统先进集体60个、先进个人150名。

【教育科研】 2021年,铜仁市开展高考一轮复习、高一新课程研讨活动,举办讲座81场次,上示范课90节,培训教师3000余人;开展学科研讨活动100余次,承办省级教研活动3次,参加省级优质课活动获奖31名,其中一等奖8名;申报立项省级课题19个(含重点课题1个),获省级优秀教研成果奖10个,市级课题立项182个。

【教育交流合作】 2021年,铜仁市与广东省东莞市建立东西部教育协作新关系,两市共同打造示范学校16所,建立莞铜职教协作中心,铜仁市53所学校与东莞市学校建立"一对一"对口协作关系。选派教育人事、基础教育、民办教育、职业教育、招生考试等管理干部263人到东莞培训,其中一个月以上的59人。铜仁一中和铜仁八中与泰国的中学建立更深的合作关系。

【学生资助管理】 2021年,铜仁市按照"不让一个学生因家庭经济困难而失学"的总目标,落实国家、省从学前教育到高等教育"立体式多元化"的"奖、贷、助、补、减、免、食"政策。资助学生128.75万人次,兑现和发放资金12.83亿元。其中春季学期资助学生40.56万人次,兑现和发放资金约2.95亿元;秋季学期资助学生约43.75万人次,兑现和发放资助约6.32亿元;实施学前和义教营养改善计划44.44万人,投入资金约3.56亿元。

【校园德育工程】 2021年,铜仁市组织各学校上好"开学第一课",开展"从小学党史,永远跟党走"主题教育活动,在中小学开展"同心向党、同学四史"征文大赛、"童心向党、书声琅琅"经典诵读比赛、"青春跟党走·建功新时代"主题征文等活动。制定《铜仁市中小学思政课一体化建设工作方案》,探索构建思政课一体化建设体系。督促指导乡镇以上中小学校建立家长学校,依托学校及社会资源,开展家庭教育知识培训讲座,建立家长接受教育工作机制,形成学校、家庭、社会三位一体育人体系。推进中小学"一校一章程、一校一特色"建设,常态化开展"学宪法、讲宪法"等系列活动,市教育局获全国普法工作先进单位。印发《关于贯彻落实全面加强新时代大中小学劳动教育实施方案的通知》,制定《铜仁市中小学劳动教育指导手册(试行)》,明确中小学劳动教育的教学目标、课时安排、主要劳动实践活动、劳动教育过程组织与指导及考核评价办法等内容。

【校园安全】 2021年,铜仁市建立

11 月 25 日，铜仁市逸群小学开展“中华优秀传统文化传承工程”研学活动（唐亚玲 摄影）

学校安全四级网格化管理工作机制和学校安全管理督促指导常态化工作机制，定期发布风险提示，落实“零报告”“日报告”制度。事故起数和死亡人数同比下降 50% 以上。

【教学设备升级】 2021 年，铜仁市强化全市中小学教学设备配备和更新换代，投入资金 2931.23 万元采购班班通设备 1085 台，投入 758.95 万元采购教师和学生用计算机 1599 台，投入 35.83 万元配备多功能打印机 141 台，实施“阳光校园·智慧教育”项目配备信息化相关设备投入资金 407.56 万元，实验室教学仪器设备采购金额 220.37 万元，图书室设备和图书采购金额 91.45 万元，录播室建设投入金额 233.09 万元，书法教室设备采购金额 60 万元。

【线上教育平台建设】 2021 年，铜仁市推进国家和省级教育资源公共服务平台在全市中小学师生中的应用，推送 70 节“基础教育精品课”到省级教育资源公共服务平台，贵州省思南中学、松桃民族寄宿中学等 5 所学校申报为贵州省教育资源公共服务平台资源规模化应用试点学校，松桃自治县申报为试点区县。铜仁一中初级中学和沿河第三中学申报为中央电化教育馆智能研修平台应用试点学校。开展中小学教师微课大赛和网络学习空间评比活动，在贵州省教师教学技能大赛—第四届中小学教师微课应用暨竞赛活动中获省级一等奖 24 项、二等奖 116 项、三等奖 156 项；在贵州省 2021 年学生信息素养提升实践活动中，获省级一等奖 1 项、二等奖 5 项、三等奖 18 项。推进东莞—铜仁东西部教育协作教育信息化项目，争取到东莞市教育资源应用平台免费向铜仁市中小学教师开放，为铜仁市义务教育阶段 1151 所中小学开通教师应用账号。

【办学条件改善】 2021 年，铜仁市获各类教育工程项目专项资金 9.77 亿元，建设项目学校 597 所，建设面积 94.42 万平方米，购置设备 42.83 万台（件 / 套 / 册），项目建成后新增学位 28115 个，新增寄宿制床位 1440 个。其中学前教育 3.64 亿元，建设项目学校 139 所，建设面积 23.07 万平方米，购置设备 16.89 万台（件 / 套 / 册），新增学位 10140 个；义务教育 4.91 亿元，建设项目学校 419 所，建设面积 57.03 万平方米，购置设备 17.09 万台（件 / 套 / 册），新增学位 15575 个；普通高中 1.22 亿元，建设项目学校 39 所，建设面积 14.32 万平方米，购置设备 8.85 万台（件 / 套 / 册），新增学位 2400 个，新增寄宿制床位 1440 个。

【教育督导】 2021 年，铜仁市对玉屏自治县学前教育普及普惠发展申报省督导评估和国家督导评估认定开展过程督导和市级初核，对政府教育履职、“控辍保学”、“双减”、“五项管理”、校园安全管理、疫情和传染病防控、学前教育普及普惠、教育惩戒、劳动教育、教育保障、公办幼儿园收费权力下放、生均公用经费财政拨款落实及保教费使用等重点工作开展全覆盖的督导检查；对公办在园儿童占比、普惠性幼儿园覆盖率、学前教育三年毛入园率、义务教育阶段适龄儿童、少年入学率，小学六年巩固率，初中三年巩固率，九年义务教育巩固率，三残儿童少年入学率、高中阶段毛入学率、初中毕业生升学率等相关指标发展情况进行跟踪监测。

（市教育局 孙启洪）

学前教育

【概况】 2021 年，铜仁市印发《铜仁市扩大主城区公办学前教育资源工作方案（2021—2023 年）》，投入资金 1.93 亿元（中央和省级资金 9584 万元）新建、改扩建公办幼儿园项目 30 个，新增公办学位 3000 余个，其中主城区新增公办学位 1620 个。全市学前教育三年毛入园率 96.39%，公办园在园儿童占比 58.22%，普惠性幼儿园覆盖率 96.68%，三项指标均超省下达目标。5 月 25 日，全省农村学前教育集团化办园资源中心建设工作现场观摩培训会在铜仁召开。

【普惠性民办幼儿园建设】 2021年，铜仁市新评估认定普惠性民办幼儿园42所，复评61所，新增普惠性民办幼儿园学位1万余个，发放市级奖补资金138万元。有普惠性民办幼儿园281所，普惠性民办幼儿园学位数5.45万个。

【示范幼儿园建设】 2021年，铜仁市加强示范园创建指导，投入113万元市级资金用于示范园创设奖补，新增省级示范园1所(松桃自治县实验幼儿园)，3所幼儿园通过省级示范幼儿园复查评估，3所幼儿园通过省级示范幼儿园第一次评估，4所幼儿园通过省级示范幼儿园市级初评。新增市级示范幼儿园12所。现有省级示范幼儿园6所，市级示范幼儿园69所，县级示范幼儿园191所，90%的乡镇有县级及以上示范幼儿园。

【幼儿园办学管理】 2021年，铜仁市继续实施城镇小区配套幼儿园治理，13所治理任务主体工作完工，7所投入使用。截至12月，投入治理经费3.97亿元，需治理的80所幼儿园(需移交39所，需新建41所)中完成治理78所，53所投入使用(公办幼儿园37所)，治理完成率97.5%，竣工验收率95.1%。推进学前教育集团化管理，幼教集团增加到58个，覆盖所有公办园和普惠性民办园。强化民办幼儿园的规范管理，建立完善民办幼儿园准入及退出机制，定期对民办园行为进行督导评估和年审，坚持对无证园进行治理，实现无证园动态清零。定期开展小学化治理“回头看”、幼儿园办园行为督导评估等工作，幼儿园小学化现象得到遏制，所有小学均能零起点教学。开展幼儿园收费管理专项督查，未发现问题。指导各区县制定并落实幼儿园备案和公示制度，开学前定期向社会公布。规范招生等办园行为，严禁“打招呼、写条子”入园。

(市教育局　孙启洪)

义务教育

【概况】 2021年，铜仁市制定《铜仁市实施义务教育阶段公办强校计划工作方案》，创建优质义务教育公办学校50所。促进义务教育均衡发展，遴选玉屏自治县为推进义务教育优质均衡发展试点县。落实义务教育划片招生、就近入学规定和小升初整班移交政策，规范义务教育学校招生行为。印发《铜仁市化解主城区义务教育大班额实施方案》，明确主城区学校大班额化解的目标任务和工作措施，建立城镇学校大班额化解动态监测机制，了解小学、初中起始年级招生入学情况。完善控辍保学联动机制和动态监测机制，印发铜仁市义务教育控辍保学工作流程图，适龄儿童少年辍学失学保持动态清零，义务教育巩固率96.5%以上。举办全市第七届中小学艺术展演活动，评选出一等奖64名、二等奖97名、三等奖159名，指导教师奖337名，优秀组织奖5个。参加全省中小学生游泳锦标赛获金牌4枚，银牌3枚，铜牌6枚，其中小学组女队获得全省小学年龄组团体冠军。参加全省第三届校园足球特色学校(高中)足球教学现场展示观摩活动、2021年全省青少年校园足球小学男子精英训练营竞赛活动、2021年全省学生乐团展演活动，承办全省校园篮球教练员及裁判员培训班。

【“双减”政策落实】 2021年，铜仁市落实“双减”政策，加强中小学“五项管理”，开展“5+2”课后延时服务，减轻学生课业负担，提高作业设计和课堂教学质量，丰富学校社团活动的形式和内容，促进学生快乐学习和健康成长。提高作业管理水平，参加省级开展“双减”业务培训，督促指导区县教育局组织义务教育学校进行全覆盖培训，确保义务教育阶段所有校长、师长熟知“双减”政策。各区(县)教育局和义务教育学校结合实际开展作业设计研究、制定学科作业设计指南、开展优质作业展示交流、举办作业设计大赛等活动，提升教师作业设计水平。

(市教育局　孙启洪)

【中小学艺术活动】 2021年，铜仁市举办全市第七届中小学生交响乐(器乐)展演活动，评选出一等奖3名、二等奖7名、三等奖4名，优秀指导教师24名。举办全市第七届中小学艺术展演活动，评选出一等奖64名、二等奖97名、三等奖159名，指导教师奖337名、优秀组织奖5个。

(市文体广电旅游局　罗　靖
市教育局　孙启洪)

【少年儿童心理健康干预】 2021年，铜仁市健全心理健康筛查预警机制和矫正机制，将心理健康教育课纳入中小学校校本课程，评选创建市级优秀咨询室20个，乡镇以上中小学校及较大村级学校心理咨询师资配备率100%。

【青少年近视防控】 2021年，铜仁市将青少年儿童近视防控工作纳入政府绩效考核工作，学校将近视防控知识融入课堂教学、校园文化和学生日常行为规范，加强中小学校医、保健教师和健康教育教师培训，完成100所学校学生近视监测点视力筛查工作。

【社会教育培训机构监管与治理】 2021年，市教育局等13部门印发

《关于铜仁市校外培训机构专项综合治理工作方案》《市教育局、市市场监督管理局关于对校外培训机构利用不公平格式条款侵害消费者权益违法行为开展集中整治的通知》《市教育局关于进一步做好减轻义务教育阶段学生校外培训负担工作的通知》《市教育局关于加强校外培训机构日常监督管理的通知》等文件，压减义务教育阶段学科类校外培训机构（注销＋转型为非学科类校外培训机构）129 所。

（市教育局　孙启洪）

普通高中教育

【概况】 2021 年，铜仁市 46 所普通高中招生录取 38135 人，在校高中生 116253 人，有高（完）中教职工 9762 人，专任教师 8120 人，高中阶段毛入学率 95.59%。推进高考综合改革，实施少数民族加分政策改革。铜仁一中通过省级一类示范性普通高中复查验收，德江二中创建省级示范性普通高中，思南九中和印江一中创建省级特色示范性普通高中接受省评估。4 月 27 日，原国务委员戴秉国到铜仁一中参观校园、看望师生，在校园种杏树 1 棵，并为 2021 届高三（40）班上“传承红色基因、厚植家国情怀”主题班课 1 堂。

【铜仁市“启明班”学子获助学金】 2021 年，铜仁市为帮助家庭经济困难的优秀学生完成高中学业，启明公益基金会在 8 所普通高中设立“启明班”，主要招收家庭经济困难且品学兼优的普通高中学生。3 月，各学校开展“启明班”助学金评选、发放工作，各“启明班”1181 名学生获罗麦科技公司提供的启明助学金 885750 万元。

【《铜中故事（1938—2021）》发布】 2021 年 7 月 1 日，《铜中故事（1938—2021）》完成印制，书中以“诞生烽火岁月、肩负家国使命”开头，以“铜中继响、福润天下”收尾，收集百个铜中故事。

【参加“贵州省青少年机甲大师挑战赛”】 2021 年 7 月 2—4 日，铜仁二中组织学生 15 名参加省共青团主办的 2021 年“贵青杯”贵州省青少年机甲大师挑战赛省决赛。挑战赛有 440 支队伍报名参赛，其中 258 支队伍入围单项赛，96 支队伍入围对抗赛。铜仁二中学生获 18 个省级奖，其中教师周德棕带队的 KFC 全家桶队与教师吴建姣带队的 MT 白羽队分获对抗赛的冠军与季军。

（市教育局　孙启洪）

特殊教育

【概况】 2021 年，铜仁市有特殊教育学校 7 所，特殊教育学校学生 1017 人，特殊教育学校教职工 225 人，专任教师 192 人。完成残疾学生基本情况统计，并进行分类安置，残疾儿童安置率 100%，“三残”儿童入学率 98.34%，残疾人专家委员会在实现区县全覆盖。

【全省国家通用手语教学优秀课案评选观摩交流活动】 2021 年 11 月 23 日，全省国家通用手语教学优秀课案评选观摩交流活动开幕式在铜仁特殊教育学校举行。活动由贵州省语言文字工作委员会、贵州省教育厅主办，铜仁市教育局、贵州省教育学会中小学特殊教育专业委员会协办，铜仁市特殊教育学校承办。

【全市小学特殊教育优质课比赛】 2021 年 5 月 11—14 日，由铜仁市教育局主办的全市小学特殊教育优质课比赛活动在德江县特殊教育学校举办。比赛的类别有听障、视障和智障教育，各特殊教育学校各有 20 名教师参赛，比赛评选出一等奖 6 名、二等奖 10 名、三等奖 4 名。

（市教育局　孙启洪）

中等职业教育

【概况】 2021 年，铜仁市有中等职业学校 17 所（中等职业技术学校 14 所，附设中职部 3 所），有中职学生 37351 人，有中职教职工 1890 人，专任教师 1753 人。评选出 2021 年中等职业学校省级优秀毕业生 178 名、市级优秀毕业生 113 名。

表 42　2021 年铜仁市中等职业学历教育学校一览表

学校名	学校名
贵州健康职业学院中职部	铜仁市数据职业学校
贵州工程职业学院中职部	玉屏县中等职业学校
铜仁市特殊教育学校中职部	松桃县中等职业学校
铜仁市中等职业学校	江口县中等职业学校
铜仁工业学校	石阡县中等职业学校
铜仁市旅游学校	思南县中等职业学校
碧江区中等职业学	印江县中等职业学校
铜仁市交通学校	德江县中等职业学校
沿河县中等职业学校	

【莞铜职业教育协作】 2021年，贵州省铜仁市教育局与广东省东莞市教育局采用“2.5+0.5”的方式推进两市职业教育的发展，即铜仁中职学生在铜仁学习两年半，到莞实习半年，并推荐在东莞市就业。实行“订单式培养”模式，推荐东莞市企业到铜仁市中等职业学校设企业专班，订单班培训人才到东莞企业工作。铜仁市松桃自治县教育局和东莞市机电工程学校、东莞市端品精密电子有限公司签订专班培养协议，联合实施“种子计划”，设立东莞市端品精密电子有限公司订单式培养专班，东莞市机电工程学校每年在松桃自治县招收初中毕业生100人，到东莞市机电工程学校就读，办理东莞学籍，毕业后到东莞市端品精密电子有限公司工作。11月26日，铜仁市职业教育助推乡村振兴专题培训在东莞中小学教师发展中心1号报告厅开班。东莞理工学校向松桃自治县中等职业学校捐赠汽车8台。

【职业教育改革创新】 2021年，铜仁市在全省率先出台《铜仁市实施职业教育改革促进扩容提质创新发展工作方案》，围绕“扩容、提质、改革、创新、发展”构建职业教育高质量发展体系。7月9日，省人民政府办公厅印发《关于对2020年落实有关重大政策措施推动高质量发展真抓实干成效明显地方予以督查奖励的通报》，铜仁市被评为校企合作推进力度大、职业教育发展环境好、服务地方产业发展成果突出、推进职业教育改革成效明显的3个市之一，获奖励资金2000万元。

【职业技能竞赛】 2021年，铜仁市参加2021年贵州省职业院校师生技能大赛暨全国职业院校技能大赛选拔赛，17人获中职组二等奖，23人获三等奖；8人获高职组一等奖，39人获二等奖，62人获三等奖；4人获教师组一等奖，6人获二等奖，14人获三等奖。选拔中职学生参加2021年贵州省职业院校学生田径运动会，获3枚金牌、3枚银牌、7枚铜牌。举办全市第十届职业（技工）院校技能大赛，5所高职院校、14所中职学校、3所技工学校参加，评出中职组一等奖30个，二等奖57个，三等奖87个；高职组一等奖22个，二等奖40个，三等奖60个；教师组一等奖7个，二等奖12个，三等奖20个；优秀组织奖5个。

【铜仁市数据职业学校成立】 2021年5月6日，铜仁市数据职业学校成立。铜仁市数据职业学校是一所由杭州雪子投资控股集团投资10亿元，依托贵州和铜仁大数据产业在万山创办的非营利性民办全日制普通中等职业学校，学制3年，属筹建中的铜仁数据职业学院中职部，开设计算机应用、电子商务、高星级饭店运营与管理、城市轨道交通运营服务、旅游服务与管理5个专业，有专任教师61名，其中硕士研究生11名。截至12月，完成投资3.5亿元，建成校舍10万平方米。学校与铜仁职业技术学院签订合作办学协议，将铜仁职业技术学院10余个专业的1600余名新生迁至铜仁市数据职业学校后，有在校学生近2000人。

（市教育局　孙启洪）

民办教育

【概况】 2021年，铜仁市有民办学校716所（含校外培训机构），其中高职1所、中职1所、高中17所、初中5所、九年一贯制学校11所、小学21所、幼儿园403所、校外培训机构257所。有民办学校在校生125608人，其中高职院校在校生11988人、中职学校在校生151人、高中学校在校生27949人、义务教育阶段学校在校生25132人、幼儿园在园幼儿60388人。

表43　2021年铜仁市民办学校数量一览表

单位：所

区县	幼儿园	小学	九年一贯制学校	初中	高中	职业学校
碧江区	102	3	2	1	2	0
万山区	17	0	1	0	2	1
江口县	10	0	1	0	1	0
玉屏自治县	10	0	0	0	0	0
石阡县	32	2	0	2	1	0
印江自治县	19	0	1	0	1	0
思南县	61	0	0	0	2	0
德江县	39	7	3	1	3	1
沿河自治县	50	9	0	1	2	0
松桃自治县	63	0	3	0	3	0

【民办教育发展】 2021年，市政府印发《铜仁市支持和规范社会力量兴办教育促进民办教育健康发展实施方案》，从民办学校的申请设立、审批过程、扶持要求到后期管理做出明确的规定。印发《铜仁市教育局关于规范民办高中学校招生宣传工作的通知》，要求民办普通高中实行网络招生宣传，学校招生简章报市、县教育局备案。6月18日，通过市教育局官网及“铜仁市高中阶段学校招生考试管理系统”向社会集中发布备案后的民办普通高中招生简章。9月，印发《市教育局关于开展民办学校规范办学行为及违规收费自查工作的紧急通知》，对民办教育机构违规收费、违规补课、违规招生、违规征订使用教材教辅资料和读本、违规开办兴趣班、违规调整作息时间等突出问题进行排查。市县两级教育主管部门以年检方式对民办学校进行规范，年检民办学校654所，其中民办高中16所，民办义务教育阶段学校35所，民办幼儿园394所，校外培训机构209所。年检结果为优秀42所，合格523所，基本合格9所，不合格21所，新设立不足半年免检59所。规范民办幼儿园的管理，定期开展无证园排查，打击无证办学行为；规范普惠性民办幼儿园的管理，印发《铜仁市教育局关于开展2021年普惠性民办幼儿园认定（复评）工作的通知》，新评估认定普惠性民办幼儿园42所，复评61所，截至12月，有普惠性民办幼儿园281所。组织各区县民办教育管理者、各民办中小学（幼儿园）校（园）长31人到东莞考察学习。争取省市民办教育发展专项资金364.6万元用于专项奖补教学效果好、社会认可高、基本办学条件达标的28所非营利性民办学校。

表44　2021年铜仁市社会教育培训机构数量一览表

单位：所

区县	数量
碧江区	60
万山区	6
江口县	16
玉屏自治县	11
石阡县	29
印江自治县	17
思南县	37
德江县	6
沿河自治县	45
松桃自治县	30

【无证办学与违规办学治理】 2021年，根据《中共中央办公厅　国务院办公厅印发〈关于进一步减轻义务教育阶段学生作业负担和校外培训负担的意见〉的通知》《省人民政府教育督导室等十一部门关于印发〈贵州省校外培训机构专项治理方案〉的通知》，市教育局等13部门关于印发《铜仁市校外培训机构专项综合治理工作方案》的通知。排查登记在册校外培训机构531所，其中证照齐全的校外培训机构344所（非学科校外培训机构189所，高三补习机构12所，义务教育阶段学科类培训机构143所），无证有照55所，无证无照132所。责令187所无证校外培训机构停止培训，压减义务教育阶段学科类培训机构129所，压减高三补习机构1所，压减非学科类校外培训机构14所，清理拆除校外培训机构违规广告543处。治理完成后，有办学资质的校外培训机构257所（义务教育阶段学科类校外培训机构14所，高三补习机构11所，非学科类校外培训机构232所）。对营业的257所校外培训机构实施预收费资金监管，监管资金3万～10万元，监管率100%。257家培训机构《中小学生校外培训服务合同（示范文本）》（2021年修订版）使用率100%，14所义务教育阶段学科类校外培训机构全部登记为非营利性机构。

（市教育局　孙启洪）

普通高等教育

【概况】 2021年，铜仁市有普通高校5所，普通高校学生63603人，高校教职工3352人，专任教师2512人。

【铜仁学院】 2021年，铜仁学院位列“软科中国最好大学”排行榜第三百九十七位。学校有教职工987人。录取本科生3007人，录取率100%，报到率98.4%。截至12月，有全日制本科生9011人，有泰国等16个国家的国际学生335人，有联合培养全日制研究生21人。学校初始就业率94.2%，2021届毕业生考取研究生131人。

美术学获贵州省一流本科专业建设点立项，学前教育专业通过师范认证；推进“七性”金课改革，强化教育信息技术与课堂教学的融合，促进混合式教学模式改革和创新。“食品化学”“中国民间艺术”“舞龙舞狮”3门课程获省级思

鸟瞰铜仁学院(任志平　摄影)

政示范课程立项,2021年一流本科教育专项立项建设19门校级课程。评选出"金课"1门,"银课"28门。建设"明德湖"教学工作坊线上线下混合式教研平台,开展"明德湖"品牌教研沙龙活动12场次。李洁、毛志、陆艳获贵州省首届"金师"称号,1人在首届全国高校教学创新大赛贵州省选拔赛中获三等奖,2人获优秀奖。获教育部产学合作协同育人项目、省级教学改革项目立项20项。

学生发表论文、获项目、申请专利累计203项。在学科专业技能竞赛、展演、创作设计等活动中获省部级以上奖励210项,其中国家级奖励15项。全国大学生数学建模竞赛获国家级二等奖1项;第十四届全国大学生结构设计竞赛国家级三等奖1项;第七届中国国际大学生互联网+创新创业大赛贵州赛区决赛铜奖8项;第十届全国大学生电子商务"三创赛"贵州赛区决赛一等奖2项,二、三等奖各4项,总计10项。在大学生创新创业训练计划项目中获省部级以上项目96项,其中国家级项目25项。

获2021年度贵州省科学技术奖4项。获奖数位居全省高校第五位、地方高校第一位。获贵州省第五届教育科学研究优秀成果奖5项,其中,一等奖获奖数位居全省地方高校第一位,5名教师获省级科技人才荣誉称号。科研成果转化实现新突破。4件咨政报告被省部级以上平台采用并报送。其中,教授白强等合作的咨政报告《关于加强推进我省高校一流学科建设的建议》获省委副书记、省长李炳军肯定性批示。12项专利签订转让、许可合同,专利转化到账经费23万元。获授权专利178项,授权发明专利量创历史最高。科研项目建设获批纵向项目298项,到账经费1782万元。获批国家级项目6项,其中国家自科基金项目5项;获批省科技厅基础研究项目15项,较2020年增长114%,创历年新高;获省哲学社会科学规划课题4项,立项数居地方高校第一;获省教育科学规划课题10项,申报立项率100%。

获社会服务横向项目合同经费2312.54万元,实际到账经费2073.48万元,其中横向科创服务合同经费342.5万元,实际到账经费317万元。开展"校农结合",与石阡、江口、沿河、德江、碧江等区县签订"校农结合"合作协议13项,采购本省农产品59.56万千克,占比97.67%。组织完成全国大学英语四六级考试、全国中小学教师资格面试、执业律师考试,服务各类考试考生3万余场次、2万余人。

获批省教育厅和区域研究课题1项,获批国家公派留学项目1人;选派教师1名、学生23名到澳门大学进行交流访问;获批"知行贵州"丝绸之路青年交流计划1项、教育部对台交流项目1项;与3所国(境)外高校建立校际合作关系;7名国际学生、1个中外学生团队在"我的眼中的中国—美丽乡村"全球短视频大赛、"2021年中国—东盟教育交流周"等系列活动中获二等奖2项、三等奖3项、优秀奖4项,学校获优秀组织奖2项;全年获批省教育厅国际交流专项经费101.88万元。

(铜仁学院　高雪辉)

【铜仁职业技术学院】 2021年,铜仁职业技术学院有全日制高职在校学生19495人(含高职扩招生源),留学生252人。现有教职工944人,其中高级职称411人,中级职称428人。

5月24日,农业农村部办公厅、教育部办公厅公布乡村振兴人才培养优质校和农业科研院所推介名单,铜仁职业技术学院是贵州省3所入选院校之一,是铜仁市唯一入选的院校。

2021年招生6552人,毕业4823人,获省级"优秀毕业生"表彰100人,获省级"三好学生"表彰47人,获省级"优秀学生干部"表彰16人,1名学生的省级优秀毕业生事迹入选《追逐梦想2021》,毕业生罗焕楠获"全国脱贫攻坚先进个人",学院获批全国高校毕业生就业能力培训基地。承办贵州省职业院校技能大赛农林牧渔类赛4项、贵州省第一届职业技能大赛铜仁市选拔赛6项、铜仁市第十届职业(技工)院校技能大赛14项,师生参加技能大赛获国家级三等奖1项，省级一等奖5项、二等奖15项、三等奖13项。顾昌华老师获全省首届“贵州杰出人才奖”提名奖、全市首届“铜仁杰出人才奖”、第七届黄炎培职业教育奖杰出教师奖。在省级教学能力比赛中获一等奖2项、二等奖3项、三等奖8项。

获批省级“十大创新团队”1个，新增铜仁市食药用菌菌种繁育重点实验室与武陵山民族药资源综合利用重点实验室科研平台2个。全年共授权专利159项，其中发明专利授权8项，实用新型专利授权141项，外观专利授权10项。获贵州省教学成果奖特等奖2项、一等奖2项、二等奖4项，获贵州省科学技术进步奖三等奖1项，获贵州省第五届教育科学成果奖三等奖2项。

印发《铜仁职业技术学院助力巩固拓展脱贫攻坚成果同乡村振兴有效衔接的实施方案(2021—2025)》，举办铜仁市返乡入乡农民工、金融助推乡村振兴培训班、铜仁市国企改革专题培训等12期1092人次，完成电工、中式烹调师、育婴员、茶艺师等93个批次7009人次的职业技能鉴定。实施“百千万工程”，组织学院省级科技特派员、省市两级十二大重点产业专班、专家教授1491人次，到全市10个区县的214个村寨开展技术服务，服务企业、合作社112家，为企业与农户解决茶叶、食用菌、果树、中药材等产业在栽植、整形、水肥管理、病虫害防控等方面的技术难题312个，推广幼龄茶园防草技术、油菜套种羊肚菌等实用技术示范20多项，开展技术技能培训17256人次。医学院被省委、省政府评为“贵州省抗击新冠肺炎疫情先进集体”。

“中老合作共建‘海外分校’与技术技能人才联合培养项目”入选第四批“中国—东盟高职院校特色合作项目”。承办中老建交60周年纪念活动暨2021年中国—东盟教育交流周职业教育论坛，后在2021年(第七届)中国职业教育合作峰会、中国—东盟营商环境治理人才培养论坛和国际论坛、中国—东盟对话关系30周年研讨会、21世纪海上丝绸之路职业教育研究会成立大会暨校长论坛等会议上发言，展示学院国际化办学经验。依托“走出去”中资企业建立职业技能培训中心，为老挝同济医院医务人员开展“健康管理”等职业技能培训86人次。

(铜仁职院　熊景鸣)

【铜仁幼儿师范高等专科学校】 2021年，铜仁幼儿师范高等专科学校开设专业21个，面向全国18个省(自治区、直辖市)招生，年内招生3900人，毕业4058人，有在校生9968人；有教职工536人，其中专任教师438人，专任教师中有高级职称136人。

2月，中共铜仁市委公布《关于制定铜仁市国民经济和社会发展第十四个五年规划和二〇三五年远景目标的建议》，明确“支持铜仁幼专创建本科层次的幼儿师范教育”。6月，铜仁市人民政府发布《铜仁市国民经济和社会发展第十四个五年规划和二〇三五年远景目标纲要》，决定“实施高校和职业教育扩容提质行动”，明确“支持铜仁幼儿师专高质量完成贵州省‘双高计划’建设，力争创建本科层次职业技术师范院校”。

经贵州省教育厅批准，学校与铜仁学院、凯里学院联合培养学前教育、美术学、舞蹈学3个专业本科生，在校内组建本科教育学院，首批录取培养110名本科生。

3月，全国第三方大学评价机构艾瑞深校友会发布《2021校友会中国大学排名——高考志愿填报指南》，最新公布2021校友会中国大学排名、2021中国各类型大学

铜仁幼儿师范高等专科学校(陈　彪　摄影)

贵州健康职业学院全景(市委宣传部　供图)

排名等,其中,铜仁幼儿师范高等专科学校在2021校友会中国师范类高职院校中排名第一。5月,"武书连2021中国高职高专排行榜"发布,学校综合实力排名全国第二百二十九,连续三年位居全国50余所幼儿师范高等专科学校综合实力第一名、贵州省高职高专学校教育类第一名。

学校入选贵州省"高水平专业群"立项单位;教师获省级科研项目18项,省级"黔匠工坊"建设项目4项,省级教育科学研究优秀成果奖5项;1人获首届全国教材建设奖二等奖,1门课程获第三届全国高校混合式教学设计创新大赛"设计之星"奖。学生分别获全国"红色专项"三等奖、全国英语写作大赛二等奖、"挑战杯"省赛特等奖、省大学生职业规划大赛总决赛一等奖等奖项;2名学生的美术作品入围第二届全国大学生美术作品展,3名优秀毕业生入选全国优秀大学生就业创业人物事迹名单。构建"五个一批"高质量就业体系,推荐学生应征入伍26人,毕业生就业率91.49%。2021年,被本科院校录取925人,上线率72.49%。2名学生个人和2个学生团队共获第一届"为仁学生"奖,初等教育学院语文A2001班学生张杏雨、艺术与体育教育学院体育A2001班牟学缘,艺术与体育教育学院牟学缘团队、米云波团队分别获奖金1万元。

成立欧美同学会(留学人员联谊会)、归侨侨眷联合会,成立东盟教育研究院,与新加坡、韩国、老挝等国高校签约合作办学。举办首届"铜城黔语·丝露同行"学前教育协同创新发展国际论坛、2021"知行贵州"丝绸之路青年交流计划、"铜城黔语·丝露同行"——唱响贵州旋律活动、铜仁幼专首届国际文化艺术节,蒙古籍国际学生安娜获得中国人民对外友好协会举办的全国"我眼中的中国——美丽乡村"全球短视频征集大赛三等奖。为国际学生举办"我的中国年系列"活动,新闻《就地过春节:铜仁幼专国际学生的别样"中国年"》被新华社转载,点击量90余万次。

(铜仁幼专　马婷婷)

【贵州健康职业学院】 2021年,贵州健康职业学院开设专业12个。有教职工355人,其中正高级职称4人,副高级职称18人,中级职称84人。2021年贵州省教育厅下达招生计划4465人,录取4446人,报到3918人,报到率88.12%。毕业生1917人,就业1839人,就业率95.93%,截至12月,有在校生12015人;其中建档立卡贫困生636人,就业636人,就业率100%。

学校推进智慧健康养老服务与管理、中医学专业群建设。建成"理实一体化"教学实训室30间,专业课程基本实现理实一体化教学。在省"兴黔富民"计划中,"智慧健康养老产教融合实训基地"获批立项,"儿科护理学""思想道德修养与法律基础"2门在线精品课程获批立项。建立铜仁市健康养老服务人才培训基地,建成民族医药展览馆,收集整理民间道地药材、医技、药方2000余种。

入选全国首批"医疗护理员"试点培训工作站。承办"铜仁市市场监督管理局主办的全市市场监管综合行政执法暨知识产权工作培训";与民政局签订关于"全市养老护理员职业技能大赛"的合作协议。与贵州医科大学、贵州大学、贵州师范学院"专本衔接"联合开展办学,2021年学院报考自学考试"专本衔接"学生1242人。函授专科护理、药学、康复治疗技术3个专业获教育厅审批通过。获批中国药科大学本科函授点。

与省内外30家单位签订合作协议，与东莞职业技术学院和东莞市第三人民医院签订合作协议；与广州伊丽汇美容科技有限公司达成订单班合作办学，省内主要合作单位有贵州省建筑医院、遵义医科大学第二附属医院、黔南州人民医院、安顺市妇幼保健院等公立医院，与贵州一品药业有限责任公司等大健康产业机构就师资建设、学生实习实训和科研达成合作协议；与省外浙江正京元大药房、泰康之家燕园（北京）养老服务有限公司、上海嘉乐医药有限责任公司等大健康机构合作共建实习实训教学基地。引进广州新生媛母婴健康管理有限公司合作共建母婴中心项目，合作共育大健康专业技能人才。

申报市级及以上课题（项目）29项，其中贵州省教育科学规划课题5项，贵州省教育厅职教科研项目2项，铜仁市委重大决策问题研究课题1项，铜仁市人文社科研究课题3项，贵州省科技支撑计划项目1项，省教育厅人文社会科学研究项目6项，铜仁市科技计划项目11项；院级课题申报38项。获市级及以上课题立项15项。省教育科学规划重点课题1项，省教育厅人文社科研究项目1项，贵州省理论创新联合课题1项，铜仁市科技计划项目11项，铜仁市人文社科研究课题1项。院级课题立项20项。报送通过市级以上课题通过结题验收13项。省教育规划课题3项，省教育厅高校人文社科科研项目2项，市科技计划项目7项，贵州省民族民间医术挖掘整理及活态传承收集项目完成并达到结题要求。学院众创空间获批市级科研创新平台，申请公开专利8件（发明专利1件），公开发表学术论文50余篇。

（贵州健康学院　杨　雪）

社会教育

【成人教育】 2021年，铜仁电大向全市居民免费开设中老年电子琴、舞蹈、器乐、戏剧、书法等各类培训班。免费开展以“职业技能、科学文化、健康安全”为主题的社区教育讲座10期。联合碧江中职学校、碧江区团委、碧江区灯塔街道举办“奋斗百年路　启航新征程——永远跟党走”文艺汇演进社区活动。承办铜仁市2021年全民终身学习活动周开幕式与全省社区教育征文大赛的初赛评审及决赛评审工作。举办铜仁市第五届成人教育、社区教育教师教学技能比赛。

【社会培训】 2021年，铜仁电大承担铜仁市机关事业单位工勤人员职业技能等级晋升培训和铜仁市2021—2022年度市直事业单位新进人员初聘培训。开设铜仁市机关事业单位工勤人员职业技能等级晋升培训7期，培训1054人，开展考试2108人次。完成事业单位新进人员初聘培训1期，培训事业单位新进人员100余人。开展普通话测试7期，为社会各行各领域人员提供测试12801人次。

（铜仁电大　赵　雨）

【乡村干部技能提升培训】 2021年，铜仁市委组织部、市委编办、市教育局等6家单位联合印发《铜仁市村干部学历提升行动实施方案》，依托市内中高职院校对高中及以下学历实施村干部定制培养，采取“学历提升＋技能提升”相结合的方式全员提升学历，在铜仁职院开设“乡村振兴专干班”，招生100人；在各区县中职学校开设村干部“学历技能提升班”。与东莞市教育局联合开展铜仁市职业教育助推乡村振兴专题培训，培训50人。与市委组织部在东莞职业技术学院举办铜仁市职业教育助推乡村振兴干部管理能力提升专题培训，培训50人。

【校企合作】 2021年11月8日，大湾区产教联盟东西部（铜仁）职业教育协作基地揭牌仪式在广东科技学院举行，设立东西部（铜仁）职业教育协作基地办公室，为铜仁职业院校在东莞开展校企合作提供办公场地与交流平台。11月10日，松桃自治县中等职业学校与东莞市影尚服饰有限公司签订校企合作协议。11月22日，思南县中等职业学校与东莞塘厦三正半三温泉酒店签订校企合作协议。

【函授成人自学考试】 全国高等教育自学考试每年考试2次（4月、10月）。2021年，铜仁市参加自学考试报名7890人，21390科次，其中4月考试报名考生3435人，9394科次；10月考试报名考生4455人，11996科次。全市参加全国成人高考4930人。

（市教育局　孙启洪）

【铜仁广播电视大学】 2021年，铜仁电大争取到市教育局印发《关于进一步做好全市教师学历提升工作的通知》，通过奥鹏远程教育与东北师范大学、四川农业大学、中国地质大学、中国医科大学、中国传媒大学签订招生、办学协议。2021年春秋两季招收本、专科新生3038人，其中开放教育专本科2844人、网络教育专本科194人，招生数排名全省电大系统第二。搭建“网络＋课堂”“线上＋线下”的以学生为中心的思政课程体系。开展习近平新时代中国特色社会主义思想进课堂、进网络、进社区教学活动。建立“课堂、课件、教案”三位一体的教育质量监督体系。输送毕业生2492人，

42 名学员被国家开放大学和贵州开放大学授予优秀学员、优秀学生干部和优秀毕业生表彰。49 名学生获国家开放大学奖学金和“长征带”奖学金。完成全市社区教育科研课题的立项工作，开展全市首次社区教育科研课题的申报与立项评审工作。完成各级科研课题结题 17 个，其中省级联合课题结题 3 个、市级课题结题 2 个、校级课题结题 12 个。编印《铜仁广播电视大学成教论坛》4 期，收录论文 50 余篇，在省、市级报刊发表专业论文 10 余篇，完成科研调研报告 8 篇。

（铜仁电大　赵　雨）

招生考试

【概况】 2021 年，铜仁市组织各级各类教育考试 18 次，2 类 4 次面试，5 类资格审查，涉及考生 422231 人次。40036 人参加 2021 年全国高考，录取 36081 人，录取率 90.12%，其中一本录取人数 6710 人，录取率 16.76%。12835 人参加分类招生考试，其中普通高考考生参考 6486 人，中职报高职参考 6349 人。56039 人参加 2021 年中考。组织自学考试 2 次，7890 人参考，参考 21390 科次。

【招生计划】 2021 年，铜仁市有招生高中 46 所，招生计划 38500 人，其中省级示范性高中 13 所，计划招生 15700 人，普通高中（含民办）33 所，计划招生 22800 人。高校招生计划由教育部按省进行分配。

【改卷阅卷】 2021 年，铜仁市中考评卷实行统一网上评卷，300 余人参与评卷。为配合全省的高考评卷工作，抽聘 106 人参与高考评卷。

【考务保障】 2021 年，铜仁市有考务人员 53259 人，其中监考教师 33206 人，巡视人员 2632 人，安保人员 5161 人，5978 人参与考务工作，其中医务人员 1547 人次，其他人员 4735 人。使用屏蔽器 3697 台，金属探测仪 3794 只，身份证识别仪 1025 个，安检门 178 个。发放口罩 10 万余个，消毒液 2600 余斤，免洗液 9800 余瓶，体温枪 4400 余支，实现教育考试“六个零”目标任务（零试卷泄密、零无线电作弊信号、零考生舞弊、零安全责任事故、零疫情发生、零投诉上访）。

【考生录取】 2021 年，铜仁市中考录取继续实行“网上实时录取”方式进行高中学校的招录工作。参加中考考生 56610 人，其中省级示范性高中控制线上线 19880 人，普通高中控制线上线 42232 人。参与招录的高中学校 46 所（公办学校 29 所，民办学校 17 所），通过 2 个阶段录取（正式录取阶段、补录阶段），完成规定的招生计划任务。

（市教育局　孙启洪）

文　化

公共文化

【概况】 2021年，铜仁市投资260万元重点打造碧江区图书馆分馆——许韵兰公共阅读空间，提升城市文化品质，让市民和游客享受到高品质公共文化服务，并代表贵州省参加全国文采会重庆站最美公共阅读空间展示。结合“我为群众办实事”实践活动，投入文化建设经费272.05余万元，建成12个省级易地扶贫搬迁综合性文化服务示范点，以点带面推动安置点文化服务体系建设高质量发展。完成278个行政村应急广播系统建设，完成任务数的139%。铜仁市广播电视转播台被人力资源和社会保障部、国家广电总局、国家新闻出版总署表彰为“全国新闻出版广播影视系统先进集体”。截至12月，铜仁市有公共图书馆11个、博物馆5个、纪念馆6个、公共文化馆（站）180个、村（社区）综合性文化服务中心2876个。

【文化馆　群艺馆】 2021年，铜仁市创作《困牛山红军壮举》《携手同心》《这山就比那山高》等文艺曲艺作品，《这山就比那山高》在第七届贵州省少数民族文艺汇演中获银奖，馆办中老年舞蹈团在2019年茅台王子杯全国群众广场舞大赛中获一等奖。开展基层各类文艺骨干培训1.3万余人次。

在群众文化活动中，挖掘民族民俗文化，打造“一县一特色文化品牌”，开展“文化进万家、民俗拜大年”系列民俗线上展演活动，录制仡佬族蹦蹦鼓、石阡说春和木偶戏、江口羌族舞蹈、思南花灯等12个宣传视频，抖音浏览量80余万人次。围绕中国共产党成立100周年和贵州省旅游“两会”、乡村振兴，重点打造梵天净土·桃源铜仁之“春潮涌动”“激情仲夏”“金秋武陵”“隆冬畅想”四季群众文化品牌活动，举办“我们的中国梦·文化进万家”“贺新春·庆元宵”新时代十佳原创歌曲线上展演活动、2021年铜仁市唱支山歌给党听暨学党史·颂党恩·跟党走·践初心喜迎中国共产党成立100周年革命歌曲广场舞大赛、2021年“喜迎建党百年·推进乡村振兴”我们的中国梦文化进万家全市小戏小品展演、铜仁市2021年“学党史·颂党恩·跟党走·践初心”文化三下乡暨乡村振兴文艺巡演、铜仁市庆祝中国共产党成立100周年歌咏比赛、铜仁市首届模特大赛、铜仁市优秀原创歌曲评选、中国音协“金钟之星”艺术团到铜仁送欢乐慰问演出活动、我们的中国梦——文化进万家暨铜仁市2021年“践行雷锋精神·你我志愿铜行”文艺、科技进社区志愿活动、在希望的田野上——苏铜缘·山水情公益活动等一系列群众文化活动。截至12月，开展各类群众文化活动1000余场次。开展“我们的节日”系列文化活动。在端午节与省文化馆联合开展浓情端午·万粽风情“我们的节日·云读山水”——公共文化进景区走进梵净山系列品牌文化活动，抖音、微信等浏览量100万人次以上；在中秋节前后连续举办5场中秋晚会。开展文化惠民进景区活动。围绕2021年省旅游“两会”，市文体广电旅游局投入资金百万元，组织、引导碧江区金钱杆表演队、花灯表演队等群众文化活动组织和铜仁学院、铜仁幼儿师专等高校艺术类师生以及市区文化馆、梵净山歌舞团等专业艺术表演团队等文艺展示队伍200余支，演员1万余人次，在中南门历史文化旅游区先后开展音乐文化沙龙、苏州评弹、小型民乐演出、非遗文化展演、演绎巡游、公益电影放映、花灯表演、街舞展演、太极展演、群众文化沙龙、革命歌曲大联唱、民族服饰展演等20项文化展示活动1000场次，吸引超过100万名游客观看。

【图书馆】 2021年，铜仁市有公共图书馆11家，设置有图书馆分馆59个，均达到建设标准小型三级馆、评估定级县（区、市）级三级图书馆以上，馆藏文献（含数字图书）100万余种30285万册，阅览室座位2047个，计算机415台，各类电子阅读设备79台，读者总流通量81.17万人次，书刊借阅670369万册次，举办各类读者讲座50次，参加培训3318人次。建成碧江区图书馆分馆——许韵兰公共阅读空间，项目总投资260万元，建筑面积489平方米，设阅读席位86个，有藏书1.5万册，内设公共阅读区、电子阅读，是集公共文化、科技普及、数字体验全智能化管理一体的阅读空间，拥有智能识别、自助办证、自助借还等智慧化软硬件服务设施。

【贵州傩文化博物馆】 贵州傩文化博物馆是国内唯一集收藏、展出和研究于一体的傩文化大型专题博物馆。馆舍建筑面积8174平方米，分为3层，每层展厅面积900平方米，一楼为临展厅，每年举办各类临展活动，二楼展陈内容以展出贵州省的傩文化为主，展陈分“傩的起源和贵州傩文化概况”“傩文化的表现形式”“傩文化的艺术特色”“铜仁傩文化的影响和研究”“曲六乙捐赠精品展”5个部分。创办有全国性学术性季刊《贵州傩文化》，有官方网站和微信公众平台各1个。博物馆是中国傩戏学研究会团体会员和傩文化研究基地、贵州民族大学西南傩文化研究院傩文化研究基地、铜仁市青少年民族文化教育基地、铜仁市民族团结进步示范教育基地。全年对外开放312天，接待参观人员 52408 人次，举办临展活动 7 次。被贵州省文化和旅游厅、贵州省人力资源和社会保障局评为贵州省文化和旅游厅宣传推广与交流合作“全省文化旅游工作先进集体”；被铜仁市文体广电旅游局授予“开拓进取奖”。

【博物馆】 2021 年，铜仁市有博物馆纪念馆 11 家，新增可移动文物藏品 574 件/套，举办临时展览 24 个，争取博物馆改陈布展资金 320 万元，完成黔东特区革命委员会旧址纪念馆改陈提升和思南乌江博物馆陈列布展。举办社会教育活动 599 次，接待参观人数 1539587 人次；完成全市 8 家享受中央免费开放专项补助资金的博物馆纪念馆年度免费开放工作绩效考评，经市级推荐、省级现场复核考评，周逸群烈士陈列馆被评为年度优秀免费开放单位。

表 45　2021 年铜仁市文化艺术、广播电视机构数量及广播电视覆盖情况一览表

	单位	数量及指标
文化艺术		
剧团	个	14
文化馆(艺术馆)	个	11
图书馆	个	11
广播		
广播电视台(融媒体中心)	个	11
广播综合人口覆盖率	%	93.96
电视		
电视综合人口覆盖率	%	98.01

表 46　2021 年铜仁市公共文化设施一览表

单位：个

区(县)	图书馆	博物馆	文化馆(站)	纪念馆	村(社区)综合性文化服务中心
市级	1	1	1	0	0
碧江区	1	0	10	1	90
万山区	1	1	12	0	101
江口县	1	0	10	0	104
玉屏自治县	1	1	9	0	94
石阡县	1	0	19	1	311
思南县	1	1	29	0	526
印江自治县	1	1	17	1	371
德江县	1	0	21	1	344
沿河自治县	1	0	23	1	435
松桃自治县	1	0	29	1	500
合计	11	5	180	6	2876

【群众文化活动】 2021 年，铜仁市一方面在线上开展“文化进万家、民俗拜大年”系列民俗线演活动，录制仡佬族蹦蹦鼓、石阡说春和木偶戏、江口羌族舞蹈、思南花灯等 12 个宣传视频，抖音浏览量 80 余万人次。另一方面，在线下先后组织 200 余支文艺队伍开展文化惠民、音乐文化沙龙、演唱会、艺术节等 20 项文化展示活动，1000 余场次文化活动，出动演员 1 万余人次，吸引 100 余万名游客观看。同时，还开展庆祝中国共产党成立 100 周年系列活动。先后举办“我们的中国梦·文化进万家”“贺新春·庆元宵”新时代十佳原创歌曲线上展演、唱支山歌给党听暨学党史·颂党恩·跟党走·践初心喜迎中国共产党成立 100 周年革命歌曲广场舞大赛、“喜迎建党百年·推进乡村振兴”我们的中国梦文化进万家全市小戏小品展演、“学党史·颂党恩·跟党走·践初心”文化三下乡暨乡村振兴文艺巡演等群众文化活动。

【全民阅读活动】 2021 年，铜仁市各图书馆创新公共文化服务方式，开展“赏春意　品书香　暖万家”春节、“网络书香·阅见美好”新春、党史学习教育暨 4·23 全民阅读、“马克思主义传播在中国”主题展览、“六一亲子阅读·共享成长时光”、中国共产党成立 100 周年等系列主题阅读推广活动。开展阅读推广活动 215 次，活动参与 9.62 万人次。与省文化馆联合开展浓情端午·万粽风情“我们的节日·云读山水”——公共文化进景区走进梵净山等系列品牌文化活动，相关作品在抖音、微信公众号等浏览量超过 100 万人次。

（市文体广电旅游局　罗　靖）

【农家书屋】 2021 年，铜仁市有农家书屋 2775 个，其中碧江区 82 个，万山区 72 个，江口县 104 个，玉屏自治县有93个，石阡县302个，印江自治县384个，思南县526个，德江县344个，沿河自治县429个，松桃自治县439个。

全市农家书屋均按标准建设，按规范管理。每个农家书屋均选配1名管理员，按制度管理，每周1次以上开放率100%。投入省级出版传媒事业发展专项资金100万元，基本完成2021年度图书补充更新采购工作，补充采购书籍52594册，采购金额155.21万元(超出部分资金由区县自行匹配)。整合资源，扩展农家书屋功能。玉屏自治县飞凤移民新区及紫气社区针对搬迁群众子女放学后无人看管、学业无人辅导的难题，将四点半课堂与农家书屋相结合，由社区工作人员管理书籍与集中辅导学生学习，两社区有约50名学生得到集中辅导。各地农家书屋围绕建党百年这个主题，结合党史教育，都购置党史学习书籍，向农村党员、群众、学生免费提供。7月3日，"我的书屋·我的梦"2021贵州省农村少年儿童阅读实践活动首站在沿河自治县板场社区农家书屋开启，2020年度的全国乡村阅读榜样陈蓓(可可姐姐)和阅读志愿者与孩子们一起阅读，并赠送图书60册。7月7—8日，省委宣传部到石阡县困牛山战斗遗址、印江自治县木黄会师遗址开展"追寻光辉足迹"——"多彩贵州 书香高原"2021长征阅读季活动，组织读书队在农家书屋开展阅读活动，开展红色阅读志愿服务推广活动，探寻红军长征足迹外的山乡巨变，汲取"红色动力"。

(市委宣传部)

文艺创作

【文艺作品】 2021年，铜仁市创作大型革命历史题材舞台剧《困牛山红军壮举》，革命历史题材音乐舞蹈史诗《永恒的丰碑——木黄·木黄》，歌舞剧《这山就比那山高》，乡村振兴题材歌曲《红红火火奔小康》《山河恋歌》，舞蹈《唱支山歌给党听》，小戏小品《十箱口罩》等200余个文艺作品。利用文艺创作扶持基金项目累计扶持出版30部精品文艺专著。对党的十八大以来，铜仁创作的文艺作品进行梳理归纳，编撰出版《新时代铜仁优秀歌曲精选集》《新时代铜仁优秀戏剧精选集》。文艺工作者在《诗刊》《民族文学》《解放军文艺》《散文选刊》《青年文摘》等期刊发表文学作品100余篇(首)，近10件作品入选中国作协创研部、人民文学出版社等选编的权威年度选本。组织创作10件文艺精品申报第八届贵州省文艺奖、首届贵州省文学奖，5件作品获省文艺奖摄影类二等奖、广播类三等奖，首届省文学奖诗歌类二等奖、散文类二等奖、文学理论评论类三等奖。作词歌曲《听北京说你好》《向世界微笑》入选北京2022第二届冬奥会和冬残奥会优秀音乐作品，电影剧本《绝境》获国家电影局审批通过，《清扬刀》获中国作家网原创小说大赛二等奖，《环保在行动》获中国环保摄影大赛三等奖，《苗族赶集日》《占里侗寨》入展第14届中国西南六省区市摄影联展，歌舞剧《这山就比那山高》入选贵州省第七届少数民族会演并获银奖，小戏《携手同心》获第十九届"群星奖"贵州省选拔赛决赛二等奖，小品《好事成双》获第十九届"群星奖"贵州省选拔赛决赛三等奖，《一张收据》在《剧本》杂志发表，《三份协议》《幸福的今天》《翻墙记》在《贵州剧本》专刊刊发，《困牛山红军壮举》在碧江区连演7场。

【文艺活动】 2021年，铜仁市开展"千年之变·百年建党·十年设市"和"喜迎建党100周年·抒写铜仁新华章"主题文艺作品征集等"文军学党史"主题活动，创作《红色黔东组歌》《永恒的丰碑——木黄·木黄》《血染困牛山》《纪念碑的高度》《百年大党》《驻村干部》《锻造》等主题文艺作品，在"学习强国"、《贵州日报》、动静贵州等平台展播发表诗歌、歌曲、散文、书法、美术、摄影等优秀文艺作品300余件，《锻造》获贵州省"文艺精品"创作扶持重点项目、全国报纸副刊年度精品一等奖。围绕国际山地旅游大会暨全省第十六届旅发大会，组织作家、书画家、音乐艺术家、摄影家开展"走古城、读古城、品古城"主题实践活动，创作一批优秀文艺精品，并在《铜仁文艺》季刊第三期出版专辑《印象中南门》，编印出版《梵山净水》大型画册，创作发行"水文化"主题歌曲《美丽的山多情的水》。组织文艺工作者到易地扶贫搬迁安置点开展"我们的中国梦"文化进万家、"文化送基层·春联进万家"、支部联建、文艺下乡暖冬行动等新时代文明实践文艺志愿服务活动，为群众现场书写(赠送)春联17200余副、福字1300余件。

【"金钟之星"艺术团送欢乐慰问演出】 2021年3月20—21日，中国音协"金钟之星"艺术团庆祝中国共产党成立100周年送欢乐慰问演出分别在玉屏自治县侗乡风情园、碧江区矮屯易地扶贫搬迁安置点举行。到铜慰问演出的有国家一级演员、中国音协副主席张也，原中国人民解放军海军政治部文工团副团长、国家一级演员吕继宏，国家一级演员黄华丽等。慰问演出是中国音协"金钟之星"艺术团第一次到贵州，也是2021年在全国开展的第一场慰问演出。在铜演出期间，获得中央、省、市级媒体报道，其中《梵净云天》客户端线上直播吸引20余万人次收听收看。

【《长征组歌》全市巡演】 2021年6月21日，铜仁幼专复排的大型红色音乐史诗《长征组歌》全市巡演首场演出在思南县举办。《长征组歌》分为“告别”“突破封锁线”“遵义会议放光辉”“四渡赤水出奇兵”“飞越大渡河”“过雪山草地”“到吴起镇”“祝捷”“报喜”‘大会师”10个部分。大型音乐史诗《长征组歌》入选贵州省“红色剧目进校园”活动，全省有6个红色剧目进入全省展演，铜仁幼专是6所高校中唯一的高职高专院校。

【《永恒的丰碑——木黄·木黄》演出】 2021年7月2日，铜仁市庆祝中国共产党成立100周年音乐舞蹈史诗《永恒的丰碑——木黄·木黄》在铜仁人民会堂演出。《永恒的丰碑——木黄·木黄》是由铜仁市老年健康活动协会、铜仁市桃源志愿者艺术团的退休人员以黔东革命根据地历史为题材，选取中国工农红军第六军团与红二军团在木黄会师的革命历程为依据，自编、自导、自演的一部黔东红色文化音乐舞蹈史诗，分为“西征”“红色黔东”“困牛山壮举”“胜利会师”“重走长征路”5个场次。

（市文体广电旅游局 罗 靖）

物质文化遗产保护

【概况】 2021年，铜仁市有国家二级文物58件，国家三级文物229件；有国家重点文物保护单位8处，省级重点保护单位96处、市级文物保护单位105处，县级文物保护单位329处。

表47 2021年铜仁市国家级、省级文物单位一览表

所在区县	名称	年代	占地面积（平方米）	类别	级别	公布批次	公布时间
碧江区	东山古建筑群	明至清	35000	古建筑	国家级	第六批	2006.5.25
万山区	万山汞矿遗址	唐至清	64000	古遗址	国家级	第六批	2006.5.25
石阡县	石阡万寿宫古建筑群	明万历初年	2800	古建筑	国家级	第五批	2002.6.25
	楼上村古建筑群	明至民国	4200000	古建筑	国家级	第七批	2013.5.3
	石阡府文庙	明至清	1958.4	古建筑	国家级	第七批	2013.5.3
思南县	思唐古建筑群	明至清	18366.84	古建筑	国家级	第六批	2006.5.25
印江自治县德江县沿河自治县	黔东特区革命委员会旧址	1934年	13997.32	近现代重要史迹及代表性建筑	国家级	第六批	2006.5.26
松桃自治县	寨英村古建筑群	明至清	110000	古建筑	国家级	第六批	2006.5.25
碧江区	莲花寺遗址	清	12000	古遗址	省级	第二批	1985.11.2
	滑石新营塩屯及复兴桥	清	12000	古建筑	省级	第四批	2006.6.6
	克兰寨古建筑群	清	58000	古建筑	省级	第五批	2015
	碧江文笔洞摩崖石刻（文笔洞摩崖石刻）	明、清	500	石窟寺及石刻	省级	第六批	2018.7.31
万山区	高楼坪刘氏宗祠	清	880	古建筑	省级	第四批	2006.6.6
	万山汞矿近现代工业建筑	1949—	30000	近现代重要史迹及代表性建筑	省级	第五批	2015.5.21
	万山大坪红军桥	1936年	200	近现代重要史迹及代表性建筑	省级	第六批	2018.7.31
江口县	梵净山金顶古庙遗址	明	3200	古遗址	省级	第二批	1982.2.23
	梵净山金顶摩崖石刻	清	600	石窟寺及石刻	省级	第二批	1985.11.2
	江口梵净山禁砍山林碑	清		石窟寺及石刻	省级		1985.11.2
	三角庄红号军根据地遗址	1856年	8000	古遗址	省级	第二批	2015.5.28
	云舍村古建筑群	明清	8000	古建筑	省级	第二批	2015.5.28
	磨湾红十七、十八师会师旧址	中华民国	370.36	近现代重要史迹及代表性建筑	省级	第六批	2018.7.31
	江口刘氏民宅（三塘刘宅）	清	2633.4	古建筑	省级	第六批	2018.7.31
	红六军团司令部旧址	近现代	158.76	近现代重要史迹及代表性建筑	省级	第六批	2018.7.31
玉屏自治县	印山书院	清	864	古建筑	省级	第四批	2006.7

续表 47

所在区县	名称	年代	占地面积（平方米）	类别	级别	公布批次	公布时间
石阡县	石阡红二·六军团总指挥旧址	1936 年	1200	近现代重要史迹及代表性建筑	省级	第一批	1982.12.23
	石阡太虚洞	元至清	3000	石窟寺及石刻	省级	第二批	1985.8.8
	龙洞成氏家族墓	清	2600	古墓葬	省级	第四批	2006.6.6
	碗架岩摩崖石刻	元至清	10000	石窟寺及石刻	省级	第四批	2006.6.6
	困牛山红军战斗遗址	1934 年	3000	近现代重要史迹及代表性建筑	省级	第六批	2018.7.31
	红六军团政治部和保卫局旧址	1934 年	300	近现代重要史迹及代表性建筑	省级	第六批	2018.7.31
	石阡甘溪红军战斗遗址	—	—	近现代重要史迹及代表性建筑	省级	第六批	2018.7.31
印江自治县	印重建梵净山金顶序碑（敕赐碑）	1618 年	—	石窟寺及石刻	省级	第一批	1982.2.23
	文昌阁和依仁书院	明、清	702	古建筑	省级	第二批（2015年与依仁书院合并为第五批省保）	1985、2015
	印江严氏宗祠	1831 年	2254	古建筑	省级	第三批	1999.12
	木黄建厂田氏宗祠	1896 年	2073.5	古建筑	省级	第五批	2015
	印江合水造纸作坊（合水古法造纸作坊）	清	—	其他	省级	第六批	2018.7.31
	刀坝镇罗南溪苏维埃政府旧址	1934 年	80	近现代重要史迹及代表性建筑	省级	第六批	2018.7.31
	刀坝镇罗南溪区革命委员会旧址	1934 年	600	近现代重要史迹及代表性建筑	省级	第六批	2018.7.31
	刀坝镇罗南溪苏维埃政府旧址	1934 年	80	近现代重要史迹及代表性建筑	省级	第六批	2018.7.31
	刀坝镇罗南溪区革命委员会旧址	1934 年	600	近现代重要史迹及代表性建筑	省级	第六批	2018.7.31
	印江官塘区革命委员会旧址	1934 年	500	近现代重要史迹及代表性建筑	省级	第六批	2018.7.31
	印江红花园乡苏维埃政府旧址	1934 年	1500	近现代重要史迹及代表性建筑	省级	第六批	2018.7.31
	印江坨寨乡苏维埃政府旧址	1934 年	500	近现代重要史迹及代表性建筑	省级	第六批	2018.7.31
	印江下寨坝乡苏维埃政府旧址	1934 年	400	近现代重要史迹及代表性建筑	省级	第六批	2018.7.31
	印江核桃坪红三军九师驻地旧址	1934 年	600	近现代重要史迹及代表性建筑	省级	第六批	2018.7.31
	印江来安营万人坑遗址	1934 年	—	近现代重要史迹及代表性建筑	省级	第六批	2018.7.31
思南县	思南岑头盖号军起义遗址	清	200000	古遗址	省级	第三批	1999.12
	荆竹园号军起义遗址	清	200000	古遗址	省级	第一批	1982.2.23
	思南板桥红 52 团侦察排驻地旧址（板桥万寿宫）	1934 年	1040	近现代重要史迹及代表性建筑	省级	第六批	2018.7.31
	思南瓮溪红六军团红军驻地旧址	1934 年	842.08	近现代重要史迹及代表性建筑	省级	第六批	2018.7.31

续表 47

所在区县	名称	年代	占地面积（平方米）	类别	级别	公布批次	公布时间
德江县	德江梅林寺咸同起义遗址	清	900	古遗址	省级	第一批	1984.5
	煎茶溪古墓群	宋代	10	古墓葬	省级	第一批	1984.5
	黔中砥柱石刻	1524 年	10	石窟寺及石刻	省级	第一批	1984.5
	安化县武衙署	1605 年	1944	古建筑	省级	第六批	2006.6
	德江泉口田氏民宅（田氏庄园）	清	800	古建筑	省级	第六批	2018.7.31
	黔东特区革命委员会上坝乡苏维埃政府旧址	1934 年	289	近现代重要史迹及代表性建筑	省级	第六批	2018.7.31
	黔东特区革命委员会丝茅坝乡苏维埃政府旧址	1934 年	209.3	近现代重要史迹及代表性建筑	省级	第六批	2018.7.31
	黔东特区革命委员会叶元坝乡苏维埃政府旧址	1934 年	231	近现代重要史迹及代表性建筑	省级	第六批	2018.7.31
	黔东特区革命委员会袁家湾乡苏维埃政府旧址	1934 年	200	近现代重要史迹及代表性建筑	省级	第六批	2018.7.31
	黔东特区革命委员会杨河乡苏维埃政府旧址	1934 年	201	近现代重要史迹及代表性建筑	省级	第六批	2018.7.31
	黔东特区革命委员会张家湾区革命委员会旧址	1934 年	625	近现代重要史迹及代表性建筑	省级	第六批	2018.7.31
	黔东特区革命委员会枫香溪区革命委员会旧址	1934 年	91.5	近现代重要史迹及代表性建筑	省级	第六批	2018.7.31
	黔东特区革命委员会金盆水乡苏维埃政府遗址	1934 年	256	近现代重要史迹及代表性建筑	省级	第六批	2018.7.31
	黔东特区革命委员会行溪乡苏维埃政府旧址	1934 年	850	近现代重要史迹及代表性建筑	省级	第六批	2018.7.31
	黔东特区革命委员会龙塘乡苏维埃政府旧址	1934 年	315.4	近现代重要史迹及代表性建筑	省级	第六批	2018.7.31
	黔东特区革命委员会徐家岩区革命委员会旧址	1934 年	176	近现代重要史迹及代表性建筑	省级	第六批	2018.7.31
	黔东特区革命委员会张家湾乡苏维埃政府旧址	1934 年	240	近现代重要史迹及代表性建筑	省级	第六批	2018.7.31
	新滩惨案遗址	1934 年	500	近现代重要史迹及代表性建筑	省级	第六批	2018.7.31
	德江中共黔北工委旧址	1948 年	8000	近现代重要史迹及代表性建筑	省级	第六批	2018.7.31
沿河自治县	沿河苏联空军金角罗夫烈士墓	1985 年	30	近现代重要史迹及代表性建筑	省级	第一批	1982.2.23
	乌江洪峰标记石刻	清	10	石窟寺及石刻	省级	第二批	1985.11
	沿河天宫井红三军司令部和军部管理科旧址	清代	250	近现代重要史迹及代表性建筑	省级	第六批	2018.7.31
	红三军沿河独立团三壶坪团部旧址	清代	138	近现代重要史迹及代表性建筑	省级	第六批	2018.7.31
	红三军沿河独立团自卫队三壶坪旧址	1934 年	142	近现代重要史迹及代表性建筑	省级	第六批	2018.7.31
	沿河淇滩区革命委员会旧址	1934 年	206	近现代重要史迹及代表性建筑	省级	第六批	2018.7.31
	沿河天宫井乡苏维埃政府旧址	1934 年	156	近现代重要史迹及代表性建筑	省级	第六批	2018.7.31

续表 47

所在区县	名称	年代	占地面积（平方米）	类别	级别	公布批次	公布时间
沿河自治县	沿河长岗岭红三军驻地旧址	1934 年	148	近现代重要史迹及代表性建筑	省级	第六批	2018.7.31
	沿河暗塘红三军七师师部旧址	1934 年	138	近现代重要史迹及代表性建筑	省级	第六批	2018.7.31
	沿河七重乡苏维埃政府旧址	1934 年	122	近现代重要史迹及代表性建筑	省级	第六批	2018.7.31
	沿河黔东独立团临时团部旧址	1934 年	148	近现代重要史迹及代表性建筑	省级	第六批	2018.7.31
	沿河陈家寨乡苏维埃政府旧址	1934 年	—	近现代重要史迹及代表性建筑	省级	第六批	2018.7.31
	沿河耳当溪红三军屯粮处旧址	1934 年	198	近现代重要史迹及代表性建筑	省级	第六批	2018.7.31
	沿河符家寨红军监护大队驻地旧址	1934 年	172	近现代重要史迹及代表性建筑	省级	第六批	2018.7.31
	沿河铅厂坝红三军九师师部旧址	1934 年	136	近现代重要史迹及代表性建筑	省级	第六批	2018.7.31
	沿河水田坝贺龙住址	1934 年	116	近现代重要史迹及代表性建筑	省级	第六批	2018.7.31
	沿河水田坝红军会合旧址	1934 年	134	近现代重要史迹及代表性建筑	省级	第六批	2018.7.31
	沿河土地湾黔东特区农妇会旧址	1934 年	122	近现代重要史迹及代表性建筑	省级	第六批	2018.7.31
	沿河谯家区革命委员会旧址	1934 年	202	近现代重要史迹及代表性建筑	省级	第六批	2018.7.31
	沿河印山乡苏维埃政府旧址	1934 年	320	近现代重要史迹及代表性建筑	省级	第六批	2018.7.31
	沿河思渠红三军军部和七师师部旧址	1934 年	186	近现代重要史迹及代表性建筑	省级	第六批	2018.7.31
	沿河茶园头区革命委员会旧址	1934 年	136	近现代重要史迹及代表性建筑	省级	第六批	2018.7.31
	沿河红溪红军风雨桥	1934 年	100	近现代重要史迹及代表性建筑	省级	第六批	2018.7.31
松桃自治县	松桃虎渡口遗址	新石器时代	3000	古遗址	省级	第一批	1982.2.23
	云落屯悬棺葬	西晋	3840	古墓葬	省级	第一批	1982.2.23
	新寨古建筑群	元	500000	古建筑	省级	第四批	2006.6.6
	大路风雨桥	1824 年	229.5	古建筑	省级	第四批	2006.6.6
	松桃石号坡红军烈士纪念塔	1934 年	1100	近现代重要史迹及代表性建筑	省级	第六批	2018.7.31
	松桃张家祠堂红军标语	1934 年	22	近现代重要史迹及代表性建筑	省级	第六批	2018.7.31
	松桃川黔边独立团驻地旧址	近现代	400	近现代重要史迹及代表性建筑	省级	第六批	2018.7.31
	松桃严家坡区苏维埃旧址	近现代	100	近现代重要史迹及代表性建筑	省级	第六批	2018.7.31
	松桃玛瑙山红军战斗遗址	近现代	6000	近现代重要史迹及代表性建筑	省级	第六批	2018.7.31
	松桃寨地乡苏维埃政权旧址	近现代	80	近现代重要史迹及代表性建筑	省级	第六批	2018.7.31
	松桃浑泉乡苏维埃政权旧址	近现代	80	近现代重要史迹及代表性建筑	省级	第六批	2018.7.31
	松桃大土坪乡苏维埃政权旧址	近现代	80	近现代重要史迹及代表性建筑	省级	第六批	2018.7.31
	松桃石梁会师桥（红二、六军团石梁会师桥旧址）	近现代	60	近现代重要史迹及代表性建筑	省级	第六批	2018.7.31
	欧百川故居	近现代	200	近现代重要史迹及代表性建筑	省级	第六批	2018.7.31

【考古发掘】 截至 2021 年 5 月，由贵州省文物考古研究所铜仁考古队开展历时 2 年的“一带双核”铜仁至梵净山建设工程（乡村振兴文旅示范项目）项目占地范围内考古发掘工作结束并移交土地，占地范围外考古发掘工作继续开展。考古发现文物 1500 余件，考古成果待省考古研究所发布。

【文物保护项目申报与文物修缮】 2021 年，铜仁市开展文物保护项目申报工作，争取国家和省级文物保护和博物馆专项资金 2100 余万元。石阡万寿宫古建筑群玉皇阁修缮项目获国家文物立项批复。完成全国重点文物保护单位石阡万寿宫戏楼抢险修缮，寨英村古建筑群北门街文物修缮和黔东特区革命委员会旧址红军干部培训所排险修缮工作，省级文物保护单位印江坨寨乡苏维埃政府旧址、沿河独立团三壶坪自卫队旧址、枫香溪区革命委员会旧址修缮工程；推进江口云舍村古建筑群杨培生宅等修缮工程、德江泉口田氏民宅修缮工程等；开展寨英村古建筑群中街片区文物建筑修缮工程、协裕祥商号修缮工程初步验收。

表 48　2021 年铜仁市新增市级文物保护单位一览表

所属区县	文物名称	年代	类型	地址	备注
松桃自治县	松桃红石板红军烈士纪念碑	1980 年	近现代重要史迹及代表性建筑	松桃县石梁乡红石村	增补
松桃自治县	松桃苗族自治县革命烈士陵园	2003 年	近现代重要史迹及代表性建筑	松桃县蓼皋街道	增补
德江县	德江煎茶烈士陵园	1998 年	近现代重要史迹及代表性建筑	德江县煎茶镇金三角社区	增补
德江县	德江县烈士陵园	2016 年	近现代重要史迹及代表性建筑	德江县青龙街道龙盘山	增补
德江县	德江县委办公楼	1954 年	近现代重要史迹及代表性建筑	德江县安化街道中华社区	增补
德江县	德江新场知青农场旧址	1967 年	近现代重要史迹及代表性建筑	德江县煎茶镇新场社区	增补
德江县	德江枫香溪双坝文昌塔	清代	古建筑	德江县枫香溪镇双坝村	增补

【革命历史文物与遗址保护】 2021 年，铜仁市申报革命文物保护项目，黔东特区革命委员会旧址（沿河、德江部分）文物展示利用项目通过国家文物局立项批复；黔东特区革命委员会旧址（德江部分）三防项目通过省文旅厅立项批复；争取到革命文物保护专项资金 435 万元，完成省级文物保护单位印江坨寨乡苏维埃政府旧址、沿河独立团三壶坪自卫队旧址、枫香溪区革命委员会旧址修缮。完成枫香会议会址纪念碑环境整治项目施工前期准备。

图为中南门历史文化旅游区中对外开放的贺龙旧居（市委宣传部　供图）

【万山汞矿遗址保护与开发】 2021 年，万山汞矿遗址完成仙人洞抢险加固保护工程。实施万山汞矿工业遗产博物馆馆藏文物预防性保护工程，截至 12 月，完成工程量的 10%。对万山汞矿近现代工业建筑划定保护范围和建设控制地带并进行公布。完成省级文物保护单位"万山汞矿近现代工业建筑"四有档案工作，并上报省文物局。开展 2 次万山汞矿遗址申遗保护宣传，进行 4 次文物安全检查。完善朱砂古镇景区标识标牌改造、酒店经营改造、特定年代文化氛围及场景改造、新增旅游项目（七彩滑道、步步惊心）、观光车维护保养、基础设施维修维护等提升项目。

【文物执法】 2021 年，铜仁市开展文物执法巡查 779 次，巡查不可移动文物数量 1726 处。每季度与局执法支队采取明察暗访等方式，共同对全市省级以上文物保护单位开展文物执法巡查和文物安全工作督导和实地抽查，检查发现隐患 142 处，全部移交区县进行整改。

（市文体广电旅游局　罗　靖）

非物质文化遗产

【"非遗"项目与传承人申报】 2021 年，铜仁市有国家级非遗项目 12 项，省级非遗项目 73 项，市级非遗项目 101 项。开展第五批市级非物质文化遗产代表性传承人申报评审工作，新增第五批市级非物质文化遗产代表性传承人 62 名，有国家级传承人 10 人、省级传承人 55 人、市级传承人 213 人。

表 49　2021 年铜仁市新增市级非物质文化遗产项目及传承人一览表

姓名	性别	民族	从艺年限（起始年限）	项目类别	项目名称
饶泽华	男	仡佬族	1983 年	传统戏剧	石阡木偶戏
杨　芳	女	汉　族	2010 年	传统戏剧	石阡茶灯
唐必秀	女	侗　族	2011 年	传统戏剧	石阡木偶戏
张　进	男	土家族	1999 年	传统戏剧	傩戏（德江）
何荣霞	女	土家族	2006 年	传统戏剧	花灯戏（印江）
戴建文	男	汉　族	1974 年	传统戏剧	茶灯（松桃）
杨　刚	男	土家族	1995 年	传统技艺	石阡苔茶制作技艺
赵培军	男	汉　族	1984 年	传统技艺	印染工艺
欧阳矩	男	侗　族	2013 年	传统技艺	石阡苔茶制作技艺
段云飞	男	仡佬族	1993 年	传统技艺	豆腐干制作技艺（江口）
姚兰英	女	侗　族	1977 年	传统技艺	米豆腐制作技艺（江口）
蒋晓红	女	土家族	2002 年	传统技艺	藤编技艺（沿河）
张志学	男	汉　族	2015 年	传统技艺	玉屏箫笛制作技艺
吴阁灵	男	侗　族	1994 年	传统技艺	玉屏箫笛制作技艺
舒厚槐	男	侗　族	1999 年	传统技艺	玉屏箫笛制作技艺
杜　伟	男	土家族	1998 年	传统技艺	麻糖水制作技艺
付启霞	女	土家族	2001 年	传统技艺	土家熬熬茶制作技艺
覃信易	女	土家族	2016 年	传统技艺	土家刺绣（德江）
魏　华	男	土家族	1989 年	传统技艺	木黄金豆腐制作技艺
刘祖权	男	土家族	1977 年	传统技艺	砂陶制作技艺
吴求清	男	苗　族	2000 年	传统技艺	苗族银饰锻造技艺
杨伶俐	女	苗　族	2008 年	传统技艺	苗族银饰锻造技艺
石邦武	男	苗　族	1988 年	传统技艺	苗族银饰锻造技艺
黄东长	男	苗　族	1970 年	传统技艺	苗族银饰锻造技艺
段艳芬	女	汉　族	2006 年	传统技艺	桐壳碱面制作技艺
田长明	男	苗　族	1994 年	传统技艺	桐壳碱面制作技艺
刘国军	男	仡佬族	1997 年	传统技艺	米豆腐制作技艺（松桃）
龙　卤	男	苗　族	1992 年	传统技艺	花鼓制作技艺
李吉高	男	汉　族	1998 年	传统技艺	石雕技艺
杨　丽	女	汉　族	1983 年	传统美术	苗绣（碧江）
陈　力	男	苗　族	1998 年	传统技艺	花甜粑制作技艺
陈　平	女	汉　族	2006 年	传统技艺	红糖麦粑制作技艺
刘仕贵	男	土家族	1987 年	传统技艺	花烛制作技艺
刘小松	男	苗　族	2001 年	传统技艺	土家族背带制作技艺
杨　能	男	土家族	1963 年	传统技艺	藤编技艺（思南）
汪定强	男	土家族	1985 年	传统美术	印江书法
龙　梅	女	苗　族	2009 年	传统美术	苗绣（松桃）
王怀敏	女	汉　族	2012 年	传统美术	苗绣（松桃）
石维仙	女	苗　族	2014 年	传统美术	苗绣（松桃）
梁丽芳	女	土家族	2001 年	传统美术	苗绣（松桃）
杨光荣	男	汉　族	2017 年	传统美术	苗绣（松桃）

续表 49

姓名	性别	民族	从艺年限(起始年限)	项目类别	项目名称
王再臣	男	土家族	2015 年	传统美术	思南土家族剪纸
廖景荣	男	仡佬族	1963 年	传统音乐	仡佬吹打——唢呐调
杨大军	男	汉 族	1991 年	传统音乐	仡佬族民歌
龙正八	男	苗 族	1998 年	传统音乐	苗歌
胡玖珍	女	羌 族	1988 年	传统舞蹈	俄斯纳芭伊
唐羽荟	女	苗 族	2009 年	传统体育、游艺与杂技	傩技——上刀山
欧正宽	男	苗 族	1994 年	传统体育、游艺与杂技	傩技——上刀山
杨定财	男	汉 族	1966 年	传统医药	仡佬族医药
唐振豪	男	苗 族	2011 年	传统医药	苗族医药(体表增生性炎痛疗法)
龙贵元	女	苗 族	1978 年	传统医药	苗族医药(颈椎腰椎贴敷疗法)
郭 宇	女	苗 族	2007 年	传统医药	苗族医药(雷公透骨镇痛膏制作技艺)
李思林	男	侗 族	2006 年	传统医药	苗族医药(时珍药饼灸疗法)
吴海塔	男	苗 族	1974 年	传统医药	苗族医药(骨伤系统疗法)
吴海平	男	苗 族	1988 年	传统医药	苗族医药(痹症蒸敷疗法)
石再芬	女	苗 族	2014 年	传统医药	苗族医药(砖熨疗法)
唐荣成	男	苗 族	1966 年	传统医药	苗族医药(十方脉法)
何 丽	女	苗 族	2004 年	传统医药	苗族医药(挑痧疗法)
石昌杰	男	苗 族	1982 年	传统医药	苗族医药(内外接骨法)
谭文钊	男	汉 族	1970 年	民俗	仡佬丧葬习俗
徐 杰	男	仡佬族	2014 年	民俗	石阡说春
毛万东	男	苗 族	2002 年	民俗	炸龙习俗

【“非遗”专项资金保障】 2021 年，铜仁市申报 2021 年度“非遗”专项经费，获国家非物质文化遗产保护专项资金 187 万元，省级非物质文化遗产保护专项资金 123 万元。保障资金按规定用于补助 10 名国家级传承人、55 名省级传承人开展传承工作。

【非物质文化遗产保护】 2021 年，铜仁市开展对木偶戏、说春、仡佬毛龙节 3 个国家级项目开展数据采集、举办宣传活动、文创开发设计等保护工作，对水龙节、油茶制作技艺、土家族过赶年、茶灯等省级项目开展传承人培训、数据采集、宣传活动等保护工作，对国家、省级资金进行绩效自评，省文化和旅游厅对资金进行绩效评估。10 月 15 日，联合国教科文组织中国世界遗产保护和管理项目三期成果发布暨四期启动会在松桃自治县召开。

(市文体广电旅游局 罗 靖)

松桃自治县大路乡后硐村村民开展省级非遗项目茶灯表演(何远志 摄影)

新闻出版

【新闻宣传】 2021 年，铜仁市围绕庆祝中国共产党成立 100 周年、围绕"四新"主攻"四化"、乡村振兴、疫情防控等中央、省重点工作部署及市委、市政府中心工作，先后策划开设"沿着习近平总书记指引的方向奋力前行""奋进百年　千年之变　铜仁阔步奋勇向前"等专题专栏80余个，推出稿件9万余篇(条)次。编辑出版《铜仁市决战贫困系列丛书》。在人民日报社、新华社、中央广播电视总台等中央媒体及贵州日报社、贵州广播电视台等省级媒体发稿4154条。其中，在中央媒体累计发稿1029条(《人民日报》发稿86条，2条在头版刊发)；《新华每日电讯》和《新华社电稿》发稿198条；中央广播电视总台发稿261条(《新闻联播》发稿11条，《焦点访谈》发稿2条)；《经济日报》发稿46条(头版2条)；《光明日报》发稿47条；《中国日报》发稿31条；中国新闻社刊发电稿380条。贵州日报社和贵州广播电视台发稿3125条(《贵州日报》2124条，贵州广播电视台911条)。人民日报社贵州分社调研撰写的《贵州铜仁遏制腐败低龄化》，在人民日报社《内部参阅》刊发；中央广播电视总台《新闻联播》头条播出"贵州：巩固脱贫攻坚成果　衔接乡村振兴"，《焦点访谈》栏目播出"创新赋能'数智'未来"等稿件。

【出版物监管】 2021年，市扫黄办开展4次文化出版物市场集中检查，各级文化市场检查出动执法检查人员1.2万余人次，检查文化旅游市场经营单位5600余家次，收缴侵权盗版出版物6300余册。各级网信部门网络巡查有害信息2887条，其中涉淫秽色情信息2524条，其他信息363条。查办"扫黄打非"41件，其中刑事案件6件。3个"扫黄打非"基层站点入选全省第五批示范站点。思南县文家店镇"扫黄打非"工作站张锋被评为全国"扫黄打非"先进个人。思南11·20案件、江口5·20案件被列为省级挂牌督办案件。开展2021年渝鄂湘黔泛武陵山"扫黄打非"联防协作专项整治工作，指导碧江、万山、玉屏、松桃、印江、沿河6区县扫黄办与重庆、湖南、湖北交界的区县开展联防协作执法检查行动，出动执法检查人员200余人次，检查点位2300余个。

【版权管理】 2021年，铜仁市版权登记132件，完成《铜仁日报》全年报纸审读12期，完成《铜仁学院学报》审读6期。新审批印刷企业3家，完成38家印刷企业、218家出版物印刷企业年检。办理内部资料准印审批24次。

（市委宣传部）

【铜仁日报社】 2021年，铜仁日报社编发《铜仁日报》337期，开设各类专栏90余期，发行4万份；"梵净云天"客户端发布稿件3.55万余条，总点击量440万余次，日均点击量2万余次，总评论量43万余次，总转发量62万余次；"铜仁微报"公众号总发稿量2600余条，总点击量95.9万余次；"铜仁发布"微博总发稿量4.6万余条，单条最高阅读量492万次，日均点击量20万余次；"铜仁日报"微博总发稿量3.4万余条，单条最高阅读量127万次；铜仁新闻网总发稿量19817条；"铜仁日报"抖音平台总发布短视频3178个，单条最高点击量822.4万次；"铜仁日报"视频号总发布短视频1370个，单条最高阅读量220万次；"铜仁日报"快手平台总发布短视频2325个，单条最高点击量1600万次。碧江区公安分局网安大队驻铜仁日报社网警工作站挂牌。

对涉及铜仁的重大新闻进行线索收集、研判后开展内参编辑工作，向市委、市政府报送内参20期，获市委主要领导批示5期。

铜仁日报社召开媒体融合发展专题会议6次，研讨发展目标、方向、任务，通过采编播管人事制度改革、薪酬制度改革、内部组织架构改革、文化体制改革，实现"中央厨房"提质升级，推动媒体融合发展在内容、技术、机制等方面均实现突破，"梵净云天"客户端下载量接近20万人次，"铜仁发布"微博粉丝超过10万人。建立起包括"梵净云天"客户端、"铜仁发布"微博、"铜仁日报"微博、"铜仁微报"公众号、"铜仁日报"抖音号、"铜仁日报"快手号、"铜仁日报"视频号、铜仁新闻网在内的"报网端微号"融媒体矩阵。同时，通过内部机制和制度再设计，完善优化《铜仁日报全媒体策采编发流程》《铜仁日报全媒体采编人员岗位职责》《铜仁日报全媒体采编人员量化考核实施办法》等方案，持续引导采编人员向全媒体记者、全媒体编辑转型。

（铜仁日报社　申逸恺）

广播影视

【概况】 2021年，铜仁市有市级广播电视行政单位1家，区县级广播电视行政单位10家；有市级广播电视台1家，区县级广播电视台(融媒体中心)10家；有市级广播电视转播台1家，区县级广播电视转播台(差转台)9家；有市级广播电视网络分公司1家，区县级广播电视网络分公司10家；有市级监测台1家；有自办广播节目3套，自办电视节目11套，无线转播180余套广播电视节目。通过多彩贵州"广电云"村村通、户户用、应急广播工程建设，实现行政村、移民安置点有线数字电视网络信号传输全覆盖。全市广播综合覆盖人口420.97万人，覆盖率93.96%，较2020年上升0.19个百分点；电视综合覆盖人口439.14万人，覆盖率98.01%，较2020年上升率增加0.05个百分点。

【电视节目转播】 2021年，铜仁市有正常工作的调频广播电视发射台11座，电视发射机51部，发射功率48.5千瓦，均为100瓦及以上电视发射机，有数字电视发射机20部15.8千瓦。10家高山无线发射台安全转播186套广播电视节目，其中安全转播中央台数字电视节目120套，省市县数字电视节目40套；全市11套电视节目年播出时间73923小时，比2020年增加1051小时。其中对农村电视节目播出时间60232小时，比2020年增加621小时，对农节目栏目41个；播出少儿电视节目1681小时，被中央台采用新闻类电视节目623条。

【广播覆盖】 2021年，铜仁市在实施民生实事工程中新建并完成278个行政村应急广播体系建设，完成任务数139%，累计建成2892个行政村应急广播系统，1583个行政村可上线播出。建成应急广播终端27684个，其中收扩机8516个，大喇叭8079个，音柱11089个，可上线播出终端8103个；有调频广播发射机38部，发射功率12.3千瓦，均为100瓦及以上广播发射机，数字调频广播发射机2部1.1千瓦；有广播节目3套，广播节目年播出时间20478小时，比2020年增加461小时，其中对农村广播节目播出时间6570小时，与2020年持平；被中央台采用新闻类广播节目20条，播出少儿节目664小时。安全转播广播节目26套。

（市文体广电旅游局 罗 靖）

【电影市场】 2021年，铜仁市有电影院18家，其中碧江区6家，万山区2家，江口县1家，玉屏自治县1家，石阡县1家，印江自治县2家，思南县1家，德江县1家，沿河自治县1家，松桃自治县2家。全年放映电影114474场，票房收入2258.54万元。全市农村公益电影计划任务数32328场，实际完成放映33199.35场次，现场观影人数141万余人次，超额完成放映任务。影院管理按照“属地管理”要求，定期对电影行业开展隐患排查治理，督促影院行业把安全生产、疫情防控等工作落到实处，确保在疫情防控和安全生产各项措施落实到位的基础上，营造健康向上、规范有序的文化环境。按照《中华人民共和国电影产业促进法》《电影管理条例》等相关法律法规，加强对电影行业市场秩序的监管，严禁虚报瞒报销售收入、制造虚假交易，严防盗录盗播。

（市委宣传部）

【电视剧《看万山红遍》结束拍摄】
2021年4月11日，电视剧《看万山红遍》在万山朱砂古镇举行杀青仪式。电视剧《看万山红遍》是以万山转型发展的实践为蓝本，讲述万山干部群众坚持以习近平新时代中国特色社会主义思想为指导，感恩奋进、艰苦奋斗、浴火重生的故事。电视剧于1月13日在万山开机拍摄，由省文联主席、省作协主席欧阳黔森任总制片人和编剧，保剑锋、韩栋、王乐君等演员参与演出。

（市文体广电旅游局 罗 靖）

文化产业

【概况】 2021年，铜仁市建立涉旅国有企业库15个，建成文化产业示范基地（园区）27个，有规模以上文化企业35个，全省规模以上涉旅市场主体前20强中铜仁市占5家，有文化产业示范基地（园区）27个。起草《“十四五”铜仁市文化改革发展规划》，出台《关于促进铜仁市文学艺术繁荣发展的意见》《铜仁市文艺精品扶持奖励办法（试行）》《铜仁市支持特色文化产业加快发展的实施意见》等。万山朱砂古镇、铜仁武陵山茶产业公园（山茶特色小镇）、石阡仙人街历史文物景观恢复及生态旅游建设、玉屏大健康养生服务产业聚集区、德江高山春花海休闲度假园5个项目入围全国文化和旅游投融资项目。“松桃苗绣”列入第五批国家级非物质文化遗产代表性项目名录，万山区千年丹都休闲游被推介为2021中国美丽乡村休闲旅。邀请北京国艺中联文投公司、江苏百工造物文化科技公司、浙江衢州南孔文创公司、非遗文旅（广州）文化科技有限公司等企业到铜仁开展文旅投资考察。全市文化产业招商资金到位9.22亿元。

【文化产业基地（园区）】 截至2021年12月，铜仁市建成文化产业示范基地（园区）27个，其中：省级文化产业示范基地（园区）6个。从认定时间看，第一批省级基地2个（碧江大明边城、松桃苗王城）、第三批1个（松桃苗绣生产研发基地）、第四批1个（武陵土家族传统手工艺研发基地）、第六批1个（万山朱砂古镇）、第七批1个（中南门文化创意产业园）。从基地类型看，6个省级基地（园区）中，聚集类基地（园区）4个，分别为大明边城、苗王城、中南门文化创意园区、万山朱砂古镇；单一类基地（园区）2个，分别为松桃苗绣生产研发基地、武陵土家族传统手工艺研发基地。从基地产业业态看，6个省级基地（园区），其中，文化投资运营和文化娱乐休闲服务类4个，内容创作生产和创意设计服务类2个。

【文化产业项目】 2021年，铜仁市

谋划文旅项目库60余个，向省推荐52个省文旅基金储备项目。5个批次申报省文旅基金，6个文旅项目获省旅投资基金7.29亿元。其中，5个项目到位资金7.09亿元，位居全省第一。组织朱砂古镇等项目申报省服务业专项资金。石阡仙人街项目获贵州省现代服务业专项资金600万元。组织沿河县南庄空心李AAAA级景区提升工程等项目申报省文化产业发展专项资金。松桃苗王城获15万元省文产专项资金支持。组织中南门历史文化旅游区申报国家文化产业发展项目库2021年度项目。万山朱砂古镇、铜仁武陵山茶产业公园(山茶特色小镇)、石阡仙人街历史文物景观恢复及生态旅游建设、玉屏大健康养生服务产业聚集区、德江高山春花海休闲度假园等5个项目入围全国文化和旅游投融资项目。建设省级传统村落集中连片保护利用集聚区2个(石阡县、印江自治县)，争取到位资金2400万元。

【文化产业招商引资】 2021年，铜仁市开展文化产业招商引资活动，谋划33个重点文旅产业招商项目。在全省旅游“两会”期间文化旅游产业招商推介会签约项目6个，签约投资总额99.4亿元。深化东西部协作，与东莞市、深圳市、中山市开展文化旅游企业招商考察，签约项目1个，签约资金4500万元。

【文旅产品拓展】 2021年，铜仁市组织20余家文化旅游企业参加中国—中东欧国家博览会暨国际消费品博览会、2021年中国服贸会、第十七届深圳文博会、第十届苏州创博会等展会，助力文旅企业拓展市场。在2021年第十届苏州文化创意设计产业交易博览会上，搭建以“梵天净土·桃源铜仁”为主题的铜仁主题展馆，组织20家文创及农特企业在文创、民族民间工艺及非遗精品展区、乡村振兴成果3个展区进行展示展销和展演。现场签约项目1个，金额20万元；现场产品销售额6.18万元，签订意向订单23个，金额约72万元。

（市委宣传部）

党史研究

【场所建设】 2021年，铜仁市完成对红二、红六军团长征贵州纪念馆，木黄会师纪念馆、红三军政治部旧址、红六军团政治部旧址展陈大纲内容进行审核，提出修改意见和建议。参与红二、红六军团木黄会师纪念馆布展的评审工作。提升和挖掘对红二方面军(红二、红六军团)的长征历史地位和精神价值认识，丰富长征国家文化公园铜仁项目建设点文化内涵。

【党史征集编纂】 2021年，铜仁市启动《贵州剿匪实录》《铜仁脱贫攻坚实录》工作和新冠肺炎防控史料征集和编研工作。编写“红色黔东”系列丛书，完成红三军远征、红六军团西征、红二、红六军团长征三辑初稿。开展《伟大的远征——红二·红六军团故事集》编写工作，形成《红十八师“打不烂、拖不垮”的铁血征程》《从甘溪战役看中国共产党政治信仰的核心要素》《红二、六军团策应中央红军长征研究》《黔东独立师革命斗争精神及其历史贡献》等成果。

【红色文化宣传】 2021年，市委党史研究室制定党史“六进”工作方案，为铜仁高新区易地扶贫搬迁安置点的群众和学生，市直机关、国有企业入党积极分子，乡镇新任组织委员讲授铜仁地方历史。开展为上门查阅党史资料的单位或个人服务工作，借(赠)阅图书1800余册。制作完成《旷继勋》宣传片，录制的党章、入党誓词教学视频作为全省流动党员学习课程在铜仁智慧党建平台展播。与市委宣传部共同策划铜仁红色文化大讲堂，参与《周逸群的初心本色》《黔东神兵运动与中国革命》《贺龙的黔东情缘》3期的讲解录播工作。对铜仁红色纪念场馆布展和解说的史实进行审核，通过“铜仁党史”微信平台发布党史知识、党史故事240余条，编写铜仁党史信息简报9期36篇。

【长征论坛工作】 2021年，铜仁市完成第五届长征论坛——“长征精神与长征国家文化公园建设”的承办工作。完成《仁义黔东——红二方面军的摇篮研究》《伟大的远征——红二、红六军团故事集》《红军在黔东》的出版工作。与会专家学者撰写并提交论文100余篇，其中优秀论文52篇结集编印，形成《长征论坛——长征精神与长征国家文化公园建设论文集》。

（市委党史研究室　刘　斌）

档案工作

【概况】 2021年，铜仁市投入资金30余万元，对档案库房周边环境进行整治，确保档案物理环境安全。开展进馆档案标准化工作，出台《铜仁市档案馆接收档案标准(试行)》。查询原地区档案局文书档案300余卷，编写大事记约180条。12月，完成对全市党史学习教育文件材料收集归档工作的专题业务培训，完成市纪委、市气象局、市公共资源交易中心等12家单位档案工作的业务指导。

【梵净山申遗档案整理接收】 2021年，铜仁市档案馆将梵净山及申遗工作2016年、2017年、2018年未归档文件材料和世界自然遗产证书、奖牌等纳入归档范围，对所有相关资料进行收集、分类、排列，张贴标签，编制目录。整理形成文书档案458件，实物档案2件，图书资料59册。3月30日，梵净山申遗档案接收进馆。

【两类专项档案监督指导】 2021年，铜仁市档案馆配合协助市档案局完成两类专项档案工作，印发《关于做好脱贫攻坚档案归集工作的通知》《关于进一步做好脱贫攻坚档案和疫情防控档案工作的通知》，同时，接收部分市直单位脱贫攻坚档案目录和疫情防控领导小组社防组移交的1207件档案。

【重点工程建设项目档案指导验收】 2021年，铜仁市档案馆对市商务系统、工信系统下属6家改制企业等档案整理、安全保管及处置进行检查指导。参与铜仁大兴水利枢纽工程移民安置档案项目验收、石阡国荣（泉都）220千伏输变电工程项目档案专项验收、安可替代工程等档案项目验收会议，对项目档案中存在的11个问题进行反馈，对相关工程项目档案概况进行点评。

【机关档案管理】 2021年7月15日，铜仁市档案馆与市档案局联合印发《关于开展市直单位机关档案管理工作情况摸底检查的通知》，联合检查组于7月27日至9月18日对60家市直单位机关的室藏档案种类、数量进行摸底，对档案管理工作进行检查，在检查中发现问题16个，现场提出整改意见，截至12月，所有整改问题全部整改完毕，整改率达100%。

【档案保管利用】 2021年，铜仁市档案馆按照“八防”要求，每月对库房进行安全检查，完成库房温度和湿度控制，确保馆内温度和湿度在国家规定范围内。完成库房安全检查23次，汛期安全排查2次。完成向公民、法人和其他社会组织提供馆藏档案史料及资料的利用服务工作，全年向社会提供查阅利用服务1967卷1103人次，提供免费复印7931页，提供电话咨询152批次。全年未发生群众投诉、来访等情况。

【“6·9”国际档案日宣传活动】 2021年6月9日，铜仁市档案馆、市档案馆与市城建档案馆、碧江区档案局、碧江区档案馆、万山区档案局、万山区档案馆在锦江广场联合举办以“档案话百年·展铜仁篇章”为主题的“6·9”国际档案日宣传活动。活动现场对党和国家领导人关于档案工作重要论述摘要、中华人民共和国成立后铜仁市档案事业发展概况、档案法制、档案知识、档案利用、档案征集、铜仁市各区县新馆面貌以及首次展出的部分革命历史档案资料进行展示，并发放《中华人民共和国档案法》《中华人民共和国档案法实施办法》《档案馆查阅指南》《村级档案管理办法》等资料500余册（份）。

［市档案馆（市地方志办） 安明国］

地方志工作

【概况】 2021年，铜仁市印发《铜仁市传统村落志编纂实施方案》，召开工作部署会，启动全市《传统村落志》编纂工作。市地方志办公室开展《贵州简志》《贵州省抗击新型冠状病毒疫情志》资料收集工作，支持市纪委开展《铜仁纪检监察志》编纂。印发《关于开展乡镇志和专业志编纂有关事宜的通知》，利用召开全市地方志工作会议的契机，完成对区县乡镇志和专业志编纂工作培训。完成《铜仁年鉴2021》的编纂出版工作，印发《铜仁市年鉴质量提升工程实施方案》，对《玉屏年鉴2021》《万山年鉴2021》编纂进行全程指导，执行市级终审制。印发《铜仁市档案馆（市地方志办）档案和地情资料征集通告》并在铜仁网站等媒体上发布，主动上门征集《铜仁地区化肥厂志》。完成全市地情资料和地方历史文化研究人员统计工作。

【《梵净山志》编纂】 2021年3月23日，铜仁市印发《梵净山志编纂工作方案》，启动《梵净山志》编辑工作。召开《梵净山志》编纂工作推进会，抽调贵州梵净山管理局工作人员1人到编辑部开展编辑工作。拟定编辑部工作规则，明确8人具体编辑，对应8篇内容做出分工。完成涉编的20余家单位对接指导资料收集工作，并于7月15日召开《梵净山志》编纂培训会，对各单位资料员就如何开展资料收集进行培训。

【《铜仁地区简志》验收合格】 2021年，铜仁市地方志办公室收到承编单位传来复审稿后，邀请有关专家参与审读复审稿，召开复审会，形成复审意见反馈承编单位。6月，承编单位提交验收稿，经对照，复审意见得到落实，质量符合要求，随后开展校对工作。9月，承编单位根据校对情况补充提交电子版，经验收质量合格，《铜仁地区简志》编纂工作至此完成。

【市级综合年鉴编纂】 2021年1月9日，铜仁市印发《关于〈铜仁年鉴2021〉组稿的通知》，3月完成120余家供稿单位的组稿工作，5月完成初稿的编辑。8月中旬获批书号，10月中旬完成稿件的三校工作。11月中旬《铜仁年鉴(2021)》定稿付印。12月初收到印刷成书。《铜仁年鉴(2021)》在篇目结构、内容设置上进行全新改革，类目从2020卷的24类增加到32类，其结构更加稳定，分类更加科学。

【铜仁市年鉴质量提升工程】 2021年2月24日，铜仁市地方志办公室印发《铜仁市年鉴质量提升工程实施方案》(以下简称《方案》)。《方案》明确在"十四五"期间，每年分别确定1个区县为市级精品年鉴和市级终审年鉴实施单位，由市地方志办公室对列入市级终审年鉴单位的年鉴实行终审验收制度；对列入2021年市级精品年鉴的《玉屏年鉴2021》和市级终审年鉴《万山年鉴2021》提前介入，实行业务全程指导，对篇目设计的逻辑性、合理性等12个方面存在的问题提出修改意见并进行反馈。

［市档案馆(市地方志办)　安明国］

文化市场管理

【文化市场行政审批审核】 2021年，铜仁市文化市场有需行政审批项目21个。截至12月，互联网上网服务经营单位/场所审批14家；歌舞、游艺娱乐场所审批26家；营业性文艺表演团体审批3家；营业性演出场所审批3家；营业性演出审批2次。

【文化市场净化】 2021年，铜仁市各级文化市场综合执法队伍出动行政执法人员9196人次，检查经营单位2959家次，办结行政处罚案件81件，罚款27.3万元。没收违法所得2221.5元，责令改正34家次，警告47家次，责令停业整顿2家次。其中，市支队办结案件26件，罚款15.8万元。

【文化市场信用管理】 2021年，铜仁市要求全市旅行社推行《贵州省旅游团队游客购物退货旅行社先行垫付公开承诺》制度，在旅行社、分社及营业网点向游客公开承诺。针对行政处罚案件，市文体广电旅游局利用单位网站和中国信用信息网，将相关企业处罚信息对外进行公示。

(市文体广电旅游局　罗　靖)

卫生健康

综 述

【医疗卫生机构】 2021年，铜仁市有医疗机构3414家（民营医疗机构1859家），其中医院124家（公立医院24家，民营医院100家），妇幼保健院11家，乡镇卫生院（社区卫生服务中心）179家，诊所（门诊部）256家，村卫生室（社区卫生服务站）2844家。有公立综合医院15家，其中三级甲等1家（市人民医院），三级乙等3家（思南县人民医院、德江县人民医院、松桃苗族自治县人民医院），三级2家（石阡县人民医院、印江土家族苗族自治县人民医院），二级甲等4家（万山区人民医院、江口县人民医院、玉屏侗族自治县人民医院、沿河土家族自治县人民医院），二级3家（铜仁市第二人民医院、碧江区人民医院、铜仁职院附院），一级2家（铜仁103医院、铜仁监狱医院）。有公立中医医院8家，其中三级乙等1家（德江县民族中医院），三级2家（铜仁市中医医院、思南县民族中医院），二级甲等5家（玉屏侗族自治县中医院、江口县中医医院、石阡县中医医院、印江土家族苗族自治县中医院、松桃苗族自治县民族中医院）。有公立专科医院1家（铜仁市第三人民医院）。有妇幼保健院11家，其中三级甲等1家（市妇幼保健院），二级甲等5家（江口县妇幼保健院、玉屏侗族自治县妇幼保健院、思南县妇幼保健院、德江县妇幼保健院、松桃苗族自治县妇幼保健院），二级3家（铜仁市碧江区妇幼保健院、石阡县妇幼保健院、印江土家族苗族自治县妇幼保健院），一级1家（沿河土家族自治县妇幼保健院）；未定级1家（万山区妇幼保健院）。

【医护队伍建设】 2021年，铜仁市有执业（助理）医师8345人，每千人口执业（助理）医师2.53人；有注册护士11481人，每千人口注册护士3.48人。有医务人员26569人，其中博士研究生6人（占比0.02%），研究生238人（占比0.89%），本科生10074人（占比37.92%）；医务人员中申报正高级职称人数138人，申报副高级人数332人（副高通过289人，正高在评审中），有正高职称421人（占比1.58%），副高职称1942人（占比7.3%）。有卫生专业技术人才2.53万人。利用“贵州人才博览会”“校园招聘”等平台，到高等医科院校招聘引进急需人才323人。实施“银龄计划”引进43人，其中省外人才引进13人，通过“明日乡村医生”招募并获资助44人。国家卫健委向贵州追加的唯一一个国家医师资格考试实践技能考试基地（临床类别）落户铜仁。争取苏州大学到铜举办临床医学硕士研究生班2期，培养人才94人。依托“黔医人才计划”系列培训平台，培养医疗管理专业人才31名。开展住院医师规范化培训120人、全科医生转岗培训35人。

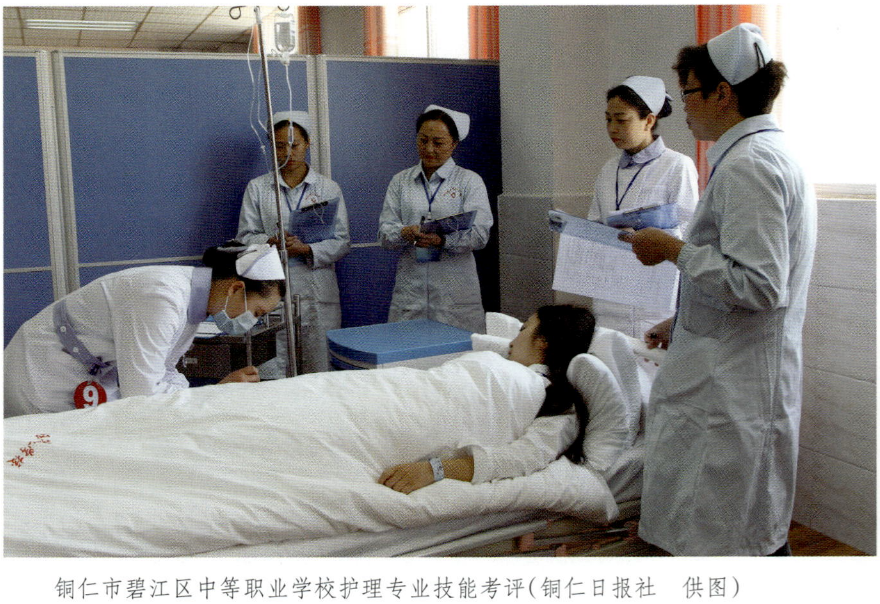

铜仁市碧江区中等职业学校护理专业技能考评（铜仁日报社　供图）

表50　2021年铜仁市医疗卫生机构、从业人员统计表

地区	机构数	编制床位数	实有床位数	编制人数	在岗职工 合计	村卫生室 药师（士）	非村卫生室 药师（士）	卫生技术人员 小计	执业（助理）医师	执业医师	注册护士	药师（士）	技师（士）	检验师	影像师	康复师	卫生监督员	其他	见习医师	其他技术人员	管理人员	仅从事管理的人员	工勤技能人员
总计	3441	23217	28066	16467	33654	0	950	26595	8362	6677	11484	950	2208	1180	747	248	174	3417	1544	1160	1989	988	1506
碧江区	267	4980	6156	4156	7325	0	207	6120	2134	1849	2986	207	468	257	139	71	18	307	119	405	436	258	450

续表 50

地区	机构数	编制床位数	实有床位数	编制人数	在岗职工																		
					合计	村卫生室	非村卫生室	卫生技术人员												其他技术人员	管理人员		工勤技能人员
						药师（士）	药师（士）	小计	执业（助理）医师		注册护士	药师（士）	技师（士）				卫生监督员	其他				仅从事管理的人员	
										执业医师				检验师	影像师	康复师			见习医师				
万山区	130	1222	1377	1079	1871	0	50	1590	477	359	714	50	127	66	32	28	12	210	90	38	59	43	83
江口县	150	987	1300	637	1661	0	53	1331	327	252	595	53	125	65	48	7	0	231	89	43	86	67	64
玉屏自治县	120	1126	1281	726	1651	0	47	1337	432	334	541	47	108	58	37	12	19	190	73	54	50	32	70
石阡县	349	2368	2396	967	2613	0	68	1982	664	519	822	68	157	75	64	16	14	257	89	179	118	55	30
印江自治县	432	1793	2266	1221	2723	0	88	2022	667	508	816	88	180	98	54	25	23	248	150	71	263	115	155
思南县	585	2915	3499	1842	4199	0	118	3430	1067	812	1408	118	305	175	101	28	2	530	298	111	226	102	152
德江县	388	2546	3272	1784	3745	0	105	2995	917	764	1155	105	201	114	60	27	20	597	312	97	248	131	131
沿河自治县	465	2756	3109	1441	3421	0	118	2717	797	600	1152	118	254	132	98	13	29	367	172	60	257	83	123
松桃自治县	555	2524	3410	2614	4445	0	96	3071	880	680	1295	96	283	140	114	21	37	480	152	102	246	102	248

（资料来源：市卫健局）

【公立医院收支】 2021 年，铜仁市公立医院诊疗 496.34 万人次，每职工平均诊疗 387.59 人次；出院 45.51 万人次，平均住院日 7.21 天，病床使用率 87.14%；住院手术量 15.18 万人次，其中三、四级手术量 8.13 万人次、占比 53.56%；门诊次均费用、出院者次均费用增幅分别为 4.65%、1.41%。公立医院实现总收入 46.86 亿元，其中财政投入 8.32 亿元、占比 17.76%，医疗服务收入（不含药品、耗材、检查、化验收入）占医疗收入比重 35.66%，药品收入占医疗收入比重 22.88%，卫生材料收入占医疗收入比重 11.71%；固定资产增长率 33.58%。人员费用占费用总额的比重 42.71%，管理费用占费用总额的比重 14.03%，百元医疗收入的医疗费用（不含药品、卫生材料）118.73 元。

【医共体建设】 2021 年，铜仁市组建医共体 16 个，覆盖 183 个成员单位。其间，选取江口、德江、思南 3 个县作为紧密型县域医共体重点推进县，其余 7 个区（县）同步统筹推进。随后按照总额预付、结余留用、合理超支分担的原则，将医保基金打包支付给医共体牵头单位，推进医共体医保基金总额付费，深化医保支付方式改革。经总额控制和管理，江口县医保基金兑现结余资金 1491.44 万元。同时，将加强基层特色科室、中医服务能力等贯穿医共体建设全过程，实现基层门急诊占比 57%，县域内就诊率 92.64%。

【互联网医院建设】 2021 年 2 月，铜仁华梵康云互联网医院试运行，医院通过引进树兰（杭州）医院院士，利用专家资源对口指导，开设转诊绿色通道，开展人才交流等合作等方式，提供在线问诊、在线复诊、处方流转、药品配送、健康管理、专科服务包等服务，实现部分常见病、慢性病咨询与复诊服务零接触，特别是让发热患者获得及时健康评估和指导，缓解医院救治压力。截至 12 月，医院连接市县乡医疗机构 30 家，上线医生 1270 人，上线试运行提供服务 1107 人次。

【新冠肺炎疫情防控】 2021 年，铜仁市印发《关于印发铜仁市重点人群新型冠状病毒疫苗紧急接种工作方案的通知》《关于调整铜仁市 2021 年 6 月底前新冠病毒疫苗接种任务的通知》，成立市级新型冠状病毒疫苗接种不良反应医疗救治领导小组，统筹协调全市医疗救治及会诊、转诊等工作。对各区县的接种组织、疫苗运输、储存规范以及医务人员的专业水平开展督导指导。按照“充分告知、自愿接种”的原则，规范设置接种点，开展疫苗接种工作。6 岁及以上人群第一剂次新冠病毒疫苗接种 269.5 万人，完成总接种任务的 100.23%；3 ~ 5 岁人群第一剂次接种数 121181 人，任务完成率101.15%；重点人群加强免疫累计接种17.78万人，完成率109.78%。印发《铜仁市2021冬春季新冠疫情防控应急预案》《铜仁市2021年春节期间应对新冠肺炎疫情应急预案》《铜仁市应对全省2021年度夏秋季疫情防控实战演练工作手册》《2021年铜仁市新冠肺炎聚集性疫情处置应急演练工作方案》《关于印发铜仁市新冠肺炎全员核酸大规模检测实施方案的通知》。完成"外防输入、内防反弹"各项措施落实。27家具备新冠肺炎病毒核酸检测能力的医疗卫生机构，能一次单检约5800人，按8个循环计算单日单检4.64万人，按8个循环1:10混检，2日检测能力92.8万人（两城区检测能力37.44万人）。12月29日，完成铜仁市中心城区516650人全员核酸检测，检测结果全部为阴性。第一时间处置大连3名旅客途经铜仁凤凰机场被确诊无症状感染者事件、山东奶枣和涉疫风险地区的邮递快件、"12·27"疫情等事件，未发生感染新冠肺炎疫情病例扩散情况。

【分级诊疗制度】 2021年，铜仁市成立铜仁市分级诊疗试点工作领导小组，明确分级诊疗工作原则、任务和措施以及县乡医疗机构病种，遴选碧江区、思南县开展试点工作。按照《全国医疗卫生服务体系规划纲要（2015—2020年）》《贵州省医疗卫生服务体系规划（2016—2020年）》《铜仁市"十三五"卫生计生事业发展规划》要求，印发《铜仁市区域卫生发展规划（2016—2020年）》《铜仁市医疗机构设置规划（2016—2020年）》等文件。市卫健局与发改（价格）、财政、人力资源社会保障等相关部门协作，完善配套政策，统筹协调推进落实分级诊疗、基层首诊。

（市卫健局　张　军）

【医养结合建设】 2021年，铜仁市卫健局联合14部门印发《关于加快推进医疗健康服务和养老服务融合发展的实施方案》，建设居家社区机构相协调、医养康养相结合的养老服务体系。6家二级以上综合性医院设立老年病科；15家两证齐全的医养结合机构有医养结合床位3310张；所有养老机构均为老年人开设就医绿色通道，以不同形式为入住老年人提供医疗服务，65岁及以上老年人健康管理26.27万人，健康管理率76.43%，基本满足老年人多样化健康养老服务需求。万山区大坪乡卫生院等7家基层医疗卫生机构被省卫健委、省民政厅确定为省级基层医疗机构医养结合服务试点，松桃自治县福利园中医医院被确定为省级医养结合服务示范单位，碧江区和苑老年公寓等3家单位被确定为智慧健康养老服务试点，碧江区仁济医院康养中心被确定为安宁疗护试点，碧江区创建为2021年全省医养结合示范县。

（市卫健局　张　军　丁文松）

【基本公共卫生服务保障】 2021年，铜仁市电子健康档案建档率94.08%，较2020年提高3.77个百分点，居民规范化电子档案覆盖率81.58%；以乡镇为单位的适龄儿童国家免疫规划疫苗接种率95%以上；新生儿访视率93.16%，0～6岁儿童健康管理率93.16%；0～6岁儿童眼保障和视力检查覆盖率93.13%；早孕建册率和产后访视率分别为92.43%、92.89%，孕产妇系统管理率90.82%；管理高血压患者24.15万人，规范管理率75.44%；管理糖尿病患者5.82万人，规范管理率73.57%；在册严重精神障碍患者管理率94.87%；肺结核患者管理率97.89%。老年人及儿童中医药管理率分别为72.11%、74.87%；传染病报告率和报告及时率分别为100%、99.95%，突发公共卫生事件相关信息报告率100%。卫生监督协管实现全覆盖，信息报告率100%。

【卫生应急救援】 2021年，铜仁市有紧急医学救援中心9个。依托急救体系通信调度信息系统，建成紧急医学救援指挥调度信息系统。依托市人民医院建成紧急医学救援队，为突发事件提供现场医疗救治与生活保障一体化紧急医学救援服务。依托市疾病预防控制中心建设突发急性传染病防控队，处置各项传染病事件248起，其中，聚集性疫情234起，暴发疫情8起，突发公共

铜仁市区域远程影像诊断中心（市卫生健康局　供图）

卫生未分级事件6起。推进急救站、急救站点建设，建立市县乡三级紧急医学救援基地站点。

疾病预防与控制

【疫苗管理】 2021年，铜仁市启用“贵州省疫苗数字化监控系统”，疫苗储存、运输实现全程监控，三级疫苗管理和冷链管理逐步规范。各级疫苗和冷链管理实行专人负责管理制度，所有疫苗实行专账管理，定期盘点，日清月结，账苗相符。疫苗信息全程可追溯，做到来源可查，去向可追，实现信息化管理。累计冷链转运疫苗846.6万剂次，其中新冠病毒疫苗721.92万剂次，国家免疫规划疫苗124.68万剂次。

【疫苗接种】 2021年，铜仁市累计接种卡介苗、脊灰、百白破、白破、麻腮风、乙肝、流脑A群、流脑A+C群、乙脑、甲肝10种疫苗906576剂次，适龄儿童常规免疫接种率以乡镇为单位保持在95%以上。累计接种新冠疫苗281.64万人，全人群接种率85.39%，全人群全程接种率80.96%，初步建立新冠肺炎病毒免疫屏障。

【传染病防治】 2021年，铜仁市无甲类传染病报告，报告乙丙类传染病24种，报告发病数13223例，报告死亡105人，报告发病率、死亡率和病死率分别为每10万人400.88人、每10万人3.18人和0.79%，年报告发病率同比下降3.17%、报告死亡率下降13.35%、病死率下降10.41%。无麻疹、新生儿破伤风、疟疾、人感染高致病禽流感疫情、鼠疫或霍乱病例、登革热本地病例报告和无脊灰状态。发生输入性新冠肺炎病例2例，输入性复阳病例1例，未发生本地传播疫情；手足口病报告发病2033例，死亡0例，报告发病率每10万人61.63人，较2020年同期下降21.48%；布鲁氏菌病报告发病14例，报告发病率每10万人0.42人，无死亡病例，较2020年同期上升75%；无流行性出血热确诊病例报告；狂犬病报告发病2例，发病率每10万人0.06人，较2020年同期下降3.35%，死亡2例，病死率100%；流感报告发病746例，报告发病率每10万人22.62人，较2020年同期下降41.51%；流脑报告发病2例，报告发病率每10万人0.06人，无死亡病例。报告活动性肺结核患者2820例，报告发病率每10万人85.49人，比2020年同期的每10万人94.99人下降9.5%；登记管理肺结核患者2860例，登记管理率95.97%；治疗肺结核患者2954例，治疗成功率94.02%，无相关聚集性结核病疫情发生。累计监测各类人员1013821人次，新报告艾滋病感染者（病人）498例；推进各项阻断措施，免费发放清洁针具72244支、月均干预覆重点对象20526人次；加强抗病毒治疗工作，有存活的HIV感染者/AIDS病人3695人，治疗3500人，治疗比例94.7%，病毒得到抑制的比例96.6%。落实各项防治措施，麻风科普知识宣传，为麻风病患者提供防治服务，开展麻风病可疑者筛查188人，密切接触者检查461人，症状监测418人，疫点调查860人，报告发现麻风病人2例、发现率每10万人0.06人；现症病人12例、患病率每10万人0.39人，累计治愈麻风病病人7例。

【慢性非传染疾病防控】 2021年，江口县创建为慢性病综合防控示范县，获省级慢性病综合防控示范县称号。开展全民健康生活方式行动健康讲座87次，创建169个健康支持性环境，累计招募健康生活方式指导员3975人。死因监测报告粗死亡率每10万人553.37人，心脑血管事件监测报告率每10万人428.64人；完成老年人健康管理体检89416人，健康管理83945人；高血压患者管理233242人，血压规范管理率84.14%；糖尿病患者管理53298人，血糖规范管理率82.37%。在册严重精神障碍患者16636人，检出率5.22‰，规范管理患者15782例，规范管理率94.87%、规律服药率70.97%。碘缺乏病监测

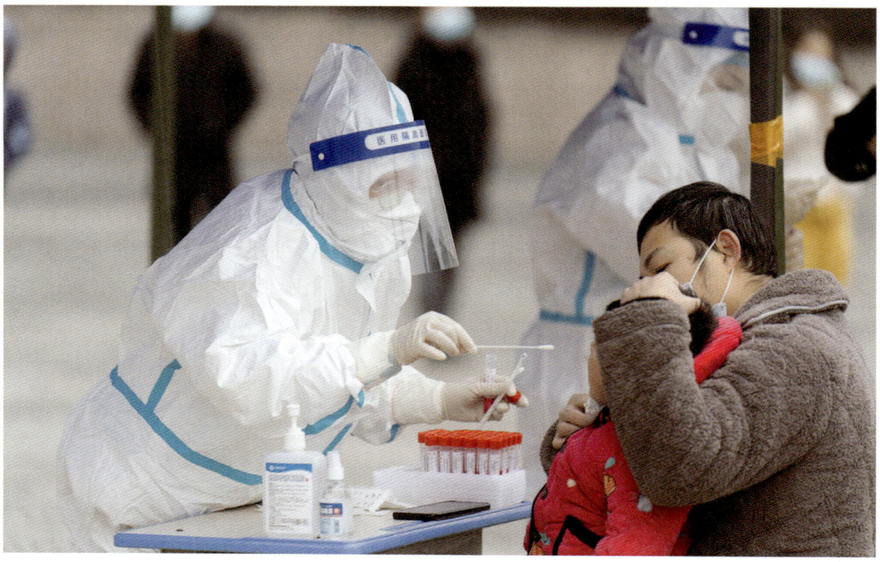

12月29日，医护人员在万山区产业园一临时取样点，对居民进行核酸检测取样（万山区地方志办　供图）

居民户碘盐覆盖率99.8%，合格碘盐食用率96.1%，儿童B超检测甲状腺肿大率1.1%，监测值均达到碘缺乏病消除指标要求，保持消除碘缺乏病状态。

【突发公共卫生事件应急体系和防控】 2021年，铜仁市印发《铜仁市突发公共卫生事件应急预案》《铜仁市突发公共事件医疗卫生救援应急预案》，由市疾病预防控制中心完成39个专项技术方案的修订工作；针对新冠肺炎疫情，制定《铜仁市新型冠状病毒肺炎应急预案》《铜仁市新型冠状病毒肺炎常态化应急预案》，在新冠肺炎疫情防控常态化防控的基础上，成立由卫生健康部门牵头，公安、交通、海关、发改等20个部门参与的"铜仁市应对新冠肺炎聚集性疫情处置常备工作组"及6个相关工作专班，建立政府统筹，各部门协作应对突发公共卫生事件的防控机制和全市应对突发公共卫生应急平台。运用"贵州省传染病辅助决策系统"，在国家预警信息的基础上，提高传染病聚集性疫情的处置时效性和前瞻性，形成市、县、乡三级卫生应急工作体系。

完成突发公共卫生事件的综合监测、风险评估、信息报告、应急处置等工作，完成传染病网络直报数据每日审核、排查、分析并记录等任务，实现突发公共卫生事件报告率、报告及时率、处置率、处置及时率、报告完整率100%，市、县两级疾病预防控制机构和乡镇以上医疗机构信息网络直报率100%，对接到的国家预警信息处置率100%。完成重大活动节假日期间预警响应、突发事件报告和应急救援工作，以及特殊敏感时期卫生应急保障工作。学校传染病聚集性疫情与2020年相比，发生率下降34.12%。通过"突发公共卫生事件信息管理系统"报告突发公共卫生事件相关信息及事件8起，传染病事件7起，群体心因性事件1起，均为未分级事件（即相关信息）。发病57例，无死亡。按事件类型划分，分别为流脑1起，发病2例，无死亡；流感2起，发病22例，无死亡；钩体3起，发病3人；新冠肺炎1起，发病2人，无死亡；群体心因性反应1起，发病28人。

（市卫健局　张　军　市疾控中心　和慧敏）

基层医疗卫生

【基层医疗卫生服务体系建设】 2021年，铜仁市有基层医疗卫生机构3011个，其中乡镇卫生院144个，社区卫生服务中心36个，村卫生室2696个，社区卫生服务站135个。178家基层医疗卫生机构参与"优质服务基层行活动"自评工作，经省市复核，达到推荐标准12家，基本标准77家，分别占基层医疗机构的7%和43%。推进县域医共体向乡镇卫生院派驻医务人员开展帮扶和共建科室工作，医共体派驻医务人员756人，建立27个县乡共建科室，建设80个医共体特色科室，牵头医院开展新技术新项目700项，成员单位开展新技术新项目37项。

【基层卫生队伍建设】 2021年，铜仁市乡镇卫生院/社区卫生服务中心有职工6694人，其中卫生技术人员5869人［含执业（助理）医师1280人，中医类（执业医师）259人，注册护士1260人，全科医生569人］，占总职工总数的87.68%。有乡村医生3186人，其中注册村医2957人，执业（助理）医师108人，乡村执业助理全科医生121人。引导高等医学院校毕业生到村卫生室工作，录用64名高等医学院校毕业生，其中44名获"明日乡村医生"省级基金补助。落实村医养老、退养各项工作，及时发放各项补助经费，碧江区、玉屏自治县、印江自治县完成村医养老保障政策落实，碧江区、玉屏自治县完成退养生活补助政策落实。对3192名基层卫生人员开展糖尿病和疫情防控知识线上培训，合格率90%；遴选基层医疗卫生机构280人（全科医生4名，乡村医生232名，临床医生44名）到市县培训基地接受线下业务培训。

【家庭医生签约】 2021年，铜仁市有家庭医生6262人，家庭医生团队1804人，家庭医生团队中有全科医生405人。家庭医生常住人口签约率52.35%，0～6岁儿童签约率63.97%，65岁及以上老年人签约率60.69%，孕产妇签约率59.53%，高血压患者签约率86.07%，糖尿病患者签约率82.36%，肺结核患者签约率76.83%，严重精神障碍患者签约率91.67%，残疾人签约率64.27%，纳入计划生育特别扶助制度独生子女伤残或死亡家庭夫妻人数签约率96.54%，脱贫人口签约率98.12%。

（市卫健局　丁文松）

妇幼保健

【妇幼保健综合体制建设】 2021年，铜仁市创建1家三级甲等、7家二级甲等、1家二级乙等和1家二级妇幼保健院，区县等级妇幼保健院占比提升到90%，位居全省前列。举办妇幼健康项目、托幼机构卫生保健、出生医学信息互通共享、盆底康复临床技能、中医适宜技术学习会议、核酸检测基地人员暨万人次检测演练等业务培训班15期，累计培训市、县、乡、村级医务人员2000余人次，培训区县覆盖率100%。开展母婴安全、高质量发展妇幼指标重点地区调研，开展妇幼健康重点工作与妇幼卫生信息质控等督导评估3次。完成3岁以下婴幼儿托育照护中心建设、中医药服务植入妇幼健康服务、辅助生殖中心创建等重点工作。创建省级临床重点专科(妇科)1个、省级儿童早期发展重点专科(儿童生长发育科)1个、市级临床重点专科(产科、新生儿科)2个，开创名医工作室8个。

【妇幼健康指标】 2021年，铜仁市活产40986人，孕产妇死亡6人，孕产妇死亡率每10万人14.64人，同比上升30.13%，低于控制目标(每10万人15.8人)7.34%。5岁以下儿童死亡204人，5岁以下儿童死亡率4.98‰，同比下降29.26%，低于控制目标(7‰)28.86%；婴儿死亡135人，婴儿死亡率3.29‰，同比下降31.60%，低于控制目标(5‰)34.20%；新生儿死亡52人，新生儿死亡率1.27‰，同比下降47.74%；早孕建册率92.43%，同比下降2.10%，但高于目标任务(90%)2.70%。

【保健服务指标】 2021年，铜仁市住院分娩率99.93%，同比上升0.05%；孕产妇系统管理率90.82%，同比上升0.1%，3岁以下儿童系统管理率92.29%，同比上升1.26%，7岁以下儿童保健管理率93.16%，同比上升1.27%，“两个系统管理率”及7岁以下儿童保健管理率均为90%；婚检率32.04%，同比上升82.88%；产前筛查率73.09%，同比上升32.65%，产前诊断率1.08%，同比上升4.85%。

【孕产妇健康管理】 2021年，铜仁市12家危重孕产妇救治中心和危重新生儿救治中心收治危重孕产妇602例，救治成功599例，成功率99.5%，同比提高0.06%；收治危重新生儿1082例，救治成功1064例，成功率98.34%，同比提高0.05%；市级参与协调急救危重孕产妇145人，分娩成功139人，6人仍在追访。完成妊娠风险评估管理工作，新增孕妇35041人，筛查率100%，筛查阳性率66.89%，较2020年提高0.02‰。妊娠风险评估25384人，阳性评估率100%，评估发现高危孕产妇24965人，高危孕产妇发现率71.25%，较2020年提高0.66%。“橙色”“红色”重点人群管理人数7601人，重点人群管理率100%；重点人群分娩7015人，重点人群分娩救治成功7013人，重点人群分娩救治成功率99.97%，与2020年持平。召开4次孕产妇死亡评审和2次危重孕产妇评审、新生儿死亡评审、经母婴传播感染艾滋病/先天梅毒儿童病例评审会议，评审6例孕产妇死亡病例、11例危重孕产妇病例、11例新生儿死亡病例及2例先天梅毒儿童病例。

【出生缺陷综合防治】 2021年，铜仁市推进婚前医学检查、免费孕前优生健康检查、免费增补叶酸等一级预防措施和产前筛查、产前诊断等二级预防措施，以及新生儿疾病筛查等三级预防措施。实施出生缺陷和先天性结构畸形救助项目，防控出生缺陷。全市婚检率32.04%，同比上升82.88%；推进增补叶酸项目，补服叶酸45974人，任务完成率118.19%，叶酸服用率94.50%，同比上升1.81%，依从率86.48%，同比上升2.40%，知晓率97.12%，同比上升2.36%；完成16142.5对免费孕前优生健康检查，任务完成率102.14%，1年妊娠率24.86%。获批产前诊断机构1家和产前筛查机构20家，实现产前筛查机构区(县)全覆盖。产前筛查率73.09%，同比上升32.65%，产前诊断率1.08%，同比上升4.85%。规范市妇幼保健院的无创DNA产前筛查技术，产前诊断中心唐氏筛查总人数20898人，其中筛查出21-三体高风险1027人，占比4.91%，18-三体高风险132人，占比0.63%，神经管缺陷高风险310人，占比1.5%；无创DNA检测1890人，阳性16人，阳性率0.85%；产前超声诊断731人，确诊胎儿畸形264人，其中以先天性心脏病居首位，占畸形胎儿总数的31.06%。新生儿遗传代谢性疾病筛查35228人，住院筛查率99.74%，同比提升2.84%，确诊并规范管理CH12人、先天性苯丙酮尿症3人、G6PD105人、CAH2人。新生儿听力筛查34282人，住院筛查率97.06%，同比提升16.42%，确诊永久听力障碍10例、转介残联10例。完成新生儿遗传代谢性疾病筛查项目10512人、新生儿听力筛查项目10501人，任务完成率分别为100.11%、100.01%。

【儿童营养改善】 2021年，铜仁市实施贫困地区儿童营养改善项目，改善辖区儿童营养状况。营养包发放任务数39300人，实际发放食用营养包52.14万人次52.36万盒，累计受益69617人，同比提高29.88%；营养包月均发放43453人次，月均发放率110.57%，有效服用率91.82%，分别同比提高4.50%、8.82%。

【妇女病普查普治】 2021年，铜仁市免费宫颈癌检查79637人，任务完成率100.81%，检出CIN1级205人，检出宫颈癌前病变及宫颈癌222人，宫颈癌前病变及宫颈癌检出率每10万人278.76人，同比下降4.07%，早诊率91.44%，同比上升1.27%；免费乳腺癌检查32204人，任务完成率100.64%，检出乳腺癌16人，乳腺癌检出率每10万人49.68人，同比下降25.98%，早诊率62.5%，同比上升14.57%。

【艾滋病母婴传播管理】 2021年，铜仁市孕产妇HIV、梅毒和乙肝检测率99.98%，孕期检测率98.59%，孕早期检测率87.24%，分别同比提升0.03%、2.21%、5.45%。艾滋病感染孕产妇抗病毒药物应用率100%，高于目标值（95%）5.26%；艾滋病感染孕产妇所生儿童抗病毒药物应用率94.44%，同比下降5.56%；梅毒感染孕产妇抗梅毒治疗应用比例98.10%，同比下降0.06%；梅毒感染孕产妇所生儿童规范抗梅毒治疗应用比例99.24%，同比上升3.77%；乙肝感染孕产妇所生新生儿乙肝免疫球蛋白注射率99.93%，同比提升0.48%。艾滋病母婴传播率为零，控制在3%的目标值内；先天梅毒报告发病率每10万人4.88人，控制在每10万人15人的目标值内。

（市妇幼保健院　龙　思）

职业卫生

【概况】 2021年，铜仁市印发《铜仁市2021年职业健康工作要点》，以《职业病防治联席会议制度》为基础，与市发改委、市工信局、市自然资源局、市生态环境局等部门联合建立《铜仁市职业病防治信息通报制度》，完成对19个新、改、扩建项目进行职业病防治监管。按照《关于进一步规范职业病诊断和工伤认定工作的通知》要求，协调市人社局、市医学会、市疾控中心规范职业病诊断、鉴定及工伤认定衔接程序。联合民政、人社、工会等部门开展以“共创健康中国，共享职业健康”为主题的第19个“《中华人民共和国职业病防治法》宣传周”活动。开展健康企业创建和争做“职业健康达人”活动，创建市级“健康企业”5家，评选市级“职业健康达人”30人，省级评选“职业健康达人”5人。玉屏自治县卫生健康综合行政执法大队创作的作品获国家卫生健康委“第二届职业健康传播作品征集活动三等奖”。

【职业健康执法检查】 2021年，铜仁市按照国家卫生健康委“双随机、一公开”任务安排，结合省级年度专项治理和专项执法工作要求，开展“水泥生产企业职业健康专项执法行动”“金属粉尘和木粉尘企业尘毒危害专项整治”“尘毒危害专项治理工作回头看”“建设项目职业病防护设施三同时专项监督执法”“全市职业健康检查及职业病诊断机构专项执法”等专项整治和执法工作。监督检查矿山（含非煤矿山）、冶金、化工、建材等重点行业企业401家，行政处罚案件10件，罚款19.6万元；对240家放射诊疗机构开展监督检查，行政处罚案件33件，罚款4.71万元。

【职业病危害监测】 2021年，铜仁市根据省级2021年职业病防治项目工作任务安排，制定重点职业病监测、职业性放射性疾病监测、工作场所职业病危害因素监测、放射性危害因素监测4个监测子方案。上报11489人的职业健康档案，碧江区、万山区、德江县完成607人尘肺病主动监测工作，完成率101.16%；尘肺患者随访调查任务数414例，实际完成随访数438例，任务完成率105.8%；工作场所职业病危害因素监测完成220家，任务完成率100%；放射诊疗机构全覆盖调查253家、放射诊疗设备447台、防护设备2275件，诊疗频度1504664人次；非医疗机构放射性危害因素监测18家，任务完成率100%。

【职业卫生能力提升】 2021年，铜仁市完成66家企业工作场所职业病危害因素监测，14家医疗卫生机构在省级进行职业健康体检备案登记，每个区县均明确至少1家医疗卫生机构承担职业健康检查工作，每个区（县）均有1人取得“粉尘类诊断医师资格”，初步具备尘肺病筛查能力。举办全市职业健康检查机构培训会和全市职业病危害因素监测项目能力提升现场培训会，提升各区县职业健康检查机构和监测机构能力水平。市疾控中心配齐职业卫生、放射卫生检测监测仪器设备，派出专业人员外出进修学习，具备独立开展职业病危害因素监测、放射卫生监测工作能力。

（市卫健局　丁文松）

老年卫生

【概况】 2021年，铜仁市印发《铜仁市卫生健康局关于做好2021年老龄健康工作的通知》，部署老龄健康服务工作，推进医养结合服务延伸、加强老年医学科建设、全国示范性老年友好社区创建等工作。养老机构能以不同形式为入住老年人提供医疗服务，3414家医疗卫生服务机构均为老年人开设就医绿色通道，6家二级以上综合性医院设立老年病科，65岁以上老年人健康管理率67.05%。开展以“关注口腔健康，品味老年幸福”为主题的涉老法规及卫生健康宣传周活动，普及营养膳食、运动健身、心理健康、伤害预防、合理用药、生命教育等健康知识，推广适宜老年人的中医养生保健方法。开展主题宣传报道10余次，发放健康宣传资料4万余份，宣传赠品2000余份。

【失能半失能老年人评估】 2021年，铜仁市开展各区县全国老龄健康信息管理系统上线运行工作，完成老年人失能评估任务和线上录入

铜仁市开展老年卫生健康宣传服务活动（市卫生健康局　供图）

工作。选取玉屏自治县、思南县为2021年失能老年人评估工作县，对2县2000名60岁以上老年人开展失能半失能评估和包括康复护理指导、心理指导、中医护理等内容的健康服务。11月，完成评估2014人，其中玉屏自治县完成800人，思南县完成1214人，超额完成任务。

【老年友善医疗机构创建】 2021年，铜仁市根据《省卫生健康委关于开展老年友善医疗机构建设工作的通知》要求，完成各区县卫生健康局、市直各医疗卫生机构报送工作，11月完成复审合格医疗机构创建资料的报送工作。12月经逐级审核和公示，省卫生健康委印发《关于命名第一批全省老年友善医疗机构、老年友善基层医疗机构的通知》，确定命名铜仁市人民医院等17个医疗机构为第一批全省老年友善医疗机构，碧江区川硐社区卫生服务中心等91个基层医疗机构为第一批全省老年友善基层医疗机构。

【全国示范性老年友好型社区创建】 2021年，铜仁市按照《关于创建2021年全国示范性老年友好型社区的通知》要求，开展全国示范性老年友好型社区创建工作。推荐碧江区灯塔街道矮屯社区、江口县凯德街道梵瑞社区、石阡县汤山街道平阳社区开展创建工作，3个社区于9月底通过国家卫健委和全国老龄办的评审，并推荐江口县凯德街道梵瑞社区作为全国老年友好社区推广。10月，碧江区灯塔街道矮屯社区、江口县凯德街道梵瑞社区、石阡县汤山街道平阳社区被命名为2021年全国示范性老年友好型社区。

（市卫健局　丁文松）

爱国卫生

【概况】 2021年1月6日，铜仁市被授予“国家卫生城市”称号，7个县获“国家卫生县城”称号。12月10日，石阡县列入2021年全省唯一拟命名的“国家卫生县城”公示名单。经省爱卫办审核，江口县民和镇、石阡县花桥镇、思南县孙家坝镇、沿河自治县淇滩镇4个乡镇通过2021年度国家卫生乡镇技术评估，列入贵州省2021年拟命名“国家卫生乡镇”公示名单。新增“市级卫生乡镇”3个（思南县大河坝镇、宽坪乡，松桃自治县冷水溪镇），新增“市级卫生村”18个。1月4日对因巩固国家卫生乡镇工作不力，未通过暗访的江口县官和乡政府进行约谈并现场进行督促指导，对江口县爱卫会面对面提出警示及整改要求。4月26—30日、11月15—25日分别对各区县卫生城镇申报创建及卫生城镇巩固、病媒生物防制工作情况开展调研指导。建成无烟党政机关、事业单位782家，其中市、县、乡三级医疗卫生机构全部建成无烟医疗卫生机构。4月15日，铜仁市举行第33个爱国卫生月活动启动仪式，通报表扬各区县在爱国卫生工作中做出突出贡献的59个集体、229名个人，对获得命名的国家卫生县城、乡镇进行授牌。

（市卫健局　张　军）

【农村改厕】 2021年，铜仁市推动农村厕所改造工作，完成户用卫生厕所建设改造25522户，农村卫生厕所建设改造普及率82.03%，行政村公共卫生厕所实现全覆盖。玉屏自治县入选“2021年度全国村庄清洁行动先进县”。

（市农业农村局　杜智毅）

【农村饮水管理】 2021年，铜仁市执行《铜仁市农村饮用水管理条例》，指导完成农村饮用水源地水质监测，属国家考核的12个、省考核的22个主要河流断面水质达标率100%。争取中央水利发展农村饮水安全维修养护资金1636万元，完成维修养护农村饮用水安全工程577处，供水服务人口受益161万人。碧江区依托与贵州省水投公司合作，探索农村供水企业化运营管理模式，将农村供水工程交由供水企业运营，执行计量用水、有偿用水模式，被省委改革办列为全省农村供水企业化运作试点。在碧江区六龙山集镇水厂推行农村供水管理信息化、智能化工程，实现“水源

卫健执法机构对农村饮用水卫生进行监督检查（市卫生监督执法支队　供图）

巡查、净化消毒、水质检测、水表抄表、水费缴纳和供水维修服务”一体化管理。

（市水务局　张　诗）

【病媒生物防制】 2021年，铜仁市爱国委印发《关于开展春季病媒生物防制活动的通知》《关于开展2021年铜仁市秋季病媒生物防制工作的通知》。开展环境卫生整治，清除卫生死角，对鼠、蚊、蝇、蟑螂“四害”的滋生地进行集中消杀和灭杀。开展病媒生物防制活动技术指导2次。铜仁市列入健康影响评价评估制度国家建设试点。

（市卫健局　张　军）

卫生监督

【概况】 2021年，铜仁市在落实常态化疫情防控工作的同时，加强对医疗机构、公共场所、学校、用人单位、生活饮用水等卫生监督的执法力度，立案84件，结案81件，涉及罚金14.99万元，市本级查办卫生违法案件数在全省排名第四，无行政诉讼及行政复议。市卫生健康综合行政执法支队被市委、市政府表彰为“铜仁市卫生健康工作先进集体”。

【医疗卫生监督】 2021年，铜仁市卫健综合执法支队开展涉及医疗机构双随机任务38单，完结率100%；处理投诉举报2件，办结率100%；开展医疗卫生领域专项执法21项。督查医疗卫生机构及疫情防控隔离点616家次，下达卫生监督意见书412份，立案34件，罚款4.62万元。

【生活饮用水卫生监督】 2021年，铜仁市卫健综合执法支队开展生活饮用水双随机任务5单，完结率100%；对农村集中式供水、市政供水、二次供水、涉水产品生产企业、涉水产品经营单位等开展卫生监督执法50家次，下达卫生监督意见书11份；开展农村集中式供水规范单位创建10家，通过检查验收7家，通过率70%；开展生活饮用水快速检测8家，出具快速检测报告8份。未出现饮用水卫生安全事件。

【公共场所卫生监督】 2021年，铜仁市卫健综合执法支队开展涉及公

市政供水单位饮用水卫生监督检查（市卫生健康执法支队　供图）

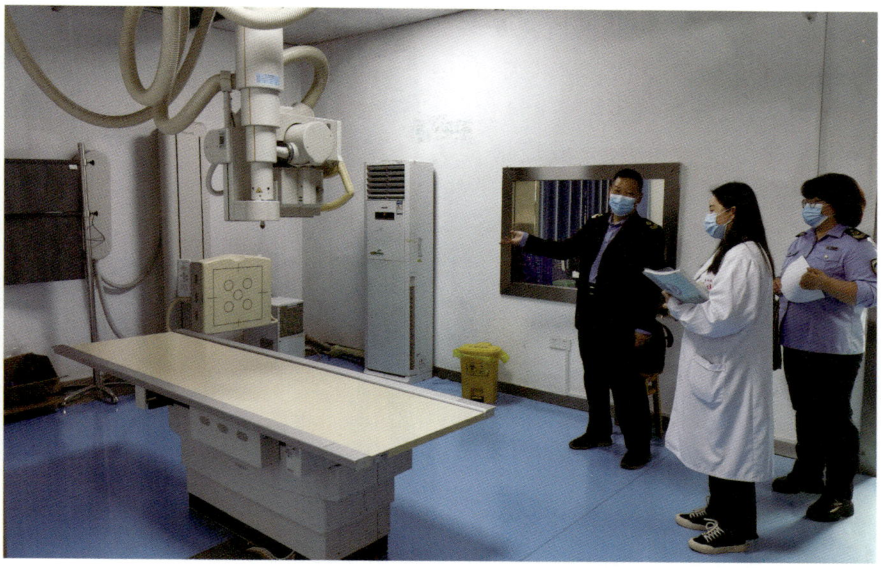

卫健执法机构对医疗卫生行业进行放射卫生监督（市卫生执法支队　供图）

共场所双随机任务66单，完结率100%；开展公共场所通风卫生专项执法；参与2021国际山地旅游暨户外运动大会和第十六届贵州旅游产业发展大会等会议的卫生安全督查工作，实现会议期间卫生安全零问题。培训公共场所业主110人次，监督检查公共场所495家次，开展快速检测73家次，对5家宾馆酒店进行A级评级，下达卫生监督意见书317份，立案30件，罚款2.32万元。

【职业、放射卫生监督】 2021年，铜仁市卫健综合执法支队开展放射卫生领域国家双随机任务3单，完结率100%；验收及许可审查放射诊疗建设竣工项目2家；对20家用人单位和2个在建项目开展职业健康等4项专项执法；对12家职业健康体检单位开展监督执法，并集中培训相关工作人员30人次；对13家开展放射诊疗工作的医疗卫生机构、13家职业卫生技术服务机构、44家用人单位进行监督检查，监督覆盖率100%，下达卫生监督意见书62份，立案5件，罚款7.53万元。

【院内医疗废弃物处置监督】 2021年，铜仁市卫健综合执法支队对各级医疗机构开展医疗废弃物监督检查66家次，下达卫生监督意见书34份，针对医疗废弃物处置不规范问题立案12件，罚款0.4万元。所辖卫生机构没有出现国家生态环保督察要求整改的情况。

【学校卫生监督】 2021年，铜仁市卫健综合执法支队开展学校卫生双随机任务24单，同时按超出国家规定比例16.9%抽查托幼机构7所，全覆盖检查校外培训机构3所，完结率均为100%；对52所学校及托幼机构110人开展法律法规及业务知识培训；对46所学校开展儿童青少年近视专项检查；对61所学校及托幼机构开展监督执法，下达卫生监督意见书50份，立案15件，罚款0.52万元。加大考点监督，确保中考高考的卫生安全。

【新冠肺炎疫情防控专项执法】 2021年，铜仁市卫健综合执法支队结合日常卫生监督工作，对医疗机构、隔离点、公共场所、学校、药店、企业等领域落实疫情防控措施情况进行督查，督查医疗机构和集中隔

11月18日，全市中医药大会召开（市卫生健康局　供图）

离场所616家次、公共场所496家次、学校112所次、药店30家次、企业44家次,发放监督意见书854份,形成督查专报113期,完成疫情常态化防控工作。

（市卫健综合执法支队　毛　艳）

中医药事业

【中医药事业发展】 2021年,铜仁市印发《铜仁市促进中医药传承创新发展实施方案》,召开全市中医药大会,成立铜仁市中医药发展研究中心,解决编制6名。以铜仁市碧江区中医医院为基础,完成铜仁市中医医院创建工作。思南县中医医院创建为三级中医医院。启动石阡县、印江自治县、松桃自治县中医医院创建三级中医医院创建工作。建成4家省级示范中医馆和10家省级优质中医馆。松桃自治县颁布施行《松桃苗族自治县苗医药发展条例》,为保护传承松桃苗医苗药,促进苗医药事业发展提供法律保障。

【专门中医机构建设】 2021年,铜仁市有公立中医医院8家,其中三级乙等1家,三级2家;二级甲等5家。获批贵州省“定制药园”建设示范单位4个,累计7个。

【中医人才学科建设】 2021年,铜仁市通过省级中医重点专科验收22个,累计有省级中医重点专科28个。新增获批省级中医名医传承指导教师10人,累计33人;新增传承人20人,累计66人。新增全国基层名老中医传承工作室1个,累计14个;新增全国基层民族医药专家传承工作室2个。

（市卫健局　张　军）

开设在中南门历史文化旅游街区的苗医馆(陈光明　摄影)

表51　2021年铜仁市公立中医机构一览表

序号	医院名称	医院等级	序号	医院名称	医院等级
1	德江县民族中医院	三级乙等	5	松桃苗族自治县民族中医院	二级甲等
2	铜仁市中医医院	三级	6	江口县中医医院	二级甲等
3	思南县民族中医院	三级	7	印江土家族苗族自治县中医院	二级甲等
4	玉屏侗族自治县中医院	二级甲等	8	石阡县中医医院	二级甲等

表52　2021年铜仁市民间名中医一览表

序号	姓名	序号	姓名	序号	姓名	序号	姓名
1	宁袁勇	6	余明江	11	张文群	16	李纯昌
2	覃信军	7	刘福章	12	田代刚	17	张英杰
3	高德宣	8	何正江	13	汪伦贵	18	周顺义
4	李　超	9	崔　琴	14	石再芬	19	张兴龙
5	马天武	10	朱元海	15	黄再伦	20	陈美珍

【《松桃苗族自治县苗医药发展条例》施行】 2021年3月10日,《松桃苗族自治县苗医药发展条例》(以下简称“《条例》”)经松桃苗族自治县第十六届人大常委会第五次会议审议通过,9月29日,经贵州省第十三届人大常委会第二十八次会议审议通过,于11月1日颁布施行。《条例》有28条,对苗医药专家委员会的组建、医保报销、苗药加工、苗医药传承、民医认定等方面做出详细规定。贵州健康职业学院建成民族医药展览馆,松桃苗医药进入中南门历史文化旅游区展示。

（市民宗局　杨国林）

医政药政管理

【医疗政务服务】 2021年,铜仁市办理医师首次注册134件,医师变更注册475件，助理医师升级执业医师8件，医师多机构备案35件，医师注销1件，医师执业证书遗失补发10件；办理护士首次注册233件，护士延续注册369件，护士执业证书遗失补发8件，护士注销注册2件，护士变更注册725件；办理母婴保健人员认定11件，母婴保健技术服务机构校验2件，母婴保健技术服务机构变更1件；办理精麻药品购用印鉴卡（含延续）26件，病原微生物实验室备案12件，放射诊疗许可证校验1件，放射诊疗许可证变更8件，医疗机构执业登记2件，医疗机构校验26件，医疗机构变更68件，限制性医疗技术备案17件。

【和谐医患关系构建】 2021年，铜仁市健全人民调解网底机制，组建市、县级医疗纠纷第三方人民调解委员会，配备专职调解员和兼职调解员，市县级调解委员会调解医疗纠纷74起。组建法律、医学专家库，建立司法确认制度，发挥医疗事故鉴定结果运用，市医学会完成医疗事故鉴定70例，通过事故鉴定明确双方责任，协调解决医患纠纷。健全医疗风险分担机制，发挥医疗责任保险在医疗纠纷预防和处理中的作用，减轻医患双方经济负担，调和医患关系。528家医疗机构参加医疗责任保险，同比增加15家，其中三级公立医院8家、二级公立医院24家，二级以上医院全覆盖，其他医疗机构496家。

（市卫健局 张 军）

【医疗机构行业监管】 2021年，铜仁市印发《铜仁市医疗卫生行业综合监管重点领域联合整治行动方案》，组织成员单位开展联合整治工作。随机抽查1096家机构，发现机构违法案件100件、罚款79家，没收违法所得10.3万元，罚款13万元；发现从业人员违法案件51件，罚款19人，没收违法所得4.24万元，罚款4.78万元。组织卫生健康监督执法机构开展民营医疗机构依法执业、医疗美容机构、健康体检机构、消毒产品和抗抑菌制剂等13个专项监督执法行动，查办各类卫生健康领域违法案件1478件，罚款218.52万元，没收违法所得9.72万元。完成国家下达随机监督抽查任务1393单，监督完成率、任务完结率100%。印发《铜仁市卫生健康行政处罚自由裁量基准制度》，规范卫生健康行政执法自由裁量工作。

铜仁市开展医疗卫生监督检查（市卫生执法支队 供图）

【医疗事故鉴定】 2021年，铜仁市医学会接受卫生健康行政部门移交委托职业病鉴定2例，计划生育手术并发症鉴定1例，医疗事故技术鉴定83例，其中鉴定市级医疗机构17例，鉴定县级医疗机构46例，鉴定乡镇卫生院村卫生室2例，鉴定民营医院18例。完成医疗事故鉴定70例，属于医疗事故有55例，其中医疗机构负主要责任20例，次要责任23例，轻微责任12例，不属于医疗事故15例，医疗事故占比率78.5%，事故发生率比2020年下降0.5%。对市级首次鉴定结论不服，申请省医学会再次鉴定的9例，其中1例与首次鉴定结果一致。

【医疗技术管理】 2021年，铜仁市申请二级以上医疗技术临床应用医疗机构17家，包括铜仁市人民医院血液透析技术、普儿科呼吸内镜技术、小儿外科内镜技术、同种异体组织移植治疗技术，铜仁市第二人民医院泌尿外科内镜技术、泌尿外科内镜技术、人工髋和膝关节置换技术、血液透析技术、消化内镜诊疗技术、五官科诊疗技术、普通外科内镜技术、胸外内镜技术等，申请备案86项，通过备案审核86项。

【血液管理】 2021年，铜仁市采血35219人次，采血量55905.6单位（全血采集34052人次，同比增长1.4%；全血采集量52068.6单位，同比增长0.32%；血小板采集1167人次，单采量为1926个治疗量，同比下降5.1%）；供血53979单位（红细胞类52068单位，同比下降3.2%；血小板1911个治疗量，同比下降3.5%）。铜仁市中心血站完成采集全血26974.1U，自建站以来首次突破5.2吨，采集量同比增长7.06%。供红细胞总量27357U，同比增长0.45%；供机采血小板1725个治疗量，同比下降0.9%；供血浆类 14980U，同比增长 0.45%。制备红细胞 26966.5U、冰冻血浆、新鲜冰冻血浆、病毒灭活血浆 31349U、冷沉淀 2999.5U、洗涤红细胞 101U，小儿红细胞分袋 332U，成分制备率 99.97%。完成血液检测 35373 人份，较 2020 年增长 0.74%。铜仁市被授予“全国无偿献血先进城市”荣誉称号，市中心血站体采科采血组再次被授予“全国突出采血先进班组”荣誉称号，市中心血站被授予“贵州省巾帼示范岗”荣誉称号。市中心血站 1 人被授予“贵州省三八红旗手”。9 月 17 日，思南县无偿献血科普教育基地挂牌成立，成为贵州省采供血系统首个县级无偿献血科普教育基地。

【医疗科研成果】 2021 年，铜仁市获批医疗科研项目 68 项，省部级 31 项，市厅级 37 项。铜仁职业技术学院附属医院获省部级科学技术进步奖 1 项，市妇保院项目“小剂量左甲状腺素在以收缩性心力衰竭伴亚临床甲减患者中的临床应用”获市厅级科技奖。全市发表医学科研论文 592 篇（中文普刊 577 篇，核心期刊 9 篇，SCI6 篇），发表学术著作《新编内科疾病诊疗学》《现代临床妇产科常见病诊疗》《实用护理学临床应用与管理》《精编医学检验与临床应用》《实用临床检验技术新进展》《临床检验技术探索与理论实践》6 篇，主办学术期刊《东方药膳》《医药卫生》《中文科技期刊数据库（全文版）医药卫生》3 本。授权专利 63 项，其中申报单位为第一专利权人的实用新型专利 2 项，转化金额 10 万元。开展医疗新技术 258 项，转化金额 426.49 万元。其中市人民医院院级新技术 145 项，市第二人民医院新技术 11 项，转化金额 58.8149 万元，沿河自治县新技术 24 项，转化金额 367.68 万元。

【医学重点学科建设】 2021 年，铜仁市卫健局印发《铜仁市卫生健康局进一步加强临床重点专科工作方案》，对 3 个市级培育国家级临床重点专科、15 个省级临床重点专科（1 个建设专科）、89 个市级临床重点专科和 58 个市级临床重点专科建设项目开展复评、交叉检查、中期评审和验收评估工作。争取到省级临床重点专科建设项目 9 个，争取到国家财政补助资金 1680 万元，用于 10 个区县综合医院各 5 个重点专科建设。对 3 个市级培育国家级临床重点专科建设项目、铜仁市妇幼保健院新生儿科 1 个省级临床重点专科建设项目和 44 个市级临床重点专科建设项目（2020 年批准建设）开展中期评审工作，评审结果为全部合格。对 20 个 2016 年第一批市级临床重点专科和 21 个 2018 年第二批市级临床重点专科开展复评工作，复评结果均为合格。对 14 个省级临床重点专科和 2019 年第三批 34 个市级临床重点专科开展交叉检查，检查结果不合格的有铜仁市中医医院治未病科，印江自治县人民医院重症医学科，德江县人民医院麻醉科等 7 个市级临床重点专科建设项目。对 14 个 2018 年建设期满 3 年的市级临床重点专科开展验收评估工作，仅松桃自治县人民医院普通外科和泌尿外科验收结果为合格，其他 10 个重点专科未按照时间节点和要求申请验收评估。

表 53　2021 年铜仁市省级临床重点专科建设项目一览表

序号	项目名称	序号	项目名称
1	铜仁市人民医院心血管内科	6	思南县人民医院神经内科
2	铜仁市人民医院泌尿外科	7	德江县人民医院骨科
3	铜仁市人民医院医学影像科	8	沿河县人民医院呼吸内科
4	松桃县人民医院新生儿科	9	石阡县人民医院神经外科
5	印江县人民医院骨科		

【全科医生培养】 2021 年，铜仁市印发《2021 年铜仁市基层医疗卫生机构全科医生转岗培训工作实施方案》，对在岗具有临床执业（助理）医师资格，执业范围为临床医学非全科基层医疗卫生机构卫生技术人员，进行为期 12 个月的培训，其中临床培训 10 个月，基层实践培训 2 个月，35 名全科医生完成转岗培训。

【继续医学教育】 2021 年，铜仁市申报备案省级Ⅰ、Ⅱ类继续医学教育培训 37 家，其中申报省级Ⅰ类继续医学教育 9 家，省级Ⅱ类继续医学教育培训 28 家。对全科医学、内科、外科、妇产科、影像学和护理专业等进行医学继续教育学分验证、审核 467 人，对各级医疗卫生机构的卫生专业技术人员继续医学教育学分年终审核、验证 25201 人次。申报 2022 年省级Ⅰ类继续医学教育培训项目 5 家，均获省卫计委审批通过五项培训项目。

【基本药物制度】 2021 年，铜仁市落实国家基本药物制度，市、县、乡、村四级公立医疗机构全部实行网上集中采购、全面配套基本药物、药品零差率销售。三级医院配备比超 47.37%，销售额占比超 42.19%，与 2020 年同期比分别上升 10.7%、10.63%；二级医院配备比超 59.59%，销售额占比超 51.16%，与 2020 年同期比分别上升 20.99%、17.13%；乡镇卫生院（社区卫生服务中心）配备比超 80%，销售额占比超 70%，村级药品超 80 种。

【短缺药品监测】 2021 年，铜仁市 211 所公立医疗机构，全部进入国家短缺药品信息直报信息系统。建立市卫生健康局、市工信局、市财政局、市市场监督管理局、市医疗保障局等 7 部门组成的短缺药品供应保障工作联席会议制度，定期对短缺药品信息进行分析、研究，保障药品的供应。建立抗蛇毒血清中心储备点，应对夏季毒蛇咬伤医疗救治。对重点药品实施监测，实现三级公立医疗卫生机构监测全覆盖，对 50% 二级公立医疗卫生机构实施监测，对 10% 的基层医疗卫生机构实施监测。

【麻醉与精神药品管理】 2021 年，铜仁市医疗机构精麻药品使用按照《麻醉药品和精神药品管理条例》规定实行准入管理，取得精麻药品印鉴卡后方能使用。95 家医疗机构通过医疗机构印鉴卡系统平台领取到印鉴卡，其中 69 家医疗机构使用到芬太尼类特殊药品。市、县卫生健康行政部门通过精麻药品印鉴卡系统，实现对医疗机构使用精麻药品的动态监管。所有使用精麻药品的医疗机构均在重点场所安装专用防盗门，配备保险柜和监控设施，实行双人双锁管理。建立精麻药品采购、验收、储存、保管、发放、调配、使用、报残损、销毁、丢失等制度，按月录入采购情况及使用情况，并进行台账登记。

（市卫健局　张　军）

医院简介

【铜仁市人民医院】 铜仁市人民医院（以下简称“市人民医院”）始建于 1909 年，是贵州省最早的西医医院之一，是一所集急救、医疗、预防、保健、科研、教学于一体的国家三级甲等综合医院，是贵州省首批国家住院医师规范化培训基地，国家级胸痛中心，国家爱婴医院，国际急救网络医院，铜仁市围产医学中心，是贵州医科大学非直属附属医院，吉首大学、湖南医药学院临床学院，贵州省人民医院紧密型医联体医院，北京 301 医院远程会诊联络医院，北京中日友好医院和苏州市立医院技术合作医院。也是省内外 8 所高等医学院校教学医院、贵州省全科医师培训基地、全国执业医师实践技能考试基地。是铜仁市远程网络中心医院、医疗联合体中心医院。医疗辐射黔、湘、渝、鄂周边毗邻地区。医院占地面积 24.33 公顷，建筑面积 21 万平方米。编制床位 1300 张，开放床位 1600 余张。在职职工 1973 人，高级职称 392 人，正高 80 人，副高 312 人，硕士研究生导师 22 人，博士 14 人（含在读博士 8 人），硕士 163 人（含在读硕士 41 人），中级职称 433 人，享受国务院政府津贴 2 人、享受省政府津贴专家 2 人、市管专家 2 人。拥有全球高端 3.0 磁共振及 1.5T 磁共振（MRI）、双源等多台高端 CT、超高端直线加速器、多台大型数字减影血管造影机、数字化成像系统（DR）、全自动生化仪、3D 腹腔镜及全高清腹腔镜、钬激光、彩超、C 型臂 X 光机等大型精密医疗仪器 100 多台（件）。设有 46 个临床、医技科室。其中肿瘤科为国家级临床重点专科建设项目；产科、重症医学科、胸外科为省级临床重点专科；呼吸与危重症医学科为临床重点专科建设项目；肺癌综合诊疗能力提升项目为贵州省 2020 年省级临床重点专科建设项目；妇产科为省级重点扶持学科；中医肛肠科为中医重点专科建设项目；泌尿外科、肾病学科、神经内科、眼科、神经外科、心血管内科、呼吸内科、妇科、骨科（创伤方向）、重症医学科、小儿呼吸科、肿瘤科、骨科（关节方向）、耳鼻咽喉科、麻醉科、超声诊断科、胸外科、产科、医学影像科、消化内科、胃肠外科、康复医学、肝胆外科、甲乳外科、病理学、中医肛肠科、医学检验、临床药学 28 个科室为市级临床重点专科；内分泌科、临床护理专业、急诊科、新生儿科、小儿感染科、感染科、脊柱外科等 7 个科室为市级临床重点建设专科；介入血管病治疗、消化内镜下治疗、甲乳外科、产科 VIP、肿瘤综合治疗等为特色专科。年门诊量 61 万余人次，住院病人 5 万余人次，年手术 3 万余台次。

（市人民医院　余凤云）

【铜仁市第二人民医院】 铜仁市第二人民医院（以下简称“市二医”）是由铜仁市人民政府举办的公益二类事业单位。总体规划建设面积 11 万平方米，总投资逾 10 亿元，按照三级甲等医院标准“一次规划，分期实施”建设。规划总床位 1200 余张，一期现建成开诊，实际开放病床 300 张，配备 GE128 排螺旋 CTGE3.0T 静音核磁共振、双立柱大型 DR、奥林巴斯电子内窥镜系统 3D 腹腔镜手术系统，GE 高端四维彩超、岛津 DSA 介入设备等大型高端医疗设备设施。在职员工 372 人，其中卫生专业技术人员 330 人，高级专业技术资格 32 人，中级专业技术资格 60 人，有博士研究生 2 人，硕士研究生 30 余人。医院一期设外一科（普外、泌尿、肝胆）、外二科（骨科、神外、胸外）、内一科（心内，呼吸）、内二科（神内、消化、内分泌）、内三科（肾内科、血透中心）、妇产科儿科、重症医学科、五官科、急诊科、手术中心放射科、超声科、检验科、门诊部，健康管理体检中心等 20 余个临床医技科室，B 栋改造工程 6 月投入使用（增设床位 180 张）。

（市二医　熊　怡）

体 育

体育设施

【概况】 2021年，铜仁市建成马拉松智慧赛道1条，社区智能驿站3个，易地扶贫搬迁安置点多功能球场4个，乡镇（街道）全民健身场地器材补短板工程8个，农体工程器材补充维护更新44个，社区健身路径或三人制篮球场57个。从市级体彩公益金中列支290万余元支持乡镇、村、社区体育场地设施建设改造。12个生态体育公园完成中央提质改造项目申报。新增13个青少年业余训练基地。

【体育场馆开放】 截至2021年12月，铜仁市有大型公共体育场馆6个，分别为铜仁体育馆、铜仁游泳馆、德江体育场、德江体育馆、沿河体育场、沿河体育馆。有中小型公共体育场馆11个，分别为碧江区体育馆、万山体育馆、玉屏体育馆、江口体育场、江口体育馆、石阡体育场、印江体育场、印江体育馆、印江游泳馆、思南体育场、思南体育馆。全市获得免开资金的11个中小型、6个大型公共体育场馆全年免费低收费面向公众开放，惠及近100万人次。

【铜仁马拉松智慧赛道】 铜仁马拉松智慧赛道项目全线43.7千米，其中道路约38.7千米，桥梁39座约5千米。赛道起于碧江区八官溪河岸，接八官溪游客集散中心，途经龙塘、詹家溪、王家山等24个村寨，讫于江口县两河口河岸，接两河口游客集散中心，通过两河口游客集散中心与江口县城城市道路连接。截至2021年12月，全线油面层（含黑色、彩色沥青）铺装、绿化、桥梁、护栏工程等施工内容完成，马拉松赛道涉及的智慧系统、驿站建设、亮化工程、活动卫生间、水电附属设施等工程投入使用。

（市文体广电旅游局　罗　靖）

民族体育

【民族体育传承】 2021年，铜仁市开展少数民族传统体育基地命名评选，利用少数民族传统体育基地实现民族体育传承。截至12月，全市获省级命名1个，市级命名6个，县级10个，分别是松桃自治县民族中学获命名第三批全省少数民族体育基地；铜仁幼专、铜仁市民族中学、贵州省铜仁第一中学、铜仁市碧江区和平土家族侗族乡陈家寨村、万山区高楼坪侗族乡民族中学6个被命名为市级少数民族传统体育基地；10个区县各命名1个以上县级少数民族传统体育基地。

【民族体育发展】 2021年，铜仁市各级各类学校开展民族文化体育项目进校园活动，高脚竞速、板鞋竞速、八人秋、四面鼓、踩高跷、八段锦等民族传统体育运动项目纳入各级各类学校开展的各类体育运动会项目。

【民族体育比赛】 2021年，石阡县举办2021年庆祝中国共产党成立100年“信合杯”篮球赛，80支队伍1000余名干部职工参加，其中男子代表队67支，女子代表队13支，设男子甲、乙、丙组，女子组四个组别。举办“党的光辉照我心·喜迎建党庆100年·同心共筑中国梦”健身球操和广场舞展演活动，全县19支民族展演队近300名各民族中老年人参加展演。江口县德旺乡茶寨村举办以“庆丰收·感党恩·促振兴”为主题的少数民族传统体育运动

鸟瞰铜仁马拉松智慧赛道（市委宣传部　供图）

会，开展射竹弓、踩高跷等少数民族传统体育项目。

（市民宗局　杨国林）

【松桃寨英滚龙获“2021中华体育文化优秀项目”】 2021年11月26—28日，“2021中国体育文化博览会·中国体育旅游博览会”在广州举行。铜仁市松桃自治县有600余年历史的寨英滚龙在中华体育文化优秀节庆项目年度评选中首获“2021中华体育文化优秀项目”，为贵州省唯一上榜项目。

（市文体广电旅游局　罗　靖）

群众体育

【群众健身组织】 截至2021年12月，铜仁市、县体育总会及老年人体育协会组织实现全覆盖，成立44个体育俱乐部，建立2085个全民健身活动站（点）。铜仁市老年体育活动中心等6个集体及5名个人获国家体育总局表彰。

【群众健身指导】 2021年，铜仁市培训一级社体指导员450人，总计培训社会体育指导员5364人次，每千人拥有社会体育指导员1.63‰。

【群众体育系列活动】 2021年，铜仁市根据《铜仁市全民健身实施计划（2021—2025年）》，开展全民健身活动100余场次，直接参与人数11万余人次，线上视频点击量及线上直播观看量30万余人次。10月9—12日，铜仁市第五届老年人运动会在玉屏自治县举办，设球类、操舞类、棋牌类、拳剑类12项比赛/展演项目，全市各区（县）及大龙开发区11个代表团及市直网球代表队1100余名运动员、教练员、领队、裁判员参加。

（市文体广电旅游局　罗　靖）

【学校体育】 2021年，铜仁市创新体教融合新模式，以赛促教、以赛促体。举办全市校园足球三级联赛，全市103支队伍参加比赛，评出一、二、三等奖各11名，评选优秀教练员96人，优秀裁判员16人，优秀运动员100人。举办铜仁市第二十届中学生三好杯篮球赛，评出获奖学校代表队12个、优秀教练员23人、优秀运动员26人、优秀裁判员9人，体育道德风尚奖6个。6月5日，组队参加全省中小学生游泳锦标赛，共获4枚金牌、3枚银牌、6枚铜牌，其中小学组女队获全省小学年龄组团体冠军。组队参加全省第三届校园足球特色学校（高中）足球教学现场展示观摩活动、2021年全省青少年校园足球小学男子精英训练营竞赛活动、2021年全省学生乐团展演活动，承办全省校园篮球教练员及裁判员培训班。逐步建立“一校一品”“一校多品”的学校体育模式，全年学校体育经费支出1.73亿元。

（市教育局　孙启洪）

【铜仁市校园足球三级联赛总决赛】 2021年，铜仁市实施体教融合，市文体广电旅游局与市教育局联合举办校园足球三级联赛，等等，直接参与学生3000余人。7月15日，由铜仁市教育局、铜仁市文体广电旅游局、江口县人民政府主办的2021年铜仁市校园足球三级联赛总决赛开幕式在江口县第二小学举行。全市103支校园足球队参加比赛，总决赛历时15天，评出一、二、三等奖各11名，评选优秀教练员96人，优秀裁判员16人，优秀运动员100人。举办全市第七届中小学生交响乐（器乐）展演活动，评选出一等奖3名，二等奖7名，三等奖4名，优秀指导教师24名。

【铜仁市第二十届中学生“三好杯”篮球赛】 2021年7月19日，铜仁市第二十届中学生“三好杯”篮球赛在思南县体育馆开幕。铜仁市各区县中学生男女代表队、市直学校男女代表队，按照赛事指南，在思南县体育馆、思南县第六中学体育馆、思南县思中初级中学体育馆，开展为期5天的比赛。比赛评出获奖学校代表队12个，优秀教练员23人，优秀运动员26人，优秀裁判员9人，体育道德风尚奖6个。

（市文体广电旅游局　罗　靖）

竞技体育

【参加贵州省青少年锦标赛】 2021年，铜仁市青少年体育项目运动员省级注册19项492人，组队参加2021年贵州省青少年锦标赛举重、篮球、游泳等18个比赛项目，获36枚金牌、35枚银牌、41枚铜牌。

（市文体广电旅游局　罗　靖）

【参加全国残运会暨特奥会】 2021年，铜仁市选派伍洪良、陈小芳、杨华强、崔源、张金顺、谢朝勇6名运动员参加全国第十一届残疾人运动会暨第八届特殊奥林匹克运动会，获奖18人次，其中金牌2枚、银牌2枚、铜牌3枚。运动员伍洪良获男子S8级100米蝶泳金牌、男子34分4×100米混合泳银牌、男子34分4×100米自由泳接力铜牌；运动员杨华强获男子SM7级200米混合泳铜牌；运动员崔源获特奥羽毛球男子单打金牌、特奥羽毛球男子双打银牌、特奥羽毛球混双打铜牌。

（市残联　袁　放）

【马拉松智慧赛道获中国田径协认证】 2021年9月3日，中国田径协会指派国际B级丈量员胡新民负责铜仁马拉松智慧赛道的丈量及

群众利用节假日，在马拉松智慧赛道自发开展骑行活动（市委宣传部 供图）

标准认证工作，10月10日，中国田径协会审核通过《铜仁乡村振兴产业带马拉松智慧赛道丈量报告》，并颁发赛道丈量证书。铜仁乡村振兴产业带马拉松智慧赛道由中国田协指导和参与勘察设计，是全国第一条具备承办中国田协A2类马拉松赛事条件的全封闭式马拉松智慧赛道。赛道每1千米设置打卡站点，每5千米埋设由中国田协认证的芯片计时传感器，可通过人脸识别和芯片识别两种方式自动记录运动成绩。用户可通过在线注册领取芯片进行自我挑战，通过智慧打卡设备对数据的真实有效性和成绩进行认证。赛道配置陪跑灯光、自动感应淋浴系统、智慧AED救援站、智能心率柱、智能存包柜、太阳能座椅、自助充电桩、自助售卖机及卫生间、更衣室等设备设施，已基本实现“三化”——标准化、认证化、智慧化。赛道还可以举办自行车、轮滑、铁人三项等其他竞速类赛事活动。

（市文体广电旅游局 罗 靖）

体育产业

【体育旅游示范县（基地）建设】 2021年，铜仁市获授贵州省体育旅游示范县1个（石阡县），景区体育旅游示范基地2个（石阡县夜郎古泉旅游景区、石阡县仙人街旅游景区），乡村体育旅游示范点2个（碧江区杉木坡体育旅游示范点、印江自治县云上营体育旅游实践基地）。1条赛道（铜仁梵净山最美智慧马拉松体育旅游黄金线路）、1个镇（万山区朱砂古镇）、3个城镇（景区）（印江自治县大圣墩生态体育公园、印江自治县大罗桃花里景区、玉屏自治县侗乡风情园旅游景区）被列入贵州省体育旅游黄金线路、体育特色小镇、体育旅游示范基地培育。

【体育产业机构】 2021年，铜仁市体育产业机构新增80家。截至12月，全市有体育产业机构579家。

【体育彩票】 2021年，铜仁市新增体育彩票销售网店33家，有在售传统门店256家，体育彩票销售额2.93亿元，其中乐透型彩票销售8668万元，即开型彩票销售3077万元，竞猜型彩票销售1.67亿元。

（市文体广电旅游局 罗 靖）

民族事务

民族团结进步创建活动

【概况】 2021年，铜仁市各级党委、政府把民族工作纳入重要议事日程，定期听取汇报，定期安排部署，把民族工作分解细化，纳入年度绩效目标考核和巡察内容，工作经费纳入财政预算。市委、市政府印发《铜仁市全面巩固提升全国民族团结进步示范市创建成果铸牢中华民族共同体意识实施方案》，市、区（县）均成立以党委、政府主要负责人为组长的创建工作领导小组，各区县均印发工作实施方案，市、区（县）召开民族团结进步创建工作推进会议11次。开展中央民族工作会议精神学习1059次，开展宣传宣讲1429次，发放宣传资料7.2万余册。2021年，办理公民民族成分变更728件，民族确认288件。

【民族团结进步事业发展规划】 2021年，市民宗局与铜仁学院合作，完成《铜仁市“十四五”民族团结进步事业发展规划》（以下简称《规划》）编写工作。《规划》有5章、28节、11个专栏，明确到2025年在巩固全国民族团结进步创建示范市成果的基础上，力争建成铸牢中华民族共同体意识模范市，全市民族团结进步创建工作体制机制进一步建立健全，中华民族共同体意识进一步铸牢，中华优秀传统文化进一步弘扬，民族团结进步教育进一步深化，各民族交往交流交融进一步深入，民族地区乡村振兴取得阶段性成就，民族事务治理现代化取得成效。打造民族平等团结互助和谐的典范、民族交融互嵌的典范、民族文化繁荣发展的典范、民族事务治理现代化的典范，形成全市政治持续稳定、经济快速发展、社会和谐安定、各族人民安居乐业新格局。

（市民宗局　杨国林）

【少数民族干部培养】 2021年，铜仁市把培养选拔少数民族干部作为事关全局的基础性工作来选任民族自治县及民族乡领导班子，配备民族宗教部门少数民族干部队伍。市直单位领导班子中配备少数民族正职37名，区（县）领导班子中配备少数民族党政正职16名，县直单位领导班子中配备少数民族正职326名，乡镇领导班子中配备少数民族党政正职255名。同时，注重年轻少数民族年轻干部发现储备，强化培养锻炼和实践锻炼。举办全市少数民族干部专题培训班1期50人次，其他主体培训班次中少数民族干部均占有相当数量；选派16名干部到东莞挂职锻炼，其中少数民族干部14名；乡村振兴工作选派的1692名第一书记、3424名驻村干部中，有少数民族干部4350名，占85.03%。

先后印发《铜仁市人才工作领导小组工作协调机制》《铜仁市重点人才“蓄水池”管理办法（试行）》《乡村人才振兴五年行动计划》《2021—2023年农业农村人才培育方案》，引导各类人才会聚乡村、振兴乡村。推进“万名农业专家服务‘三农’行动”、高素质农民培育等项目，培养造就一支懂农业、爱农村、爱农民的“三农”人才队伍。通过事业单位公开招聘、招募“三支一扶”人员等形式，实施“五个一批”人才项目工程，选聘到村工作2310人。通过村干部“五个体系”建设、村干部学历素质提升工程、农村综合改革人才培训，培育一批“带产业、懂技术、会经营”的农村本地人才，开展村干部学历素质提升工程首批300余人，农村综合改革人才培训3期800余人。组建75支农技服务先锋小分队，开展产业发展技术服务；建立人才服务产业发展机制，1726人参与，实现村级主导产业全覆盖；组建市级技术巡回服务团、县级技术服务队、乡级技术服务小分队567人，实现199个坝区产业发展技术服务全覆盖。

（市委组织部　何建成　市民宗局　杨国林）

【民族共同体意识教育】 2021年，铜仁市将铸牢中华民族共同体意识纳入各级各类学校思政课程，开展青少年铸牢中华民族共同体意识教育征文、演讲比赛和“石榴籽一家亲”团队课征集评选，征集到文章85篇，演讲作品15件，征文比赛评选出一等奖2名、二等奖5名、三等奖8名、优秀奖10名；演讲比赛评选出一等奖1名、二等奖2名、三等奖3名、优秀奖3名；“石榴籽一家亲”主题团队课评选出优秀作品5件，分别颁发证书，并推荐到有关媒体进行展播。对思南县民族中学开展“双百工程”项目评估，解决思南县第一小学、思南县香坝小学开展铸牢中华民族共同体意识教育补助经费25万元。向省民宗委推荐中小学铸牢中华民族共同体意识宣讲专家、骨干教师2名。

【民族团结进步示范基地建设】 2021年，铜仁市推进铜仁职业技术学院、万山朱砂古镇铸牢中华民族共同体意识研究基地和教育基地建设，申报全省铸牢中华民族共同体意识教育基地2个，全省铸牢中华民族共同体意识示范学校1所，各区县利用民族陈列馆、乡愁馆建立一批铸牢中华民族共同体意识教育基地。10个区县被省民宗委命名为贵州省民族团结进步示范区（县），松桃自治县沙坝河乡、正大镇薅菜村，江口梵净山村、云舍村等146个乡镇（村、社区、单位）被命名为贵州省民族团结进步示范乡镇(村、社区、单位)。

【民族团结进步示范区(单位)申报】 2021年,铜仁市召开巩固提升全国民族团结进步示范市创建成果工作领导小组会议,市四大班子分管联系领导分别率队调研督导全市各级各部门民族团结进步创建工作,在巩固和提升"全国民族团结进步示范市"创建成果的同时,开展民族团结进步示范区(单位)申报。组织申报第九批全国民族团结进步示范区(单位)2个、2021年贵州省民族团结进步示范区(单位)6个。11月23日,省委宣传部、省委统战部、省民宗委印发《关于命名2021年度全省民族团结进步示范区(单位)的决定》,铜仁市5个单位被命名为2021年贵州省民族团结进步示范区(单位),其中松桃自治县沙坝河乡为示范乡(镇、街道办),碧江区政务服务中心为示范单位,万山区丹都街道挞扒洞社区和江口县凯德街道梵瑞社区为示范社区,玉屏自治县印山民族小学为示范学校;12月16日,国家民委印发《关于命名第九批全国民族团结进步示范区示范单位的决定》,思南县民族中学被命名为第九批全国民族团结进步示范区示范单位。铜仁市累计有全国民族团结进步示范区示范单位10个、贵州省民族团结进步示范区(单位)156个。

(市民宗局　杨国林)

【民族团结示范市创建成果巩固提升】 2021年,铜仁市以铸牢中华民族共同体意识为主线,推进民族团结进步示范市创建工作。市、区(县)党委、政府主持召开党委常委会暨党委统一战线工作领导小组会议、政府常务会议学习贯彻中央民族工作会议精神20余次,各级各部门党委(党组)学习宣传宣讲中央民族工作会议精神1000余场次,发放宣传资料近1万册。指导各区(县)开展铸牢中华民族共同体意识教育基地、培训基地、研究基地建设工作,组织申报第九批全国民族团结进步示范区、2021年贵州省民族团结进步示范区(单位),获批第九批全国民族团结进步示范区示范单位1个,2021年贵州省民族团结进步示范区示范单位5个,全省铸牢中华民族共同体意识教育基地2个,全省铸牢中华民族共同体意识示范学校1所。

(市委统战部　覃万里)

民族地区经济发展

【概况】 2021年,铜仁市争取民族地区乡村振兴(少数民族特色村寨保护与发展)示范、特色产业示范等资金6152万元,实施项目100余个,5个特色产业获省级重点支持,6个特色村寨获省级重点打造,玉屏自治县亚鱼乡纳入全省乡村振兴示范点,松桃自治县、印江自治县、沿河自治县30家民贸民品企业获得优惠利率贷款并申报贴息资金等。

(市委统战部　覃万里)

【民族地区产业结构调整优化】 2021年,铜仁市农业总产值年均增长6.7%,占地区生产总值比重逐年下降。工业增加值年均增长7.2%,十大工业产业产值占工业总产值97.2%,新兴产业占比从4.8%提升到20%,传统产业占比从59%下降到47.7%。旅游综合收入年均增长20%,旅游业发展评价指数进入全省前三位。

【民族特色优势产业培育】 2021年,铜仁市坚持"依托一产、壮大二产、催生三产,一、二、三产融合联动,做大经济总量,推动高质量发展"思路,推进农村产业革命,推广"龙头企业+合作社+农户"和"村社合一"模式。健全完善利益联结机制,确保所有产业发展类项目都与贫困户建立利益联结机制,带动贫困群众稳定增收。形成以生态茶、薯类、食用菌、中药材、蔬果、生猪、牛羊、家禽、蜜蜂、生态渔业、特色林业11个特色优势产业为主的绿色产业体系,建成生猪、生态茶2个百亿级产业。生猪规模化养殖占全省的四分之一;抹茶发展规模居全国前列,高品质抹茶生产基地规模位居世界前列;黄精、百合、玉竹种植面积均居全省第一位;食用菌产业规模居全省第一梯队;特色冷水鱼产量占全省45%。

【民族特色产品开发和品牌培育】 2021年,铜仁市对苗绣、竹编、藤编、特色饮食等带动能力强的传统手工艺企业进行重点扶持,组织4名民贸民品企业代表参加全省民族传统手工艺领军人才(民间酿造、勾调技艺)培训班,探索在易地扶贫搬迁集中安置点发展民族传统手工艺企业。开发碧江社饭、江口米豆腐、石阡绿豆粉、思南花甜粑、沿河糯米包子等一批有地方风味的特色餐饮、特色小吃。注册"梵净山珍·健康养生"公共品牌商标,打造梵净仙菇、高原红薯、德江天麻、玉屏黄桃等地方特色品牌。

(市民宗局　杨国林)

【民族地区农业产业化水平提升】 2021年,铜仁市召开全市农业现代化推进大会,印发《大力推动农业现代化促进农业高质高效发展的实施意见》,成立粮油、东西部协作、农产品加工、金融保险、产才融合、督查督办、"三农"宣传及各产业发展等工作专班,推进农业产业发展各项工作。建成茶园102000公顷(投产茶园面积88020公顷),茶园总面积排名全省第二，抹茶发展规模居全国前列；生猪出栏311.04万头，形成生态茶、生猪2大百亿级产业集群。种植食用菌9.8亿棒，食用菌产业规模居全省第一梯队，水产品产量6.17万吨，特色冷水鱼产量占全省45%，位居全省第一。建成果园71800公顷（投产面积48000公顷），种植薯类43600公顷、蔬菜（含辣椒）172733.33公顷、中药材51933.33公顷，肉牛、肉羊、家禽分别出栏33.01万头、77.45万只、2407.15万羽，实现蜂蜜产量4250吨。

（市民宗局　杨国林　市农业农村局　杜毅智）

【民族企业扶持】 2021年，印江自治县、沿河自治县、松桃自治县30家民贸民品企业申报优惠利率贷款30149.36万元，获得贴息资金393.51万元，5名绣娘参加全省民族传统手工艺领军人才（苗绣传承技艺）培训班，省民宗委下达资金40万元，扶持贵州省松桃梵净山苗族文化旅游产品开发有限公司打造苗绣示范点和实施松桃苗绣印染原料种植项目。

【民族地区基础设施建设】 2021年，铜仁市完成农网改造升级工程，实现农村电网综合电压合格率99.38%、农村供电可靠率99.81%，行政村基本实现光纤宽带、4G网络、广电网络全覆盖。累计建设农村“组组通”硬化路1.21万千米，30户以上自然村寨100%通硬化路，连户路硬化全覆盖，实现乡乡通油路、村组通硬化路；玉屏自治县创建为“四好农村路”全国示范县，印江自治县、沿河自治县、松桃自治县创建为“四好农村路”全省示范县；乌江水运全线复航。累计完成农村饮用水安全工程3558个，解决155.2万名农村人口饮用水安全问题，实现农村集中供水工程水质检测全覆盖；4个自治县县城集中式饮用水水源地、农村千人以上集中式饮用水水源地水质达标率均为100%；县城区环境空气质量优良率98%。4个自治县通过城乡义务教育均衡发展国家验收；纳入国家县域紧密型医共体建设试点区县；全部创建为国家卫生县城。

【民族地区兴边富民工程建设】 2021年，铜仁市争取中央少数民族发展资金和省级少数民族发展资金暨贫困地区建房补助5685万元，实施项目56个，主要用于建设民族特色村寨和发展油茶、茶叶、八月瓜、黄花、苗绣等民族特色产业项目，推进民族地区巩固脱贫攻坚成果同乡村振兴有效衔接。

（市民宗局　杨国林）

重点扶持的苗绣企业（瞿　鹏　摄影）

民族地区文化

【民族特色村寨】 2021年，铜仁市向省民宗委申报碧江区路腊村、万山区土坪社区、江口县泗渡村、石阡县鸳鸯湖村、沿河自治县沙子南庄村和松桃自治县大湾村6个民族特色村寨文旅融合发展项目，每个村寨争取到240万元项目建设资金。实施民族特色村寨数字化保护研究项目，与梵云集团、大连民族大学合作，完成15个民族特色村寨基础数据采集工作，6个村寨数据录入展示平台进行展示。配合省民宗委完成《和美乡村——40个民族特色村寨发展变迁实录》编辑工作，挖掘村寨蕴藏的红色、团结、发展故事，碧江区路腊村、万山区高楼坪村、江口县云舍村、德江县枫香溪村和沿河自治县十二盘村典型题材文章被载入《和美乡村——40个民族特色村寨发展变迁实录》。

【民族节庆活动】 2021年，铜仁市群众自发组织开展苗族“四月八”、土家族“过赶年”、仡佬族敬雀节、羌族过羌年等民族节庆活动，玉屏自治县举办“土王戊”赶坳活动，印江自治县举办第七届民族民间文艺调演（长号唢呐大赛）等，各种民族节庆活动参与群众达20万人以上。

【少数民族语言保护】 2021年，市民宗局与铜仁学院人文学院举办基层干部国家通用语言培训班1期，培训学员60人。松桃自治县开展国家通用语言培训4期，培训群众236人；开设双语广播点1个，覆盖

苗族二月二活动(滕树勇　摄影)

群众300余人。300余人安装“双培推普”手机网络客户端，小手牵大手结对帮扶53对，N+1结对帮学77对。6名群众通过2021年贵州省世居少数民族语言测试。松桃自治县收集到苗族联姻歌《sead dangl qub》的“ghob kit sead”(歌曲开头部分)、“lot bul lot denb”(迁徙部分)等28首。

【民族文化教育】2021年，铜仁市争取省民宗委下达的民族文化教育资金85万元。其中黔民宗发〔2021〕10号文件下达铜仁学院民汉双语少数民族本科班15万元，铜仁职业技术学院土家族医学建设项目15万元，铜仁民族中学民族高中班20万元，松桃自治县盘石镇响水洞教学点双语教学补助3万元；黔民宗发〔2021〕9号文件下达铜仁市实验幼儿园、江口县民族中学、石阡县中等职业学校民族民间文化传承(铸牢中华民族共同体意识教育)各5万元，省级铸牢中华民族共同体意识教育试点学校思南县第一小学17万元。争取苏州工业园区慈善总会定向捐赠印江自治县中兴街道九年一贯制学校8万元，用于“红石榴伙伴”行动“班班通”项目建设。省少数民族语言文字办公室在松桃自治县开展“双语和谐示范区”建设，在松桃自治县盘石镇民族完小开展“双语教学”。

【民族民俗艺术创作与活动开展】2021年，铜仁市编排的土家山歌剧《这山就比那山高》参加贵州省第七届少数民族文艺会演，获剧目银奖和优秀组织奖。6月21日，土家山歌剧《这山就比那山高》在铜仁市万山大剧院演出，市委、市人大常委会、市政府主要领导和铜仁市获评全国、全省民族团结进步模范个人代表观看演出。常态化开展箫笛、四面鼓、花灯、龙灯、剪纸、金钱杆、傩戏等民族艺术活动，玉屏自治县开展箫笛进校园、进军营活动，石阡县将“石阡说春”“抛梁伏似”“蹦蹦鼓”“茶灯”纳入文化进校园课程，印江自治县开展土家高腔山歌进校园活动。

【民族学术研究】2021年11月20日，庆祝贵州省土家学研究会成立30周年座谈会、贵州省土家学研究会七届三次理事会暨2021年学术年会在沿河自治县召开，会议围绕

9月20日，“石阡说春”在中南门历史文化旅游街区展演(杨　雄　摄影)

“巩固拓展脱贫攻坚成果与土家乡村全面振兴”主题，组织撰写调研文章和学术论文55篇，土家学研究会组织会员编写《贵州土家族民间故事》《贵州土家族风情》《贵州土家族风味美食》《贵州土家族研究会大事记(1991—2021)》《贵州土家日用语50句》5部书籍，其中《贵州土家族研究会大事记(1991—2021)》《贵州土家日用语50句》出版。市苗学会的《价值与道义：中国共产党民族事务治理探索的基本遵循》《共同体视域下民族互嵌式社会结构建设：理论、语境与路径》《民族互嵌式社会结构建设的情感逻辑——基于情感社会学视角》《促进“四安家园”建设》《苗族传统村落保护的成功范例》分别在学术报刊或市级以上媒体发表，《论傩在明代黔东北民众国家认同过程中的作用》《研究苗族古籍，助力乡村振兴》入编贵州省民族古籍办公室的《民族古籍研究与铸牢中华民族共同体意识学术研究论文集》。11月，市侗学会在松桃自治县召开“侗族地区经济社会发展与民族团结进步”学术座谈会。“明清时期平溪卫教育发展研究”“加强铜仁侗族非物质文化遗产保护与传承研究”两项省级社科理论创新联合课题研究，《推动新时期铜仁少数民族文化发展初探》《传统村落保护与发展探赜》《侗族非物质文化遗产研究综述》《铜仁古城街道的前世今生》《从江口金钱杆看非遗的保护与传承》等20余篇侗学理论研究成果先后在市级以上刊物发表。

（市民宗局　杨国林）

社会生活

人口家庭

【人口】 2021年，铜仁市有户籍人口449.3万人，常住人口328.26万人。户籍人口出生率为9.95‰，比2020年下降4.17‰，户籍人口死亡率为4.61‰，比2020年下降2.66‰。有城镇户籍人口176.81万人，占总人口的39.35%。乡村户籍人口272.49万人，占总人口的60.65%。

（市公安局　黄　旭）

【婚姻登记】 2021年，铜仁市办理婚姻登记30672对，其中结婚登记25202对，离婚登记5470对。开展婚前辅导3597对，离婚调解3960对，调解成功1441对，调解成功率40.1%。针对办理离婚登记中存在的风险隐患，及时反馈其所在地平安办。对31名未达法定结婚年龄的婚姻登记咨询当事人，记录登记并做辅导教育，婚姻登记实现零差错。印发《深化婚前辅导、倡导婚俗改革、建立“平安幸福家1314”服务机制的通知》，制作《和和美美一家人》婚前法治宣传教育动漫视频片，组建60人的婚姻家庭辅导志愿队伍，开展婚姻家庭辅导服务。

【收养】 2021年，铜仁市办理收养登记11例。印发《关于进一步规范全市收养登记工作的通知》，对收养登记工作流程、要件、评估等进行明确规定，并同步制作12个样表模板，供各地参考使用。

【殡葬管理】 2021年，铜仁市实施惠民殡葬补助1913人，补助惠民资金392.45万元，节地生态安葬281例。同时，完成90%以上殡葬系统数据补录工作。开展“平安清明、文明祭祀、绿色殡葬”活动，各公墓累计接待清明祭扫群众29273人，各类车辆4548辆，出动保障人员749人次，发放鲜花1.9万余束，清明节期间无祭扫安全事故发生。

【未成年人保护】 2021年，铜仁市完成《铜仁市未成年人权益保护调研》《铜仁市民政局关于四类特殊未成年人关爱救助保护专题调研》等6个书面调研报告。印发《2021年未成年人保护及预防未成年人犯罪工作实施方案》，开展“关爱留守儿童‘大手牵小手·共度愉快暑假’”项目，以易地扶贫搬迁安置点1～8年级留守儿童为主，开展义教、主题、健康、走访等活动，开办暑期学校22个，889名儿童得到暑期学校服务。

（市民政局　冯小亚）

【关心下一代工作】 2021年，铜仁市开展“四史三情宣讲行·志愿五老颂党恩”五进宣讲活动，教育青少年学“四史”，引导青少年坚定理想信念，增强爱党爱国情感，近300名“五老”（老干部、老战士、老专家、老教师、老模范）人员开展宣讲500余场次，受众超10万人。以“红心向党”为主题，开展主题征文、微视频、短视频比赛，收到主题征文722篇，短视频、微视频124个。推动青少年助力乡村振兴工作，培养22名农村青年致富带头人，168名致富“二传手”，1852名青年致富骨干，创建农村青年科技培训示范基地22个（市级3个，区县19个），带动贫困户3200户10589人发展产业，减少空巢老人和留守儿童1500余人。开展农村学前教育“双助”行动，举办乡村幼儿园园长暨骨干教师培训班各1期，参培人员220余名，建设学前教育研培中心8个，支持建设经费40万元。争取中国关工委、教育部关工委和“中华魂”主题教育活动组织委员会向松桃自治县盘信中学、大坪场镇中学、长兴中学捐赠电脑40台，捐赠“中华魂”书屋2个。举办关爱留守儿童“大手牵小手·共度愉快暑假”暑期学校，招募大学生志愿者100余名，开办市级示范点15个、县级示范点12个，示范带动暑期学校82个，受益留守儿童4362人。

（市委老干局　石　宕）

【计划生育】 2021年，铜仁市计生协会开展“仁义之城·生育关怀送爱心——三送慰问”活动，为18418

参战老兵为小朋友讲红色故事（龙元彬　摄影）

铜仁市在易地扶贫搬迁点万山区旺家花园举办就业招聘会(代旭东　摄影)

户新生儿家庭发放鸡蛋 110.5 万枚,宝宝装 1.85 万套,宣传资料 5.5 万余份。实施"幸福保障——计生家庭意外伤害保险"项目,涵盖农村计生"两户"和城镇独生子女低保家庭 53751 人,年度理赔 153 人 38.77 万元,理赔率 60%。实施失独家庭住院护理补贴保险项目,覆盖全市 755 名失独家庭成员,年度理赔 96 人 18.8 万元,理赔率 104%。开展计生困难家庭关爱行动,申报人口健康基金项目 14 个,救助计生困难群众 176 人。实施"关爱困难母亲·妇科病普查援助"及"生育关怀·助孕工程"公益项目,普查育龄群众 7414 人,筛查不孕不育夫妇 31 例,对 136 名妇女和 10 对不孕不育夫妇给予医疗援助。建成家庭服务中心 142 个,为计生家庭和育龄群众提供宣传倡导、便民惠民、矛盾调处、权益维护等服务。开展"健康知识进万家"试点工作,培育健康知识进万家指导员 12293 名,明白人 665202 人。实施"幸福微笑"项目,指导 44 名唇腭裂儿童申报免费修复手术,30 名患者实施手术。开展以"携手五月·共话优生"为主题的"母亲节"宣传服务活动,以"婚前、孕前保健""3 岁以下婴幼儿日常护理"为主题开展专题讲座,通过相互交流互动、有奖问答等形式,普及优生优育知识。开展家庭健康主题推进活动,围绕"舌尖健康、杜绝浪费、美丽庭院"家庭健康主题,向上推荐健康家庭 6 户,孕妈萌宝小鸟餐 3 个。其中,姚琳雅家庭为全省唯一获国家健康家庭先进类表彰对象,推荐的《婴幼儿营养膳食》被评选为全国"孕妈萌宝小鸟餐"营养均衡优秀案例。

(市计划生育协会　温晓刚)

劳动就业

【概况】 2021 年,铜仁市完成城镇新增就业 4.39 万人,完成年度任务数的 109.69%。开展职业技能提升培训 13.62 万人次,完成年度任务数的 118.42%。支出就业专项资金 23517.01 万元,比 2020 年同期支出增加 672.24 万元。接收流动人员档案 1706 份,寄出流动人员档案 1506 份,实现就业手续一网通办档案查询。签订集体合同的单位 1277 家(含市本级 77 家),其中区域性行业性集体合同 21 家,企业集体合同 1256 家,涉及职工 85336 人。

【城镇失业人员再就业】 2021 年,铜仁市城镇登记失业率为 4.13%,控制在省政府下达的 5% 指标以内。促进城镇失业人员实现再就业 10331 人,完成年度任务数的 103.31%。

【困难人员就业】 2021 年,铜仁市实现困难人员就业 7072 人,完成年度任务数的 105.55%。

【农村劳动力转移就业】 2021 年,铜仁市开展农村劳动力培训 38.37 万人次,完成年度任务数的 155.11%,转移农村劳动力就业 9.14 万人,完成年度任务数的 102.71%。

【人才培育与引进】 2021 年,铜仁市组织教育、卫生系统及部分企事业组团到高校、省人博会常态化开展自主引才工作,引进人才 1012 人(含事业单位 754 人)。其中,博士研究生和副高职称 3 名,硕士研究生 23 名,急需紧缺人才 986 名。联合印发《铜仁市"编制池"人才管理办法(试行)》,建立市级人才专项编制池,定向选聘 985 高校毕业生

47 名。

【大学生就业】 2021 年，铜仁市开展离校未就业高校毕业生就业创业服务 13808 人次，促进离校未就业高校毕业生就业 5334 人。扶持和引导 554 名大学生自主创业，完成年度目标任务的 138.5%。发放 2022 届市内高校毕业生（含中职）求职补贴 1056.4 万元，落实企业吸纳高校毕业生社会保险补贴 69.57 万元。

（市人社局　张森鑫）

【残疾人创业就业】 2021 年，铜仁市印发《铜仁市残疾人“阳光助残·转股分红”实施方案》《铜仁市残疾人“阳光助残·贷动成长”就业创业贷款贴息项目管理暂行办法》，市残联与市人社局联合印发《铜仁市扶持残疾人就业创业办法》。投入资金 118 万元，创建 19 个残疾人乡村振兴产业基地，其中省级 4 个、市级 10 个、县级 5 个；投入资金 90.5 万元，支持 301 名残疾人自主创业。开展就业援助月活动，组织残疾人招聘会 3 场，实施残疾人培训 341 人，走访残疾登记失业人员家庭户数 330 户，帮助残疾登记失业人员实现就业 27 人，33 名残疾人享受专项扶持政策。

（市残联　袁　放）

【退役人员创业就业保障】 2021 年，铜仁市开展各类退役军人就业创业培训 412 人次，开展自主就业退役士兵适应性培训，800 余人参训，合格率 95.5%。开展“培训 + 招聘”一体化人岗对接服务，为退役军人提供政策咨询、职业推介等公益服务。组织召开退役军人专场招聘会 25 场，涉及大数据、科技互联网、快递物流、健身等多个行业的 80 家企业参加招聘，提供就业岗位 5942 个，900 余名退役军人进场应聘，达成就业意向近 300 人。与市人社部门研究出台《关于进一步做好退役军人就业创业帮扶工作若干措施》，深化与东莞对口帮扶劳务协作，每月 23 日定期开展“铜往东莞·就在云聘”劳务协作远程招聘活动，向东莞等东部地区实现劳务输出 1000 余人次。开展退役军人金融扶持工作，联合农业银行、建设银行等金融机构推出“退役军人创业 e 贷”“兵支书 e 贷”“拥军贷”等金融服务，向退役军人发放贷款 500 余万元。对退役 2 年内的退役军人按季度进行就业创业跟踪服务，为退役军人提供就业岗位 3000 余个，近 500 名退役军人通过专场招聘活动在家门口解决就业问题。

（市退役军人事务局　姚　健）

【劳动力技能培训】 2021 年，铜仁市按照“需求定向、产业主导、多方联动、促进就业”的原则，印发《铜仁市高质量推进 2021 年度农民全员培训和职业技能提升行动实施方案》《铜仁市职业技能提升行动创业培训“马兰花计划”工作方案》（“马兰花计划”是为贯彻落实党中央、国务院有关要求，推进职业技能提升行动，人力资源社会保障部组织实施职业技能提升行动创业培训）《铜仁市“贵州技工”建设方案》等文件，根据市内主导产业发展所需及企业和劳务用工实际，以脱贫劳动力、易地搬迁劳动力、企业职工、返乡农民工、高校毕业生等群体为重点，以家政护工、月嫂厨师、电工焊工、挖机叉车、电气设备安装工、农艺工、食用菌生产工、茶叶栽培工、中药材种植员、家畜饲养员等工种为主，围绕“四化同步”累计开展职业技能培训 13.62 万人次（含创业培训 4372 人次），其中短平快培训 8.7 万人次，短期项目制培训 2.11 万人次，中长期项目制培训 2.37 万人次，以工代训 0.27 万人次，证书直补 0.17 万人次；培训脱贫劳动力 5.55 万人次，易地搬迁劳动力 2.16 万人次，企业职工 3.54 万人次，返乡农民工 3.92 万人次，高校毕业生 0.42 万人次，培训后实现就业创业 10.03 万人，培训后就业率 73.64%。

【职业技能鉴定】 2021 年，铜仁市评审专业技术人才 1105 人，其中委托省人社厅评审正高级 157 人，副高级 243 人，初中级 705 人。完成职业技能鉴定 12548 人，获得证书 10610 人（高级 727 人、中级 3749 人、初级 6134 人），完成省级高技能

铜仁市引导外出务工返乡人员就近就业（代旭东　摄影）

人才培养基地(市技工学校)、省级技能大师工作室(张著权、赵会芳)的申报工作。

【劳务派遣许可管理】 2021年,铜仁市规范劳务派遣行政许可审批程序,开展劳务派遣机构经营情况核验工作。138家单位参加核验,其中2021年度开展劳务派遣业务的91家,没有开展劳务派遣业务的47家,未参加2021年度劳务派遣经营情况核验的单位26家。

【工伤鉴定认定】 2021年,铜仁市做出工伤认定决定1535件,开展劳动能力鉴定1738件,等级鉴定998件。办理行政复议案件18件,一、二审行政诉讼案件92件次,行政负责人出庭应诉48件次,应诉率100%。

【欠薪欠保问题整治】 铜仁市开展2021年根治欠薪专项行动,完成农民工工资清欠工作,排查出拖欠农民工工资项目1081个,涉及65470人。工程造价400万元以上在建工程项目落实6项指标(全员订立劳动合同、实名制考勤、工资专用账户开立、人工费用分账拨付、工资银行代发、工资保证金存储)综合达标率为90.16%,在全省各市(州)中排名第一。

【劳动监察执法】 2021年,铜仁市市级开展执法检查127次,检查在建工程项目46次,发出整改通知书14份,现场整改问题180余个。以“双随机、一公开”检查为契机,开展根治欠薪冬季专项行动和新就业形态、未成年人保护专项行动,开展联合执法检查6次,协调处理欠薪案件381件。

【“留雁”行动】 2021年,铜仁市以返乡农村劳动力为重点,持续巩固“留雁”行动(铜仁市为缓解新冠肺炎疫情对务工人员收入和脱贫攻坚进程的影响的专项行动,包括“寻雁”“送雁”“育雁”“助雁”“繁雁”和“护雁”6项工作)成果,多形式开展返乡就业服务,多渠道引导外出务工返乡人员就近就地就业和有序输送返岗,促进26.85万名外出务工返乡人员就业,就业率98.97%。

(市人社局　张森鑫)

收入消费

【住户收支调查】 2021年,国家统计局铜仁调查队在开展住户收支调查工作中,进行基层基础工作复查,向各区县反馈检查发现的问题并要求其进行整改;按照样本轮换方案及实施细则完成样本轮换工作,确保样本的代表性;以往年执法检查及日常工作中发现的问题为切入点,突出问题导向,利用基础数据质量检查契机,再次督促检查确保整改到位;加强平台记账监控,对连续多天未记账户、记账笔数偏低的记账户发出“工作提示”,避免记账户记回忆账、漏记收支等情况;强化基础数据审核,制作《铜仁住户收支调查数据审核流程》,为各区县全面开展住户调查数据审核提供参考。经调查,2021年铜仁市常住居民人均可支配收入为21230元,比2020年增长10.9%。

【价格调查】 2021年,国家统计局铜仁调查队加强与市统计局、市发改局、市农业农村局、市市场监督管理局等市直部门和相关农贸市场、超市经理的沟通交流,及时了解政策落实、市场供给、价格变动情况。加强平台数据审核、监管,实时追踪价格变动原因,确保数据质量,同时落实本地采价点以及县队的陪采工作,强化数据质量监管。12月,全市居民消费价格指数比2020年12月下降0.1%,比2021年11月下降0.3%。全市2021年居民消费价格指数100.4%,比2020年上涨0.4%。

【城镇居民收入和消费支出】 2021年,铜仁市城镇居民人均可支配收入36684元,比2020年增长8.5%,其中工资性收入20072元,增长17.3%;经营净收入10431元,增长6.0%;财产净收入2962元,增长9.6%;转移净收入3219元,下降22.2%。城镇居民人均消费性支出23700元,比2020年增长19.5%。

表54　2021年铜仁市每百户城镇居民家庭拥有耐用消费品一览表

指标名称	单位	绝对数
彩色电视机	台	105.2
电冰箱	台	110.8
洗衣机	台	104.4
热水器	台	110
移动电话	部	322.3
家用空调器	台	144.8
家用电脑	台	50.7
其中:接入互联网	台	42.1
家用汽车	台	50.6

【农村居民收入和消费支出】 2021年，铜仁市农村居民人均可支配收入12291元，比2020年增长10.7%，其中工资性收入5485元，增长4.6%；经营净收入4236元，增长22.2%；财产净收入69元，增长9.7%；转移净收入2502元，增长7.5%。农村居民人均生活消费支出11948元，比2020年增长12.1%。

表55　2021年铜仁市每百户农村居民拥有耐用消费品一览表

指标名称	单位	绝对数
彩色电视机	台	101.7
电冰箱	台	103.0
洗衣机	台	99.8
热水器	台	95.4
移动电话	部	324.1
家用空调器	台	24.2
家用电脑	台	10.6
其中：接入互联网	台	9.6
家用汽车	台	33.4

（铜仁统计调查队　曾志鹏）

社会保险

【概况】 2021年，铜仁市补发企业和机关事业单位退休人员基本养老金金额6792.71万元，涉及7.29万人。实施养老金调待政策，城乡居民基本养老保险基础养老金最低标准在原每人每月98元基础上增加12元，提高到110元，惠及52.87万人。落实阶段性降费率等各项纾困惠企政策，降低失业保险费率，降费32973.29万元（企业养老保险23684.72万元，失业保险9288.57万元）。失业保险稳岗返还1817户5.3万人，累计发放772.9万元。失业保险参保14.73万人，基金收入0.93亿元、支出0.3亿元、累计结余3.27亿元。工伤保险参保41.85万人，基金收入1.08亿元，支出1.00亿元，累计结余0.34亿元。

表56　2021年铜仁市社会保障情况一览表

指标名称	单位	绝对数	比上年增长(%)
企业职工基本养老保险参保人数	万人	20.22	15.7
机关事业单位养老保险参保人数	万人	14.80	1.8
城乡居民社会养老保险参保人数	万人	201.56	3.4
失业保险参保人数	万人	14.73	10.1
工伤保险参保人数	万人	41.85	61.3
机关事业单位职业年金参保人数	万人	14.80	1.8
城镇职工基本医疗保险参保人数	万人	25.08	5.0
城乡居民基本医疗保险参保人数	万人	388.03	-0.5
生育保险参保人数	万人	19.13	5.0
年末城乡最低生活保障对象	万人	30.81	—
其中：城市最低生活保障对象	万人	8.63	—
农村最低生活保障对象	万人	22.18	—

【职工基本养老保险】 2021年，铜仁市企业职工基本养老保险参保人数20.22万人，基金收入17.97亿元、支出15.35亿元、累计结余4.19亿元。机关事业单位养老保险参保14.8万人，基金收入20.73亿元、支出19.68亿元、累计结余12.89亿元。审核办理新增退休人员1670人。

【城乡居民基本养老保险】 2021年，铜仁市城乡居民养老保险参保人数201.56万人。8891名被征地农民社会保障对象中，8560名享受增发基础养老金。落实为低保对象、特困人员、返贫致贫人口、重度残疾人等缴费困难群体代缴城乡居民基本养老保险费政策，代缴10.69万人695.55万元，其中低保对象7.56万人，返贫致贫人口0.17万人，特困人员0.1万人，重度残疾人2.86万人。困难群体基本养老保险参保人数23.89万人，参保率100%，享受待遇8.94万人。为易地扶贫搬迁原建档立卡贫困人口0.28万人每人增发30元基础养老金，累计发放90.96万元。

（市人社局　张森鑫）

【大病和意外伤害保险】 2021年，铜仁市落实大病保险政策范围内支付比例提高到60%。加大对贫困人口倾斜支付，降低脱贫人口、特困人员、低保对象起付线标准，支付比例提高5个百分点，取消脱贫人口等特殊困难人群大病保险封顶线。城乡居民大病保险报销40851人次，总费用83351万元，基本医保报销42703.99万元，大病保险报销11898万元；意外伤害符合医保报销34322人次，产生医疗总费用35408万元，基本医保报销18789万元。

【生育保险】 2021年，铜仁市参加生育保险19.13万人，比2020年提高5%。对2012年1月1日后合法生育且遵守《中华人民共和国社会保险法》《基金征缴条例》的参保职工补发生育津贴。受理生育津贴发放申请17562人次，经审理，符合发放条件的有16707人次，发放生育津贴18249.81万元。

【异地就医直接结算】2021年，铜仁市扩大异地就医结算范围，开通联网定点医疗机构125家，联网定点零售药店935家，取消省内异地就医备案手续，强化医保电子凭证推广应用，实现异地就医患者在定点医疗机构持卡看病、即时结算。省内异地就医13.43万人次，产生医疗总费用42599.84万元，基金支付22734.56万元；跨省异地就医直接结算0.3万人次，产生医疗总费用6214.95万元，报销3579.91万元；到铜仁市进行跨省异地就医直接结算0.03万人次，产生医疗总费用251.56万元，报销158.81万元。

（市医保局　卢继龙）

【养老金冒领多领追讨】2021年，铜仁市将违规领取养老保险资金追缴工作纳入年稽核审计工作计划，借助所在地村（居）委会工作力量，使用“社保”“老来”App等认证方式，及时掌握死亡人员动态信息，防止死亡冒领问题。加大与公安、司法、计生、民政、银行等部门的沟通协调力度，建立定期报送人员信息制度。与县纪委监委加强合作，将违规领取养老金追缴纳入民生资金监督整改事项。追回少报基数、少缴社会保险费249.54万元，追回违规领取待遇43.41万元。经核查，12个经办机构死亡冒领、服刑人员违规领取和重复领取待遇等三类人群违规领取136.01万元，整改追回106.32万元。

（市人社局　张森鑫）

社会救助

【城乡居民最低生活保障】2021年，铜仁市累计新增城乡低保对象1.15万户3.85万人，累计退出城乡低保对象2.89万户8.41万人，有城乡低保对象30.81万人，其中城市居民最低生活保障人数8.63万人，农村居民最低生活保障人数22.18万人。城市低保平均标准提高到每月645元（碧江区、万山区为每月685元，其余县为每月635元），增幅1.6%；农村低保平均标准提高到每年4560元（碧江区、万山区为每年4608元，其余县为每年4548元），增长5.7%。发放城乡低保金11.13亿元，其中城市低保金3.8亿元，农村低保金7.33亿元。

【特困人员救助】2021年，铜仁市有特困供养人员1.31万人，按每人每月830元基本生活费标准，发放特困供养金1.6亿元。累计发放特困人员照料护理费2967.8万元，其中全失能特困人员558人（每人每月1680元），半失能特困人员966人（每人每月1008元），集中供养全自理特困人员2219人（每人每月336元）。

【临时救助】2021年，铜仁市累计实施临时救助1.53万人次，发放临时救助金1938.8万元，其中实施急难救助73例，发放急难救助金92.71万元。有农村低保季节性缺粮户粮食救助对象3.44万户7.57万人，发放救助粮0.2万吨。

【残疾人救助】2021年，铜仁市印发《关于进一步规范残疾人两项补贴制度的通知》《关于抓紧落实跨区域易地扶贫搬迁重度残疾人护理补贴发放信息比对有关事宜的通知》，困难残疾人生活补贴覆盖残疾人40085人，重度残疾人护理补贴覆盖残疾人47614人，发放残疾人“两项补贴”8125.7万元。为59742名残疾人代缴全部或部分基本医疗保险1244.1万元，投入17.3万元为8户残疾人家庭实施危房改造，投入资金198.3万元为705户残疾人家庭实施无障碍改造。将易地扶贫搬迁安置点残疾人专职委员纳入公益性岗位管理，投入资金50万元开发残疾人专职委员公益性岗位70个。争取中央、省级儿童康复资金693.6万元，残疾人辅具适配资金213.7万元，支持性基本康复服务资金229.6万元，精神病人住院服药114.16万元。

【红十字会救助】2021年，铜仁市红十字会救助主要围绕“三救”（应急救援工作、应急救护工作、人道救助）开展工作。组建首支红十字应急救援队伍（铜仁市红十字心理援助服务队），并升级为省红十字心理救援队。救援队在新冠肺炎疫情期间开通免费热线电话，接受群众心理咨询，其成员刘琴被中国红十字会总会评为全国红十字志愿服务先进典型。10月13日，市红十字会在中南门古城开展应急救护培训和志愿服务宣传活动，70名工作人员参训。实施红十字生命健康安全教育项目，开展应急救护活动进社区100余场次，发放物资价值43.82余万元。开展应急救护培训，培训师资127名，培训初级救护员1125人，救护知识普及培训近12万人次。6月25日，联合市总工会举办“铜仁市2021年应急救护技能竞赛”，12支参赛队70余人参赛。9月16日，铜仁市代表队在贵州省红十字会主办的2021年贵州省红十字会应急救护大赛上获团体一等奖。开展“红十字博爱送万家”活动，春节期间，募集款物价值194.72万元开展走访慰问，其中省红十字会下拨物资价值124.57万元，政府配套0.4万元，红十字会自筹69.75万元。筹集到惠氏幼儿乐幼儿配方奶粉3300罐，价值79.86万元，重点发放到铜仁市易地扶贫搬迁安置点困难家庭。

【流浪乞讨人员救助管理】 2021年，铜仁市救助流浪乞讨人员1144人次，其中未成年人59人次，疑似精神障碍患者141人次。持续开展流浪乞讨人员"寒冬送温暖"专项救助行动，其间救助流浪乞讨人员400人次，其中17岁以下未成年人14人次，疑似精神病人61人次，残疾人35人次。发放棉衣233件，发放棉被118床，发放食品、饮用水估值30386元，出动巡查车514辆次，主动巡查工作人员1024人次，设置临时站点270个。联合公安等11家部门在全市范围内开展生活无着的流浪乞讨人员救助管理服务质量大提升专项行动。通过开展照料服务、救助寻亲服务、街面巡查和综合治理、集中落户安置、源头治理、救助管理能力提升等行动，10个区县均建立返乡人员信息台账、易走失人员信息库，将救助机构滞留人员全部向全国救助寻亲网推送。

【慈善关爱救助活动】 2021年，铜仁市接收苏州、东莞慈善捐助款物价值合计约1600万元；争取到慈善项目2个，资金59.4万元(慈善超市项目资金20万元，"老吾老"驿站项目39.4万元)；接受慈善物资1046万元(其中"涌荣资产"捐赠物资价值1000万元羽绒服)，募集慈善资金176万元，主要用于解决困难群众生活和安老、扶孤、助医、助学、济困等慈善救助和慈善项目。联合各级慈善总会、社会组织和爱心企业开展慈善福彩"金秋助学"，资助贫困大学新生1086人，发放资金410万元。

【六十年代精简退职老职工定期定量救济】 2021年，铜仁市有20世纪60年代精简退职老职工1004人，发放60年代精简退职老职工救济费431.19万元。60年代精简退职老职工定期定量救济平均标准提高到每年4940元(碧江区、万山区为每年5500元，其余县为每年4800元)，增长46.25%。

(市民政局　冯小亚)

社会福利

【孤儿福利保障】 2021年，铜仁市有孤儿1000余人，发放1024名孤儿基本生活费1625.07万元，发放事实无人抚养儿童生活补贴2016.37万元。为316名年满18周岁，仍在中职以上学校就读的孤儿发放助学金309.13万元，保障孤儿完成学业，维护孤儿受教育权利。

【社会福利院】 2021年，铜仁市社会福利院新入院儿童1名，临时代养异地安置社区困境儿童1名，大学毕业成年离院安置3名，大龄孤残供养对象分流安置到碧江区中心敬老院12名，有在院儿童97人(含6名事实无人抚养儿童和9名代养儿童)。新招募符合条件类家庭1个，送入类家庭进行寄养融合养育儿童4名，截至12月有类家庭4个，16名儿童进入家庭。对入院儿童开展健康体检1次，生病儿童外出送医治疗96人次，开展儿童心理健康辅导3次。有在校接受教育儿童67人(学前教育1人、小学教育4人、初中教育8人、高中教育7人、中职教育14人、高职教育22人、本科教育11人)，在院内接受特殊教育的特需儿童9人。完成1名适龄儿童就近入学，9名中职升高职学生升学衔接，1名高考学生入学安置，37名儿童申请并享受孤儿助学金工作。

【城乡老年人福利】 2021年，铜仁市有60岁及以上人口579146人，占17.56%，其中65岁及以上人口456851人，占13.85%。有75035人享受80岁以上高龄老年人生活补贴，发放高龄老年人生活补助3633万元。争取到450万元对6个农村敬老院和5个日间照料中心进行提质增效。打造中心城区"15分钟养老服务圈"，支持居家社区完善养老配套设施。开展老年健身活动30余场次，累计直接参与人数近3000人次，培训老年健身骨干300余人次。

(市民政局　冯小亚)

【城乡老年人健康保障】 2021年，碧江区创建为"全省医养结合示范县"单位，6家二级以上综合性医院设立老年病科，65岁以上老年人健康管理率67.05%。在县级以上医疗机构通过"导医""一站式"帮助服务、无健康码"绿色通道"等方式，建立示范服务模式，为老年人看病就医服务。对2014名60岁以上老年人开展失能半失能评估和包括康复护理指导、心理指导、中医护理等内容的健康服务。开展"敬老月"慰问活动，对"七一勋章"获得者、老党员、高龄特困老人、空巢老人进行走访慰问，各级各有关部门走访慰问老年人2600余人，发放慰问品、慰问金等90余万元。

(市卫健局　张　军)

【安置点殡葬补助】 2021年，铜仁市印发《铜仁市安置点惠民殡葬补助暂行办法》，解决易地扶贫搬迁安置点困难群众殡葬服务需求，减轻易地扶贫搬迁群众丧葬负担，由政府免费提供易地扶贫搬迁群众死亡后四项基本殡葬服务费用，对安置点移民搬迁户实施惠民殡葬补助，补助金额从1200元提高到5000元，争取到易地扶贫搬迁安置点惠民殡葬补助资金20万元，完成144个安置点集中治丧场地建设，解决农村散埋乱葬问题。

【农村留守儿童关爱与保护】 2021年，铜仁市有农村留守儿童24494人，比2020年减少34378人。3月26日，在江口县、沿河自治县儿童福利院和4个易地扶贫搬迁点启动实施全省唯一试点项目——“春晖守望”项目。项目主要探索儿童福利机构在提升院内养育质量的基础上，向散居孤儿、事实无人抚养儿童以及农村留守困境儿童服务拓展的全新项目模式，项目可服务特殊儿童5700余名。石阡县“童伴妈妈”项目被列入《2020—2021年度Apple中国企业责任报告》。

【福利彩票销售管理和使用】 2021年，铜仁市有福利彩票投注站334家，其中18家为新增，福利彩票销售额1.68亿元，同比增长42%。检查、指导福利彩票销售店10余次，检查出问题3个，整改完成3个。规范福彩公益金监督使用管理，完成2020年度福彩公益金资助项目的抽样审计工作，审计项目19个，审计金额783万元。全年省财政厅、省民政厅下达中央、省级彩票公益金支持铜仁市社会福利事业专项资金8206.87万元，其中中央彩票公益金4017.87万元，省级彩票公益金4189万元。资金主要用于12个养老服务机构设施建设及提质改造项目，涉及资金3442.87万元；养老服务改革试点示范建设项目12个，涉及资金1569万元；铜仁市第三人民医院（原铜仁市惠民医院）提质增效项目资金600万元；殡葬基础设施建设项目3个，用于支持石阡县、松桃自治县、思南县建设易地扶贫安置点集中治丧场所，涉及资金250万元。

（市民政局　冯小亚）

住房保障

【概况】 2021年，铜仁市以城镇保障性安居工程各项目标为任务，推进棚户区存量改造建设，印发《铜仁市推进未建成棚户区改造项目三年专项行动方案》，争取到中央、省补助资金1.42亿元。其中，中央财政专项补助资金6390.92万元，中央预算内投资补助资金7812万元。争取到棚改专项债券项目11个，债券资金到位14.91亿元，占全省总额103亿元的14.48%。共推送新型城镇化专项基金项目4个，总投资58.6亿元，拟申请基金8亿元。对全市保障性安居工程存量棚改项目推进滞后区县和单位进行约谈问责并推进项目实施。

【租赁补贴发放】 2021年，铜仁市发放城镇困难家庭住房租赁补贴4304户，目标任务完成率125.85%，累计发放金额963.14万元。

【存量补贴发放】 2021年，铜仁市市直土地收益核定户数4户，核销冲抵存量补贴金额1.18万元；补交土地收益金户数4户，补交土地收益金额3.26万元；办理市场准入许可证户数4户，累计面积335.24平方米；核实查询修改市场准入许可证户数434户，出具相关证明资料45份；办理存量补贴兑现293人，兑现金额149.07万元；审核市直企业16个单位住房增量补贴，发放金额约6746.29万元。

【《铜仁市市级人才公寓租住管理办法（试行）》印发】 2021年9月29日，铜仁市人才领导小组办公室印发《铜仁市市级人才公寓租住管理办法（试行）》，对市级人才公寓的租住条件及范围、申请程序、租住管理等方面进行明确。市级人才公寓是面向市直单位引进高层次和急需紧缺人才的政策性租赁住房，人才公寓的租金标准按不高于市场价执行，由市财政局按年度统一预算支付。项目位于铜仁汽车客运北站南侧安置区建设项目1号楼，建设规模为100套，面积约9700平方米，其中单身公寓（一室一厅一厨一卫）40套，每套面积约67平方米；家庭型公寓（两室一厅一厨一卫）60套，每套面积约110平方米，项目总投资约5400万元。公寓将配备家具、家电等各类生活配套设施，达到拎

铜仁市建设打造的人才公寓楼（黄　维　摄影）

包入住条件。

（市住建局　黄海迪）

【公积金归集提取】 2021年，铜仁市住房公积金新开户单位524家，净增单位419家；新开户职工1.66万人，净增职工1.04万人；实缴单位3021家，实缴职工17.85万人，缴存额33.7亿元，分别同比下降5.3%、增长5.31%、增长5.54%。年末缴存总额233.63亿元，比2020年同期增加16.86%；缴存余额107.72亿元，同比增长13.88%。7.5万名缴存职工提取住房公积金，提取额20.57亿元，同比下降10.8%，提取额占2021年缴存额的61.04%，比2020年减少11.18个百分点。截至12月，累计办理住房公积金提取125.91亿元。

【公积金贷款】 2021年，铜仁市发放个人住房公积金贷款0.64万笔21.42亿元，同比分别下降4.48%、7.15%，发放个人住房公积金异地贷款318笔11953.1万元，回收个人住房公积金贷款9.72亿元。累计发放个人住房公积金贷款7.6万笔175.3亿元，个人住房公积金贷款余额108.41亿元，万元个贷率为100.64%，比2020年同期减少1.6个百分点。发放公转商贴息贷款2笔95万元，当年贴息额66.44万元。累计发放公转商贴息贷款666笔11690.8万元，累计贴息634.7万元。累计帮助职工购建住房面积16.35万平方米。逾期贷款额为140.73万元，逾期率为0.13‰。

【公积金使用政策调整】 2021年6月30日，铜仁市印发《关于调整住房公积金部分使用政策的通知》，从2021年7月1日起，调整住房公积金购房提取、贷款首付款比例缴存职工家庭购买首套自住住房申请住房公积金提取的，首付款比例不低于20%，提取金额不得超过购房总价的80%，缴存职工家庭购买第二套及以上自住住房申请住房公积金提取的，首付款比例不低于35%，提取金额不得超过购房总价的65%；调整偿还住房公积金贷款办理对冲业务的时间，缴存职工家庭购(建)自住住房办理住房公积金贷款的，在住房公积金贷款正常还款满1年后，方可办理住房公积金贷款对冲业务；暂停提取住房公积金偿还部分住房贷款本金业务；出台既有住宅加装电梯提取住房公积金政策；调整住房公积金贷款额度，住房公积金提取额度加住房公积金贷款额度不得超过50万元，且首套自住住房不得超过购房总价的80%、第二套自住住房不得超过购房总价的65%；新增组合贷款，缴存职工家庭购(建)自住住房可申请组合贷款(住房公积金贷款加商业银行住房贷款)，办理组合贷款的，住房公积金贷款最高额度均不得超过40万元。缴存职工家庭购(建)自住住房既申请住房公积金提取又申请组合贷款的，住房公积金提取额度加住房公积金贷款额度不得超过40万元。

（市公积金中心　李加成）

医疗保障

【医疗保障制度改革】 2021年，铜仁市印发《铜仁市深化医疗保障制度改革实施方案》，提出医疗保障改革“1+4+2”框架。印发《铜仁市城乡居民基本医疗保险总额控制实施方案(试行)》《关于下达2021年铜仁市城乡居民医保总额控制指标的通知》等文件，明确医疗机构医保总费用预算数、人次人头比、次均费用等控制指标数据，对医保基金实行预算管理，控制医疗机构门诊、住院医药费用的不合理增长。印发《关于开展中医日间病房优势病种付费(试点)工作的通知》，探索中医优势病种支付方式改革，遴选中医临床路径清晰、诊疗规范明确、诊疗技术成熟、医疗质量安全的中医优势病种，实施支付方式改革工作。11月18日，在铜仁市梵净医馆召开铜仁市中医日间病房优势病种付费(试点)工作会议，8家中医医院在全省率先启动中医日间病房优势病种付费改革，对符合住院条件且不需要非治疗期间在院的以针灸治疗为主的耳眩晕、类风湿性关节炎、痛风等17项病种疾病纳入医保付费试点。取消“中医日间病房”门槛费，普通住院患者人均节省费用800元，患者次均费用降低20%。

【城乡居民医保报销】 2021年，铜仁市完成城乡居民医保待遇保障落地工作，及时、足额拨付“两定”(定点医疗机构和定点药店)机构医保资金。其中市本级核发“两定”机构申报费用2171笔，医保基金3.74亿元。城乡居民医保报销973.65万人次，较2020年同期增加75.63万人次，增幅8.42%；医保报销资金31.07亿元，较2020年同期增加支出5.8亿元，增长22.97%。将慢特病资格认定工作放到统筹区内二级及以上定点医疗机构，实行一站式办理。

【定点医疗机构管理】 2021年，铜仁市累计签约医疗机构3220家，签约零售药店960家，“两定机构”完成医保定点标牌悬挂。市、县两级经办机构与属地“两定机构”签订服务协议，对诊疗服务、医保三目录、信息系统、医疗费用结算、协议监督、违约责任和协议的中止与终止等管理内容进行职责管理。开展疫苗接种复核工作，复核接种485万剂次，复核医疗机构300家次。启动医疗服务价格动态调整评估工作，对调价空间测算、测算分析、确定拟调项目及价格等内容进行征求意见、风险评估，形成《铜仁市2021年公立医疗机构部分医疗服务价格调整方案》（以下简称《方案》），《方案》对382项复杂型医疗服务项目、9项诊查费进行调整，同时规定乡镇医疗服务收费标准，按低于县级收费标准的10%执行。

表57　2021年铜仁市分级定点医疗机构一览表

区域	医疗机构等级	数量（个）	小计（个）
市本级	二级	10	23
	三级	3	
	一级	1	
	未定级	9	
碧江区	二级	5	155
	未定级	134	
	一级	16	
万山区	二级	5	99
	未定级	82	
	一级	12	
江口县	二级	4	137
	未定级	122	
	一级	11	
玉屏自治县	二级	4	106
	未定级	94	
	一级	8	
石阡县	二级	5	365
	三级	1	
	未定级	349	
	一级	10	
印江自治县	二级	4	380
	三级	1	
	未定级	352	
	一级	23	
思南县	二级	4	561
	三级	2	
	未定级	518	
	一级	37	
德江县	二级	3	376
	三级	2	
	未定级	342	
	一级	29	
沿河自治县	二级	8	462
	未定级	423	
	一级	31	
松桃自治县	二级	5	546
	三级	1	
	未定级	510	
	一级	30	
合计			3210

【医保基金监督检查】2021年，铜仁市完成现场检查医疗机构2457家、药店807家，现场检查覆盖率82.8%。其中，处理违规医疗机构745家，追回基金1239.05万元，处罚违约金246.78万元；处理违规药店138家，追回基金3.74万元，处罚违约金2.13万元；暂停定点药店5家、定点医疗机构2家，移交公安机关立案侦查民营一级医疗机构1家，医保基金监管严态势进入常态化。

【DRG支付方式改革】2021年，铜仁市作为DRG（疾病诊断相关分组）支付方式改革省级试点市，DRG支付方式进入实际付费和考核阶段。实施30家DRG支付方式改革医院，城乡居民基本医疗保险住院总人次292053人次，入组病例285869例，入组率97.88%，医疗总费用150603.86万元，次均住院费用5156.73元，基本医疗统筹基金支出83278.52万元，住院总床日2025413床日，平均住院床日6.94天。

【医保电子凭证推广应用】2021年10月，铜仁市率先完成省级规定的目标任务。截至12月，全市医保电子凭证累计激活人数260.91万人，占参保总人数411.34万人的63.43%，医保服务由“卡时代”迈入“码时代”。

【“互联网＋处方流转”建设】2021年11月，“铜仁市处方流转平台”微信小程序升级为“小嘟健康”后上线运行，“两病”（高血压、糖尿病）线上就诊、线上购药变为现实。据统计，“小嘟健康”发生处方流转业务1000余笔。

【“先诊疗后付费”医疗保障】2021年，铜仁市印发《铜仁市机关事业单位参保职工“先诊疗后付费”服务实施方案》，在铜仁市二级及以上公立定点医疗机构中，对参加城镇职工基本医疗保险的机关事业单位职工提供“先诊疗后付费”服务。提供“先诊疗后付费”后，参保职工可凭社会保障卡或医保电子凭证在医院窗口设置的身份识别系统识别身份，直接办理入院，不需预付住院押金。参保职工住院诊疗期间，不需支付政策内医疗费用，医院使用政策外医疗费用项目须事先征得参保职工同意并签字认可，同时利用“智慧医保”监管体系规范医生诊疗行为。参保职工出院结算医疗费用时，在医院结算窗口一次性支付政策规定内个人应承担部分，属医保报销部分由医保经办机构和医院直接联网结算。参保职工看病就医后，未及时结算相关费用并恶意逃费、欠费的，按照《铜仁市机关事业单位参保职工“先诊疗后付费”改革风险防控工作方案》执行。

（市医保局　卢继龙）

移民安置

【概况】2021年，铜仁市启动江口鱼粮水库，印江自治县栗子园，沿河自治县甘溪工程移民安置竣工验收工作；完成德江县长丰水库及石阡县木瓜溪水库工程建设征地移民安置市级竣工验收工作；完成松桃自治县盐井水库移民安置规划修编工作；启动碧江区密槽水库，德江县共和水库移民工作；基本完成玉屏自治县青山冲水库建设征地及移民搬迁安置工作；完成乌江思林水电站移民安置竣工验收省级验收工作。易地扶贫搬迁安置64703户293569人（含跨区县搬迁安置27164户125324人），其中建档立卡贫困人口51436户234980人（含跨区县搬迁安置建档立卡贫困人口18986户88983人）。将新建的144个易地扶贫搬迁安置点设置为129个管理单元，建立街道办事处7个，社区居委会44个，村（居）民小组570个，社区警务室28个。落实安置区“一中心一张网十联户”社区治理机制，划转编制134人。开展生态移民市级实地督查30次，开展线上监督检查50余次。

【水利水电工程移民安置】2021年，铜仁市完成印江自治县偏岩水库移民68户306人安置入住工作。完成松桃大兴水利枢纽后期扶持人口申报及核定工作，获批后期扶持生产安置人口874人。配合中国电建集团贵阳勘测设计院完成《沙沱水电站移民安置实施调整报告》编制工作，并于11月24日召开乌江沙沱水电站建设征地移民安置规划实施调整报告审查会议，通过《沙沱水电站移民安置实施调整报告》。开展乌江思林水电站铜仁库区移民安置竣工验收市（县）级初验，12月9日通过省级终验。

【自然保护地移民安置】2021年，铜仁市完成自然保护地梵净山自然保护区桃花源易地扶贫搬迁安置点搬迁安置工作，总投资402.99万元，安置脱贫户14户73人。

【移民资金监管】2021年，铜仁市针对各区县水库移民后期扶持项目资金拨付率低、结存量大的问题，开展常态化督促指导。9月，配合市财政局开展碧江区、思南县、德江县、沿河自治县财政重点绩效评价工作；10月迎接省移民局委托第三方开展“十三五”水库移民后期扶持政策实施稽查及资金审计工作。

（市生态移民局　姚勇军）

【禁捕退捕渔民安置】2021年，铜仁市开展禁捕退捕渔民职业培训

234人次，就业指导500人次，实现有就业意愿禁捕退捕渔民转产就业421人。引导退捕渔民按规定参加基本养老保险，兑现补贴涉及512人，补贴1280万元。

（市人社局　张森鑫）

【易地扶贫搬迁后续扶持】 2021年，铜仁市在异地扶贫安置点新建/改扩建配套学校（幼儿园）68所，设有基层医疗卫生服务设施133个，配备专业技术人员2062人，实现安置点（区）医疗卫生服务全覆盖。搬迁的64703户293569人中，有劳动力家庭63020户152278人，实现就业63020户142737人，户均就业2.26人；无劳动力搬迁家庭实行民政兜底，"零就业"搬迁家庭动态清零。144个安置点整合设立就业创业服务中心128个，选派信息采集员1420名，楼栋长开展信息摸排、政策宣传和跟踪就业服务5.59万人次，促进就业2.41万人。在安置点及周边创建就业帮扶车间/基地208个，吸纳搬迁劳动力就业6643人。开展职业技能培训79169人次。在安置区开展感恩教育2543场次，市民教育1502场次，普法教育2056场次，组建演出1606场次，评选文明家庭1050户，勤劳致富模范户847户，"身边好人"2847人。

（市生态移民局　姚勇军）

老龄事务

【老龄人口】 公安治安数据显示，2021年，铜仁市60岁以上老人64.34万人（第七次全国人口普查数据显示，铜仁市60岁及以上人口为579146人，占17.56%，其中65岁及以上人口为456851人，占13.85%）。有75035人享受80岁以上高龄老人生活补贴，发放高龄老年人生活补助3633万元。争取到450万元，对6个农村敬老院和5个日间照料中心进行提质增效。打造中心城区"15分钟养老服务圈"，支持居家社区完善养老配套设施。开展老年健身活动30余场次，累计直接参与人数近3000人次，培训老年健身骨干300余人次。

【老龄政策落实】 2021年，铜仁市印发《铜仁市关于开展"智慧助老"行动的实施方案》《关于印发〈关于切实解决老年人在就医服务中运用智能技术困难的实施方案〉的通知》，开展"智慧助老"工作，提升老年人运用智能技术能力。开展"敬老月"活动，走访慰问老年人、普法宣传、健康咨询及义诊、"智慧助老"等活动。印发《铜仁市老年教育发展"十四五"规划》，新建基层老年学校228所。截至12月，全市有老年大学（学校）898所、线上线下学员100579人，市、县、乡三级老年大学（学校）全覆盖，村（社区、易地搬迁安置点）老年学校覆盖率24.63%，老年教育参与率17.37%。

（市卫健局　张　军　市老年大学　龚　玥）

【老年人权益维护】 2021年，铜仁市各级法律援助中心援助老年人359人，其中刑事案件援助67人，民事行政案件援助292人，老年人法律援助应援尽援率100%。

（市卫健局　张　军）

【老年人文体服务】 2021年，铜仁市举办第五届老年人运动会及老年健身活动30余场次，累计直接参与人数近3000人次，培训老年健身骨干300余人次，申报一级教练员、裁判员36人次，5个区县挂牌成立"老年教育学习活动点"，开展教育学习活动10余场次。市老年大学开设书法、绘画、京剧、音乐、合唱、舞蹈等8个专业14个教学班，报名注册学员517人；10所县级老年大学开设班级142个，有专业30余个，报名注册学员6455人。市老年大学开展"喜庆百年华诞·桑榆红心向党"书画摄影作品征集活动，征集书画摄影作品200多幅，推荐到省参展书画作品10幅。征集全市老教师工作者和老年学员作品134幅，展出600余幅老干部喜迎建党百年华诞书画诗词摄影作品；开展"学党史、颂党恩、跟党走、践初心"铜仁市老同志合唱比赛及展演活动，并参加全市庆祝中国共产党成立100周年歌咏比赛。

（市卫健局　张　军　市老年大学　龚　玥）

【养老机构建设】 2021年，铜仁市按照民政部、省民政厅"十四五"期间建设区域性养老机构规划，开展农村养老机构资源整合工作，整合农村敬老院8家，累计整合、撤并农村敬老院19家，实施"公建民营"养老机构8家。投资23.63亿元，推进一批康养产业项目落地建设，建成松桃、玉屏、德江等一批民政福利园区。完成碧江区老年养护楼、万山区老年养护楼、玉屏自治县老年养护楼、思南县社会福利院、松桃自治县社会福利院5个集中特困失能照护中心建设工作。争取到上级养老项目15个，改造护理型床位数1338张，总投资8770万元。通过建设，铜仁市有敬老院147家，养护楼12家，日间照料中心48个，农村互助幸福院1307个；有机构养老床位数2.35万张，每千名老年人拥有床位数近36张。

【智慧养老社区建设】 2021年，铜仁市有居家社区养老服务安置点80个，医养结合示范点13个的基础上，探索"互联网+养老"建设工作，由市民政局与梵云集团在碧江区

铜仁市在推进"十四五"期间养老机构建设中建成的大龙敬老服务中心(铜仁日报社　供图)

和万山区试点建设5个智慧养老社区,截至12月,正开展智慧养老模块技术方案设计工作。智慧养老社区建成后,智慧社区内失能、独居、空巢老年人可通过社区提供的智能手环、拐杖等穿戴设备,实现紧急呼叫、心灵慰藉、用餐服务、电子围墙等各种养老服务需求。

【养老服务人才队伍建设】 2021年,铜仁市有养老护理人员414人。在养老服务人才队伍建设上,实行养老服务专业技术人才和养老服务领军人才分类培养,培训养老服务人才1448人次,形成层次分明的人才队伍体系。其中,市民政局与贵州健康学院签订养老服务人才培训战略合作协议,解决培训经费30万元,委托贵州健康职业学院培训民政养老服务人才45人,249人参与省民政厅线上培训。

(市民政局　冯小亚)

社区建设

【换届选举】 2021年,铜仁市印发《第十一届村(社区)"两委"换届选举工作方案》,成立市级换届选举专班和市级督导指导组,统筹调度、督促指导村级换届选举工作,2939个村和社区全部完成换届选举。换届后,村(居)党组书记、村委会主任"一肩挑"占比为97.6%,高于全国平均水平。新一届村(居)委班子中高中及以上学历9957人,占75%;大专及以上学历5266人,占比39%,文化程度较上届相比得到提升。

【村(社区)建制调整】 2021年9月15日,铜仁市根据《关于严格规范村庄撤并工作的实施意见》,完成万山区下溪侗族乡桂花村村级建制调整工作。撤销沿河自治县乡镇机关居委会12个;新设社区11个,其中碧江区新设城市社区1个;印江自治县成立易地扶贫搬迁安置点社区3个,沿河自治县新设社区7个(含易地扶贫搬安置社区5个)。

【安置点社区建设】 2021年,市民政局指导各地新成立安置点社区8个,选取玉屏自治县平溪街道康华社区和大龙街道德龙第三社区为第一批安置点社区规范化建设试点,印发《全市易地扶贫搬迁安置点社区规范化建设试点工作方案》,召开全市深化易地扶贫搬迁安置区社会治理提升平安建设水平三年行动工作会议,指导区县对居住人口1万人以上的安置点依法细分管理单元,落实后续服务。争取到省民政厅城乡社区建设以奖代补资金300万元,用于提升村级综合服务设施和乡村公共基础设施建设。7月5日,铜仁市源创社会工作服务中心到思南县胡家湾乡安置点开展"我为群众办实事"暨家庭及法治教育宣讲。

【示范村(社区)创建】 2021年,铜仁市印发《铜仁市"民主法治示范村(社区)"创建工作方案》,指导各地持续加强改进村规民约和民主法治示范村建设,持续开展民主法治、村规民约等示范创建工作。创建市级村规民约(居民公约)示范村(社区)395个;由市司法局、市民政局配合完成3个国家级"民主法治示范村(社区)"的创建工作,创建省级民主法治示范村(社区)13个,市级民主法治示范村(社区)22个。分别组织指导玉屏自治县和松桃自治县申报国家级和谐社区1个,开展碧江区矮屯社区等5个智慧社区试点工作和平台试点应用工作，完成各区（县）10个安置地社区集约化试点平台建设，上线手机终端。智慧社区平台系统采集人口数据6万余人，接收居民上报事件200余起，疫情排查100余次，接入社区资源视频监控150余路。铜仁市“四抓四促”铸造“四安家园”经验，被民政部载入《民政工作选文》推广。

【社工服务】 2021年，铜仁市有社会工作人才2986人，有持证社会工作人才89人，其中社会工作师43人，助理社会工作师46人。有社会工作机构16家，从业人员117人。有乡镇（街道）社会工作和志愿服务站18个，其中新建11个（含7个为新设置易地扶贫搬安置社区设立社会工作和志愿服务站）；有社区社会工作和志愿服务室2个，均为新建且列为社区社工室示范试点。继续实施“三区计划、社工黔行、社会工作和志愿服务站”等项目，在7个新设置的易地扶贫搬迁安置街道社会工作和志愿服务站投入资金175万元，为老人、留守儿童、贫困家庭提供社会工作专业服务，直接服务对象280人，受益5000余人次。

【志愿服务】 2021年，铜仁市有实名认证志愿者582926人，有志愿队伍3235支，开展志愿服务项目10487个，志愿服务时长7627968.6小时。在“3·5”学雷锋活动月，以“践行雷锋精神·携手志愿铜行”为主题，开展“八个一”志愿服务活动。举办铜仁市“四安家园·青亲园计划”项目规范化培训，各区县共青团组织的有关负责人及部分社会组织70余人参加培训。

（市民政局　冯小亚）

社会组织管理

【社会组织发展】 2021年，铜仁市按照《社会团体管理条例》《民办非企业单位暂行管理条例》等审批社会组织的成立、变更、注销等事项，对社会组织实行直接登记与双重管理的混合型登记制度。有社会组织1115个，其中104个为新增社会组织。利用市社会组织孵化基地对新成立社会组织进行事前咨询指导，符合条件的批准入驻基地，基地入驻社会组织3个。铜仁市源创社会工作服务中心被民政部授予“全国先进社会组织”称号。

表58　2021年铜仁市新增市级社会组织一览表

序号	登记时间	单位名称	国民经济行业分类	社会组织管理局提供分类	机构类型	年末从业人数（人）
1	1月8日	铜仁市网球协会	社会团体	体育	社会团体	2
2	2月20日	铜仁市自行车运动协会	社会团体	体育	社会团体	3
3	3月23日	铜仁市跑步运动协会	社会团体	体育	社会团体	2
4	3月24日	铜仁天都书院	文化	文化	民办非企业	12
5	4月26日	铜仁市太极拳协会	社会团体	体育	社会团体	3
6	4月28日	铜仁市大健康产业商会	社会团体	工商服务业	社会团体	2
7	5月13日	铜仁市数据职业学校	教育	教育	民办非企业	61
8	8月3日	铜仁市知识分子联谊会	社会团体	文化	社会团体	5
9	8月26日	铜仁市汽车销售行业协会	社会团体	工商服务业	社会团体	1
10	9月3日	铜仁市为爱铜行社会工作服务中心	其他社会工作	社会服务	民办非企业	6
11	9月8日	铜仁市蓝豹减灾应急救援中心	其他社会工作	社会服务	民办非企业	86
12	9月9日	铜仁市民心社会工作服务中心	其他社会工作	社会服务	民办非企业	4
13	9月17日	铜仁市破产管理人协会	社会团体	职业及从业者组织	社会团体	3
14	11月19日	铜仁市巡游出租汽车行业协会	社会团体	其他	社会团体	2

【社会组织整治】 2021年，铜仁市开展“僵尸型”社会组织专项整治行动，清理“僵尸型”社会组织207个。市民政局联合市委宣传部、市委政法委、市公安局等部门印发《关于开展进一步打击整治非法社会组织专项行动的通知》，建立专项行动协调机制，打击整治非法社会组织11个。开展行业协会商会“我为企业减负担”专项行动，规范行业协会商会收费行为，32个行业协会商会为企业减轻负担649.36万元，惠

及企业2648个。

【社会组织监管】 2021年,铜仁市利用社会组织年度检查、“双随机、一公开”监管工作等手段依法加强社会组织监督管理。印发《关于开展全市性社会组织2020年度检查工作的通知》,市级检查社会组织140个,对年检中发现问题的28个社会组织下发责令整改通知书。开展社会组织“双随机、一公开”监管抽查工作。5月,印发《关于开展2021年全市性社会组织“双随机、一公开”监管工作的通知》,按5%的比例随机抽取铜仁市律师协会等15家社会组织进行执法检查。

【社会组织参与乡村振兴】 2021年,铜仁市引导65个社会组织参与巩固脱贫攻坚助力乡村振兴,通过开展产业帮扶、捐赠帮扶、志愿帮扶等多种帮扶形式,投入资金、物资4598万余元,受益群众10.73万余人。

(市民政局 冯小亚)

区划与地名管理

【概况】 2021年,铜仁市开展与重庆市毗邻县,遵义市接边县,黔东南自治州接边县第四轮县级行政区域界线联合检查工作。9月15日,完成万山区下溪侗族乡桂花村的撤销工作,新设桂花村和田龙村。完成《关于撤销德江县设立县级德江市的请示》的资料呈报工作。开展红色地名礼赞百年地名“文·图·影”征集活动,上报省民政厅短视频5个,海报1张,地名故事27篇等。完成《中华人民共和国标准地名词典2 ~ 8部分(铜仁部分)》的编纂工作。开展《贵州省标准地名志》《贵州省标准地名词典》铜仁部分编纂工作。11月9日,召开铜仁市地名普查地图成果验收会,对《铜仁市行政区划图》和《铜仁市地名普查地图集》进行验收。

【界线检查】 2021年4月至8月,铜仁市与毗邻省、市、县开展第四轮县级行政区域界线联合检查工作,对735.3千米省级界线、707.64千米市(州)级界线进行实地勘察,查看界线及其两侧地貌有无变化,界线实地位置是否清晰易认。对46个界桩进行清查和描红。开展边界沿线《行政区域界线管理条例》《行政区域界线界桩管理办法》等相关法律法规的宣传教育工作,未发生边界纠纷群体性事件。

【地名文献编纂】 2021年12月,完成《贵州省标准地名志》(以下简称“《地名志》”)铜仁部分的编纂和上报工作,《地名志》有23万余字,收录标准地名12025条。完成《贵州省标准地名词典》(以下简称《地名词典》)铜仁部分的编纂和上报工作,《地名词典》铜仁部分有41万余字,核实收录标准地名10812条。

(市民政局 冯小亚)

应急管理

应急管理体系建设

【概况】 2021年，铜仁市发生各类生产安全事故57起，死亡61人，事故同比减少27起，下降32.1%，死亡人数减少18人，下降22.8%。其中交通运输和仓储业发生事故36起，死亡37人；采矿业发生事故4起，死亡4人；建筑业发生事故15起，死亡19人；商贸制造业发生事故5起，死亡5人；其他行业发生事故2起，死亡1人。事故起数和死亡人数连续3年保持“双下降”趋势，危险化学品等22个行业领域事故保持“零发生”。接警出动2660起，出动车辆4459辆次，出动人员24958人次，抢救被困人员23人，疏散人员866人，抢救财产价值2945.79万元。印发《铜仁市较大及以上安全生产和自然灾害突发事件应急处置工作方案》，对较大及以上安全生产和自然灾害突发事件现场应急处置工作进行规范。开展城镇燃气专项督促检查4次，发现安全隐患96个，除玉屏自治县燃气充装站因实施新建燃气充装站场外（原站场安全距离不能满足新的规范标准），其余95个隐患整改完毕，隐患整改率98.96%。完成1673820栋31080.56万平方米房屋建筑的风险普查工作。完成沿河“5·3”抗洪抢险等各项任务。

（市应急管理局　石树全　市消防支队　成昱璇）

【突发事件应对体系建设】 2021年，铜仁市印发《铜仁市应急处置现场指挥官制度》，建立由市应急管理、气象、水务、自然资源、林业等部门组成的应急管理协同联动机制。加强应急救援宣传和应急演练，各级各部门开展演练1400余次。完善突发公共事件总体和专项应急预案，发挥“一中心一张网十联户”基层治理机制，及时处置碧江区冯某新冠肺炎疫情。

（市司法局　姚　超）

【应急救援体系建设】 2021年，铜仁市制定《铜仁市事故灾害信息报送管理制度》《铜仁市应急信息报送细则》《铜仁市突发事件信息管理办法》，规范突发事件信息报送内容和渠道，建立全市突发事件信息报告机制。修订各类防汛抗旱应急预案468项，开展防洪抢险演练166场。建立市级《应急抢险救援物资装备设备台账》《铜仁市重特大事故灾害应急救援物资装备设备保障台账》，指导各区县开通应急资源管理平台账号，实现应急救灾物资网上动态监测管理，实现物资动态化管理。

【应急救援队伍建设】 2021年，铜仁市印发《铜仁市应急救援指挥体系建设工作实施方案》，明确相关部门和区县应急指挥部职能职责。江口、石阡、印江3个区县乡镇级应急指挥平台建成，接入全市防汛抗旱、消防、危化、道路交通视频中推广运用。开展防灾减灾宣传“五进”活动，提升干部群众应对自然灾害能力水平。2916个村（社区）录入灾害信息员3241名，实现每个城乡社区均有1名灾害信息员。石阡、思南、沿河、松桃、江口相继建立蓝天救援队中队，社会救援力量得到充实。

【应急演练】 2021年，铜仁市针对文物古建筑突发事件、地质灾害应急救援、社会安全突发事件综合应急等方面开展应急演练7次，115个单位2400余人参加。

表59　2021年铜仁市应急演练情况一览表

演练名称	主办单位	承办部门	演练地点	时间	参演单位及人员数量
铜仁市地质灾害综合应急救援演练	石阡县人民政府 市应急管理局	石阡县应急管理局	石阡县	5月8日	15/300
铜仁机场大面积航班延误应急演练	铜仁机场	铜仁机场	凤凰机场	5月20日	10/100
铜仁市社会安全突发事件综合应急救援演练	市公安局	印江自治县人民政府	印江自治县	6月3日	20/400
铜仁市建筑安全事故应急演练	市住房和城乡建设局	万山区人民政府	万山区	6月28日	15/200
文物古建筑突发事件应急演练	市消防支队	碧江区人民政府	碧江区	9月4日	20/600
铜仁市突发辐射事故应急演练	市人民政府	玉屏自治县人民政府 市生态环境局	玉屏自治县	9月24日	20/300

续表 59

演练名称	主办单位	承办部门	演练地点	时间	参演单位及人员数量
铜仁市饮用水水源地突发环境事件应急演练	市人民政府	碧江区人民政府 江口县人民政府 市生态环境局	碧江区江口县	11月11日	30/500

（市应急管理局　石树金）

防灾减灾

【自然灾害】 2021年，铜仁市先后遭受低温雨雪、风雹、暴雨洪涝、寒潮暴雪等灾害性天气。相比常年，冰雹大风、暴雨洪涝气象灾害偏重，高温干旱、低温雨雪凝冻灾害偏轻，总体气象灾害情况属偏重年。铜仁市春季风雹天气出现早、次数多、灾害重；汛期暴雨日数多、降雨强度大、降雨时段集中、影响范围广；秋季气温偏高、降雨量正常，9月出现“秋老虎”天气；12月出现大范围的寒潮暴雪天气。频发的气象灾害给全市经济社会发展和群众生产生活造成不利影响，部分地区受灾严重。

冰雹大风灾害天气发生3次，分别发生在3月30日、5月2—3日、5月15—16日，3月30日的冰雹大风灾害造成的损失最严重。3月30日下午石阡县城区、本庄镇、白沙镇、龙井乡、泉都街道、汤山街道，思南瓮溪镇、竹山、大寨、上坝村，印江洋溪镇坪林村、王家坡村、镇政府等，德江泉口、中寨，沿河新景、后坪、官舟，碧江坝黄、瓦屋、六龙山，江口闵孝罗江、闵孝红石、民和凯里、坝盘张屯，出现冰雹。石阡县城冰雹直径为20毫米，最大冰雹直径出现在江口民和凯里为40毫米。沿河、印江、松桃、石阡、江口、碧江、万山、玉屏出现大风，最大瞬时风速为石阡县花桥每秒21.9米。“3·30”风雹灾害造成44102人受灾，紧急避险转移47937人，紧急避险转移3997人，紧急转移安置2099人，未造成人员伤亡，需要过渡期生活救助933人；农作物受灾面积2039.9公顷，绝收面积247.93公顷；严重损坏房屋37间，一般损坏房屋6096间；直接经济损失8709.53万元。经现场核查，石阡县花桥、龙井，江口县闵孝、民和等地灾情相对严重。“5·15”风雹灾害造成72440人受灾，873人紧急避险转移，紧急转移安置390人，因灾死亡1人受伤1人（印江自治县木黄镇），需紧急生活救助1675人；农作物和经济作物受灾面积1462.72公顷，成灾723.7公顷，绝收262.1公顷；严重损坏农房71户219间，一般损坏农房445户915间；造成直接经济损失6120.4万元。其中石阡县、印江自治县部分乡镇灾情较为严重。

发生暴雨43站次、大暴雨9站次；江口、万山镇暴雨日数最多为6天，玉屏暴雨日5天，碧江、德江、思南、印江、石阡暴雨日4天。以5月10—11日、6月27日至7月3日、8月13日的暴雨过程降水强度大，影响范围广，灾害损失严重。其中6月27日至7月3日的持续性暴雨到大暴雨天气过程，持续时间最长、影响区域最广，松桃、江口、万山等区域累计雨量超过400毫米，单日最大雨量为德江县露青245.5毫米，思南县城区28日的单日雨量156.6毫米，达极端暴雨事件。“5·10”持续性强降雨天气导致万山、玉屏、石阡、思南几个区县遭受洪涝灾害，截至5月28日，76513人受灾，无人员伤亡，紧急避险转移1826人次，紧急转移安置391人，需紧急生活救助1180人；农作物受灾面积2738.64公顷，农作物绝收面积614.4公顷；倒塌房屋5间，严重损坏房屋161间，一般损坏房屋2252间；直接经济损失9929.41万元。“6·27”持续暴雨造成洪涝灾害，截至7月1日12时，64553人受灾，紧急避险转移1449人次，紧急转移安置91人，其中集中安置点1个18人，无人员伤亡；农作物受灾面积1597.75公顷，其中成灾面积894.19公顷，农作物绝收面积375.18公顷；倒塌房屋4户31间，严重损坏房屋28户54间，一般损坏房屋244户380间；直接经济损失4366.68万元。

夏季晴热高温天气偏多，主要集中在7月上旬后期至8月上旬、9月下旬，相比常年偏多。7月中旬至8月中旬前期（8月12日前）沿河自治县、松桃自治县、印江自治县北部、德江县南部、思南县西部、石阡县西部、碧江中东部、万山区东部、玉屏自治县局部出现轻到中级农业气象干旱；9月铜仁市出现“秋老虎”天气，市东部、沿河大部、石阡西部出现轻到中旱。

低温雨雪凝冻天气出现3次，分别出现在1月6—7日、1月16—17日、12月25—27日。其中，12月25—27日的寒潮暴雪天气过程，铜仁市的东部、西北部出现暴雪，市西南部出现中到大雪，各县城区最大积雪深度1（印江）~17厘米(万山镇、江口)；各区县城区最低气温降至-6.3℃（万山镇）~-1.2℃（石阡)，梵净山最低气温-12.2℃，过程降温幅度在12~13℃，市大部地方出现道路结冰。低温雪凝天气给群众生活和工农业生产带来一定影响，部分地区出现不同程度的低温冻害，农业设施大棚受损，春耕春播进度缓慢，早春播作物移栽推迟。

（市气象局　曹威伍　市应急管理局　石树全）

表60　2021年铜仁市年平均气温、降雨量、日照时数一览表

区域	碧江	松桃	江口	玉屏	万山镇	沿河	德江	思南	印江	石阡
年平均气温(℃)	18.1	17.7	16.8	17.7	15.0	17.6	16.7	17.3	17.6	18.2
与历史同期比(℃)	0.6	1.2	0.1	0.8	1.0	-0.3	0.2	-0.4	0.7	0.9
年降雨量(毫米)	1376.1	1336.8	1866.9	1548.8	1725.5	1079.3	1208	1180.5	1005.5	1201
与历史同期比(%)	6.4	0.3	35.1	26.8	18.6	-8	-1.6	5.5	-10.4	5.5
年日照时数(小时)	1502.5	1508.9	1292.7	1369.1	1050.5	1327.8	1355.7	1141.6	1057.3	1188.6
与历史同期比(%)	42.1	54	19.6	21.5	-10.5	19.4	35.3	8.9	-2.9	10.9

【气象防灾减灾】 2021年，铜仁市完善气象灾害预警信息服务对象资料，更新市县政府领导及部门应急责任人信息12223人，更新村民组长、驻村第一书记、气象信息员等信息35518人。畅通气象服务、预警信息传播渠道，升级“公共气象服务微信助手”。完善观测站点基础信息，天元系统投入业务运行。江口18套单要素升级为两要素自动气象站，印江和沿河各新建1套两要素自动气象站。天气现象视频智能观测仪试运行。完成10个国家级观测站的蒸发传感器、能见度仪、降水现象仪现场核查，完成10个国家级观测站压、温、湿、风传感器送检和更换，完成气象观测质量管理体系省级内审及整改工作。铜仁天气雷达双偏振升级获省局批复，思南X波段雷达配套基础设施工程项目开工建设。

投入人影高炮34门、移动火箭16台、固定火箭16台，开展防雹减灾作业76次，消耗人雨弹3095发，火箭弹12枚。8月10—11日调集松桃、碧江等区县火箭作业装备支援沿河自治县开展人工增雨抗旱联动作业，使用火箭弹8枚。开展空气污染防治人工增雨作业6次，使用火箭弹34枚。开展油菜、玉米、花生、马铃薯全生育期(从播种至收获)观测101次。开展辣椒、生态茶、食用菌、花椒、油菜等优势特色产业的周年气象服务保障工作。

开展粮油作物产量趋势分析3次，制作农业气象服务材料129期；采集农产品供求信息300余条、涉农(企业)合作社信息100余条在农经网发布。发布《重要气象信息专报》32期，其中市气象局发布4期；《气象信息报告》1097期，市气象局发布179期;《气象信息快报》955期，市气象局发布171期;《专题气象服务》743期，市气象局发布140期。发布道路结冰、大雾、暴雨、雷电等预警信息2828条，暴雨红色预警信息分区全网发布42次，服务近490万人次。组织召开灾害性天气多部门研判会47次。与市水务、自然资源等部门联合发布山洪灾害风险预报预警产品10期，地质灾害风险预报预警产品13期。年暴雨预警命中率100%，提前量190分钟。完成全省旅游两会、第九届“巅峰勇士”活动等重大气象保障服务。通过“双随机、一公开”开展防雷社会监管112次，检查企业502家，责令整改145家，停产停业58家。通过“回头看”检查，相关企业排查发现的隐患完成整改。

（市气象局　曹威伍）

【地震灾害预防】 2021年，铜仁市印发《市抗震救灾指挥部办公室关于做好全市建设工程地震安全性问题整改工作的通知》《铜仁市人民政府抗震救灾指挥部办公室关于进一步做好防震减灾工作的通知》《市人民政府抗震救灾指挥部办公室关于开展全市建设工程抗震设防要求执行情况检查的通知》等，对地震监测基础设施建设、科普宣传、隐患排查等防震减灾重点工作进行安排部署。推进地震监测能力建设。加强对现有监测台站(玉屏自治县、石阡县、德江县3个地震监测台)的日常调度，督促台站区县加强对台站运维管理，及时处置台站断电断网，保障台站的正常运行，配合省地震局完成新建沿河自治县、松桃自治县测震台的项目征地工作；开展房屋抗震设防排查检查工作。印发《市人民政府抗震救灾指挥部办公室关于开展全市建设工程抗震设防要求执行情况检查的通知》《市抗震救灾指挥部办公室关于做好全市建设工程地震安全性问题整改工作的通知》，组织各区县、市直相关部门在开展建设工程抗震设防执行情况检查和建设工程地震安全性问题整改工作。开展科普宣传教育工作，强化学校教育阵地建设，印发《铜仁市应急管理局关于组织开展2021年度贵州省防震减灾科普教育基地和科普示范学校认定工作的通知》，组织碧江区、玉屏自治县、松桃自治县的学校申报省级科普示范学校，组织10所学校参加全省中学生防震减灾知识大赛，2所学校分别获省级二等奖和优秀奖，参加全省地震科普视频讲解大赛，3件作品均获优秀奖；5月11日，联合市自然资源局在铜仁职业技术学院开展2021年全国第13个防灾减灾日暨地震与地质灾害防灾减灾进校园宣传教育活动。在第13个全国防灾减灾日宣传活动、“安全生产月”咨询日、纪念“7·28”唐山大地震等宣传活动中，组织各级各部门通过集中宣传、科普讲座、主题班会、应急演练等宣传教育活动形式，普及防震减灾基础知识，提升自救互救能力；7月26日邀请省地震局专家到铜仁，对市、县抗震救灾指挥部成员单位开展地震基础知识、应急避险常识、地震应急处置等专业知识培训。开展基于遥感房屋抗震设防能力初判工作，印发《关于基于遥感影像房抗震设防能力初判的工作提示》。10个区县初判工作于5月通过省地震局验收；印发《铜仁市第一次全国自然灾害综合风险普查地震灾害风险普查实施方案》，对全市地震灾害评先普查工作进行安排部署，组织区县配合开展地震灾害风险普查工作。市住建局收审通过抗震设防要求建筑工程设计项目220个，总建筑面积436.77万平方米；市政工程项目43个。

（市应急管理局　石树金　市住建局　兰　建）

【防汛抗旱】 2021年，铜仁市落实水库防汛“三个责任人”（行政责任人、技术责任人、巡查责任人）和山洪灾害防御“三个负责人”（行政负责人、转移负责人、监测负责人）制度，开展汛前、汛期安全隐患排查，及时检修设施设备，完成汛前准备。进入汛期，实行24小时值班值守，强化监测预警，加强水库监管调度，防范山洪灾害，江河、水库未发生重大洪涝灾情险情，山洪灾害未造成人员伤亡，水库累计拦蓄洪水1.17亿立方米，无重大水旱灾害发生。

（市水务局　张　诗）

【防汛抢险】 2021年，铜仁市召开全市森林火防汛抗旱工作电视电话会议、乌江流域铜仁段防汛联合调度会，落实县包乡、乡包村、村包组、组包户的四级包保责任制，实施强对流天气的监测预警预报，将预警信息发送范围扩大到村两委负责人。

【自然灾害救援】 2021年，铜仁市遭受自然灾害比2020年有所减少、造成的损失明显偏轻。完成“3·30”风雹灾害、“5·10”洪涝灾害、“5·15”风雹灾害、“6·27”洪涝灾害等自然灾害的处置工作，紧急避险转移15218人，紧急转移安置4567人，投入冬春救助资金5306.33万元，救灾救助资金2016.8万元，救助因灾生活困难群众32.81万人，推进灾后恢复重建和政策性农房灾害保险工作。

（市应急管理局　石树金）

【地质灾害防治】 2021年，铜仁市制定完成碧江区“十四五”地质灾害规划。碧江区公路沿线地质灾害调查项目查出隐患点73处，绘制《碧江区分布灾害点分布及防治措施建议图》9张，编制《碧江区农村道路沿线地质灾害排查报告》1份。完成6个县1∶5万地质灾害风险普查；新安装285处地质灾害自动化监测设备，接入全省地质灾害“1155”平台进行跟踪监测管理；对标“五个三”防治措施，撤离群众453户1053人，避险1起，避免18户75人伤亡。未发生因地质灾害造成的人员伤亡事故。获批地灾搬迁项目4个、补助资金3612万元，申报入库待批项目8个、申报资金5355.93万元；续建2020年以前获批地灾防治项目268个、总投资9.11亿元，2021年完工267个，完工率99.63%。

出动700余人次，完成碧江等6县区地质灾害防治对口技术保障工作，出具应急调查报告60余份。为松桃自治县2个锰矿山2021年度绿色矿山建设工作提供有偿技术服务。完成碧江区、万山区历史遗留矿山核查项目。完成万山区下寨滑坡等5处地质灾害治理工程勘查及施工图设计项目。

（市自然资源局　安星宇　市应急管理局　石树金）

安全生产监督管理

【安全风险管控】 2021年，铜仁市制定《铜仁市党委政府安全生产问题排查清单》《生产经营单位落实安全生产主体责任问题排查清单》，开展阶段性集中整治和暗察暗访7轮。先后对中国共产党成立100周年和全省旅游“两会”期间的安全生产专项整治工作，召开风险研判会4次，分析各个阶段面临的重大安全风险。市应急管理局每周编印《信息周报》，每月刊发事故情况通报1期，安全生产专项整治工作信息2期，每季度风险研判报告1期。开展燃气安全知识宣传，组织燃气企业进入社区开展安全宣传活动60余次，发放宣传资料1.2万余册。

（市应急管理局　石树金　市城市综合执法局　柳　轩）

【安全隐患排查】 2021年，铜仁市

开展安全隐患整治"清零""打非治违"专项行动，安全生产事故发生起数、死亡人数实现"双下降"。开展4轮全覆盖的安全生产大检查，排查整治安全隐患5334条。开展建筑施工企业"三类人员"安全生产知识培训2080人次。化解中心城区消防历史遗留问题25个和房屋征收遗留问题35个。安全生产领域行政立案查处22起，罚款747.29万元。

（市应急管理局　石树全）

【安全隐患治理】 2021年，铜仁市印发《铜仁市全面建立安全生产问题隐患"三张清单"工作方案》，推进安全生产专项整治三年行动，对各地各部门专项整治开展情况按季度量化考核，动态更新"两个清单"。组成"定向体检会诊"式安全检查组，对碧江区开展"定向体检会诊"式安全检查。对正常生产采深超800米和单班下井超30人的非煤地下矿山开展"专家会诊"检查，开展锰渣库"一库一策"治理，推进非法违法"小化工"专项整治。开展燃气安全专项检查4次，排查安全隐患96条，责令限期整改1条，整改率98.96%，全年无燃气安全生产责任事故发生。

（市应急管理局　石树全　城市综合执法局　柳　轩）

消防救援

【概况】 2021年，铜仁市发生火灾1731起，因火灾死亡1人，直接财产损失1551.27万元。连续3年未发生较大以上火灾事故。建成消防技能实操教育点205个，建成1个省级、1个市级、12个县级应急消防科普教育基地和2个消防主题公园。开展新媒体网络直播活动4期，邀请影视明星、铜仁市抖音"大V"推出消防元素短视频，累计点赞量超50万次。以消防宣传"进社区、进学校、进企业、进农村、进家庭"为主线，推进119消防宣传月活动，组织基层网格员培训3000余人。铜仁消防支队被评为"铜仁市2021国际山地旅游暨户外运动大会和第十六届贵州旅游产业发展大会先进集体"，江口消防大队获第二十届全国青年文明号，德江消防大队被总队党委评为"先进基层党组织"，碧江区广建路、百花路消防救援站获"全省青年文明号"，江口消防大队、广建路消防救援站被铜仁市委评为"全市先进基层党组织"，1人立二等功，1人获"贵州省优秀志愿者"，4人获"全省最美劳动者"，10人被记功，17个集体、61名个人获其他各类表彰。

【火灾防控】 2021年，铜仁市消防机构检查单位23568家，发现火灾隐患或违法行为59148处，临时查封208家，责令"三停"160家，督促整改重大火灾隐患10家，罚款501.9万元。召开全市消防工作会议，与11个区（县）政府和12个行业部门签订《铜仁市消防工作目标责任书》，成立市、县、乡三级消防安全委员会，建立实体化工作运行制度。开展小型经营场所、打通"生命通道"、大型商业综合体、文物及博物馆建筑、易地扶贫搬迁安置点、高层民用建筑"风暴1号""消防安全重点单位和不放心区域场所集中攻坚行动"等专项排查整治，外聘专家团队开展重点领域消防安全教学式检查，检查单位62家，发现隐患586处，培训监督员21人。编制《重点单位标准化管理指导手册》《行业部门标准化管理指导手册》，挂牌督办17家重大火灾隐患单位。首次将消防安全作为重点内容纳入《铜仁市古城保护条例》，探索乡镇（街道）消防委托执法和消安委实体化运行、网格管理工作模式，在全省开出首张消防救援队伍委托执法行政处罚罚单。

（市消防支队　成昱璇）

【森林防火】 2021年，铜仁市开展清明节和五一重要时段森林防火工作督导检查，设置检查卡点14407个，开展督导检查1363次，劝阻违规用火131558起，发现问题隐患218个，完成整改隐患218个。落实森林防火"五严格"规定，开展2021年安全生产月和安全生产铜仁行活动。开展安全生产"两个清单"排查整治和机关安全隐患经常性排查，未发生大的安全事故和森林火灾。

（市应急管理局　石树全）

【消防物资保障】 2021年，铜仁市购置执勤消防车6辆，器材装备961件（套），有执勤消防车127辆，各类器材装备20552件（套）。消防救援队伍经费到位13350.91万元，补发2年人员经费3972.07万元，率先落实个税扣缴及公积金缴存工作，率先落实中国共产党成立100周年安保补助发放。建成高新区消防救援站，开展碧江消防大队营房外墙改造、特勤站营房功能性改造、玉屏消防大队边坡改造等工作。建成支队战勤保障综合站、印江战勤保障分站，配备地震、水域、化工、灭火等模块化器材箱4个，随箱器材1000余件（套），与社会单位签订联勤保障协议12份。建成石阡、大龙、沿河、印江4个装备维修维护站，完成基层装备管理、操作、维护、保养工作。

（市消防支队　成昱璇）

【消防救援队伍建设】 2021年，铜仁市建成政府专职队23支，重点打造27支政府专职消防队正规化建设样板。有政府专职队126支、专职队员1023人、车辆138台、装备21978件(套)。市消防支队提请市委编办印发《关于设立铜仁市消防救援勤务中心的通知》,在消防支队机关设立正科级事业编制机构1个,核定事业编制9名。举办消防救援队伍基层党组织书记比武和基层党建创新案例评比,41个基层党组织全部达标。召开"铜仁精神·铜仁品牌"正规化建设达标创建推进会,确立38个正规化建设试点课题,对18个课题成果进行现场观摩和推广。制定《铜仁市消防救援支队关于落实政治监督任务清单工作法的实施意见》,开展政治巡察和整改"回头看"行动。在印江自治县打造基层政府专职队实体化运行试点,初步探索建成基层乡镇应急救援管理体制。自主开办各类培训班28个,84人获各类资质认证。承办省消防总队第九届"巅峰勇士"系列比武竞赛。实行支队党委委员作战训练安全责任捆绑机制,开展作战训练安全大排查大整治、作战训练安全培训,组织战训业务暨安全大讲堂11次、典型战例复盘评析64次。提升应急通信保障能力,制定出台《全勤值班工作规定(试行)》,开展全要素通信实战演练10次,通信保障各类培训10次,直调直报、前突小组拉动12轮次,提升遂行作战能力和通信保障水平。

区县概况

碧江区

【概况】2021年,碧江区总面积1008.97平方千米,耕地面积13055.07公顷。辖5个乡(其中5个民族乡)、3个镇、7个街道办事处,50个村民委员会、47个社区居民委员会。年末户籍总人口35.0392万人,其中少数民族人口25.83万人,城镇人口24.82万人,乡村人口10.22万人。人口出生率10.21‰,自然增长率5.6‰,人口较多的少数民族有土家族、侗族和苗族。主要矿藏有锰、钒、钼、锌、汞、磷、硅、含钾砂页岩、重晶石、饰面用板岩、矿泉水、地热水、水泥用灰岩、建筑用砂石土,森林覆盖率68.21%。2021年,碧江区把学习宣传贯彻落实习近平总书记视察贵州重要讲话精神作为首要政治任务和长期战略任务,召开区委常委会42次、区委理论中心组学习会10次,跟进学习中央、省委、市委各项决策部署。制定《市委对区委2020年落实全面从严治党责任检查考核反馈问题整改方案》《市委对碧江区委政治生态分析研判反馈意见政治生态分析研判整改方案》完成反馈问题整改。完成省委第五巡视组巡视涉及碧江37个问题的整改工作,5个尚在整改,整改完成率88.09%,开展89个单位政治生态分析研判。开展"四化"、疫情防控、生态环保、乡村振兴等重点工作专项监督检查,监督检查150余次,检查单位211家次,发现问题199个,全部督促完成整改。开展党史学习教育,围绕"四史"召开专题研讨会7次,举办专题党课800余次。制定《碧江区庆祝中国共产党成立100周年活动方案》,推送新闻外宣选题69个,开展"百年奋进看巨变,牢记嘱托写新篇""云阅贵州一百年"等主题采访宣传活动,中央和省级主流媒体刊播碧江好声音3500余条。组建10个区委宣讲团开展各类宣讲429场次,覆盖2万余人次。推进基层党支部标准化建设,451个党支部全部达标,获省级示范认定党支部2个、市级示范认定党支部23个。向35名高层次人才发放"优才卡",招聘引进各类急需人才140名、柔性引才104名,324名人才纳入春晖人才库,培育培训党政、金融、农业等人才4575人次。

【经济发展】2021年,碧江区地区生产总值255.37亿元,同比增长10%;农林牧渔业总产值34.51亿元,同比增长10.5%;工业总产值183.13亿元,同比增长14.04%;财政总收入459750万元,同比增长7.4%,其中地方财政收入58068万元,同比增长3.8%;财政总支出597839万元,同比减少4.88%。社会消费品零售总额183.53亿元;城镇居民人均可支配收入40128元,人均消费支出26021元;农民人均纯收入16932元。项目固定资产完成179.12亿元,增长4.9%;实施省市重大项目74个,累计完成投资63亿元。全区通车里程1226千米。

【招商引资】2021年,碧江区印发《2021年碧江区产业大招商工作方案》,通过构建"1+3+N"产业体系、划分23个产业链,实行区领导领衔产业链招商负责制,开展季度招商评比活动推动招商引资。引进重点产业项目89个,签约总投资95.53亿元,引进优强企业17家,上报产业项目到位资金65.88亿元,上报工业到位资金21.8亿元,入驻省级园区55个,入园率61.8%;开工项目89个,开工率100%;投产项目80个,投产率89.89%,领导招商签约项目24个,签约总投资31.4亿元,到位资金12.44亿元。驻粤招商工作队拜访企业及商协会361家,邀请企业到碧考察105家,签订框架协议50份,签订正式合同项目30个,签约资金31.95亿元。兑现优惠政策金额2764.61万元。退还企业保证金180万元。代办项目89个,代办覆盖率100%;申办事项200项次,办结196项,办结率98%。

【城镇建设】2021年,碧江区印发《老城提质三年行动计划》,实施城市更新行动,谋划"三改"项目251个,推进"三改"工作,完成续建棚改项目建设10193套,推进花果山、大十字等5个片区老旧小区更新,照壁岩安置区建成并交付使用。集中连片改造老旧小区5个5807户,棚改5个3327户,背街小巷35条。完成"三江六岸"环境整治、中心城区老旧立面改造拆除、城市高楼及沿江两岸亮化维修、新建花果山至清水桥沿江步道、花果山至兴市桥的沿江步道提级改造,新建和改造城镇污水管网20千米。完成滨江大道、铜兴大道修复工作,打通执信路、桐梓巷、大江坪、第一商业大道4条断头路,铜仁西互通高速路口建成通车。制订《碧江区新区扩容三年行动计划》,构建"一核四片区""一心三区两轴五组团"发展格局,建立新型城镇化项目库,梳理谋划项目465个,总投资约1173亿元。推进碧江新区商业停车场等49个项目建设。

【乡村振兴】2021年,碧江区建立常态化排查比对、动态化监测、精准化帮扶的精准防贫长效机制,发放补短板资金74.47万元,惠及群众63户。开展扶贫项目资金资产清理,清理各级各类扶贫项目1255个,资金13.26亿元;形成资产项目987个,总投资10.82亿元。推进特色田园乡村·乡村振兴集成示范试点建设,编制"一方案两规划",印发《碧江区分类分级推进乡村振兴实施方案》，将全区部分村（社区）分为“三类五型”，分类分级推进乡村振兴。使用财政专项扶贫资金7900万元，发展产业项目58个，林下经济利用林地面积4.11万公顷，实现产值3.64亿元。新建油茶基地330公顷、抚育油茶低产林0.13万公顷，茶油销售额6000万元。武陵山油茶产业技术创新研究院挂牌成立，贵州山茶产业综合开发有限公司率先获批全省“四化”农业现代化基金第一笔款6000万元。推进农村人居环境整治，编制行政村“多规合一”实用性村庄规划，建成413个农村污水处理站，配套建设污水管网560千米，完成农村户厕改造2822户，因扎实开展农村人居环境整治三年行动成绩卓著而被评为全省优秀区县。推广“龙头企业+村集体股份经济合作社+农民专业合作社+农户”组织方式，建设“村社合一”示范点28个，培育新增农民专业合作社27家。向上争取项目40余个，到位资金1.65亿元，新建高标准农田0.11万公顷、机耕道27.83千米，农作物耕种收综合机械化水平达45%以上。引进社会资本打造农产品现代产业园，组建5个产业链专班，引进项目21个、优强企业1家，签约资金38.34亿元，到位资金4.9亿元。农产品加工转化率55%，规模以上农产品加工总产值16亿元。

【旅游发展】 2021年，碧江区印发《关于加快推进旅游产业化高质量发展的实施意见》，实施“六大行动”，承办全省旅游“两会”。中南门历史文化旅游区建成开放，国庆期间接待游客38万余人次。编制旅游“十四五”规划，编报储备旅游项目212个，申报中央预算内投资项目16个，新增入库5000万以上项目1个，获省旅游产业发展基金4.85亿元。配合市级推进“铜仁乡村振兴产业带”项目建设，红董农旅小镇投入运营。盘活大明边城、百花渡等低效闲置旅游项目，改造九龙洞温泉等景区项目，策划包装锦江沿线13个文旅项目，推出“2021大明边城灯光秀”“武陵之夜篝火晚会”“泡沫之夏·水上大作战”等景区文化文艺民俗活动，推动旅游产业集群化发展。完成东山古建筑群安防工程、瓦屋生态博物馆、陈公馆修缮工程、东山古建筑群城墙修缮工程。实施百花渡等景区免票优惠政策，探索研学旅行等“旅游+”发展模式，拓展旅游消费市场。开展“文明在行动·满意在碧江”系列行动，旅游投诉处置满意率100%。截至12月，全区接待游客1332.09万人次，其中过夜游客306.18万人次，实现旅游收入146.26亿元。

3月13日，碧江区第五届油菜花观光月暨山地旅游活动举办开幕式（碧江区地方志办　供图）

【民生福祉】 2021年，碧江区完成劳动力技能培训3700人次，发放小额担保贷款2000万元，新增城镇就业10045人，城镇登记失业率在5%以内。推行义务教育集团化办学，实施强校帮扶弱校制度，实现优质教育资源共享。印发《教育高质量发展三年行动计划》，争取资金11431万元，完善17所学校基础设施建设，实验小学桐达分校、铜仁学院附属幼儿园等6所学校和幼儿园投入使用。落实“阳光招生”，实施摇号入学政策，中小学、城区大班额问题得到化解。完成碧江区图书馆分馆——碧江区许韵兰公共阅读空间建设，矮屯农家书屋升级为自助书屋，探索打造“古城书屋”。实施农村义务教育及学前教育学生营养改善计划，改善计划实施率100%，惠及学校146所、学生6.8万余人次。发放资助资金4758余万元，惠及学生5.91万余人次，义务教育阶段辍学学生实现动态清零。推进区人民医院建设项目，5个医疗卫生服务项目录入国家财政监测平台，争取中央预算内资金1430万元支持区疾控中心及托育机构发展，争取东西部协作资金300万元提级改造10个乡村卫生室。实施家庭医生签约服务，继续落实“先诊疗后付费”政策，脱贫户住院政策范围内覆盖率100%、四类慢病签约率100%。

【生态环境】 2021年，碧江区印发《碧江区大排查大整改大复核集中攻坚行动工作方案》，开展生态环保大排查、大整改、大复核。2021年环保督察反馈、交办263个问题完成261个问题整改，剩余2个尚在整改。印发《关于对全区生态环境保护责任落实情况开展专项监督的通知》,通报4起生态环境保护典型案例,以监督执纪问责倒逼生态环保问题整改落实。印发《2021年环境空气质量目标保障方案》,开展空气质量防控,全区空气质量优良天数比例为97.9%。落实河长制工作,执行《铜仁市锦江流域保护条例》,锦江河保护区禁捕禁渔,建立饮用水源地水质监测机制,划定千人以上饮用水水源保护区16个,完成7个千人以上饮用水水源地规范化建设。编制《铜仁市碧江区小江河流域水生态保护与修复工程》。检查企业120余家,立案查处9起,下达行政处罚决定书9份,罚款113万元。开展全域绿化"六绿"攻坚行动,森林覆盖率达65%以上。

【社会治理】 2021年,碧江区落实"铁三角""一中心一张网十联户"基层治理机制,配备网格员1510人,划分十联户14160个,完善社会治安防控体系。选取30个示范点作为全区市域社会治理示范点建设,打造河西街道广场社区、环北街道两板桥社区、正光街道打脚冲社区、川硐街道教育园区4个全省市域社会治理现代化试点建设现场观摩点,召开全省市域社会治理现代化现场观摩会。5个乡(镇、街道)完成市级平安建设挂牌重点整治摘牌。

【重大风险防控】 2021年,碧江区常态化开展疫情防控工作,累计完成新冠疫苗接种74万剂,覆盖34万人。印发《碧江区国资国企改革实施方案》,推进国资国企改革,重组区属国有企业,推进资源资产确权盘活。开展防风险遏事故保安全暨安全生产专项整治三年行动集中攻坚,全年未发生较大以上安全生产事故。开展社会稳定风险评估,对38个市级以上重点项目落实稳评主体,完成12个重大决策和重点工程建设项目社会稳定风险评估,完成158个在线投资项目稳评审批推送。开展政法队伍教育整顿,开展"扫黑除恶"专项斗争,破案488起,刑拘36人,批捕24人,移送起诉2件35人。破获电信网络诈骗案129起,抓获犯罪嫌疑人150人,返还受害人被骗资金202万余元。开展命案防控,现行命案破案率100%。

【许韵兰公共阅读空间举行揭牌仪式】 2021年7月6日,碧江区图书馆——许韵兰公共阅读空间举行揭牌仪式。许韵兰公共阅读空间项目总投资1700万元,建筑面积489平方米,设阅读席位86个,藏有15000册图书,是碧江区沿江步道高端公共文化服务区重要项目,其集公共文化、科技普及、数字体验全智能化管理于一体,拥有智能识别、自助办证、自助借还等智慧化软硬件服务设施,内设公共阅读区、电子阅读区、女性阅读空间、服务管理行政区等。

(碧江区地方志办公室　芦小玲　姚　红)

万山区

【概况】 2021年,万山区总面积842平方千米,耕地面积15320.92公顷。其中水田6936.30公顷,水浇地107.24公顷,旱地8277.38公顷。辖6个民族乡、1个镇、4个街道办事处,有75个行政村、28个社区。年末户籍总人口20.39万,城镇人口9.63万,乡村人口10.76万。人口出生率9.19‰,自然增长率3.21‰。人口较多的少数民族有侗族、苗族。主要矿藏有汞、钾、锰矿;森林覆盖率68.11%。万山香柚成为"寻味中国"上榜品牌,九丰农业博览园成功申创国家AAAA级旅游景区,万山区被评为"国家农村创新园区""全国农村创新创业典型县"。全区安全生产事故起数和死亡人数与2020年同期相比分别下降50%。持续开展"扫黑除恶"常态化斗争,实现政治事件、暴恐案件、群体性事件、重大恶性案件、重大安全事故"零发生"。

【经济发展】 2021年,万山区地区生产总值86.46亿元,同比增长8.6%;一般公共预算收入4.79亿元,同比增长14.6%;社会消费品零售总额57.57亿元;城乡居民人均可支配收入分别为37747元、12393元;一产13.1亿元,同比增长6%;二产28.8亿元,同比增长10%;三产44.1亿元,同比增长11.6%;三次产业结构优化为15.2∶33.5∶51.3;农林牧渔业总产值26.95亿元,同比增长9.6%;规模以上工业总产值47.27亿元,增长17.3%;金融机构存款余额86.19亿元,同比增长23.2%;金融机构贷款余额97.74亿元,同比增长13.3%;招商引资到位资金73.69亿元,城镇化率54.21%,城镇登记失业率控制在3.39%。新增入库规模以上工业企业9家,累计42家。完成规模以上工业总产值42亿元,规模以上工业增加值增速7.4%。万仁汽车生产的新能源纯电动商用车取得进入海外市场资格,全年生产新能源汽车1.5万辆,比2020年新增0.5万辆,实现产值7亿元以上。建成4万平方米的朱砂工艺品产业园,编制出台全国首个朱砂工艺品团体标准并升级为省级标准,35家企业入驻朱砂工艺园,完成朱砂工艺品62万件,产值5.6亿元,被列入全省文化产业"十佳品牌"。

【招商引资】 2021年,万山区印发

1月28日，万山区丹都街道大坡村村民在香菇基地搬运菌棒（万山区地方志办 供图）

《万山区产业大招商三年行动工作方案》《万山区优化营商环境行动方案》，引进朱砂生产加工、固废循环利用产业园、富洋贵府商业综合开发、九宜城温德姆酒店、朝天辣椒全产业链、百合种植等各类产业项目55个，到位资金70亿元。新增大数据企业8家，累计54家，电商经营主体42家，网点100家，实现产值55亿元，创税6.4亿元，带动就业2000余人，推动营利性服务业同比增长53.2%；平台经济规模140亿元，完成线上消费品零售额增速12%；完成外贸直接出口额450万美元，比2020年增加100万美元，“黔货出山”销售额7759万元。

【城镇建设】 2021年，万山区布局“两组团·一廊道”空间体系，实施“强中心城区”行动。实施富洋贵府、谢桥新区北部片区三号路2个海绵城市项目，推进万山区明信路、棕榈大道、香樟大道、芙蓉大道、客运南站市政道路等基础设施建设，完成老旧小区改造806户，建成5G基站128个，新建及改造污水收集管网3千米，建成铜仁市雅礼学校、天立学校。储备城镇化产业项目15个，总投资74.78亿元，累计到位资金17亿元。争取到排水防涝二期、老旧小区改造等中央、省预算内项目资金5021万元。推进丹都教育文化公园、九宜城、筱启环保等39个重大项目建设。新开工省、市重大项目19个，完成投资56亿元。截至12月，通过城镇建设，万山区城区规模为24.5平方千米，常住人口城镇化率54.21%。

【乡村振兴】 2021年，万山区选派第一书记55名，驻村干部111名到村里开展乡村振兴工作，完成新建大棚蔬菜、生猪养殖、家禽养殖、精品水果等种养殖扶贫项目71个。新增标准化、规模化蔬菜基地266.67公顷，完成种植面积1.21万公顷，产量37.26万吨、产值11.38亿元；完成食用菌种植0.94亿棒，产量4.14万吨、产值4.16亿元；完成精品水果投产面积0.32万公顷，产量6.68万吨；黄道乡香柚被农业部纳入第十一全国“一村一品”示范村镇名单。完成生猪出栏18.88万头、出栏肉禽117.6万羽，禽蛋1296吨，产值7.5亿元；有规模以上农产品加工企业13家，农产品加工转化率55%。争取到东莞市东西部协作资金4150亿元，利益联结带动脱贫户7591户25517人，边缘户54户171人。引进鸿艺朱砂、广益服饰、富森服装、阿里巴巴等13家扶贫微工厂企业，解决搬迁群众就业10943户24548人；安置移民搬迁子女入学644人，完成各学段教育资助4089.19万元，脱贫人员住院产生费用1646.38万元，完成报销1271.08万元，报销比例77.2%，脱贫人员实现“应报尽报”。安全饮用水实现全覆盖，完成103个村（社区）换届选举。

【旅游发展】 2021年，万山区新建投入使用七彩滑道、步步惊心、天空

万山区朱砂古镇“那个年代”一条街（万山区地方志办 供图）

之境、萤火虫洞等旅游项目，引进总投资3.2亿元的九宜城温德姆酒店和总投资1.6亿元的贵山湖旅游综合体开发项目建设。朱砂古镇创建国家AAAAA级旅游景区通过省级专家初评，国家全域旅游示范区创建通过省级验收。吉阳旅游开发有限责任公司被授予“全国文化旅游系统先进集体”荣誉称号。铜仁文化娱乐金街被列入全省第一批夜间文旅消费集聚区，朱砂古镇获评“全省体育特色小镇”，“那个年代”怀旧文化街获评“省级旅游休闲街区”，万山镇土坪社区和高楼坪乡青年湖村荣获“全省第三批乡村旅游重点村”。全年接待游客466.1万人次，旅游总收入27.18亿元。

【社会治理】 2021年，万山区以市域社会治理现代化为载体，实现政治案事件、暴恐案事件、群体性事件、重大舆情炒作、重大恶性案件、重大安全事故“零发生”。人民群众安全感100%，位列全省第一；政法机关综合满意度99.46%，位列全省第九；平安铜仁建设考评得分1418.6分，位列全市第一。实现“命案零发生”“两抢案件零发生”目标，命案发案数同比下降200%，10万人命案发生率和每10万名青少年涉命案率均低于全国平均水平。推进“一办一中心建设”，推进“一中心一张网十联户”机制建设，划分全科网格102个，细化网格518个，十联户单元3563个。旺家社区作为全市市域社会治理现代化现场观摩点，“六个三”基层社会治理模式在全省市域社会治理现场观摩会上作为经验予以推广，中央政法委基层社会治理局对旺家社区社会治理工作给予肯定。

【民生福祉】 2021年，万山区争取到教育基础设施建设项目资金5820万元，完成15个“改薄”项目建设，新建和扩建学校10所。实现贵州大数据职业学校、雅礼学校、天立学校开学。完善医疗卫生设施配套，中医院合建项目完成主体建设，仁山街道社区卫生服务中心投入使用。举办万山区第四届“丹都杯”职工篮球联赛等各类文体活动，打造120平方米朱砂文化展示区，完成电影下乡放映888场，惠及群众54000人次。农村低保标准提高到每人每年4332元，城市低保标准提高到每人每月675元，全年发放城乡低保、城乡特困人员、残疾人护理补贴、高龄老年人生活补贴、临时救助金6688.84万元。累计核酸采样检测114701份，累计完成新冠疫苗接种139822人、302557剂次，累计完成全程接种134055人、完成率119.59%。

【生态保护】 2021年，万山区完成省、市反馈问题整改70项，受理处置环境信访案件27起，立案查处30件，处罚金265万元。空气质量优良率达到99.1%，集中式饮用水水源地水质达标率100%、农村生活垃圾治理行政村覆盖率达100%、完成农村户用卫生厕所总改厕32637户，普及率达90%。新增营造林133.33公顷，湿地面积保持在1133.33公顷，绿色建筑42.4万平方米。2021年，谢桥街道被评为“国家卫生镇”。

（万山区地方志办公室　杨厚坤　张　健）

江口县

【概　况】 2021年，江口县总面积1877平方千米，耕地面积2.88公顷。辖2个乡、6个镇、2个社区（街道办事处），85个村民委员会，20个居民委员会。年末户籍总人口25.15万人，其中少数民族18.48万人，城镇人口102768人，乡村人口14.67万人。人口出生率9.6‰，人口自然增长率4.98‰，人口较多的少数民族有土家族、苗族、侗族等。主要矿藏有金、磷、钒、钼、锑、铁、铜、钨、玉带石、石英砂等。森林覆盖率77%。

【经济发展】 2021年，江口县地区生产总值77.35亿元，同比增长8.7%；农林牧渔业总产值33.31亿元，同比增长9%；工业总产值6.62亿元，同比增长8.9%；财政总收入46300万元，同比增长7.2%，其中地方财政收入25189万元，同比增长10.4%；财政总支出252686万元，同比增长0.9%；社会消费品零售总额29.23亿元；城镇居民人均可支配收入36415元，人均消费支出9602元；农民人均纯收入12110元。500万元以上固定资产投资同比下降7.5%，其中工业投资与上年同期相比增长26.9%，产业投资同比增长24.1%，公路投资同比增长28.7%，房地产投资同比下降30.5%；全县有施工项目115个，同比增长17.3%。

【招商引资】 2021年，江口县引进深圳梵龙实业投资控股、广东观想堂文创科技等5家企业入驻，投资额3.2亿元。印发《江口县招商宣传指南》2万余册，编制精品招商项目56个，落地智慧停车、上海华陟小镇、梵净小城业态、江口县湘江医院建设等42个项目，总投资28.25亿元，上报到位资金23.12亿元，项目开工率、项目入园率100%，优强企业上报6家。执行《优化营商环境条例》，推进“贵人服务·一视铜仁”品牌，兑现承诺优惠政策，对农夫山泉、贵茶集团等项目发放扶持奖励资金7559.6万元。

【城镇建设】 2021年，江口县完成

新一轮城乡协调规划、城市双修规划，编制涉旅规划27个、行政村规划84个，建成狮子山公园、龙堂殡仪馆、太平河景观等一批重点项目，配套升级锦江华府、江城国际、凯旋国际等一批优质小区。建成城乡垃圾收运系统，垃圾收运实现市场化运作，生活垃圾收运覆盖率100%。污水处理全覆盖，日处理量超过1.98万吨。实施10千伏及以下配网升级改造工程，完成35千伏怒溪变电扩建工程。江玉高速建成通车，完成“一带”江口项目建设，G354江口凯德至两路口公路改扩建项目总工程量超过50%。启动“四好农村路”国家级示范县创建工作，推进新岭水库、车坝河水库、麻冲水库建设，完成怒溪龙眉防洪堤、桃映小屯防洪堤和江口县2021—2022年梵净山梵东中型灌区续建配套与节水改造项目。

【乡村振兴】 2021年，江口县落实“四个不摘”要求，累计排查走访4.4万余户，核查预警线索3945条，新识别监测户114户406人，其中14户58人通过创业就业、社会保障、防贫救助等政策帮扶，消除返贫致贫风险，发放防贫救助资金41.1万元。发放各类教育资助资金3500万元，兑现三重医疗保障资金1.5亿元，农村低保4139.28万元，争取各级财政衔接资金7909万元，到位7909万元。批复立项项目41个，竣工率100%；报账资金7909万元，报账率100%。对各类财政扶贫资金形成的扶贫资产进行清理核查，查清扶贫项目1275个，涉及资金433925.45万元。争取到东西部协作资金4264.5万元、项目14个，输送487名农民工到广东就业，“黔货出山”销售额1.98亿元，创建2个乡村振兴省级示范点（闵孝镇双屯村、坝盘镇挂扣村）、2个市级示范点（怒溪镇骆家屯村、德旺乡净河村）。

【产业发展】 2021年，江口县实现农林牧渔业总产值33.1亿元，同比增长9%；粮食作物播种面积1.39万公顷，同比增长2.7%；粮食产量6万吨，同比增长1.1%。实现全部工业增加值5.76亿元，同比增长5%；规模以上工业增加值17817万元，同比增长6.3%；生产精制茶753.5吨，同比增长130.6%。使用商用混凝土地33.64万立方米，同比下降20.6%；建筑业增加值7.91亿元，同比增长6.5%。交通运输、仓储和邮电通信业实现增加值1.52亿元，同比增长6.8%；通车里程2570.9千米，组组通1213千米；电信业务总量12923万元，同比增长5%；有电话用户20.09万户、移动用户14万户、联通用户0.7万户、电信用户5.4万户。全县酒店、宾馆、农家乐及乡村旅社585家，客房8241间，床位14284张，接待国内过县游客65.26万人次，同比增长1.87%；接待入境过夜游客306人次，同比下降83.21%。

【民生福祉】 2021年，江口县完成“681”学校布局结构调整，新建成一小、五中、第四幼儿园，改扩建二小、三中等学校，淮阳中学创建为贵州省普通高中“特色学校”。县中医院主体完工投入使用，县妇幼保健院主体完工，完成乡镇（街道）卫生院标准化建设，96个村卫生室完成提质改造。有农村文化设施256个，村民文化服务中心92个，双江街道被命名为“贵州民间文化艺术之乡”。提高低保标准，城乡居民医保参保率超过98%；开展技能培训8045人次，推介就业岗位2万余个，城镇失业率控制在4.5%以内。

【社会治理】 2021年，江口县成立由县委书记、县政府县长为双组长的防范化解重大风险工作领导小组，完成省交办23个重大风险点化解稳控、市交办22个重大风险点化解稳控任务。排查化解矛盾纠纷557起，完成548起，9起正在调解，调处率100%。建成县级平安办1个、乡镇（街道）平安办10个，完成率100%；建成县级综治中心1个、乡镇（街道）综治中心10个，完成率100%。推行“1+1+1+N”（网格长＋社区、驻村民警或警务助理＋网格员+N个联户长）运行模式，履行源头管控及服务群众等职责，开展业务培训3期，培训人数200余人。印发《江口县关于常态化开展扫黑除恶斗争巩固专项斗争成果的实施方案》，开展“四大行业”领域整治行动，收到举报线索7条，办结线索7条。创建“平安乡镇”10个、“平安村寨”98个、“平安单位”67个、“平安医院”18家、“平安校园”25个、“平安企业”8个、“平安市场”4个。创建全国信访工作“三无”县，人民群众安全感达99.67%，排名全市第三。铁路护路联防成效考核获全省二等奖，国家安全人民防线工作获全市优秀等次。

【生态保护】 2021年，江口县关停矿山、水电站各3个，落实河长制、林长制和长江十年禁渔，城市规划区严禁燃放烟花爆竹，县城空气质量优良率超过95%，主要河流和集中式饮用水水源地水质达标率100%。推进国家储备林建设，申报面积2.83万公顷，被列入全省国家储备林项目样板基地。森林覆盖率77%，获评为“全国低碳旅游示范区”“国家森林旅游示范县”。

【江口县消防救援大队获得“第20届全国青年文明号”称号】 2021年7月，江口县消防救援大队被授予“第20届全国青年文明号”称号。江口县消防大队担负梵净山周边1896平方千米的灭火救援和火灾任务，全年未发生较大以上火灾和火灾人员伤亡事故。

（江口县地方志办公室　雷华军）

玉屏侗族自治县

【概况】 2021年，玉屏侗族自治县总面积523.78平方千米，耕地面积10955.43公顷。辖4个街道（含大龙街道和麻音塘街道），3个镇，1个乡，80个行政村，22个社区居民委员会。年末户籍总人数17.63万人，其中城镇人口8.55万人、农村人口9.08万人。人口出生率8.41‰，自然增长率3.34‰。人口较多的少数民族是侗族。森林覆盖率55.9%。累计召开党史学习教育专题学习会1447场，举办主题党课93场、警示教育52场、专题宣讲1414场，邀请省委、市委党史教研专家教授到玉屏开展专题辅导培训4次。完成省、市“我为群众办实事”项目清单14项，县级层面实施的“我为群众办实事”项目30项，县级领导班子办实事56项，各级各部门办结实事397件，各级基层党组织开展“我为群众办实事”345件，党员个人开展“我为群众办实事”819件。无新增新冠肺炎确诊病例、疑似病例、无症状感染者、阳性检测者、复阳病例，累计接种疫苗13.02万人29.33万剂次，完成全程接种12.35万人。

【经济发展】 2021年，玉屏自治县实现地区生产总值104.82亿元，同比增长9.1%。第一产业增加值13.51亿元，增长7.0%；第二产业增加值43.97亿元，增长14.3%，玉屏自治县和大龙开发区规模以上工业增加值同比分别增长13.6%、15.1%；第三产业增加值47.34亿元，同比增长5%；固定资产投资同比下降5.4%；一般公共预算收入4.195亿元，同比增长0.9%；社会消费品零售总额22.8亿元，同比增长13.5%；城镇居民人均可支配收入37605元，同比增长8.2%；农村居民人均可支配收入15312元，同比增长10.3%；金融机构存款余额76.89亿元，同比增长8.7%；金融机构贷款余额115.12亿元，同比增长20.7%。全县粮食总产量2.8万吨。新增高质量油茶基地0.33万余公顷，创建县级油茶示范基地2个，乡级油茶示范基地10个，油茶示范村寨22个，油茶种植面积1.53万余公顷，年产1500吨的油茶精深加工厂建成投产。油茶产业示范园区入选国家林业和草原局发布的第二批国家林业产业示范园区拟认定名单。精品水果种植面积0.3万公顷，总产值2.75亿元。累计种植食用菌0.8亿棒，产值3.5亿元。生猪出栏24.41万头，产值9.65亿元，县内生猪自给率100%。3月，玉屏自治县农村产业融合发展示范园入选第三批国家农村产业融合发展示范园创建名单。签约工业项目19个，签约资金15.17亿元，新增上规入统企业6户，累计在库规模工业企业25户。

【招商引资】 2021年，玉屏自治县引进产业项目36个，签约资金33.94亿元，完成到位资金31.42亿元。引进优强企业10家，引进林业龙头企业1家，引进高新技术企业1家。项目入园率100%。引进世界500强企业中化集团与先正达集团旗下的中化公司入驻玉屏自治县。

【城镇建设】 2021年，玉屏自治县向上争取各类资金支持项目40个，资金1.95亿元。完成项目签约8个，引资金额5.28亿元，到位资金2.9亿元。实现新增交通运输固定资产投资1.16亿元。石玉、江玉高速建成通车。G320玉屏至一碗水国道改扩建项目，G242田坪至洞坡改扩建工程完成交（竣）工。建成第二批县乡公路路面改善提升工程15.2千米。完成8条农村公路20.99千米。鱼塘至亚鱼公路改造工程（PSL）完成路基工程、4千米油面层铺装。完成七眼大桥改建。尖坡水库大坝主体完工下闸蓄水，青山冲水库溢洪道方案变更获批、输水管线方案调整完成，芭蕉湾水库大坝基础垫层混凝土完成，大洋溪水库导流洞贯通，北部中型灌区节水配套改造项目完成工程形象进度的30%。房地产开发和“四改工程”等11类项目开工30个，完成投资18.75亿元。㵲阳河沿江健康步道建成投入使用，建成城区污水厂搬迁工程、城市管道燃气工程。推进城区供排水管网、乡镇集镇污水处理工程、南环线二期、玉九公路馆驿段等项目。建成鼓楼至人民路道路改造、紫林小区老旧小区改造等项目。

【乡村振兴】 2021年，玉屏自治县脱贫成效考核连续4年排名全省前列。建立健全巩固脱贫成果长效机制，开展脱贫攻坚大排查，排查农村人口34246户，发放防贫保险救助金45万余元。全县搬迁劳动力家庭1360户2962人，实现就业1360户2800人，有劳动力家庭“1户1人”以上就业和“零就业”家庭动态清零。建立东西部区域协作发展长效机制，与东莞市常平镇、桥头镇、谢岗镇（银瓶合作创新区）签订《“十四五”时期东西部协作协议》，与原帮扶城市太仓市签署长期友好合作协议。争取东西部协作资金1350万元，中央财政专项扶贫资金361万元，用于易地扶贫搬迁后续扶持产业车间建设项目。新增落地投产企业4个，实际投资1.41亿元。争取太仓市新增落地企业2个，投资2.08亿元。向太仓市争取社会帮扶资金26万元，向常平组团三镇争取社会帮扶资金110.49万元。分

玉屏自治县朱家场镇混寨村(胡攀学　摄影)

类分级推进乡村振兴,将 86 个行政村及社区(居委会)分为示范引领村 20 个,重点推进村 56 个,夯实基础村 10 个。推进省级市级特色田园乡村·乡村振兴集成示范试点建设,筹集资金 6622 万元,建设郭家湾村省级特色田园乡村振兴集成示范试点。推进亚鱼乡、田坪镇 2 个乡村振兴示范乡镇实施战略。投入扶持资金 7581 万元,实施 2021 年乡村振兴衔接资金项目(专项)54 个。

【旅游发展】 2021 年,玉屏自治县实施旅游业态升级行动,融入"一带双核"。玉屏侗乡风情园创建为国家 AAAA 级旅游景区,并入选贵州省 2021 年度景区体育旅游示范基地创建名单。亚鱼乡溟亭寨旅游景区被批准为国家 AA 级旅游景区。玉屏自治县在创建国家全域旅游示范区省级初审中排名全省第二。西南国际山茶花观赏园项目完成一期工程。云起小镇项目完成前期手续并挂网。天穆研学营基地建成投入运营使用。获评乡村旅游示范点、重点乡村旅游村寨 32 家。3 座旅游厕所投入使用。成立县文旅大健康产业链招商专班,引进项目 13 个。全年接待游客 768.26 万人次,旅游总收入 66.33 亿元。

【社会治理】 2021 年,玉屏自治县培养"法律明白人"1426 人次,建成国家级"民主法治建设示范村"2 个、省级"民主法治建设示范村"7 个、市级民主法治示范村 30 个。建立县级公共法律服务中心 1 个,乡(镇、街道)、易地扶贫安置点公共法律服务工作站 11 个,村(社区、移民新区)公共法律服务工作室 100 个。用好"六防六化"工作法,省、市交办及县级自行排查的风险点化解稳控率 100%。健全人民调解委员会 128 个,全年排查化解各类矛盾纠纷 640 件,化解成功 619 件,稳控 21 件,化解率 96.71%。全县破案数与上年同期相比上升 18%,查获治安类案件与 2020 年同期相比上升 7.9%,保持现行命案"零发生"工作目标,连续 3 年保持"两抢"案件"零发生"。实施早婚早育社会问题专项治理"7+1"工程,跟踪服务"两早"人员,户数、人数分别下降 21.5% 和 22.9%。推动城乡智能防控网络建设。在县、乡(镇、街道)、村(社区)三级社会治安综合治理中心和易地移民安置点社会治安综合治理中心推广应用"9+X"综治信息系统。开展社情民意联排、安全隐患联防、矛盾纠纷联调、重点人员联管等工作,全县以网格划分"十联户"单元 2526 个,推选联户长 2526 名,建立"联户工作微信群"742 个。完成重大节日和敏感节点安保维稳,排查化解稳控信访问题矛盾纠纷 107 件,处置舆情 22 条。全县未发生影响社会稳定的重大政治事件、暴力恐怖事件、规模群体性事件、重大舆情炒作事件。3 月 8 日,玉屏自治县被省委依法治省委员会办公室列为全市唯一一个全省第一批法治政府建设示范县。

【民生福祉】 2021 年,玉屏自治县城镇新增就业 2330 人,转移农村劳动力就业 3004 人,开展劳动力培训 7565 人次,城镇登记失业率控制在 5% 以内。有各级各类学校和幼儿园 108 所,其中幼儿园 71 所、小学 30 所、初级中学 5 所、高级中学 1 所、中等职业教育学校 1 所。皂角坪中心幼儿园、皂角坪中心完小扩建项目建成投入使用,幼儿园新增学位 180 个,小学新增学位 810 个。

社会保险参保85280人，社会保险基金支出10676.31万元。城乡居民医保参保149273人，职工医保参保15970人，参保群众累计享受“先诊疗后付费”政策5542人次，垫付住院费用金额1725.63万元。启动县人民医院“国家级卒中微创中心”前期建设工作，乡镇卫生院（社区卫生服务中心）中医馆全覆盖，推进田坪镇中心卫生院省级示范中医馆创建工作。玉屏传染病医院建设项目主体完工。支出城乡低保5321.65万元，发放临时性救助资金及其他民政救助补贴1497.12万元。县敬老院新增床位至200张。全县已申请六类事项1241项，网上可办率为100%。录入贵州政务服务网87种证照12543件，证照共享量7000件。与湖南省怀化市新晃县、芷江县建立“跨省通办”联盟，纳入跨省通办事项清单132项，办理涉及跨省异地医疗结算、跨省异地身份证办理、跨省驾驶证换证办理1550件。

【生态保护】 2021年，玉屏自治县环境空气质量优良天数比例为95.6%，县城、乡镇及农村千人以上集中式饮用水水源达标率为100%，国家、省“水十条”地表水考核㵲阳河断面达标率100%。无害化处置医疗废物约187.4吨，无害化处置率100%。完成营造林及全域绿化“六绿”0.13万公顷。节能减排降碳指标控制在市下达计划范围内。12月，田坪镇被评为贵州省园林城镇。

【玉屏侗乡风情园国家AAAA级景区创建】 11月18日，贵州省旅游资源规划开发质量评定委员会发布公告，玉屏侗乡风情园成为国家AAAA级旅游景区。景区有侗家风情的建筑群、乡愁馆、侗绣馆、玉屏箫笛博物馆、天穆研学营、不散的乡场、侗乡奥特莱斯、碧湖山居、小江口民宿等旅游项目，并配备相应的康复疗养设备，实施“康养＋旅游＋避暑”发展战略，推进康养旅居新业态。

（玉屏自治县地方志办公室　吴　群）

石阡县

【概况】 2021年，石阡县区域面积2173平方千米，耕地面积3.99公顷。辖10个乡（9个民族乡）、6个镇、2个街道办事处，301个村民委员会、14个社区。年末户籍总人口41.3548万人，其中少数民族30.23万人，城镇人口12.63万人，乡村人口28.72万人。人口出生率0.99‰，自然增长率0.06‰，人口较多的少数民族有仡佬族、侗族、苗族。主要矿藏有地热、矿泉水、煤、重晶石、汞矿、铁矿、矾矿。森林覆盖率69.74%。完成19个乡镇（街道）党政班子、315个村（社区）“两委”换届选举工作。

【经济发展】 2021年，石阡县地区生产总值126.12亿元，同比增长8.2%；农林牧渔业总产值71.44亿元，同比增长9.6%；规模以上工业增加值同比增长8.0%；财政总收入60486万元，同比减少0.04%，其中地方税务系统收入22801万元，同比增长10.23%；地方财政系统收入4055万元，同比减少4.39%；一般公共预算支出296684万元，同比下降5.3%。社会消费品零售总额与同比增长14.1%；城镇居民人均可支配收入35432元，人均消费支出23004元；农村居民人均可支配收入12022元。

【招商引资】 2021年，石阡县新引进招商引资32个重点产业项目50个，投资总额45.91亿元，完成到位资金55.37亿元（含续建21.4亿元），完成市级目标任务40亿元的138.43%。引进优强企业19家，完成市级目标任务11家的173%；项目开工50个，开工率100%；项目投产45个，投产率90%；项目入园50个，入园率100%。其中新引进工业企业6家，工业项目15个，投资总额10.84亿元，工业项目到位资金12.29亿元（含续建2.2亿元），完成市级目标任务15亿元的81.93%。党政主要领导引进招商引资产业项目10个，完成到位资金19.3亿元。引进的47个项目中，40个项目开工建设，开工率85.11%；项目投产15个，投产率31.91%；完成项目入园

石阡县聚凤乡高坪茶园（石阡县地方志办　供图）

44 个，入园率 93.62%。

【城镇建设】 2021 年，石阡县完成城镇建设投资 9.1 亿元。完成县金泉大道项目建设。完成国家现代农业产业园和“国家卫生县城”的创建工作。石阡至玉屏（81.35 千米）、石阡至遵义湄潭（93.6 千米）高速建成通车。龙河沟水库完成下闸蓄水验收。完成碧波水岸小区、康馨居 2 个老旧小区改造，涉及 1568 户，35 栋建筑，改造建筑面积 14.7 万平方米。背街小巷改造 23 条，投入资金 1559 万元。城市棚户区改造基本建成 684 套 67355 平方米；投资 23743.22 万元，竣工 1952 套 24.4 万平方米。

【乡村振兴】 2021 年，石阡县投资 352 万元对农村供水工程进行维修改造，水泵维修更换 131 处，提供公益性管水员岗位 145 个。对 124 处水质监测水源点，712 处农村人饮工程水厂，进行检测并出具卫生检测报告。搭建招商引资平台，签约项目 5 个，投资 2.8 亿元，到位资金 2.6亿元。建设现代农业产业园 1 个。到东莞、苏州开展农特产品推介活动 2 次，销售农特产品 1.8 亿元。争取项目资金 4345 万元，实施项目 19 个，带动脱贫户 2149 户 8737 人。投入资金 18 万元为 953 户 3620 人购买“民生保”。招聘“五个一批”人才 163 名，充实到乡村振兴队伍。石阡职校开设茶叶、汽修等 12 个特色专业，培育县域经济发展人才。开发“就业帮扶车间”，吸纳 3504 名脱贫劳动力和低收入劳动力就近就业。开展劳务协作工作，东莞市厚街组团提供就业岗位 7500 余个，促进 3000 余人稳岗就业。实施劳动力职业技能提升工程，培训农村劳动力 12999 人次。发放创业担保贷款 2060 万元，扶持 140 名返乡农民工、高校生、脱贫户创业。坪山乡佛顶山村入选全国乡村旅游重点村，大沙坝乡任家寨村入选第二批全国乡村治理示范村。龙塘镇神仙庙村纳入省级特色田园乡村·乡村振兴集成示范试点。

【旅游发展】 2021 年，第三方抽样调查报告数据显示，石阡县接待游客 456.9 万人次，实现旅游收入 42.87 亿元。接待入黔游客 137.48 万人次；接待国内过夜游客 46.3 万人次，同比增长 9.93%，总人均花费 938.39 元。有 5 家规模以上旅游娱乐企业，年营业收入 8297.1 万元，同比增长 22%。有限额以上住宿企业 2 家，营业收入 9615.7 万元，同比增长 11.3%。实施省级重大旅游项目 2 个，其中石阡仙人街历史文物景观恢复及生态旅游建设项目完成投资 3700 万元，石阡县鸳鸯湖国家湿地公园保护与开发项目完成投资 3500 万元。仙人街历史文物景观恢复及生态旅游建设项目获 1.1 亿元文旅投资基金支持，困牛山战斗遗址建设项目获得中央预算内资金 3000 万元，石阡温泉投资开发有限公司获得省级服务业补助资金 600 万元，组织旅游企业凯撒金樽 KTV 首次入统获得奖补 10 万元。石阡县被省体育局授予全省体育旅游示范县，被中国经济导报社等部门授予“2021 中国县域旅游发展潜力百强县市”。石阡县夜郎古泉疗养院、中坝温泉小镇被中国寿乡联盟授予“中国长寿之乡”康养示范基地；石阡仙人街被省林业局评为“第四批省级森林康养试点基地”；石阡佛顶山温泉小镇被贵州省民政厅评为“2021 年贵州省示范健康养老小镇”。

【社会治理】 2021 年，石阡县人民群众安全感满意度 100%，居全省第一，人民群众对政法机关满意度 99.6%，列全省第二。19 个乡镇（街道）、315 个村（社区）、划分网格 1075 个，完成网格编号 1075 个，配备专兼职网格员 1075 个，划分十联户 8503 个，实现县、乡、村三级综治中心全覆盖，县、乡、村“一办一中心”全部实现规范化实体运行。投入经费 30 万余元，协调县委党校扩建实训基地 400 余平方米，设立国家安全、扫黑除恶、命案防控、市域社会治理等九大板块，县内外 40 余家单位 2000 余人参观实训基地。完成摩托车防盗芯片安装 1 万余个，四合一终端 30 台，移动警务终端 200 余台。226 所学校建立警务室 137 个，“一键式”紧急报警全覆盖。121 所完小以上学校选派法治副校长 139 名，覆盖率 100%，配备校园保安 380 人，平安校园创建完成率 100%。规模以上工厂 26 个，完成“平安工厂”创建 3 个。全县二级以上医院 5 家，建立警务室 5 个，配备专职保安 44 人。

【民生福祉】 2021 年，石阡县城镇职工基本医疗保险参保 16905 人，生育保险参保 13704 人，城乡居民基本医疗保险参保 358853 人（脱贫人口 100792 人），资助资金 2078.41 万元。发放社会救助资金 1.4 亿元。卫健系统落地 6 个大型项目和多个基层项目，规划投资超 7 亿元。小学、初中和“三残”入学率 100%，高中阶段教育毛入学率 96.86%，新建成第三、第七幼儿园。石阡中职校汽车运用与维修申创为省级特色骨干专业，茶叶生产与加工专业申创省级产教融合示范专业，汽车运用与维修及康养产教融合实训基地项目被省发改委批准立项，项目投资 4382 万元。石阡县遭遇“3·30”风雹、“5·10”洪涝和“5·15”风雹，96335 人受灾，农作物受灾 4969.5 公顷，林地受灾 235 公顷，倒塌农房 6 户 16 间，严重损坏农房 173 户 427 间，一般损坏农房 3969 户 10966 间，直接经济损失 20222.5 万元。全县出动救援1000余人次，救援车辆出动20余次，下拨391.34万元因灾生活补助资金，50万元救灾资金以及32.1吨大米，2.2万升菜籽油，650余床棉被等救助物资保障受灾群众基本生产生活。

【生态保护】 2021年，石阡县新增营造林面积0.46万公顷，林业产业建设面积0.41万公顷，林下经济建设面积626.67公顷。完成2021年国家重点生态功能区县域生态环境质量监测考核工作，获生态功能区专项转移支付资金7750万元。争取到石阡县龙塘镇困牛山村农村环境综合整治项目资金150万元。利用1500万元中央环保专项资金项目，完成对山坪水库及木瓜溪水库饮用水水源地周边村寨农村环境进行综合整治工作。开展2021年生态环境突出问题从严排查整治专项行动，检查企业31家，出动执法人员65人次，存在问题1家，责令停产整治1家，处罚1家。完成对15家砂石场的执法检查工作。开展长江流域环境违法排污执法检查，检查企业20家，出动执法人员45人次。

【国荣乡楼上村生态博物馆建成】 2021年12月18日，国荣乡楼上村生态博物馆建设完成并揭幕。博物馆为公办民营村级生态博物馆，以楼上村传统村落为核心，辐射周边村寨的一个“特色田园乡村”村落文化景观活态社区。通过生态博物馆建设，推动生态博物馆村寨社区“乡村振兴”，探索可复制可推广的“乡村振兴—生态博物馆”模式。国荣乡楼上村始建于明弘治六年（1493），是一座以周氏家族为主的血缘村落，保留有梓潼宫、周氏宗祠、天福井、楠桂桥、民居等历史建筑，楼上村古建筑群是全国重点文物保护单位，村域面积4.2平方千米，全村有10个村民组、405户。

（石阡县地方志办公室　马光珍）

印江土家族苗族自治县

【概况】 2021年，印江土家族苗族自治县总面积1969平方千米，耕地面积4.3万公顷。辖3个街道、13个镇、1个乡、357个村民委员会和17个社区居民委员会，有3141个村民组。年末户籍人口44.54万人，同比增长0.2%。人口出生率10.28‰，人口自然增长率3.8‰。主要民族有土家族和苗族。主要矿藏有煤和地热水；森林覆盖率70.4%。累计接种新冠病毒疫苗超过50万剂次，未发现疑似病例和确诊病例。完成全县377个村（社区）党组织换届选举工作，开展软弱涣散村党组织排查整顿工作，摸排出软弱涣散村党组织30个，全部完成整顿提升工作。实施农村集体经济振兴计划，完成36个“村社合一”示范点建设。打造“贵人服务·满意印江”营商品牌，推进“全省通办”“跨省通办”改革，县级政务服务网上可办率100%，“一窗式”分类受理事项95.6%，“零跑腿”事项95.9%。推进“证照分离”改革，办理企业登记业务263件，惠及企业200余户。

【经济发展】 2021年，印江土家族苗族自治县地区生产总值130.74亿元，同比增长8.0%；农林牧渔业总产值60.47亿元，同比增长9.6%；规模工业增加值同比增长11.4%；财政总收入6.00亿元，同比下降1.5%；财政总支出30.49亿元，同比下降4.9%；一般公共预算收入3.22亿元，同比增长3.0%；固定资产投资不含跨区项目同比下降1.5%；城镇和农村居民人均可支配收入分别为35483元、11716元，同比分别增长8.5%、10.5%。实施高标准农田0.23万公顷，完成粮食播种面积2.12万公顷，总产量8.46万吨，实现茶叶产值22.1亿元，食用菌产值9.3亿元，精品水果产值2.9亿元，牧渔业产值13.4亿元，蔬菜产值12.1亿元。实现工业总产值55亿元，新增规上工业企业8户。社会消费品零售总额48.71亿元，同比增长13.9%；金融机构存款余额144.98亿元，同比增长14.1%，金融机构贷款余额196.22亿元，同比增长15.3%。

【招商引资】 2021年，印江土家族苗族自治县党政主要领导及“4+1”产业招商牵头部门分别到深圳、东莞、苏州、重庆、成都等地开展招商活动30余次，接洽企业120余家，先后引进0.33万公顷辣椒种植及加工、中药材种植加工、1000吨白酒、藤编、毛绒玩具、150万双鞋面加工等一批重点项目，累计上报招商引资到位资金36.92亿元。

【城镇建设】 2021年，印江土家族苗族自治县编制完成老旧小区改造项目19个，背街小巷综合整治42条，转型城镇棚户区改造项目3个，推进城北、坪兴片区棚户区改造，推进峨江路片区、西园片区、县医院宿舍片区等4个老旧小区改造工作。完成翠屏路、普同上下寨、峨岭镇宿舍4条背街小巷改造，推进城区峨江路、疾控中心、中洲凉桥等易涝地段综合整治。按照“房住不炒”工作要求，对房地产市场实施监管，完成房地产投资15亿元，同比增长11.1%，商品房销售面积32万平方米，同比增长20.31%。农村综合改革建设“六共机制”推进“村社合一”试点36个。改善人居环境，新建公厕84个，户厕改造1320户。

【乡村振兴】 2021年，印江土家族

苗族自治县录入全国防返贫监测信息系统监测对象1295户4681人，完成学生资助11.9万人次，资助金额6624.9万元。三重医保累计报销4196.8万元。修复改造因灾受损住房349栋，787处农村集中供水工程落实“三个责任”和健全“三项制度”。8个安置点划分为10个网格，选举联户长321人，建立9个警务室。累计认定23家就业扶贫车间，吸纳劳动力就业1345人。安置点新建、改扩建中小学幼儿园3所，实现教育全覆盖。落实低保602户，发放低保金336.7万元，实施临时救助52户，发放临时救助金3.2万元。开展各类主题教育宣讲50场次，覆盖1.2万人。4013户17882名易地扶贫搬迁群众实现稳定就业。推进木黄镇凤仪村、紫薇镇官寨村等4个市级和新寨镇团山村、紫薇镇河坎村等10个县级特色田园乡村·乡村振兴集成示范试点村建设工作。调整637名干部担任第一书记、驻村干部，推行村（社区）党组织书记、村（居）民委员会主任“一肩挑”。

【旅游发展】 2021年，印江土家族苗族自治县推进大圣敦映美湖景区、木黄红色文化旅游小镇、万润温泉小镇等景区景点项目建设。举办书法艺术大赛、全省篮球邀请赛等赛事活动。创建国家AAA级景区1个、省级乡村振兴旅游示范点1个，申报省级乡村旅游重点乡镇1个、重点村寨2个。完成旅游投资4.9亿元，接待游客570万人次，实现旅游总收入39.5亿元。

【社会治理】 2021年，印江土家族苗族自治县人民群众安全感100%，排名全省第一。满意度98.83%。探索“1268”工作思路（守好一条底线，明确两张清单，用好“六防六化”工作法，完善八项工作机制），重大风险化解稳控率100%。处置完成紫薇“8·12”和朗溪“8·18”等多起意外事件。建成县级综治中心1个，乡镇（街道）综治中心17个，村（社区）综治中心375个，配备政法委员17名，配备综治中心专兼职工作人员37名，落实县乡“一办一中心”机构编制5名。划分全科网格375个，选配网格长375名。划分网格1063个，建立党小组1063个，配备网格员1063名，配备联户长8562个。打造新寨镇级综治中心、新寨镇团山村“一办一中心”建设等6个全市域社会治理观摩点。创建“零酒驾”单位34个、企业34个、村居（社区）51个。设立矛盾纠纷咨询受理窗口和人民调解室，设立法官工作站9个，排查各类矛盾纠纷791起，化解成功743起，调处成功率93.93%。培养5.3万名农村法律明白人。《创新农村“法律明白人”培养构建乡村治理实践的“印江经验”》代表贵州省参加全国法治政府建设5个单项示范创建项目集中评审。《印江县“法律明白人”培养工程助力乡村法治建设》被《贵州改革情况交流》2021年第148期刊载，得到省委省政府主要领导肯定性批示。全年表彰2起见义勇为行为。

【民生福祉】 2021年，印江土家族苗族自治县在全省率先启动“强师工程”试点，募集教育基金168万元。木黄中学整体搬迁工程基本建成，县城区五幼、七幼、八幼、九幼秋季学期开园办学，教育基础设施完成投资1.46亿元。完成县医院整体搬迁工作，推进县妇保院和木黄、天堂镇卫生院项目装修工程前期工作，9个易地扶贫搬迁安置点卫生室实现全覆盖，新建3个中心村卫生室，卫生事业基础设施完成投资7.42亿元。争取养老机构提质改造项目，养老托育事业完成投资870万元。完成各类社会保险参保人数27.21万人，城镇新增就业人数3640人，城镇调查失业率控制在5%以内。开展根治欠薪工作，追回688名农民工工资823万元。

【生态保护】 2021年，印江土家族苗族自治县县级河长开展巡河51次。建成县城区污水改迁工程（一期）和县城生活垃圾填埋场库区雨污分流及500吨预处理站提标改造工作。落实垃圾无害化处理，城乡垃圾无害化处理率86.7%。县城区环境空气优良率超过96%，集中式饮用水源地水质达标率100%，主要河流水质达标率100%。治理石漠化面积13平方千米，治理水土流失15平方千米，矿山治理恢复4.94平方千米。申报国家储备林建设项目五期，实施营造林0.27万公顷。

（印江自治县地方志办公室 田 波）

思南县

【概况】 2021年，思南县区域面积2230.5平方千米，耕地面积7.49万公顷，辖3个街道办事处、17个镇、8个民族乡、489个行政村、40个社区，杂居着汉族、土家族、苗族、满族、蒙古族等18个民族。全县户籍人口69.2万人，人口出生率9.17‰，人口自然增长率为3.01‰。全县森林覆盖率60.01%。有煤、铁、硫铁、大理石、石灰石等矿产资源，以大理石为主的装饰石材资源远景储量10亿立方米，潜在经济价值达4.2万亿元以上。有11个地热泉点，日出水量1.2万吨，被中国矿业联合会命名为西南片区第一家“全国温泉开发利用示范区”。完成新冠病毒疫苗接种35.4万剂次，其中完全接种89196人。

【经济发展】 2021年，思南县完成地区生产总值197亿元，同比增长10%；规模以上工业增加值同比增长15%；财政收入9.33亿元，同比增长8%；一般公共预算收入完成4.06亿元，同比增长3%；税收收入2.91亿元，同比增长17.35%；金融机构存贷款余额分别同比增长6%、17%；社会消费品零售总额同比增长10%；城镇和农村居民人均可支配收入分别为27205元、8240元，分别同比增长9.7%、11.5%。规模以上工业企业62家，实现规模以上工业总产值63.2亿元。规模以上新型建材企业累计完成产值24.55亿元，同比增长5.05%。规模以上山地农特食品加工及其他轻工业累计完成产值14.79亿元，同比增长17.56%；规模以上先进装备制造业累计完成产值4.6亿元，同比增长6.98%。

【招商引资】 2021年，思南县党政主要领导分别到北京、上海、广东、四川等地开展外出招商考察活动14次，分管领导开展外出招商考察活动7次。新引进项目54个，投资总额70.76亿元，到位资金43.03亿元，引进优强企业15家，工业企业引进26家，工业项目到位资金15.22亿元，项目入园率81.11%，项目开工率100%，项目投产率86.79%。编制项目65个，编制资金184.15亿元，完成市级下达60个目标任务的108%。驻粤招商点拜访企业121家，拜访商协会等机构5家，推荐企业到思考察38家，签订合同17个，签约资金10.38亿元。第四批驻粤招商综合评分108.27，位居全省第九位。召开县级优化营商环境调度会17次，针对各项指标突出问题，开展点对点督查督导40余次。

【城镇建设】 2021年，思唐街道办事处中和社区府右小区、国税小区、新街小区、老轻工业小区、思唐小区老旧小区改造开工建设，完成整体工程量的70%。完成未建成棚户区改造项目2个186户，累计完成消化存量303户。有背街小巷任务7条（兴隆井巷、思中巷、杜家巷、田家巷、谢家巷、关脚巷、临江巷），完工背街小巷改造4条（思中巷、临江巷、关脚巷、兴隆井巷）。大岩关隧道工程贯通，完成大岩关双塘出口至双塘二道连接路段（317.36米）路基、边坡支护建设，完成大岩关隧道思唐出口的场平和松散岩石破碎工作。思南县中和大道延伸线建设项目通车。完成太阳堡连接线道路挡墙工程，完成路基回填工程量的95%。完成三桥边停车场建设，完成凉水沟建设点工程量的85%。按照《铜仁市农村住房安全动态监测预警处置工作方案》要求，对因灾受损等房屋进行动态监测，全县因灾新增危房44户（四类重点对象35户、一般户9户）全部纳入改造，完工37户。完成历史文化街区保护规划报批工作，7月获市人民政府批复，对李家寨历史文化街区的历史建筑进行修缮保护，10月底完成现场调研，设计方案正在编制。

【产业发展】 2021年，思南县有农业户数14.34万户，累计完成土地流转面积1.84万公顷。划定粮食生产功能区和重要农产品生产保护区2.37万公顷，累计建设高标准农田0.91万公顷，粮食总产量持续稳定在20万吨以上。建成张家寨、香坝、大坝场三个茶区，关中坝街道、大坝场镇、文家店镇三个万亩花椒乡镇，胡家湾乡、青杠坡镇、杨家坳乡、兴隆乡四个万亩油茶乡镇。全县茶叶种植面积1.26万公顷，种植蔬菜1.91万公顷，累计种植水果7100公顷，种植食用菌426.67公顷（亿棒），中药材在田面积7000万公顷，移栽红薯1.28万公顷。出栏生猪39.76万头、牛3.63万头、羊8.46万只、家禽211.49万羽。现有规模商品蔬菜基地14个、50头以上生猪规模养殖场160个（500头以上规模养殖场110个）。有涉农新型经营主体1448家，贵州佳里佳农业发展有限公司被列为全省首批15家农产品（食品）深加工高成长性企业之一。开展“三品一标”认证工作，完成绿色食品认证9个、有机食品认证3家。有县级国有粮食储备企业1家，粮食仓容3万吨、油料罐容量5500吨，驻有省储备粮总公司直属库1处，承储省级储备粮1.05万吨。

【乡村振兴】 2021年，思南县选派乡村振兴驻村第一书记和驻村干部883人，出列贫困村和易地扶贫搬迁安置点社区实现驻村工作队全覆盖。县内搬迁3705户16169人，有劳动力3580户8636人，实现就业7696人，户均劳动力2.41人，户均就业2.15人，就业率89.1%。完成4031套安置房不动产登记办理。累计识别监测对象1529户5513人，消除返贫致贫风险1517户5465人。分别与东莞市人社局塘厦、横沥、茶山分局签署《东西部劳务协作框架协议》，建立劳务协作长效机制。完成“两类劳动力”全员培训127期8512人，通过岗位推送、定向输送等方式帮助农村劳动力实现就业1455人。推进市级特色田园乡村·乡村振兴集成示范试点建设工作，整合财政专项衔接资金、东西部协作资金1771.31万元用于4个示范村部分规划项目的实施。新增农村劳动力转移到东部结对省市就业333人、省外其他地区就业515人。完成消费扶贫金额7831.93万元，带动农村劳动力2018人。

【旅游发展】 2021年，思南县接待国内游客279.01万人次，实现旅游收入21.66亿元。有旅游从业人员5000余人，带动就业10000人以上。引进贵州众邦豪特酒店管理有限责任公司等经营团队5个，培育规模旅游投资公司5家。累计投入30亿元，创建5个"国字号"旅游品牌，开发文化体验、温泉康养、地质研学等旅游新业态，推出九天温泉、悬崖温泉、夜游乌江、农耕体验系列思南特色旅游产品。累计投资20亿元，提升思南石林、思南温泉、郝家湾景区、腾龙峡景区、思南茶叶公园等旅游景区配套设施，新建、改扩建10条旅游公路，6个旅游码头，2个游客集散中心，改扩建旅游厕所36座，推进景区Wi-Fi全覆盖。培育规模旅游公司6家，旅游商品规模企业20余家，发展旅行社9家，三星级酒店1家，乡村农家乐住宿300余家。申报乡村旅游村寨13家，旅游客栈16家，农家乐19家。

【社会治理】 2021年，思南县成立以县委书记、县长为领导小组组长的市域社会治理现代化工作领导小组，召开县常委会会议6次、召开市域社会治理现代化专题会议8次、推进会6次、研究部署市域社会治理现代化工作座谈会12次。召开专项组会议102场次、法治宣传152场次、组织调研4次，走访企业46家，收集社情民意456条、建议意见236条。投入建设资金1000余万元，建成县级综治中心1个，乡镇级综治中心28个，村(社区)级综治中心529个，实现县、乡、村三级综治中心规范化建设全覆盖。三级综治中心排查调处矛盾纠纷2483起，解决诉求456件，帮助群众解决困难348起。开展法治宣传3058场次，为群众办实事189件，问题诉求办结率超过98%。综治信息平台发布各类预警信息1182条次，消除安全隐患623余处，协助侦破刑事案件396件。通过智能化平台受理跨域立案31件，网上自助立案1436件，在线调解1670件，互联网开庭102件，公开裁判文书3568份，开展庭审直播2325次，受众量49.06万人次。

【民生福祉】 2021年，思南县发放农村低保金7187.99万元，城市低保金1248.36万元，发放特困供养金1404.67万元。解决困难群众临时救助1729人次205.64万元。发放123户535人易地扶贫搬迁贫困移民一次性临时救助资金80.25万元。有各级各类医疗机构46家，有卫生从业人员4298人，其中执业(助理)医师1050人，注册护士1318人。有病床3399张(开放床位)，每千常住人口拥有执业医师2.29人，注册护士2.88人，床位数7.43张。城镇职工基本医疗保险参保率100%，城乡居民基本医疗保险参保率超过99%。推进电子医保凭证激活工作，完成激活推广率40%。基层门急诊占比65.73%，全省排名第四，连续2年全市排名第一。累计参保人数47.85万人，征缴基金34874万元。城镇新增就业实名制登记5012人，引导扶持高校毕业生自主创业38人，安置高校毕业生到村公益性岗位工作306人。职业技能培训14664人。审批发放创业担保贷款2010万元，扶持各类城乡劳动者创业121人，发放自主创业人员创业补贴1520万元、创业场地租赁补贴94.19万元。启动县民族中学改扩建项目、县第六中学迁建项目、城北幼儿园新建项目。县民族中学完成省级"双百工程"示范校申创。落实2021年春季学期教育资助资金7037.2万元，资助学生125766人次。

【生态保护】 2021年，思南县县城环境空气质量优良率超过93%，空气质量综合指数为2.38，达到城市空气质量二级标准。完成孙家坝杨家湾水库、许家坝马畔塘水库两个水源点环境综合整治。推进"六绿"攻坚工程，森林覆盖率60.01%。建成投用污水处理厂7座。生活垃圾无害化处理率78%，城镇污水处理率93.7%，集中式饮用水水源地水质达标率100%，节能降碳指标控制在省、市下达计划范围内。完成生态环境部反馈的194个入河排污口"一口一档"工作。乌江安家坨水库、河西水厂县城饮用水水源地、思林电站集中式饮用水水源地水质自动监测站建设完成。落实畜禽养殖禁养区管理规定，对乌江沿岸禁(限)养区范围内15家规模养殖场进行关闭或搬迁，对可养区范围内23家规模养殖场，采取干清分离、雨污分流、土地综合利用的方式进行治理。完成大河坝镇坡下组雄黄废渣污染场地修复治理、许家坝炼焦废弃工业场地修复治理工程2个土壤污染地块修复。

（思南县地方志办公室 何国强）

德江县

【概况】 2021年，德江县总面积2071.92平方千米，耕地面积5.37万公顷。辖22个乡镇街道，其中8个民族乡、11个镇、3个街道，290个村民委员会、54个居民委员会。年末户籍人口555847人，户籍城镇人口239754人、乡村人口316093人，城镇化率43.14%。人口出生率9.78‰，自然增长率5.5‰。人口较多的少数民族有土家族，占总人口的81.31%。属中亚热带季风性湿润气候，季风气候明显。主要河流有乌江、马蹄河、川岩河、冷水河、马耳河。有煤、铁、硫铁、萤石、重晶石、电石灰岩、石灰岩、方解石、高岭土等主要矿藏,各类矿床(点)100余处,以煤、铁、硫等为大宗。粮食作物以水稻、玉米、小麦、红薯、马铃薯等为主,畜牧业以饲养羊、牛、猪、鸡为主。森林覆盖率63.57%。

【经济发展】 2021年,德江县完成地方生产总值159.26亿元,同比增长8.2%。农林牧渔业总产值70.1亿元,同比增长9%。规模以上工业增加值同比增长8%。固定资产投资(不含跨区)同比增长6.8%。社会消费品零售总额95.18亿元,同比增长13.7%。一般公共预算收入4.85亿元,同比增长1.54%。一般公共预算支出41亿元,同比减少3.75%。累计完成税收收入7.85亿元,同比增长3.98%。金融机构各项存款余额148.47亿元,同比增长7.6%。贷款余额212.72亿元,同比增长13.3%。农村居民人均可支配收入11854元,增速11%。城镇居民人均可支配收入36249元,增速9%。新增规模工业企业7户,完成规模工业产值31.8亿元,同比增长8%。完成民营经济增加值91.8亿元,同比增长9.5%。完成投资12.01亿元,其中产业投资8.45亿元,技改投资2.96亿元。有限额以上商贸流通企业39家,完成社会消费品零售总额97.1亿元,增速13.7%,新增入限企业8户。完成外贸出口额18.06万美元,实现零突破。完成电子商务网络零售额4600.21万元,同比增长30.1%。纳入软服调度企业5家,软件和信息服务业收入1200万元以上,年均增长超过30%。完成融合标杆项目1个,融合示范项目6个,融合带动企业17家。新建4G基站134个,新建5G基站402个。谋划应用场景14个,新增大数据企业9家。

【产业发展】 2021年,德江县有存栏肉牛16.68万头、出栏6.12万头,分别同比增长26.17%和41.33%。存栏山羊13.21万只、出栏15.27万只,分别同比增长7.7%和21.77%。存栏生猪17.43万头、出栏30.02万头,分别同比增长0.79%和24.8%。存栏家禽80.83万羽、出栏132.63万羽,分别同比增长26.02%和40.05%,禽蛋产量3152.25吨。新增花椒种植面积0.2万公顷、茶叶种植面积733.33公顷。新增(改造)50头以上肉牛养殖场190个,大型养猪场22个,花椒烘烤厂22个,茶叶加工企业5家。

【招商引资】 2021年,德江县印发《产业大招商三年倍增行动工作方案(2021—2023年)》《打造"贵人服务·以德聚人"品牌建设高质量营商环境三年行动工作方案(2021—2023)》,完成招商引资到位资金56.78亿元,引进优强企业14家,编制项目60个,引进项目59个,项目开工率100%、投产率91.52%。党政主要领导赴省外招商6次,引进产业项目10个,到位资金9.65亿元。驻点招商签约项目33个,到位资金14.69亿元。产业大招商成效综合考评排全省第八十二位,全市第七位。

【城镇建设】 2021年,德江县争取中央预算内资金、省级专项资金、专项债资金1.53亿元。完成玉溪河、周家湾等安置点分房工作,续建建设路、庄子上棚改安置项目,启动洋芋堡货币化安置棚改项目。实施背街小巷改造17条,老旧小区改造2个。续建观音湖大道市政工程、工业商务局至碧桂园市政道路工程,完成街心花园至物资局道路、温州酒店至303省道等市政道路前期工作。建成城市公共停车位800个,建成万盛综合农贸市场。完成管道天然气供气管网整改5.4千米,新建管网2千米,完成通气用户1750户。建成农贸市场1个,学校附属设施3个,雨污管网51千米,新(改)建成垃圾中转站5座。巩固"国家卫生县城"创建成果,城区生活垃圾无害化处理率98%。

【乡村振兴】 2021年,德江县消除返贫风险户1662户6643人,财政衔接资金防贫预警救助44户216人,兑现资金4.88万元。县级防贫救助金救助22户106人,兑现资金2.85万元。民生保救助38户167人,兑现资金36.61万元。兑现各类教育资助资金1.4亿元,受益学生20.29万人。完成县内参保资助12.53万人1841.73万元,门诊及住院补偿219161人次,兑现医疗保障补偿金12203.33万元。开展农村住房安全保障动态监测,农村住房安全保障全覆盖。建立农村饮水安全工程"以水养水"长效运行管理机制,整合资金877万元用于农村饮水安全工程维修养护,补助农村供水工程123名管水员公益性岗位工资88.56万元。开展稳岗就业,通过引导外出务工、扶贫车间吸纳、开发公益性岗位等方式,就业创业6701人,实现有劳动力家庭"1户1人"以上就业和"零就业"家庭动态清零。

【旅游发展】 2021年,德江县与苗夫控股有限公司签订武陵陶缘AAAA级旅游景区业态提升协议。引进景域驴妈妈集团投资10亿元打造玉溪河景观带项目。投资3.5亿元提升乌江秘境旅游景区。推进枫香溪会议会址旅游景区和中共黔北工委旅游景区AAA创建工作。举办辛丑年德江水龙节、枫香溪核桃采摘节、潮砥脐橙采摘节等系列文化旅游活动。接待游客702.58万人次,实现旅游总收入58.79亿元,其中接待过夜游客49.62万人次,增速3.98%。

【社会治理】 2021年，德江县未发生涉外纠纷、涉稳涉恐等国家安全的案事件和重大舆情炒作事件。开展重大项目决策社会稳定风险评估，甄别处理重大项目167件。化解办结信访积案72件，化解“民转刑”隐患事件7件，化解省市交办重大风险24个，稳控21个，化解稳控率100%。印发《德江县关于有效防范化解重大风险实施方案》，召开县委常委会会议5次、县委书记专题会议8次，研究部署防范化解重大风险工作。化解各类矛盾纠纷和信访问题30件，涉及金额2088.16万元，排查矛盾纠纷1302件，调解1296件，调解成功率99.5%，涉及金额3105.6万元。落实重大节点信访维稳措施，完成中国共产党成立100周年、全省旅游“两会”“中秋”“国庆”和党的十九届六中全会信访维稳工作任务。常态化开展扫黑除恶专项斗争，开展禁毒“大扫除”专项行动、“打盗抢反电诈”百日会战专项行动、云剑—2021打击电信网络新型违法犯罪等系列专项行动。建成11个智能平安小区。开展安全生产隐患排查治理、消防救援演练等，未发生重特大生产安全事故和交通事故。

【民生福祉】 2021年，德江县城市中心敬老院、县儿童福利院、玉水殡仪馆建成并投入使用。发放社会保障兜底资金15796.04万元，其中农村低保金8382.45万元、城市低保金3360.34万元、特困供养金1343.21万元、临时救助金52.12万元。完成城镇新增就业5131人，职业技能培训4333人次(脱贫劳动力3363人次、易地搬迁劳动力799人次)。开发城镇公益性岗位595个，安置脱贫劳动力就业324人，开发乡村公益性岗位1375个，安置脱贫劳动力就业1375人。认定就业扶贫车间(基地)46家，实现农村劳动力就地就近就业2189人(脱贫劳动力1614人)。推荐清溪、凤岗和企石镇企业用工岗位8000余个，实现就业创业6006人(创业47人)，易地搬迁劳动力1136人，实现节后返岗复工1125人，返岗就业率98%，新增外出务工504人。落实学前教育奖补资金、城乡义务教育寄宿生生活补助费、助学金、免学费等各项教育资助资金1.4亿元，受益学生20.29万人。县人民医院实现部分搬迁，完成县民族中医院医养一体项目、楠木园卫生服务中心项目建设工作。

【生态保护】 2021年，德江县开展砂石矿山扬尘整治、城区建筑工地及道路扬尘整治、露天烧烤污染治理专项行动，空气质量优良率99.5%，集中式饮用水水源地水质达Ⅲ类标准，达标率100%。完成石漠化综合治理工程800公顷，森林覆盖率63.57%。工业固体废物实现全部回收利用，综合利用率80%。医疗机构产生医疗废物处置率100%。完成乌江沿岸27个自然村污水处理设施建设。推进矿山生态环境修复治理，12个废弃露天矿山生态修复项目竣工验收。中央、省、市环保督察及“回头看”反馈问题全部整改到位，中央、省委环保督察转办信访件全部办结。

(德江县地方志办公室　李　彪)

沿河土家族自治县

【概况】 2021年，沿河土家族自治县总面积2483.51平方千米，耕地面积7.81万公顷。辖2个乡、17个镇、4个社区(街道办事处)，385个村民委员会、61个居民委员会。年末户籍总人口69.36万人，其中少数民族62.84万人，城镇人口27.36万人，乡村人口42.00万人。常住人口出生率9.76‰，自然增长率6.11‰，人口较多的少数民族有土家族。主要矿藏有煤、萤石、重晶石、铅锌等；森林覆盖率65%。

【经济发展】 2021年，沿河土家族自治县完成地区生产总值144.54亿元，同比增长8.6%。农林牧渔业总产值65.99亿元，同比增长10.4%。规模工业企业21家，累计完成规模工业总产值21.42亿元，同比增长13.27%。财政总收入84499万元，同比减少5.6%，其中地方财政收入34989万元，同比减少5.1%。财政总支出560498万元，同比减少12%。累计完成规模工业总产值29.08亿元，同比增长3.1%。年内固定资产总投资70.5亿元，在建重点项目9个。公路通车里程5373.63千米。社会消费品零售总额87.4亿元，同比增长17%。城镇居民人均可支配收入34971元，人均消费支出22675元。农村居民人均可支配收入11683元，人均消费支出10115元。

【农业产业】 2021年，沿河土家族自治县粮食播种面积3.81万公顷，比2020年增长10.13%，收获夏粮面积0.85万公顷，产量3.56万吨(折粮)。完成秋粮收获面积2.96万公顷，产量13.24万吨(折粮)。在沙子街道实施水稻绿色增产增效技术示范推广项目，惠及14个行政村2354户9651人。在中界镇实施水稻单产提升行动项目，惠及12个行政村895户3669人。新建产地型冷藏保鲜库14个2260立方米，新建辣椒烘干厂2座，烘干线3条，新建育苗大棚4.12万平方米。投产茶园面积9600公顷，产量1.37万吨，实现产值13.78亿元。新增茶园面积246.67公顷，茶树良种换植改造190.67公顷。60个生猪代养场投放仔猪13.02万头。种植食用菌479.23公顷，种植蔬菜面积2.23万公顷（辣椒4500公顷），新建果园124公顷，新增中药材种植面积1213.33公顷。

【招商引资】 2021年，沿河土家族自治县引进产业项目73个，到位资金48.08亿元（工业项目到位资金17.09亿元），完成目标任务35亿元的137.4%。引进优强企业31家（其中工业企业13家），完成目标任务11家的281.8%，项目开工率100%，投产率83.56%，项目入园率100%。党政主要领导干部带头到省外招商16次，实地考察中国二十冶集团有限公司、华为终端总部、桂林恒瑞环保科技股份有限公司、晶澳太阳能光伏科技投资有限公司、广东众生药业股份有限公司等58家企业，签约沿河自治县黑水镇梨子产业园建设项目、沿河自治县山峡食品加工厂建设项目、沿河泰诺纳手袋生产项目等7个项目，投资总额3.15亿元，到位资金2.23亿元。自治县驻粤招商拜访目标企业及商协会219家，邀请企业和客商考察19次，签订框架协议34个，签订合同36个，合同投资金额20.53亿元，到位资金16.08亿元。在全省营商环境第三方评估工作中得分81.83分，排名全省第四十七位，较2020年排名上升39位，全市排名第四位。

【城镇建设】 2021年，沿河土家族自治县开展专项基金、专项债、信贷资金项目申报工作，争取上级新型城镇化建设项目补助资金3318.15万元。完成原党校宿舍小区、老武装部小区、德润小区（步梯楼）老旧小区改造建设和老邮政局宿舍小区、老农行宿舍小区、原工行宿舍老旧小区改造项目2个322户，改造背街小巷15条，建成保障性安居工程300套。完成八一农贸市场排洪防涝工程，推进枕头堡棚户区和崔家村棚户区改造项目建设。取缔占道经营1900余处，批评教育1800余人次，处罚违章停车222起，在农贸市场周边、次要道路等公共区域选点划设停车位700个（轿车限时停车位92个，摩托车停车位608个）。完成66千米县乡公路路面改善提升工程续建项目，改造危桥1座，完成乌江三桥和沙沱大桥主体工程，将4371.94千米农村公路统一交铜仁市交旅集团交通建设工程有限公司进行管理养护。新增建成4G基站24个、5G基站128个，累计建成移动基站数2606个，所有行政村实现光纤宽带、4G网络、广电网络全覆盖。完成雨水管网改造15.3千米，实施燃气管道6千米，改造污水管网62.95千米。投入130万元在13个易地搬迁安置点打造13个养老服务站。

【乡村振兴】 2021年，沿河土家族自治县投入财政衔接补助（扶贫）资金3.31亿元，立项安排项目317个。选派驻村"第一书记"264人、驻村帮扶干部851人，选派包村干部302人对178个有建档立卡人口的非贫困村（社区）进行包保，安排结对帮扶干部3712人。对脱贫不稳定户、边缘易致贫户以及突出严重困难户进行监测，通过防贫基金救助77户80.32万元，民生保救助25户40.33万元，99公益金救助309户61.8万元，纳入兜底保障16362户38737人，防止规模性返贫。13个安置点有劳动力搬迁家庭5086户12245人，就业5086户11315人，就业率92.41%。安置点有39所学校覆盖，配套建设标准化卫生室8个，纳入城市低保2030户6310人。落实教育资助资金6078.8万元，发放助学贷款资金4819.7万元。参加医疗保险60.14万人，脱贫人口参保17.16万人，实现脱贫户大病、慢性病家庭医生签约和"先诊疗后付费"全覆盖。所有农户参保率、参保资助率、"三重医疗保障"待遇补助率为100%。经"三重医疗保障"报销脱贫户45668人次，医疗费用19859.92万元，累计医疗保障资助脱贫人口、特困供养人员、低保对象等人群23.77万人次，资助资金3596.58万元。建立农村住房保障动态监测预警联动机制，累计完成11.54万户农村住房排查工作。争取结对帮扶资金5900万元、社会帮扶资金813万元，帮助沿河自治县销售农畜牧产品和手工艺产品7178.33万元，合作建立"长沿飞地产业园"，引进3家东部企业投资1.06亿元。

【旅游发展】 2021年，沿河土家族自治县有AAAA级旅游景区2个，旅游总人数575.40万人次，旅游总收入36.72亿元。成立沿河自治县旅游产业化工作专班，印发《沿河土家族自治县旅游产业化高质量发展实施意见》，编制《沿河土家自治县全域旅游发展规划》《沿河土家自治县文化旅游"十四五"专项规划》。申报沙子南庄景区提升项目、黎芝峡景区佛指山——烽火台片区建设项目、土地湾黔东特区革命委员会旧址红色旅游基础设施建设项目、河西匝道口旅游综合体项目4个旅游项目基金，争取到土地湾红色旅游基础设施建设中央预算内资金2000万元，争取到河西匝道口旅游综合体旅游基金4400万元。启动土地湾黔东特区革命委员会旧址红色旅游景区旅游基础设施建设项目，完成沙子南庄国家AAA级旅游景区提升为AAAA级旅游景区工程。

【社会治理】 2021年，沿河土家族自治县受理各类矛盾纠纷655件，调解632件。划分11157个联户单元，全科网格451个，以楼栋、小区划分网格53个，专属网格9个，网格点3319个，配备网格长513名，网格员3319名，联户长11157名。78件重复访治理案件成功化解76件。立刑事案件1226起，破获刑事案件569起，抓获网上在逃人员82人，刑事拘留507人，取保候审168人。受理行政案件1104起，办结1321起，行政拘留1105人。

【民生福祉】 2021年，沿河土家族自治县开展就业创业服务培训，完成家政、油茶、焊工、转移就业工种培训16704人(脱贫劳动力12413人，搬迁劳动力1891人)，完成城镇新增就业4500人。兑现自主创业补贴、创业场地租赁补贴、求职创业补贴和稳岗就业补贴等政策，发放补贴资金2105.97万元，实现劳动力就业252658人，就业率95.41%。完成公办幼儿园项目主体工程8个，主体施工项目1个。完善中央彩票公益金支持贫困地区公办幼儿园项目9个，完成中心完小以上学校300台“班班通”设备安装。启动实施2021年义务教育薄弱环节改善与能力提升项目和农村义务教育学校校舍等单体项目76个。推进农村改厕、生活垃圾处理和污水处理，规划建设户用卫生厕所任务12500户(个)、公厕80座。累计完成12周岁以上人群新冠疫苗第一剂接种29.65万人，全程接种28.53万余人，累计接种74.84万余剂次，完成核酸检测21.6万人次。

【生态保护】 2021年，沿河土家族自治县县城环境空气质量优良率98.6%，优良天数349天(有效监测天数354天)。聘用生态护林员(建档立卡脱贫户)4445人，完成营造林3800公顷，森林覆盖率提升至65%。开展长江流域十年禁渔检查工作，累计组织开展执法检查264次，出动执法车辆365台次，检查水生生物保护区41个次，开展联合行动93次。清理网具1879张，现场放生渔获物275公斤。检查餐饮单位116家次，农贸市场86家次，商超64家次，电商平台5家次，下达整改通知书4份。除黑水镇外的18个乡镇垃圾中转站建成投入运行，新安装生活垃圾桶700余个，生活垃圾桶总数18200余个，行政村生活垃圾收运正常运行率长期保持在98%以上。累计处理信访案件48件，处理率100%，群众满意度100%。开展环保专项行动，出动执法人员450余人次，执法车辆500余台次，对工业企业进行现场检查，对检查存在问题的19家企业进行行政处罚，罚款金额76.47万元，移送公安行政拘留案件1起，整改环境违法行为20余起。

11月12—18日，东莞沿河首届校园书画作品联展开展(沿河县地方志办　供图)

【东莞沿河首届校园书画作品联展在沿河实验小学举行】 2021年11月12—18日，东莞沿河首届校园书画作品联展活动在沿河实验小学举行。活动由沿河自治县文联、文广局、教育局、东莞到沿帮扶工作组联合主办，县诗词楹联学会、县书协、县美协、县实验小学共同协办。展览展出书法作品260幅，美术作品165幅(剪纸作品30件、油画作品16件)。展览期间接待前来观展人员近3万人，在展览期间，活动组委会组织举办“东西部协作书法、绘画艺术讲座”，中国书协会员、东莞市书法家郑明瑾老师进行书法讲座；沿河自治县美协副主席姜利老师进行美术讲座。

(沿河自治县地方志办公室　张红文)

松桃苗族自治县

【概况】 2021年，松桃苗族自治县总面积3408.4平方千米，耕地面积2.67万公顷；辖6个乡、5个街道办事处、17个镇、18个社区、489个行政村、15个居委会。年末户籍总人口73.28万人，城镇人口20.92万人，乡村人口52.36万人。人口出生率9.35‰，自然增长率5.11‰，死亡率为4.24‰。人口较多的少数民族有苗族、侗族、土家族。主要矿藏有锰矿、铅锌矿、汞矿、磷矿、石灰石、大理石、页岩气等；森林覆盖率62.77%。

【经济发展】 2021年，松桃苗族自治县地区生产总值187.01亿元，同比增长8.2%；农林牧渔业总产值72.4亿元，同比增长9%；规模以上工业总产值56.9亿元，同比增长2.7%；财政总收入106253万元，同比增长13.3%，其中地方财政收入49987万元，同比增长7.4%；财政总支出505232万元，同比减少8.2%。社会消费品零售总额77.95亿元；城镇居民人均可支配收入35431元，人均消费支出19249元；农村人均纯收入11788元，人均消费支出11486元。全县500万元及以上固定资产投资项目新增入库项目89个，总投资110.55亿元。“在库一套表”企业151家，其中规模以上企业39家。圣迪乐村蛋鸡产业园、乐嘉高端玩具加工等项目相继投产。深化县属国有企业改革，优化营商环境，新增市场主体3670户。引进“新型工业化、新型城镇化、农业现代化、旅游产业化”项目42个，新(续)建项目累计到位资金51.55亿元。推进高标准农田、城区公共停车场、生活垃圾焚烧发电、光伏发电等72个项目，总投资155亿元。松江大道、县二完小、松孟快速干道、文体公园等项目复工。

【招商引资】 2021年，松桃苗族自治县新引进产业项目70个，合同投资额182.6亿元，党政主要领导带队到广东、四川、重庆、长沙等省(市)地开展招商引资活动12次，引进项目10个，签约资金13.6亿元，到位资金9.30亿元；编制招商项目66个，新引进优强企业15家。驻粤招商工作队走访企业156家，走访商(协)会、科研院校及中介机构19家，邀请到松考察企业35家，签订意向协议31个，签订合同19个，合同约定投资总额15.09亿元。

【城镇建设】 2021年，松桃苗族自治县完成城建投资10.7亿元，新增道路里程3.2千米，启动建设海绵城市项目1个，县城排水防涝项目2个。实施背街小巷改造项目3个(含11条背街小巷)，项目预计总投资2495万元，开工率100%。争取到老旧小区改造及智慧停车场建设项目专项债资金20120万元。第四批传统村落保护建设项目(一期)完工，资金拨付1248万元进行大湾村省级示范传统村落保护建设。沙坝河乡界牌村省级示范传统村落保护建设的前期工作完成发改立项、可研批复、施工图设计等工作。《寨英镇历史文化名镇规划》通过省城规划委审查。沿印松高速(松桃段)全线贯通，印秀高速(松桃段)开通营运。

【乡村振兴】 2021年，松桃苗族自治县完成乡村振兴示范镇5个、示范村85个和市级特色田园乡村示范点4个申报批复。争取中央、省、市专项资金2.6亿元，东西部协作帮扶资金6154.5万元。推进农村“厕所革命”，新建公厕38座、户厕1500座。建成新时代文明实践所(站)523个。农村公路安防计划6条27.95千米全部建成，完成投资335.4万元。完成农村公路危桥改造工程3座，总投资322万元。292所学校采取营养餐“贵州模式”，按照营养餐义务教育学生“5+2”、学前儿童“4+2”供餐标准，实施农村义务教育学生营养改善计划，惠及学生56674人。中国共产党东吴证券股份有限公司委员会资助20万元，惠及100名贫困学生；新增签约结对帮扶学校4所，开展两地教育人才交流7批42人次，获得帮扶资金1114.692万元，创建示范校3所。

【旅游发展】 2021年，松桃苗族自治县接待游客999.79万人次，收入81.84亿元。引进重点景区开发运营企业3家，完成红石堡、潜龙洞、响水洞景区规划编制。完成乡村旅游村寨、经营户(农家乐)、客栈39家品牌创建。5个项目列为全省旅游产业化项目进行调度，分别是平头镇白叶一号茶旅产业园建设项目、松桃童话里爱情小镇建设项目、松桃红石堡旅游项目、潜龙洞旅游景区升级改造项目、国际商贸城(二期)建设项目旅游建设项目，项目总投资33.41亿元，累计完成投资11.34亿元。完成省级“+旅游”文旅融合项目5个，分别为正大镇十佳茶旅融合基地、全省乡村旅游重点村(正大镇长征村)、全省乡村旅游重点镇(正大镇)、贵州省科普教育基地(松桃气象科普教育基地、铜仁市柑子冲棉花山博才拓展科普教育基地)。新编旅游招商引资项目32个，签约项目3个，签约合同资金18.6亿元，到位资金7.02亿元。

【社会治理】 2021年，松桃苗族自治县人民群众安全感、政法机关综合满意度分别为99.66%和98.95%，分别上升0.34%和0.4%，列全市第六位和第五位。全县未发生个人极端案事件、重大恶性刑事案件和重大群体性事件的情况，各类矛盾纠纷化解稳控率100%。推进“一中心一张网十联户”和“党小组+网格员+联户长”治理体系建设，实现县、乡(街道)、村(居)三级建设全覆盖，对重点场所、重点部位、重点地区实现“平安警务云”建设全覆盖。开展易地扶贫移民安置点社会治理“筑桥工程”工作，实现易地扶贫安置点“一中心一张网十联户”工作全覆盖。开展校园周边治理专项行动185次，对渝怀铁路松桃段开展安全隐患排查整治，未发生铁路伤亡事件。推进新型网格化服务管理模式，对纳入公安部《全国行政(管辖)区域及网格管理系统》的518个网格阵地，配备专职警务助理538人，实现安全防范“一村一网格员”全覆盖。推进智能平安小

“苗汉”双语宣讲党史主题教育(龙元彬　摄影)

区规范建设,完成智能平安小区“一标三实”基础信息采集录入。松桃自治县公安局“一分析三报告”办公室向市公安局、县党委政府、县人大、县政协、县政法委分别报送分析报告11篇,向辖区派出所递送提示函18次,向本县职能部门报送建议函10次;公安部门摸排辖区矛盾纠纷1062起,分流至相关职能部门化解798起。松桃自治县公安局连续10年实现命案全破,连续15年人民群众安全感满意度超过97%,连续11年实现无仿制真枪、无重特大暴力事件、无群体性事件目标。

【民生福祉】 2021年,松桃苗族自治县新增城镇就业5916人,民生类支出21.48亿元,占总财政支出48.87%。发放城乡低保、特困供养救助等资金4亿元。有各级各类学校398所(不含山村幼教点),各级各类学校有在校学生110759人,教职工9782人。松桃苗族自治县第五、第六幼儿园建成投用,完成松桃职校实训楼建设,县二完小场平工程完成70%。完成松桃县职校2018级服装设计与工艺专业等12个专业545人顶岗实习工作,开展社区青年职业技能培训120余人次。争取到上级教育项目建设资金9554万元,县人民医院、县民族中医院实现互联网医院建设,医保患者实名就医率、自费住院患者实名就医率95%,“黔康码”应用完成上线,县级以上公立医疗机构完成与省级卫生健康信息平台核心数据集互联互通对接工作,县人民医院创建为三级乙等综合医院。县中医院有中医研究所、苗医药馆、基层名医工作室5个,开展苗医药的临床运用及科研,2021年获得贵州省中医药管理局中医药科研3项。

【生态保护】 2021年,松桃苗族自治县城区环境空气质量监测有效天数为363天,优良天数为349天,优良率96.1%,综合指数为2.62。县级以上集中式饮用水源地水质及农村千人以上集中式饮用水源地水质达标率100%。国控断面均达到规定水质类别,其中松桃河下甘溪、边城断面年均浓度达到地表水Ⅲ类水质标准,甘龙河南洞沟断面水质达到地表水Ⅱ类水质标准。县城区域环境噪声平均值≤60dB(A)、交通干线噪声平均值≤70dB(A),环境噪声质量保持在国家标准范围内。对27个乡镇(街道)30余处千人以上集中式饮用水水源地进行排查,未发现相关疫情防护物品污染。成立松桃河断面溯源排查领导小组,完成松桃河断面溯源排查工作,出具检测报告300余份,获成果数据2000余个。开展集中式饮用水源地水质监测,根据《2021年铜仁市生态环境监测方案》的要求,每月完成常规监测并上报监测数据。

【松桃巴狄雄萨滚、松桃苗绣入选国家级非遗】 2021年6月10日,国务院公布第五批国家级非物质文化遗产代表性项目名录,松桃“巴狄雄”萨滚、松桃苗绣两项入选。“巴狄雄”,苗文记作“baddeibxiongb”,是苗族东部方言关于酬祖祭祀活动的专门称呼。苗族“巴狄雄”口传经典,与苗族历史一样久远,是用苗语唱经的祭司、理老在酬祖祭祀活动中,按照仪式规程演唱的苗语经文。松桃苗绣是贵州省松桃苗族自治县范围内生产的苗族刺绣,多以花鸟虫鱼、日月山川为题材,其构图夸张浪漫,图案介于具象与抽象之间,着色大胆自由,针法绣法多样,具有鲜明的风格,内容体现苗族人民祖先崇拜、自然崇拜、图腾崇拜的思想。

(松桃自治县地方志办公室　常文靖)

人物·荣誉

全国优秀共产党员

【杨宗麟】 杨宗麟，男，苗族，中共党员，铜仁市公安局万山分局党委副书记、政委。从警25年来，杨宗麟坚守初心、忠诚奉献，与同事们重拳出击，破获各类刑事案件5000余起，摧毁犯罪团伙100余个，抓获犯罪嫌疑人上千人，缴获赃款赃物上亿元，破获各类命案70余起。在面对一起16年未破的疑难命案时，杨宗麟秉承“再难的案件也要拿下”的执法办案信念，根据最新线索全面展开侦查，经过130多个昼夜奋战，行程3000多千米，最终将犯罪嫌疑人全部缉拿归案。自2018年全国扫黑除恶专项行动以来，杨宗麟先后参与侦办涉黑涉恶犯罪集团5个，破获案件200余起，抓获各类犯罪嫌疑人150余人，依法追缴、扣押、冻结资产上亿元。25年来，杨宗麟坚守党员初心，勇担警察使命，冲锋在惩恶扬善的路上，披荆斩棘、一往无前，先后被授予“全国特级人民警察”、2019年度法治人物、全国先进工作者、全国公安系统二级英雄模范等荣誉称号。

【冷朝刚】 冷朝刚，男，苗族，中共党员，贵州省思南县塘头镇青杠坝村支部书记。冷朝刚带领村民不等不靠，通过二十载接续奋斗，把青杠坝村建成思南县首个文明富裕村。他牵头组建种植养殖专业合作社，成立种植协会和养殖协会，引导全村228户村民以土地和现金入股，推行村级集体资产股份量化，探索推行“6211”分红模式，实现人均年收入近30倍增长。2020年，青杠坝村农民人均纯收入达到1.58万元，村集体经济收入1350万元，累计资产4800万元。青杠坝村先后获评为全国文明村、全省脱贫攻坚先进党组织、全省精神文明建设先进村、民族特色示范村、农村集体经济组织省级示范单位等荣誉称号。冷朝刚先后被授予贵州省劳动模范、贵州省道德模范、全国劳动模范、全国脱贫攻坚先进个人等荣誉称号。

（年编供稿）

全国脱贫攻坚先进个人

【查颖冬】 查颖冬，男，中共党员，江苏省对口帮扶贵州省铜仁市工作队领队，挂职担任铜仁市委常委、副市长。从2017年4月至2020年年末，累计为铜仁争取江苏（苏州）财政帮扶资金17.1亿元、社会帮扶资金2.4亿元，实施帮扶项目1240个，惠及贫困人口72.8万人；先后引进东部企业285家，完成投资264.1亿元，带动4.44万名贫困人口增收；促成苏铜两市各结对县级市（区、县）合作共建工业和农业产业园区19个；近4年来累计在苏销售铜仁农特产品27.4亿元，受益贫困人口12万余人；组织在苏举办铜仁旅游推介活动近40次，江苏到铜仁游客数年均增长30%左右。2019年4月，查颖冬在两年挂职期满后，继续延长一个任期留在铜仁挂职2年，并带动12名队员（其中10人为工作队派驻铜仁10个区县工作组组长）同样延长一个任期。在查颖冬带领下，江苏省对口帮扶贵州省铜仁市工作队连续2次获评贵州省脱贫攻坚先进集体，28名队员和4名支教支医支农人才被授予贵州省脱贫攻坚优秀共产党员或先进个人称号。

【王明礼】 王明礼，男，中共党员，现任铜仁市思南县东升森林种养家庭农场场长，四级残疾退役军人。1996年到2007年，他先后担任8个村的驻村第一书记，帮助贫困村贫困群众修水窖58个，修通致富路60余千米。2007年8月，他牵头组建成立思南县退役军人创业就业孵化基地和思南县东升森林种养家庭农场，农场下设10个职能部门，形成党支部+农场+退役军人创业就业孵化基地+贫困户（包括残疾人贫困户）的发展模式。农场建成初期，因职员中30余人为退役军人，又建成退役军人孵化培塑中心，随后逐步吸收、培训来自全国各地100多名退役军人，带领他们走上创业致富之路。王明礼先后被授予“全省驻村优秀干部”、“全省脱贫攻坚先进个人”、首届“全国最美退役军人”等称号。

【文伟红】 文伟红，男，中共党员，生前为铜仁市沿河土家族自治县中寨镇大坪村第一书记、自治县经济开发区管委会企业服务中心工作人员。自2013年6月起，文伟红先后被选派到沿河自治县淇滩镇和平村、彭华村、团结街道麝香村驻村。2018年3月，文伟红主动申请到深度贫困村中寨镇大坪村驻村担任村第一书记。2019年7月22日，文伟红在村办公室处理完事务后，去大坪村查看烤烟产业时，意外触电身亡，牺牲在脱贫攻坚第一线，年仅45岁。文伟红生前连续6年战斗在脱贫攻坚一线，在带领和平村、彭华村、麝香村出列后，又主动要求到条件更为艰苦的深度贫困村担任第一书记，倾情投入、默默奉献，直到在一线倒下。文伟红先后被授予铜仁市脱贫攻坚优秀共产党员、入选中国好人榜，被追授为全省优秀共产党员、铜仁市先进工作者、贵州省道德模范等荣誉称号。

【杨华祥】 杨华祥，男，中共党员，现任中共铜仁市委常委、市委秘书长。杨华祥在担任江口县委书记期间建立"县级干部包乡、科级干部包村、驻村干部包组、帮扶干部包户"的"四级包保"责任机制，实现村村有驻村工作队、户户有帮扶责任人。探索推行的"民心党建 + 组委会"治理模式助推乡村善治的探索与实践荣获全国第五届基层党建创新最佳案例。2018 年，江口县以"零错退、零漏评、群众认可度 99.05%"实现整县脱贫摘帽。2019 年，实现建档立卡贫困人口全部脱贫。2019 年 1 月，江口县被国务院扶贫办列为全国 19 个图说脱贫攻坚故事和贫困县摘帽案例研究县。为防止已脱贫人口返贫和产生新的致贫，在全国率先探索建立防贫监测预警保障机制，其经验做法得到全国推广。

【王昭权】 王昭权，男，铜仁市印江土家族苗族自治县沙子坡镇四坳村村民。6 岁时因患小儿麻痹症，导致无法正常站立和行走，只能手脚并用爬行。他克服身体障碍，手脚并用养牛，实现年收入 2 万元以上。2018 年 1 月 4 日，王昭权主动向政府递交脱贫申请书，并牵头成立村里第一个养殖专业合作社，发动乡邻共同把肉牛养殖向周边村寨辐射壮大。王昭权在脱贫攻坚路上自强自立的实际行动，成为乡亲们学习的榜样。先后被授予铜仁市残疾人自强模范、铜仁市劳动模范、2020 年全国脱贫攻坚奖奋进奖等荣誉称号。

【张鲁黔】 张鲁黔，男，中共党员，时任铜仁市沿河县中界镇高峰村第一书记。2018 年 3 月，张家港市杨舍镇善港村与高峰村形成结对整村帮扶，他积极与善港村沟通对接，建成融合办公、党员干部培训、村民教育等功能的干群服务中心，不断完善村基础配套设施改善发展条件，把高峰村建成东西部协作示范村。结合市场和善港村发展经验，采取"公司 + 合作社 + 农户"模式，建设高峰生态有机农业产业园、有机茶园、生态环保养殖业基地，不断壮大集体经济、增加就业岗位、拓宽群众增收渠道。先后被授予三等功、全省脱贫攻坚优秀共产党员、全市优秀第一书记等荣誉，并在国务院扶贫办举办的"乡村发展与脱贫攻坚论坛"上做交流发言。

【石丽平】 石丽平，女，苗族，铜仁市松桃苗族自治县人，国家级非物质文化遗产苗绣项目省级代表性传承人、"鸽子花·松桃苗绣"文化品牌创始人、第十三届全国人大代表。石丽平以技艺培训为载体，以带动就业为目的，让"松桃苗绣"遍地开花。石丽平通过自己的努力帮助乡亲们摆脱贫困、改变命运，累计培训绣娘、绣爷近 20000 人次，带动 4000 余名各族群众实现家门口创业就业，并在多个区县搬迁安置点开办 130 余期培训班，培训 6733 人次，"一人一工坊"居家就业人数累计达到 1600 余人。由于工作业绩突出、带贫成效明显，先后被授予杰出创业女性、全国五一巾帼标兵、全国非物质文化遗产保护工作先进个人、全国三八红旗手等荣誉。

【陈根毅】 陈根毅，男，中共党员，铜仁市碧江区和平乡党委书记。在他的带领下，和平乡在 2019 年底实现贫困户全部脱贫清零。陈根毅坚持把脱贫攻坚作为头等大事、第一民生工程和重要发展机遇，在 2020 年底，以和平乡为中心的油茶种植达到 0.37 万公顷，仅在和平乡就利益联结贫困户 453 户，土地流转费和带动群众务工收入就达 2300 余万元，拉动全乡农民人均纯收入增加 1000 元，成为碧江区油茶产业发展种植主基地。他被评为贵州省脱贫攻坚优秀共产党员，入选贵州省脱贫攻坚群英谱。

【甘馨方】 甘馨方，女，苗族，中共党员，现任铜仁市就业局副局长。为深入了解贫困群众和搬迁群众就业情况和就业意愿，她深入全市 10 个区县 236 个贫困村 144 个易地搬迁扶贫安置点，宣传就业政策、开展就业指导、推荐就业岗位。为帮助贫困群众转移就业，她借助东西部劳务扶贫协作的东风，主探索建立"3 个 4"劳务协作模式，促进铜仁籍建档立卡贫困劳动力就业，实现苏州用工信息和招聘面试的"零距离"传输。短短几年时间里，在甘馨方的努力下，帮助铜仁籍建档立卡贫困劳动力至江苏省就业 4686 人，帮助铜仁籍建档立卡贫困劳动力实现就地就近就业 3.17 万人。在受疫情影响，就业困难的情况下，主动对接江苏、广东、福建等本市务工人员较多地区，协调解决用工问题，帮助市内企业有序复工复产，促进 47.11 万名外出务工返乡劳动力就业。先后被授予贵州省优秀共产党员、贵州省"最美劳动者"等称号。

【何秀刚】 何秀刚，男，土家族，中共党员，现任铜仁市医疗保障局副局长。2018 年，在担任铜仁市德江县平原镇党委书记期间，建成坳田肉牛养殖园区，园区投入使用后，又发动村"两委"成员率先入股养殖园区。2018 年年底，在养殖园区的示范带动下，三分之二的村先后建设肉牛养殖小区，发动 800 余户群众养牛，其探索出的"小规模、大群体、分户养、集中销"可复制的坳田养牛模式在德江县推广，其经验辐射周边县。2020 年全镇建档立卡贫困户仅肉牛产业分红资金就达 40 余万元。2021 年，全镇有肉牛养殖园区 1 个、小区 10 个、家庭牧场 59 家、发展养牛农户 1120 户，贫困户养殖达310户，肉牛存栏规模近10000头，养牛产业成为老百姓可持续脱贫致富的主导产业。同时，何秀刚还大力推进白茶产业，他上任的3年间，每年新增白茶66.67公顷以上，已累计发展973.33公顷，基本达到人均0.07公顷，全镇人均GDP从2017年年底的8250元提升到2020年的1万余元，白茶产业也成为平原镇的特色致富产业。

【罗焕楠】 罗焕楠，男，苗族，中共党员。现任铜仁市万山区丹都街道跨区县易地扶贫搬迁旺家社区党总支书记。旺家社区有来自思南、石阡、印江的困难安置群众1.8万余人，群众后续保障服务工作任务十分繁重。他坚持每天带领社区干部开展入户走访，创新开展“六个一”新居体验活动，帮助群众尽快融入城市生活。探索推行“124”网格化管理工作模式，创新探索出一条易地搬迁安置型社区的综合治理模式，把旺家社区62栋居民楼实现网格化综合管理全覆盖，化解处理群众纠纷1200余起，代办群众事项4300余件。同时，在旺家社区建成扶贫微工厂产业园，就近安置群众就业2200余人，务工人员人均月收入达2600元以上，实现家门口就业。牵头成立社区实体经济旺家物业有限公司，帮助60余名半劳力，弱劳力、残疾人实现稳定就业。是年被授予第21届“贵州青年五四奖章”。

（年编供稿）

全国五一劳动奖章

【周敬余】 周敬余，男，土家族，中共党员，贵州电网有限责任公司铜仁供电局变电管理所500千伏松桃巡维站技术员，助理工程师。自1998年参加工作以来，周敬余秉承着“人民电业为人民”的宗旨，坚守在电力生产一线，舍小家为大家，兢兢业业、一丝不苟、精益求精，他作为技术负责人参与完成南网首座500千伏数字化变电站（碧江变电站）建设、参与南网首座500千伏智能化变电站（碧江变电站）建设、完成国内首座与5G基站技术接轨的220千伏太平变电站的建设工作、完成6座110千伏及以上变电站的综合自动化及数字化改造、完成13座110千伏及以上变电站的验收及投运。他先后被授予“贵州省劳动模范”称号，获得南方电网公司三等功等奖项12项。23年来，用“敢打硬仗、善打硬仗”的作风，守住了贵州东部电网的安全运行，点亮了黔东大地的万家灯火。

（年编供稿）

全国三八红旗手

【张仕慧】 张仕慧，女，侗族，中共党员，初中文化，石阡县龙塘镇大屯村支部副书记。张仕慧勤劳持家、贤淑孝道的一言一行，成为周边群众的效仿楷模。她艰苦创业，种植西瓜、养殖肉牛、种植竹荪菌、开发销售竹编产品……吃苦耐劳，诚信经营，从文化不高的“土人才”到美名远扬的“乡村勤劳致富达人”，硬是把一个过去“一贫如洗”“一穷二白”的贫寒家庭变成如今的富裕幸福之家、和谐温馨之家、“全国文明家庭”的楷模之家。现在，张仕慧创办竹编工艺品加工厂，让农村老人、妇女重拾传统技艺，留住民族民间文化，带领乡亲们用勤劳的双手共同编织甜蜜生活。2010年7月参加全省秸秆氨化微贮技术推广培训讲义与操作竞赛获二等奖，2011年，被石阡县委、县政府评为“十大巾帼标兵”，2011年被中共铜仁地委表彰为“全区优秀共产党员”，2013年4月被贵州省总工会授予“贵州省五一劳动奖章”。2013年被授予“全国农村科技致富女能手”，2020年被评为“全国文明家庭”，2021年被授予“全国三八红旗手”称号。

（市妇联供稿）

全国巾帼建功标兵

【何英】 何英，汉族，中共党员，2018年从思南搬迁到万山区旺家社区，并通过选举成为旺家社区党总支副书记、妇联主席。2020年10月被国家发改委办公厅评为全国励志搬迁群众。何英牵头在旺家社区成立妇联组织，完成“妇女之家”“儿童之家”“儿童快乐家园”等阵地建设工作。在各级妇联的指导下，争取到中国妇女发展基金会、阿里公益基金会的“爱(AI)豆计划”项目落地旺家社区，成为全国第一个人工智能扶贫孵化空间。引进“巾帼锦绣坊”等企业入驻，为搬迁妇女群众提供更好的创业就业平台，还组织搬迁妇女开展技能培训。热心帮助他人，成立“英姐来帮忙”工作室，调解社区婚恋家庭矛盾纠纷，促进社区和谐。

（市妇联供稿）

【杨群】 杨群，中共党员，铜仁市气象台台长，高级工程师，首席预报员。自2007年参加工作以来，一直从事天气预报服务工作，科研和气象服务工作得到各级领导的高度认可。先后被中国气象局评为“全国优秀预报员”，中国气象学会评为“第八届全国优秀青年气象科技工作者”，贵州省气象局评为“重大气象服务先进个人”，中共铜仁市委评为“全市优秀共产党员”。杨群不断研究铜仁特殊天气并撰写技术论文，先后以第一作者在《高原气象》《干旱气象》《暴雨灾害》等核心期刊和一般期刊发表《2009年铜仁地区高温干旱特征及成因诊断》《铜仁近40年暴雨气候特征及气候背景差异分析》《铜仁2013年4月15日暴雨空报原因及诊断分析》《锦江流域秋季一次突发致洪暴雨综合分析》《2014年7月贵州铜仁一次持续暴雨过程物理机制分析》《梵净山一次局地特大暴雨雷达回波特征分析》,《石阡大暴雨环境场及强降水形成原因》《重庆低涡影响下贵州铜仁两次暴雨过程分析》等多篇文章。

（市妇联供稿）

【安霞】 安霞，土家族，中共党员，贵州省思南县妇联党组书记、主席，贵州省三八红旗手。她推动建立全县妇委会67个，在“两新”组织中建立妇女组织12个，创建“妇女之家”538个，完成全县526村（社区）妇代会改建为村（社区）妇联。积极打造“微爱进行时”扶贫新模式，募集到“微爱基金”678.7万元，帮助贫困妇女儿童6万余名。创建“最美家庭”1143户，命名文明家庭3483户，“平安家庭”创建近500户，表彰“廉洁家庭”62户。做优做强“暖心大姐”信访代理制品牌，为信访妇女“代言、代访、代办”，赢得广大妇女群众的普遍“点赞”，《人民网》《贵州日报》以题为《思南县“暖心大姐”解民忧》进行报道。

（市妇联供稿）

中国好人

【舒滞、徐小英夫妻】 舒滞，男，贵州省铜仁市第二中学教师。徐小英，女，中共党员，贵州省铜仁市第十中学教师。2020年8月1日，舒滞与妻子徐小英在碧江区板栗园村河边钓鱼，忽然听到呼救声。循声望去，他们发现距离河边二十米开外，一个孩子正在水里挣扎呼救，孩子身下还有一人在水里呈托举状态，夫妻俩瞬间意识到河里有人溺水。舒滞立即跳入河里，迅速游向溺水者，徐小英则四处寻找可以帮助施救的物品。她找到一根3米多长的木棒，向舒滞所在方向丢去。舒滞拿到木棒后，继续向溺水者游去。游到溺水小孩身边，得知河里托举孩子的是其父亲，舒滞让孩子抓住木棒，拉出孩子的父亲，随即拖着两人向岸边游去。溺水父子俩的重量远远超出舒滞的承受范围，但他深知生命的可贵，坚决不放弃，拼尽全力一手死死握住木棒，一手拨开水流奋力往回游，多次努力坚持才勉强将两人拉到岸边。徐小英时刻关注救助情况，不会游泳的她站在浅水处接应。夫妻俩齐心协力最终将两名溺水者成功救上岸。

【黄金文】 黄金文，男，铜仁市德江县枫香溪镇枫溪社区居民。2005年，黄金文长子黄能从银行和私人处贷款、借款15万元用于购车跑运输，是年不幸车毁人亡，儿媳随后改嫁。虽然儿女们早已有各自的生活，但50岁的黄金文面对儿子欠下的15万元债务和6万元赔偿，没有丝毫犹豫和推诿，主动承担黄能的所有债务，跑运输、卖房子，用15年时间还清儿子欠下的所有债务，并将两个孙女抚养成人。他诚实守信的事迹赢得当地村民的一致好评和高度赞扬。

【冉琴】 冉琴，女，土家族，铜仁市德江县平原镇坳田村村民。20岁嫁到相邻的坳田村，丈夫的勤劳让冉琴对幸福生活充满期待。然而，天有不测风云，人有旦夕祸福。2005年公公逝于心脏病，2012年婆婆逝于糖尿病，2019年丈夫又因心脏病复发去世，冉琴硬是独自一人撑起一个家。上赡养着高龄的爷爷奶奶，下抚育着读书的两个孩子，她不畏艰难，扛起家业，凭借一己之力让贫困的家庭脱贫，周边群众无不竖起大拇指为她“点赞”，称她是孝道的新模范、当代的好媳妇。就是这样一位普通农村妇女，用自己的实际行动，传承了中华孝道文化，诠释了博爱善良、独立勇敢的新时代女性形象，得到省、市、县领导的充分肯定。

【杨琛】 杨琛，女，铜仁市碧江区锦江街道南门社区居民。父亲是盲人，母亲长期卧病在床，杨琛6岁学会做饭、做家务，8岁起每天“日程”更加繁忙，清晨5点起床为父母做饭，然后去上学，放学后做家务、写作业。2013年，父亲因病去世，上高中的杨琛每天3次往返家和学校，悉心照顾母亲，端水、喂饭、洗脚、按摩，各项事宜井井有条。为方便照顾母亲，她毅然选择就近上大学，毕业实习及毕业后，又选择就近实习和工作。14年来，在政府和社会、爱心人士的帮助下，杨琛照顾母亲的同时，勤俭节约、精打细算过日子，用柔弱的肩膀为母亲撑起一个温暖的家。

【陈佑德】 陈佑德，男，铜仁市玉屏自治县供电局朱家场供电所客户服务部班长。从业32年来，陈佑德一心一意坚守供电一线，护佑万家灯火，为群众送去温暖和光明，得到广大用户的高度赞扬和上级领导的充分肯定。他30余年如一日，始终把村民的用电放在首位，不管山路多崎岖，路程有多远，只要村民家用电出现问题，他都会第一时间抢修，保障大兴村、洪家湾村、鱼塘村等村落21个台区1098户群众的用电安全。

为让村民接受电费代扣业务，陈佑德一边上门宣传，一边拿着电费单挨家挨户核对，辖区内电费代扣签约率100%，率先在铜仁供电局范围内取消柜台现金收费业务。

【刘约】 刘约，女，中共党员，现为国家税务总局铜仁市税务局督察内审科副科长。自1990年参加工作以来，刘约始终牢记一定不能让国家税收有分毫流失，要让纳税人“暖心、满意、信服”的诺言，在营改增后，她带领同事一起梳理行业管理税收政策，反复探索制作房地产行业税费计算模型，把13类税费的政策都摸得清清楚楚。2017年1月，已当选区级劳动模范的她，召集国家税务总局铜仁市碧江区税务局16名业务骨干创建“刘约劳模创新工作室”，探索“零距离”风险阻断纳税人涉税风险，年均减少税收流失千万余元，累计挽回税收3800余万元。

（市委宣传部供稿）

全国抗击新冠肺炎疫情三八红旗手

【黄芳】 黄芳，女，中共党员，2004年6月参加公安工作，现任铜仁市公安局交通警察支队（市公安交通管理局）后勤财务科科长。在新冠肺炎疫情防控工作中，黄芳敢于担当、迎难而上、挺身而出，始终战斗在服务一线，为打赢疫情防控阻击战提供坚实的后勤保障。她把“甘当守门员、宁做保障兵、愿为暖心人”作为人生座右铭，以“巾帼不让须眉”的飒爽英姿，在2020年新冠肺炎疫情防控中，舍小家、顾大家，心装初心、肩负使命，主动作为、任劳任怨，始终战斗在一线，用自己的实际行动诠释着入党、入警的铮铮誓言，充分发挥着党员干部的先锋模范作用，先后获三等功1次、嘉奖5次，多次被授予优秀党务工作者、优秀共产党员荣誉称号，被全国妇联表彰为“抗击新冠肺炎疫情全国三八红旗手”。她不仅工作敬业、业绩突出、表现优秀，还心怀大爱、无私奉献，将2万元“全国抗击新冠肺炎疫情三八红旗手”奖金主动捐赠给铜仁市“花蜜行动”爱心基金，暖心关爱妇女儿童。

（市妇联供稿）

全国优秀农民工

【温金水】 温金水，出生于重庆市江津区石蟆镇东溪村，是中国水利水电第九工程局有限公司铜仁恒大山湖郡项目下属的贵州民盛的一个砌体班的普通班组长，负责16#地块1#、9#楼的二次结构及内外装修工程工作。在工作中热心助人，毫不藏私，每天走在前头，干在实处。不怕苦，不喊难，兢兢业业地超标准完成自己的本职工作。将多年学习积累的识图、施工、核算、管理等一套技术知识全部用到施工建设上来，严把施工技术质量关，始终把质量放在第一位。温金水用自己的实际行动诠释着“匠人”二字的真谛，在他的身上，闪烁着乐于助人、甘于奉献的人性光辉。勤劳、质朴、善良成为他人生当中最平凡但最珍贵的标签。他来自民工也奉献于民工，他是中国广大农民工中的一员，也是中国农民工的一个缩影。

【田彪】 田彪，贵州省沿河盛丰茶叶农民专业合作社销售员。现在从事种植销售工作，靠自己的双手脱了贫、致了富，合作社种植茶园的面积有133.33公顷，年产量1.5万千克，产值260余万元，帮助合作社做销售跑遍全国各地，最终在上海市、浙江省、江苏省拿到订单，为合作社在茶叶销售市场上做出很大成就，带动周边村寨建档立卡贫困户127户脱贫致富，采茶期间，带动周边农户400余人就业，让群众既能照顾家庭，又能实现就业，得到群众的广泛认可与好评。

（市人社局供稿）

其他先进人物

【第八届全国道德模范提名奖石丽平】 11月5日，“德耀中华——第八届全国道德模范颁奖仪式”在京举行，贵州省梵净山松桃苗绣公司负责人、松桃苗绣第七代传承人石丽平获第八届全国道德模范提名奖。石丽平带领3名绣娘创办贵州省松桃梵净山苗族文化旅游产品开发有限公司，培训绣娘1万余名，参与“一企扶一村”计划，与当地村寨结成帮扶对子，在易地扶贫搬迁点开设100个扶贫工坊，实行“一人一工坊”居家就业模式，解决4000余名留守妇女居家就业问题，帮助300多名贫困人口脱贫，创造年产值6000多万元。先后捐资60多万元修建10余千米乡村公路，资助17名贫困大学生完成学业，为扶贫开发、贫困救助、贫困学生等累计捐资200多万元。

［松桃自治县（地方志办） 常文靖］

【退役军人蔡云涛】 蔡云涛，男，铜仁市石阡县枫香乡鸳鸯湖村人，中共党员，大专学历，退役后安置于铜仁学院党政办至今，服役期间获战时“三等功”一次，获表彰时间为2015年12月。蔡云涛2008年12月入伍，2021年4月退役，2012年任班长。临战训练期间，蔡云涛主动学习地雷构造及爆炸物的理论知识和排除方法，临战考核所有科目达到全优。2015年，蔡云涛带领全班安全完成云南省文山自治州麻栗坡县天保镇八里河东山、杨万乡者阴山主峰边境一线9个雷区扫除任务，累计运送扫雷爆破筒50余吨（2000箱），排除诱爆地雷及各类爆炸物1500余枚，处理各种险情18次，为完成中越边境云南段扫雷任务做出卓越的贡献。2015年12月，被中国人民解放军云南省军区扫雷指挥部政治处授予“三等功”。

（市退役军人事务局　吴大周）

荣　誉

表61　全国脱贫攻坚先进集体一览表

受表彰单位	
中共铜仁市委员会	铜仁市万山区扶贫开发办公室
铜仁市扶贫开发办公室	铜仁市纪委市监委机关党委
江苏省对口帮扶贵州省铜仁市工作队	玉屏侗族自治县皂角坪街道党工委
江口县凯德街道黑岩村党支部	铜仁市委组织部机关党委
中共印江土家族苗族自治县委员会	

表62　贵州省脱贫攻坚先进集体一览表

受表彰单位	
铜仁市碧江区农业农村局	印江土家族苗族自治县刀坝镇党委
铜仁市碧江区扶贫开发办公室	印江土家族苗族自治县沙子坡镇党委
铜仁市碧江区川硐街道板栗园村党支部	印江土家族苗族自治县新寨镇乐洋村党支部
铜仁市碧江区农村饮水安全工程管理总站	印江土家族苗族自治县峨岭街道川岩村党支部
铜仁市碧江区医疗保障局	印江土家族苗族自治县农业农村局
铜仁市碧江区漾头镇党委	印江土家族苗族自治县住房和城乡建设局
铜仁市碧江区和平土家族侗族乡党委	印江土家族苗族自治县自然资源局
铜仁市碧江区坝黄镇泥哨村党支部	中国中煤能源集团有限公司定点帮扶印江土家族苗族自治县工作组
铜仁市碧江区委组织部	思南县纪委县监委机关
铜仁市万山区委组织部	思南县委组织部
铜仁市万山区黄道侗族乡党委	思南县扶贫开发办公室
铜仁市万山区敖寨侗族乡党委	思南县财政局
铜仁市万山区农业农村局	思南县孙家坝镇党委
铜仁市万山区茶店街道红岩村党支部	思南万盛投资集团有限公司
铜仁市万山区大坪乡苏湾村党支部	思南县双塘街道扶贫开发办公室
苏州苏高新集团有限公司	贵州佳里佳农业发展有限公司
松桃苗族自治县委组织部	思南县鹦鹉溪镇翟家坝村党支部
苏州市苏州工业园区驻松桃苗族自治县工作队	思南县凉水井镇茶山村党支部
松桃苗族自治县扶贫开发办公室	江苏省对口帮扶贵州省铜仁市工作队思南工作组
松桃苗族自治县生态移民局	德江县委组织部
松桃苗族自治县木树镇党委	德江县委宣传部
松桃苗族自治县农村信用合作联社	德江县农村信用合作联社

续表 62

受表彰单位	
松桃苗族自治县盘石镇响水洞村党支部	德江县妇幼保健院
松桃苗族自治县正大镇薅菜村党支部	德江县生态移民局
松桃德康农牧有限公司	德江县农业农村局
中国电子信息产业集团有限公司定点帮扶松桃苗族自治县工作组	德江茗贡茶叶种植农民专业合作社
玉屏侗族自治县委组织部	德江县住房和城乡建设局
玉屏侗族自治县供销合作社联合社	贵阳银行股份有限公司德江支行
玉屏侗族自治县麻音塘街道党工委	德江县财政局
玉屏侗族自治县水务局	沿河土家族自治县扶贫开发办公室
大连民族大学玉屏油茶博士团	中国农业发展银行沿河土家族自治县支行
玉屏县双生源商业综合体管理服务有限公司	沿河土家族自治县板场镇扶贫开发站
贵州铜仁贵茶茶业股份有限公司	沿河土家族自治县沙子街道龙凤村党支部
中国浦东干部学院驻江口县定点扶贫工作队	沿河土家族自治县黑水镇凉村村党支部
江口县教育局	沿河土家族自治县泉坝镇黄池村党支部
江口县交通运输局	沿河土家族自治县中界镇天坪村党支部
江口县民和镇党委	沿河土家族自治县教育局
江口县桃映镇党委	沿河土家族自治县中寨镇党委
江口县怒溪镇地楼村党支部	铜仁市生态移民局
江口县官和侗族土家族苗族乡泗渡村党支部	铜仁市公路处
贵州电网有限责任公司铜仁石阡供电局	铜仁市农业农村局
中国人民财产保险股份有限公司石阡支公司	铜仁市人力资源和社会保障局
石阡县扶贫开发办公室	铜仁市住房保障管理局
石阡县龙塘镇神仙庙村党支部	铜仁市财政局
石阡县甘溪乡扶堰村党支部	铜仁市直机关工委
石阡县坪山乡佛顶山村党支部	铜仁市水务局
石阡县良友建材有限公司	中国农业发展银行铜仁市分行
石阡县公安局花桥派出所	贵州省农村信用社联合社铜仁审计中心
东吴证券股份有限公司	铜仁市教育局
新华社驻石阡扶贫工作队	铜仁幼儿师范高等专科学校初等教育学院党总支
印江土家族苗族自治县龙津街道党工委	贵州电网有限责任公司铜仁供电局

表 63　贵州省脱贫攻坚先进个人一览表

姓名	性别	民族	工作单位
刘先银	男	侗　族	铜仁市碧江区政协党组书记、主席，二级巡视员
宋　宇	男	土家族	铜仁市碧江区人民代表大会常务委员会党组成员、副主任，三级调研员
罗青松	男	侗　族	铜仁市碧江区瓦屋乡克兰寨村第一书记，贵州省文物局副研究馆员
万　昊	男	土家族	铜仁市碧江区坝黄镇党委书记，四级调研员
吴　頔	男	苗　族	铜仁市碧江区灯塔街道党工委书记
吴再成	男	苗　族	铜仁市碧江区云场坪镇党委书记，四级调研员

续表 63

姓名	性别	民族	工作单位
任　鹤	男	土家族	铜仁市碧江区六龙山乡党委书记
马学东	男	苗　族	铜仁市碧江区桐木坪乡党委书记
杨钰涛	男	侗　族	铜仁市碧江区产权交易中心副主任
吕胜乾	男	土家族	铜仁市碧江区坝黄镇白果村第一书记，碧江区教育局计财科副科长
汤留弟	男	汉　族	江苏省对口帮扶贵州省铜仁市工作队碧江工作组农业团队队长，铜仁市碧江区农业农村局植保植检站站长（挂职），江苏省昆山市农业农村局耕地质量与植物保护站副站长
聂　怡	男	侗　族	铜仁市碧江区人力资源和社会保障局党组成员、就业局局长
杨清林	男	侗　族	铜仁市万山区委常委、高楼坪侗族乡党委书记
杨松飞	男	土家族	铜仁市万山区丹都街道党工委副书记、办事处主任
吴鹏程	男	汉　族	铜仁市万山区扶贫开发办公室副主任（挂职），苏州高新区社会事业局副局长
石万友	男	苗　族	铜仁市万山区扶贫开发办公室规划统计科负责人
姚　华	男	侗　族	铜仁市万山区下溪侗族乡扶贫站负责人
王卫兵	男	汉　族	铜仁市万山区下溪乡青龙村第一书记，国家税务总局铜仁市万山区税务局人事教育股副股长
孙　蕾	女	土家族	铜仁市万山区教育局局长、党组书记，四级调研员
杨　峻	男	土家族	铜仁市万山区督查督办局局长
杨先富	男	土家族	铜仁市万山区鱼塘侗族苗族乡扶贫站负责人
吴团国	男	苗　族	贵州松桃经济开发区党工委委员、副主任，松桃苗族自治县住房和城乡建设局局长、党组书记
任海燕	男	苗　族	松桃苗族自治县妙隘乡党委书记
龙　涛	男	苗　族	松桃苗族自治县扶贫开发办公室副主任、党组成员
宋景飞	男	汉　族	松桃县冷水溪镇黑水村第一书记，贵州电网有限责任公司铜仁松桃供电局普觉供电所副所长
冉　浪	男	汉　族	松桃苗族自治县永安乡白果村党支部书记，永安乡安全生产监督管理站负责人
石　四	男	苗　族	松桃苗族自治县盘石镇黄莲村脱贫攻坚指挥部指挥长，盘石镇计生协会专职副会长
赵令蓉	女	苗　族	松桃苗族自治县民族宗教事务局局长
杨光荣	男	汉　族	松桃苗族自治县妙隘乡大土村村民
杨　华	女	苗　族	松桃如阿雅观光农业产业开发有限公司董事长
王仲庚	男	汉　族	松桃苗族自治县大坪场镇党委委员、副镇长
何　龙	男	土家族	松桃苗族自治县牛郎镇扶贫工作站站长
张祥兵	男	苗　族	松桃苗族自治县水务局蓼皋片区水务服务中心工作人员
姚原温	男	侗　族	松桃苗族自治县迓驾镇达车村脱贫攻坚指挥部指挥长，县民族宗教事务局行政宗教综合执法大队大队长
梅　波	男	苗　族	松桃苗族自治县太平营街道芭蕉社区同步小康驻村工作组组长，铜仁市司法局装备财务保障科二级主任科员
吴　俊	男	苗　族	松桃苗族自治县盘石镇大沿村第一书记，县文明卫生城市创建中心主任
王　鑫	男	土家族	贵州省同仁望乡生态农业开发有限公司董事长
陈建群	女	侗　族	贵州省松桃福农鑫农牧科技发展有限公司董事长
杨启明	男	仡佬族	玉屏侗族自治县委书记
张　勇	男	土家族	玉屏侗族自治县委副书记（保留正县长级），一级调研员
徐　震	男	汉　族	玉屏侗族自治县扶贫开发办公室副主任、党组成员（挂职），江苏省太仓市委机要局副局长
胡　波	男	侗　族	玉屏侗族自治县新店镇党委副书记、镇长
张　智	男	苗　族	玉屏侗族自治县亚鱼乡党委副书记、政法委书记

续表 63

姓名	性别	民族	工作单位
丁　刚	男	苗　族	玉屏侗族自治县朱家场镇党委副书记、政法委书记
崔发磊	男	汉　族	玉屏侗族自治县大龙街道党工委副书记
沈　娅	女	汉　族	玉屏侗族自治县皂角坪街道公共事业服务中心副主任、扶贫站站长
杨　彪	男	侗　族	玉屏侗族自治县扶贫开发办公室规划统计股负责人
伍　凤	女	侗　族	玉屏侗族自治县财政局预算（国库）股负责人
姜　南	女	侗　族	玉屏侗族自治县朱家场镇柴冲村第一书记，国家税务总局玉屏侗族自治县税务局四级高级主办
杨　云	女	土家族	江口县委副书记、县长，二级巡视员
祝　郡	男	汉　族	江苏省对口帮扶贵州省铜仁市工作队江口县工作组组长，江口县委常委、副县长（挂职），江苏省苏州市姑苏区、保护区城市管理委员会副主任、党组成员
杨易奎	男	土家族	江口县农业农村局局长、党组书记
杨兴波	男	土家族	江口县双江街道党工委副书记、办事处主任
吴文科	男	苗　族	江口县扶贫开发办公室副主任、党组成员
邓恩泽	男	苗　族	江口县德旺乡人大副主席、计生协会专职副会长
文　祺	男	彝　族	江口县太平镇副镇长，太平镇岑忙村驻村工作队队长
陈汉银	男	侗　族	江口县凯德街道扶贫站负责人
周敏华	男	汉　族	江口县坝盘镇挂扣村第一书记，县委组织部关工委办公室工作员
李　芝	女	苗　族	江口县闵孝镇双屯村第一书记，县妇幼保健院初级药师
唐宏刚	男	土家族	石阡县委常委、县委组织部部长
潘大权	男	苗　族	石阡县政协党组副书记、副主席
史文彪	男	仡佬族	石阡县纪委常委、县监委委员
胡宗武	男	汉　族	石阡县泉都街道党工委副书记、办事处主任
杨明坤	男	侗　族	石阡县青阳乡党委副书记、乡长
田　地	男	仡佬族	石阡县坪山乡党委副书记、乡长
杨光复	男	侗　族	石阡县龙井乡关口坪村第一书记，贵州师范大学机械与电气工程学院党委副书记
王世强	男	侗　族	石阡县农村信用合作联社副主任
周国才	男	仡佬族	石阡县生态移民局副局长、党组书记
施鹏俊	男	侗　族	石阡县河坝镇小江村第一书记，石阡县机要局密码通信中心主任
莫　若	男	苗　族	石阡县中坝街道政务服务中心主任
陈　琪	男	土家族	印江土家族苗族自治县委副书记，三级调研员
沈健民	男	汉　族	印江土家族苗族自治县委常委、副县长（挂职），江苏省汾湖高新技术产业开发区党工委委员、管委会副主任、黎里镇党委委员
周华忠	男	土家族	印江土家族苗族自治县政协副主席、县财政局局长
田　奎	男	土家族	印江土家族苗族自治县医疗保障局局长
尹剑波	男	土家族	印江土家族苗族自治县交通运输局副局长（主持工作）、党组成员
梅正茂	男	汉　族	印江土家族苗族自治县扶贫开发办公室督查专员
田树军	男	土家族	印江土家族苗族自治县水务局局长
刘红印	男	土家族	印江土家族苗族自治县教育局副科级督学
代　强	男	土家族	印江土家族苗族自治县卫生健康局副局长、党组成员
张　军	男	土家族	印江土家族苗族自治县板溪镇党委书记，四级调研员
田永明	男	土家族	印江土家族苗族自治县合水镇龙洞村村民

续表 63

姓名	性别	民族	工作单位
王晓冲	男	土家族	印江土家族苗族自治县社会保险事业局局长
李　勇	男	土家族	印江土家族苗族自治县教育局工作人员
刘云成	男	汉　族	思南县委书记，二级巡视员
杨　慧	女	侗　族	思南县人民政府副县长，县生态移民局局长
徐景杰	男	汉　族	思南县人民政府副县长(挂职)，有研集团有研粉末研究院有限公司副总经理
沈守明	男	土家族	思南县教育局局长、党组书记，四级调研员
旷宗顺	男	汉　族	思南县农业农村局局长、党组书记，科学技术局局长
张　翔	男	土家族	思南县水务局局长、党组书记
黄正权	男	汉　族	思南县卫生健康局局长、党组书记
任飞宇	男	汉　族	思南县住房和城乡建设局村管站副站长
勾武强	男	土家族	思南县亭子坝镇党委副书记、镇长
王贵兰	女	汉　族	思南县天桥乡党委委员、组织委员、宣传委员、统战委员
张桂凤	女	土家族	思南县大河坝镇党委书记
王伟杰	男	土家族	思南县扶贫开发办公室督查专员
蒋文放	男	土家族	思南县委党校工作人员
孙　砚	男	土家族	铜仁市公共资源交易中心思南分中心产权交易股股长
田　海	男	土家族	思南县板桥镇党委委员、副镇长、武装部部长，增沙村党支部书记
李向上	男	汉　族	德江县委常委、副县长(挂职)，江苏省苏州市吴中区木渎镇人大主席
刘祖辉	男	侗　族	德江县委常委、常务副县长
王治桢	女	土家族	德江县人大常委会副主任，二级调研员
朱黔中	男	土家族	德江县政协副主席、县扶贫办主任
丁晓松	男	苗　族	德江县人力资源和社会保障局党组成员、就业局局长
陈　江	男	土家族	德江县玉水街道群众工作部部长
杨正志	男	土家族	德江县医疗保障局副局长
牟　勇	男	土家族	德江县钱家乡党委书记，四级调研员
田　华	男	土家族	德江县枫香溪镇党委副书记、镇长
蔡世松	男	土家族	德江县扶贫开发办公室工作人员
杨小江	男	汉　族	德江县长堡镇扶贫工作站站长
蔡佰洋	男	汉　族	德江县长堡镇三角社区驻村干部，贵州省图书馆古籍保护中心工作人员
郭晓春	男	汉　族	德江县人民政府副县长(挂职)，中国十七冶集团有限公司西南分公司纪委书记、副经理
付加斌	男	土家族	德江县兴农米业有限责任公司总经理
何景飞	男	土家族	中国农业发展银行德行县支行行长、党支部书记
罗贤明	男	土家族	德江县泉口镇初级中学校长
杨兴才	男	侗　族	沿河土家族自治县委常委、县脱贫攻坚指挥部第一副指挥长、县脱贫攻坚指挥中心主任，三级调研员
冯小红	男	土家族	沿河土家族自治县委常委、县纪委书记、县监委主任，三级调研员
杨秀刚	男	土家族	沿河土家族自治县土地坳镇党委书记
余良伦	男	土家族	沿河土家族自治县甘溪镇人大主席
晏光波	男	土家族	沿河土家族自治县政协经济社会联谊委主任
田志军	男	土家族	沿河土家族自治县和平街道扶贫工作站负责人
杨学进	男	土家族	沿河土家族自治县塘坝镇扶贫工作站站长

续表 63

姓名	性别	民族	工作单位
杨　海	男	土家族	沿河土家族自治县夹石镇老寨村脱贫攻坚指挥部指挥长，夹石镇纪委委员
杨　城	男	土家族	沿河土家族自治县官舟镇农业服务中心主任兼扶贫站站长
柳银标	男	土家族	沿河土家族自治县板场镇洋溪村脱贫攻坚指挥部常务副指挥长，县城市管理局园林绿化管理站站长
罗海浪	男	土家族	沿河土家族自治县晓景乡扶贫站负责人
潘宝华	男	土家族	沿河土家族自治县思渠镇坪江村第一书记，沿河土家族自治县儿童福利院工作员
陈丫丫	女	土家族	沿河土家族自治县交通运输局副局长兼综合行政执法大队队长
陈　波	男	土家族	沿河土家族自治县客田镇党委书记
田小刚	男	苗　族	沿河土家族自治县洪渡镇皂角村驻村干部，洪渡镇综治办专职副主任
黄继荣	男	苗　族	铜仁市扶贫开发办公室主任、党组书记
田素珍	女	土家族	铜仁市派驻沿河县脱贫攻坚督导组常务副组长，铜仁市供销合作社理事会主任
曾　杰	女	苗　族	铜仁市派驻德江县脱贫攻坚督导组副组长，铜仁市财政局党组成员、副局长
滕昭州	男	苗　族	铜仁市派驻思南县脱贫攻坚督导组副组长，铜仁市生态环境局副局长
姚　山	男	汉　族	铜仁市脱贫攻坚指挥中心东西部协作组组长，铜仁市万山区扶贫开发办公室二级主任科员
张德智	男	土家族	铜仁市派驻碧江区六龙山乡脱贫攻坚督导组组长，市委机构编制委员会办公室业务一科科长
刘志宇	男	汉　族	印江土家族苗族自治县杨柳镇党委副书记（挂职）、杨柳镇何家村第一书记，铜仁市人大代表联络教育办公室监督管理科副科长
谷易华	男	汉　族	铜仁市人民政府副秘书长（挂职），江苏省苏州市委组织部四级调研员
刘　琳	女	汉　族	铜仁市群众工作中心（铜仁市信访局投诉受理及信访信息中心）网络群众工作室副主任
杨进权	男	土家族	印江土家族苗族自治县刀坝镇天坪村第一书记，铜仁市老年大学办公室主任
张仕兵	男	土家族	松桃苗族自治县牛郎镇黄腊溪村脱贫攻坚指挥部副指挥长，铜仁市公安局警务督察支队一大队大队长
李祥松	男	汉　族	松桃苗族自治县长兴堡镇寨云村第一书记，铜仁市商务局工作人员
张绪柳	男	侗　族	松桃苗族自治县世昌街道火连寨社区第一书记，铜仁市市场监督管理局化妆品监督管理科科长
王　懿	男	侗　族	沿河土家族自治县官舟镇吴家山村第一书记，铜仁市广播电视台精品工作中心副主任
蔡　嘉	男	土家族	贵州银行股份有限公司铜仁分行行长、党委书记
蔡　江	男	土家族	贵州省铜仁市交通旅游开发投资集团有限公司董事长、党委书记
韦永杰	男	水　族	中国农业银行股份有限公司铜仁分行行长、党委书记
邹圣福	男	汉　族	铜仁市卫生健康局副局长、党组成员
黎雪刚	男	土家族	沿河土家族自治县卫生健康局基层卫生与妇幼健康股负责人
侯彦双	男	汉　族	松桃苗族自治县正大镇包家村脱贫攻坚指挥部指挥长，铜仁职业技术学院副教授、高级农艺师
伍顺杰	男	仡佬族	沿河土家族自治县泉坝镇马家村驻村干部，贵州健康职业学院工作人员

表 64　2021 年铜仁市获全省“两优一先”表彰人员一览表

（一）全省优秀党员（26 名）

序号	姓名	性别	民族	职位
1	郁建生	男	汉　族	铜仁职业技术学院民族中兽药分离纯化技术国家地方联合工程研究中心主任、国家民委中兽药重点开放实验室主任
2	李春学	男	汉　族	松桃苗族自治县孟溪镇桃源生态香菇专业合作社理事长
3	赵应黔	男	土家族	贵州重力科技环保有限公司董事长
4	安孝荣	男	侗　族	铜仁市农业农村局党组书记、局长

续表 64

序号	姓名	性别	民族	职位
5	毛万成	男	土家族	思南县人民医院医技党支部书记、医学检验科主任
6	石文允	男	苗　族	石阡县财政局党组书记、局长
7	陈　琪	男	土家族	铜仁市委副秘书长、市信访局局长
8	郑　洋	男	土家族	铜仁市万山区人民政府副区长
9	张　杰	男	汉　族	省能源局四级调研员，沿河土家族自治县谯家镇党委副书记（挂职），谯家镇印山村驻村第一书记
10	葛修林	男	汉　族	贵州乌江水电开发有限责任公司沙沱发电厂办公室主任
11	陈　洪	男	土家族	铜仁市碧江区坝黄镇党委书记
12	何　勇	男	土家族	铜仁市城投集团、铜仁市交旅集团党委副书记、董事、总经理
13	黄朝强	男	土家族	德江县委组织部一级主任科员
14	甘馨方	女	苗　族	铜仁市就业局副局长
15	李　艳	女	苗　族	松桃苗族自治县政府办副主任
16	杨元桃	女	侗　族	贵州省百汇源农业开发有限公司董事长、铜仁市万山区黄道侗族乡力坳村村民委员会委员、妇联主席（兼）
17	张　军	男	土家族	印江土家族苗族自治县农业农村局党组书记、局长
18	张　雄	男	汉　族	省农科院畜牧兽医研究所助理研究员，石阡县聚凤乡马鞍山村驻村第一书记
19	汪江蓉	女	苗　族	德江县人民医院党建办副主任
20	戚治城	男	汉　族	印江土家族苗族自治县政协委员、县顺达出租车公司董事长
21	赵文江	男	苗　族	思南县司法局党组书记
22	冉　俅	男	土家族	沿河土家族自治县官舟中学党支部书记、校长
23	王　瀚	男	土家族	德江县枫香溪镇枫溪社区党支部书记
24	田　旭	女	苗　族	松桃苗族自治县瓦溪乡党委书记
25	李　秒	男	汉　族	江口县水务局城乡供排水管理站工作人员、坝盘镇高墙村驻村第一书记
26	马军芬	女	回　族	思南县人民政府金融办工作人员，塘头镇沙坝村驻村第一书记

（二）全省优秀党务工作者（16 名）

序号	姓名	性别	民族	职位
1	罗青松	男	侗　族	省文物局副局长，德江县桶井土家族乡新滩村驻村第一书记
2	王　颖	女	土家族	铜仁市万山区委常委、组织部部长，区委党校校长，区直机关工委书记
3	龙星辰	女	苗　族	铜仁市公安交通管理局政工科民警
4	张运涛	男	汉　族	玉屏县田坪镇党委书记
5	姜启云	男	汉　族	江口县闵孝镇双屯村党支部书记
6	田　平	男	土家族	印江县新寨镇党委书记
7	黄思红	男	汉　族	松桃县乌罗镇党委书记
8	李文锋	男	仡佬族	石阡县大沙坝乡任家寨村党支部书记
9	田景文	男	土家族	印江县纪委监委第二党支部书记，第一纪检监察室主任
10	唐华锋	男	汉　族	思南县林业局党组书记、局长
11	刘　君	男	土家族	德江县第二中学党委书记、校长
12	龚　仆	男	汉　族	沿河县委副书记
13	姚　永	男	侗　族	铜仁高新区大兴街道党工委副书记、政法委书记，高岩村脱贫攻坚指挥部指挥长
14	田　磊	男	侗　族	玉屏县麻音塘街道党工委委员、组织委员、宣传委员、统战委员

续表 64

序号	姓名	性别	民族	职位
15	金方云	男	汉 族	铜仁市公路处党支部书记、副处长
16	李 柏	男	汉 族	贵州中烟工业有限责任公司铜仁卷烟厂党委书记、厂长

（三）全省先进基层党组织（26 个）

铜仁市碧江区滑石侗族苗族土家族乡党委
铜仁市万山区谢桥街道冲广坪社区党支部
松桃苗族自治县普觉镇党委
玉屏侗族自治县人民医院第二党支部
江口县人民医院党委
石阡县大沙坝乡任家寨村党支部
印江土家族苗族自治县委组织部党支部
思南县双塘街道丽景社区党委
德江县平原镇坳田村党支部
沿河土家族自治县纪委县监委机关党委
铜仁高新区非公组织培育工作党支部
玉屏侗族自治县大龙街道德龙新区党总支部
铜仁市扶贫开发办公室党支部
贵州省梵净山投资控股集团有限公司党委
贵州健康职业学院党委
铜仁市实验幼儿园党支部
铜仁市万山区扶贫开发办公室党支部
松桃苗族自治县乡村振兴局党支部
铜仁市人民医院党委
石阡县汤山街道平阳社区党支部
印江土家族苗族自治县缠溪镇党委
思南县塘头镇党委
德江县纪委监委机关党委
松桃苗族自治县委组织部机关党支部
中伟新材料股份有限公司党支部
沿河土家族自治县淇滩镇檬子村党支部

表 65　2021 年铜仁市“两优一先”表彰一览表

（一）全市优秀共产党员（150 名）

序号	姓名	性别	民族	职位
1. 碧江区（9 名）				
1	张 骊	女	苗 族	碧江区人大常委会党组成员、副主任
2	陈 洪	男	土家族	碧江区坝黄镇党委书记、计生协会会长
3	张妮娅	女	侗 族	碧江区和平乡党委副书记、乡长
4	马学东	男	苗 族	碧江区桐木坪侗族乡党委书记、计生协会会长
5	杨 黎	女	土家族	碧江区河西街道党工委委员、办事处副主任

续表 65

序号	姓名	性别	民族	职位
6	安 荷	女	苗 族	碧江区财源融资担保有限公司党支部书记、董事长
7	万海霞	女	侗 族	碧江区云场坪镇党委副书记、镇长
8	杨秀萍	男	汉 族	铜仁市乌江中学党支部书记
9	舒燕群	女	瑶 族	碧江区锦江街道西门社区党支部书记
2. 万山区（9 名）				
10	郑 洋	男	土家族	万山区政府副区长
11	杨元桃	女	侗 族	贵州百汇源农业开发有限公司董事长、万山区黄道乡力坳村村委委员兼妇联主席
12	蔡显勇	男	土家族	万山区人民医院内一科主任
13	陈 刚	男	侗 族	铜仁市公安局万山分局刑侦大队教导员
14	刘桂敏	女	侗 族	铜仁市第二十九小学党支部书记、校长
15	杨 雄	男	苗 族	万山区融媒体中心记者部工作人员
16	杨通顺	男	土家族	铜仁黔东中学党支部书记
17	冯运纯	男	侗 族	万山区大坪乡农业服务中心主任
18	吴 滕	男	侗 族	万山区纪委区监委工作人员
3. 江口县（9 名）				
19	姚翰宇	男	土家族	江口县产权交易中心工作人员、桃映镇龙虎村乡村振兴驻村第一书记
20	李 芝	女	苗 族	江口县妇幼保健院药品药具科工作员、闵孝镇沙坝河村乡村振兴驻村第一书记
21	石秋芬	女	汉 族	江口县坝盘镇政协联络组主任
22	陈建军	男	土家族	江口县官和乡新田村党支部书记、村主任
23	文 祺	男	彝 族	江口县太平镇人民政府副镇长
24	邹祖进	男	汉 族	江口县公安局桃映派出所教导员四级警长
25	冯丽娟	女	土家族	江口县人民医院临床护士
26	陈智勇	男	土家族	江口县人民政府督学教育局党支部书记
27	孟海珑	男	土家族	江口县双江街道党工委副书记、办事处主任
4. 玉屏侗族自治县（8 名）				
28	姚 伟	男	侗 族	玉屏侗族自治县市场监督管理局党组书记、局长
29	张吉祥	男	汉 族	玉屏侗族自治县新店镇党委副书记
30	刘榜兵	男	土家族	玉屏侗族自治县农业农村局工作人员、瓮袍村乡村振兴驻村第一书记
31	王 登	男	仡佬族	玉屏侗族自治县中等职业学校副校长
32	赵贵萍	女	侗 族	玉屏侗族自治县中医院老年病科护士长
33	张小芳	女	侗 族	玉屏侗族自治县城乡开发投资有限责任公司副总经理、财务总监
34	尤 金	男	侗 族	玉屏侗族自治县皂角坪街道紫气山社区党总支部书记、主任
35	秦 蓉	女	汉 族	玉屏侗族自治县双生源商业综合体管理服务有限公司财务总监
5. 石阡县（14 名）				
36	田 莉	女	汉 族	石阡县坪地场仡佬族侗族乡党委书记
37	张晓亮	男	汉 族	石阡县委常委、常务副县长
38	杨正南	男	汉 族	贵州师范大学后勤集团物管中心副经理、石阡县龙塘镇老林村第一书记
39	赵 辉	男	仡佬族	石阡县人民医院呼吸内科主任
40	杨胜强	男	侗 族	石阡县中坝街道中坝初级中学教师
41	刘 鹏	男	汉 族	石阡县枫香侗族仡佬族乡三级主任科员
42	谭 芳	女	仡佬族	石阡县人力和社会保障局党组书记、局长，县委组织部副部长（兼）

续表 65

序号	姓名	性别	民族	职位
43	蔡菲妤	女	仡佬族	石阡县民族和宗教事务局党组书记、局长
44	徐　扬	男	汉　族	石阡县委督查专员(副科长级)、县保密委员会办公室(国家保密局)主任(局长),县委保密委员会专职副主任
45	黄　勇	男	苗　族	石阡县扶贫开发有限责任公司董事长
46	蔡云龙	男	仡佬族	石阡县大沙坝仡佬族侗族乡党委副书记
47	郭　锋	男	仡佬族	石阡县人民政府党组成员、国荣乡党委书记
48	李文达	男	汉　族	石阡县文博中学党支部书记、校长
49	徐世旭	男	侗　族	石阡县公安局有组织犯罪侦查大队大队长
				6. 印江土家族苗族自治县(12 名)
50	付源泉	男	苗　族	印江土家族苗族自治县委副书记(挂职),合水镇土洞村乡村振兴驻村第一书记
51	陈生成	男	土家族	印江土家族苗族自治县罗场乡寨口村党支部书记
52	黄继生	男	土家族	印江土家族苗族自治县委党校副校长
53	付娅慧	女	土家族	印江土家族苗族自治县洋溪镇党委副书记
54	田　标	男	土家族	印江土家族苗族自治县杨柳镇党委副书记
55	徐大宇	男	土家族	印江土家族苗族自治县中医医院党委书记
56	严　涛	男	土家族	印江土家族苗族自治县朗溪镇党委书记
57	杨正国	男	苗　族	印江土家族苗族自治县紫薇镇尖峰村党支部书记、村委会主任
58	安益志	男	土家族	印江土家族苗族自治县合水镇党委书记
59	苏　俊	男	土家族	印江土家族苗族自治县合水镇党委副书记
60	晏飞齐	男	土家族	印江土家族苗族自治县洋溪镇蒋家坝村党支部书记
61	田　武	男	土家族	印江土家族苗族自治县委组织部办公室负责人
				7. 思南县(16 名)
62	刘开洪	男	苗　族	思南县委常委、县纪委书记、县监委主任
63	王　宇	男	苗　族	思南县委常委、组织部部长、党校校长
64	杨　慧	女	侗　族	玉屏侗族自治县人民政府党组成员、副县长
65	马军芬	女	回　族	思南县人民政府金融办工作员,塘头镇沙坝村乡村振兴驻村第一书记
66	赵文江	男	苗　族	思南县司法局党组书记、局长
67	张宏文	男	汉　族	思南县杨家坳苗族土家族乡党委副书记、政法委书记
68	杨　勇	男	土家族	思南县板桥镇水洞村党支部书记
69	黄　科	男	土家族	思南县三道水土家族苗族乡党委书记
70	覃仁浪	男	苗　族	思南县张家寨镇井岗村党支部副书记
71	冉秀明	男	土家族	思南县双塘街道党工委副书记、办事处主任
72	袁再高	男	土家族	铜仁市银保监分局二级主任科员,思南县长坝镇尖山村乡村振兴驻村第一书记
73	毛万成	男	土家族	思南县人民医院医学检验科主任
74	杨仙珍	女	侗　族	思南县人民医院心内科副主任
75	李艳灵	女	汉　族	思南县人民法院刑事审判庭庭长
76	张　诚	男	土家族	贵州佳里佳农业发展有限公司董事长
77	陈小玲	女	苗　族	思南县第一小学党支部书记、校长
				8. 德江县(16 名)
78	张　文	男	土家族	德江县人大常委会党组成员、副主任
79	黄朝强	男	土家族	德江县委组织部正科长级干部、一级主任科员

续表 65

序号	姓名	性别	民族	职位
80	汪江蓉	女	苗 族	德江县人民医院党建办副主任
81	王 瀚	男	土家族	德江县枫香溪镇枫溪社区党支部书记
82	陈 礼	男	土家族	德江县公安局刑侦大队大队长、二级警长
83	文 铭	男	彝 族	铜仁市应急管理综合行政执法支队执法一大队队长
84	曾 权	男	土家族	德江县民族中医院脾胃病科副主任、副主任中医师
85	何 松	男	土家族	德江县青龙街道党工委书记、一级主任科员
86	徐 洲	男	土家族	德江县财政局党组成员、副局长
87	孟祥龙	男	汉 族	铜仁市委社情民意办公室网络舆情研判科副科长、德江县泉口镇大元村乡村振兴驻村第一书记
88	冉茂松	男	土家族	德江县思源实验学校总务处副主任
89	李铁军	男	土家族	德江县供水公司党支部宣传委员、德江县供水公司人力资源科科长
90	张 杰	男	苗 族	德江县荆角土家族乡农业服务中心主任
91	任孙靖	女	土家族	德江县龙泉土家族乡扶贫站站长
92	赵 军	男	汉 族	德江县康乐食品有限公司党支部书记、董事长
93	袁伟艳	女	汉 族	德江县堰塘土家族乡合医站站长
9. 沿河土家族自治县（17 名）				
94	张玉清	男	土家族	铜仁市农业科学院水果研究所所长
95	李仁烨	男	汉 族	铜仁市纪委监委四级主任科员
96	张永军	男	土家族	沿河土家族自治县社情民意中心主任
97	崔意志	男	土家族	沿河土家族自治县甘溪镇党委副书记、提名镇长候选人
98	付 植	男	土家族	沿河土家族自治县市场监督管理局消费者协会秘书长
99	崔 旭	男	土家族	沿河土家族自治县黄土镇党委副书记、提名镇长候选人
100	杨 润	男	土家族	沿河土家族自治县卫生健康局工作员、中界镇水田村乡村振兴驻村第一书记
101	陈进军	男	土家族	沿河土家族自治县政府办副主任
102	杨 礼	男	土家族	沿河土家族自治县农业农村局畜牧技术推广站站长
103	罗亚军	男	土家族	沿河土家族自治县委教育工委委员、县教育局党组成员、副局长，黄土镇党委副书记（挂职）、黄土村乡村振兴驻村第一书记
104	朱 毛	男	土家族	沿河土家族自治县强制隔离戒毒所所长
105	崔志刚	男	土家族	沿河土家族自治县民政局工作员，土地坳镇五七村第一书记
106	杨 坤	男	土家族	沿河土家族自治县人民医院宣传文化办负责人
107	王伯友	男	汉 族	沿河土家族自治县道路运输局办公室主任
108	张 磊	男	土家族	沿河土家族自治县水务局水资源与政策法规股负责人
109	李永进	男	土家族	沿河土家族自治县政协副秘书长
110	兰鹏飞	男	土家族	沿河土家族自治县中寨镇扶贫站负责人
10. 松桃苗族自治县（16 名）				
111	吴廷友	男	苗 族	松桃苗族自治县委副书记、代理县长
112	李松林	男	苗 族	松桃苗族自治县甘龙镇党委书记
113	杨安军	男	汉 族	松桃苗族自治县民族中医院党委委员、副院长
114	李乔军	男	汉 族	松桃苗族自治县冷水溪镇党委副书记、镇长
115	石昊南	女	苗 族	松桃苗族自治县委组织部部务委员
116	何叶波	男	汉 族	松桃苗族自治县教育局工作员
117	刘 洪	男	苗 族	松桃苗族自治县疾控中心副主任

续表 65

序号	姓名	性别	民族	职位
118	陆三毛	男	苗　族	松桃苗族自治县牛郎镇安监站工作人员
119	黄　翔	男	苗　族	松桃苗族自治县国有资本运营有限责任公司党委书记、董事长
120	卜祥玉	男	汉　族	松桃苗族自治县民族中学党委副书记、校长
121	张方珂	男	苗　族	松桃苗族自治县蓼皋商会会长、党支部书记
122	田儒宙	男	苗　族	松桃苗族自治县寨英镇党委委员、副镇长
123	刘文强	男	侗　族	松桃苗族自治县木树镇木树社区党支部书记
124	李世龙	男	侗　族	松桃苗族自治县蓼皋街道党政综合办副主任、育才社区乡村振兴驻村工作队队员
125	唐　银	男	苗　族	松桃苗族自治县黄板镇党委副书记
126	王建新	男	苗　族	松桃苗族自治县世昌街道甘溪社区党支部书记
11. 大龙开发区（2 名）				
127	钱　进	男	侗　族	国家税务总局贵州大龙经济开发区税务局信息中心主任
128	管平京	男	土家族	大龙开发区大龙街道街上居委会党支部书记
12. 市直机关工委（9 名）				
129	安孝荣	男	侗　族	铜仁市农业农村局党组书记、局长
130	麻勇梅	女	苗　族	铜仁市生态环境局环评与行政审批服务科科长
131	廖显明	男	土家族	铜仁市市场监督管理局医疗器械监管科科长
132	罗依婷	女	侗　族	铜仁市中级人民法院民一庭员额法官
133	袁仁东	男	侗　族	铜仁市纪委市监委派驻第十三纪检监察组副组长
134	田　卓	男	土家族	铜仁市智力支边扶贫联系小组办公室综合科科长
135	黄登进	男	汉　族	铜仁市委社情民意办民情综合分析科科长
136	席　锋	男	侗　族	铜仁市人民政府发展研究中心社会调查研究科科长
137	梅　波	男	苗　族	铜仁市司法局二级主任科员
13. 铜仁高新区（2 名）				
138	刘成利	男	侗　族	铜仁高新区党政办党支部组织委员、党政办工作人员
139	吴桥根	男	苗　族	铜仁高新区大兴街道银岩村党支部书记
14. 市委国企工委（5 名）				
140	刘红娟	女	侗　族	中国石化销售股份有限公司贵州铜仁石油分公司党委副书记（主持党委工作）、副经理、工会主席
141	谌江华	男	苗　族	铜仁市梵净古邑集团总规划师、机关党支部书记
142	杨　军	男	仡佬族	中国邮政集团有限公司铜仁市石阡县分公司支局长
143	任进光	男	土家族	铜仁市九龙地矿投资开发有限责任公司工作人员、思南县宽坪乡良田坝村乡村振兴驻村第一书记
144	谢　泉	女	侗　族	贵州省烟草公司铜仁市公司党群工作科科长机关党委副书记、系统工会副主席
15. 市委教育工委（6 名）				
145	旷光彩	女	土家族	铜仁幼儿师范高等专科学校教授
146	杨军雄	男	土家族	铜仁职业技术学院附属医院副院长
147	骆海江	男	汉　族	铜仁幼儿师范高等专科学校教务处副科级干部
148	安贵松	男	土家族	贵州工程职业学院建筑学院学生科科长
149	周林芬	女	汉　族	铜仁市特殊教育学校工会主席、办公室副主任
150	张蜀渝	女	汉　族	铜仁学院附中高级教师

（二）全市优秀党务工作者（100名）

序号	姓名	性别	民族	职位
				1. 碧江区（7名）
1	罗青松	男	侗　族	贵州省文物局副局长，德江县桶井土家族乡新滩村乡村振兴驻村第一书记、工作队队长
2	杨　阳	男	侗　族	碧江区滑石乡党委书记、计生协会会长
3	杨　迪	男	土家族	碧江区委组织部部务委员
4	任　鹤	男	土家族	碧江区六龙山乡党委书记、计生协会会长
5	席银菊	女	汉　族	碧江区河西街道广场社区党支部书记
6	任力颖	男	苗　族	碧江区环北街道党工委委员、组织委员、宣传委员、统战委员
7	安洲民	男	侗　族	碧江区教育局党组成员，碧江区人民政府正科级督学
				2. 万山区（7名）
8	王　颖	女	土家族	万山区委常委、组织部部长、党校校长、区直机关工委书记
9	吴长银	男	侗　族	万山区下溪乡瓦田村党支部书记
10	饶　猛	男	土家族	万山区茶店街道红岩村党支部书记
11	马筱锦	男	回　族	万山区敖寨乡党委书记
12	田宏顺	男	土家族	铜仁市第四小学党支部副书记、副校长
13	姚海兰	女	侗　族	万山区下溪乡党建办负责人
14	喻　炜	男	侗　族	铜仁全通汽车运输有限责任公司机关第三党支部书记
				3. 江口县（6名）
15	刘元发	男	汉　族	江口县太平镇三沛塘村党支部书记
16	杨政礼	男	土家族	江口县双江街道机关党支部书记、党建办工作员
17	张　黎	男	侗　族	江口县凯德街道党工委委员、组织委员、宣传委员、统战委员
18	覃芳丽	女	汉　族	土家族江口县坝盘镇党委副书记
19	刘仕化	男	土家族	江口县政协秘书长，政协机关党支部书记
20	吴晓燕	女	苗　族	江口中学党委委员
				4. 玉屏侗族自治县（6名）
21	郑孝碧	男	侗　族	玉屏侗族自治县平溪街道办事处安坪村党支部书记
22	姚沅昌	男	侗　族	玉屏侗族自治县皂角坪街道瓮阳村党支部书记
23	李　佩	男	汉　族	玉屏侗族自治县委宣传部常务副部长
24	罗泽灿	男	侗　族	玉屏侗族自治县朱家场镇党委委员，副镇长，长华村党支部书记
25	张运涛	男	汉　族	玉屏侗族自治县田坪镇党委书记
26	姚　瑜	女	侗　族	玉屏侗族自治县直机关工委副书记
				5. 石阡县（9名）
27	杨茂辉	男	侗　族	石阡县工业和商务局党组书记、县工业和商务局（大数据发展管理局）局长
28	曹家才	男	仡佬族	石阡县坪地场仡佬族侗族乡二级主任科员
29	何强清	男	侗　族	石阡县中医医院党委书记
30	王永斌	男	侗　族	石阡县和记绿色食品开发有限公司党支部书记，董事长
31	何如成	男	土家族	国家税务总局石阡县税务局党委书记、局长
32	陈　红	女	侗　族	石阡县龙井侗族仡佬族乡党委委员、组织委员、宣传委员、统战委员、计生协会会长
33	张国平	男	侗　族	石阡县泉都街道银丰村党支部书记
34	蔡文冲	男	仡佬族	石阡县石固仡佬族侗族乡党委副书记、提名乡长
35	杨冰凯	男	侗　族	石阡县枫香侗族仡佬族乡党委副书记

续表 65

序号	姓名	性别	民族	职位
6. 印江土家族苗族自治县（8 名）				
36	任春华	男	土家族	印江土家族苗族自治县印江中学党委书记，校长
37	杨代江	男	土家族	印江土家族苗族自治县实验小学党建办主任，文科党支部书记
38	杨进权	男	土家族	铜仁市老年大学办公室主任
39	任　兵	男	土家族	印江土家族苗族自治县沙子坡镇党委书记
40	毛　阳	男	土家族	印江土家族苗族自治县朗溪镇党委委员，组织委员、宣传委员、统战委员
41	田　锐	女	土家族	印江土家族苗族自治县合水镇党建办负责人
42	陈永早	男	土家族	印江土家族苗族自治县中医医院党建办副主任
43	苏良康	女	土家族	印江土家族苗族自治县人民法院党组成员，政治部主任，机关党委副书记兼纪委书记
7. 思南县（9 名）				
44	唐华锋	男	汉　族	思南县林业局党组书记、局长
45	姜　华	男	苗　族	思南县凉水井镇茶山村党支部书记
46	谢秋林	男	汉　族	思南县三道水土家族苗族乡党委委员、人大主席，思南县三道水土家族苗族乡高坡村党支部书记
47	陈文强	男	土家族	思南县文家店镇五星村党支部书记
48	简默刚	男	苗　族	思南县胡家湾苗族土家族乡白岩塘村党支部书记
49	李　权	男	汉　族	思南县合朋溪镇合朋社区党支部书记
50	李清玄	男	土家族	思南县凉水井镇党委副书记、政法委书记
51	黎芝明	男	土家族	思南县孙家坝镇双山村党支部书记
52	曾应慧	女	汉　族	思南县乡村振兴局党组成员、副局长
8. 德江县（11 名）				
53	刘　君	男	土家族	德江县第二中学党委书记、校长
54	施善杰	男	土家族	德江县委组织部组织二室负责人，德江县委组织部党支部第三党小组组长
55	郑朝军	男	土家族	德江县直机关工委纪检监察工委书记
56	黄丽洪	女	土家族	印江土家族苗族自治县委常委、政法委书记
57	吴聪智	男	苗　族	德江县复兴镇党委副书记、提名镇长
58	杨　维	男	土家族	德江县桶井土家族乡党委副书记、提名乡长
59	王时江	男	土家族	德江县纪委监委派驻第二纪检监察组副科长级专职纪检监察员、二级主任科员
60	冉思杰	男	土家族	德江县枫香溪镇机关党支部纪检委员、德江县枫香溪镇党政综合办负责人
61	胡昌维	女	汉　族	德江县玉水商会党支部书记，德江县省黔大药房总经理
62	杨治毅	男	侗　族	铜仁学院党委组织部离退休管理科副科长
63	陈　强	男	土家族	德江县楠杆土家族乡党委副书记
9. 沿河土家族自治县（12 名）				
64	崔永飞	男	土家族	沿河土家族自治县祐溪街道政协工作联络组主任、淇滩镇沙沱社区党支部书记
65	杨　虹	女	土家族	沿河土家族自治县后坪乡党委副书记、乡长
66	张玉荣	男	土家族	沿河土家族自治县直机关工委工作员、支部宣传委员
67	田树松	男	土家族	沿河土家族自治县谯家镇党委委员、纪委书记
68	吴金魁	男	土家族	沿河土家族自治县和平街道联桥社区党支部书记
69	席文才	男	土家族	沿河土家族自治县沙子街道四级主任科员、党建办负责人、米溪村党支部书记
70	张　禹	男	土家族	沿河土家族自治县塘坝镇党委副书记、提名镇长候选人

续表 65

序号	姓名	性别	民族	职位
71	杜　川	男	土家族	沿河土家族自治县土地坳镇党委委员，组织、宣传、统战委员
72	崔德波	男	土家族	沿河土家族自治县团结街道党建办主任
73	崔懿莎	女	土家族	沿河土家族自治县夹石镇党建办主任
74	田　飞	男	土家族	沿河土家族自治县思渠镇斯毛村党支部书记
75	张观太	男	土家族	沿河土家族自治县客田镇红溪村党支部书记
10. 松桃苗族自治县（10 名）				
76	胡定钦	男	仡佬族	万山区委常委、纪委书记、代理监委主任
77	孙晨辉	男	侗　族	松桃苗族自治县长兴堡镇党委书记
78	冉茂陆	男	土家族	松桃苗族自治县盘信镇党委书记
79	龙文碧	女	苗　族	松桃苗族自治县世昌街道党工委委员、组织委员、宣传委员、统战委员
80	姚才上	男	侗　族	松桃苗族自治县正大镇党委委员、组织委员、宣传委员、统战委员
81	石建刚	男	苗　族	松桃苗族自治县群希学校党支部书记
82	李代颂	男	侗　族	松桃苗族自治县甘龙镇党委副书记、镇长
83	张　峰	男	汉　族	松桃苗族自治县石梁乡党委副书记
84	简素群	女	土家族	松桃苗族自治县人民医院妇产科党支部书记
85	孙　言	女	苗　族	松桃苗族自治县法制宣传教育中心工作员
11. 大龙开发区（1 名）				
86	王　杰	男	汉　族	大龙开发区麻音塘街道抚溪江村党支部书记、抚溪江村委会主任
12. 铜仁高新区（2 名）				
87	姚　永	男	侗　族	铜仁高新区大兴街道党工委副书记、政法委书记，高岩村脱贫攻坚指挥部指挥长
88	黄　喆	女	汉　族	铜仁高新区非公组织培育工作党支部书记，贵州铜仁念乡人电子商务有限公司总经理
13. 市直机关工委（6 名）				
89	金方云	男	汉　族	铜仁市公路处党支部书记、副处长
90	龙星辰	女	苗　族	铜仁市公安交通管理局第七党支部宣传委员、政工科民警
91	李世霞	女	土家族	铜仁市卫生健康局机关党委组织委员，专业技术人员（中级）
92	吴艳玲	女	侗　族	铜仁市委统战部机关党委专职副书记，信息中心主任
93	池　柳	男	土家族	铜仁市委宣传部机关党委组织委员，市互联网舆情中心综合科副科长
94	杨秀淇	男	土家族	铜仁市市政公用设施管理处党支部组织委员、办公室副主任
14. 市委国企工委（3 名）				
95	陈进军	男	土家族	贵州梵云大数据集团有限公司党委委员，董事，副总经理，梵云集团机关支部组织委员，宣传委员
96	肖　琴	女	苗　族	贵州省铜仁市公共交通有限责任公司第一党支部组织委员、党群工作部部长
97	时　美	女	侗　族	贵州省梵净山投资控股集团有限公司，党委办公室工作人员
15. 市委教育工委（3 名）				
98	刘泽坤	男	侗　族	贵州健康职业学院人文基础部党支部书记，主任
99	张艳春	女	土家族	铜仁广播电视大学办公室副主任，党支部组织委员
100	杨　恒	男	侗　族	贵州省铜仁第一中学行政党支部书记，保卫科科长

（三）全市先进基层党组织（150个）

1. 碧江区（10个）
碧江区滑石乡党委
铜仁市实验幼儿园党支部
碧江区委办公室党总支部
贵州省华联玛客超市有限公司党支部
铜仁市公安局碧江分局特巡反恐党支部
碧江区桐木坪乡桐木坪社区党支部
铜仁市碧江城乡建设投资集团公司党支部
碧江区漾头镇茶园山村党支部
碧江区和平土家族侗族乡党委
碧江区扶贫开发办公室党支部
2. 万山区（9个）
万山区扶贫开发办公室党支部
国家税务总局铜仁市万山区税务局机关党委
万山区高楼坪侗族乡党委
万山区仁山街道贵苑社区党总支部
铜仁金街党委
万山区万山镇麻音塘社区党支部
万山区鱼塘侗族苗族乡江屯村党支部
铜仁市第二十四小学党支部
万山区丹都街道挞扒洞社区党支部
3. 江口县（9个）
江口县双江街道民营经济联合党委
江口县德旺土家族苗族乡福旺小区党支部
江口县桃映镇妙石村党支部
江口县太平镇岑忙村党支部
贵州电网有限责任公司铜仁江口供电局党委
江口县消防救援大队党委
江口县人民政府办公室机关党委
江口县坝盘镇合寨村党支部
江口县官和乡江溪屯村党支部
4. 玉屏侗族自治县（7个）
玉屏侗族自治县田坪镇新街党支部
玉屏侗族自治县朱家场镇鱼塘村党支部
玉屏侗族自治县新店镇党委
玉屏侗族自治县德龙小学党支部
玉屏侗族自治县人民医院第二党支部
玉屏侗族自治县文旅农投资有限责任公司党支部
玉屏侗族自治县温氏畜牧有限公司党支部
5. 石阡县（13个）
石阡县中等职业学校党总支部

续表 65

石阡县甘溪仡佬族侗族乡泥山村党支部
石阡县交通旅游开发投资有限公司党支部
石阡县中坝街道大湾村党支部
石阡县公安局第八党支部
石阡县花桥镇北坪村党支部
石阡县白沙镇琵琶沟村党支部
石阡县枫香侗族仡佬族乡党委
石阡县青阳苗族仡佬族侗族乡大坝村党支部
石阡县委办公室党支部
石阡县纪委县监委机关党委
石阡县自然资源局第二党支部
石阡县坪山仡佬族侗族乡大坪村党支部
6. 印江土家族苗族自治县（14 个）
国家税务总局印江土家族苗族自治县税务局机关党委
贵州电网有限责任公司铜仁印江供电局党委
印江土家族苗族自治县龙津街道幸福村党支部
印江土家族苗族自治县峨岭街道兴民社区党支部
印江土家族苗族自治县委党校党支部
印江土家族苗族自治县第二中学理科党支部
印江土家族苗族自治县新寨镇新寨村党支部
印江土家族苗族自治县板溪镇勤丰村党支部
印江土家族苗族自治县沙子坡镇天星村党支部
印江土家族苗族自治县天堂镇农业农村工作服务中心党支部
印江土家族苗族自治县刀坝镇党委
印江土家族苗族自治县朗溪镇打铁坳村党支部
印江土家族苗族自治县紫薇镇党委
印江土家族苗族自治县天堂镇党委
7. 思南县（14 个）
思南县双塘街道丽景社区党委
思南县大河坝镇马鞍村党支部
思南县供水有限责任公司党支部
思南县塘头镇党委
思南县宽坪苗族土家族乡五一村党支部
思南县许家坝镇党委
思南县枫芸土家族苗族乡环岩村党支部
思南县香坝镇背流坝村党支部
思南县三道水土家族苗族乡柏杨村党支部
思南县孙家坝镇党委
思南县天桥土家族苗族乡国庆村党支部
思南县兴隆土家族苗族乡天山村党支部
贵州东方巨龙建设工程有限责任公司党支部
思南县瓮溪镇安塘村党支部

续表 65

8. 德江县（16 个）
德江县平原镇坳田村党支部
德江县纪委监委机关党委
德江县高山镇党委
德江县中等职业学校党委
德江县共和镇塘坝村党支部
贵州铜仁伟才学校党支部
德江县委办公室机关一党支部
德江县人大机关党支部
德江县安化街道大岩角村党支部
国家税务总局德江县税务局第一党支部
德江县青龙街道桥头社区党总支部
德江县合兴镇长线村党支部
德江县长堡镇大宅头村党支部
德江县楠杆乡大龙村党支部
德江县总工会党支部
德江县玉水街道新寨社区党支部
9. 沿河土家族自治县（16 个）
沿河土家族自治县中寨镇大坪村党支部
沿河土家族自治县委办机关党支部
沿河土家族自治县和平街道花花桥社区党总支部
沿河土家族自治县谯家镇长征村党支部
沿河土家族自治县晓景乡野溪村党支部
沿河土家族自治县夹石镇三阳村党支部
沿河土家族自治县民政局党支部
沿河土家族自治县黄土镇平原村党支部
沿河土家族自治县新景镇毛家村党支部
沿河土家族自治县委政法委党支部
沿河土家族自治县人民医院第二支党支部
沿河土家族自治县塘坝镇花桥社区党支部
沿河土家族自治县客田镇客田社区党支部
沿河土家族自治县委宣传部党支部
沿河土家族自治县土地坳镇前进社区党支部
沿河土家族自治县洪渡镇苏家村党支部
10. 松桃苗族自治县（16 个）
松桃苗族自治县蓼皋街道育才社区党总支部
松桃苗族自治县正大镇党委
松桃苗族自治县纪委监委机关党委
松桃苗族自治县卫生健康局党支部
松桃苗族自治县总工会党支部
松桃苗族自治县税务局机关第一党支部
松桃苗族自治县永安乡白果村党支部

续表 65

松桃苗族自治县牛郎镇松江村党支部
松桃苗族自治县长兴堡镇五里村党支部
松桃苗族自治县蓼皋街道粑坳社区党支部
松桃苗族自治县黄板镇前丰村党支部
松桃苗族自治县妙隘乡塘坳村党支部
松桃苗族自治县瓦溪乡薅枝村党支部
松桃苗族自治县蓼皋街道团山社区党支部
松桃苗族自治县乌罗镇黔龙社区党支部
松桃苗族自治县甘龙镇浑泉村党支部
11. 大龙开发区（3 个）
贵州乌江水电开发有限责任公司大龙分公司党支部
大龙开发区大龙街道德龙第三社区党支部
大龙开发区麻音塘街道同心社区党支部
12. 铜仁高新区（3 个）
铜仁高新区非公组织培育工作党支部
铜仁高新区纪检监察工委党支部
铜仁高新区大兴街道兴园社区党支部
13. 市直机关工委（10 个）
铜仁市人民医院党委
铜仁市生态移民局机关党支部
铜仁市委组织部机关第一党支部
国家税务总局铜仁市税务局机关党委
铜仁市直机关工委机关党支部
铜仁市气象局机关党委
铜仁市财政局机关一党支部
铜仁市督查督办局机关党支部
铜仁市阳光志愿者协会党支部
铜仁市碧江区广建路消防救援站党支部
14. 市委国企工委（5 个）
铜仁市公交公司第一党支部
铜仁市梵净古邑集团机关党支部
铜仁市建筑勘察设计院公司党支部
铜仁市水投公司机关党支部
贵州中烟工业有限责任公司铜仁卷烟厂一党支部
15. 市委教育工委（5 个）
贵州健康职业学院党委
铜仁学院农林工程与规划学院党委
铜仁职业技术学院农学院党总支部
铜仁幼儿师范高等专科学校国际教育学院党总支部
铜仁广播电视大学党支部

表 66　2021 年铜仁市获贵州省抗击新冠肺炎疫情先进集体一览表

贵州省抗击新冠肺炎疫情先进集体
铜仁市人民医院
铜仁市疾病预防控制中心
铜仁消防救援支队
铜仁市第二人民医院
碧江区卫生健康局
万山区卫生健康局
石阡县人民医院
江口县人民医院
玉屏自治县妇幼保健计划生育服务中心
铜仁市公安局碧江分局特(巡)警大队
德江县青龙街道办事处
松桃自治县公安局特(巡)警大队
江口县双江街道办事处
铜仁市公安局交警支队指挥中心
铜仁市疫情社防组快速反应专班
玉屏县社防组信息核查专班
铜仁市工业和信息化局
铜仁市委宣传部
铜仁市妇女联合会
铜仁市市场监督管理局
铜仁市卫生健康局
铜仁市委组织部
铜仁市督查督办局
铜仁职业技术学院医学院

表 67　2021 年铜仁市获贵州省抗击新冠肺炎疫情先进个人一览表

序号	姓名	性别	民族	职位
1	曾凡勇	男	土家族	德江县民族中医院副院长
2	鲁朔淼	男	苗　族	松桃自治县人民医院消化肿瘤科主任
3	黄　洋	男	土家族	印江自治县人民医院副院长
4	李代文	男	土家族	铜仁市妇幼保健院住院医师
5	冯茂昌	男	侗　族	石阡县卫生健康局副局长
6	李建华	男	汉　族	市疾病预防控制中心质控科科长
7	周萌萌	女	土家族	市疾病预防控制中心慢性病防治科科长
8	苏　卫	男	汉　族	碧江区中医医院党委书记
9	陈　燕	女	侗　族	玉屏自治县人民医院感染性疾病科主任
10	刘利蓉	女	苗　族	铜仁市第二人民医院外一科护士长
11	陈国明	男	土家族	江口县双江街道磨湾社区卫生室医生

续表 67

序号	姓名	性别	民族	职位
12	田　涛	男	土家族	思南县人民医院感染科主任
13	杨培元	男	侗　族	万山区疾病预防控制中心副主任
14	陶　静	女	侗　族	沿河土家族自治县人民医院呼吸内科护士长
15	任　江	男	土家族	铜仁市人民医院呼吸内科副主任，副主任医师
16	徐　杰	男	苗　族	铜仁市人民医院住院医师
17	唐飒英	女	苗　族	铜仁市人民医院副主任医师
18	张羽芳	女	土家族	铜仁市人民医院主管护师
19	贺天凤	女	土家族	市卫生健康综合行政执法支队医疗卫生监督科科长
20	龙午信	男	苗　族	市公安局指挥中心（办公室）四级警长
21	冉程程	女	土家族	沿河自治县公安局指挥中心（办公室）副主任，四级警长
22	周其文	男	侗　族	石阡县公安局指挥中心（办公室）副主任，二级警长
23	张洪铭	男	土家族	思南县公安局特（巡）警大队大队长，二级警长
24	刘锡君	男	苗　族	松桃自治县公安局指挥中心（办公室）主任，警务技术二级主管
25	龙　涛	男	苗　族	玉屏自治县公安局指挥中心（办公室）工作人员
26	王晖权	男	土家族	德江县煎茶镇人民政府党委副书记、镇长
27	郑益军	男	汉　族	印江自治县道路运输局局长
28	吴　鹏	男	苗　族	碧江区人民政府办公室副主任
29	彭　刚	男	苗　族	市委政法委执法监督室副主任
30	陈方超	男	土家族	铜仁学院医务中心主任
31	任廷波	男	土家族	市阳光志愿者协会会长、支部书记
32	吴　军	男	苗　族	市公安交通管理局大队长
33	陈　曦	女	苗　族	铜仁日报社融媒体编发中心主任
34	乐伏生	男	汉　族	市场监督管理局药品安全监督管理科科长
35	杨　慧	男	侗　族	市纪律市监委副县长级纪检监察员

表 68　2021 年铜仁市获评全省五一劳动奖状（章）、全省工人先锋号一览表

奖项	名称
贵州省五一劳动奖状（2 个）	国家税务总局铜仁市税务局
	松桃苗族自治县高平实验学校
贵州省五一劳动奖章（7 人）	田　彪（沿河土家族自治县后坪乡盛丰茶叶农民专业合作社推销员）
	杨　刚（贵州裕佳农业发展有限责任公司总经理）
	杨玖林（江口县世佳电气科技有限公司车间主任）
	杨昌慧（松桃孟铁医院护士长）
	罗来仙（思南县思中初级中学教师）
	徐　静（铜仁市人民医院医务部主任）
	蔡黔华（德江洋山河生物科技有限公司中药饮片炮制技术员）
贵州省工人先锋号（7 个）	印江刘波医院骨科
	贵州铜仁和诚锰合金有限公司选矿车间

续表 68

奖项	名称
贵州省工人先锋号（7 个）	贵州电网公司铜仁供电局计量自动化班
	贵州电网有限责任公司铜仁江口供电局太平供电所
	贵州红星发展大龙锰业有限责任公司硫化钡转炉工段
	贵州倍易通科技有限公司 SMT 制造部
	贵州铜南汽车驾驶培训有限公司
	贵州铜南汽车驾驶培训有限公司双龙培训基地教练一组

表 69　铜仁市第三批市管专家人员一览表

序号	姓名	职位
1	王　胜	江口县植保植检站站长
2	王玫君	铜仁第一中学教师
3	王忠强	石阡县中医医院党委委员、副院长（援鄂医疗队员）
4	王学胜	铜仁市人民医院党委委员、副院长
5	王思见	松桃县农业农村局工作人员
6	王海鹰	贵州恩纬西光电科技发展有限公司总经理
7	王雅敬	铜仁市自然资源局工作人员
8	车崇洪	铜仁市种子管理站站长
9	邓　戎	铜仁市第二人民医院健康管理体检中心主任（援鄂医疗队员）
10	石　维	铜仁学院党委委员、副院长
11	石丽平	贵州省松桃梵净山苗族文化旅游产品开发有限公司总经理
12	石跃祥	贵州恩纬西光电科技发展有限公司工程中心学术委员会主任
13	田　波	中国工商银行铜仁分行党委委员、副行长
14	田永报	铜仁市民族中学教师发展研究中心主任
15	田永国	沿河县农业农村局工作人员
16	代泽斌	铜仁第一中学教师发展中心主任
17	冯碧凤	铜仁市万山区农业农村局水产站站长
18	冯德荣	德江县民族中医医院重症医学科主任
19	兰　瑜	铜仁市城乡规划勘测设计研究院有限公司总经理
20	兰显芳	思南中学党委委员、副校长
21	皮坤乾	铜仁学院马克思主义学院党委书记、院长
22	向龙波	铜仁市第八中学教师发展中心主任
23	向笔群	铜仁学院教师
24	刘　云	贵州大龙健康油脂有限公司副总经理兼食品总工程师
25	刘　波	印江刘波医院院长
26	刘正洪	思南县第六中学教师
27	刘四黑	玉屏县林业局党组成员、油茶工程技术研究中心主任
28	刘务华	贵州大龙汇成新材料有限公司技术中心主任
29	刘振明	贵州驰铭律师事务所主任

续表 69

序号	姓名	职位
30	安元奎	铜仁幼儿师范高等专科学校教师
31	李　陈	铜仁市中医医院党委书记(援鄂医疗队员)
32	李　杰	铜仁市公安局科技信息通信处副处长
33	李　春	贵州铜仁六联九通科技有限公司董事长
34	李　莹	贵州健康职业学院健康管理系党总支副书记、主任
35	李　晓	铜仁市梵天菌业有限公司首席技术官
36	李　敬	贵州省贵福菌业发展有限公司董事长
37	李　睿	铜仁市广播电视台创新研发中心主任
38	李锦伟	铜仁学院教师
39	苏　卫	铜仁市中医医院医生
40	杨　芳	沿河县人民医院血液透析室护士长(援鄂医疗队员)
41	杨　建	铜仁学院党委委员、副院长
42	杨　群	铜仁市气象台台长
43	杨传东	铜仁学院教师
44	杨安军	松桃县民族中医医院党委委员、副院长
45	杨军雄	铜仁职业技术学院附属医院副院长
46	杨秀清	玉屏县教研室主任
47	杨通讴	印江县第一中学教师
48	吴贵川	松桃县农村信用合作联社党委副书记
49	何　飞	江口县中医医院护理部主任(援鄂医疗队员)
50	何　钱	江口县人民医院医生
51	何守生	德江县农业农村局工作人员
52	何昌禄	德江县民族中医院推拿科主任
53	余　敏	思南县人民医院内科片区护士长
54	余长洋	铜仁宏昕康新中医医院院长
55	汪艳玲	铜仁市万山区妇幼保健院院长
56	张　佳	沿河民族中学副校长
57	张　霞	德江县人民医院心血管内科主任
58	张华琦	铜仁职业技术学院贵州省饲料饲草安全与高效利用工程研究中心主任
59	张丽娟	铜仁市第二小学副校长
60	张朝华	中伟新材料股份有限公司常务副总经理
61	陈　猛	贵州省狂野车业制造有限公司董事长
62	陈　影	贵州富源众智工程技术投资有限公司董事长
63	陈永飞	江口县民族中学党支部书记、校长
64	陈永洪	思南县鹦鹉溪中学教师
65	郁建生	铜仁职业技术学院民族中兽药分离纯化技术国家地方联合工程研究中心主任,国家民委中兽药重点开放实验室主任
66	罗红芳	铜仁幼儿师范高等专科学校党委书记
67	罗丽华	铜仁市实验幼儿园党支部书记、园长
68	罗海荣	铜仁学院教师

续表 69

序号	姓名	职位
69	周　斌	贵州健康职业学院药学系党总支副书记、主任
70	赵　薇	铜仁职业技术学院高职教育研究所所长
71	赵会芳	铜仁职业技术学院教师
72	赵应黔	贵州重力科技环保有限公司董事长
73	胡小江	铜仁市自然资源局工作人员
74	胡美忠	铜仁职业技术学院国家民委中兽药重点开放实验室副主任
75	侯长林	铜仁学院党委副书记、院长
76	姚　彪	铜仁市人民医院肿瘤中心主任
77	贺　兵	铜仁市渔业技术推广站站长
78	袁良军	贵州省地质矿产勘查开发局一〇三地质大队副总工程师
79	袁景涛	思南中学党委书记、校长
80	顾昌华	铜仁职业技术学院食用菌工程中心主任
81	徐　路	铜仁学院教师
82	徐泽贵	石阡县第三高级中学副校长
83	徐烈媛	铜仁市西南妇女儿童医院儿科主任
84	郭永渊	松桃县教育局党组成员、教研室主任
85	唐文建	铜仁市教育科学研究所所长
86	唐治洲	贵州傩文化博物馆党支部书记、馆长
87	黄　胜	铜仁市人民医院党委书记
88	黄继生	印江县委党校校委委员、副校长
89	黄雪梅	铜仁市人民医院药学部主任
90	黄耀五	贵州工程职业学院院长
91	常　军	铜仁学院教师
92	崔淑瑜	铜仁市碧江区妇幼保健院门诊部主任
93	崔德虎	铜仁学院教育学院党委书记
94	崔德黔	沿河县文化馆馆长
95	梁成艾	铜仁学院研究生院党总支副书记、院长
96	董雄文	贵州大龙汇成新材料有限公司董事长助理兼技术中心副主任
97	覃廷玉	思南县农业农村局工作人员
98	鲁朔焱	松桃县人民医院消化肿瘤科主任（援鄂医疗队员）
99	谢　国	铜仁幼儿师范高等专科学校艺术与体育教育学院副院长
100	谯　松	铜仁市人民医院胃肠外科主任

表 70　2021 年度铜仁市五一劳动奖、铜仁市工人先锋号、铜仁工匠一览表

2021 年铜仁市五一劳动奖状（16 个，排名不分先后）

序号	单位
1	贵州电网有限责任公司铜仁碧江供电局
2	万山区人民政府政务服务中心
3	松桃苗族自治县群希学校

续表 70

序号	单位
4	玉屏侗族自治县扶贫开发办公室
5	江口县人民医院
6	贵州佛顶山水泥有限公司
7	贵州贵蕊农业发展有限公司
8	贵州佳里佳农业发展有限公司
9	德江洋山河生物科技有限公司
10	沿河土家族自治县中界镇人民政府
11	贵州省仁智科技有限公司
12	中伟新材料股份有限公司
13	贵州电网公司铜仁供电局
14	铜仁市疾病预防控制中心
15	铜仁市人民医院
16	贵州中烟工业有限责任公司铜仁卷烟厂

2021 年铜仁市五一劳动奖章名单(100 名,排名不分先后)

序号	姓名	性别	职位
1	石　令	男	铜仁市白水九年一贯制学校校长
2	平海霞	女	铜仁市碧江区人民医院副主任医师
3	田　军	男	铜仁市第三中学党委书记、校长
4	刘开树	男	铜仁市锦程投资集团执业医师
5	李方莲	女	铜仁百丽鞋业有限公司车间组长
6	张　平	男	铜仁市碧江区农业农村局畜牧水产中心兽医师
7	姚建平	男	铜仁市碧江区总工会网络宣传部主任
8	陈毅华	男	铜仁市华丰生态农业专业合作社理事长
9	潘宗进	男	铜仁久益城投商品混凝土有限公司工程师
10	杨元桃	女	贵州百汇源农业开发有限公司技术员
11	吴　卉	女	贵州银行股份有限公司铜仁分行营业部主任
12	吴先树	男	铜仁市万山区广盛农业开发有限公司总经理
13	张伟才	男	贵州电网有限责任公司铜仁万山供电局副总经理
14	张华英	女	铜仁市第四小学教师
15	张国灿	男	万山区人民医院副主任医师
16	唐向华	男	贵州省铜仁市万山区东奇电气有限公司技术员
17	颜　辉	男	国家税务总局铜仁市万山区税务局机关党委主任
18	龙光桥	男	松桃苗族自治县人民医院主任医师
19	田志书	男	松桃苗家昌盛制茶有限公司技术员
20	杨　萍	女	松桃一诚茶业有限公司经理
21	杨正超	男	国家税务总局松桃苗族自治县税务局第二税务分局副分局长
22	吴东兰	女	松桃县百汇物流有限公司客服
23	宋丰元	女	松桃苗族自治县农村信用合作联社九江分社营业员

续表 70

序号	姓名	性别	职位
24	张　梅	女	松桃苗族自治县实验幼儿园教师
25	张建雄	男	贵州省松桃高力水泥实业有限公司工程师
26	罗建军	男	贵州省松桃公路管理段技术员
27	徐文禄	男	松桃德康农牧有限公司技术员
28	王丕学	男	玉屏侗族自治县人民医院 120 急救指挥中心主管护师
29	卢　勇	男	国家税务总局玉屏侗族自治县税务局党委书记、局长
30	朱荷莲	女	贵州山花手工艺发展有限公司工人
31	吴长征	男	贵州康居新材料科技有限公司工人
32	吴承忠	女	玉屏侗族自治县第一中学副校长
33	陈佐德	男	贵州电网有限责任公司铜仁玉屏供电局朱家场供电所营业班班长
34	金　宇	男	玉屏侗族自治县文旅农投资有限责任公司经理
35	龙　明	男	江口县教育局高级教师
36	刘来益	男	江口县消防救援大队班长
37	杨余德	男	贵州江宸建筑工程有限公司工程师
38	张　军	男	贵州省洪达工程有限公司工程师
39	张文华	男	江口县财政局科员
40	姚松莉	男	国家税务总局江口县税务局分局局长
41	敖　燕	女	江口县梵瑞物业服务有限公司副经理
42	王宋波	男	贵州裕佳农业发展有限责任公司茶艺师
43	邓万红	女	石阡县农业农村局高级兽医师
44	田涵兵	女	贵州交建梵净山温泉小镇旅游开发有限公司党群工作专员
45	杜红玲	女	贵州省石阡温泉投资开发有限公司员工
46	何其洋	男	贵州佛顶山水泥有限公司熟料车间班长
47	张　洁	女	石阡县第二小学副高级教师
48	熊文明	男	国家税务总局石阡县税务局副分局长、一级行政执法员
49	丁　杰	男	印江土家族苗族自治县供水有限公司维修班长
50	任　迪	男	印江自治县司法局板溪镇司法所所长
51	任江艳	女	印江土家族苗族自治县第三中学高级教师
52	张恒成	男	中国移动通信集团贵州有限公司印江分公司区域总监
53	黄安刚	男	贵州印江宏源农业综合开发有限公司技术员
54	符宁余	男	印江黔粤小家电礼品店技术员
55	谭小俊	男	贵州印江农村商业银行木黄支行行长
56	王　青	男	中共思南县委组织部县党员干部现代远程教育中心主任
57	王　腊	男	贵州中交德余高速公路有限公司高级工程师
58	王再华	男	贵州新丝南服饰织造有限公司技术员
59	尹利利	男	贵州闽兴建材有限公司职工
60	向　辉	男	贵州乌江水电开发有限责任公司思林发电厂工程师
61	安　令	男	思南县青杠坡中学高级教师
62	罗　进	男	思南县农业农村局农艺师
63	梁　琪	女	思南县农业农村局高级农艺师

续表 70

序号	姓名	性别	职位
64	董丹丹	女	贵州金桃子农旅发展有限公司技术员
65	黎　娅	女	思南县民族中医院副主任医师
66	王　龙	男	贵州电网有限责任公司铜仁德江供电局傩乡供电所所长
67	文丽娟	女	贵州银行股份有限公司德江支行会计主管
68	冯仁瑀	男	贵州资兆建材有限公司技术员
69	张　静	女	国家税务总局德江县税务局风险管理股副股长
70	陆治强	男	德江县人民医院神经外科主任
71	周玉洁	女	德江县农村信用合作联社会计
72	唐小琴	女	德江华美建材有限公司技术员
73	马桂宣	女	沿河恒泰源服装有限公司职工
74	付　中	男	贵州乌江水电开发有限责任公司沙沱发电厂助理政工师
75	安正武	男	沿河思源实验学校校长
76	李巡溢	男	沿河土家族自治县农业农村局农艺师
77	肖明华	男	沿河土家族自治县天然富硒绿色食品开发有限公司技师
78	何　军	男	贵州电网有限责任公司铜仁沿河供电局工程师
79	黄　刚	男	沿河土家族自治县农村信用合作联社黄土分社主任
80	黄亚玲	女	沿河土家族自治县邮政分公司报刊发行员
81	严　东	男	贵州铜仁旭晶光电科技有限公司总监
82	姜佑菊	女	贵州骏丰科技有限公司人力资源部负责人
83	张　彬	男	贵州重力科技环保有限公司技术研发部部长
84	范　俊	女	贵州乌江水电开发有限责任公司大龙分公司监督部主任
85	罗道洲	男	贵州红星发展大龙锰业有限责任公司硫化钡车间班长
86	付　敏	女	铜仁市妇幼保健院工会副主席
87	付跃军	男	贵州中烟工业有限责任公司铜仁卷烟厂工程师
88	刘　彪	男	铜仁市文化市场综合行政执法支队综合管理科科长
89	刘其权	男	铜仁市城市污水综合治理有限公司机修班班长
90	许　彪	男	铜仁市消防救援支队装备技师
91	李　菲	男	贵州电网有限责任公司铜仁供电局工程师
92	杨　军	男	贵州省铜仁市公共交通有限责任公司公交车驾驶员
93	杨　芳	女	国家税务总局铜仁市税务局一级行政执法员
94	张　莉	女	铜仁幼儿师范高等专科学校副教授
95	张绍阳	男	铜仁学院教授
96	陈　黎	女	贵州一树民生药业连锁有限公司职工
97	梁玉勇	男	铜仁职业技术学院教授
98	程红斌	男	铜仁市交通运输局高速公路建设服务中心副主任
99	蔡　嘉	男	贵州银行股份有限公司铜仁分行经济师
100	廖　勇	男	铜仁市财政局科长

2021年铜仁市工人先锋号名单(30个,排名不分先后)

序号	单位
1	国家税务总局铜仁市碧江区税务局税源管理股
2	贵州电网有限责任公司铜仁碧江供电局灯塔供电所
3	铜仁海螺盘江水泥有限责任公司矿山分厂
4	贵州天阳电梯科技有限公司维修保养部
5	中国邮政集团有限公司铜仁市万山区分公司寄递事业部
6	贵州电网有限责任公司铜仁松桃供电局城区供电所
7	松桃苗族自治县农村信用合作联社营业部
8	贵州省同仁望乡生态农业开发有限公司综合办公室
9	贵州科特林水泥有限公司烧成工段
10	玉屏县双生源商业综合体管理服务有限公司康养中心
11	江口县信用联社闵孝信用社
12	江口县梵净山河甫园艺有限公司仿木护栏车间
13	贵州电网有限责任公司铜仁石阡供电局中坝供电所
14	贵州省石阡温泉投资开发有限公司餐饮部
15	国家税务总局印江土家族苗族自治县税务局朗溪税务分局
16	印江自治县南长城南湖食府厨房班组
17	思南县人民法院执行局
18	贵州乌江水电开发有限责任公司思林发电厂电气二次维护班
19	思南长征村镇银行有限责任公司营业部
20	贵州电网有限责任公司铜仁德江供电局稳坪供电所
21	贵州资兆建材有限公司生产部电仪工段电工二班
22	沿河县公安局沙子派出所
23	沿河土家族自治县人民医院急诊科
24	沿河县乡建商品混凝土有限责任公司建材再利用车间
25	贵州大兴高新开发投资有限公司融资策划部
26	贵州洲祥光电科技有限公司扫光部
27	贵州大龙汇成新材料有限公司技术中心
28	贵州大龙经济开发区消防救援大队金龙大道消防救援站
29	铜仁农村商业银行股份有限公司小十字支行
30	铜仁市第二人民医院健康管理体检中心

2021年铜仁市获评"铜仁工匠"一览表(30名,排名不分先后)

序号	姓名	性别	职务
1	张绍堂	男	碧江区河西办事处新庄村黄平组农民
2	姚祖品	男	铜仁市建德文物古建保护维修有限公司职工
3	李通承	男	铜仁市交通学校教师
4	吴　波	男	中国移动通信集团贵州有限公司万山区分公司中级建设维护师
5	石维仙	女	松桃梵净山苗族文化旅游产品开发有限公司绣工
6	冉啟波	男	松桃苗族自治县甘龙镇麻兔村雕刻工匠
7	贺　平	男	贵州电网有限责任公司铜仁松桃供电局修试班长

续表 70

序号	姓名	性别	职务
8	刘四黑	男	玉屏侗族自治县林业局党组成员、油茶研究中心主任、高级工程师
9	吴阁灵	男	玉屏县箫笛厂箫笛制作技艺工序师傅
10	黄成兴	男	江口县水务局工程师
11	郑小挺	男	贵州江口净园春茶叶有限公司技术员
12	付　斌	男	石阡县茶业协会技术员
13	彭　玉	女	石阡县茶业协会技术员
14	周金莲	女	石阡县茶业协会茶艺师
15	李　清	男	印江县李记牛肉干负责人
16	罗贤林	男	印江自治县南长城南湖食府负责人
17	张　彪	男	思南县中等职业学校机械系副主任
18	王　玮	男	思南县茶桑技术推广中心生产发展股股长
19	杨叶奎	男	贵州电网有限责任公司铜仁思南供电局技术员
20	王国华	男	贵州省德江县王国华傩面具雕刻开发有限公司技术员
21	何　亿	男	贵州蛮王酒业发展有限公司董事长助理
22	杨云霞	女	贵州土家民俗工艺品开发有限责任公司总经理
23	邱　猛	男	贵州倍易通科技有限公司 SMT 设备工程师
24	刘　云	男	贵州大龙健康油脂有限公司副总经理
25	杨启奎	男	贵州能矿锰业集团有限公司总经理
26	覃　杨	男	贵州电网有限责任公司铜仁供电局工程结算专责
27	姚元安	男	铜仁市农业技术推广站副站长
28	张华琦	男	铜仁职业技术学院教授
29	王展才	男	铜仁幼儿师范高等专科学校教师
30	刘定国	男	贵州中烟工业有限责任公司铜仁卷烟厂包装主任技师

附　录

组织机构和负责人名录

注：姓名后面加“*”的是在2021年内因提职、免职、调职、机构调整和离退休及其他原因而去职的，没有“*”的为年内仍在职。

中国共产党铜仁市委员会

书　记　陈昌旭
副书记　陈少荣（穿青人）*
　　孙含欣
常　委　陈昌旭
　　陈少荣（穿青人）*
　　孙含欣
　　钟汰甬
　　赵继红
　　黄爱民
　　沈明军
　　罗雁冰（仡佬族）
　　田　艳（土家族）
　　商友江
　　杨华祥
　　肖　洪（土家族）*
　　查颖冬（挂职）*
　　张　明（土家族）*
　　孟　麟*
　　闫晓青（挂职）
秘书长　肖　洪（土家族）*
　　杨华祥
副秘书长　杨小平（土家族，常务）*
　　陈　松（苗族）
　　杨兴才（侗族）
　　姚　建（侗族）
　　马兴方（常务）
　　邓仕雄（苗族）*
　　余春发（土家族）*

中国共产党铜仁市委员会工作部门

市委办公室

市委办副主任　何寻梦（土家族）
　　徐丽芬（女）
　　田世广（土家族）
市委社情民意办公室主任　杨路丝（女，土家族）

市委组织部

部　长　赵继红
常务副部长、机关党委书记
　　罗钧贤（土家族）
副部长　何志天（苗族）
　　杨　芬（女，土家族）
　　汪　勇*（苗族）
部务委员　曾　静（彝族）
　　廖洪韬（土家族）
　　张三海*（土家族）
市党员干部现代远程教育中心主任　简乐友

市委宣传部

部　长　孟　麟*
　　商友江
副部长　杨红军*（土家族，常务）
　　彭钟亮（侗族）
　　任晓丽（女，土家族）
　　田　琼（土家族，常务）
　　张翊宝*（土家族）
市全国文明城市创建中心主任　田　波
　　刘道学*（土家族）
市互联网舆情中心主任　张传贵

市委统战部

部　长　孟　麟*
　　商友江
常务副部长　丁廷坤（仡佬族）
副部长　陈　东
　　赵相林（苗族）
　　杨　强（土家族，兼职）
　　杨芳权*（土家族）

方　俊＊(苗族,兼职)
张伶俐＊(女,土家族)

市信访局

局　长　宋　强＊(土家族)
陈　琪(土家族)
副局长　刘建荣(侗族)
黄　俊(侗族)
潘诗文(侗族)
石　健＊(苗族)
高　晴＊(女,侗族)
市群众工作中心主任　邓丽蓉(女,土家族)
督查专员　吴红卫＊(苗族)

市委台湾工作办公室

主　任　方　俊(苗族)
副主任　熊　照(女)

市督查督办局

局　长　娄　玲(女,仡佬族)
副局长　黄隆武(土家族)
勾永康(土家族)
滕树炳(苗族)
杨　旭＊(土家族)

市委政策研究室(市委改革办)

主　任　马兴方＊
邓仕雄(苗族)
市委政研室副主任　苏畅才(土家族)
冉爱民(土家族)
覃　冲(苗族)
何寻梦＊(土家族)
市委改革办常务副主任　邓仕雄(苗族)
市委改革办专职副主任　苏畅才(土家族)

市委党史研究室

主　任　徐明忠(土家族)
副主任　梁跃军(土家族)
赵文长(侗族)

市档案馆(市地方志编纂委员会办公室)

馆长(主任)　唐　虹＊(女,土家族)
谢　辉(回族)
副馆长(副主任)　黄　维(土家族)
薛　琳(侗族)

市机构编制委员会办公室

主　任　石月元＊(女,苗族)
汪　勇(苗族)
副主任　任明冰(土家族)
蒋新成(土家族)
肖　涵(侗族)

市直机关工委

书　记　孟　麟＊
杨华祥
副书记　李汉华(土家族)
李跃槟(侗族)
安绍利(土家族)
冉雪芹＊(土家族)
黎滨江＊(土家族)
龚晏彪＊
纪检监察工委书记　欧天文(苗族)

市委党校

党委书记、常务副校(院)长　安　平(女,土家族)
党委委员、副校(院)长　向晓蓉(女,土家族)
谢　辉＊(回族)
李汉华＊(土家族)
党委委员、纪委书记　张廷刚(土家族)
党委委员、教育长　梁正高(苗族)
党委委员、梵净山生态文明培训学院院长
杨　敏(女)

铜仁日报

党组书记、社长　李　亚＊(苗族)
庹　颖(女,土家族)
党组成员、总编辑　勾文明(土家族)
张　勇(土家族)
罗小莉＊(女,侗族)
党组成员、副社长　陈　洁(女,土家族)

铜仁网站

站　长　赵　静(女,苗族)

市委讲师团、市社科联

团长(主席)　张月勇(土家族)
副团长(副主席)　滕　忠(土家族)
刘道学(土家族)

市委老干部局

局　长　张　武(女,土家族)

副局长　陈小燕(女,苗族)
　　　　张　艳(女,土家族)
市关心下一代工作委员会秘书长
　　　　田茂江(土家族)

市老年大学

校　长　陈小燕(女,苗族)
副校长　杨进权(土家族)
　　　　张德智(土家族)
　　　　田建权*(土家族)

铜仁市人民代表大会常务委员会

主　任　陈达新*(土家族)
　　　　陈　康
副主任　熊光奎(土家族)
　　　　陈代文(土家族)
　　　　龙　海(苗族)
　　　　刘艳阳(女)
　　　　杨　彪(土家族)
　　　　任廷浬(土家族)
　　　　叶德恩*(苗族)
　　　　田玉军*
秘书长　冯　华*(土家族)
　　　　杨秀明(土家族)
副秘书长　张　翼(土家族)
　　　　林旭东

铜仁市人民代表大会常务委员会各专门委员会

法制委员会

主任委员　陈晓磊(土家族)
副主任委员　冉华佳(苗族)

监察和司法委员会

主任委员　李　强(苗族)
专职副主任委员　杨　琼(女,侗族)

财政经济(预算审查)委员会

主任委员　曾凡军(土家族)
专职副主任委员　罗曼丽(女,苗族)

教育科学文化卫生委员会

主任委员　郭德强(土家族)
专职副主任委员　许　玉(女)

农业与农村委员会

主任委员　陶小林
副主任委员　马芝新
　　　　代朝学(土家族)

选举任免联络委员会

主任委员　安万武(土家族)
副主任委员　李朝亮(土家族)

环境与资源保护委员会

主任委员　冉亚林(女,土家族)
副主任委员　张前飞(土家族)

社会建设委员会

主任委员　李　林(侗族)
副主任委员　高　鸿(苗族)

民族宗教外事侨务委员会

主任委员　张辉兵(苗族)

法制工作委员会

主　任　杨大进(侗族)
　　　　张　浪*(土家族)
副主任　龚　洁(女,土家族)

研究室

主　任　鲁明亮(土家族)

机关党委

书　记　詹　懿

铜仁市人民政府

市　长　陈少荣*(穿青人)
常务副市长　张　明*(土家族)
　　　　钟汰甬
副市长　查颖冬*(挂职)
　　　　闫晓青(挂职)
　　　　王开禄
　　　　邱祯国*
　　　　黄　进
　　　　王　飚(侗族)
　　　　叶栋樑
　　　　李俊宏(仡佬族)
　　　　杨　云(土家族)

刘　岚＊（女，苗族）
潘　攀
秘书长　罗洪祥＊（侗族）
胡志勇（土家族）
副秘书长　莫伟鸣（挂职）
宋喜成＊（土家族）
刘嘉赋（土家族）
于　洋＊（满族）
马结华＊（土家族）
陈　军＊
田荣华（土家族）
杨　渊（侗族）
龙胜文（苗族）
彭　豪（土家族）
肖贵勇（侗族）
杨昌飞（土家族）
谷易华＊（挂职）
龚　涛＊（挂职）
党组成员　郝　强＊（挂职）
陈丽玲（女，土家族）

铜仁市人民政府各工作部门

铜仁市人民政府办公室

副主任　熊　莲＊（女，土家族）
张海峰（土家族）
王刚祥（苗族）
刘　璇（女，侗族）
市政府发展研究中心主任　杨正辉（土家族）

市发展和改革委员会

党组书记、主任　彭　刚
党组成员、副主任　吴成芳（侗族）
刘　俊（女，侗族）
杨　坚＊（土家族）
马　俊（回族）
党组成员、市纪委监委派驻第十纪检监察组组长
张景渠（土家族）
党组成员、市能源综合行政执法支队支队长
杨　春
市综合交通和区域经济发展中心主任
杨　华（女，土家族）
市机场改扩建办副主任　田晓军（苗族）

市教育局

党组书记、局长　汪　璆＊（苗族）
冉俊华（侗族）
党组成员、副局长　杨新华（苗族）
杨代军（侗族）
兰显亮（土家族）
党组成员、市委教育工委副书记
佘小华（女，土家族）
党组成员、考试院长　梁启汉（苗族）

市科学技术局

党组书记　杨启伟（侗族）
局　长　赵震洋
党组成员、副局长　杨黎波（侗族）
李　明（土家族）
皮春丽＊（女，仡佬族）

市工业和信息化局

党组书记、局长　陆　序＊（土家族）
肖　宁
党组成员、副局长　江　旭（侗族）
冉　然（侗族）
吴　旭（苗族）
党组成员　杨俊英（女，侗族）

市民族和宗教事务委员会

党组书记、主任　杨　强（土家族）
党组成员、副主任　代　田（土家族）
杨成刚（土家族）
张剑松（女，苗族）
杜晓军＊（土家族）
党组成员、市新型工业产业发展招商服务中心主任
游安平

市民政局

党组书记、局　长　罗秀红（女，土家族）
党组成员、副局长　王　刚
陈　普（土家族）
高　鸿＊（苗族）
罗　群＊
副局长　田素珍＊（女，土家族）
社会工作服务中心主任　廖明锋（仡佬族）
陈　普＊（土家族）

市财政局

党组书记、局　长　杨　彪＊（土家族）
杨维权（土家族）

党组成员、副局长　曾　杰(女,苗族)
余方红(彝族)
廖　勇(苗族)
吴朝晖*(女,苗族)
党组成员、支付局局长　任廷江(土家族)
党组成员　廖川黔*
社资中心主任　杨序丽(女,侗族)

市人力资源和社会保障局

党组书记、局长　冉　敏*
李　亚(苗族)
党组成员、副局长　姚向东(侗族)
许义达(苗族)
陈　涛(女,土家族)
党组成员、市社保局局长　陆宏豇
党组成员、市就业局局长　黄学勇*(土家族)

市自然资源局

党委书记、局长　宰应强*(土家族)
胡　波(侗族)
党委委员、副局长　唐　勇(土家族)
杜小平(女,侗族)
侯定琴*(女)
党委委员　阎玉金*
何勇军(土家族)

市生态环境局

党委书记、局　长　张　勇(土家族)
党委委员、副局长　冉光周(土家族)
滕昭州(苗族)
万钎有*(苗族)
党委委员、铜仁生态环境监测中心主任
余能智(苗族)

市住房与城乡建设局

党组书记、局长　曾奕辉*
蔡　江(土家族)
党组成员、副局长　夏兴江(土家族)
侯定琴(女)
龙胜文*(苗族)
副局长　杨　平(土家族)
党组成员、市房地产交易管理处处长　蓝　电
党组成员、市房屋征收补偿管理处处长
陈勇军(土家族)
刘永富*(土家族)
党组成员、市住房保障管理局局长
晏　飞(土家族)

市交通运输局

党组书记、局长　杨雪峰*(苗族)
徐再高(白族)
党组成员、副局长　陈文军(侗族)
何智强(土家族)
冉光海(土家族)
何建华*(土家族)
曾杰希*
副局长、市邮政管理局党组书记
张　红(女,土家族)
党组成员、总规划师　李建琴(土家族)
冉光海(土家族)
党组成员　冯　冈*(侗族)
党组成员、市公路处处长　朱永红(女)
市交通运输综合行政执法监察支队队长
马铁蹄(回族)

市水务局

党组书记、局　长　符宁强(土家族)
党组成员、副局长　田　强(土家族)
田永池(土家族)
杨　赫(苗族)
张翊斌*(土家族)
党组成员　罗运武(苗族)
冉隆彪(土家族)
党组成员、市大型灌区建设管理局局长　梅可艳
市重点水源工程建设管理局副局长
吕　剑(苗族)

市农业农村局

党组书记、局长　安孝荣*(土家族)
张　勇(土家族)
党组成员、副局长　陈廷相(苗族)
马芝新*(土家族)
李永娟*(女)
党组成员　肖红权(侗族)
马仲元(土家族)
何帮金
副局长　吴　垠(女,苗族)
党组成员、市动监所所长　张宇新(侗族)
农业综合行政执法支队支队长　罗红荣(苗族)
动物疫病预防控制中心主任　洪　猛(侗族)

农业产业化办公室主任　赵泰然（仡佬族）
农业资源区划中心主任　程　云
农科院院长　邓　川（土家族）

市商务局

党组书记、局长　秦会刚＊（苗族）
　　宋喜成（土家族）
党组书记　秦智坤＊（仡佬族）
党组成员、副局长　杨振江（侗族）
　　黄国第（侗族）
　　宋　斌
副局长　陈亚玲（女，挂职）
党组成员、市开发区管理办公室主任
　　游安平＊
市贸促会专职副会长　徐开明（土家族）

市文体广电旅游局

党组书记　张成勇（侗族）
局　长　刘五星（女，土家族）
党组副书记、副局长　陈　东＊
党组成员、副局长　余晓松（苗族）
　　旷永新（土家族）
　　熊开宇（土家族）
　　赵霄鹏＊（满族，挂职）
党组成员、市文化市场综合行政执法支队支队长
　　张　文（土家族）
党组成员　龚凤军（苗族）
　　潘祥佐（挂职）

市退役军人事务局

党组书记、局长　黄万清（侗族）
党组成员、副局长　石俊民（苗族）
　　皮烈进
　　曾杰希
　　何智强＊（土家族）
玉屏军供站站长　谢　斌（侗族）

市应急管理局

党委书记、局长　郑顺恩（土家族）
党委委员、副局长　周红卫（土家族）
　　杨昌武（苗族）
　　何建华（土家族）
　　沈启胜＊（苗族）
党委委员　卢大忠（苗族）
党委委员、综合行政执法支队长　姚本忠（侗族）

市审计局

党组书记、局长　任廷跃＊（侗族）
　　田仁华（土家族）
党组成员、副局长　陈辉廷（土家族）
　　陈世新
　　田仁华＊（土家族）
党组成员、总审计师、固定资产投资审计评审中心主任　陈　静（女，侗族）
党组成员、纪检组长　田　峰（土家族）
经济责任审计联席会议办公室主任　庞晓旭

铜仁市金融和国有资产发展中心

党组书记、主任　陈丽玲（女，土家族）
党组成员、副主任　王淳宗（侗族）
　　田　源（土家族）
　　肖桂芬（女，土家族）
　　杨　进＊

市场监督管理局

党组书记、局长　安　波＊（土家族）
　　杨芳权（侗族）
党组成员、副局长　黄朝友（土家族）
　　方洪孝
　　强自高
　　田　勇＊（土家族）
　　赵　杰＊（土家族）
党组成员、食品安全总监　安宗乾（土家族）
党组成员、药品安全总监　曹德卫（苗族）
党组成员　谭　军（土家族）
党组成员、综合行政执法支队　吴高飞（土家族）

市统计局

党组书记　高　文
局　长　张银春（土家族）
党组成员、副局长　石华意（苗族）
党组成员　张羽波（土家族）
　　杨宁辉（侗族）
副局长　杨　骏（侗族）

市政务中心（行政投诉中心）

党组书记、主任　唐　英（土家族）
党组成员、副主任　石容芬（女，苗族）
　　刘唐明（苗族）
　　田永先（土家族）
　　姚源清＊（侗族）

市乡村振兴局

党组书记、局长　黄继荣(苗族)
党组成员、副局长　张绍军(侗族)
胡安洋(仡佬族)
谭鹏飞(土家族)
田　芳*(女,土家族)
党组成员、外资中心主任　胡映萍
督查专员　刘元兴(苗族)
冉从宣(土家族)
农业产业园区发展中心主任
张　柔(女,土家族)
李　云*(侗族)

市生态移民局

党组书记、局长　曹　勇*(侗族)
龙晓成(苗族)
党组成员、副局长　文自海(苗族)
张琪斌(土家族)
杨　勤(苗族)
陈建华*(女,土家族)
党组成员、督查专员　张鲁黔(土家族)

市林业局

党组书记、局长　田　江(土家族)
党组成员、副局长　罗　勇(苗族)
韦　伟(土家族)
龙立军(侗族)
党组成员、生态产业招商服务中心主任
安启明(土家族)
党组成员　赵之瑞

市大数据发展管理局

党组书记、局长　周文捷*
雷　宏
党组成员、副局长　范国民
杨　婧*(女,苗族)

市机关事务中心

党组书记、主任　杨　毅(土家族)
党组成员、副主任　沈忠和(苗族)
冉　菱(女)
徐　蕾(女,土家族)
党组成员、总工程师　钟　婷(女,侗族)

市人民防空办公室

党组书记、主任　滕明勇(苗族)
党组成员、副主任　徐　剑(土家族)
裴　勇(土家族)
蒋小和

市供销合作社联社

党组书记　文皓玉(土家族)
理事会主任　田素珍(女,土家族)
党组成员、机关党委副书记　宋益平(女,苗族)
党组成员、理事会副主任　杨　强(土家族)
罗振林(苗族)
党组成员、监事会主任　刘俊华(女,侗族)

市住房公积金管理中心

党组书记、主任　张　凯(土家族)
党组成员、副主任　蒋　斌
黄云风(苗族)
喻代辉(土家族)
田晓锋*(苗族)
杨　青*(女,苗族)
党组成员、总会计师　王　飞

市投资促进局

党组书记、局长　蒲　章*(土家族)
肖　南(土家族)
党组成员、副局长　田　博
吴　锋(苗族)
程　曦*
任晓丽*(女,土家族)

贵州梵净山国家级自然保护区管理局

党委书记、局长　鲁文俊*
尚　空(侗族)
党委副书记、副局长　姚茂海(侗族)
党委委员、副局长　雷孝平
胡瑞峰(土家族)
党委委员、纪委书记　吴　瑾(女,侗族)

市城市综合执法局(市城市管理局)

党组书记、局长　张　翼(侗族)
党组成员、副局长　沈启胜(苗族)
许桂英(女,土家族)
刘永富(土家族)
田筑玉*(女,苗族)
党组成员、执法支队支队长　罗勇军(侗族)

市公共资源交易中心（产权交易中心）
党组书记、主任　文启顺（土家族）
党组成员、副主任　张红波（土家族）
冉俊毅（侗族）
杨爱华（女）

市广播电视台
党组书记、台长　侯长青（苗族）
党组成员、总编辑　张春阳＊
党组成员、副台长　黄　健（苗族）
郝从健
党组成员、副总编辑　王全香（女，土家族）
张　卫（侗族）

中国人民政治协商会议铜仁市委员会

主　席　陈　康＊
肖　洪（土家族）
副主席　时晓军
王能军（仡佬族）
谢　卫（侗族）
冉晓东（土家族）
杨晓敏＊（苗族）
张　洁（女，土家族）
田　艳＊（女，土家族）
张吉刚（苗族）
杨德振（侗族）
秘书长　安　波（土家族，提名）
卫建和＊
副秘书长　万显和
黄培荣

中国人民政治协商会议铜仁市委员会各专委会

提案委
主　任　蒙胜思（苗族）
专职副主任　母仁军（苗族）

经济委
主　任　陈　敏（侗族）
专职副主任　潘大权＊
龙通文（苗族）

人资环委
主　任　宋　强（土家族）
胡光荣＊

教科卫体委
主　任　朱喜林（侗族）
专职副主任　姜　玮（女，土家族）

文史与民宗委
主　任　龙云清（苗族）
专职副主任　滕素芬（女，侗族）

社法委
主　任　张　涛（侗族）
专职副主任　龙通文＊（苗族）
杨　宏（土家族）

委员联络委
主　任　徐全新（女，土家族）

农业农村委
专职副主任　潘大权

研究室
主　任　杨云超（侗族）

智力支边办
主　任　敖芝秀（女，苗族）

中共铜仁市纪律检查委员会（铜仁市监察委员会）

中共铜仁市纪律检查委员会
书　记　钟汰甬＊
罗雁冰（仡佬族）
副书记　龙之衡（侗族，常务）
李茂才（仡佬族）
麻文玖（苗族）
黄道成＊（土家族）
常　委　彭　江（侗族）
冷雪梅（女，苗族）
姚本法（侗族）
刘胜华（土家族）
袁锦峰（侗族）
于　红＊（女，满族）
麻文玖＊（苗族）
李茂才＊（仡佬族）

铜仁市监察委员会

监委主任　钟汰甬*
监委副主任、代理主任　罗雁冰(仡佬族)
监委副主任　李茂才(仡佬族)
麻文玖(苗族)
黄道成*(土家族)
龙之衡*(侗族)
监委委员　彭　江(侗族)
杨　明(侗族)
田富饶(土家族)
冯泽军*(苗族)

市委巡察工作领导小组办公室

主　任　冷雪梅(女,苗族)
副主任　安金和
汪太强(土家族)
正县长级巡察专员　何艾林(土家族)
蔡文艺(土家族)
肖　娟(女,土家族)
刘披星(土家族)
吴洪权
陈世佳(土家族)
副县长级巡察专员　吴红卫(苗族)
陈德进(土家族)
彭　进(苗族)
郭建莉(女,侗族)
龙国华(苗族)
张力群(侗族)
袁世宣(土家族)
曾庆英(女,土家族)
李凌峰
杜　云(女,回族)
杨秀泉(侗族)
李明辉
曹　峰*(土家族)

政法系统

市委政法委

书　记　黄爱民
副书记　陈　琪(土家族)
袁纯江(土家族)
陈　军
冉启胜*(土家族,常务)
市纪委监委第六纪检组组长　刘长征(侗族)
政治部主任　丁　莉(侗族)

市中级人民法院

党组书记、院长　尹贵贤(苗族)
党组副书记、副院长　肖明俊*(女,常务)
肖　亚(土家族,常务)
党组成员、副院长　田志刚(土家族)
肖印海(土家族)
冉明生*
杨　彬*(侗族)
党组成员、派驻第十二纪检监察组组长
杨　林(仡佬族)
党组成员、审判委员会主任　何永佳(土家族)
党组成员、政治部主任　田　海(土家族)
审委会专职委员　刘凤坤
审委会专职委员　靳　皓

市人民检察院

党组书记、检察长　范建军*
吴　柯
党组副书记、副检察长　肖　亚*(土家族,常务)
肖明俊(女,常务)
党组成员、副检察长　徐福亮
杨　彬(侗族)
杨志刚(土家族)
田志刚*(土家族)
党组成员、政治部主任　吴子平
罗永才*(侗族)
党组成员、市纪委监委派驻第十三纪检监察组组长
吴　翔(苗族)
专职委员　杨光才(苗族)
潘　敏(女)

市公安局

党委书记、局长　潘　攀
党委委员、常务副局长　程　涛
张　涛*
党委委员、副局长　韩政龙(苗族)
龙　靖(苗族)
张建权(土家族)
胡　鸥*(挂职)
党委委员、政治部主任　潘　军(土家族)
党委委员、市纪委监委派驻第十四纪检监察组组长
罗利荣

市司法局

党组书记　田　斌（土家族）
局　长　刘鸿丽（女，土家族）
副局长　陈燕林（女，侗族）
党组成员、副局长　杜晓军（土家族）
田荣华＊（土家族）
杨大进＊（侗族）
党组成员、政治部（警务部）主任　吴子平＊
罗永才（侗族）
党组成员　张明能＊（侗族）

民主党派和工商联

民革铜仁市委

主　委　杨晓敏＊（苗族）
张　洁（女，土家族）
专职副主委　田　智＊（土家族）
姜应权（土家族）
副主委　李　兼（女，土家族，兼职）
刘陶友（兼职）
陈旭鸿＊（女，土家族，兼职）
王先华＊（兼职）
方　宁＊（苗族，兼职）

民建铜仁市工委

主　委　刘嘉赋（土家族）
专职副主委　张林华（女，侗族）
副主委　唐　平＊（苗族，兼职）
陈燕林（女，侗族，兼职）
杨鸿雁（女，土家族，兼职）

农工党铜仁市委

主　委　王能军＊（仡佬族）
刘五星（女，土家族）
专职副主委　王荣海（土家族）
副主委　谭　斌（土家族）
杨婵娟（女，土家族）

九三学社铜仁市委

主　委　王　飚（侗族）
专职副主委　李胜君＊（苗族）
覃仁猛（土家族）
副主委　龚　静（女，土家族）
李　飞
唐文建（土家族）
代　鸣＊

市工商联合会

主席、总商会会长　谢　卫（侗族）
党组书记　杨芳权＊（土家族）
陈　东
党组成员、副主席　俞丽梅＊（女，侗族）
李培军（侗族）
党组成员、提名副主席　徐　信（仡佬族）

群团组织

铜仁市总工会

主　席　熊光奎（土家族）
党组书记　龙海成（苗族）
党组成员、副主席　刘昌龙（侗族）
党组成员、经审委主任　徐　欣＊（女，侗族）
副主席　代松华（女，苗族）
姚向东（侗族）
杨　阳（土家族，兼职）
陈　柳（土家族，挂职）
车　璞（土家族，挂职）

共青团铜仁市委员会

书　记　欧　靖＊（苗族）
张　琴（女，苗族）
副书记　张青松（土家族）
甘岁月（土家族）
刘　翼（侗族，挂职）
王　为（土家族，挂职）
熊劲松（土家族，兼职）
陈思思（女，仡佬族，兼职）
华　茜（女，侗族，兼职）

市妇女联合会

党组书记、主席　徐　敏（女，土家族）
党组成员、副主席　彭　琦＊（女，侗族）
徐　欣（女，侗族）
副主席　黄　佳（女，侗族）
陈　婧（女，挂职）
龚竹娟（女，土家族，挂职）
黄　莉＊（女，侗族，挂职）

市文学艺术界联合会

党组书记、主席　周　慈（土家族）

党组成员、副主席　谭晓红(女,侗族)
　　罗小莉(女,侗族)
　　勾文明 *(土家族)

市红十字会

党组书记、常务副会长　熊　明 *(土家族)
　　杨　萍(女,土家族)
党组成员、副会长　王贵军(仡佬族)
党组成员　刘秋辉
党组成员、秘书长　何地强(土家族)
副会长　徐　信 *(仡佬族,挂职)
　　肖艳芳(女,土家族,挂职)

市残疾人联合会

党组书记、理事长　黄来生 *(土家族)
党组书记　周　迪(苗族)
理事长　胡光荣
副理事长　王永芳(苗族)
　　吴　岗

市归侨侨眷联合会

党组书记、主席　叶　锋(侗族)
党组成员、副主席、秘书长　杨劲松(满族)
党组成员　黄　琳(女,壮族)

市计划生育协会

执行副会长　王慧英(女)
专职副会长　任龙廷(土家族)
秘书长　杨华贞(土家族)

市科学技术协会

党组书记　陈　璇(女,土家族)
主　席　唐　平(苗族)
党组成员、副主席、秘书长　张　萍(女,土家族)

医疗、卫生

市卫生健康局

党组书记、局长　杨维权 *(土家族)
　　熊　明(土家族)
党组成员、副局长　邹圣福
　　王　春
　　杨胜忠 *(侗族)
党组成员、计生协会执行副会长　王慧英(女)
党组成员　费树发
党组成员、执法支队队长　郭　林(仡佬族)
副局长　刘永庆(苗族)

市医疗保障局

党组书记、局长　付　君 *(苗族)
　　王　刚 *
　　王　英(女,仡佬族)
党组成员、副局长　陈　兴(土家族)
　　陈　明(土家族)
　　何秀刚(土家族)
铜仁市医保基金管理中心主任
　　黄　莉(女,侗族)

市疾病预防控制中心

党组书记　张　进 *(土家族)
主　任　段绍华(苗族)
党组成员、副主任　任达飞(苗族)
　　田　飞(女,土家族)
副主任　王宏勇

市卫生健康综合行政执法支队

支队长　郭　林(仡佬族)

市人民医院

党委书记　黄　胜(侗族)
党委副书记、院长　石　华(布依族)
党委委员、副院长　段广军(回族)
　　王学胜(仡佬族)
　　陈礼华(苗族)
党委委员、总会计师　杨春芬(女,土家族)
党委委员、纪委书记　何　炼(苗族)
副院长　汤行健

市第二人民医院

党委书记　李　陈 *
　　熊　莲(女,土家族)
院　长　厉　宁
党委委员、院长　刘隆平 *
党委委员、纪委书记　龙文勇(苗族)
党委委员、副院长　杨晓虹(女,土家族)
总会计师、副院长　周宏杰
副院长　张燕丽(女)

铜仁妇幼保健院

院长、党总支书记　刘　涛(土家族)

副院长　杨　华
包顺堂
张晓燕(女,土家族)

院　校

铜仁学院

党委书记　朱洪波
党委副书记、院　长　侯长林(苗族)
党委副书记　代　亮(土家族)
党委委员、纪委书记　吴先佳(侗族)
党委委员、副院长　石　维(苗族)
罗　静(女,苗族)
杨　建(侗族)
党委委员、组织部部长　梁正海(苗族)
党委委员、宣传部部长　叶　丹(土家族)
党委委员、统战部部长　刘德平(土家族)

铜仁职业技术学院

党委书记、院长　张命华(苗族)
党委书记　杨春光*(苗族)
党委副书记　杨海英(女,侗族)
党委委员、副院长　杨政水
张家俊
晏龙强(土家族)
蔡恩勇(仡佬族)
陈荣强*(土家族)
副院长　徐　联(女,土家族)
党委委员、纪委书记　周弼琪(仡佬族)
党委委员、组织人事部部长　卢忠卫*(土家族)
陈太雄*(土家族)
党委委员、宣传部部长　吴永东(侗族)
党委委员、统战部部长　强寿荣(仡佬族)

铜仁幼儿师范高等专科学校

党委书记　罗红芳(女,苗族)
党委副书记、校长　朱保贤(土家族)
党委副书记　龙树明(苗族)
党委委员、纪委书记　雷国平(土家族)
党委委员、副校长　鲁　丽(女)
杨会新
谭欧阳(苗族)
张选明*(土家族)
党委委员、工会主席　王贵勇
党委委员、组织人事部部长　杨义汪(侗族)

党委委员、宣传部部长　张子勇(土家族)
党委委员、统战部部长　李　燕(女,侗族)

贵州健康职业学院

党委书记　黄　霞(女,土家族)
党委副书记、院长　吴国才(苗族)
党委副书记　李黔军
党委委员、纪委书记　袁继鸿(土家族)
党委委员、副院长　唐　康
黄国刚(仡佬族)
田　勇(土家族)
陈太雄*(土家族)
党委委员、工会主席　王锡林(侗族)
党委委员、组织人事部部长　张　敏(女)
党委委员、宣传统战部部长　王家琪(土家族)
党委委员、护理系主任　刘　艳(女,侗族)
副院长　龙宪碧(苗族)
党委委员、党政办公室主任　王晶韵

铜仁广播电视大学

党委书记　陈荣强(土家族)
校　长　田海燕*(女,土家族)
喻　莉(女,侗族)
党委委员、纪委书记　田　勇(土家族)
党委委员、副校长　宋友德(苗族)
田茂琴(女,土家族)

铜仁一中

党委书记、校长　冉俊华*(侗族)
舒崇进(瑶族)
党委委员、纪委书记　李茂潮
党委委员、副校长　张廷舟(土家族)
陈小明(土家族)
谢龙海(苗族)
龙春芬*(苗族)
舒崇进*(瑶族)

市民族中学

党委书记、校长　黄国刚*(仡佬族)
龙春芬(苗族)
党委委员、纪委书记　龙树腾(苗族)
党委委员、副校长　宋学超(苗族)
杨青龙(侗族)
冉启强(土家族)
刘平辉*(侗族)

张延舟＊（土家族）

铜仁学院附属中学

党委书记、校长　张江林（土家族）
党委副书记　冉启恩（侗族）
党委委员、副校长　代　芸（女，土家族）
副校长　孟凡梅（女）
曾建平
罗锦江（土家族）
党委委员、政教处处长　蔡　琴（女，土家族）
党委委员、教务处处长　杨　州（土家族）
党委委员、组织人事处处长　黄明石（苗族）
党委委员、党政办主任　刘永松

中央、省各部门在铜单位及部分市属企业

国家统计局铜仁调查队

党组书记、队长　张书涛（白族）
党组成员、纪检组长　罗在忠（布依族）
党组成员　欧永华

铜仁海关

党委书记、关长　王　芳（女）
党委委员、副关长　潘曲光（侗族）

铜仁供电局

党委书记、副总经理　邹　庆＊
张　鸿＊
党委副书记、总经理　罗　勇（布依族）
党委委员、纪委书记　严　磊＊
李景伟
党委委员、副总经理　温良彪（土家族）
杨　韬（土家族）
涂俊华＊
虢　韬＊
副总经理　赖颖东
吕　政（仡佬族）

市邮政管理局

党组书记、局长　张　红（女，土家族）
党组成员、副局长　高红伟（土家族）

市气象局

党组书记、局长　吴登秀（女，苗族）
党组成员、市气象防灾减灾中心主任　晏理华
党组成员、纪检组长　冉国辉（土家族）
党组成员、副局长　杨　明（苗族）
陈关清（土家族）

铜仁市消防救援支队

支队长　曾宪国
政治委员　崔师全
副支队长　樊炳桥
陈　锐（土家族）
罗　强（苗族）
黎亚斌（苗族）
副政治委员　任世敏
政治部主任　彭　勇

铜仁公路管理局

党委书记　曾　恒（土家族）
党委委员、副局长　张　华（侗族）
雷　青（土家族）
党委委员、纪委书记　彭坤旭＊
党委委员　姚建勇（侗族）
党委委员、副局长　雷　青（土家族）
党委委员、总工程师　陈　帆（土家族）

铜仁高速公路管理处

党委书记　张太利（土家族）
党委副书记、处长　付松昌（土家族）
党委委员、副处长　李宏祥

贵州省交通运输综合行政执法六支队

党委书记　张太利（土家族）
党委副书记、支队长　付松昌（土家族）
党委委员、纪委书记　陈亚兵（侗族）

国家税务总局铜仁市税务局

党委书记、局长　罗大骞＊
周　勤（回族）
党委委员、副局长　黄　卫（仡佬族）
陈　军（侗族）
郭发松（侗族）
谭永京（土家族）
党委委员、总经济师　冉　飞＊（侗族）
高枝标
党委委员、纪检组长　潘文磊＊（水族）
甘瑞欣

铜仁市水文水资源局

党工委书记　袁　军（侗族）
党工委副书记、纪委书记　李　浩（土家族）
党工委委员、副局长　徐光权（仡佬族）
党工委委员、总工程师　舒　扬（侗族）

贵州省地矿局一〇三地质大队

党委书记　舒多友（土家族）
党委委员、队长　沈大兴
党委副书记、纪委书记　严学春（女）
党委委员、总工程师　潘　文（侗族）
党委委员、副队长　宁朝晖（苗族）
金　磊
吴桂武

贵州省无线电管理局铜仁分局

支部书记、局长　姚方丛
副局长　肖　宁 *
监测站站长　田　伟（土家族）

铜仁市烟草专卖局（贵州省烟草公司铜仁市公司）

党委书记、局长（经理）　叶江平（仡佬族）
党委委员、副局长　田劲松（土家族）
党委委员、副经理　肖江玮（土家族）
党委委员、纪委书记　余福勇 *
杨天荣（侗族）

中国银行保险监督管理委员会铜仁监管分局

党委书记、局长　许炳刚
党委委员、副局长　石兴成（苗族）
何天佳（侗族）
张　翔（土家族）
党委委员、纪委书记　杨会军（苗族）

中国人民银行铜仁市中心支行

党委书记、行长　吴维旭
党委成员、副行长　郑　敏（侗族）
高黎平（女，土家族）
吴风雷 *
党委成员、纪委书记　甘　鹏（布依族）
党委成员、工会主席　陈　伟（土家族）

中国农业发展银行铜仁分行

党委书记、行长　王永松
姚茂勋 *（侗族）
党委委员、纪委书记、副行长
冯　凌（女，土家族）
党委委员、副行长　杨　忠（土家族）
王　松

中国农业银行股份有限公司铜仁分行

党委书记、行长　韦永杰（水族）
党委副书记、副行长　陈文贵（土家族）
党委委员、纪委书记　王　珣（女）
党委委员、副行长　廖自勇（苗族）
聂　鑫（彝族）
梅兴亚（土家族）

中国工商银行铜仁分行

党委书记、行长　盛　军 *（土家族）
李　健
党委委员、纪委书记　周海平
党委委员、副行长　安智明（土家族）
田　波（土家族）
王　伟（苗族）
经　理　崔华智（土家族）
方　林
杨　超（土家族）
行长助理　毛　坤 *（土家族）
陈　清（女，土家族）

中国建设银行铜仁分行

党委书记、行长　朱荣祥
党委委员、纪委书记　杨贵友（侗族）
党委委员、副行长　孙　锰（土家族）
张连飞（土家族）
刘　盛 *
党委委员　许明华

中国银行股份有限公司铜仁分行

党委书记、行长　李　殷（满族）
党委委员、纪委书记　窦　伟（苗族）
党委委员、副行长　杨　笛（侗族）
崔　玲（女，土家族）
高级客户经理　龚　艳（女，土家族）

中国邮政储蓄银行股份有限公司铜仁市分行

党委书记、行长　杨明杰
党委委员、副行长　蒋　熠
涂海霞（女，仡佬族）

中国人民财产保险股份有限公司铜仁分公司

党委书记、总经理　陈开龙
党委委员、副总经理　田　勇（苗族）
罗　勇（侗族）
党委委员、总经理助理　龙智银（苗族）

中国太平洋财产保险股份有限公司铜仁中心支公司

党总支书记、总经理　杨　超*
党总支书记　马　燕（女）
总经理　雷　洋（女）
党总支委员、副总经理　瞿华军（侗族）
副总经理　李良杰（侗族）

中国移动通信集团贵州有限公司铜仁分公司

党委书记、总经理　贺　禹
党委委员、副总经理　刘　航
副总经理　罗文勇（苗族）
苏元华

中国联通铜仁市分公司

党委书记、总经理　方　恒
党委委员、副总经理　杨　震（土家族）
向　辉（女）
郑　宇
杨胜林（苗族）
杨雪峰*（土家族）
汪　进*

区　县

碧江区

中共碧江区委员会

书　记　陈代文*（土家族）
孙含欣
副书记　高应军
宋选文
黄洪州*（苗族）
常　委　杜　奎（土家族）
符　毅
代忠义*（土家族）
宋　斌*
郭庆洪*（侗族）
石　磊（苗族）
戴顺红（挂职）
韩俊峰（女，挂职）
陈建华（女，土家族）
杨　婧（女，苗族）
代　斌（土家族）
田儒乾（土家族）
何　彪*（土家族）
孙道寻*（挂职）
赵相林*（苗族）
张海峰*（土家族）
罗青松*（侗族，挂职）
刘贞印*（土家族）
张贵斌（彝族，挂职）

碧江区人大常委会

主　任　安　超*（土家族）
熊放鸣（土家族）
副主任　宋　宇（土家族）
任树生（土家族）
代金堂（土家族）
杨鸿雁（土家族）
代　鹏（土家族）
张　骊（苗族）
张应林*（苗族）
杨长印*（土家族）

碧江区人民政府

区　长　黄洪州*（苗族）
高应军
常务副区长　代忠义*（土家族）
符　毅
副区长　陈建华（土家族）
戴顺红（挂职）
黄　睿（土家族）
朱世辉（侗族）
罗继平
田鹏飞（土家族）
程祖明（土家族）
孙道寻*（挂职）
谭欧阳*（苗族）
黎　明*（侗族）
韩俊峰（女，挂职）
张贵斌（彝族，挂职）

政协碧江区委员会

主　席　刘先银*（侗族）

付　君（苗族）
副主席　张应林（苗族）
樊志坚
杨婵娟（女，土家族）
肖德斌（土家族）
刘陶发
杨　琳（女，土家族）
代金堂*（土家族）
杨鸿雁*（女，土家族）

中共碧江区纪律检查委员会、碧江区监察委员会

书记、主任　宋　斌*
杜　奎

碧江区人民法院

院　长　龙章云*（苗族）
毛明生（仡佬族）

碧江区检察院

检察长　简　洁（土家族）

万山区

中共万山区委员会

书　记　田玉军*
田　艳（女，土家族）
副书记　蒲　章（土家族）
杨义长（侗族）
张吉刚*（苗族）
王　春*
常　委　胡定钦（仡佬族）
邹远志*（侗族）
冯　兵（土家族）
唐宏刚（土家族）
陈　松（苗族）
田必再（侗族）
田　芳（女，土家族）
陈明国（苗族）
尹露萍（女，挂职）
周佐春（挂职）
黄　琨（挂职）
舒小平*（土家族）
王　颖*（女，土家族）
杨忠善*（侗族）
杨　萍*（女，土家族）
杨清林*（侗族）
杨　亮*
郑　洋（土家族）

万山区人大常委会

主　任　郑　敏（女，侗族）
副主任　杨克金*（侗族）
王庆新（侗族）
杨泽武*（侗族）
肖丽琴*（女）
王　勇（侗族）
周　勇
杨尚英（侗族）
李红旗（土家族）
石水军（苗族）
禹丽华*（女）

万山区人民政府

区　长　蒲　章（土家族）
张吉刚*（苗族）
副区长　冯　兵（土家族）
舒小平*（土家族）
田必再（侗族）
杨　亮*
周佐春（挂职）
黄　琨（挂职）
尹露萍（女，挂职）
张　曲（侗族）
刘桂春（女，侗族）
李亦鹏（土家族）
杨　进
郑　洋*（土家族）
王庆新*（侗族）

政协万山区委员会

主　席　吴泽军*（侗族）
鲁文俊
副主席　周　勇*
王庆新*（侗族）
王　勇*（侗族）
杨克金（侗族）
杨泽武（侗族）
禹丽华（女）
刘　静（侗族）
罗仁相（侗族）

钱　敏(侗族)
刘妹莲＊(女,侗族)
张林华＊(女,侗族)

中共万山区纪律检查委员会、万山区监察委员会

书记、主任　邹远志＊
胡定钦

万山区人民法院

院　长　张永琴＊(女,土家族)
李成海(土家族)

万山区人民检察院

检察长　罗　勇＊(土家族)
陈　洁(女,侗族)

松桃苗族自治县

中共松桃苗族自治县委员会

书　记　李俊宏＊(仡佬族)
龙群跃(苗族)
副书记　龙群跃＊(苗族)
吴廷友(苗族)
陈　浩(土家族)
常　委　吴家永＊(苗族)
胡定钦＊(仡佬族)
石　磊＊(苗族)
刘　俊＊(女,侗族)
赵启亮＊(挂职)
石　敏＊(苗族)
聂衡杰(挂职)
张　军(挂职)
田筑玉(女,苗族)
杨昌海(侗族)
马结华(土家族)
王小平
吴玉东(侗族)
万钎有(土家族)
周　强(侗族)
何支六(仡佬族)

松桃苗族自治县人大常委会

主　任　唐永明＊(苗族)
石　敏(苗族)
副主任　吴真发＊(苗族)
龙正江＊(苗族)
龙昌兴＊(苗族)
张德沛＊(苗族)
石小莉(女,苗族)
龙健清(苗族)
王福荣
高祖顺(苗族)
龙秀福(苗族)
黄思红
周　强＊(侗族)

松桃苗族自治县人民政府

县　长　龙群跃＊(苗族)
吴廷友(苗族)
常务副县长　马结华(土家族)
副县长　刘　攀＊(苗族)
石　敏＊(苗族)
赵启亮＊(挂职)
聂衡杰(挂职)
张　军(挂职)
万钎有(土家族)
吴　峰(苗族)
杨秀强(土家族)
舒　鸿(侗族)
廖东梅(女)

政协松桃苗族自治县委员会

主　席　丁和平(苗族)
副主席　龙健清＊(苗族)
黄晓勇(土家族)
刘　攀(苗族)
冉光珍(女,土家族)
何　彬(土家族)
麻清馨(苗族)
冉华强(土家族)
龙国平(苗族)

中共松桃苗族自治县纪律检查委员会、松桃苗族自治县监察委员会

书记、主任　胡定钦＊(仡佬族)
吴玉东(侗族)

松桃苗族自治县人民法院

院　长　姚兰军＊(侗族)

杨政森(侗族)

松桃苗族自治县人民检察院

检察长　李世昌*(土家族)
　　　　陈仕铨

玉屏侗族自治县

中共玉屏侗族自治县委员会

书　记　杨启明(仡佬族)
副书记　杨德振*(侗族)
　　　　田兴国(侗族)
　　　　张　勇*(土家族)
　　　　代志华(土家族)
常　委　杨　渊*(侗族)
　　　　杨　赫*(苗族)
　　　　陈　松*(苗族)
　　　　田登伟*(土家族)
　　　　姚　芬(女,侗族)
　　　　王开元
　　　　赵艳华(女,土家族)
　　　　毛权民(土家族)
　　　　梁志新
　　　　杨　枫(侗族)
　　　　石　健(苗族)
　　　　韩建国
　　　　黄桔梅*(挂职)
　　　　阮成江*(挂职)
　　　　姜　超*(挂职)
　　　　任金华(挂职)
　　　　吴春国(挂职)

玉屏侗族自治县人大常委会

主　任　姚敦发*(侗族)
　　　　刘洪斌(侗族)
副主任　罗　宁(侗族)
　　　　袁丽君(女,侗族)
　　　　姚沅平*(侗族)
　　　　黄　晋*(女)
　　　　李长锦
　　　　吴继滔*(侗族)
　　　　汪红涛
　　　　姚源政(侗族)
　　　　姚茂刚(侗族)

玉屏侗族自治县人民政府

县　长　杨德振*(侗族)
　　　　田兴国(侗族)
副县长　代志华*(土家族)
　　　　姚　芬(女,侗族)
　　　　杨　枫(侗族)
　　　　黄桔梅*(挂职)
　　　　阮成江*(挂职)
　　　　姜　超*(挂职)
　　　　任金华(挂职)
　　　　吴春国(挂职)
　　　　汪红涛*
　　　　肖　涵*(侗族)
　　　　杨　慧(女,侗族)
　　　　宋尧广(侗族)
　　　　陈　松*(苗族)
　　　　杨义军(侗族)
　　　　张运涛

政协玉屏侗族自治县委员会

主　席　刘洪斌*(侗族)
　　　　黎滨江(土家族)
副主席　何建昌*(侗族)
　　　　高　敏*(女,侗族)
　　　　张　昭(侗族)
　　　　姚金水(侗族)
　　　　陈　钊*
　　　　严守才*(侗族)
　　　　姚源龙(侗族)
　　　　吴登伦(仡佬族)
　　　　姚争春(女,侗族)
　　　　黄桂木(侗族)
　　　　肖　湘(女,侗族)

中共玉屏侗族自治县纪律检查委员会、监察委员会

书记、主任　陈　松*(苗族)
　　　　　　赵艳华(女,土家族)

玉屏侗族自治县人民法院

院　长　田孟华*
　　　　曾　华(土家族)

玉屏侗族自治县人民检察院

检察长　苏　维*(土家族)
　　　　张　蓉(女,侗族)

江口县

中共江口县委员会

书　记　杨华祥*
　　　　曹　勇(侗族)
副书记　杨　云*(女,土家族)
　　　　龙晓成*(苗族)
　　　　宰应强(土家族)
　　　　王　颖(女,土家族)
常　委　吴华文(侗族)
　　　　唐永湖(土家族)
　　　　赵　旭(苗族)
　　　　张伶俐(土家族)
　　　　魏峰岚
　　　　王泽宗(侗族)
　　　　陈　飞(土家族)
　　　　邓承鹏(土家族)
　　　　张　驰(挂职)
　　　　李树文(挂职)
　　　　黄丽华(女,土家族,挂职)
　　　　杨　立*(侗族)
　　　　杜　奎*(土家族)
　　　　肖坚强*(土家族)
　　　　田仁军*(土家族)

江口县人大常委会

主　任　涂晓华(苗族)
副主任　饶绍君(土家族)
　　　　滕建杰(苗族)
　　　　吴帮华(苗族)
　　　　王家新
　　　　李　莉(女)
　　　　万　勇(土家族)
　　　　刘仕明*
　　　　王　玲*(女,侗族)

江口县人民政府

县　长　杨　云*(女,土家族)
　　　　宰应强(土家族)
副县长　赵　旭(苗族)
　　　　张　弛(挂职)
　　　　李树文(挂职)
　　　　黄丽华(女,土家族,挂职)
　　　　陈　飞(土家族)
　　　　杨　青(女,苗族)
　　　　田旭东(土家族)
　　　　李　云(侗族)
　　　　王　琦(土家族)
　　　　陈智学*
　　　　简庆刚*(土家族)

政协江口县委员会

主　席　罗时跃(侗族)
副主席　杨再敏(土家族)
　　　　胡国栋(侗族)
　　　　杨建芬(女,土家族)
　　　　王亮灯(土家族)
　　　　吴振宏(苗族)
　　　　杨爱军(回族)
　　　　王家新*
　　　　李　莉*(女)
　　　　秦　杰*
　　　　饶绍君*(土家族)

中共江口县纪律检查委员会、监察委员会

书记、主任　杜　奎*(土家族)
　　　　　　唐永湖(土家族)

江口县人民法院

院　长　杨政森*(侗族)
　　　　张永琴(女,土家族)

江口县人民检察院

检察长　姚华权*(土家族)
　　　　陈毓瑞(侗族)

石阡县

中共石阡县委员会

书　记　田运栋(土家族)
副书记　田运栋*(土家族)
　　　　曾奕辉
　　　　敖　华*(女,土家族)
　　　　杨红军(土家族)
　　　　胡　星(挂职)
常　委　徐再高*(白族)
　　　　张晓亮
　　　　唐宏刚*(土家族)
　　　　张翊宝(土家族)
　　　　冉飞鸿(土家族)

黄　晋（仡佬族）
王　勇*（苗族）
滕建益（苗族）
龚朝清*
简庆刚（土家族）
夏宽忠*
彭　琦（女，侗族）
高　龙*（侗族）
陈　鹏（土家族）
张锦华*（满族，挂职）
曹　曦（挂职）
张　平*（挂职）
朱建荣*（挂职）
李浩泉（挂职）

石阡县人大常委会

党组书记、主任　马绿春*（回族）
杨　玲*（女，侗族）
夏宽忠
副主任　陈朝江（仡佬族）
徐泽勇（仡佬族）
杨通平
王刚强*（仡佬族）
谭　芳（女，侗族）
文　静（女，彝族）
安成武*（侗族）
刘　松（侗族）

石阡县人民政府

县　长　田运栋*（土家族）
曾奕辉
副县长　徐再高*（白族）
张晓亮
杨胜高*（侗族）
黄　晋（仡佬族）
潘大权（苗族）
彭　豪*（土家族）
冉雪芹（土家族）
杨　峡*（仡佬族）
陈明高（土家族）
刘　艳*（女，苗族）
李　艳（女，苗族）
张锦华*（满族，挂职）
张　平*（挂职）
朱建荣*（挂职）
李浩泉（挂职）
曹　曦（挂职）

中国人民政治协商会议石阡县委员会

党组书记、主席　杨　玲*（女，侗族）
王刚强（仡佬族）
副主席　潘大权*（苗族）
郜　芬（女，苗族）
周　胜（仡佬族）
周银昌（侗族）
陈元静（女，仡佬族）
陈广珠（女，侗族）
周忠绪*（仡佬族）
鲁　彬（仡佬族）
卢仁富*（苗族）
夏和银*（羌族）

中共石阡县纪律检查委员会、石阡县监察委员会

书记、主任　张晓亮*
冉飞鸿（土家族）

石阡县人民法院

院　长　陈晓磊*（土家族）
田亚勇（土家族）

石阡县人民检察院

检察长　杨胜龙*（土家族）
杨　杰（土家族）

印江土家族苗族自治县

中共印江土家族苗族自治县委员会

书　记　田　艳*（女，土家族）
张浩然（土家族）
副书记　秦会刚（苗族）
杨小平
陈　琪*（土家族）
常　委　李世怀*（侗族）
谢守文*（土家族）
邱业跃
沈健民
郭洪庆*（侗族）
张相乾
冉飞鸿*（土家族）
周　刚（土家族）

田维秋（女，布依族）
黄仕军*
龚朝清（仡佬族）
熊　飞（土家族）
曹永刚（土家族）
陈卫军（挂职）
黄学勇（土家族）
黄丽洪（女，土家族）
李佳栩
马洪刚（土家族）
陈苍海（土家族）

印江土家族苗族自治县人大常委会

主　任　何圣仙*（女，土家族）
　　　　张翊斌（土家族）
副主任　严志宏（土家族）
　　　　张　莉*（女，土家族）
　　　　田仁森（土家族）
　　　　任　翔（土家族）
　　　　张秦杰*（土家族）
　　　　程　红（女，土家族）
　　　　刘旭明（土家族）
　　　　蒋兴武（土家族）

印江土家族苗族自治县人民政府

县　长　张浩然*（土家族）
　　　　秦会刚（苗族）
常务副县长　谢守文*（土家族）
　　　　龚朝清（仡佬族）
副县长　沈健民*
　　　　张相乾*
　　　　熊　飞*（土家族）
　　　　周　刚（土家族）
　　　　喻　莉（女，侗族）
　　　　陈卫军（挂职）
　　　　李佳栩（挂职）
　　　　陈苍海（土家族，挂职）
　　　　黄朝军（土家族）
　　　　李天禄（苗族）
　　　　张秦杰（土家族）
　　　　田　姣（女，土家族）

政协印江土家族苗族自治县委员会

主　席　饶继勇*（土家族）
　　　　黄仕军
副主席　叶向能*（土家族）
　　　　周华忠（土家族）
　　　　程　红（女，土家族）
　　　　刘旭明*（土家族）
　　　　冯国洪（土家族）
　　　　文明海（苗族）
　　　　张安兵（土家族）
　　　　戴建英（女，苗族）
　　　　袁兴斌（苗族）
　　　　任平波（土家族）

中共印江土家族苗族自治县纪律检查委员会、监察委员会

书　记、主任　曹永刚（土家族）

印江土家族苗族自治县人民法院

院　长　李成海*（土家族）
　　　　曾建敏（苗族）

印江土家族苗族自治县人民检察院

检察长　蔡文平（苗族）

思南县

中共思南县委员会

书　记　刘云成*
　　　　席龙海（侗族）
副书记　龚　仆
　　　　杨秀明*（土家族）
　　　　唐　虹（女，土家族）
常　委　刘开洪（苗族）
　　　　杨　立（侗族）
　　　　安益宝（侗族）
　　　　杨　旭（土家族）
　　　　龙志刚（苗族）
　　　　张炜黎
　　　　申有波（土家族）
　　　　陈　睿（苗族）
　　　　尹晓航（挂职）
　　　　牟　立（布依族，挂职）
　　　　徐　英*（女，土家族）
　　　　吴廷彪*（苗族）
　　　　杜　林*（土家族）
　　　　翟　隽
　　　　陈　松*（苗族）

王　宇＊（苗族）
冯　兵＊（土家族）
林　涛＊

思南县人大常委会
主　任　冉亚江＊（土家族）
安亿军（土家族）
副主任　陈　鸿（土家族）
陈文辉（苗族）
李江华（苗族）
谢建康（土家族）
陈绍发
廖永生（土家族）
何其荣＊（土家族）
董道萍＊（女，土家族）

思南县人民政府
县　长　席龙海＊（侗族）
龚　仆
常务副县长　冯　兵＊（土家族）
刘开洪（苗族）
副县长　张炜黎
尹晓航（挂职）
牟　立（布依族，挂职）
陈艳华（彝族）
罗　锴（苗族）
李　璞（挂职）
张桂凤（土家族）
杨旭东（土家族）
杨光富（土家族）
祝　成＊
林　涛＊
杨　慧＊（女，侗族）
张　曲＊（侗族）
徐景杰＊（挂职）

政协思南县委员会
主　席　安亿军（土家族）＊
祝　成
副主席　杨　萍（土家族）
周学彪＊（土家族）
旷永东＊（土家族）
吴　华＊（苗族）
陈文辉＊（苗族）
方　宁＊（苗族）
宋仕康（土家族）
丁朝红（女，仡佬族）
罗福乾（苗族）
唐华锋
汪元波（苗族）

中共思南县纪律委员会、监察委员会
书记、主任　刘开洪＊（苗族）
龙志刚（苗族）

思南县人民法院
院　长　龙　俊＊（苗族）
杨华昌（苗族）

思南县人民检察院
院　长　覃志勇

德江县

中共德江县委员会
书　记　商友江＊
杨雪峰（苗族）
副书记　秦智坤＊（仡佬族）
敖　华（女，土家族）
陈廷相＊（苗族）
欧　靖（苗族）
陈顺祥（挂职）
常　委　王　宇（苗族）
皮春丽（女，仡佬族）
李　兵＊（土家族）
吴　飞（土家族）
杨素昌（土家族）
赵　杰（土家族）
杨　峡（仡佬族）
唐永湖＊（土家族）
杨　坚（土家族）
张　进
唐　欣（苗族，挂职）
符建康＊（苗族）
刘祖辉＊（侗族）
龙志刚＊（苗族）
欧阳秉秋＊

德江县人大常委会
主　任　何先美（土家族）

副主任　王治桢＊(女,土家族)
史天龙(土家族)
胡国仁(土家族)
陈明光＊(苗族)
伍建华(土家族)
王玲海(土家族)
姚青松(苗族)
张　文(土家族)

德江县人民政府

县　长　秦智坤＊(仡佬族)
敖　华(女,土家族)
副县长　刘祖辉＊(侗族)
王　宇(苗族)
杨　坚(土家族)
陈　琳(土家族)
王毅昭(土家族)
杨晓军(土家族)
龙　强(苗族)
陈　彪(土家族)
张　文＊(土家族)
张清雄＊(土家族)
蔡　祥＊(挂职)
李向上＊(挂职)
龚庆中(挂职)
梁　健(挂职)
郭晓春＊(挂职)
唐　欣(苗族,挂职)

政协德江县委员会

党组书记、副主席　周　骥＊(土家族)
党组书记、主席　李　兵(土家族)
赵贡良(土家族)
张静霞(女,土家族)
胡国仁(土家族)
陈　琳＊(女,土家族)
王玲海＊(土家族)
张文娥(女,土家族)
朱黔中(土家族)
陈　琴(女,土家族)
王治桢(女,土家族)

中共德江县纪律检查委员会、监察委员会

书记、主任　龙志刚＊(苗族)
皮春丽(女,仡佬族)

德江县人民法院

院　长　毛明生＊(仡佬族)
田孟华

德江县人民检察院

检察长　陈毓瑞＊(侗族)
肖　敏(土家族)

沿河土家族自治县

中共沿河土家族自治县委员会

书　记　任廷浬＊(土家族)
罗洪祥(侗族)
副书记　何支刚＊(土家族)
代忠义(土家族)
龚　仆＊
张　浪(土家族)
常　委　杨　超＊(土家族)
田兴国＊(侗　族)
殷　松＊(回　族)
张永恒(土家族)
杨成刚＊(土家族)
刘　川
冯小红(土家族)
韩　飞＊(挂职)
陈世海＊(挂职)
杨兴才＊(侗族)
林　涛
代昌松(苗族)
卢忠卫(土家族)
聂开贵(挂职)
王苏州(土家族)
董道萍(女,土家族)
赵晓林(挂职)

沿河土家族自治县人大常委会

主　任　席　宁＊(土家族)
刘明军(土家族)
副主任　肖忠甫＊(土家族)
冷应芬＊(女,苗族)
高文智＊(土家族)
李仕学(土家族)
周宗烈(土家族)
魏宗尧＊(土家族)
秦　琼(土家族)

崔玉琴(女,苗族)
冉茂超(土家族)
何　明(土家族)

沿河土家族自治县人民政府

县　长　何支刚*(土家族)
代忠义(土家族)
副县长　冯小红(土家族)
田兴国*(侗族)
韩　飞*(挂职)
陈世海*(挂职)
崔永龙*(土家族)
温亚洲*(土家族)
林　涛
聂开贵(挂职)
汪　涛(土家族)
宋尧广*(侗族)
王廷强(土家族)
冷绪中*(挂职)
贺红早*(苗族,挂职)
黄其勇*(挂职)
刘开著(侗族)
崔永军(土家族)
白静明(女,土家族)
雍建成(挂职)
赵晓林(挂职)

政协沿河土家族自治县委员会

主　席　刘明军*(土家族)
席　宁(土家族)
副主席　罗　玲*(女,回族)
秦　琼*(土家族)
肖忠甫(土家族)
崔玉琴*(女,苗族)
宋　辉(土家族)
崔　真(土家族)
田小东(土家族)
赵茂虎*(土家族)
冷应芬(女,苗族)
冉建华(女,土家族)
任晓霞(女,苗族)

中共沿河土家族自治县纪律检查委员会、监察委员会

书记、主任　冯小红*(土家族)
代昌松(苗族)

沿河土家族自治县人民法院

院　长　王　进*(土家族)
姚兰军(侗族)

沿河土家族自治县人民检察院

检察长　李德慧*(土家族)
邱　桢(土家族)

高新区、开发区

贵州铜仁高新区

党工委书记　高应军*
钱　刚(土家族)
党工委副书记、管委会主任　于　洋(满族)
党工委副书记　陈　浩*(土家族)
党工委副书记、管委会副主任　程　曦
党工委委员、铜仁武陵山高新技术产业发展集团有限公司党委书记、董事长、总经理　黎　明(侗族)
党工委委员、纪检监察工委书记
刘胜华(土家族)
党工委委员、组织人事部部长　李跃槟*(侗族)
陈　林
党工委委员、管委会副主任
肖　南*(土家族,常务)
游德明(土家族)
付惠玲(女,苗族)
付　浪(土家族)
党工委委员、大兴街道党工委书记
田贤珍*(苗族)

中共贵州大龙经济开发区工作委员会(贵州大龙经济开发区管理委员会)

党工委书记　陈代才(土家族)
党工委副书记、管委会主任　胡志勇*(土家族)
姚元贵(侗族)
党工委副书记　游先胜*
党工委委员、黔开公司党委书记、董事长、总经理
游先胜
党工委委员、纪检监察工委书记
姚源龙*(侗族)
万胜法(土家族)
党工委委员、组织人事部部长　王开元*
周玉方(女)

党工委委员、大龙街道党工委书记
田　进＊(土家族)
党工委委员、管委会副主任
宋　雨(土家族,常务)
陶　毅(土家族)
陈　勇(侗族)
廖明江
吴　亿(挂职)
党工委委员、公安分局局长　陈　松＊(苗族)
杨义军(侗族)

文献选辑

政府工作报告

(2022 年 1 月 11 日　在铜仁市第三届人民代表大会第一次会议上)

各位代表:

现在,我代表市人民政府向大会报告工作,请予审议,并请市政协委员和其他列席人员提出意见。

一、过去五年和 2021 年工作回顾

过去五年,是铜仁发展史上极为不易、极不平凡的五年。面对经济下行压力持续加大、脱贫攻坚任务十分艰巨、新冠肺炎疫情冲击影响、各类风险挑战接踵而至的艰难局面,我们坚持以习近平新时代中国特色社会主义思想为指导,深入贯彻党的十九大和十九届历次全会精神,坚决落实习近平总书记重要指示精神,在省委、省政府和市委的坚强领导下,在市人大、市政协的监督支持下,紧扣"一区五地"奋斗目标,牢记嘱托、感恩奋进,圆满完成了市二届人大会议确定的主要目标任务,取得了振奋人心、影响深远的"五个重大突破",被省委书记谌贻琴赞誉为"开创了经济增速快、脱贫成效实、城乡变化大、发展后劲足、政治生态好的发展局面,是全省'十三五'发展成就的一个缩影"!

——这五年,综合实力在加快发展中取得重大突破。坚持稳中求进、进中求转,着力稳增长、调结构、增效益,经济发展按下了"快进键",跑出了"加速度",取得显著成就。

规模速度赶超跨越。2021 年,全市预计实现地区生产总值 1480 亿元,比 2016 年增加 623 亿元,经济总量从全省第 8 位提升至第 7 位;地区生产总值年均增长 8.4%,增速从全省第三方阵跃升至第二方阵,高于全国、全省平均水平,实现了规模、速度"双进位"的历史性跨越。撤地设市十年地区生产总值增长 271%,谱写了贵州"黄金十年"的铜仁精彩篇章。

主要指标稳中有进。预计规模以上工业增加值年均增长 6.9%,固定资产投资年均增长 8.4%,社会消费品零售总额年均增长 8.3%,财政收入年均增长 2.3%,金融机构存贷款余额分别年均增长 3.7%、20.2%,城镇、农村居民人均可支配收入分别年均增长 8.5%、10.1%,经济保持健康快速发展的良好态势。

发展质量显著提升。规上工业企业利润总额年均增长 8.6%。城乡居民人均可支配收入分别增加 12189 元、4700 元,居民收入增速持续高于 GDP 增速,农村居民收入增速持续高于城镇居民收入增速。万元地区生产总值能耗下降 22.7%,数字经济、绿色经济占地区生产总值比重分别达 33.5%、45%。

五年来,我们始终以追赶者的勇气砥砺奋进,栉风沐雨辛勤耕耘,铜仁高质量发展的步伐更加稳健!

——这五年,产业变革在转型提质中取得重大突破。坚持以供给侧结构性改革为主线,加快推动产业绿色转型、优化升级。

现代农业提质增效。农业总产值年均增长 6.7%,在增速保持全省前列的情况下,占地区生产总值比重逐年下降。十大特色优势产业集聚壮大,建成茶叶、生猪两个百亿级产业集群,生猪规模养殖率、特色冷水鱼产量及黄精、百合、玉竹种植面积全省第 1,抹茶产量占全国 25%,拥有地理标志商标及产品 33 个,铜仁成为"中国特色农产品优势区""中国抹茶之都"。"梵净山珍·健康养生""梵山净水·泡茶好水""梵净抹茶·香溢天下"品牌知名度、市场美誉度极大提升。

新型工业加速突破。工业增加值年均增长7.2%，十大工业产业产值占工业总产值97.2%，新兴产业占比从4.8%提升至20%、传统产业占比从59%下降至47.7%。“双千”工程深入实施，引进工业项目687个，改造工业项目600余个，认定国家级企业技术中心1家、省级企业技术中心7家，中伟成为全省市值第二大上市企业和全球最大的高端前驱体供应商之一。铜仁市新型功能材料产业集群入列首批国家战略性新兴产业集群，正引领带动铜仁新型工业迎来蓬勃发展的春天。

文旅产业持续井喷。旅游综合收入年均增长20%，旅游业发展评价指数进入全省前三。建成国家湿地公园8个、4A级以上景区13家，梵净山列入世界自然遗产名录、国家5A级景区，国际编号“215021”小行星永久命名为“梵净山星”。成功承办全省旅游“两会”，中南门历史文化旅游区、乡村振兴产业带精彩亮相、持续火热，列入省级夜间文旅消费集聚区、体育旅游黄金线路培育名单，“一带双核”成为铜仁高质量发展的新名片、新示范、新引擎，铜仁成为中国最美生态康养旅游名城，“梵天净土·桃源铜仁”颜值更靓、气质更佳！

数字经济风生水起。大数据融合发展指数从28.5提升到38.6。网络货运发展速度全国领先，平台经济从无到有、不断壮大，规模突破200亿元。培育梵云集团、山久长青、梵运网络、梵快科技等大数据企业370家，建成应用场景307个，大数据服务精准扶贫等一批解决方案走向全国，获国家部委表彰肯定20余次。发布场景大数据白皮书1.0、2.0，成功走出了一条“应用驱动、融创发展”的大数据发展新路。

五年来，我们始终以奋斗者的姿态笃定前行，转型升级提质增效，铜仁绿色发展的道路更加宽阔！

——这五年，城乡面貌在协调发展中取得重大突破。坚持城乡统筹、一体推进，优化生产生活生态布局，城乡基础设施日臻完善，城乡面貌焕然一新。

城镇建设快速推进。城镇化率年均提升2个百分点，中心城区首位度提升至23%。新增城市建成区面积48.6平方公里、城市干道843.3公里。凉湾新区、谢桥新区加速崛起，锦江沿江步道等一批公共空间成为市民休闲热点。实施保障性安居工程14万套、棚户区改造13.9万户、老旧小区改造3.5万户。中心城区生活垃圾无害化处理率95%、污水处理率98%，人均公园绿地面积增加6.5平方米，市容市貌更加干净整洁，铜仁荣膺“国家卫生城市”。

基础设施极大改善。铜仁凤凰机场完成改扩建、成为全国百强支线机场，黔北机场开工建设，“一市两机场”格局加速形成。铜玉铁路建成通车，高铁通到“家门口”。铜怀、沿印松等7条高速公路和铜仁西互通建成通车，高速里程936公里，通车里程和路网密度均排全省第2。实现乡乡通油路、村组通硬化路，成功创建“四好农村路”全国示范县4个、居全省第1。大兴水利枢纽工程等一批水利设施建成运营，实现县县有中型水库、乡乡有稳定水源。电力、油气、通信等设施全面进步，“黔东门户”战略地位极大提升。

生态优势更加彰显。森林覆盖率提升7.2个百分点，10个区县环境空气质量平均优良天数比例98%，主要河流监测断面水质达标率100%。理顺梵净山保护管理体制，《铜仁市梵净山保护条例》等7部地方性法规出台实施。连续五年发布中国·梵净山生态养生指数，万山资源枯竭型城市绿色转型等3项生态文明改革经验在全国推广。铜仁荣获“中国最具生态竞争力城市”，梵净山入选“中国天然氧吧”，江口县太平镇成为“绿水青山就是金山银山”实践创新基地，绿色生态名片越擦越亮，优良生态环境成为铜仁竞争力的最强“硬核”。

五年来，我们始终以拓荒者的精神披荆斩棘，逢山开路遇水架桥，铜仁宜居宜业的优势更加彰显！

——这五年，发展动能在改革开放中取得重大突破。坚持向改革创新要动力、向扩大开放要活力，发展动力活力持续增强。

深化改革亮点纷呈。纵深推进“放管服”改革，整合打造“12345”政务服务总客服，在全省率先探索政务服务“2+2+2”一窗通办新模式，市县乡村四级政务服务实现“一网通办”，高频事项实现全省通办、跨省通办，企业开办时间压缩至1天以内，公共资源交易综合考核全省前三。释放减税降费等政策红利143亿元，新增市场主体20.7万户，营商环境指数连续两年全省第1，铜仁成为中国(区域)最具投资营商价值城市。

创新能力明显提升。建成院士工作站5个、博士后工作站3个、国家级科技平台4个、省级科技平台42个。荣获省级及以上科学技术奖36项、数量全省前三，贵茶集团获省长质量奖提名奖。新增国家高新技术企业60家，高新技术产业产值增长1.9倍，综合科技进步水平指数从41%提高到58%。中伟公司、汇成新材料、红星锰业等企业部分关键技术达到国际领先水平。

对外开放持续扩大。铜仁凤凰机场开通临时航空口岸，乌江水运全线复航，高速出省通道增至6个。黔东无水港、大龙保税仓建成投运，铜仁海关挂牌成立。成功举办梵净山国际天然饮用水博览会、梵净山生态文明论坛、中国国际大数据产业博览会铜仁分会、梵净山抹茶大会等系列重大开放活动，铜仁开放的大门越开越大、知名度影响力持续扩大！

五年来，我们始终以改革者的勇气守正创新，推陈出新冲破藩篱，铜仁阔步新时代的激情更加昂扬！

——这五年，民生保障在共建共享中取得重大突破。坚持民生为本、人民至上，在财力极为艰难的情况下，民生投入保持年均7%的增长，人民群众获得感、幸福感、安全感显著增强。

脱贫攻坚夺取全胜。始终把脱贫攻坚作为头等大事和第一民生工程，落实精准扶贫、精准脱贫基本方略，探索形成脱贫攻坚“76554”铜仁做法，聚焦“一达标两不愁三保障”，全面解决155.2万人饮水难、122.7万人出行难、14.97万人住房难问题，29.36万人搬出大山，12.55万人跨区县易地搬迁、规模全省第1，10个贫困区县全部摘帽，1553个贫困村全部出列、94.29万贫困人口全部脱贫，高质量完成脱贫攻坚艰巨任务，彻底撕掉了千百年来的绝对贫困标签。苏州对口帮扶、东莞结对协作、中央单位定点帮扶和社会帮扶成效显著，连续五年脱贫攻坚成效考核综合评价为好，书写了中国减贫奇迹的铜仁壮丽篇章！

民生事业全面进步。就业、教育、医疗、社会保障等民生事业大幅改善，城镇新增就业23.21万人，碧江高新区成为国家级双创示范基地。贵州健康职业学院、市第二人民医院建成投用，市第三人民医院、市中医医院挂牌成立，市人民医院成功创建三甲医院并列入省级区域医疗中心建设项目，市妇幼保健院成功创建三甲妇幼保健院。义务教育巩固率达96%，高中阶段毛入学率达95.5%，铜仁学院获批3个专业硕士学位授权点，铜仁职院入列国家“双高计划”名单，铜仁幼专成为省级优质高职院校，铜仁荣获全省职业教育改革成效显著市。社会保障制度更加完善，城乡低保、医疗保险、养老保险稳步扩面提标。

平安建设硕果累累。率先在全省成立重大风险防控中心，构建“一中心一张网十联户”治理体系，运用“六防六化”工作法，有效防范化解各类风险挑战。疫情防控屏障全面加固，全人群新冠疫苗接种率达86.7%。平安铜仁、法治铜仁建设成果丰硕，连续6年重大恶性刑事案件和重特大交通事故零发生、获全省安全生产优秀等次，成功列入首批全国市域社会治理现代化试点市，荣获平安中国建设示范市、全国民族团结进步示范市、全国社会治安综合治理优秀市，群众安全感满意度连续两年全省第1。

五年来，我们始终以服务者的情怀普惠民生，用心用情播撒温暖，铜仁美好生活的景象更加灿烂！

九层之台，起于垒土。过去一年，面对百年变局和世纪疫情，我们深入学习贯彻习近平总书记视察贵州重要讲话精神，坚持以高质量发展统揽全局，围绕“四新”主攻“四化”，深入实施“五大工程”，统筹疫情防控和经济社会发展“双线作战”，有效应对多重考验，主要目标任务顺利完成，预计地区生产总值增长8.5%，实现“十四五”良好开局。一是全力打好打赢四化建设攻坚战。及时将工作重心从以脱贫攻坚统揽全局转向以高质量发展统揽全局，聚焦“四化”构建高质量发展的“四梁八柱”。发挥资源优势强工业，构建“1+3+N”工业产业体系，工业增加值增长11.5%，其中新型功能材料产业增长40.5%。发挥区位优势强城市，构建“两带一圈”城镇空间体系，实施城市更新和强中心城区两大行动，新增城镇人口20万人。发挥特色优势强农业，推进“双一十百千”工程和“八个现代化”建设，农业总产值增长9.5%。发挥生态优势强旅游，围绕“两大提升”目标，实施“四大行动”，旅游及相关产业增加值达82.4亿元。坚持用大数据赋能“四化”，新增省级融合标杆项目11个、示范项目70个、带动融合企业249家。二是全力打好打赢产业招商攻坚战。持续优化营商环境，打响“贵人服务·一视铜仁”品牌，营商“软实力”有效转化为发展“硬支撑”。深入开展产业大招商三年倍增行动，组建“四化+大数据+林下经济”招商服务中心，市县党政“一把手”带头外出招商，引进山河智能、广东嘉尚、东莞凯金等优强企业222家，签约项目649个、总投资789亿元，新增产业到位资金577亿元，工业投资、民间投资占比分别达16%、33.5%。三是全力打好打赢污染防治攻坚战。坚持以最严格的措施保护生态环境，以刮骨疗毒的决心治理污染，强力推进生态环保督察反馈问题整改，采取“四个一策”措施，推动锰污染治理和锰产业高质量发展，中心城区环境空气质量优良率97.5%，县城以上集中式饮用水源地水质达标率100%。启动实施山水林田湖草沙一体化保护和修复工程，完成石漠化治理12.5万亩、水土流失治理9万亩，新增营造林40万亩。四是全力打好打赢民生保障攻坚战。十件民生实事基本完成，民生重点支出占一般公共预算支出75.95%。脱贫成果持续巩固，4.32万人易返贫致贫风险及时消除，41个省市特色田园乡村·乡村振兴集成示范试点全面启动建设。莞铜协作扎实推进，到位东莞援助资金5亿元、实施项目235个，引进落地企业40家、到位资金21.4亿元。雅礼学校建成招生，义务教育阶段辍学失学保持动态清零，“双减”政策全面落实。在全省率先实施“民生一卡通”工程，城乡居民参保率99.1%，城乡居民基本养老保险基础养老金人均每月增加12元。五是全力打好打赢风险防范攻坚战。统筹发展和安全，有效防范化解金融债务风险，全市债务率下降5个百分点、其中市本级下降50个百分点，守住了不发生区域性系统性风险底线。常态化开展扫黑除恶斗争，扎实推进安全生产专项整治，安全生产事故起数和死亡人数分别下降35.4%、27.5%。特别是面对近期出现的一例输入性疫情，在省委、省政府坚强领导和省直部门、兄弟市州鼎力支持下，快速反应、果断处置，各族干部群众众志成城、同心抗疫，用最快速度、最短时间打赢疫情防控歼灭战！

各位代表！五年来，我们坚决贯彻新时代党的建设总要求，严格履行全面从严治党政治责任，扎实开展"两学一做"学习教育、"不忘初心、牢记使命"主题教育，深入开展党史学习教育，党的建设全面加强。坚决落实市委决策部署，全面执行市人大及其常委会各项决议决定，加强政府自身建设，坚持依法行政、依法决策，认真办理人大代表建议和政协委员提案，自觉接受人大法律监督和政协民主监督，风清气正的政治生态持续巩固，政风行风赢得群众点赞！

各位代表！五年来，全市干部用实干践行初心，用担当承载使命，与各族人民勠力同心、携手同行，在黔东大地创造了不斐业绩。绿色发展高地生机盎然、内陆开放要地活力迸发、文化旅游胜地流光溢彩、安居乐业福地欣欣向荣、风清气正净地政通人和，绿色发展先行示范区正处于快速发展的黄金期，全市448万人民在幸福时光里感恩奋进、在和谐环境下美好生活！

各位代表！惟其艰难，方显勇毅。五年来取得的成绩，为高质量发展奠定了坚实基础，成绩来之不易，经验弥足珍贵。五年的发展历程启示我们：必须把"两个维护"作为自觉行动，把习近平总书记重要指示精神作为一切工作的根本遵循，始终沿着总书记指引的方向前进；必须把加快发展作为第一要务，以高质量发展统揽全局，完整、准确、全面贯彻新发展理念，推动更高质量、更有效率、更加公平、更可持续的发展；必须把改革创新作为强大动力，勇于打破思想禁锢，破除体制机制障碍，为高质量发展提供不竭动能；必须把改善民生作为根本目的，践行以人民为中心的发展思想，以造福人民为最大政绩，为人民创造高品质生活，走共同富裕道路；必须把防化风险作为能力要求，统筹发展和安全，提高风险防范和应对能力，创造和谐稳定环境。

各位代表！五年来的成就，是以习近平同志为核心的党中央掌舵领航、关怀厚爱的结果，是省委、省政府和市委坚强领导的结果，是市人大、市政协监督支持的结果，是广大干部群众苦干实干的结果。在此，我代表市人民政府，向全市各族人民，向各位人大代表和政协委员，向各民主党派、工商联、无党派人士、各人民团体，向驻铜部队、武警官兵、人民警察和消防救援队伍，向广大医务工作者、教育工作者，向中央和省在铜单位，向对口支援城市和单位，向市监委、市中级法院、市检察院，以及所有关心支持铜仁经济社会发展的各位老领导、老同志和各界朋友，表示衷心感谢和崇高敬意！

各位代表！安不忘危、兴不忘忧。在取得成绩的同时，我们也清醒认识到，铜仁发展还面临一些问题和挑战。一是经济结构还需优化，工业占比低，产业链条短，龙头企业少，民营经济发展不充分；二是创新能力还需提升，科技人才总量不足、结构不优，高质量创新主体缺乏；三是民生短板还需补齐，在就业、教育、医疗、养老、住房等方面还有群众不满意的地方；四是风险挑战还需应对，政府债务、污染防治、安全稳定、网络安全等领域风险不容忽视；五是政府服务还需加强，少数干部运用市场化法制化手段解决问题的本领不强，形式主义、官僚主义不同程度存在，一些领域腐败问题仍有发生。对于这些困难和问题，我们一定高度重视、决不漠视，一定勇于面对、决不逃避，一定积极作为、认真解决，决不辜负组织重托和全市人民期待！

二、今后五年的总体要求和目标任务

今后五年，我们将紧扣市第三次党代会部署，把战略规划变成行动计划，把宏伟蓝图变成美好现实，高质量谱写绿色发展先行示范区新篇章。

今后五年政府工作的总体要求是：高举中国特色社会主义伟大旗帜，坚持以习近平新时代中国特色社会主义思想为指导，增强"四个意识"、坚定"四个自信"、做到"两个维护"，全面贯彻党的十九大和十九届历次全会精神，深入学习贯彻习近平总书记"七一"重要讲话、视察贵州重要讲话和对贵州对铜仁重要指示批示精神，牢记嘱托、感恩奋进，统筹推进"五位一体"总体布局，协调推进"四个全面"战略布局，立足新发展阶段，完整准确全面贯彻新发展理念，融入新发展格局，落实省委"一二三四"工作思路，坚持以高质量发展统揽全局，牢牢守好发展和生态两条底线，深入实施乡村振兴、大数据、大生态"三大战略行动"，围绕"四新"主攻"四化"，坚持"稳字当头、稳中求进、进中求转"工作基调，统筹发展和安全，统筹推进"三大区块"协同发展，高质量实施产业强市、生态立市、数智活市、文化兴市、和谐稳市"五大工程"，加快实现"一区五地"奋斗目标，为奋力谱写全面建设社会主义现代化国家贵州新篇章作出铜仁贡献。

预期目标是：地区生产总值年均增长7.5%左右，

一二三产增加值年均分别增长7%、8.5%、8%左右；规模以上工业增加值年均增长10%左右，固定资产投资年均增长4%左右，社会消费品零售总额年均增长8%左右；一般公共预算收入年均增长2%左右，城镇、农村居民人均可支配收入年均分别增长10%、12%左右；常住人口城镇化率年均提高2个百分点左右；制造业增加值、数字经济、绿色经济占地区生产总值比重明显提高。

围绕实现上述目标，我们要处理好政府与市场、速度与质量、供给与需求、存量与增量、局部与全域、发展与安全“六大关系”，奋力推动实现“五个新跨越”。

——绿色发展高地实现新跨越。到2026年，全市地区生产总值达2200亿元以上。坚持把新型工业化作为绿色发展的重要引擎，强化科技创新，建强“1+3+N”工业产业体系，以锰系锂电池材料为主的新型功能材料产业集群规模达1000亿元以上，建成全国新型功能材料产业集聚示范基地和世界知名的新型功能材料产业集群。坚持应用驱动融创发展，打造国家级平台经济产业集群、国家城市数据治理及开发利用示范市、全国大数据创新应用示范市，数字经济规模达1000亿元以上。大力发展特色林业产业和林下经济，建成十大百亿级农业特色优势产业集群，农业综合产值达1000亿元以上。坚决落实“双碳”战略，深入实施绿色制造专项行动，统筹推进山水林田湖草沙系统治理，构建完善绿色产业体系，单位地区生产总值能耗、二氧化碳排放控制在省规定范围内，森林覆盖率达68%以上，生态文明建设稳居全省前列。

——内陆开放要地实现新跨越。构建“一市两机场、高铁大通道、千吨水运能级”立体交通格局，建成铜仁凤凰机场正式航空口岸，建设黔北机场、铜吉高铁、遵义至铜仁高铁、朱砂古镇高铁综合客运枢纽、乌江1000吨级航道，进出口总额年均增长10%以上，开放型经济迈上新台阶。基本建成市场化、法治化、国际化营商环境，培育市场主体45万户。深化体制机制改革，完善园区基础设施和配套服务，打造国家级开放平台，建成涵盖铜仁高新技术产业园、碧江高新区、苏铜产业园、川硐教育园的国家级高新区，建成以大龙开发区为核心区和万山经开区、玉屏经开区为承载区的国家级经济开发区，黔东工业聚集区“火车头”作用更加强劲。

——文化旅游胜地实现新跨越。充分挖掘和传承发展红色文化、民族文化、生态文化、历史文化，完善公共文化服务设施，实施文化产业培育工程，培育壮大文化市场主体，发展新型文化企业、文化业态、文化消费模式，丰富优质文化产品和服务供给，建成长征国家文化公园贵州重点建设区铜仁片区，加强非物质文化遗产传承保护，推动文体旅事业深度融合发展。以梵净山文化旅游创新区为核心，丰富旅游业态和内涵，推动中南门历史文化旅游区和乡村振兴产业带提质发展，申创朱砂古镇国家AAAAA级景区、万山汞矿遗址世界文化遗产，新增AAA级以上景区20个，基本建成国际一流山地旅游目的地、国内一流度假康养目的地，实现旅游业及相关产业增加值年均增长10%以上。

——安居乐业福地实现新跨越。坚持以人为核心的新型城镇化，实施“强中心城区”五年行动，打造武陵山片区省际区域性中心城市，更好满足人民群众高品质生活需要。实施聚才行动，人才资源总量达75万人。坚持保障和改善民生，新增就业20万人左右，劳动年龄人口平均受教育年限达11年，人均预期寿命提升到77岁以上，养老、医疗保险覆盖面提升至95%以上，困难群众住房安全有保障。脱贫攻坚成果全面巩固，乡村振兴“五大行动”重点任务全面完成，城乡居民收入差距进一步缩小，基本公共服务更加优质均等，共同富裕迈出坚实步伐，人民群众生活更加幸福美好。

——风清气正净地实现新跨越。坚持党的全面领导，纵深推进全面从严治党，强化作风建设，政风行风社风持续向好。强化新时代精神文明建设，促进社会主义核心价值观深入人心。坚决贯彻习近平法治思想，树牢法治思维、法治理念，扎实开展“八五”普法，始终做到依法行政、高效理政、务实勤政，全面加强法治铜仁建设。持续巩固全国民族团结进步示范市和平安中国建设示范市成果，防范化解各类重大风险，市域治理体系和治理能力现代化水平明显增强，社会大局和谐稳定。

各位代表！蓝图已绘就，奋进正当时。在新的征途上，我们一定不忘初心、不负重托、拼搏进取，团结全市各族人民为之共同奋斗、矢志奋斗，努力谱写幸福美好生活新篇章！

三、2022年重点工作

今年是党的二十大和省第十三次党代会召开之年，是实施“十四五”规划的重要一年，也是新一届政府履职的开局之年，做好今年工作意义重大。

全市经济社会发展的主要预期目标是：地区生产总值增长8.5%左右，其中一二三产增加值分别增长7%、8.8%、9.6%，规模以上工业增加值增长12%，固定资产投资增长5%，社会消费品零售总额增长12%，一般公共预算收入增长5%，金融机构存贷款余额分别增长6%、18%以上，城镇、农村居民人均可支配收入分别增长10%、12%左右。城镇调查失业率控制在5%以内；居民消费价格涨幅、节能减排降碳指标控制在省下达计划范围内。

高质量发展预期目标是：制造业增加值占地区生产总值比重14%左右，数字经济、绿色经济占地区生产总值比重分别达35%和46%左右，常住人口城镇化率提升2个百分点，农产品加工转化率达59%以上，入铜游客增长10%以上、旅游人均花费增长10%以上，劳动年龄人口平均受教育年限达9.5年。

围绕上述目标，我们将重点抓好以下十个方面工作：

（一）聚焦扩大有效投资，推动项目建设取得新进展。坚持项目为王、谋划为先、落地为大，开展扩大有效投资三年攻坚行动，实现固定资产投资1000亿元以上，其中工业投资170亿元、农业投资160亿元、服务业投资200亿元、房地产投资150亿元、交通投资90亿元、民生投资65亿元、水利投资25亿元、其他投资140亿元以上。

狠抓项目谋划建设。围绕"四新""四化"、基础设施、生态环保、公共服务等领域，做深做实前期工作，提升项目申报质量，谋划500万元以上项目8000个，其中亿元项目5000个以上。建立"一月一调度一通报、一季一观摩一开工"机制，推动实施省市重大项目374个以上，力争新开工项目1500个、总投资2000亿元以上。加快黔北机场、环城高速、乌江沙沱二线千吨级通航等项目建设，实施国省道提级改造220公里以上。开工建设花滩子水库等水利工程。推进玉屏低温供热堆、铜仁西500千伏输变电工程等项目建设，建成电网项目899个。加快天然气管网建设，实现天然气管道县县通。推动市人民医院省级区域医疗中心、市第二人民医院和市第三人民医院改扩建等民生项目建设。

提升投资质量效益。树立以高质量投资促进高质量发展的鲜明导向，围绕新型功能材料、生态特色食品加工、现代能源、大数据电子信息、新型建材等领域，全力扩大产业投资，产业投资占比达40%以上。建成广东凯金20万吨高性能锂离子电池负极材料等工业项目40个，正邦福猪年产100万头仔猪等农业项目10个。降低市场准入门槛，坚决取消民间资本准入的不合理限制，吸引更多优强企业来铜投资，民间投资占比达47%以上。全面开展闲置资产盘活专项行动，有序重启一批缓建、停建项目。坚持"投资必问效、无效必问责"，强化政府投资项目管理，坚决杜绝无效低效投资，严禁新增政府隐性债务。

强化项目要素保障。设立项目前期工作经费资金池，将项目建设前期工作经费列入市县财政预算。建立政金企沟通协作机制，加强向上争资争项，发挥财政资金撬动作用，引导金融机构增量扩面、提质降本，吸引社会资本投入，为项目建设提供资金保障。健全市县领导牵头推进重大项目、重点企业协调机制，建立项目（企业）问题、政府服务"两张清单"，执行"一个项目、一名领导、一套班子、一个实施主体、一张推进图表"要求，扎实开展领导干部入企走访活动，帮助企业解决用地、用电、用能及手续办理等问题，全方位、全过程、零距离、一站式做好服务。

（二）聚焦集群集聚发展，推动新型工业取得新进展。坚持以园区为载体、项目为支撑、企业为主体，开展新型工业突破年行动，强化要素保障和配套服务，全力扩大总量、提升质量，构建完善"1+3+N"工业产业体系，实现工业总产值1100亿元以上。

做优产业园区。深化开发区管理体制改革，推动人员编制、能耗指标、土地指标等向重点园区倾斜，赋予开发区在财政、规划、土地、人事等方面更多自主权，剥离社会事务，实现轻装上阵。大龙开发区抢抓新型功能材料产业发展"风口期"，全力打造国家战略性新兴产业集群，加快申创国家级经开区，确保实现工业总产值260亿元、增长44%以上；铜仁高新区大力发展智能终端、先进制造、大健康医药等产业，确保实现工业总产值160亿元、增长60%以上，加快申创国家级高新区；其他经开区工业总产值增长20%以上。坚持"亩产论英雄"，开展闲置土地、闲置厂房和"僵尸企业"清理行动，提升开发区土地、标准厂房等资源利用率，提高项目入园率和土地产出率。

做强核心产业。围绕做大做强铜仁市新型功能材料产业集群，以锰系锂离子电池材料和其他新能源材料及电池组件为重点，着力打造国家新型功能材料千亿级产业集群。深入实施核心产业产值倍增计划和建链行动，推进高端补链、终端延链、整体强链，引导上下游企业集中集聚，引进和培育一批具有市场话语权、产品定价权、标准制定权的行业领军企业。实施"专精特新"企业培育计划，争创一批行业"小巨人"，培育"专精特新"企业20户以上。实施旗舰引领工程，推动一批新型功能材料企业发展壮大，支持汇成、重力科技、百思特、贵州天弘矿业等企业上市。实现新型功能材料产业总产值280亿元、增长40%以上。

做大支柱产业。聚焦生态特色食品产业，以县域为重点布局农产品加工业，继续实施区县党政"一把手"各领衔推进5家以上农产品加工企业上规入统行动，实现农产品加工业产值110亿元、增长20%以上。聚焦大数据电子信息产业，引进一批龙头企业，支持倍易通等现有企业做大做强，大力发展智能终端、电子信息制造等新兴产业，实现产值70亿元、增长15%以上。聚焦现代能源产业，加快思南、沿河等抽水蓄能项目前期工作，推动页岩气勘探开发，有序开发风电、水电、光伏发电等现代清洁能源，实现产值115亿元、增长15%以上。积极发展新能源汽车、船舶、优质烟酒、健康医药、水及关联产业、旅游工艺品、石材等优势产业，实现产值270亿元、增长10%以上。

（三）聚焦城市更新行动，推动城镇建设取得新进展。加快构建“两带一圈”城镇空间体系，增强城市人口承载力、内需带动力、发展竞争力。

提升中心城区首位度。实施“东限、西引、南联、北延”战略，扎实开展强中心城区五年行动，推动以中南门历史文化旅游区为中心的核心圈，碧江、万山、铜仁高新区建成区为拓展圈，江口、松桃、玉屏、大龙开发区为环城辐射圈的“三个层级”联动发展，加快建设茅溪新区、谢桥新区、空港新城，落实城市落户“零门槛”政策，中心城区新增1.7万人、首位度提升至24%。以乌江水运通道为纽带，深化德思印融合发展，支持石阡打造“温泉+”旅游强县、沿河打造乌江流域最美江城，加快建设乌江城市带。

提升城镇经济活跃度。坚持以城聚产、以产兴城、产城融合，丰富中南门历史文化旅游区和乡村振兴产业带业态，建设国家级夜间文旅消费集聚区、夜间经济示范街区，打造“流光溢彩夜贵州”铜仁文旅品牌、夜经济品牌，做到持续火爆、热度不减。以服务业创新发展“十大工程”为抓手，发展现代物流、金融、会展、养老等服务业，培育直播带货、远程医疗等新业态，推广步行街经济、假日经济、云经济、网红经济等新模式。引进大型商业零售企业2家，培育限上批零住餐企业60户、规上服务业企业10户以上。完善促进汽车、家电消费政策，建设二手车交易市场2家以上。

提升城镇居民满意度。以“四改”工程为重点，改造棚户区8908户、老旧小区45个2.9万户、背街小巷339条，新增地下管网230公里，县城以上城市生活垃圾无害化处理率95%、生活污水处理率88%。完善城市基础设施，升级改造一批物流配送中心和末端配送网点及农贸市场，打造主城区“一刻钟”便民生活圈。加快化解中心城区不动产登记历史遗留问题，妥善化解民营企业土地房屋产权历史遗留问题。坚持“房住不炒”定位，完善住房供应和保障体系，促进房地产市场平稳健康发展。强化城市环境整治，推进城市治理“一网统管”、生活服务“一码通城”、风险防控“一体联动”，让城市治理更精细、生活服务更便捷、风险防控更智慧，成为宜居宜业的美丽家园。

（四）聚焦乡村全面振兴，推动现代农业取得新进展。坚持农业农村优先发展，实施乡村振兴“五大行动”，奋力在乡村振兴上开新局。

全力巩固拓展脱贫攻坚成果。严格落实“四个不摘”要求，动态跟踪收入变化和“3+1”保障，健全易返贫致贫人员定期排查监测和精准帮扶机制，坚决守住不发生规模性返贫底线。规范扶贫项目后续管护运营、收益分配使用，严格项目资产处置，确保发挥效益。做好易地扶贫搬迁后续扶持，完善“五个体系”，共建“四安家园”。深化东西部协作，推广“四+”合作模式，做强莞铜共建园区，推进与东莞开展全领域协作，承办好粤黔协作联席会议，巩固拓展苏铜协作和中央、省定点帮扶及社会力量帮扶成果。完善与东莞、苏州等主要输入地劳务协作机制，农村劳动力外出务工组织化程度达70%以上。

全面推进乡村振兴建设。以农村人居环境整治提升为抓手，推进农村基础设施提档升级，完善农村公共服务，打造乡村振兴集成示范点。深入推进农村一二三产业融合发展，大力发展县域富民产业，让农民分享更多产业增值收益。强化生活垃圾收运处置和生活污水治理，完成农村改厕2.2万户，30户以上自然村寨农村生活垃圾收运处置体系覆盖率达80%。深入挖掘农耕文化，推动文化资源转化为经济资产。鼓励优秀人才返乡下乡创业，强化乡村人才保障。拓展建设新时代文明实践中心，完善村民自治，夯实治理基础。

大力发展现代高效农业。构建现代农业产业、生产、经营、保险体系，提高规模化、标准化、品牌化、市场化水平，农业总产值增长8.5%以上。守牢粮食安全底线，实施种业振兴行动，严格耕地保护，推进耕地撂荒专项整治，建成高标准农田30万亩，粮食播种面积388万亩、产量110万吨以上。盘活闲置低效农业设施、失管产业和土地资源，提升农业机械化水平，主要农作物耕种收机械化率50%以上。发展林下经济，新增基地面积60万亩、实现综合产值50亿元。优化农业生产组织方式，探索返租倒包、股份合作等模式，培育新型经营主体，新增省级示范合作社20家、省级示范家庭农场20家、市级家庭农场100家以上，支持贵茶集团、贵福菌业、梵天菌业、追花族等企业上市。

（五）聚焦发展全域旅游，推动旅游产业取得新进展。坚持抓龙头、连金线、带亮点，深入开展“四大行动”，实现旅游及相关产业增加值100亿元、增长20%以上。

丰富旅游业态。充分发挥“一带双核”龙头引领作用，做好“旅游+、+旅游”文章，实施旅游景区提质扩容工程，有序开发一批新景区，提档升级一批老景区，推进中南门历史文化旅游区创建4A级景区、朱砂古镇创建AAAAA级景区和万山汞矿遗址申报世界文化遗产。打造一批精品旅游线路，开发一批具有地标特点、民族特色、地方特味的旅游商品，满足不同游客的体验和消费需求，延长游客停留时间，提高旅游消费。加快长征国家文化公园贵州重点建设区铜仁片区建设，加强文化遗产、传统村落、民族特色村寨等保护利用，强化苗绣等优秀传统手工艺保护传承。

盘活低效项目。坚持市场化运作，通过申报省旅游产业化基金、招引一批战略投资者、引入职业经理人管理、注入金融社会资本等方式，加快盘活茶花泉项目，实质性盘活百花渡、大明边城、乌江腾龙峡、潜龙洞4个项目。加大旅游项目招商力度，重点引进投资、运营、开发类优强市场主体参与旅游重大项目建设，签约项目合同投资额100亿元、到位资金40亿元，新增规上（限上）旅游市场主体4家以上。

提升服务水平。完善旅游配套设施，新建改扩建示范旅游厕所10座以上，推动5G网络在4A级以上核心景区全覆盖。推进"大数据＋全域智慧旅游"平台建设，完善提升"一码游贵州"铜仁专区服务平台。支持创建星级饭店酒店，新增五星级标准酒店1家、标准级以上旅游客栈50家以上。开展旅游市场秩序专项整治行动，坚决打击欺客宰客、强迫消费等违法行为，提升游客满意度回头率，让游客来了不想走，走了还想来。

（六）聚焦上云用数赋智，推动数字经济取得新进展。坚持数字产业化、产业数字化，推进"数智活市"工程，奋力在实施数字经济战略上抢新机。

壮大平台经济。完善"4+2+X"数字经济产业布局，推进万山大数据产业园、碧江数字科创产业园建设，做强铜仁网络货运数字产业园。大力发展资源整合型、结算本地型、动能转换型平台经济，支持和规范网络货运、泛文娱等平台企业发展，提高市场竞争力。深入实施"万企融合"大赋能行动，推动大数据与实体经济深度融合，建设或升级一批5G智慧工厂，实施大数据融合标杆项目6个、示范项目60个，实现电信业务总量增长10%、软服业收入增长18%、平台经济规模达300亿元以上。

拓展场景应用。围绕政用商用民用行业领域痛点堵点，谋划应用场景50个，让人民生活更智慧、更便捷、更幸福。开展"寻苗行动"，用好"两池两库"，新增大数据企业50家以上。开展"百企引领"行动，支持梵云集团、山久长青、梵运网络等大数据企业上市，培育一批大数据"独角兽"企业。

强化数据治理。加快建设新基建，新增5G基站1200个。按照政务信息化项目"四统筹"要求，强力推动"一云一网一平台一体系"建设和数据上云，建设公共数据综合服务平台、城市数据资源池、数据安全流转通道等数据治理基础设施，加快跨部门数据融合创新应用，提升政府管理、社会治理和民生服务水平。推进国家公共数据开发利用试点建设，强化数据全生命周期监管，促进数据安全可信有序流通，构建百花齐放、万众创新的数字生态，全力打造数字经济发展新高地。

（七）聚焦生态环境保护，推动生态文明取得新进展。坚持生态产业化、产业生态化，深入打好污染防治攻坚战，奋力在生态文明建设上出新绩。

加强生态保护。加快市县国土空间总体规划编制，科学划定空间规划"三区三线"，建立协调有序的国土开发保护格局。统筹推进山水林田湖草沙系统治理，实施水土流失、石漠化治理、退耕还林等工程，完成营造林30万亩、矿山生态修复750亩。严格落实长江十年禁渔、河长制、林长制，抓好国家储备林、公益林等建设，强化生物多样性保护和利用，提升森林质量。加强梵净山世界自然遗产保护管理，做好重大林业有害生物防控。

强化环境治理。按照"四个一策"要求，强化锰渣无害化处理、资源化利用科技研发和成果转化攻关，推动锰污染治理和锰产业高质量发展。打好蓝天、碧水、净土保卫战，环境空气质量平均优良天数比例97%以上、国家和省考核主要河流断面水质达标率100%，中心城区、县级以上集中式饮用水水源地水质达标率100%。强力推进中央环保督察反馈问题等生态环境突出问题整改，严厉打击和惩治污染环境和破坏生态行为。

推动绿色发展。落实碳达峰、碳中和政策，加快构建绿色低碳循环发展的经济体系，创建一批绿色园区、绿色工厂。开展生态综合补偿价值试点及生态产品价值实现机制试点，推进排污权、用能权、用水权、碳排放权市场化交易。严控"两高"项目盲目发展，提升重点行业能源利用效率，单位地区生产总值能源消耗、二氧化碳排放和非化石能源消费达到省要求。积极推行绿色生活方式，引导居民绿色出行，推动生活垃圾分类处置，建立绿色产品消费激励机制，让绿色低碳成为生活新风尚。

（八）聚焦改革开放创新，推动产业招商取得新进展。坚持以改革促开放、以开放促招商，激活内部要素，吸引外部资源，为高质量发展注入强大动力。

加大改革创新。深化"放管服"改革，推进"证照分离"全覆盖，推进政务服务"五个通办"，市县"2+2""大一窗"政务服务事项综合受理比例达100%，提升"贵人服务·一视铜仁”品牌吸引力。落实好国家新一轮减税降费和减租降息、普惠金融等纾困政策，激发市场主体活力，新增市场主体3.5万户。深入推进国企改革，加快国企实体化转型、市场化运作，提升企业经营效益。加快公共资源交易平台整合共享，打造阳光交易平台。推进财税金融、商事制度、农业农村等领域改革。理顺基层科技体制，加大科技创新、知识产权、品牌创建投入与保护运用力度，新增高新技术企业15家、科技型中小企业30家。加快铜仁学院锰系材料重点实验室建设，推动与东莞市松山湖材料实验室开展项目合作。

扩大对外开放。主动融入“一带一路”、成渝地区双城经济圈、长江经济带、粤港澳大湾区、长三角区域经济发展，积极承接产业转移。支持外贸外资企业向开发区集聚发展，扩大抹茶等优势产品出口量，壮大开放型经济，外贸进出口额增长30%。办好水博会、数博会铜仁分会、梵净山抹茶大会和第十届旅游产业发展大会暨文化旅游产业招商推介会等重大开放活动，提升铜仁知名度和影响力。

狠抓产业招商。用好用活“76554”招商工作法，深入开展产业大招商三年行动。围绕“四新”“四化”、大数据、林下经济等领域，建立招商项目库和目标企业库，聚焦首位产业、龙头企业开展全产业链招商，提升招商引资精准度，实现新增到位资金350亿元、工业到位资金185亿元，新引进优强企业120家。扶持壮大民营企业，推动民营经济成为铜仁发展的顶梁柱。

（九）聚焦增进民生福祉，推动社会事业取得新进展。坚持民之所望为施政所向，统筹财力继续办好十件民生实事，让发展更有温度、幸福更有质感。

拓宽就业创业渠道。落实就业优先政策，深化东西部劳务协作，推动高校毕业生、进城务工人员、退役军人、易地搬迁群众等重点群体就业创业，开展职业技能培训4万人次以上，转移农村劳动力就业8.9万人以上，城镇新增就业4万人以上。严厉打击恶意欠薪违法行为，保障农民工合法权益，决不让农民工流汗又流泪。

提高公共服务质量。落实城镇小区配建幼儿园政策，公办幼儿园占比不低于58%。推进高考、中考综合改革，落实“双减”政策，有效化解城区大班额不低于30%。支持高等教育发展，推动产教融合、校企合作，增强高校服务地方发展能力。深化医药卫生体制改革，组建城市医疗集团，推进国家紧密型县域医共体试点，推动中医药、民族医药传承创新发展。加强疾病预防控制体系建设，提升应对重大公共卫生事件能力。完善文体设施，加快文化体育事业发展，开展全民健身运动。积极推动青年友好型、成长型城市建设，创新开展新时代爱国卫生运动。

提升社会保障水平。实施全民参保计划，扩大社保覆盖面，提高社保参保率。深化医疗保障制度改革，努力减轻老百姓看病就医负担。落实国家三孩政策，提高0～3岁婴幼儿托管服务水平，保障妇女儿童合法权益。健全养老服务体系，积极应对人口老龄化，鼓励和动员有条件的医疗卫生机构、社会力量兴办养老机构，打造一批健康养老知名品牌和示范基地。坚持分层分类做好困难群体社会救助，让困难群众生活不用愁，日子有盼头。

（十）聚焦重大风险防范，推动平安建设取得新进展。用好“六防六化”工作法，健全风险防范机制，严密防化各类风险，维护安定和谐的大好局面。

严防新冠疫情风险。密切关注疫情发展动态，毫不放松抓好常态化疫情防控。坚持“外防输入、内防反弹”和“人、物、环境”同防，科学精准落实疫情常态化防控措施，持续推进疫苗接种，筑牢全民免疫屏障。做好监测预警和信息发布，提升流调溯源、核酸检测、医疗救治等能力，强化物资储备和应急演练，坚决守住“黔东大门”。

严防金融债务风险。严格落实政府债务管理规定，优化政府投资，压实化债责任，千方百计开源节流、增加财力，坚决遏制增量、稳妥化解存量，稳步降低政府债务率。优化金融生态环境，建立防范化解重大金融风险长效机制，依法打击和处置非法集资及逃废债行为，坚决守住不发生区域性系统性风险底线。

严防安全稳定风险。扎实推进安全生产专项整治三年行动，加强地质灾害防治，坚决防止重特大安全事故发生。加强食品药品安全监管，保障人民群众饮食用药安全。铸牢中华民族共同体意识，再创全国民族团结进步示范市。深化平安铜仁建设，常态化推进扫黑除恶斗争，依法打击违法犯罪，完善社会矛盾纠纷多元调处化解机制，巩固平安中国建设示范市成果。

与此同时，加强国家安全、国防动员和国防教育、双拥共建、退役军人、民族宗教、外事侨务、法律服务、档案方志、水文气象等工作，支持监委、法院、检察院工作，支持工青妇、关工委、老龄委、红十字会、文联、社科联、残联、科协、慈善、计生协会、老年体协等事业全面发展。

四、加强政府自身建设

各位代表！重任千钧惟担当。我们将始终坚持党的全面领导，强化理论武装，加强政治建设，衷心拥护

"两个确立"，忠诚践行"两个维护"，巩固拓展党史学习教育成果，大力弘扬伟大建党精神，继往开来、砥砺前行，努力建设人民满意的政府。

（一）坚持公平为先，树立法治政府新形象。严格遵守宪法和法律，把习近平法治思想贯彻落实到政府工作各领域全过程，推进法治政府建设走深走实。坚持权由法定、权依法使，强化行政规范性文件合法性审查，履行重大行政决策法定程序，推进科学民主依法决策。深化政务公开，执行人大决议决定，主动接受人大监督、政协监督、监委监督和社会舆论监督，强化审计、财会监督，让权力公开透明、阳光运行。认真听取民主党派、工商联、无党派人士和人民团体意见，让政府所有工作体现人民意愿、最终效果由人民评判。

（二）坚持服务为上，树立效能政府新形象。深入推进简政放权，动态优化调整权责清单，发扬"店小二"精神，让投资者感受贵人的尊重、体验贵人的服务，在铜仁办事一路绿灯、事业一路红火。加强和规范事中事后监管，营造公平公正的市场竞争环境。坚持把诚信施政作为重要准则，依法兑现政府承诺，提高政府公信力，决不允许"新官不理旧账"。加快"数字政府"建设，推广"互联网＋政务服务"，提升政务服务规范化标准化水平，完善便民服务体系，实现政务服务网上办、掌上办、指尖办，努力让企业和群众办事创业更方便、更快捷、更舒心。

（三）坚持担当为要，树立实干政府新形象。扎实开展"改进作风、狠抓落实"年行动，重实干、重担当、重落实，以"抓铁有痕、踏石留印"的精神和"马上就办、限时办结"的作风，狠抓各项部署落细落小、落地落实，用今天的拼搏力度换取明天的发展速度，用政府的辛苦指数换取群众的幸福指数。坚持严管与厚爱相结合，落实"三个区分开来"，健全激励干部担当作为机制，为干事创业者撑腰鼓劲，对庸政懒政者严肃问责，让广大干部卸下包袱、轻装上阵，靠作风吃饭、用数字说话、凭实绩交卷，大力营造肯干事敢担当、说真话办实事、善作为求实效、讲原则敢斗争的浓厚氛围。

（四）坚持清廉为本，树立廉洁政府新形象。认真履行全面从严治党主体责任，深入推进政府系统党风廉政建设和反腐败斗争，持续巩固风清气正的政治生态。严格落实中央八项规定及其实施细则精神，驰而不息纠治"四风"，突出减轻基层负担，坚决防止四风问题反弹回潮。严明财经纪律，坚持政府过紧日子，坚决反对铺张浪费，继续压减党政机关行政经费、一般性支出和非急需、非刚性支出，集中财力保基本民生、保工资、保运转，决不允许劳民伤财搞"政绩工程"，确保每一分钱都用在刀刃上。强化重点领域、关键环节、关键岗位监督管理，严厉惩治不正之风和腐败行为，确保干部清正、政府清廉、政治清明。

各位代表！光荣的使命，鼓舞我们砥砺奋进；人民的期盼，鞭策我们勇往直前。让我们紧密团结在以习近平同志为核心的党中央周围，在省委、省政府和市委的坚强领导下，不忘初心、牢记使命，埋头苦干、勇毅前行，以优异成绩迎接党的二十大和省第十三次党代会胜利召开！

2022 年十件民生实事

1. 完成 10 所幼儿园新建或改扩建。

2. 完成铜仁市第五小学改扩建工程。

3. 完成大兴 20 万吨水厂厂房主体工程。

4. 建成碧江城区排水防涝治理项目和万山中心城区排水（雨水）防涝综合建设项目（二期）。

5. 完成农村公路安全生命防护工程 300 公里、"美丽农村路" 500 公里、公路危桥改造工程 20 座。

6. 完成锦江南路改扩建。

7. 新增城镇公共停车位 3500 个。

8. 新建保障性租赁住房 670 套。

9. 建成新能源汽车充（换）电站 12 个、充电桩 300 台（枪）。

10. 完成 12 个养老机构提质改造。

名词解释

四新：在新时代西部大开发上闯新路，在乡村振兴上开新局，在实施数字经济战略上抢新机，在生态文明建设上出新绩。

四化：新型工业化、新型城镇化、农业现代化、旅游产业化。

五大工程：产业强市、生态立市、数智活市、文化兴市、和谐稳市。

一带双核：一带，即以梵净山沿太平河、锦江河至铜仁主城区乡村振兴示范带为纽带；双核，即梵净山 AAAAA 级景区和中南门历史文化旅游区。

1+3+N：1 个核心产业，即新型功能材料产业；3 个支柱产业，即生态特色食品、电子信息制造、现代能源工业；N 即一批优势产业。

两带一圈：黔边城市带、环梵净山特色城镇圈、乌江城市带。

双一十百千：到 2025 年，以创建 1 个国家现代农业产业园区、培育 10 个国家级农业龙头企业、发展 100 个农村集体经济强村、建立 1000 个农业社会化服务组织目标为牵引；坚持把粮食安全放在第1位，着力培育壮大10个优势特色产业集群，实现每个优势特色产业集群综合产值达100亿元以上，优势特色产业综合产值总共达1000亿元以上。

八个现代化：农业基础设施现代化、组织方式现代化、生产技术现代化、经营管理方式现代化、发展方式现代化、农产品价值实现方式现代化、农业合作现代化、农业业态现代化。

一中心一张网十联户：社会治理创新系统集成“综治中心、网格化、十联户”三块工作综合运行、一体联动。其中，县乡村综治中心是基层社会治理的“指挥部”，是防范化解矛盾风险的综合体；城乡“网格”是社会治理的基本单元，是群众诉求处理、风险隐患感知的基本节点；十联户是社会治理的神经末梢，是群众联防守望、抱团发展的共治体。

乡村振兴“五大行动”：巩固拓展脱贫攻坚成果五年行动、发展乡村产业五年行动、农村人居环境整治提升五年行动、推进乡风文明五年行动、加强乡村治理五年行动。

政府服务“两张清单”：权责清单和公共服务事项清单。

四改：棚户区、老旧小区、背街小巷及地下管网改造。

旅游产业化“四大行动”：市场主体培育行动、业态升级行动、服务质量提升行动、盘活闲置低效项目攻坚行动。

4+2+X：4即碧江数字科创产业园、万山大数据产业园、德江大数据融合示范园、高新区大数据电子信息产业园；2即大数据电子信息特色产业集群、互联网平台经济特色产业集群；X即结合各区（县）资源、产业、环境等实际，打造多个特色产业园、示范区、数字小镇等。

两池两库：两池是指人才池、资金池；两库是指项目库、企业库。

三区三线：根据城镇空间、农业空间、生态空间三种类型的空间，分别对应划定的城镇开发边界、永久基本农田保护红线、生态保护红线三条控制线。

五个通办：一窗通办、全省通办、跨省通办、一网通办、一证通办。

“76554”招商工作法：“七个极”，即坚持极高的政治站位、极深的民生情怀、极强的全局统筹、极佳的招商成效、极准的路径举措、极硬的工作作风、极优的组织保障；“六个借”，即善于借势、借题、借脑、借鉴、借梯、借力；“五个看”，即看眼里有的、脑里想的、肚里装的、嘴上说的、脚下走的；“五个一致”，即做好项目的谋划、包装、推介、签约、落地“五个环节”工作；“四个好”，即承诺兑现好、人文环境好、队伍激励好、政商关系好。

十大特色农业优势产业：生态茶、生猪、家禽、蔬果、食用菌、薯类、中药材、牛羊、蜂蜜、特色林业。

十大工业产业：先进装备制造业、优质烟酒产业、大数据电子信息产业、生态特色食品产业、基础材料产业、新能源汽车产业、健康医药产业、新型建材产业、现代化工产业、现代能源产业。

四好农村路：把农村公路建好、管好、护好、运营好。

三大区块：黔东工业聚集区、梵净山文化旅游创新区、乌江生态经济融合区。

双十工程：“十大污染源治理工程”和“十大行业治污减排全面达标排放专项行动”。

五场战役：蓝天保卫战、碧水保卫战、净土保卫战、固废保卫战、乡村环境整治。

基础设施“六网会战”：路网、水网、电网、油气网、地下管网、互联网基础设施。

四个不摘：摘帽不摘责任、摘帽不摘政策、摘帽不摘帮扶、摘帽不摘监管。

易地扶贫搬迁后续扶持“五个体系”：基本公共服务、培训和就业服务、文化服务、社区治理、基层党建五个体系建设。

四安家园：实施“新市民·追梦桥”工程，创建居安、业安、身安、心安“四安家园”。

服务业创新发展“十大工程”：大旅游创新发展工程、大数据融合创新发展工程、大健康创新发展工程、现代金融创新发展工程、现代物流创新发展工程、现代商贸创新发展工程、科技研发创新发展工程、文化产业创新发展工程、养老服务创新发展工程、会展服务创新发展工程。

一云一网一平台一体系：一云，云上贵州铜仁节点——铜仁梵云，实现对全市各类政务应用系统、数据的“一云统揽”。一网，统一的政务民生服务网，实现对所有政务民生服务的“一网通办”。一平台，大数据服务调度平台，实现对全市各种政务场景应用业务及数据的“一平台调度”。一体系，数据治理及运营体系，实现对全市各行业应用场景的“一体系支撑”。

政务信息化项目“四统筹”：统一规划、统一建设、统一购买服务、统筹资金保障。

六防六化：防守如城、化危为机；防患未然、化隐为显；防微杜渐、化整为零；以防万一、化繁为简；以防不测、化难为易；怯防勇战、化险为夷。

《铜仁古城保护条例》

（2021年10月29日铜仁市第二届人民代表大会常务委员会第三十九次会议通过 2021年11月26日贵州省第十三届人民代表大会常务委员会第二十九次会议批准）

第一章 总则

第一条 为了加强铜仁古城保护，传承优秀历史文化，根据《中华人民共和国文物保护法》《历史文化名城名镇名村保护条例》等法律、法规的规定，结合实际，制定本条例。

第二条 铜仁古城的保护、管理和利用及相关活动适用本条例。

本条例所称铜仁古城是指位于铜仁市中心城区内，三江汇流处铜岩周边的东山古建筑群、中南门历史文化街区、江宗门半岛既有建筑群，大江坪半岛、五显庙半岛规划控制区域。具体范围由市人民政府公布。

第三条 铜仁古城保护坚持政府主导、统一管理、分类保护、合理利用、多方参与的原则。

第四条 市人民政府应当加强铜仁古城保护工作的组织领导，负责古城保护利用、监督管理、规划管控等工作，完善体制机制和政策保障。

市人民政府文化旅游、城乡建设、消防、规划、城市管理、民族宗教、教育等主管部门，按照各自职责做好古城保护管理的相关工作。

碧江区人民政府、古城所在地街道办事处应当按照相关规定，做好古城保护管理工作。

第五条 市人民政府设立的铜仁古城保护管理机构（以下统称古城保护机构），负责古城保护管理的日常工作，履行下列职责：

（一）宣传实施古城保护有关法律、法规和本条例；

（二）组织编制古城保护名录、建立档案、设置保护标识、明确保护责任单位；

（三）负责古城公共基础设施和有关建设、修缮、经营活动的监督管理工作；

（四）会同碧江区人民政府、古城所在地街道办事处和相关部门建立古城保护共管共建机制；

（五）与古城保护管理有关的其他工作。

第六条 市人民政府应当建立铜仁古城保护专家咨询制度，设立由文物、文史、规划、设计、古建、消防、园林等方面专业人才组成的咨询专家库。

古城保护机构和有关部门编制或者修改古城保护方案、保护名录、规划，以及建设管理中重大事项的决策，应当组织专家进行论证、评审。未经论证、评审或者论证、评审未通过的，不得进入决策程序。

第七条 任何组织和个人有权依法举报或者劝阻破坏铜仁古城的行为。

鼓励和引导社会力量通过投资、资助、捐赠、设立公益性资金、志愿服务等方式，参与古城保护、利用、研究等活动。

第八条 市人民政府、碧江区人民政府、古城所在地街道办事处和相关部门应当加强铜仁古城保护的宣传教育，增强公众保护意识。

每年端午节所在周为铜仁古城保护宣传周。

第二章 保 护

第九条 铜仁古城实行分类保护，从严保护文物保护单位，整体保护历史文化街区的传统格局、历史风貌和空间尺度，重点控制历史建筑形态、结构和传统民居的风貌，全面保持既有建筑的风貌特征，不得擅自改变与其相互依存的自然景观和环境。

大江坪半岛、五显庙半岛规划控制区域内的建（构）筑物高度、体量、外观形象等应当与古城建筑风格相协调，符合古城整体风貌。

第十条 铜仁古城保护对象包括：

（一）周逸群烈士故居、飞山宫、川主宫、东山寺、古城墙、古城门、古码头等全国重点文物保护单位；

（二）中南门历史文化街区传统格局、历史风貌和空间尺度，包括其范围内的朱家大院、罗家大院等历史建筑和传统民居；

（三）逸群小学、东山抗日阵亡将士纪念碑等红色文化资源；

（四）摩崖石刻、牌坊、亭阁、古井、古树名木；

（五）书院、文庙等既有建（构）筑物；

（六）传统地名、历史建（构）筑物名称、商业老字号；

（七）铜岩、东山、江宗门半岛、大江坪半岛、五显庙半岛等景观风貌；

（八）其他具有保护价值的对象。

第十一条 铜仁古城保护对象实行保护名录制度。县级以上人民政府已经批准公布的保护对象，直接列入保护名录。

古城保护机构应当会同相关部门开展保护对象的普查和保护名录编制、修订工作，对需要列入保护名录的对象提出建议名单，经专家论证、社会公示后，由市人民政府批准并公布。

任何组织或者个人发现古城内具有保护价值的对象，可以向古城保护机构建议列入保护名录。

第十二条 古城保护机构应当对列入保护名录的保护对象建立档案、电子数据库，进行动态监管。保护对象档案包括下列内容：

（一）使用现状、历史沿革、名人轶事和文化艺术特征等；

（二）普查、研究获取的资料；

（三）测绘、设计信息资料；

（四）修缮、保养过程中的图文和影像等资料；

（五）其他需要保存的资料。

第十三条 古城保护机构应当对保护对象分类设置含有数字信息的标志牌，标明保护对象的名称、年代、保护范围、保护责任单位、重点历史信息等内容。

标志牌的设置应当符合相关标准要求，并与古城风貌相协调。

任何组织或者个人不得擅自设置、移动、涂改、损坏标志牌。

第十四条 铜仁古城保护对象实行保护责任单位制度，保护责任单位由古城保护机构根据相关规定和保护需要确定。保护责任单位履行下列职责：

（一）制定保护方案，并组织实施；

（二）配合古城保护机构收集、研究保护对象的有关历史资料、文献和实物，并接受其监督；

（三）法律、法规规定的其他职责。

第十五条 铜仁古城内国有文物保护单位的修缮和保养由使用人负责，非国有文物保护单位的修缮和保养由所有权人负责。

非国有文物保护单位有损毁危险，所有权人不具备修缮、保养能力的，古城保护机构应当采取措施进行保护；所有权人具备修缮能力而拒不依法履行修缮义务的，由古城保护机构进行抢救修缮，所需费用由所有权人承担。

禁止擅自迁移、拆除不可移动文物。

第十六条 古城保护机构应当与文物保护单位的所有权人、使用人或者管理人签订文物安全责任书，明确保护和管理责任，并设置保护责任公示牌。

古城保护机构应当会同相关部门、古城所在地街道办事处加大对文物保护单位的日常管护力度和检查巡查频次，督促所有权人、使用人或者管理人按照法律法规规定和相关技术标准要求，安装消防、安防、防雷、防蛀等设施。

第十七条 古城保护机构应当会同城乡建设主管部门按照不改原貌、最小干预的原则，制定历史建筑形态和构造图集，明确高度、体量、外观形象、色彩、材料、细部特征、工艺手法等要求。

历史建筑形态和构造图集应当经专家论证，向社会公开征求意见后，由古城保护机构公布。

第十八条 列入保护名录的传统民居，其所有权人、使用人应当合法、安全使用，采取适当措施防止传统民居损毁，不得擅自拆卸建筑构件，不得破坏建筑物主体和改变原有风貌。

传统民居有损毁危险的，其所有权人参照历史建筑形态和构造图集要求进行维护和修缮，资金确有困难的，古城保护机构可以给予适当补助。

第十九条 铜仁古城内既有建筑应当按照原有风貌特征进行维护和修缮。除既有公共建筑维护和修缮由古城保护机构负责外，其他既有建筑维护和修缮由所有权人或者使用人负责。

第二十条 铜仁古城内建（构）筑物、道路、管线和其他公共设施确需维护、修缮的，建设单位应当依法向有关部门办理相关手续。有关部门审批前，应当征求古城保护机构的意见。

建设单位在维护、修缮施工前，应当将有关手续报古城保护机构备查；建设单位和施工单位施工中，应当遵守安全文明施工的相关规定，并接受古城保护机构监督。

第三章 管 理

第二十一条 古城保护机构和相关部门按照安全规范、文明有序、干净整洁、便民利民的要求对铜仁古城进行管理。

古城保护机构应当会同相关部门运用铜仁市大数据平台，建立包含保护名录、历史文化、业态项目、旅游活动、消防安全等内容的管理信息系统，提高古城管理工作智能化水平。

第二十二条 消防救援机构应当会同古城保护机构加强消防救援力量建设，检查、督促消防安全责任单位、建筑物所有权人或者使用人建立消防安全制度，落实消防安全责任，组织开展消防安全宣传、教育、培训和演练。

建筑物所有权人或者使用人应当按照消防技术标准敷设管线，使用不燃、难燃材料进行装修、装饰，配备消防设施和器材，不得占用、堵塞、封闭疏散通道、安全出口、消防车通道。

古城保护机构应当会同古城所在地街道办事处加强对古城消防安全的日常巡查工作。

第二十三条 古城保护机构应当会同城市管理等主管部门加强对古城内装修装饰行为的监督指导，制定管线管道、店铺门面、广告招牌、景观灯光、空调外机、遮阳棚（伞）等装修装饰标准。

给排水、消防、电力、通讯等管线设施应当入地埋设。入地埋设确有困难，需要采用架空或者沿墙敷设的，应当与古城风貌相协调。

第二十四条 城市管理主管部门应当加强铜仁古城内环境卫生的监督管理，督促责任人落实环境卫生责任，保持古城干净整洁。

第二十五条 古城保护机构应当加强对铜仁古城内举办民俗、节庆、演出、影视拍摄等大型活动的监督管理，督促承办单位制定突发事件应急预案、维护现场安全秩序。

第二十六条 古城保护机构应当会同相关部门建立定期集中办公制度，对铜仁古城内的公共基础设施建设、修缮、装修、经营等有关事项开展政务服务，制定车辆通行、货物运输等便民措施，为居民和经营者生产生活提供便利。

第二十七条 任何组织或者个人在铜仁古城内不得有下列行为：

（一）擅自新建、改建、扩建或者拆除建（构）筑物；

（二）乱搭建、乱堆放；

（三）在建（构）筑物上刻划、涂污；

（四）损坏树木花草和绿化设施；

（五）擅自移植、修剪树枝等损害古树名木生长；

（六）破坏消防、安防、防雷、防蛀等设施；

（七）随意丢弃垃圾、排放生活污水或者超标排放油烟；

（八）露天焚烧沥青、橡胶、塑料、皮革等产生有毒有害、恶臭气体的物质；

（九）升放孔明灯；

（十）抽打陀螺、甩响鞭；

（十一）法律、法规规定的其他行为。

第二十八条 在中南门历史文化街区保护范围内，除适用本条例第二十七条规定以外，还禁止下列行为：

（一）在文物保护单位的保护范围内使用明火；

（二）损坏或者擅自迁移、拆除历史建筑；

（三）擅自拆除传统民居；

（四）开山、采石、取土等破坏东山山体的活动；

（五）修建生产、储存爆炸性、易燃性、放射性、毒害性、腐蚀性物品的工厂、仓库等；

（六）储存、使用燃气；

（七）燃放烟花爆竹、焚香烧纸；

（八）法律、法规规定的其他行为。

第四章 利 用

第二十九条 市人民政府应当统筹铜仁古城资源，根据功能规划布局，明确区块业态，发布禁止类、限制类、鼓励类经营项目目录，制定鼓励类项目奖励政策，推动古城文化、旅游、商贸等产业发展。

第三十条 铜仁古城内文物保护单位在保障文物安全和人员安全的前提下，可以结合其自身特点依法进行保护性利用。

鼓励依法利用具备条件的文物保护单位开设博物馆、陈列馆、纪念馆等，对历史文化遗产进行展示。

第三十一条 铜仁古城内历史建筑在不改变主体结构、外观风貌以及不危害建筑及其附属设施安全的前提下，除不得开设大型餐馆外，可以进行活化利用。

鼓励利用历史建筑展示非遗项目、开展民俗表演、开设中医药馆等，传承民族民间文化。

第三十二条 鼓励利用铜仁古城内的传统民居开设传统商铺、传统工艺作坊、客栈、茶室等经营服务场所，展示原有居民生产生活形态。

第三十三条 鼓励、支持组织和个人在铜仁古城内依法从事下列行为：

（一）开展古城游、红色游、文化游等特色旅游；

（二）开设博物馆、非遗馆、图书馆、美术馆、陈列馆、纪念馆、科技馆；

（三）开办红色革命教育、历史文化传承、生态环境保护等研学、培训机构；

（四）建立影视制作、文艺创作等基地，发展文化创意产业；

（五）制作、销售、展示传统手工艺品、民俗工艺品和纪念品；

（六）经营传统中医药、健康养生行业；

（七）经营特色美食、民宿、茶艺、酒吧；

（八）组织赛龙舟、傩戏、龙灯钹等民族民间文艺表演；

（九）其他有利于古城保护和历史文化传承、传播的活动。

第五章 法律责任

第三十四条 违反本条例第十五条第三款规定

的，由文物主管部门责令改正，造成严重后果的，处以5万元以上50万元以下罚款；情节严重的，由原发证机关依法处理。

第三十五条 违反本条例第二十八条规定的，按照下列规定给予处罚：

（一）违反第一项规定的，由消防救援机构处以警告；拒不改正的，处以500元以下罚款；

（二）违反第二项规定的，由城市管理主管部门责令停止违法行为、限期恢复原状或者采取其他补救措施；有违法所得的，没收违法所得；造成严重后果的，对单位并处以20万元以上50万元以下罚款，对个人并处以10万元以上20万元以下罚款；造成损失的，依法承担赔偿责任；

（三）违反第三项规定的，由城市管理主管部门责令停止违法行为、限期恢复原状或者采取其他补救措施；有违法所得的，没收违法所得；造成严重后果的，对单位并处以5万元以上10万元以下罚款，对个人并处以1万元以上5万元以下罚款；造成损失的，依法承担赔偿责任；

（四）违反第四项、第五项规定的，由城市管理主管部门责令停止违法行为、限期恢复原状或者采取其他补救措施；有违法所得的，没收违法所得；造成严重后果的，对单位并处以50万元以上100万元以下罚款，对个人并处以5万元以上10万元以下罚款；造成损失的，依法承担赔偿责任；

（五）违反第六项规定的，由城市管理主管部门责令限期改正；逾期不改正的，对单位可处以10万元以下罚款，对个人可处以1000元以下罚款；造成损失的，依法承担赔偿责任；

（六）违反第七项规定，燃放烟花爆竹的，由公安机关责令停止燃放，处以200元以上500元以下罚款。焚香烧纸的，由消防救援机构处以警告；拒不改正的，处以500元以下罚款。

第三十六条 相关主管部门及其工作人员违反本条例规定，玩忽职守、滥用职权、徇私舞弊，尚不构成犯罪的，对直接负责的主管人员和其他直接责任人员依法给予处分。

第三十七条 违反本条例规定的其他行为，法律、法规有处罚规定的，从其规定。

第六章 附 则

第三十八条 本条例自2022年1月10日起施行。

经济社会发展统计资料

表71 2021年铜仁市生产总值一览表

单位：亿元

地区	生产总值		第一产业		第二产业		第三产业	
	绝对数	增长率 %	绝对数	增长率 %	绝对数	增长率 %	绝对数	增长率 %
铜仁市	1462.65	8.6	316.03	8.0	367.54	7.3	779.08	9.5
碧江	255.37	10.0	19.31	8.7	87.66	9.1	148.39	10.6
万山	86.46	8.6	13.52	7.9	30.86	14.1	42.09	5.0
江口	77.35	8.7	20.86	7.4	14.49	3.2	42.00	11.3
玉屏	104.82	9.1	13.51	7.0	43.97	14.3	47.34	5.0
石阡	126.12	8.2	37.45	8.0	21.65	7.7	67.02	8.4
思南	190.97	8.0	49.90	8.5	46.54	7.8	94.54	7.8
印江	130.74	8.0	38.45	8.0	25.11	7.4	67.17	8.2
德江	159.26	8.2	37.95	7.5	32.41	5.8	88.90	9.3
沿河	144.54	8.6	41.54	8.6	21.07	-11.5	81.94	15.2
松桃	187.01	8.2	43.54	7.5	43.78	4.9	99.69	10.0

表 72 2021 年铜仁市人口一览表

单位：万人

地区	年末总人口（常住人口）	年末总人口（户籍人口）
铜仁市	328.26	449.30
碧江	44.77	35.04
万山	16.15	20.39
江口	18.35	25.24
玉屏	14.91	17.63
石阡	28.97	41.35
思南	45.54	66.89
印江	29.28	44.54
德江	39.34	55.58
沿河	42.92	69.37
松桃	48.03	73.28

表 73 2021 年铜仁市农林牧渔业总产值一览表

单位：万元

	农林牧渔业总产值		农业产值		林业产值		牧业产值		渔业产值		农林牧渔服务业产值	
	2021 年可比价	2021 年生产者价	2021 年可比价	2021 年生产者价	2021 年可比价	2021 年生产者价	2021 年可比价	2021 年生产者价	2021 年可比价	2021 年生产者价	2021 年可比价	2021 年生产者价
铜仁市	5453218	5435774	3161263	3354398	469506	472303	1356728	1148350	136091	131092	329631	329631
碧江	347487	345059	195683	217835	41696	38958	81541	58059	7872	9511	20696	20696
万山	270509	269522	144291	165542	30597	29432	69093	48246	4387	4160	22141	22141
江口	332956	333067	190085	213063	39900	38392	78591	57157	16132	16207	8248	8248
玉屏	233906	234416	108000	120872	15600	18335	79469	64378	5500	5493	25337	25337
石阡	716043	714430	443237	484707	40963	47063	168475	117899	15239	16632	48129	48129
思南	855732	849664	455450	458325	86659	80942	202518	211634	31825	19482	79280	79280
印江	606901	604686	377288	407980	65000	64341	140370	106737	11273	12659	12970	12970
德江	701722	701009	450601	469359	72334	73031	143612	123088	14188	14543	20987	20988
沿河	664316	659948	452464	443185	31216	32767	132520	134780	13115	14215	35001	35001
松桃	723646	723973	344163	373529	45541	49041	260540	226371	16560	18190	56842	56842

表 74 2021 年铜仁市分县（市）农作物播种面积和产量一览表

		铜仁市	碧江	万山	江口	玉屏	石阡	思南	印江	德江	沿河	松桃
农作物播种面积（亩）		7295748	372667	347573	436371	184947	1139459	1320507	694542	1003767	907112	888803
粮食合计	播面（亩）	3880590	148257	152761	208652	60842	663039	768113	303806	513079	518355	543687
	总产量（吨）	1097732	47568	52971	63725	22252	173758	210755	82704	127940	142575	173485
一、夏粮	播面（亩）	1094820	41812	43271	59812	6317	187593	218982	88806	140461	151452	156313
	总产量（吨）	266632	11421	13272	15520	2046	41524	51809	21327	31352	34869	43493
其中：①小麦	播面（亩）	75318	0	0	0	0	18753	19734	228	12040	23227	1337
	总产量（吨）	15598	0	0	0	0	4224	3910	48	2298	4881	237

续表 74

		铜仁市	碧江	万山	江口	玉屏	石阡	思南	印江	德江	沿河	松桃
②马铃薯（折粮）	播面（亩）	1007000	41748	43271	59709	6317	167216	191327	87513	127118	127932	154850
	总产量（吨）	249551	11415	13272	15511	2046	37143	46815	21184	28954	29966	43246
二、秋粮	播面（亩）	2785769	106445	109490	148840	54525	475445	549131	215000	372618	366903	387373
	播面（亩）	831101	36147	39699	48205	20207	132234	158946	61376	96588	107705	129993
其中：①稻谷	播面（亩）	1549514	77391	81730	109432	27097	325655	267360	117831	148840	183198	210981
	总产量（吨）	587499	30355	33829	40397	12979	107495	103191	41052	52131	73845	92225
②玉米	播面（亩）	420050	8080	9683	14523	17522	31551	61488	42198	83230	66923	84854
	总产量（吨）	113913	2100	2631	3619	5142	8448	16694	11448	22606	18112	23114
③薯类（折粮）	播面（亩）	519607	16629	14251	19054	9433	46490	171346	37972	91575	54238	58620
	总产量（吨）	106567	3364	2872	3909	2067	9408	34874	7755	18370	11099	12850
④豆类	播面（亩）	257880	4318	2945	5822	473	53630	46590	15878	47940	47582	32701
	总产量（吨）	15911	323	206	278	19	2928	3697	978	3340	2384	1755
三、油料作物合计	播面（亩）	896838	32109	39127	74575	35355	139022	171550	115305	81513	95549	112733
	总产量（吨）	128028	4541	5807	9479	5304	21377	27988	16411	10277	12352	14494
其中：①花生	播面（亩）	236944	12695	6883	15272	15321	39338	47506	19592	28806	28609	22922
	总产量（吨）	40352	1938	1452	2493	2562	7701	10431	3299	3538	3860	3076
②油菜籽	播面（亩）	657050	19114	32244	59303	20034	98513	124044	95247	52120	66920	89511
	总产量（吨）	87270	2548	4355	6985	2742	13512	17557	13046	6684	8487	11354
四、烤烟	播面（亩）	138279	0	0	5079	110	24738	13037	11374	29640	43113	11188
	总产量（吨）	17083	0		612	33	3618	1795	1277	3584	4773	1390
五、蔬菜	播面（亩）	1938684	174203	145894	110955	75326	234332	317813	217791	260155	230490	171724
	总产量（吨）	2755692	294942	215534	158598	102889	294647	518241	262552	342537	318736	247018

表 75　2021 年铜仁市畜牧业主要畜产品生产情况一览表

地区	牛年末存栏（头）	猪年末存栏（头）	猪年末出栏（头）	羊年末存栏（头）	肉类总产量（吨）					水产品产量（吨）
					合计	猪肉产量	牛肉产量	羊肉产量	禽肉产量	
铜仁市	609097	1960433	2510290	699523	288808	221702.99	30795.34	9556.54	26752.90	62560
碧江	7020	93809	115197	15058	13548	10224.50	480.11	285.45	2557.51	3800
万山	10976	116417	131627	7449	13760	11501.25	812.47	191.07	1255.09	2080
江口	29126	91094	144651	21850	14939	12715.46	909.56	282.47	1031.02	8320
玉屏	10244	152584	157715	8726	14633	13260.64	933.89	89.50	349.37	2312
石阡	88495	149636	213336	105353	28777	18609.29	4406.45	1038.62	4722.61	7560
思南	104363	458400	523800	89267	56943	46500.00	5211.33	981.74	4249.82	7843
印江	61756	141108	184064	44470	24157	16192.60	3393.48	871.69	3699.44	7250
德江	112189	159982	222274	132133	29148	19967.89	5436.31	2211.09	1532.24	7188
沿河	110527	162503	249226	192545	32242	21831.36	5226.59	2561.89	2622.44	6785
松桃	74401	434900	568400	82672	60662	50900.00	3985.14	1043.02	4733.35	9422

表 76　2021 年铜仁市规模以上工业主要产品产量一览表

名称	计量单位	1–12 月累计	累计增长 %
锰矿石原矿	万吨	195.56	–27.62
砂石	万吨	1143.57	23.43
大米	万吨	7.93	0.76
饲料	万吨	12.28	–7.53
精制食用植物油	万吨	1.50	–24.62
鲜、冷藏肉	万吨	5.14	43.18
饮料	万吨	131.12	17.46
其中：包装饮用水	万吨	129.58	17.93
精制茶	吨	8303.1	13.6
卷烟	亿支	72.70	2.39
纱	吨	7703.00	36.38
鞋	万双	2434.61	89.05
其中：皮革鞋靴	万双	133.12	–3.40
硫酸（折 100%）	吨	5.66	282.43
中药饮片	吨	525.43	33.17
中成药	吨	264.10	–15.88
硅酸盐水泥熟料	万吨	708.92	–16.28
水泥	万吨	748.77	–21.67
商品混凝土	万立方米	937.16	–6.63
砖	亿块	14.98	17.58
铁合金	万吨	43.39	5.19
其中：锰硅合金（折合含锰硅量合计 82%）	万吨	4.08	3.29
移动通信手持机（手机）	万台	1260.31	89.14
其中：智能手机	万台	1260.31	189.33
发电量	亿千瓦小时	127.04	–12.13
其中：火电	亿千瓦小时	28.89	–17.74
水电	亿千瓦小时	95.94	–11.44
自来水生产量	万立方米	10039.21	–3.24

表 77　2021 年铜仁市全社会客货运输量一览表

	计量单位	总计	公路运输	水路运输	航空运输
客运量	万人	7603	7534	17	53
旅客周转量	万人千米	606668	606400	268	—
货运量	万吨	8003	7951	7	45
货物周转量	万吨千米	1538543	1537700	843	—

表 78　2021 年铜仁市民用车辆拥有量一览表

计量单位：辆

	总计	营运	非营运
总计	720595	30337	690258
一、汽车	417669	16938	400729
1. 载客汽车	360795	6519	354276
2. 载货汽车	55315	10329	44986
3. 其他	1557	90	1467
二、摩托车	302524	13013	289511
三、挂车	404	386	18
四、拖拉机	0	0	0

表 79　2021 年铜仁市文化艺术及广播电视业一览表

	单位	数量
一、文化艺术		
剧团	个	14
文化馆（艺术馆）	个	11
图书馆	个	11
二、广播		
广播电视台（融媒体中心）	个	11
广播综合人口覆盖率	%	93.96
三、电视		
电视综合人口覆盖率	%	98.01

表 80　2021 年铜仁市卫生机构一览表

	计量单位	合计		
		2019 年	2020 年	2021 年
总计	个	3394	3412	3441
一、医院	个	115	115	124
其中：综合医院	个	81	80	86
中医（中西医）医院	个	12	15	15
专科医院	个	22	20	23
二、基层医疗卫生机构	个	3237	3259	3278
其中：乡镇卫生院	个	146	146	145
社区卫生服务中心	个	33	34	34
社区卫生服务站	个	60	64	75
村卫生室	个	2763	2768	2768
诊所、卫生所、医务室、门诊部	个	235	247	256
三、专业公共卫生机构	个	39	37	37
其中：采供血机构	个	6	6	6
妇幼保健院（所、站）	个	11	11	11
专科疾病预防院（所、站）	个	0	0	0

续表 80

	计量单位	合计		
		2019 年	2020 年	2021 年
疾病预防控制中心(防疫站)	个	11	11	11
卫生监督局(所)中心	个	11	10	9
计划生育技术服务机构	个	0	0	0
四、其他卫生机构	个	3	1	2

表 81　2021 年铜仁市各类学校基本情况一览表

	学校数(个)	在校生数(人)	招生人数(人)	毕业人数(人)	本部教职工人	
					合计	其中:专职教师
一、高等学校	5	63603	21198	17363	3352	2512
其中:铜仁学院	1	11638	3821	3914	994	550
铜仁职院	1	19495	6013	5167	933	825
幼儿师专	1	9606	3418	3630	501	428
贵州工程职业学院	1	10876	3995	2758	590	470
贵州健康职业学院	1	11988	3951	1894	334	239
二、中等职业学校(含中职附设班)	18	37351	16502	9676	1890	1753
三、普通中学	255	283701	95069	107107	27130	22795
其中:初中	210	167448	56946	66999	17368	14675
高中	45	116253	38123	40108	9762	8120
四、小学(含教学点)	1164	340241	51186	55965	25053	20909
五、特殊教育	7	1017	94	213	225	192
六、幼儿教育	828	144330	49369	52859	16950	9334

说明:幼儿入园数为 49369 人,离园数为 52859 人。

表 82　2021 年铜仁市财政总收入一览表

单位:万元

	2021 年	增长率 %
合计	1306552	6.3
碧江	459750	7.4
万山	159268	25.8
江口	46300	7.2
玉屏	72946	4.8
石阡	60486	-0.04
思南	85544	-1.0
印江	60036	-1.5
德江	98519	6.0
沿河	84499	-5.6
松桃	106253	13.3

表 83　2021 年铜仁市主要经济指标及位次(一)

地区	年末常住人口(万人)	年平均常住人口(万人)	年末户籍人口(万人)	年户籍平均人口(万人)
铜仁市	328.26	329.13	449.30	448.67
碧江	44.77	44.49	35.04	34.96
万山	16.15	16.11	20.39	20.43
江口	18.35	18.42	25.24	25.19
玉屏	14.91	14.98	17.63	17.59
石阡	28.97	29.35	41.35	41.34
思南	45.54	45.70	66.89	66.86
印江	29.28	29.37	44.54	44.50
德江	39.34	39.36	55.58	55.45
沿河	42.92	42.97	69.37	69.20
松桃	48.03	48.42	73.28	73.14

表 84　2021 年铜仁市主要经济指标及位次(二)

地区	生产总值(亿元)	位次	生产总值增速(%)	位次	人均生产总值(元)	位次
铜仁市	1462.65	—	8.6	—	44440	—
碧江	255.37	1	10.0	1	57399	2
万山	86.46	9	8.6	4	53686	3
江口	77.35	10	8.7	3	42002	6
玉屏	104.82	8	9.1	2	69975	1
石阡	126.12	7	8.2	6	42979	5
思南	190.97	2	8.0	9	41793	7
印江	130.74	6	8.0	9	44522	4
德江	159.26	4	8.2	6	40466	8
沿河	144.54	5	8.6	4	33642	10

表 85　2021 年铜仁市主要经济指标及位次(三)

地区	农林牧渔业总产值(万元)	位次	人均农林牧渔产值(元)	位次
铜仁市	5435774	—	16516	—
碧江	345059	7	7756	10
万山	269522	9	16735	6
江口	333067	8	18087	4
玉屏	234416	10	15649	7
石阡	714430	3	24346	1
思南	849664	1	18594	3
印江	604686	6	20592	2
德江	701009	4	17812	5
沿河	659948	5	15360	8
松桃	723973	2	14953	9

表 86　2021 年铜仁市主要经济指标及位次（四）

地区	粮食总产量（吨）	位次	人均粮食产量（千克）	位次
铜仁市	1097732	—	333.5	—
碧江	47568	9	106.9	10
万山	52971	8	328.9	6
江口	63725	7	346.0	4
玉屏	22252	10	148.5	9
石阡	173758	2	592.1	1
思南	210755	1	461.2	2
印江	82704	6	281.6	8
德江	127940	5	325.1	7
沿河	142575	4	331.8	5
松桃	173485	3	358.3	3

表 87　2021 年铜仁市主要经济指标及位次（五）

地区	四肉类总产量（吨）	位次	人均四肉类产量（千克）	位次
铜仁市	288808	—	87.7	—
碧江	13548	10	30.5	10
万山	13760	9	85.4	5
江口	14939	7	81.1	7
玉屏	14633	8	97.7	4
石阡	28777	5	98.1	3
思南	56943	2	124.6	2
印江	24157	6	82.3	6
德江	29148	4	74.1	9
沿河	32242	3	75.0	8
松桃	60662	1	125.3	1

表 88　2021 年铜仁市主要经济指标及位次（六）

地区	城镇居民人均可支配收入（元）	位次	城镇居民人均可支配收入增速（%）	位次
铜仁市	36684	—	8.5	—
碧江	40128	1	8.5	6
万山	37747	2	8.7	4
江口	36415	4	8.8	3
玉屏	37605	3	8.2	9
石阡	35432	8	8.6	5
思南	36065	6	8.9	2
印江	35483	7	8.5	6
德江	36249	5	9.0	1
沿河	34971	10	8.2	9
松桃	35431	9	8.3	8

表 89　2021 年铜仁市主要经济指标及位次（七）

地区	农村居民人均可支配收入（元）	位次	农村居民人均可支配收入增速（%）	位次
铜仁市	12291	—	10.7	—
碧江	16932	1	10.9	4
万山	12393	3	10.6	7
江口	12110	4	11.1	2
玉屏	15312	2	10.3	10
石阡	12022	5	10.7	5
思南	11882	6	11.2	1
印江	11716	9	10.5	8
德江	11854	7	11.0	3
沿河	11683	10	10.5	8
松桃	11788	8	10.7	5

表 90　2021 年铜仁市主要经济指标及位次（八）

地区	规模以上工业增加值增速（%）	位次
铜仁市	9.9	—
碧江	13.8	1
万山	8.3	5
江口	8.9	4
玉屏	13.6	2
石阡	8.0	6
思南	7.8	8
印江	11.4	3
德江	8.0	6
沿河	3.3	9
松桃	2.7	10

表 91　2021 年铜仁市主要经济指标及位次（九）

地区	500 万以上固定资产投资增速（%）	位次
铜仁市	–2.8	—
碧江	4.9	2
万山	3.5	3
江口	–7.5	9
玉屏	–6.9	8
石阡	–2.3	6
思南	2.2	4
印江	–1.2	5
德江	6.8	1
沿河	–25.2	10
松桃	–2.6	7

表 92　2021 年铜仁市主要经济指标及位次（十）

地区	社会消费品零售总额增速（%）	位次
铜仁市	14.1	—
碧江	14.7	1
万山	14.3	3
江口	13.9	6
玉屏	13.5	10
石阡	14.1	4
思南	13.7	8
印江	13.9	6
德江	13.7	8
沿河	14.5	2
松桃	14.0	5

表 93　2021 年铜仁市主要经济指标及位次（十一）

地区	财政总收入（万元）	位次	人均财政总收入（元）	位次
铜仁市	1306552	—	3970	—
碧江	459750	1	10334	1
万山	159268	2	9889	2
江口	46300	10	2514	4
玉屏	72946	7	4870	3
石阡	60486	8	2061	7
思南	85544	5	1872	10
印江	60036	9	2044	8
德江	98519	4	2503	5
沿河	84499	6	1967	9
松桃	106253	3	2195	6

表 94　2021 年铜仁市主要经济指标及位次（十二）

地区	金融机构存款余额（万元）	位次	人均存款余额（元）	位次
铜仁市	15405564	—	46807	—
碧江	4106281	1	92297	1
万山	874620	8	54307	2
江口	739881	10	40178	5
玉屏	768870	9	51326	3
石阡	1051281	7	35825	9
思南	1642649	3	35948	8
印江	1449767	6	49371	4
德江	1484701	5	37726	7
沿河	1655440	2	38530	6
松桃	1632075	4	33710	10

表 95　2021 年铜仁市主要经济指标及位次(十三)

地区	金融机构贷款余额(万元)	位次	人均贷款余额(万元)	位次
铜仁市	20612659	—	62628	—
碧江	6036010	1	135671	1
万山	976823	10	60653	4
江口	1003833	9	54512	5
玉屏	1151184	8	76848	2
石阡	1551488	7	52871	7
思南	1964824	4	42999	8
印江	1962158	5	66820	3
德江	2127214	2	54052	6
沿河	1768311	6	41157	10
松桃	2070814	3	42772	9

表 96　2021 年铜仁市村庄撤并一览表

序号	县(市、区)	批准时间	撤并事项
1	万山区	2021 年 9 月 15 日	撤销下溪侗族乡桂花村,新设桂花村和田龙村

索 引

编制说明

一、本索引为《铜仁年鉴(2022)》的内容分析索引。通过本索引所选的主题词条,可以对具有独立检索意义的完整资料进行检索。

二、本索引按汉语拼音字母(同音字按声调)顺序排列。索引词条用宋体字标明。数字表示该词条内容所在页码,后面的英文字母(a、b、c)表示栏别(从左到右)。分目标题用黑体字表明。

三、内文中的"特载""大事记""人物·荣誉""附录"以及随文照片和彩色图片未做索引。

四、同一主题的内容在文中多处出现的,在其后用不同的页码标明。

A

B

C

D

E

F

G

H

J

K

L

M

N

P

Q

R

S

T

X

Y

Z